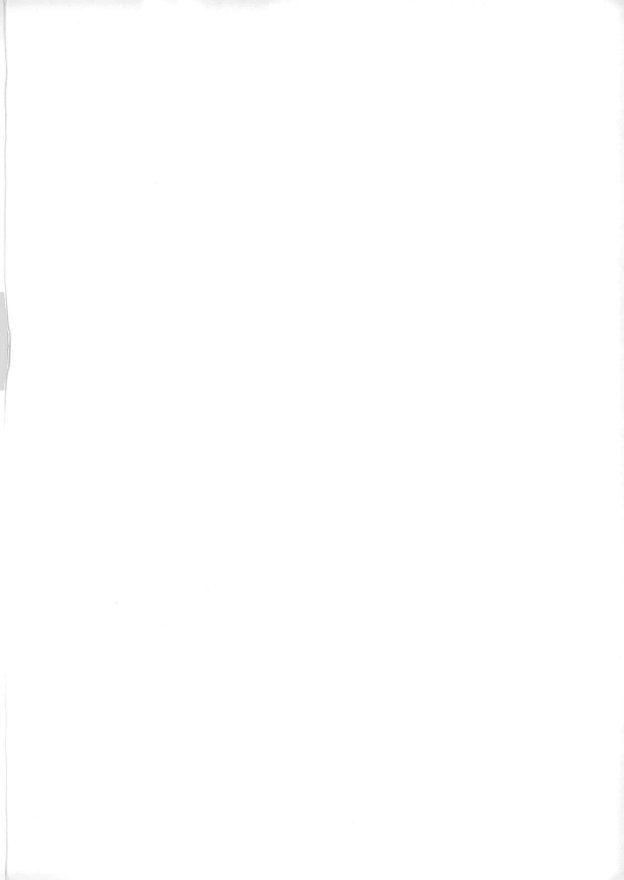

韓兆琦　注譯
王子今　原文總校勘

新譯史記——名篇精選

三民書局　印行

新譯史記——名篇精選　目次

項羽本紀

【題　解】〈項羽本紀〉寫了項梁、項羽叔姪繼陳勝之後在江東會稽起兵；陳勝兵敗被殺後，項梁叔姪渡江而北，擁立楚懷王，繼續堅持反秦；項梁兵敗身死後，項羽奉懷王之命隨宋義北上救趙，途中項羽殺死宋義、奪得兵權，自立為上將軍，率軍渡河，破秦兵於鉅鹿，解趙地義軍之圍；接著又進擊秦軍，迫使秦將章邯降楚；而後率各路義軍攻入函谷關，會劉邦於鴻門；此時秦朝已滅，項羽遂大封天下諸侯，自立為西楚霸王，各自散歸自己的封地；這時齊地、趙地的田榮、陳餘等帶頭起兵反項，被封在巴、蜀、漢中的劉邦遂趁項羽北討田榮之機出兵奪回了關中，並東出攻下項羽的國都彭城；項羽回兵大破劉邦於彭城下，劉邦潰退至滎陽、成皋一線，構築防線，與項羽形成對峙；二年後，劉邦的北路軍已經奪取了今之山西、河北、山東，在項羽的左翼和後方，即今河南東部、南部，安徽中部、北部，以及江蘇北部，都有此起彼伏的游擊戰、運動戰，使項羽疲於奔命，幾乎自顧不暇，最終無奈只好與劉邦訂立了以鴻溝為界的停戰協定；結果項羽剛一撤兵，劉邦便立即撕毀協定，與其各路兵馬圍擊項羽，大破項羽於垓下；項羽突出重圍後，向東南逃走，被劉邦騎兵緊緊追擊，最後項羽自殺於今安徽和縣的烏江浦。項羽是一位反秦的英雄，其不朽功勳在於鉅鹿之戰的大破秦軍主力，並進一步迫使章邯率部降楚。這一來不僅使秦軍的主力被消滅，而且促成了秦王朝內部的瓦解，同時也給劉邦的入關滅秦創造了有利條件。鴻門宴是項羽命運的轉折點，在從此開始的楚漢戰爭中，項羽政治思想的落後，項羽戰略、戰術的笨拙，項羽的不知爭取民心、不善於用人、不懂得擴大聯盟等嚴重缺點都一一暴露。項羽是一個戰場上的英雄，但對政治鬥爭卻一無所知。項羽與劉邦較量的失敗是必然的，但項羽作為一個反秦的英雄自有其不可磨滅的歷史功勳。〈項羽本紀〉是《史記》中文學色彩最濃厚的篇章之一，項羽是司馬遷筆下最生動、最豪邁的悲劇形象。

1 項籍者，下相❶人也，字羽。初起時，年二十四。其季父❷項梁，梁父即楚將項燕，為秦將王翦所戮❸者也。項氏世世為楚將，封於項❹，故姓項氏。

2 項籍少時，學書❺不成，去學劍❻，又不成。項梁怒之。籍曰：「書，足以記名姓而已；劍，一人敵，不足學，學萬人敵❼。」於是項梁乃教籍兵法，籍大喜，略知其意，又不肯竟學❽。項梁嘗有櫟陽逮❾，乃請蘄獄掾曹咎書抵櫟陽獄掾司馬欣❿，以故事得已⓫。項梁殺人，與籍避仇於吳中⓬。吳中賢士大夫皆出項梁下⓭。每吳中有大繇役及喪⓮，項梁常為主辦，陰⓯以兵法部勒⓰賓客及子弟，以是知其能⓱。秦始皇帝游會稽⓲，渡浙江⓳，梁與籍俱觀。籍曰：「彼可取而代也⓴。」梁掩其口，曰：「毋妄言，族㉑矣！」梁以此奇籍。籍長八尺餘㉒，力能扛鼎㉓，才氣㉔過人，雖吳中子弟皆已憚籍㉕矣。

【章　旨】以上為第一段，寫項羽叔姪起義前的生活經歷。

【注　釋】❶下相　秦縣名，縣治在今江蘇宿遷西南。❷季父　小叔父。《索隱》引崔浩曰：「伯仲叔季，兄弟之次，故云『叔父』，季云『季父』。」❸為秦將王翦所戮　據〈秦始皇本紀〉：秦王政二十四年（西元前二二三年），「王翦、蒙武攻荊，破荊軍，昌平君死，項燕遂自殺。」〈楚世家〉作「破我軍于蘄，而殺將軍項燕。」王翦，始皇前期的名將，事見〈白起王翦列傳〉。❹項　秦縣名，縣治在今河南沈丘南。❺學書　學習認字、寫字。書，即今所謂書法。❻去學劍　離開學書的地方，另去學劍。去，離開。❼萬人敵　喻指兵法。❽竟學　完成全部學業。竟，終了。郭嵩燾曰：「此歷敘項羽為人磊磊有英雄氣，然苦少深沉之量，是以終身無成。」按：此處一方面寫項羽之豪邁，同時又為其日後敗於韓信作伏筆。❾櫟陽逮　因罪在櫟陽被逮捕。櫟陽，秦縣名，縣治在今西安市之閻良區。❿請蘄獄掾曹咎句　請曹咎給司馬欣寫了一封信，代為說情。蘄，秦縣名，縣治在今安徽宿縣南。獄掾，主管監獄的吏屬。掾是舊時對吏目的通稱。抵，猶今之所謂「致」。⓫以故事得已　因此事情得以了結。已，了結；結束。按：曹咎、司馬欣皆對項氏有恩，伏後文二人受項羽寵任，致汜水之敗案。⓬吳中　秦縣名，其縣治即今江蘇蘇州。⓭皆出項梁下　意即全都不如他。出，處；居。徐孚遠曰：「避地所至而能蓋其郡人，非但才氣之異也，吳故屬楚，項氏世世為楚將，有名故也。」⓮大繇役及喪　為國家服勞役與替當地大戶人家辦喪事，皆興師動眾者也。⓯陰　暗中；私下。⓰部勒　部署；組織。⓱以是知其能　凌稚隆曰：「伏後『以此不任用公』。」⓲秦始皇帝游會稽　事在始皇三十七年（西元前二一〇年），見〈秦始皇本紀〉。會稽，山名，在今浙江紹興東南。⓳浙江　有說即今錢塘江。也有人說指吳縣南之南江，因其近於吳縣，故項氏叔姪可以俱觀。按：「渡浙江」既與「游會稽」連文，則自應以錢塘江為是。⓴彼可取而代也　他的權位，可以由我取代。彼，指秦始皇。瀧川曰：「陳勝曰：『壯士不死即已，死即舉大名耳！王侯將相寧有種乎？』漢高曰：『嗟乎，大丈夫當如是也！』項羽曰：『彼可取而代也！』三樣詞氣，三樣筆法，史公極力描寫。」王鳴盛曰：「項之言，悍而戾；劉之言，津津不勝其歆羨矣。」㉑族　滅族；全族都被殺光。㉒長八尺餘　約當今之一八四公分以上。秦時一尺相當今之二十三公分。㉓扛鼎　舉鼎。扛，舉。㉔才氣　古時多以此稱人之勇武多力，與後世之偏於稱人之思維慧敏者略異。㉕雖吳中子弟皆已憚籍　當時會稽郡的郡治亦在吳縣，這裡是東南人物的薈萃之區，吳中的豪俠之士皆已畏懼項籍，則這個外鄉人的氣勢才情可以想見。雖，即使。憚，畏懼。

【語　譯】項籍是下相人，字羽。開始起事的時候，年方二十四歲。他的小叔叔名叫項梁，項梁的父親就是被秦將王翦所殺的楚國的名將項燕。項家世世代代在楚國為將，因為有功被封在項這個地方，所以他們就以項為姓了。

2　項籍年輕時候，開始學習讀字、寫字，寫了半天不見長進，便放棄了改去學劍，結果仍沒有什麼成就。項梁為此對他很生氣。項籍說：「學了寫字也不過是用來記個姓名而已，練好了劍術也不過是能對付一個人，這些都不值得學。我要學能對付萬人的本事。」項梁見他有這份志向，就教他兵法，項籍很高興，但不過是粗知大意而已，仍是不肯下功夫有始有終地好好學下去。項梁曾因為犯罪在櫟陽縣被逮捕，他就請蘄縣的典獄官曹咎給櫟陽縣的典獄官司馬欣寫了一封說情的信，因而案子得以了結。後來項梁殺了人，便和項籍一起躲到了吳中。吳中的賢士大夫們在名望和才質方面都遠不如項梁，每逢吳中有大的徭役或喪事，總是請項梁來操辦，在辦這些事的過程中，項梁常常暗中用兵法來組織他手下這些賓客和子弟。因此他很了解這些人，知道他們各自的能力。有一次，秦始皇出遊會稽，在渡錢塘江的時候，項梁和項籍都去看，項籍不由地說道：「他的權位可以由我來代替！」項梁一聽趕緊捂住他的嘴，說：「可別胡說，當心要滅族的！」但是從此他心裡也覺得他這個姪子不尋常。項籍身高八尺多，雙手可以舉起大鼎，力氣超人，連吳中的那些豪門子弟也都很怕他。

1 秦二世元年❶，七月，陳涉等起大澤中❷。其九月，會稽守通❸謂梁曰：「江西❹皆反，此亦天亡秦之時也。吾聞先即制人，後則為人所制❺。吾欲發兵，使公及桓楚將❻。」是時桓楚亡在澤中❼。梁曰：「桓楚亡，人莫知其處，獨籍知之耳。」梁乃出，誡籍持劍居外待。梁復入，與守坐，曰：「請召籍，使受命召桓楚。」守曰：「諾。」梁召籍入。須臾❽，梁眴❾籍曰：「可行矣！」於是籍遂拔劍斬守頭。項梁持守頭，佩其印綬❿。門下大驚，擾亂，籍所擊殺數十百人⓫。一府中皆慴伏⓬，莫敢起。梁乃召故所知豪吏，諭以所為起大事，遂舉吳中兵。使人收下縣⓭，得精兵八千人⓮。梁部署⓯吳中豪傑為校尉、候、司馬⓰。有一人不得用，自言於梁。梁曰：「前時某喪使公主某事，不能辦，以此不任用公。」

眾乃皆伏⑰。於是梁為會稽守，籍為裨將⑱，徇⑲下縣。

2 廣陵⑳人召平㉑於是㉒為陳王徇廣陵㉓，未能下。聞陳王敗走㉔，秦兵又且至㉕，乃渡江矯陳王命㉖，拜㉗梁為楚王上柱國㉘。曰：「江東已定，急引兵西擊秦。」項梁乃以八千人渡江而西㉙。聞陳嬰㉚已下東陽㉛，使使欲與連和俱西。陳嬰者，故東陽令史㉜，居縣中，素信謹，稱為長者㉝。東陽少年殺其令㉞，相聚數千人，欲置長㉟，無適用㊱，乃請陳嬰。嬰謝不能，遂彊立嬰為長，縣中從者得二萬人。少年欲立嬰便為王，異軍蒼頭特起㊲。陳嬰母謂嬰曰：「自我為汝家婦，未嘗聞汝先古之有貴者。今暴得大名㊳，不祥。不如有所屬，事成猶得封侯，事敗易以亡㊴，非世所指名也㊵。」嬰乃不敢為王。謂其軍吏曰：「項氏世世將家，有名於楚。今欲舉大事，將非其人不可㊶。我倚名族，亡秦必矣。」於是眾從其言，以兵屬項梁。項梁渡淮，黥布㊷、蒲將軍㊸亦以兵屬焉。凡㊹六七萬人，軍下邳㊺。

3 當是時，秦嘉已立景駒為楚王㊻，軍彭城㊼東，欲距項梁。項梁謂軍吏曰：「陳王先首事㊽，戰不利，未聞所在㊾。今秦嘉倍㊿陳王而立景駒，逆無道(51)。」乃進兵擊秦嘉。秦嘉軍敗走，追之至胡陵(52)。嘉還戰一日，嘉死，軍降。景駒走死梁地(53)。項梁已并秦嘉軍，軍胡陵，將引軍而西。章邯(54)軍至栗(55)，項梁使別將(56)

朱雞石、餘樊君[57]與戰。餘樊君死，朱雞石軍敗，亡走胡陵。項梁乃引兵入薛[58]，誅雞石。項梁前使項羽別攻襄城[59]，襄城堅守不下。已拔，皆阬之[60]，還報項梁。項梁聞陳王定死，召諸別將會薛計事[61]。此時沛公亦起沛，往焉[62]。

4 居鄛[63]人范增，年七十，素居家[64]，好奇計[65]。往說項梁曰：「陳勝敗固當。夫秦滅六國，楚最無罪。自懷王入秦不反[66]，楚人憐之至今。故楚南公[67]曰『楚雖三戶，亡秦必楚[68]』也。今陳勝首事，不立楚後而自立，其勢不長。今君起江東，楚蠭午[69]之將皆爭附君者，以君世世楚將，為能復立楚之後也。」於是項梁然其言，乃求楚懷王孫心[70]民間，為人牧羊[71]，立以為楚懷王[72]，從民所望也[73]。陳嬰為楚上柱國，封五縣，與懷王都盱台[74]。項梁自號為武信君。

5 居數月，引兵攻亢父[75]，與齊田榮、司馬龍且軍救東阿[76]，大破秦軍於東阿。田榮即引兵歸，逐其王假[77]。假亡走楚。假相田角亡走趙。角弟田間故齊將，居趙不敢歸[78]。田榮立田儋子市為齊王。項梁已破東阿下軍，遂追秦軍。數使使趣齊兵，欲與俱西[79]。田榮曰：「楚殺田假，趙殺田角、田間，乃發兵。」項梁曰：「田假為與國[80]之王，窮來從我[81]，不忍殺之。」趙亦不殺田角、田間以市於齊[82]。齊遂不肯發兵助楚。項梁使沛公及項羽別攻城陽[83]，屠之。西破秦軍濮陽[84]東，秦兵收入濮陽[85]。沛公、項羽乃攻定陶[86]。定陶未下，去，西略地至雝丘[87]，大破秦軍，斬李由[88]。還攻外黃[89]，外黃未下。

6 項梁起東阿[90]，西，比至定陶[91]，再破秦軍[92]，項羽等又斬李由，益輕秦[93]，有驕色。宋義[94]乃諫項梁曰：「戰勝而將驕卒惰者敗。今卒少惰矣[95]，秦兵日益[96]，臣為君畏之。」項梁弗聽，乃使宋義使於齊。道遇齊使者高陵君顯[97]，曰：「公將見武信君乎？」曰：「然。」曰：「臣論[98]武信君軍必敗。公徐行即免死，疾行則及禍[99]。」秦果悉起兵益章邯，擊楚軍，大破之定陶，項梁死[100]。沛公、項羽去外黃，攻陳留[101]，陳留堅守不能下。沛公、項羽相與謀曰：「今項梁軍破[102]，士卒恐。」乃與呂臣軍俱引兵而東[103]。呂臣軍彭城東，項羽軍彭城西，沛公軍碭[104]。

7 章邯已破項梁軍，則以為楚地兵不足憂，乃渡河[105]擊趙，大破之。當此時，趙歇為王，陳餘為將，張耳為相，皆走入鉅鹿城[106]。章邯令王離、涉間[107]圍鉅鹿，章邯軍其南，築甬道[108]而輸之粟。陳餘為將，將卒數萬人而軍鉅鹿之北，此所謂河北之軍[109]也。

8 楚兵已破於定陶，懷王恐，從盱台之彭城[110]，并項羽、呂臣軍自將之[111]。以呂臣為司徒[112]，以其父呂青為令尹[113]。以沛公為碭郡長[114]，封為武安侯，將碭郡兵[115]。

9 初(116)，宋義所遇齊使者高陵君顯在楚軍，見楚王(117)曰：「宋義論武信君之軍必敗，居數日，軍果敗。兵未戰而先見敗徵，此可謂知兵矣。」王召宋義與計事而大說之，因置以為上將軍(118)；項羽為魯公(119)，為次將(120)；范增為末將，救趙。諸別將(121)皆屬宋義，號為卿子冠軍(122)。行至安陽(123)，留四十六日不進。項羽曰：「吾聞秦軍圍趙王鉅鹿，疾引兵渡河。楚擊其外，趙應其內，破秦軍必矣。」宋義曰：「不然，夫搏牛之蝱不可以破蟣蝨(124)。今秦攻趙，戰勝則兵罷(125)，我承其敝；不勝，則我引兵鼓行而西(126)，必舉(127)秦矣。故不如先鬭秦、趙(128)。夫被堅執銳(129)，義不如公；坐而運策，公不如義。」因下令軍中曰：「猛如虎，很如羊(130)，貪如狼，彊不可使(131)者，皆斬之。」乃遣其子宋襄相齊(132)，身送之至無鹽(133)，飲酒高會(134)。天寒大雨，士卒凍飢。項羽曰：「將戮力(135)而攻秦，久留不行。今歲饑民貧，士卒食芋菽(136)，軍無見糧(137)，乃飲酒高會，不引兵渡河因趙食(138)，與趙并力攻秦，乃曰『承其敝』。夫以秦之彊，攻新造之趙(139)，其勢必舉趙。趙舉而秦彊，何敝之承！且國兵新破，王坐不安席，埽境內而專屬於將軍，國家安危，在此一舉。今不恤(140)士卒而徇其私，非社稷之臣(141)。」項羽晨朝(142)上將軍宋義，即其帳中斬宋義頭，出令軍中曰：「宋義與齊謀反楚(143)，楚王陰令羽誅之。」當是時，諸將皆慴服[144]，莫敢枝梧[145]。皆曰：「首立楚者，將軍家也。今將軍誅亂[146]。」乃相與共立羽為假上將軍[147]。使人追宋義子，及之齊[148]，殺之。使桓楚報命於懷王。懷王因使項羽為上將軍[149]，當陽君[150]、蒲將軍皆屬項羽。

10 項羽已殺卿子冠軍，威震楚國，名聞諸侯。乃遣當陽君、蒲將軍將卒二萬渡河[151]，救鉅鹿。戰少利[152]，陳餘復請兵。項羽乃悉引兵渡河，皆沉船，破釜甑，燒廬舍[153]，持三日糧，以示士卒必死，無一還心。於是至則圍王離，與秦軍遇，九戰，絕其甬道，大破之[154]，殺蘇角，虜王離。涉間不降楚，自燒殺。當是時，楚兵冠諸侯。諸侯軍救鉅鹿下者十餘壁[155]，莫敢縱兵。及楚擊秦，諸將皆從壁上觀。楚戰士無不一以當十，楚兵呼聲動天，諸侯軍無不人人惴恐[156]。於是已破秦軍，項羽召見諸侯將，入轅門[157]，無不膝行而前，莫敢仰視[158]。項羽由是始為諸侯上將軍，諸侯皆屬焉[159]。

11 章邯軍棘原[160]，項羽軍漳南[161]，相持未戰。秦軍數卻，二世使人讓章邯[162]。章邯恐，使長史欣[163]請事[164]。至咸陽[165]，留司馬門[166]三日，趙高[167]不見，有不信之心。長史欣恐，還走其軍，不敢出故道[168]。趙高果使人追之，不及。欣至軍，報曰：「趙高用事於中，下無可為者。今戰能勝，高必疾妒吾功；戰不能勝，不免於死。

願將軍孰計之[169]。」陳餘亦遺章邯書[170]曰：「白起[171]為秦將，南征鄢、郢[172]，北阬馬服[173]，攻城略地，不可勝計，而竟賜死[174]。蒙恬[175]為秦將，北逐戎人[176]，開榆中[177]地數千里，竟斬陽周[178]。何者？功多，秦不能盡封，因以法誅之。今將軍為秦將三歲矣，所亡失以十萬數。而諸侯並起滋益多。彼趙高素諛[179]日久，今事急[180]，亦恐二世誅之。故欲以法誅將軍以塞責[181]，使人更代將軍以脫其禍。夫將軍居外久，多內郤[182]，有功亦誅，無功亦誅。且天之亡秦，無愚智皆知之。今將軍內不能直諫，外為亡國將，孤特獨立[183]而欲常存，豈不哀哉！將軍何不還兵[184]與諸侯為從[185]，約共攻秦，分王其地，南面稱孤。此孰與身伏鈇質[186]，妻子為僇[187]乎！」章邯狐疑，陰使候始成使項羽[188]，欲約。約未成，項羽使蒲將軍日夜引兵度三戶[189]，軍漳南[190]，與秦戰，再破之。項羽悉引兵擊秦軍汙水[191]上，大破之[192]。

12 章邯使人見項羽，欲約。項羽召軍吏謀曰：「糧少，欲聽其約。」軍吏皆曰：「善。」項羽乃與期洹水南殷虛[193]上。已盟，章邯見項羽而流涕，為言趙高。項羽乃立章邯為雍王[194]，置楚軍中。使長史欣為上將軍，將秦軍為前行[195]。

13 到新安[196]。諸侯吏卒異時故繇使屯戍過秦中[197]，秦中吏卒遇之多無狀[198]；及秦軍降諸侯，諸侯吏卒乘勝多奴虜使之[199]，輕折辱[200]秦吏卒。秦吏卒多竊言曰：「章將軍等詐吾屬降諸侯。今能入關[201]破秦，大善；即不能[202]，諸侯虜吾屬而東[203]，秦必盡誅吾父母妻子。」諸將微聞其計[204]，以告項羽。項羽乃召黥布、蒲將軍計曰：「秦吏卒尚眾，其心不服，至關中不聽[205]，事必危。不如擊殺之，而獨與章邯、長史欣、都尉翳[206]入秦。」於是楚軍夜擊阬秦卒二十餘萬人新安城南[207]。

【章　旨】以上為第二段，寫項羽自江東起義至最後滅秦的全部過程。這是項羽取得輝煌勝利的時代，儘管也有不少錯誤，但不愧為英雄。

【注　釋】❶秦二世元年　西元前二〇九年。秦二世，名胡亥，秦始皇的第十八子。秦始皇病死沙丘後，趙高、李斯竄改了秦始皇的遺詔，殺公子扶蘇而立胡亥為帝，稱為二世。詳見〈秦始皇本紀〉與〈李斯列傳〉。❷陳涉等起大澤中　陳涉、吳廣等謫戍漁陽，遇雨失期，於大澤鄉發動起義事，詳見〈陳涉世家〉。大澤，鄉名，當時屬蘄縣，在今安徽宿縣東南劉村集。❸會稽守通　會稽郡的郡守殷通。《集解》引《楚漢春秋》曰：「會稽假守殷通。」「假守」即臨時代理郡守之職。假，攝，代理。❹江西　長江自九江到南京的一段，是由西南流向東北，因此古人習慣稱今皖北一帶為江西，而稱皖南、蘇南一帶為江東。❺先即制人二句　瀧川引俞樾曰：「據《漢書》，則『江西皆反』數言皆項梁謂會稽守語也，與《史記》不同，班固必別有所據。」❻桓楚　王先謙引周壽昌曰：「此即後羽殺宋義，使報命懷王者，後亦別無所見。時梁特令羽假其名以入。」❼亡在澤中　潛逃在大澤之中。亡，潛逃。❽須臾　片刻；一會兒。❾眴　使眼色。師古曰：「動目也，動目而使之也。」❿印綬　這裡即指印。綬，繫在印紐上的絲帶。⓫數十百人　八、九十個，近百個。《索隱》曰：「此不定數也，自百以下，或至八十、九十，故云『數十百。』」⓬慴伏　嚇得趴在地上。慴，恐懼失氣的樣子。⓭下縣　指會稽郡的下屬各縣。⓮得精兵八千人　凌稚隆曰：「為後『以八千人渡江』，及與亭長言『江東子弟八千人』張本。」⓯部署　分派；任命。⓰校尉候司馬　皆軍官名。古代軍制，將軍軍營下分部，部設校尉；部下分曲，曲設軍候。司馬，軍中主管司法的官吏。王先謙引沈欽韓曰：「《續志》，校尉比二千石，軍司馬比千石，部下有曲，曲軍候比六百石。」⓱伏　通「服」。⓲裨將　猶言「副將」、「偏將」。師古曰：「裨，副也，相副助也。」⑲徇　巡行宣示，使之從己。《集解》引李奇曰：「徇，略也。」如淳曰：「『徇』音『撫徇』之『徇』，徇其人民。」⑳廣陵　秦縣名，縣治即今江蘇揚州。㉑召平　王鳴盛曰：「〈項羽本紀〉『廣陵人召平矯陳涉命封項梁』，〈呂后本紀〉『齊相召平舉兵欲圍王』，〈蕭何世家〉有『故東陵侯召平，種瓜城東』，三人皆同姓名，非一人。」㉒於是猶言「當是時」。㉓為陳王徇廣陵　作為陳涉的部將，為陳涉帶兵拓地廣陵。陳王，即陳涉，起義後稱陳王，過程詳見〈陳涉世家〉。徇，此處義為攻占、掠取。㉔陳王敗走　即陳涉被秦將章邯打敗被殺，事在秦二世二年十二月。㉕且至　將至。㉖矯陳王命　詐稱是傳達陳涉的命令。矯，假託；詐稱。㉗拜　封拜；任命。㉘楚王上柱國　李笠曰：「『王』字衍。」上柱國，戰國時楚官名，位同丞相，但後世多用為榮譽爵位，而無實權。㉙項梁乃以八千人渡江而西　據〈秦楚之際月表〉，項梁引兵渡江在秦二世二年二月。㉚陳嬰　先歸項氏，後又歸劉邦，為楚元王相，見〈高祖功臣侯者年表〉。㉛東陽　秦縣名，縣治在今安徽天長西北。㉜令史　縣令手下的小吏，《集解》引《漢儀注》云：「令吏曰令史，丞吏曰丞史。」㉝長者　厚道人。㉞殺其令　殺了東陽縣的縣令。當時大縣的長官稱「令」，小縣的長官稱「長」。㉟欲置長　想立一個縣長。按：此處「令」、「長」二字錯落為文，意思相同。㊱無適用　沒有可用的人選。師古曰：「適，主也。」㊲異軍蒼頭特起　意謂要建立一支與眾不同的、不屬於任何人管的軍隊。《集解》引應劭曰：「蒼頭，謂士卒皂巾，若赤眉、青領以相別也。」「蒼頭」、「奮擊」疑是當時人們對「無敵」、「敢死」之兵的一種習用稱呼。㊳暴得大名　突然冒出一個稱王的。暴，突然。大名，指稱帝稱王。〈陳涉世家〉云：「壯士不死即已，死即舉大名耳。」「大名」亦指稱王。㊴易以亡　便於潛逃。㊵非世所指名也　不是被社會上人人指說的人。㊶將非其人不可　恐怕是非他不行。將，推測之辭，意同「恐怕」、「大概」。㊷黥布　亦名「英布」，原為群盜，歸項羽後，為項氏的得力將領。事跡見〈黥布列傳〉。㊸蒲將軍　姓蒲，史失其名。㊹凡　總共。㊺下邳　秦縣名，縣治在今江蘇睢寧西北。㊻秦嘉已立景駒為楚王　時陳涉已被章邯打敗身死，故秦嘉另立景駒為楚王。景駒是戰國時楚國貴族的後代，楚國王室之大族有所謂「昭」「屈」「景」三姓者是也。據〈秦楚之際月表〉，秦嘉之立景駒為王在秦二世二年一月。㊼彭城　即今江蘇徐州。㊽先首事　指最先發動反秦。㊾未聞所在　陳涉實際已死，但外界尚傳說不一，故項梁曰「未聞所在」。㊿倍　通「背」。背叛。(51)逆無道　梁玉繩《志疑》：「逆上脫大字，他本及《漢書》有。」(52)胡陵　秦縣名，在今山東魚臺東南。(53)走死梁地　逃至梁國地面，被追兵所殺。梁地，指今河南省東部一帶地區。戰國時這一帶地區屬於魏國，因魏國建都大梁（今開封市），所以也稱魏國為梁國，稱魏地為梁地。據〈秦楚之際月表〉，項梁破殺秦嘉、景駒在秦二世二年四月。徐孚遠曰：「景駒楚後，非不當立，項氏兵勢已振，亦欲自立後，不肯受事於秦嘉，故以陳王為名而攻之。」(54)章邯秦朝將領，原在朝廷任少府，陳涉的西征軍攻至咸陽附近時，秦朝危急，遂起用以為將，先擊破了陳涉之西征軍，又東進破殺陳涉，現又東進擊項梁。(55)栗　秦縣名，縣治即今河南夏邑。(56)別將　陳涉部下的其他將領。(57)餘樊君　封號名，姓名不詳。(58)薛　秦縣名，在今山東滕縣東南。(59)襄城　秦縣名，即今河南襄城。(60)已拔二句　拔，指攻破城池。阬，將人活埋。諸淩稚隆曰：「羽初出，即以所拔者坑，太史公首次此，見羽之不足為也。」(61)召諸別將會薛計事　事在秦二世二年四月。諸別將，指各路起義軍的將領。按：這是陳涉死後，重新確立項梁為首領的關鍵一會。(62)沛公亦起沛二句　劉邦於秦二世元年九月起兵反秦，因最先攻下沛縣（今江蘇沛縣），劉邦遂為沛縣縣令，故劉邦在為「漢王」前的三年裡，人們都呼之為「沛公」。是年三月，劉邦的部將雍齒據豐邑叛變劉邦，劉邦攻之不下，遂如薛以求項梁。(63)居鄛　秦縣名，縣治在今安徽桐城南。(64)素居家　瀧川曰：「不仕也。」即在家當隱士。(65)好奇計　善為奇計。好，善；擅長。(66)懷王入秦不反　楚懷王，名熊槐，戰國中期的楚國國君，西元前三二八—前二九九年在位。秦昭王詐設武關之會，邀懷王結盟。懷王至，昭王以兵拘之，向懷王要求割地，懷王不允，遂被幽禁，客死於秦。(67)南公　《集解》引文穎曰：「南方老人。」蓋姓字不詳。《漢書・藝文志》有「南公十三篇」，屬陰陽家。(68)楚雖三戶二句　言楚人與秦誓不兩立之決心。《集解》引臣瓚曰：「楚人怨秦，雖三戶猶足以亡秦也。」瀧川曰：「三戶者，言其少耳，乃虛設之辭。」按：舊注有謂「三戶」為亭名、津渡名者；有謂「三戶」為楚之「昭」、「屈」、「景」三姓者，皆穿鑿不可取。(69)蠭午　猶言「蜂擁而起」，《漢書》作「蜂起」。午，《索隱》曰：「凡物交橫為午，言蠭之起，交橫屯聚也。鄭玄曰：『一縱一橫為午。』」(70)楚懷王孫心　客死於秦國的楚懷王的孫子，名心。(71)為人牧羊　郭嵩燾曰：「納在句中，是文家消納法。」按：此即所謂「夾注句」，後文寫「鴻門宴」之座次，「項王、項伯東嚮坐，亞父南嚮坐。亞父者，范增也，沛公北嚮坐，張良西嚮侍。」「亞父者范增也」六字亦「夾注句」。(72)立以為楚懷王　吳見思曰：「孫冒祖號，生襲死謚，寫一時草草可笑。」(73)從民所望也　順從百姓們的希望。王鳴盛曰：「六國之亡久矣，起兵誅暴秦不患無名，何必立楚後？制人者變為制於人，范增謬計，既誤項氏，亦誤懷王。」(74)盱台　同「盱眙」，秦縣名，縣治在今江蘇盱眙東北。(75)亢父　秦縣名，在今山東濟寧南。(76)與齊田榮句　據〈田儋列傳〉，當時齊王田儋被章邯破殺於臨濟，田榮收拾散卒退保東阿，章邯圍東阿，項梁引兵救之，乃擊走章邯，救出了田榮。與此文不同，似應從〈田儋列傳〉。田榮，戰國時齊國諸侯的後裔，田儋之堂弟，陳涉等起事反秦後，田榮與田儋一同起兵於齊。司馬龍且，龍且是楚懷王的將領，官為司馬。東阿，秦縣名，縣治即今山東陽穀東北之阿城鎮。(77)逐其王假　田儋被殺後，田榮又敗守東阿，這時齊人又立了戰國時故齊王田建之弟田假為王，以田角為相，田間為將。田榮出東阿之圍後，引兵回齊，驅逐了田假，另立了田儋之子田市為王，自為齊相。(78)居趙不敢歸　時田間正為田假赴趙國求救，而國內田假被逐，田間遂留趙不敢歸。(79)數使使趣齊兵二句　多次派人來催促齊國出兵，一道西行擊秦。數，頻繁；屢屢。趣，同「促」。催促。(80)與國　友好同盟之國。《集解》引如淳曰：「相與交善為『與國』。與，黨與也。」(81)窮來從我　走投無路的時候來投奔我。窮，困；走投無路。(82)市於齊　和齊國作交易。市，交易。師古曰：「市者，以角、間市取齊兵也。」(83)別攻城陽　另率一支人馬攻取城陽。城陽，秦縣名，也作「成陽」，縣治在今山東鄄城東南。(84)濮陽　秦縣名，縣治在今河南濮陽西南，其縣也是當時東郡的郡治所在地。(85)秦兵收入濮陽　意謂秦兵遂退入濮陽城內據城而守。(86)定陶　秦縣名，縣治在今山東定陶西北。(87)去二句　謂劉邦、項羽遂撤離定陶，向西拓地至雍丘。略地，拓地，擴展地盤。雍丘，秦縣名，即今河南杞縣。(88)大破秦軍二句　據〈秦楚之際月表〉，劉邦、項羽大破秦軍於雍丘，斬李由，事在秦二世二年八月。李由，秦丞相李斯之子，時為三川郡（郡治洛陽）的郡守。(89)還攻外黃　回師攻取外黃。外黃，秦縣名，縣治在今河南民權西北。按：外黃在雍丘東北，故稱「還攻」。(90)起東阿　由東阿出發。(91)西二句　向西進兵，迨至打到定陶的時候。比，及。「比」原作「北」。王念孫《雜志》云，《漢書》作「比」，定陶在東阿西南，不得言北。比，北字相近，故訛為北。今據改。(92)再破秦軍　兩次打敗秦朝軍隊。(93)益輕秦　謂項梁於連續獲勝後遂越來越輕視秦朝軍隊。(94)宋義　凌稚隆引《漢紀》云：「宋義，故楚令尹。」(95)今卒少惰矣　少，同「稍」。惰，鬆懈；渙散。吳見思曰：「本言將驕，諱而言卒，辭令之妙。」(96)秦兵日益　秦朝的軍隊越來越多。(97)高陵君顯　高陵君，名顯，姓氏不詳，「高陵君」是其封號。高陵，秦縣名，《索隱》曰：「高陵，屬琅邪。」(98)論　認為；判斷。(99)徐行即免死二句　意謂項梁那裡很快就要出問題，您如果走慢點，可以躲過去；如果到得早，很可能就要跟著倒霉了。(100)大破之定陶二句　據〈秦楚之際月表〉，項梁敗死在秦二世二年九月。(101)去外黃二句　撤下圍攻外黃的軍隊，轉攻陳留。陳留，秦縣名，縣治在今河南開封東南。(102)今項梁軍破　凌稚隆引董份曰：「項羽不宜自稱季父之名，沛公于羽前亦必不名其季父，『項梁』字誤也。」陳仁錫曰：「『項梁』當作『武信君』。」(103)乃與呂臣軍俱引兵而東　按：句中「軍」字疑為衍文，或「臣」字應作「將」，〈高祖本記〉作「呂將軍」。呂臣，原為陳涉侍從，陳涉兵敗被殺後，呂臣收合殘部，又曾一度攻克陳郡，後歸項梁，事見〈陳涉世家〉。(104)碭　秦縣名，縣治在今河南夏邑東。(105)渡河　謂北渡黃河。(106)趙歇為王四句　趙歇，戰國時趙國諸侯的後代，陳涉起兵後，先是陳涉的部將武臣在邯鄲稱趙王，後來武臣被叛將李良所殺，於是張耳、陳餘擁立趙歇為王，都邯鄲，事在秦二世二年一月。走入鉅鹿城，謂趙歇等先在邯鄲戰敗，東北逃入鉅鹿城也，事在秦二世二年閏九月。陳餘為將，梁玉繩以為陳餘是時將兵在鉅鹿北，此四字乃下文有之而重出者。鉅鹿，秦縣名，亦為鉅鹿郡的郡治所在地，在今河北平鄉西南，當時邯鄲城的東北。(107)王離涉間　皆秦將名。王離，秦國名將王翦之孫。涉間，姓涉名間。張傳璽《秦漢問題研究》以為王離不是章邯的部下，是與章邯並列的秦軍統帥，其級別尚在章邯之上。(108)甬道　兩側築有防禦工事的通道，《集解》引應劭曰：「恐敵抄輜重，故築墻垣如街巷也。」(109)此所謂河北之軍　瀧川曰：「〈高祖本紀〉亦有此語。岡白駒曰：『當時有此成語。』」按：當時義軍以楚、齊、趙三地者為勁旅，亦為各地所盛傳，今楚、齊皆破，獨存趙軍，故敵我雙方皆屬目之。(110)懷王恐二句　按：盱台在彭城東南數百里，項梁等敗於彭城西北後，懷王乃率領群臣由盱台前進至彭城，蓋懷王亦有為之君也。(111)并項羽呂臣軍自將之　按：由此益見懷王非徒擁虛名之傀儡，而是確有相當的實力；亦可由此想像異日項羽殺害懷王的後果非同一般。項羽與懷王的怨隙自此奪軍始。(112)司徒　掌管教化的官名，地位崇高，為古代的「三公」之一。(113)令尹　戰國時楚官名，位同丞相。《集解》引臣瓚曰：「時立楚後，故置官司皆如楚舊。」(114)碭郡長　即碭郡郡守，秦時的碭郡治睢陽，在今河南商丘縣西南。(115)將碭郡兵　按：項羽的兵權被剝奪，而劉邦則被委以「將碭郡兵」，懷王親近劉邦的意向分明。(116)初　猶言「前者」，歷史家追述前事，常以「初」字領起，用法始見於《左傳》。(117)見楚王　按：此「楚王」即楚懷王，前後文之稱謂理應統一。(118)上將軍　非固定官名，蓋令其位居諸將之上，以統領諸將而言。(119)魯公　封地魯縣，即今山東曲阜。(120)次將　按：「次將」「末將」亦非固定職位，只臨時表示其在軍中的地位。(121)諸別將　除懷王已有專門任命（如劉邦）之外的其他楚軍諸將。(122)卿子冠軍　「卿子」是當時對男人的敬稱，「冠軍」猶言「最高統帥」。《集解》引文穎曰：「『卿子』時人相尊之辭，猶言『公子』也。上將，故言『冠軍』。」(123)安陽　古邑名，在今山東曹縣東北。舊注有以今河南省北部之「安陽」當之者，非。(124)搏牛之蝱不可以破蟣蝨　師古曰：「搏，擊也，言以手擊牛之背，可以殺其上虻，而不能破蝨，喻今將兵方欲滅秦，不可盡力與章邯即戰，或未能擒，徒費力也。」《索隱》引鄒氏曰：「言虻之搏牛，本不擬破其上之蟣蝨，以言志在大不在小也。」二說皆可通。(125)罷　同「疲」。(126)鼓行而西　猶言「長驅西下」。鼓行，胡三省曰：「擊鼓而行，堂堂之陣也。」言其公行無忌之狀。(127)舉　克；拔掉。(128)先鬬秦趙　先讓秦、趙兩方彼此相鬥。(129)被堅執銳　披堅甲，執利兵，指衝鋒陷陣。被，同「披」。銳，銳利的兵器。(130)很如羊　《金樓子・立言》引卞彬《禽獸決錄》云：「羊淫而很，豬卑而攣。」《說文》：「很，不聽從也。」按：很者，猶今之所謂「執拗」，不聽招呼。(131)彊不可使　一意專行，不服指揮。史珥曰：「此令明為項羽而設，殺義，勢迫之也。」(132)遣其子宋襄相齊　凌稚隆引屠隆曰：「楚不殺田假，齊不發兵助楚，兩國固有隙者，義何遣子相之？此羽斬義聲其罪曰『與齊謀反』者也。」徐孚遠曰：「田榮與項梁有隙，梁死楚弱，宋義欲結援於齊，以子相之。」按：此亦一說。(133)身送之至無鹽　身，親自。無鹽，秦縣名，縣治在今山東東平東南。(134)飲酒高會　高會，盛大的宴會。按：後文劉邦攻克彭城亦有所謂「日置酒高會」。[135]戮力　合力；并力。[136]士卒食芋菽　《集解》引臣瓚曰：「士卒食蔬菜，以菽雜半之。」芋，芋頭，此處代指蔬菜、野菜。菽，豆類。[137]見糧　現時可用之糧。見，同「現」。[138]因趙食　到趙國就地取食。[139]新造之趙　新建立的趙國。時趙歇等建國僅九個月，故稱「新造」。[140]恤　體憐。[141]社稷之臣　與國家同生死、共憂戚的大臣。社稷，指社稷壇，古代帝王祭祀土神和穀神的地方，後世遂常以「社稷」代指國家。[142]朝　參見。趙翼曰：「古時凡詣人皆曰朝，《呂覽》『堯朝許由于沛澤之中』是也；秦漢時僚屬謁長官亦曰『朝』，《史記》『項羽晨朝上將軍』是也。」[143]宋義與齊謀反楚　按：凡發動政變、兵變奪權，未有不誣對方為「謀反」者。[144]慴服　畏懼；服從。[145]枝梧　同「支吾」。抗拒。[146]今將軍誅亂　按：此句語氣未完，下面應有「固宜為上將軍」云云，因與下面的敘述句重複，故而省略對話，單由敘述語補足。此種例子《史記》多有。[147]乃相與共立羽為假上將軍　假上將軍，代理上將軍。假，權攝；代理。師古曰：「未得懷王之命，故且為『假』也。」郭嵩燾曰：「數語寫得諸將氣奪。項羽之為『假上將軍』亦自為之名耳，諸將於是時倉皇失措，相與推戴之而已。」[148]及之齊　追到齊國，追上了。[149]懷王因使項羽為上將軍　因使，因其請求而使為之。據〈秦楚之際月表〉，項羽殺宋義，懷王命項羽為上將軍在秦二世三年（西元前二〇七年）十一月（當時以十月為歲首）。此懷王無可奈何事也，其與項羽的矛盾又進一步發展。[150]當陽君　即黥布。[151]渡河　渡黃河。《正義》以此為渡漳河，與下文「項羽軍漳南」云云不合。[152]少利　謂稍許有些勝利。〈黥布列傳〉云：「項籍使布先渡河擊秦，布數有利」，可資參證。[153]皆沉船三句　《太公六韜．必出》云：「先燔吾輜重，燒吾糧食。」《太平御覽》引《太公六韜》云：「武王伐殷，乘舟濟河，兵車出，壞船於河中；所過津梁，皆悉燒之。」《孫子．九地》：「帥與之期，如登高而去其梯，焚舟破釜，若驅群羊而往。」項羽所為，蓋亦古兵法所示也。釜，鍋。甑，蒸飯的瓦罐之類。[154]絕其甬道二句　中井曰：「是謂章邯軍也，非王離。」按：中井說是。圍鉅鹿者，王離也；護甬道以支持鉅鹿之圍者，乃章邯也。又，據〈秦楚之際月表〉項羽破章邯絕甬道，在秦二世三年十二月，虜王離在三年一月（當時以十月為歲首）。[155]諸侯軍救鉅鹿下者十餘壁　瀧川引中井曰：「『下』字疑衍，《漢書》無。」壁，營壘。[156]惴恐　恐懼。[157]項羽召見諸侯將二句　瀧川曰：「毛本重『諸侯將』三字。」按：武英殿本亦作「項羽召見諸侯將，諸侯將入轅門」，似重出「諸侯將」三字者為是，蓋非此不能統一這段文字的風格，亦非此不足以見當時之氣勢。轅門，《集解》引張晏曰：「軍行以車為陣，轅相向為門，故曰轅門。」後世即用為營門之義。[158]無不膝行而前二句　劉辰翁曰：「敘鉅鹿之戰，踊躍振動，極羽本生。」茅坤曰：「項羽最得意之戰，太史公最得意之文。」陳仁錫曰：「疊用三『無不』字，有精神。《漢書》去其二，遂乏氣魄。」凌約言曰：「羽殺會稽守，則『一府慴伏，莫敢起』；羽殺宋義，『諸將皆慴伏，莫敢枝梧』；羽救鉅鹿，『諸侯莫敢縱兵」；已破秦軍，「諸侯膝行而前，莫敢仰視」，勢愈張而人愈懼，下四「莫敢」字，而羽當時勇猛可想見也。」(159)諸侯皆屬焉　梁玉繩曰：「『諸侯』下疑缺『將』字，《漢書》作『兵皆屬焉』。」(160)棘原　地名，當在今河北平鄉南。(161)漳南　漳水南岸。漳水源於今山西昔陽西南，東南流經河北磁縣南，東北流經今廣宗、棗強、景縣入黃河。(162)讓章邯　責備其連連敗退。讓，責備。(163)長史欣　即司馬欣，前為櫟陽獄掾者。長史，大將軍或丞相手下的屬官，為諸史之長，故稱「長史」，地位相當高。(164)請事　請求對有關事情的指示。(165)咸陽　秦朝都城，在今陝西咸陽東北。(166)留司馬門　在司馬門等候接見。司馬門，在宮廷的前門之外，以其有兵士護守，故云。司馬，武官名。(167)趙高　秦宦官，始皇死後，與李斯合謀殺死公子扶蘇，立胡亥為帝。後又殺死李斯，自己為丞相。事見〈秦始皇本紀〉、〈李斯列傳〉。(168)出故道　走來時走的道。出，經由。(169)孰計之　好好地考慮這件事。孰，同「熟」。(170)遺章邯書　致書與章邯。遺，給；致。(171)白起　昭王時代的秦國名將，事跡詳見〈白起王翦列傳〉。(172)南征鄢郢　據〈秦本紀〉，昭王二十八年（西元前二七九年），白起拔楚鄢（今湖北宜城東南）；二十九年（西元前二七八年），拔楚之郢都（今湖北江陵西北），於是楚國被迫東北遷於陳。(173)北阬馬服　馬服，原指趙奢，趙惠文王時的將領，被封為馬服君，這裡是指趙奢的兒子趙括。秦昭王四十七年（西元前二六〇年），白起大破趙括軍於長平，坑趙卒四十餘萬，事見〈白起王翦列傳〉、〈廉頗藺相如列傳〉。(174)而竟賜死　白起破趙有功，遭秦相范雎嫉恨，白起稱病辭職，後又因不聽秦昭王的指使，遂被賜劍自裁。(175)蒙恬　秦朝名將，蒙驁之孫，蒙武之子，於滅齊中立有大功，後又北逐匈奴，開拓了今內蒙古河套一帶地區。始皇死後，被秦二世殺害於陽周。(176)戎人　即指匈奴。(177)榆中　古地區名，即今陝西北部以及內蒙古河套一帶地區。(178)竟斬陽周　被殺在陽周縣的監獄。陽周，秦縣名，縣治在今陝西子長北。(179)素諛　一貫地向皇帝諂媚奉承。(180)事急　指秦王朝已亂到了這種樣子。(181)欲以法誅將軍以塞責　想找藉口殺死你以搪塞他的責任。(182)多內卻　在朝廷裡仇人眾多。卻，矛盾；隔閡。(183)孤特獨立　孤立無援。「孤」、「特」都是「單獨」的意思。李笠曰：「『孤』『特』『獨』三字義同，累用不詞，『特』疑『恃』字之誤，陸機〈文賦〉云『孤峙獨立』，蓋襲此文。」(184)還兵　掉轉矛頭。(185)與諸侯為從　與東方的起義軍聯合。從，同「縱」。合縱；聯合。早在戰國時代就稱東方各國的聯合為「縱」，稱秦與東方的聯合曰「衡」，今陳餘仍用其說。(186)身伏鈇質　指被腰斬。鈇，古時斬人用的大斧，《漢書》於此逕作「斧」。質，砧板，亦殺人用的刑具。(187)妻子為僇　妻、子連帶被殺，指滅族。僇，殺。(188)陰使候始成使項羽　暗中派軍候始成去會晤項羽。候始成，軍候名始成，史失其姓。軍候，校尉屬下的軍官。古時將軍統領若干「部」，「部」的長官曰「校尉」；「部」下有「曲」，「曲」的長官曰「軍候」。(189)三戶　即三戶津，漳水上的渡口名，在今河北磁縣西南。(190)軍漳南　中井曰：「前稱羽『軍漳南』，此遣軍『渡三戶』，則往駐漳北也。此『漳南』當作『漳北』。」按《漢書》亦作「漳南」，同誤。[191]汙水　源出河北武安西太行山，東南流，在臨漳西注入漳水。[192]大破之　徐孚遠曰：「已約降而再擊之，則邯無戰心而破之易；其兵愈敗，則反顧之念絕，所以促其降也。」按：據〈秦楚之際月表〉，章邯投降項羽在秦二世三年七月。[193]期洹水南殷虛　期，約定，此指約定會面。洹水，即今河南安陽北的安陽河。殷虛，殷朝故都的廢墟，在今安陽市西小屯村。[194]立章邯為雍王　按：此雖封章邯為雍王，而實已奪其兵權。雍，秦縣名。縣治在今陝西鳳翔南。[195]使長史欣為上將軍二句　司馬欣與項氏有故交，故立以為上將軍，於此見項羽之用人全憑感情。[196]新安　秦縣名，縣治在今河南澠池城東。[197]諸侯吏卒句　諸侯吏卒，指東方起義軍的將士，即項羽部下。異時，昔日，指秦朝統治時期。繇使屯戍，指被徵調服徭役或屯守邊地。秦中，漢時人們對關中地區的習慣稱呼。[198]遇之多無狀　對待他們常常不像話，蓋關中人以自己是秦朝故地的舊子民而盛氣淩人。無狀，不禮貌；不像樣。[199]奴虜使之　把他們當做奴隸使喚。[200]輕折辱　隨隨便便地侮辱。輕，隨意；不當一回事。[201]入關　入函谷關（在今河南靈寶東北）。[202]即不能　如果不能勝秦。即，若。[203]諸侯虜吾屬而東　這些東方人定將威脅著我們一齊逃向東方。吾屬，我們這些人。[204]微聞其計　隱隱約約地聽到了他們的這些議論。計，計議；議論。[205]至關中不聽　進關後如果不聽指揮。關中，函谷關以西，即今陝西中部的渭水流域地區，是秦朝統一六國前的本土，與前文之「秦中」涵義大體相似。不聽，不聽指揮，意即叛變。[206]都尉翳　即董翳，原在章邯部下任都尉。都尉，這裡是軍職名，其地位略低於將軍。[207]夜擊阬秦卒句　據〈秦楚之際月表〉，此事在漢元年（西元前二〇六年）十一月，劉邦已在一個月前進駐秦都咸陽。茅坤曰：「秦吏卒之『竊言』者，特恐不能入關破秦耳，使羽能因其危懼厚為金錢以與之，以非望之恩結其心；又以諸侯兵之力戰所始破秦軍于趙者以壯其氣，則二十萬眾皆吾助也，何必坑哉?」史珥曰：「羽之亡始於此，成於咸陽，蓋不待義帝之死也。」

【語譯】秦二世元年，七月，陳涉等人在大澤鄉宣告起義。這年的九月，會稽郡守殷通對項梁說：「現在長江以西全部造反，看來是老天爺真要滅掉秦朝了。俗話說先發者制人，後發者就要被人所制。因此我也想起兵，想請您和桓楚當我的將軍。」當時桓楚因為犯罪逃亡到大澤中去了。項梁說：「桓楚逃亡在外，沒人知道他的下落，只有我姪兒項籍知道。」說完就出來找項籍，讓他手提寶劍在外頭等著。項梁自己又進去陪著郡守坐了一會兒。然後說：「請您叫項籍來，讓他去找桓楚吧。」郡守說：「好的。」於是項梁就把項籍叫了進來。又過了一會兒，項梁給項籍使了個眼色，說：「可以動手了！」於是項籍拔出劍來就砍下了郡守的人頭。而項梁則拎著郡守的人頭，把郡守的印綬佩在自己身上。這時郡守的手下人都嚇壞了，紛紛亂作一團。項籍趁勢一連殺了近百個人，其餘的都嚇得趴在地上，誰也不敢再動了。這時項梁就把他平日所了解的那些豪強大吏們找來，告訴他們自己要幹的事情，於是就在吳中發兵起義了。接著他就派人去接管了會稽郡下屬的各縣，徵集到了精兵八千人。項梁安排吳中的這些豪傑們分別擔任軍中的校尉、軍候、司馬等職。有一個人沒被派到差使，他不服氣地找到了項梁，項梁說：「過去辦某件喪事的時候，我曾讓你去辦一件事，結果你沒能辦好，說明你無能，所以現在不能委派你。」大家聽了都很心服。於是項梁自己就當了會稽郡守，讓項籍做他的副將，並以會稽郡守的名義派人到下屬各縣去宣布命令，安撫民眾。

2 這時，廣陵人召平正替陳涉帶兵南來奪取廣陵，未能拿下。緊跟著召平也聽說陳涉已經被秦兵打敗，逃走了，而秦兵又很快就要來到。於是他就渡過長江來到項梁這裡，假傳陳王的命令，拜項梁為上柱國，說：「江東現在已經平定，請趕快發兵西進攻秦！」項梁於是率領著部下的八千人渡江向西。這時項梁聽說陳嬰已經攻下了東陽，就派人去和他聯絡，請他一同聯兵西進。陳嬰原是東陽縣的一個小吏，平時在縣裡謙謹守信，是有名的老好人。後來當東陽縣的青年們殺掉了縣令，會集了幾千人，想要推舉一位縣長時，找不到合適人選，於是他們就去請陳嬰。陳嬰推辭說自己幹不了，青年們不聽，硬是推他做了縣長。這時全縣願意跟著幹的已經有兩萬多人。東陽縣的青年們有的便想索性立陳嬰為王，不歸屬任何人，來他一個異軍突起。這時陳嬰的母親對陳嬰說：「自打我進你們陳家門做媳婦開始，就沒聽說過你們家祖上出過什麼貴人，今天突然得到一個帝王的名稱，這是不吉利的。不如去歸附於某個人，那樣事情成功了可以封侯，事情失敗了也容易逃脫。因為你不會成為一個被全國所點名通緝的人，不至於讓世人全數落你。」陳嬰一聽嚇得再也不敢想稱王的事了。他對那些軍官們說：「項家世代為將，名震楚國，現在要想成大事，恐怕非他們不可。我們如果能攀附上他們這種名門大族，就一定能夠推翻秦朝啦。」於是大家都聽他的話，跟著他投奔了項梁。項梁渡過淮水之後，黥布與蒲將軍也率兵前來歸附了他。項梁這時已有六七萬人，駐紮在下邳。

3 這時，秦嘉已經另立了景駒為楚王，駐軍彭城以東，想阻截項梁的軍隊。項梁對他的部下們說：「陳王是最早起事的，他因為作戰失利後下落不明，秦嘉就居然背叛了他，另立景駒為王，真是大逆不道。」於是揮兵進擊秦嘉。秦嘉被打敗，逃走了。項梁率軍追到胡陵，秦嘉又回兵抵抗了一整天。最後秦嘉戰死，軍隊全部投降。景駒逃走後死在梁地。項梁收編了秦嘉的軍隊後，駐紮在胡陵，準備繼續西征。這時秦將章邯的軍隊已到了栗縣，項梁派部將朱雞石、餘樊君前去迎敵，結果餘樊君戰死，朱雞石兵敗，逃回了胡陵。於是項梁乃率軍移駐薛縣，處決了朱雞石。在此之前，項梁已經派項羽分兵攻打襄城。剛開始襄城堅守不下，最後被項羽硬攻了下來，項羽一怒把襄城的男女老少全都活埋了。項羽回去把戰果告訴了項梁。這時項梁已經知道陳王的確是死了，於是就召集各路將領一齊到薛縣商議大事。這時劉邦亦於沛縣起事，並且前來參加。

4 這時居鄛人范增已經七十歲了，平素隱居不出，善為奇謀妙算，他前去給項梁出主意說：「陳勝的失敗是理所當然的。想當初秦朝滅掉六國的時候，楚國是最無罪的。自從楚懷王被騙到秦國死在那裡後，楚國人到今天還非常同情他。楚國有位南方老人曾說過：『即使楚國就剩下了三戶人家，將來滅秦的也必然是楚國人。』可是今天陳勝起事時，不立楚國的後代，而自立為王，因此，他的勢力就當然長久不了。您從江東起兵以來，所以有那麼多楚國將領前來歸附，就因為您們項家世世代代為楚將，大家相信您能夠再次扶立一個楚國的後代。」項梁聽范增的話有理，於是就派人去找來了楚懷王的一個孫子，他名字叫心，當時正流落在民間給人放羊。項梁便立他為王，而且仍稱他為楚懷王，為的是順應當時百姓們的心情願望。同時封陳嬰為上柱國，並給他五個縣作封地，讓他陪同楚懷王一起住在國都盱台。項梁自己號稱武信君。

5 休整了幾個月之後，項梁率軍攻打亢父，接著又與齊國的田榮、楚國的司馬龍且合兵援救被秦兵所困的東阿，大敗秦軍於東阿。東阿解圍後，田榮隨即引兵東歸，驅逐了當時被齊人所立的田假。田假逃到楚國，田假的宰相田角逃到了趙國。田角的弟弟田間是田假時期的將領這時正出使趙國，聽到齊國政變後也留在趙國不敢回去了。於是田榮就扶立田儋的兒子田市做了齊王。這時項梁正趁著東阿大捷的餘威乘勝追擊秦軍，他幾次派使者來催促田榮，讓他出兵一起西進擊秦，田榮說：「要是你們楚國能殺掉田假，趙國能殺掉田角、田間，我就出兵。」項梁說：「田假是我們盟國的國君，人家走投無路來投奔我們，我們怎能忍心殺他呢？」

趙國也不願殺田角、田間來與齊國作交易。於是田榮也就以此為藉口拒絕發兵幫助楚國攻秦。不久項梁派劉邦和項羽率兵攻打城陽，攻下後又把全城人都殺了。接著項梁又率兵西進，大破秦軍於濮陽城東，秦軍收兵退入濮陽城內。這時劉邦、項羽又率兵轉攻定陶，沒有攻下，於是劉邦、項羽乃引兵西去，到達雝丘，在雝丘大破秦軍，殺死了秦將李由。接著又回兵攻打外黃，沒有攻下。

6 自從項梁率兵從東阿乘勝西進以來，在他到達定陶時，又一次大破秦軍。再加上項羽那邊又殺了李由，因此他就越來越瞧不起秦軍，越來越驕傲起來。宋義見此情形就勸導項梁說：「剛打了一個勝仗，假如為將的就因此驕傲，當兵的就因此鬆懈，那以後就非敗不可。現在我們的士兵們已經開始鬆懈了，而秦朝的援兵則越來越多，這種局面我很替您擔心。」項梁不聽，他找了一個藉口打發宋義出使去了齊國。宋義在半道上正好遇到了齊國派往楚國的使者高陵君顯，宋義問他：「您這是要去見武信君嗎？」高陵君說：「是的。」宋義說：「我估計武信君的軍隊很快就要失敗，您要是慢點兒走，可能就不致遇難。您要是走得太快，就說不定會遭受殺身之禍了。」結果秦朝真的調集了所有的兵力增援章邯，突然對項梁發起了攻擊，大破楚軍於定陶，項梁戰死。劉邦、項羽也只好離開外黃，轉攻陳留。陳留人堅守城池未能攻下，劉邦、項羽兩人合計說：「現在項梁的大部隊被敵人打敗，我們的軍心已經動搖了。」於是他們便和呂臣等一起引兵向東撤退。最後呂臣的軍隊駐紮在彭城東，項羽的部隊駐紮在彭城西，劉邦的部隊駐紮在碭縣。

7 章邯打敗項梁的軍隊後，就覺得對楚地的起義軍不用太擔心了。於是他就渡過黃河，來攻擊北方的趙國。趙國倉促應戰，被章邯打得大敗。這時候，趙歇是趙國的國王，陳餘是趙國的大將，張耳是趙國的宰相，他們都退進了鉅鹿城內。章邯命令王離、涉間二將領兵將鉅鹿團團圍住，他自己率大軍駐紮在鉅鹿的南面，中間修築了一條甬道互相聯接，從甬道中給王離、涉間輸送糧草。而陳餘是趙國的將軍，他率領著幾萬人駐紮在鉅鹿的城北，這就是當時人們所說的「河北之軍」。

8 再說楚國自從項梁的軍隊在定陶被章邯擊破後，楚懷王感到很惶恐，於是他自己從盱台前進到了彭城，他把項羽、呂臣的軍隊接收過來，歸自己統領。改任呂臣為司徒，任呂臣的父親呂青為令尹，讓劉邦當碭郡的郡長，封他為武安侯，統領碭郡的軍隊。

9 當初宋義出使齊國時半路上遇見的齊國使者高陵君顯，這時正在楚國的兵營中。他對楚懷王說：「宋義早就預言過武信君必敗，結果沒過幾天，武信君果然失敗了。還沒有打仗，就能先看出他失敗的徵兆，這真可以說是懂得用兵之道了。」楚懷王一聽，立即派人把宋義找了來，和他談論了一回，心裡很高興，遂即任命他為上將軍；封項羽為魯公，讓他為次將；讓范增為末將。派他們一起率兵救趙。還有其他的一些將領，楚懷王也通通把他們劃到了宋義的部下，宋義號稱為「卿子冠軍」。當這支軍隊前進到安陽的時候，忽然停下來不走了，而且一停就是四十六天。項羽對宋義說：「現在趙王正被秦軍圍困於鉅鹿，我們應該趕緊率兵渡河。這樣我們從外向裡打，趙軍從裡向外接應，就絕對可以打敗秦軍。」宋義說：「不對，牛蝱是用來螫牛的，而不是為了對付牛身上的那些蝨子。現在秦兵正在攻打趙國，如果秦兵打贏了，那他們自己也必然落得個疲憊不堪。到那時我們再乘機收拾他們；如果秦兵被趙國打敗，那我們就可以浩浩蕩蕩地擂鼓長驅西進，就可以一下子滅掉秦朝了。所以目前我們不如先讓秦、趙兩方互相火併。論衝鋒陷陣，我比不上您；要說到籌謀劃策，您就不如我了。」說罷宋義就命令全軍：「凡是兇猛如虎、執拗如羊、貪婪如狼、頑固而不聽使喚的，一律斬首。」而後又派他的兒子宋襄到齊國去做宰相，他還親自把他一直送到無鹽縣，並在那裡大擺筵席。而當時天氣很冷，又下著大雨，士兵們都又冷又餓。項羽對左右的人們說：「現在應該集中一切力量與秦兵作戰，可是我們卻長期地在這裡停留不前。現在年荒人窮，士兵們吃的都是野菜摻半的飯食，軍中連一點存糧都沒有了。可是作為將軍的宋義還在那裡大擺筵席；他不趕緊領兵渡河去到趙國就地取糧，去和趙國合力攻秦，卻說要等秦軍的疲憊不堪才乘機進攻！現在讓如此強大的秦軍去攻打一個新建不久的趙國，那是肯定要把趙國滅掉的。趙國一被滅掉，秦軍就會變得更強大，還有什麼疲憊不堪的機會等著我們去進攻呢！再說我們楚國的軍隊剛剛失敗不久，我們的懷王急得坐立不安，他把我們全國的軍隊集中起來都交給了上將軍一個人，我們整個國家的安危就決定在這次行動上。可是我們的上將軍現在竟然完全不體恤士兵，只顧徇他的私情，他不是一個忠於國家的人！」於是他就趁著清早參見宋義的機會，在大帳中把宋義的頭給斬了，然後出來對全軍說：「宋義勾結齊國企圖謀反，懷王密令我把他殺掉。」這時所有的將領都被嚇得服服貼貼，沒有一個人敢抗拒。大家都說：「當初第一個擁立懷王的，就是您們項家，現在您又為楚國殺掉了亂臣！」於是大家一致推舉項羽代行上將軍的職權。項羽派人去追宋義的兒子宋襄，追到齊國把他也殺掉了。項羽派桓楚去向懷王報告這件事情的過程。懷王只好順從地任命項羽做了上將軍，讓當陽君、蒲將軍等都歸項羽統轄。

10 項羽殺了卿子冠軍宋義以後，威震楚國，名聞天下。於是項羽就派當陽君、蒲將軍率領兩萬人渡過黃河去救鉅鹿。二將過河後，初步取得了一些勝利，陳餘又向項羽請求增兵。於是項羽遂率領全軍渡河。過河後，項羽下令把全部船隻沉入河底，把全部鍋碗一律砸了，把全部帳篷一律燒掉。只帶著三天的糧食，以此來向士兵們表示一種只有前進、只有勝利而絕不能後退的決心。楚軍一到鉅鹿，就立即包圍了王離的部隊，隨即與秦軍開戰，經過多次戰鬥，終於截斷了秦軍的運輸通道，接著大破秦軍，殺死了蘇角，俘虜了王離。涉閒不投降，自焚而死。當兩軍交戰的時候，楚兵英勇無比，而各地來援救鉅鹿的軍隊有十幾座大營，卻沒有一處敢出來與秦軍作戰。等到項羽的軍隊與秦軍作戰了，這些援軍的將領們都一個個站在營壘上遠遠觀望。楚軍的戰士們無不以一當十，殺聲震天。其他各路援軍見到這種情景，一個個嚇得膽戰心驚。等到楚軍擊敗秦軍後，項羽召見這些各路的將領，這些將領們進轅門的時候，一個個都是跪在地上，用膝蓋挪著進去的，誰也不敢抬起頭來往上看。從此項羽便成了諸侯們共同的上將軍，各路諸侯都歸項羽統轄。

11 這時，章邯的大營駐紮在棘原，項羽的大營駐紮在漳南。兩軍對峙，尚未正式開戰，但是秦軍已經連連地向後退卻了，這種形勢使秦二世大為惱火，於是他派人來斥責章邯。章邯很害怕，派他的長史司馬欣去到朝中說明原委，請求指示。司馬欣到達了咸陽後，在司馬門一連等了三天，趙高都不接見，表現出了對他們不信任的意思。司馬欣害怕了，馬上離開咸陽逃回了自己的軍隊，他怕趙高追趕，所以沒有從舊路上走。結果趙高真的派人去追了，只是沒追上。司馬欣趕回軍中，向章邯報告說：「只要有趙高在朝裡專權，下面的人就別想幹得成事。如今的仗我們要是打勝了，趙高就會嫉妒我們的功勞；要是打敗了，我們就都將被趙高所殺。這種事情，您還得好好考慮考慮。」這時趙國的陳餘也寫了一封信對章邯說：「當初白起為秦國的將軍，向南攻克了楚國的鄢、郢二城，向北活埋了趙括的軍隊四十萬人，攻城拓地，數量多得沒法計算，結果竟落了個賜死的結局；蒙恬給秦國當將軍，向北驅逐了匈奴，為秦國開拓了榆中一帶地盤幾千里，而最後竟落得個在陽周被殺。這都是為什麼呢？就是因為他們的功勞太大，秦朝沒有辦法再封賞他們，所以就找個藉口把他們殺了。現在您為秦朝當將軍也已經三年啦，您在各次戰爭中折損的人馬已經有幾十萬了。而各地造反的人卻紛紛而起，越來越多。趙高在朝裡一貫用花言巧語討好秦二世，現在秦國的形勢危急到這種地步，他也怕二世殺他。他為了推脫罪責，免除禍難，就會想辦法把您殺掉，而另派一個人來代替您。您帶兵在外時間已經很長了，您和朝裡的人們也有許多矛盾。這樣下去，您必然是有功也得被殺，沒功也得被殺。況且老天爺要滅亡秦朝，這是無論多麼傻的人也看得出來的。現在您對內不能做一個直言敢諫的大臣，在外又做了個連打敗仗的將領，您孤立一人，無依無靠，還想長期保全，這辦得到嗎？您為什麼還不掉轉大軍來與東方的諸侯們互相聯合，一起去攻打秦朝呢？您和大家一道滅掉秦朝，瓜分土地，自己也來個南面稱王。這和您那種白白送死、全家被殺相比，究竟哪條路子好！」章邯見信後猶豫不決，但他暗中也派了軍候始成去見項羽，想要和他談判定盟，結果沒有談成。於是項羽就派蒲將軍日夜兼程，帶兵渡過了三戶津，來到了漳水南岸。蒲將軍與秦軍接戰，秦軍又失敗了。接著項羽全軍出動，在汙水上對秦軍發起總攻，結果把秦軍打得一敗塗地。

12 章邯無奈，只好又派人去見項羽，請求訂立盟約。項羽召集他的部下們一道商量，說：「眼下我們的糧草太少，我想接受他們的請求。」部下們都一齊說：「好。」因此項羽約了一個時間在洹水南岸的殷虛上與章邯見了面。雙方簽好盟約後，章邯流著眼淚向項羽訴說了趙高專權害人的情景。於是項羽就封章邯為雍王，把他留在自己的軍中，而封章邯的長史司馬欣為上將軍，讓他統領著章邯的軍隊在前頭給自己開路。

13 當他們西進到新安的時候，由於過去一些當兵服徭役的東方人，每當路過關中地區的時候，關中的吏卒總是歧視虐待他們；現在秦兵投降了東方諸侯，於是東方的官兵們也就乘著機會反過來把他們看作奴隸，隨隨便便地凌辱他們。於是這些秦國的士兵們有的就在下面悄悄議論說：「章將軍騙著我們投降了東方諸侯，一道去打關中。如果我們真能打進關去滅了秦朝，那當然是很好了；如果進不了關、滅不了秦，那時諸侯們就會裹挾著咱們一起回他們東方去，到那時秦朝就必然要把我們的父母妻兒統統殺光了。」這些話漸漸地傳到了楚軍將領的耳朵裡，他們立刻報告了項羽。項羽於是把黥布、蒲將軍召來說：「現在秦軍的人數是很多的，他們對我們也不服氣，等到進關後萬一他們不聽指揮，那局面就危險了。不如現在就把他們全殺了，只留下章邯、司馬欣和董翳三個人，帶著他們一起進關。」於是當夜就命令楚軍在新安城南把二十幾萬秦朝降兵統統活埋了。

1 行略定秦地❶。函谷關❷有兵守關，不得入。又聞沛公已破咸陽，項羽大怒，使當陽君等擊關❸。項羽遂入，至于戲西❹。沛公軍霸上❺，未得與項羽相見。沛公左司馬❻曹無傷使人言於項羽曰：「沛公欲王關中，使子嬰為相❼，珍寶盡有之❽。」項羽大怒，曰：「旦日饗士卒❾，為擊破沛公軍❿！」當是時，項羽兵四十萬，在新豐鴻門⓫；沛公兵十萬，在霸上。范增說項羽曰：「沛公居山東⓬時，貪於財貨，好美姬。今入關，財物無所取，婦女無所幸⓭，此其志不在小。吾令人望其氣⓮，皆為龍虎，成五采，此天子氣也⓯。急擊勿失。」

2 楚左尹項伯⓰者，項羽季父⓱也，素善留侯張良。張良是時從沛公，項伯乃夜馳之沛公軍，私見張良，具告以事，欲呼張良與俱去。曰：「毋從俱死⓲也。」

張良曰：「臣為韓王送沛公[19]。沛公今事有急，亡去不義，不可不語。」良乃入，具告沛公。沛公大驚，曰：「為之柰何？」張良曰：「誰為大王為此計者[20]？」曰：「鯫生[21]說我曰：『距關毋內諸侯[22]，秦地可盡王也。』故聽之。」良曰：「料大王士卒足以當項王乎[23]？」沛公默然，曰：「固不如也，且為之柰何[24]？」張良曰：「請往謂項伯，言沛公不敢背項王也。」沛公曰：「君安與項伯有故？」張良曰：「秦時與臣游，項伯殺人，臣活之[25]。今事有急，故幸來告良。」沛公曰：「孰與君少長[26]？」良曰：「長於臣。」沛公曰：「君為我呼入，吾得兄事之。」張良出，要項伯。項伯即入見沛公。沛公奉卮酒為壽[27]，約為婚姻[28]，曰：「吾入關，秋豪[29]不敢有所近，籍吏民[30]，封府庫，而待將軍。所以遣將守關者，備他盜之出入與非常[31]也。日夜望將軍至，豈敢反乎！願伯具言臣之不敢倍德[32]也。」項伯許諾。謂沛公曰：「旦日不可不蚤自來謝項王[33]。」沛公曰：「諾。」於是項伯復夜去，至軍中，具以沛公言報項王。因言曰：「沛公不先破關中，公豈敢入乎？今人有大功而擊之，不義也，不如因善遇之。」項王許諾[34]。

3 沛公旦日從百餘騎來見項王，至鴻門，謝曰：「臣與將軍戮力而攻秦。將軍戰河北，臣戰河南。然不自意能先入關破秦[35]，得復見將軍於此。今者有小人之言，今將軍與臣有郤[36]。」項王曰：「此沛公左司馬曹無傷言之，不然，籍何以至此[37]？」項王即日因留沛公與飲。項王、項伯東嚮坐[38]。亞父[39]南嚮坐。亞父者，范增也。沛公北嚮坐，張良西嚮侍。范增數目項王，舉所佩玉玦以示之者三[40]，項王默然不應。范增起，出召項莊[41]。謂曰：「君王為人不忍[42]，若[43]入前為壽，壽畢，請以劍舞，因擊沛公於坐，殺之。不者，若屬皆且為所虜。」莊則入為壽，壽畢，曰：「君王與沛公飲，軍中無以為樂，請以劍舞。」項王曰：「諾。」項莊拔劍起舞，項伯亦拔劍起舞，常以身翼蔽[44]沛公，莊不得擊。於是張良至軍門，見樊噲[45]。樊噲曰：「今日之事何如[46]？」良曰：「甚急。今者項莊拔劍舞，其意常在沛公也。」噲曰：「此迫矣，臣請入，與之同命[47]。」噲即帶劍擁盾[48]入軍門。交戟之衛士[49]欲止不內，樊噲側其盾以撞，衛士仆地，噲遂入。披帷[50]西嚮立[51]，瞋目[52]視項王，頭髮上指，目眥[53]盡裂。項王按劍而跽[54]曰：「客何為者？」張良曰：「沛公之參乘[55]樊噲者也。」項王曰：「壯士！賜之卮酒。」則與斗卮[56]酒。噲拜謝，起，立而飲之。項王曰：「賜之彘肩。」則與一生彘肩[57]。樊噲覆其盾於地，加彘肩上，拔劍切而啗[58]之。項王曰：「壯士，能復飲乎？」樊噲曰：「臣死且不避，卮酒安足辭！夫秦王有虎狼之心，殺人如不能舉[59]，刑人如恐不勝[60]，天下皆叛之。懷王與諸將約曰：『先破秦入咸陽者王之。』今沛公先破秦入咸陽，豪毛不敢有所近，封閉宮室，還軍霸上，以待大王來。故遣將守關者，備他盜出入與非常也。勞苦而功高如此，未有封侯之賞，而聽細說[61]，欲誅有功之人。此亡秦之續耳，竊為大王不取也[62]。」項王未有以應[63]，曰：「坐。」樊噲從良坐。坐須臾，沛公起如廁，因招樊噲出。

4 沛公已出，項王使都尉陳平[64]召沛公。沛公曰：「今者出，未辭也，為之奈何？」樊噲曰：「大行不顧細謹，大禮不辭小讓[65]。如今人方為刀俎[66]，我為魚肉，何辭為？」於是遂去，乃令張良留謝。良問曰：「大王來何操？」曰：「我持白璧一雙，欲獻項王；玉斗[67]一雙，欲與亞父。會其怒，不敢獻。公為我獻之。」張良曰：「謹諾。」當是時，項王軍在鴻門下，沛公軍在霸上，相去四十里。沛公則置車騎[68]，脫身獨騎，與樊噲、夏侯嬰、靳彊、紀信[69]等四人持劍盾步走，從酈山[70]下，道芷陽間行[71]。沛公謂張良曰：「從此道至吾軍，不過二十里耳。度我至軍中，公乃入。」沛公已去，間至軍中[72]，張良入謝，曰：「沛公不勝桮杓[73]，不能辭。謹使臣良奉白璧一雙，再拜獻大王足下；玉斗一雙，再拜奉大將軍[74]足下。」項王曰：「沛公安在？」良曰：「聞大王有意督過[75]之，脫身獨去，已至軍矣。」項王則受璧，置之坐上。亞父受玉斗，置之地，拔劍撞而破之，曰：「唉！豎子不足與謀[76]。奪項王天下者，必沛公也。吾屬今為之虜矣[77]。」沛公至軍，立誅殺曹無傷[78]。

5 居數日，項羽引兵西屠咸陽，殺秦降王子嬰，燒秦宮室，火三月不滅；收其貨寶婦女而東。人或說項王[79]曰：「關中阻山河四塞[80]，地肥饒，可都以霸[81]。」項王見秦宮室皆以[82]燒殘破，又心懷思欲東歸，曰：「富貴不歸故鄉，如衣繡夜行，誰知之者[83]！」說者曰：「人言楚人沐猴而冠[84]耳，果然。」項王聞之，烹說者。

6 項王使人致命[85]懷王。懷王曰：「如約[86]。」乃尊懷王為義帝[87]。項王欲自王，先王諸將相。謂曰：「天下初發難時，假立諸侯後[88]以伐秦。然身被堅執銳首事，暴露於野三年，滅秦定天下者，皆將相諸君[89]與籍之力也。義帝雖無功，故當分其地而王之[90]。」諸將皆曰：「善。」乃分天下，立諸將為侯王。項王、范增疑沛公之有天下[91]，業已講解，又惡負約，恐諸侯叛之[92]。乃陰謀[93]曰：「巴、蜀[94]道險，秦之遷人皆居蜀[95]。」乃曰：「巴、蜀亦關中地也[96]。」故立沛公為漢王，王巴、蜀、漢中[97]，都南鄭。而三分關中，王秦降將以距塞漢王[98]。項王乃立章邯為雍王，王咸陽以西，都廢丘(99)。長史欣者，故為櫟陽獄掾，嘗有德於項梁；都尉董翳者，本勸章邯降楚。故立司馬欣為塞王，王咸陽以東至河(100)，都櫟陽(101)；立董翳為翟王，王上郡(102)，都高奴(103)。徙魏王豹為西魏王，王河東(104)，都平陽(105)。瑕丘申陽(106)者，張耳嬖臣(107)也，先下河南(108)，迎楚河上(109)，故立申陽為河南王，都雒陽。韓王成因故都，都陽翟(110)。趙將(111)司馬卬定河內(112)，數有功，故立卬為殷王，王河內，都朝歌(113)。徙趙王歇為代王(114)。趙相張耳素賢，又從入關，故立耳為常山王(115)，王趙地，都襄國(116)。當陽君黥布為楚將，常冠軍，故立布為九江王(117)，都六(118)。鄱君吳芮(119)率百越(120)佐諸侯，又從入關(121)，故立芮為衡山王(122)，都邾(123)。義帝柱國共敖(124)將兵擊南郡(125)，功多，因立敖為臨江王(126)，都江陵。徙燕王韓廣(127)為遼東王(128)。燕將臧荼從楚救趙，因從入關，故立荼為燕王(129)，都薊(130)。徙齊王田市為膠東王(131)。齊將田都從共救趙，因從入關，故立都為齊王，都臨菑(132)。故秦所滅齊王建(133)孫田安，項羽方渡河救趙，田安下濟北(134)數城，引其兵降項羽，故立安為濟北王，都博陽(135)。田榮者，數負(136)項梁，又不肯將兵從楚擊秦，以故不封。成安君陳餘弃將印去，不從入關(137)，然素聞其賢，有功於趙，聞其在南皮(138)，故因環封三縣(139)。番君(140)將梅鋗功多，故封十萬戶侯。項王自立為西楚霸王(141)，王九郡，都彭城[142]。

【章　旨】以上為第三段，寫項羽入關後的鴻門宴，並分封諸侯王的全部過程。這是項羽一生事業的轉折點，以前是諸侯反秦，以後則是爭奪皇位的楚漢戰爭了。

【注　釋】❶行略定秦地　下一步是即將攻取秦國的原始地區。行，將要。❷函谷關　〈高祖本紀〉師古注：「桃林（今靈寶東北）南有洪溜澗，古函谷也。其水北流入河，西岸猶有舊關餘迹焉。」《正義》引《西征記》云：「道形如函也，其水山原壁立數十仞，谷中容一車。」❸使當陽君等擊關　《藝文類聚》引《楚漢春秋》曰：「大將亞父至關，不得入，怒曰：『沛公欲反耶？』即令家發薪一束，欲燒關門，關門乃開。」與此略異。❹戲西　戲水之西。戲水源出驪山，流過今陝西臨潼東，注入渭水。❺霸上　即霸水之西的白鹿原，在今陝西西安東南，當時的咸陽城東南。❻左司馬　主管軍中法紀的官，當時設為左右二人。❼使子嬰為相　子嬰，有說是二世之兄，有說是二世之姪，也有說是始皇之弟，二世之叔者，參見〈秦始皇本紀〉、〈高祖本紀〉注。按：劉邦「欲王關中，使子嬰為相」，此事他處不見，或許劉邦等當時果有此意。誠若此，則穩定關中更易為力。❽珍寶盡有之　梁玉繩曰：「范增曰：『沛公入關，財物無所取。』沛公謂項伯曰：『吾入關，秋毫不敢有所近，籍吏民，封府庫，而待將軍。』樊噲謂項羽曰：『沛公入咸陽，毫毛不敢有所近，封閉宮室，還軍霸上。』又〈高紀〉謂沛公『封秦重寶財物府庫』，是高祖之不取秦寶物，皆張良、樊噲一諫之力，而曹無傷『珍寶盡有之』語，徒以媚羽求封耳。但〈蕭相國世家〉云：『沛公至咸陽，諸將皆爭走金帛財物之府分之。』然則曹無傷之言未盡虛妄，謝項羽之璧與亞父之玉斗，高祖何從得之？可知非毫無所取也。」❾旦日饗士卒　旦日，此處猶言「明早」。饗，犒勞。❿為擊破沛公軍　為下所省之賓語應是「爾等」「諸君」之類，與後文「願為諸君快戰」「吾為公斬彼一將」云云句式相似。⓫新豐鴻門　新豐縣的鴻門。新豐，漢縣名，秦時原名酈邑，劉邦稱帝後始改稱「新豐」，在今陝西臨潼東北。鴻門，古邑名，在酈邑城東，今名項王營。⓬山東　崤山以東，泛指舊時的東方六國之地。⓭幸　狎近；占有。⓮望其氣　占望劉邦所居之處的雲氣。按：古時有所謂觀測雲氣可以預知人世的禍福，此種迷信當興自戰國，秦、漢時期甚為盛行。⓯皆為龍虎三句　瀧川曰：「是史家假託之也，亞父恐無此言。」⓰左尹項伯　左尹，職同左相，楚稱丞相為令尹。項伯，《索隱》曰：「名纏，字伯。」⓱項羽季父　按：文章開頭已曰「其季父項梁」，則此「項伯」最近亦只可能是項羽的堂叔。⓲毋從俱死　不要跟著劉邦一起被殺。王念孫曰：「『從俱死』當作『徒俱死』。《漢書・高帝紀》作『毋特俱死』，『特』、『徒』一聲之轉。」徒，白白地。按：作「從」作「徒」皆可，此處似不必另生枝節。⑲為韓王送沛公　張良是韓國的舊貴族，反秦義軍起後，項梁立韓成為韓王，張良為韓國司徒。劉邦率軍西下時，韓成留守陽翟（今河南禹縣），張良隨劉邦入關。送，這裡是「跟從」的意思。瀧川曰：「是假托之辭，非事實也。」按：有假託之意，非皆假託。⑳誰為大王為此計者　梁玉繩曰：「高帝此時尚未為王，且前後俱稱『沛公』，何忽於張良三稱『大王』邪？〈留侯世家〉作『沛公』，是。」凌稚隆引王維楨曰：「張良反問沛公，是其素所長。」茅坤曰：「沛公之閉關，豈其始不及與良本謀與？」㉑鯫生　罵人語，猶言「一個無知的人」。鯫，雜小魚，此以喻淺妄無知。另《集解》引臣瓚曰：「鯫，姓也。」鯫生，鯫先生。㉒距關毋內諸侯　擋住函谷關，不要讓諸侯軍進來。距，通「拒」。內，通「納」。㉓料大王士卒句　梁玉繩曰：「羽時亦未王，故沛公稱羽『將軍』……此下項伯曰『項王』，范增、項莊曰『君王』，張良、樊噲曰『項王』、『大王』，沛公曰『項王』，凡書『王』者三十八，似失史體。」㉔沛公默然四句　鍾惺曰：「此倉皇中倔強也。」按：於此見劉邦內心明知不足以敵項羽，而口中又不願明顯示弱的惱怒煩躁之情。〈淮陰侯列傳〉：「（韓信）曰：『大王自料勇悍仁強孰與項王？』漢王默然良久，曰：『不如也。』」情景與此相同。固不如也二句，猶言「當然是不如啦，你就先說咱們該怎麼辦吧！」姚苧田曰：「一筆夾寫兩人，一則窘迫絕人，一則從容自如，性情鬚眉，躍躍紙上。史公獨絕之文，《左》、《國》中無有此文字。」㉕臣活之　我掩護過項伯，救過他的命。㉖孰與君少長　緊急中忽出此語，見劉邦收買、利用項伯的一套計畫已全然想出。㉗奉卮酒為壽　舉杯敬酒，祝其健康長壽。卮，酒杯。壽，祝福長壽。㉘約為婚姻　約做兒女親家。按：日後未見惠帝娶項伯女為妃，魯元亦未為項氏之婦，此「約為婚姻」者不知究係何云。㉙秋豪　秋天動物身上新長出的茸毛，用以比喻事物的極端微末細小。㉚籍吏民　登記所有人口。籍，登記。㉛非常　意外的變故。㉜倍德　忘恩。倍，通「背」。㉝旦日不可不蚤自來謝項王　旦日，明天一早。蚤，通「早」。謝，謝罪；賠禮。㉞項王許諾　梁玉繩曰：「項伯之招子房，非奉羽之命也，何以言『報』？且私良會沛，伯負漏師之重罪，尚敢告羽乎？使羽詰曰『公安與沛公語』，則伯將奚對？《史》果可盡信哉？」㉟不自意能先入關破秦　不自意，自己料想不到。極力裝出謙卑。㊱令將軍與臣有郤　郤，通「郤」、「隙」。間隙；誤會。對於劉邦以上這段話，吳見思曰：「一件驚天動地事，數語說得雪淡，若無意於此者，故項羽死心塌地。辭令之妙！」按：劉邦生性好大言，好侮人，今說話用此等腔口，蓋一生中僅此一次。㊲此沛公左司馬曹無傷言之三句　為分辨、洗白自己，而將歸附、投靠者道出，見羽之粗豪少謀。㊳東嚮坐　瀧川引中井曰：「堂上之位，對堂下者，南向為貴；不對堂下者，唯東向為尊。」按：其次為南向，再次為北向，最下為西向。㊴亞父　項羽對范增的敬稱，言對其侍奉的禮數僅次於父。㊵舉所佩玉玦以示之者三　玦，有缺口的玉環。胡三省曰：「玦如環而有缺，增舉以示羽，蓋欲其決意殺沛公也。」㊶項莊　《正義》曰：「項羽從弟。」「從弟」即堂兄弟。㊷君王為人不忍　按：〈淮陰侯列傳〉中韓信云：「項王見人恭敬慈愛，言語嘔嘔，人有疾病，泣涕分食飲。」〈高祖本紀〉中王陵、高起云：「項羽仁而敬人。」皆可與此處相發明，知項羽性格除粗豪暴戾外，尚有如此慈厚的一面。㊸若　爾；你。下文「若屬」，猶言「爾等」。㊹翼蔽　遮擋；掩護。「翼」字用得極其形象。㊺樊噲　沛人，呂后的妹夫，劉邦的開國功臣，事跡見〈樊酈滕灌列傳〉。㊻今日之事何如　吳見思曰：「噲先問，妙，寫得顒望急切。」㊼與之同命　與項羽等拚命。同命，並命；拚命。一說謂與劉邦同生死，亦通。㊽帶劍擁盾　帶劍，與〈平原君虞卿列傳〉寫毛遂「按劍」歷階上殿的意思相同，蓋樊噲乃劉邦衛士，自宜「帶劍」；然又非如後文劉邦逃走時樊噲之「持劍」，故可闖過交戟之衛士也。擁盾，持盾於身前。擁，前持。㊾交戟之衛士　言衛士交戟，阻其入也。㊿披帷　打開門簾。披，用手背猛地一撥。(51)西嚮立　與前文項王之「東嚮坐」正好相對。(52)瞋目　瞪著眼睛，怒目視人的樣子。(53)目眥　眼角。(54)跽　跪起。古人席地而坐，其姿勢是兩膝著地，臀部壓在小腿上。如果臀部離開小腿，身子挺直，這就叫做長跪，也就是跽。按劍而跽是一種準備行動的警戒姿勢。(55)參乘　《左傳》中稱為「右」，是與君主同車，站在君主右側為之充當警衛的人。(56)斗卮　大酒杯。李笠曰：「《漢書．樊噲傳》『與』下無『斗』字，『斗』蓋衍字。上云『賜之卮酒』，下云『卮酒安足辭』，此非泛言可知。」(57)與一生彘肩　彘肩，豬腿。梁玉繩曰：「『生』字疑誤，彘肩不可生食；且此物非進自庖人，即撤自席上，何以『生』耶？」按：先言「斗卮酒」，後云「生彘肩」，正史公為突出勇士性格所增飾，不得隨意刪削。張家英以為「生」字或疑作「全」，可備一解。(58)啗　吃。(59)如不能舉　像是只怕殺不盡似的。舉，克；盡。(60)如恐不勝　就像只怕完不成任務似的。勝，勝任。〈齊世家〉有云：「賦斂如弗得，刑罰恐弗勝。」與此相同，皆謂極盡其力而猶恐不夠。(61)細說　小人的讒言。(62)竊為大王不取也　史珥曰：「發端之妙全在魯莽，所謂先人有奪人之志也，然非子長筆力豈能寫出！」凌稚隆引康海曰：「噲語即沛公語項羽者，又即項伯語項羽者，皆張良教之也。」(63)項王未有以應　凌約言曰：「以伯言先入，而噲適投之也。」(64)都尉陳平　現時屬項羽，後歸劉邦，事跡詳見〈陳丞相世家〉。《集解》引徐廣曰：「一本無『都』字。」梁玉繩曰：「無『都』字是也，考〈世家〉，陳平以擊降殷王拜都尉，則平此時乃為『尉』也。」(65)大行不顧細謹二句　其意皆謂辦大事的人不必太顧忌小節。細謹，小的謹慎。不辭，不拒絕、不害怕。小讓，小的指責。〈李斯列傳〉：「大行不小謹，盛德不辭讓。」〈酈生陸賈列傳〉云：「舉大事不細謹，盛德不辭讓。」蓋當時為人所習用。(66)俎　切東西用的砧板。(67)玉斗　玉製酒器。(68)置車騎　拋下來時所帶的車騎不管，為了不驚動裡面的項羽、范增。置，拋棄；留下。(69)夏侯嬰靳彊紀信　都是劉邦的部將。夏侯嬰，也稱「滕嬰」、「滕公」，劉邦的車夫，事跡見〈樊酈滕灌列傳〉。靳彊，事跡見〈高祖功臣侯者年表〉。紀信，事跡詳見後文。(70)酈山　在今陝西臨潼東南，地處當時的鴻門西南，霸上之東北。(71)道芷陽間行　經芷陽抄小路而走。芷陽，秦縣名，在酈山西側，今西安市東北。間行，胡三省曰：「間，空也，投空隙而行。」按：「當是時」以下五十八字，若移至下文「度我至軍中，公乃入」下，則文氣更順。(72)間至軍中　間，劉盼遂曰：「猶言『估計』，〈廉藺列傳〉『間至趙矣』，與此同。」(73)不勝桮杓　猶言「喝得過多，已經受不了」。桮、杓，都是酒器。(74)大將軍　指范增。范增為項羽之「大將軍」，《史記》中僅此一見。《楚漢春秋》雖有「大將亞父」之語，而未明確曰「大將軍」。(75)督過　責備；怪罪。過，用如動詞，責其過失。(76)豎子不足與謀　瀧川曰：「豎子，斥項莊輩，而暗譏羽也，若以為直斥項羽，則下文『項王』二字不可解。」(77)吾屬今為之虜矣　我們都將被他所俘虜啦。今，將。(78)立誅殺曹無傷　史珥曰：「無傷見誅，而羽不悟項伯之奸，亦楚、漢成敗之機也。」(79)人或說項王　《集解》曰：「《楚漢春秋》、揚子《法言》云說者是『蔡生』，《漢書》云是『韓生』。」(80)阻山河四塞　以山河為險阻，四面都有關塞屏障。《集解》引徐廣曰：「東函谷，南武關，西散關，北蕭關。」(81)可都以霸　謂建都於此可以稱霸於天下。瀧川曰：「言關中可都者，不始於婁敬，蓋當時定論。」按：〈淮陰侯列傳〉韓信責項羽之失亦有所謂「不都關中而都彭城」之語。(82)以　通「已」。(83)富貴不歸故鄉三句　瀧川曰：「〈高祖紀〉云：『高祖過沛，置酒起舞，慷慨傷懷，泣數行下，謂沛父兄曰：「游子悲故鄉，吾雖都關中，萬歲後吾魂魄猶樂思沛。」』此與項羽心事全同，世與彼而不與是，何哉？」按：人之常情皆然，能不以常情影響決定大事者，此劉邦、項羽之所由分也。(84)沐猴而冠　言沐猴縱使戴上人的帽子，也始終辦不成人事。沐猴，獼猴。(85)致命　稟命；請示。(86)如約　按照原來的約定辦，即「先入關者王之」。趙翼曰：「(懷王)非碌碌不足數者，因項梁敗於定陶，即并項羽、呂臣軍自將之；因宋義識項梁之將敗，即拜為上將軍；因項羽殘暴，即令漢高扶義而西；及漢高入關，羽以強兵繼至，心仍守『先入關者王之』之舊約，而略不瞻徇，是其智略信義，亦有足稱者。」(87)尊懷王為義帝　謝肇淛《文海披沙》曰：「今謂假父曰義父，假子曰義子、義女，故項羽尊懷王為義帝，猶假帝也。」按：似不宜如此穿鑿，就「義」字原意理解即可，反正不過是虛名而已。(88)假立諸侯後　謂臨時擁立一些徒有虛名的六國諸侯之後，如熊心、韓成、田假、趙歇等是也。假立，臨時擁立。(89)將相諸君　指各路起義軍的將領，即前文之所謂「諸侯將」是也，當時各地的稱王者多未親自入關，如熊心、趙歇、韓廣、韓成等皆如此。(90)故當分其地而王之　謂理應分一塊地盤使之稱王。故，同「固」。本來。《漢書》直作「固」。(91)疑沛公之有天下　擔心劉邦趁機取得天下。疑，疑心；擔心。(92)業已講解三句　由於已經講和了（現在如果還對劉邦不好），那就要承擔一個違背條約的罪名，怕諸侯們由此背叛自己。講解，和解。惡，討厭；不願意。93陰謀　暗中商量。94巴蜀　皆秦郡名，巴郡轄今重慶市一帶地區，郡治江州（今重慶市東北）；蜀郡轄今四川省西部地區，郡治成都（今成都市）。95遷人皆居蜀　秦時流放人常流放到蜀地。按：可參見〈呂不韋列傳〉、〈貨殖列傳〉。遷，流放；發配。96巴蜀亦關中地也　自東方而言，巴蜀亦處於函谷關之西，且又自戰國時屬秦，故項羽等可以強辭曰「巴、蜀亦關中地」。97王巴蜀漢中　據〈留侯世家〉，項羽最初封給劉邦的地盤只有巴、蜀，後劉邦賄賂項伯，項伯勸說項羽，乃又將漢中給了劉邦。漢中，秦郡名，轄今陝西省秦嶺以南地區，郡治南鄭（今漢中市）。98距塞漢王　堵著巴、蜀、漢中北出的通路，不使劉邦出來。99廢丘　秦縣名，縣治在今陝西興平東南。100咸陽以東至河　咸陽以東，直至黃河邊。101都櫟陽　按：司馬欣曾在櫟陽為獄掾，今為塞王都櫟陽，亦可謂「富貴歸故鄉，衣錦晝行」了。102上郡　秦郡名，轄今陝西省北部和所臨近的內蒙部分地區，郡治膚施（今陝西榆林東南）。103高奴　在今陝西延安東北。104徙魏王豹為西魏王二句　按：魏豹原本應都於大梁（今開封市），因項羽欲有梁地，故而徙魏王豹於河東也，事見〈魏豹彭越列傳〉。河東，秦郡名，轄今山西省西南部地區，郡治安邑（今夏縣西北）。105平陽　秦縣名，在今山西臨汾西南。106瑕丘申陽　申陽是人名，曾任瑕丘縣（在今山東兗州東北）縣令，故連帶相稱。107嬖臣　受寵幸的臣僕。按：張耳在秦時家族豪富，門前多客，劉邦也曾從之遊，故可有所謂「嬖臣」。108先下河南　「河南」下原有「郡」字。梁玉繩《志疑》：「《漢書・籍傳》無郡字是，此衍。河南郡高帝二年始置。」今據刪。109迎楚河上　在黃河邊上迎接了項羽。按：據〈秦楚之際月表〉，事在秦二世三年七月，蓋章邯率部投降項羽，項羽進兵關中之前也。110陽翟　今河南禹縣，戰國初期曾是韓國都城，後來韓國遷都新鄭。111趙將　趙王武臣的部將。112定河內　河內，秦郡名，轄今河南省黃河以北地區，郡治懷縣（今河南武陟西南），〈太史公自序〉有所謂「蒯聵玄孫卬為武信君將而徇朝歌」，可與此參證。113朝歌　殷代故都，即今河南淇縣。114代王　封地在今山西省東北部和與之相鄰的河北省西北部，國都在今河北蔚縣東北。115常山王　封地即秦常山郡，約當今河北石家莊一帶地區。116襄國　秦縣名，也稱「信都」，即今河北邢台。117九江王　封地即秦九江郡，約當今安徽合肥一帶地區。118六　秦縣名，在今安徽六安北。119鄱君吳芮　在秦時曾任過鄱縣（今江西波陽東）縣令的吳芮。120百越　過去居住在今廣東、廣西一帶的越系民族，因其種類繁多，故統稱之曰「百越」。121又從入關　按：從項羽入關者乃吳芮所派的將領梅鋗，而非吳芮本人。122衡山王　封地即秦之衡山郡，約當今湖北省之東部地區。123邾　在今湖北黃岡北，當時為衡山郡的郡治。124柱國共敖　柱國，戰國時的楚官名，略當於其他諸國的宰相。共敖，戰國時楚國貴族的後代，為楚懷王柱國。125南郡　秦郡名，轄今湖北省西部地區，郡治江陵（今荊州市江陵城西北）。126臨江王　封地即秦之南郡。徐孚遠曰：「項羽封三秦王，以拒漢也；封九江、衡山、臨江三王，皆近楚以自蕃援也，又以內制義帝，其深心可見。」127燕王韓廣　韓廣原是陳涉部將武臣的部下，武臣在趙地稱王後，派韓廣率兵北定燕地，韓廣攻占燕地後，遂也在燕地自稱燕王，事見〈陳涉世家〉。128遼東王　顧名思義，其封地應即秦之遼東郡，約當今遼寧省之東部地區，但〈秦楚之際月表〉稱其「都無終」，「無終」即今天津薊縣，當時為右北平郡的郡治所在地。129燕王　封地即秦之廣陽郡，約當今之北京市與河北省之大清河北一帶地區。130薊　秦縣名，縣治即今北京市城區之西南部。131膠東王　封地即秦之膠東郡，今山東省維河以東地區，都即墨（今山東平度東南）。132臨菑　即今山東淄博之臨菑區，歷來為齊國都城。133齊王建　戰國時齊國的末代國君，西元前二六四年繼其父位為齊王，西元前二二一年被秦所滅。134濟北　秦郡名，約當今山東省之濟南市與其周圍地區。135博陽　即今山東泰安東南之博縣故城，當時為濟北郡的郡治所在地。136負　背叛；對不起。137弃將印去二句　章邯圍困趙歇、張耳於鉅鹿時，陳餘駐兵於鉅鹿北。張耳請陳餘救鉅鹿，陳餘以為力弱無濟於事。項羽解鉅鹿之圍後，張耳責備陳餘坐視不救，且懷疑陳餘殺害了張耳所派的求救將領。陳餘一怒，拋所佩將印而去。後來張耳隨項羽西行入關，陳餘氣憤張耳，也恨項羽偏袒張耳，遂留在趙地，游離於項羽的統轄之外。詳見〈張耳陳餘列傳〉。138南皮　秦縣名，即今河北南皮。139環封三縣　將南皮縣周圍的三個縣封給陳餘。140番君　即前文之「鄱君吳芮」。同一人而寫法不同，則似二人矣，《左傳》中此種毛病更多。141西楚霸王　《正義》引孟康曰：「舊名江陵為南楚，吳為東楚，彭城為西楚。」項羽建都於彭城，故稱「西楚霸王」。所謂「霸王」，略同於春秋時期的霸主，即「諸侯盟主」的意思。142王九郡二句　項羽之九郡的說法歷來不一，大致相當於戰國時梁國和楚國的部分地區，即今河南省東部、山東省西南部，和安徽、江蘇兩省的大部分地區。陳仁錫以為是：泗川、碭、薛、東海、臨淮、彭城、廣陵、會稽、鄣郡；張家英以為是：東海、會稽、泗水、薛郡、東郡、碭郡、潁川、陳郡、南陽。其餘不錄。

【語　譯】接著項羽就要去平定秦國的本土了，軍隊前進到函谷關，發現函谷關有兵把守，進不去。這時項羽又聽說劉邦已經進入了咸陽，於是項羽大怒，他命令當陽君等人對函谷關發起攻擊。函谷關很快被攻開了，於是項羽長驅直入，到達了戲水西岸。這時劉邦正帶領人馬駐紮在霸上，還沒有和項羽見面。而劉邦的左司馬曹無傷派人給項羽通風報信說：「劉邦已經打算在關中稱王，讓秦朝的降王子嬰給他當宰相，把秦朝的一切財寶都據為己有。」項羽一聽，勃然大怒，說：「明早讓士兵們飽餐一頓，讓我們收拾劉邦的軍隊！」這時候，項羽有四十萬人，駐紮在新豐縣的鴻門；劉邦有十萬人，駐紮在霸上。范增對項羽說：「劉邦在山東老家的時候，又貪財又好色。現在進了關，居然財物也不貪了，婦女也不要了，由此可見他的野心不小。我讓人觀望他上空的雲氣，一片片都成為龍虎的五彩形象，這是該做皇帝的徵兆。必須趕緊消滅他，萬萬不可錯過了機會。」

2 楚國的左尹項伯是項羽的族叔，素來和張良相好。而張良這時正跟著劉邦，項伯於是就偷偷地飛馬疾馳到劉邦的軍營找張良，他把情況對張良說了一遍，就要拉著張良一道逃走。他說：「你不要跟著劉邦一道送死了。」張良說：「我是為了替韓王報仇才跟著沛公到這裡來的。現在沛公有難，我一聲不吭獨自逃跑，也太沒道義了。我不能不告訴他。」說罷進去，把項羽的計畫對劉邦講了一遍。劉邦一聽大驚，說：「這可怎麼辦呢？」張良說：「是誰給您出主意讓您把住函谷關，不讓項羽進來的？」劉邦說：「有個無知的小子對我說：『把住函谷關，不讓別的諸侯進來，您就可以全部地占有秦國的地盤而稱王。』所以我就聽了他的話。」張良說：「大王自己估計，我們的軍隊可以敵得過項羽嗎？」劉邦半天不作聲，過了好久才說：「當然敵不過了。現在你說咱們該怎麼辦呢？」張良說：「那就請您允許我出去告訴項伯，說您從來沒敢背叛項王。」劉邦一聽立刻問張良：「你怎麼跟項伯認識？」張良說：「以前在秦朝的時候，我和項伯是朋友，項伯殺了人，我曾掩護過他，救過他的命。所以現在事情緊急，他趕緊來告訴我。」劉邦問道：「你和他誰的年紀大？」張良說：「他比我大。」劉邦說：「好，你馬上請他進來，我要用對待兄長的禮節對待他。」於是張良出來邀請項伯，項伯立即進去見劉邦。劉邦一見項伯，立刻端起酒杯向他敬酒，祝他健康長壽，並和他約定作了兒女親家，劉邦說：「我進關以來，沒敢動關中的一草一木，我登記好了吏民的戶口，封起了大小倉庫，就等著將軍的到來。我之所以派兵把守函谷關，是為了防備土匪強盜以及其他的事故。我是日夜地盼望著項將軍駕到，怎麼敢有別的心呢！請您回去在項將軍面前把我這份不敢背叛的心思對他說說。」項伯答應了，並對劉邦說：「明天一早您要親自去向項將軍賠罪。」劉邦說：「是。」於是項伯又連夜趕回了項羽的大營。回營後，他把劉邦的話一五一十地報告了項羽，並接著說：「如果不是劉邦先攻入關中，您今天能夠這麼容易地進來嗎？現在人家有這麼大的功勞，我們還要去打人家，這不是太不仗義了嗎？我看不如就此好好地對待他。」項王答應了。

3 第二天一早，劉邦帶了一百十人騎馬來見項羽，一到鴻門，他就低聲下氣地分辨說：「這幾年來我和將軍您齊心協力地攻打秦國。您從河北進攻，我從河南進擊。我萬萬沒有想到居然能先入關滅了秦朝，今天又能早一步地在這裡迎接您。現在有小人在您面前說我的壞話，挑撥您和我的關係。」項羽說：「這都是你的左司馬曹無傷說的，不然我怎麼會這麼做呢？」於是項羽就把劉邦留下來，為他舉行酒會。項羽和項伯朝東坐；亞父朝南坐——亞父就是范增；劉邦朝北坐；張良朝西站著。酒會開始後，范增連連地給項羽使眼色，又多次舉起他身上所佩的玉玦向項羽示意。但項羽總是默默地不加理睬。范增無法，只好站起來出去找項莊。他對項莊說：「大王為人心腸太軟，你現在進去給他們敬酒，敬完酒就請求給他們舞劍助興，你就趁機把劉邦殺死在他的座位上。要不然你們日後都得成了他的俘虜。」項莊聽罷立刻進帳向劉邦、項羽敬酒，敬完酒說：「大王和沛公在這裡飲酒，軍營中也沒什麼東西可供娛樂，那就讓我舞一趟劍來給您們助興吧。」項羽說：「好的。」於是項莊就拔劍舞了起來。項伯一看也拔劍起舞，並用自己的身體掩護著劉邦，使項莊沒有辦法下手。張良一看趕緊出帳到軍門去找樊噲。樊噲一見張良，趕緊迎上前問：「裡邊的事情怎麼樣了？」張良說：「危險極了。現在項莊正在舞劍，他完全是對著沛公。」樊噲說：「這就很緊急了。我要進去和項羽拚命。」說罷樊噲就左手按著劍柄，右手以盾牌護身往軍門裡闖。守門的衛士們架起雙戟，想攔住他不讓他進去。樊噲側過盾牌朝衛士們一撞，衛士們被撞倒在地，於是樊噲進了軍門，來到帳前。他用手背撥開了門簾，朝西一站，他睜圓雙眼怒視項王，頭髮豎起，眼角瞪得都像快要裂開了。項羽一見立刻手按劍柄跪了起來，問道：「你是什麼人？」張良從旁介紹說：「這是沛公的隨車警衛樊噲。」項羽一聽立刻鬆了一口氣，並順口稱讚說：「好漢子！給他來杯酒！」旁邊趕緊遞給了他一大斗酒，樊噲俯身叩謝後，站起來接過這一大斗酒，一飲而盡。項羽又說：「給他來隻豬腿。」於是旁邊的人給了他一隻生豬腿。樊噲把盾牌扣在地上，接過豬腿放在上面，拔出劍來切開就吃。項羽一見又讚美說：「好漢子！還能再喝嗎？」樊噲說：「我連死都不怕，難道還推辭一杯酒嗎？想當初秦王像虎狼一樣，殺人唯恐不及，用刑唯恐不狠，結果弄得天下都造反。一年前懷王當眾和各路諸侯們約定說：『誰最先破秦入咸陽，誰就當關中王。』現在沛公先破秦進了咸陽，進城後，一草一木都沒敢動，封好了宮室，駐軍到霸上，等著大王的到來。我們之所以派人守函谷關，那是為了防備盜賊出入和其他的變故。像沛公這樣的勞苦功高，不僅沒得到您應有的封賞，您反而聽信小人的壞話，要殺害有功之臣。您所走的完全是那個已被滅亡的暴秦的老路。我認為您是萬萬不該這樣的。」項羽聽罷無言以對，只好說：「請坐。」於是樊噲就挨著張良一齊坐了下來。過了一會兒，劉邦站起來去廁所，也把樊噲叫了出去。

4 劉邦出去後久久不回，於是項羽就讓他的都尉陳平出去找。劉邦尋思著說：「我們出來，並沒有向項羽告辭，這樣合適嗎？」樊噲說：「要幹大事就不要怕被人挑剔細節；要行大禮就不要怕瑣碎的指責。如今人家是菜刀、砧板，我們是受人家宰割的魚肉，還講究什麼告辭！」於是劉邦決定逃走。只讓張良留下來致謝。張良問道：「您來的時候帶了什麼禮物？」劉邦說：「我帶了一對白璧，是給項羽的；一對玉斗，是給范增的。剛才正趕上他們發脾氣，還沒來得及給他們，你替我給他們吧。」張良說：「好的。」當時，項羽的大營是在鴻門，劉邦的大營在霸上，中間相隔四十里。於是劉邦就把來時的車馬從人都扔下，獨自騎著一匹馬，讓樊噲、夏侯嬰、靳彊、紀信四人手持劍盾，步行跟著，從酈山下經芷陽抄小路逃走了。劉邦臨走時對張良說：「我從這條小道回軍營，不過二十里路，你估計著等我已經到了駐地的時候，再進帳去對項羽說。」劉邦走後，約到了霸上軍營，這時張良才進帳對項羽說：「剛才沛公已經喝得不能再喝，無法親自來向您告辭。他來時帶的禮物有白璧一對，讓我轉交給您；有玉斗一對，讓我轉交給大將軍。」項羽問：「沛公現在哪裡？」張良說：「他聽說您要怪罪他，所以他嚇得回去了。估計現在已經回到了軍營。」項羽沒有作聲，接過了玉璧，放在座位上。范增接過玉斗，獨自離開往地上一擱，拔出劍來把它砸得粉碎。說：「唉！這個幹不成事的小子，簡直沒法與他合作！將來奪走項王天下的，一定是劉邦了。我們這些人很快就全都要成為他的俘虜啦！」劉邦一回到軍營，立刻把左司馬曹無傷處決了。

5 又過了些天，項羽帶兵進入咸陽，大肆燒殺擄掠。他殺了已經投降的秦三世子嬰，燒毀了秦朝的所有宮殿，以至於使熊熊大火一直燒了三個月。而後他席捲了秦朝的一切財寶和婦女，準備向東撤去。當時有人曾勸他說：「關中地區四面有高山大河為屏障，這裡的土地肥沃富饒，如果建都在這裡真可以稱霸於天下。」可是項羽看到秦朝的宮殿都已燒成了一片瓦礫，加上他十分思念故鄉，很想返回東方，於是說：「富貴了如果不回故鄉，那就好比穿著錦繡的衣裳在夜間走路，誰能看得見呀！」那個勸說項羽的人感歎地說：「人家都說楚國人目光短淺，就像是一隻獼猴，即使牠戴上了帽子，也始終成不了人，看來真是如此！」項羽聽到了這話，立刻派人把他抓起來，扔進沸水裡煮死了。

6 接著項羽派人去向楚懷王請示分封各路諸侯為王的事情。楚懷王強硬地堅持說：「按原來的約定辦！」於是尊楚懷王為義帝，項羽自己想稱王，就先給各路將領們封王加號。他說：「當初大家發難起事的時候，都臨時擁立了一些六國諸侯的後代為王，但真正衝鋒陷陣，風餐露宿，野戰三年，推翻了秦朝的，是你們諸位和我。義帝雖然沒有什麼具體功勞，我們還應當分給他一塊土地讓他稱王。」大家都說：「對！」於是項羽就分割天下，封立各路將領們為王。項羽和范增本來是擔心劉邦的，怕將來整個天下落入他手。但由於他們在鴻門已經講和了，現在也不好反悔，怕由此引起其他諸侯們的反叛，於是便私下策劃說：「巴、蜀地區山路險遠，是過去秦朝流放罪人的地方。現在我們封劉邦到那裡去。」於是對大家說：「現在的巴、蜀，也是關中管轄的一部分。」於是就封立劉邦為漢王，統管巴、蜀、漢中三個地區，首都設在南鄭。而把真正的關中平原分為三塊，分給秦朝的三個降將，使之稱王，並讓他們在關中堵住劉邦的出路。具體說就是封章邯為雍王，統轄咸陽以西，首都設在廢丘。長史司馬欣，過去在為櫟陽縣的典獄長時，曾對項梁有過恩德；都尉董翳則是勸著章邯投降項羽的關鍵人物，所以項羽封司馬欣為塞王，統轄咸陽以東，直至黃河邊上，首都設在櫟陽；封董翳為翟王，統轄上郡一帶，首都設在高奴。接著又把原來以大梁為領地的魏王豹改封為西魏王，讓他統轄河東地區，首都設在平陽。原來的瑕丘縣令申陽，是張耳的寵臣，曾經先打下了河南，在黃河邊上迎接了項羽，因此項羽封申陽為河南王，首都設在雒陽。韓王成的封號依舊不變，仍在過去的地方，首都還是陽翟。趙國的將領司馬卬平定河內有功，因此封司馬卬為殷王，統轄河內地區，首都設在朝歌。把原來的趙王歇改封為代王。而趙國的宰相張耳素有賢名，又是跟著項羽一道入關的，所以封張耳為常山王，統轄趙地，首都設在襄國。當陽君黥布是項羽手下的名將，常常勇冠全軍，因此封黥布為九江王，首都設在六縣。原來的鄱縣縣令吳芮，曾率領南方的百越配合諸侯們一起反秦，又跟著諸侯們一道入了關，因此封吳芮為衡山王，首都設在邾縣。義帝的上柱國共敖，曾領兵打下了南郡，功勞不小，因此封共敖為臨江王，首都設在江陵。把原來的燕王韓廣改封為遼東王。而燕國的將領臧荼曾配合楚軍救趙，又跟著項羽一同進了關，因此封臧荼為燕王，首都設在薊縣。把原來的齊王田市改封為膠東王。而齊國的將領田都曾配合楚軍一同救趙，又跟著項羽進了關，因此封田都為齊王，首都設在臨菑。過去被秦所滅的齊王田建的孫子田安，在項羽率兵過黃河救趙的時候，曾經攻克了濟北郡好幾個城池，並帶兵投降了項羽，因此封田安為濟北王，首都設在博陽。而田榮這個人曾多次地背叛項梁，後來又不肯帶兵跟著項羽一道攻秦，所以這次沒有封他。成安君陳餘，在楚軍救趙後，摔下自己的將印離去，後來又不跟諸侯們一道進關，照理也該不封，但由於他平素有賢名，而且對於保衛趙國有功勞，聽說他眼下正在南皮，於是就把南皮周圍的三個縣劃給了他。原來鄱縣縣令吳芮的將領梅鋗功勞很大，因此封他為十萬戶侯。而項羽本人，則自封為西楚霸王，統轄九個郡的地區，首都設在彭城。

1 漢之元年❶，四月，諸侯罷戲下❷，各就國❸。項王出之國❹，使人徙義帝❺，曰：「古之帝者地方千里，必居上游❻。」乃使使徙義帝長沙郴縣❼，趣義帝行❽。其羣臣稍稍背叛之❾。乃陰令衡山、臨江王擊殺之江中❿。韓王成無軍功，項王不使之國，與俱至彭城，廢以為侯，已又殺之⓫。臧荼之國，因逐韓廣之遼東。

廣弗聽，荼擊殺廣無終⑫，并王其地。

2 田榮聞項羽徙齊王市膠東，而立齊將田都為齊王，乃大怒，不肯遣齊王之膠東，因以齊反，迎擊田都⑬。田都走楚。齊王市畏項王，乃亡之膠東就國。田榮怒，追擊殺之即墨。榮因自立為齊王，而西擊殺濟北王田安⑭，并王三齊⑮。榮與彭越將軍印，令反梁地⑯。陳餘陰使張同、夏說⑰說齊王田榮曰：「項羽為天下宰⑱，不平。今盡王故王於醜地，而王其羣臣諸將善地。逐其故主趙王，乃北居代⑲，餘以為不可。聞大王起兵，且不聽不義⑳。願大王資餘兵㉑，請以擊常山㉒，以復趙王，請以國為扞蔽㉓。」齊王許之，因遣兵之趙。陳餘悉發三縣兵，與齊并力擊常山，大破之。張耳走歸漢㉔。陳餘迎故趙王歇於代，反之趙。趙王因立陳餘為代王㉕。

3 是時，漢還定三秦㉖。項羽聞漢王皆已并關中，且東㉗，齊、趙叛之㉘，大怒。乃以故吳令鄭昌為韓王㉙，以距漢。令蕭公角㉚等擊彭越。彭越敗蕭公角等。漢使張良徇韓㉛，乃遺項王書曰：「漢王失職㉜，欲得關中，如約即止，不敢東。」又以齊、梁反書遺項王㉝曰：「齊欲與趙并滅楚。」楚以此故無西意，而北擊齊。徵兵九江王布。布稱疾不往，使將將數千人行。項王由此怨布㉞也。漢之二年，冬[35]，項羽遂北至城陽[36]，田榮亦將兵會戰。田榮不勝，走至平原[37]，平原民殺之[38]。遂北燒夷齊城郭室屋，皆阬田榮降卒，繫虜其老弱婦女[39]。徇齊至北海[40]，多所殘滅。齊人相聚而叛之。於是田榮弟田橫[41]收齊亡卒得數萬人，反城陽[42]。項王因留，連戰未能下。

4 春，漢王部五諸侯兵[43]，凡五十六萬人，東伐楚。項王聞之，即令諸將擊齊，而自以精兵三萬人南從魯出胡陵[44]。四月，漢皆已入彭城，收其貨寶美人，日置酒高會[45]。項王乃西從蕭，晨擊漢軍而東[46]，至彭城，日中，大破漢軍[47]。漢軍皆走，相隨入穀、泗水[48]，殺漢卒十餘萬人[49]。漢卒皆南走山[50]，楚又追擊至靈壁[51]東睢水[52]上。漢軍卻，為楚所擠，多殺，漢卒十餘萬人皆入睢水，睢水為之不流[53]。圍漢王三帀[54]。於是[55]大風從西北而起，折木發屋，揚沙石，窈冥晝晦[56]，逢迎楚軍[57]。楚軍大亂，壞散，而漢王乃得與數十騎遁去。欲過沛，收家室而西[58]。楚亦使人追之沛，取漢王家。家皆亡[59]，不與漢王相見。漢王道逢得孝惠、魯元[60]，乃載行。楚騎追漢王，漢王急，推墮孝惠、魯元車下，滕公[61]常下收載之[62]，如是者三。曰：「雖急不可以驅，柰何棄之？」於是遂得脫。求[63]太公、呂后，不相遇。審食其[64]從太公、呂后間行[65]求漢王，反遇楚軍。楚軍遂與歸，報項王，項王常置軍中。

5 是時呂后兄周呂侯[66]為漢將兵居下邑[67]，漢王間往從之，稍稍收其士卒。至滎陽[68]，諸敗軍皆會。蕭何亦發關中老弱未傅悉詣滎陽[69]，復大振。楚起於彭城，常乘勝逐北[70]，與漢戰滎陽南京、索間[71]。漢敗楚[72]，楚以故不能過滎陽而西。

6 項王之救彭城，追漢王至滎陽，田橫亦得收齊，立田榮子廣為齊王[73]。漢王之敗彭城，諸侯皆復與楚而背漢[74]。漢軍滎陽，築甬道屬之河[75]，以取敖倉[76]粟。漢之三年，項王數侵奪漢甬道。漢王食乏，恐，請和，割滎陽以西為漢[77]。

7 項王欲聽之。歷陽侯[78]范增曰：「漢易與[79]耳，今釋弗取，後必悔之[80]。」項王乃與范增急圍滎陽。漢王患之，乃用陳平計間項王[81]。項王使者來，為太牢具[82]，舉欲進之。見使者，詳[83]驚愕曰：「吾以為亞父使者，乃反項王使者。」更持去，以惡食食項王使者[84]。使者歸報項王，項王乃疑范增與漢有私，稍奪之權。范增大怒，曰：「天下事大定[85]矣，君王自為之。願賜骸骨歸卒伍[86]。」項王許之。行未至彭城，疽[87]發背而死。

8 漢將紀信說漢王曰：「事已急矣，請為王誑楚為王[88]，王可以間出[89]。」於是漢王夜出女子滎陽東門被甲二千人[90]，楚兵四面擊之。紀信乘黃屋車[91]，傅左纛[92]，曰：「城中食盡，漢王降。」楚軍皆呼萬歲[93]。漢王亦與數十騎從城西門出[94]，走成皋[95]。項王見紀信，問：「漢王安在？」信曰：「漢王已出矣。」項王燒殺紀信[96]。

9 漢王使御史大夫周苛、樅公[97]、魏豹[98]守滎陽。周苛、樅公謀曰：「反國之王，難與守城。」乃共殺魏豹。楚下滎陽城，生得周苛。項王謂周苛曰：「為我將，我以公為上將軍，封三萬戶。」周苛罵曰：「若不趨降漢，漢今虜若[99]，若非漢敵也。」項王怒，亨周苛，并殺樅公[100]。

10 漢王之出滎陽，南走宛、葉[101]，得九江王布[102]，行收兵，復入保成皋[103]。漢之四年，項王進兵圍成皋。漢王逃[104]，獨與滕公出成皋北門，渡河走脩武，從張耳、韓信軍[105]。諸將稍稍得出成皋，從漢王。楚遂拔成皋，欲西。漢使兵距之鞏[106]，令其不得西。

11 是時，彭越渡河擊楚東阿，殺楚將軍薛公。項王乃自東擊彭越[107]。漢王得淮陰侯兵，欲渡河南[108]。鄭忠說漢王[109]，乃止壁河內[110]。使劉賈[111]將兵佐彭越，燒楚積聚[112]。項王東擊破之，走彭越[113]。漢王則引兵渡河，復取成皋，軍廣武[114]，就敖倉食。項王已定東海來西[115]，與漢俱臨廣武而軍[116]，相守數月[117]。

12 當此時，彭越數反梁地，絕楚糧食。項王患之。為高俎，置太公其上[118]，告漢王曰：「今不急下[119]，吾烹太公。」漢王曰：「吾與項羽俱北面受命懷王[120]，曰『約為兄弟』[121]，吾翁即若翁[122]。必欲烹而翁，則幸分我一桮羹[123]。」項王怒，欲殺之。項伯曰：「天下事未可知，且為天下者不顧家，雖殺之無益，祇益禍耳[124]。」項王從之。

13 楚、漢久相持未決，丁壯苦軍旅[125]，老弱罷轉漕[126]。項王謂漢王曰：「天下匈匈[127]數歲者，徒以吾兩人耳。願與漢王挑戰[128]決雌雄，毋徒苦天下之民父子為也。」漢王笑謝曰：「吾寧鬭智，不能鬭力[129]。」項王令壯士出挑戰，漢有善騎射者樓煩[130]，楚挑戰三合[131]，樓煩輒[132]射殺之。項王大怒，乃自被甲持戟挑戰。樓煩欲射之，項王瞋目叱之，樓煩目不敢視，手不敢發，遂走還入壁，不敢復出[133]。漢王使人間問[134]之，乃項王也。漢王大驚。於是項王乃即漢王相與臨廣武間而語[135]。漢王數之[136]，項王怒，欲一戰[137]。漢王不聽，項王伏弩射中漢王[138]。漢王傷，走入成皋[139]。

14 項王聞淮陰侯已舉河北，破齊、趙[140]，且欲擊楚，乃使龍且往擊之[141]。淮陰侯與戰，騎將灌嬰[142]擊之，大破楚軍，殺龍且[143]。韓信因自立為齊王[144]。項王聞龍且軍破，則恐，使盱台人武涉往說淮陰侯[145]。淮陰侯弗聽。是時，彭越復反，下梁地，絕楚糧[146]。項王乃謂海春侯大司馬曹咎等曰：「謹守成皋，則漢欲挑戰[147]，慎勿與戰，毋令得東而已[148]。我十五日必誅彭越，定梁地，復從將軍[149]。」乃東，行擊陳留、外黃[150]。

15 外黃不下。數日，已降，項王怒，悉令男子年十五已上詣城東，欲阬之。外黃令舍人兒[151]年十三，往說項王曰：「彭越彊劫外黃[152]，外黃恐，故且降，待大王。大王至，又皆阬之，百姓豈有歸心[153]？從此以東，梁地十餘城皆恐，莫肯下矣。」項王然其言，乃赦外黃當阬者。東至睢陽[154]，聞之皆爭下項王[155]。

16 漢果數挑楚軍戰，楚軍不出。使人辱之，五六日，大司馬怒，渡兵汜水[156]。士卒半渡，漢擊之，大破楚軍，盡得楚國貨賂。大司馬咎、長史欣皆自剄汜水上[157]。大司馬咎者，故蘄獄掾，長史欣亦故櫟陽獄吏，兩人嘗有德於項梁，是以項王信任之[158]。當是時，項王在睢陽，聞海春侯軍敗，則引兵還。漢軍方圍鍾離眛[159]於滎陽東，項王至，漢軍畏楚，盡走險阻。

17 是時，漢兵盛食多，項王兵罷食絕[160]。漢遣陸賈[161]說項王，請太公[162]，項王弗聽。漢王復使侯公往說項王，項王乃與漢約，中分天下，割鴻溝[163]以西者為漢，鴻溝而東者為楚。項王許之，即歸漢王父母妻子[164]。軍皆呼萬歲。漢王乃封侯公為平國君[165]，匿弗肯復見[166]。曰：「此天下辯士，所居傾國[167]，故號為平國君[168]。」項王已約，乃引兵解而東歸[169]。

18 漢欲西歸，張良、陳平說曰：「漢有天下太半[170]，而諸侯皆附之。楚兵罷，食盡，此天亡楚之時也，不如因其機而遂取之。今釋弗擊，此所謂『養虎自遺患』也[171]。」漢王聽之。漢五年，漢王乃追項王至陽夏[172]南，止軍，與淮陰侯韓信、建成侯彭越[173]期會[174]而擊楚軍。至固陵[175]，而信、越之兵不會[176]。楚擊漢軍，大破之。漢王復入壁，深塹而自守。謂張子房曰：「諸侯不從約[177]，為之柰何？」對曰：「楚兵且破，信、越未有分地[178]，其不至固宜。君王能與共分天下[179]，今可立致[180]也。即不能[181]，事未可知也。君王能自陳以東傅海[182]，盡與韓信；睢陽以北至穀城[183]，以與彭越。使各自為戰[184]，則楚易敗也。」漢王曰：「善。」於是乃發使者告韓信、彭越曰：「并力擊楚。楚破，自陳以東傅海與齊王，睢陽以北至穀城與彭相國[185]。」使者至，韓信、彭越皆報曰：「請今進兵。」韓信乃從齊往，劉賈軍從壽春並行[186]，屠城父[187]，至垓下[188]。大司馬周殷[189]叛楚，以舒屠六[190]，舉九江兵[191]隨劉賈、彭越皆會垓下[192]，詣項王。

19 項王軍壁垓下，兵少食盡[193]，漢軍及諸侯兵圍之數重。夜聞漢軍四面皆楚歌[194]，項王乃大驚，曰：「漢皆已得楚乎？是何楚人之多也！」項王則夜起，飲帳中。有美人名虞[195]，常幸從；駿馬名騅[196]，常騎之。於是項王乃悲歌忼慨，自為詩曰：

「力拔山兮氣蓋世，時不利兮騅不逝。騅不逝兮可柰何，虞兮虞兮柰若何[197]！」

歌數闋[198]，美人和之[199]。項王泣數行下，左右皆泣，莫能仰視。

20 於是項王乃上馬騎[200]，麾下[201]壯士騎從者八百餘人，直夜[202]潰圍南出，馳走。平明，漢軍乃覺之，令騎將灌嬰以五千騎追之。項王渡淮，騎能屬者百餘人耳[203]。項王至陰陵[204]，迷失道，問一田父，田父紿曰：「左[205]。」左，乃陷大澤中，以故漢追及之[206]。項王乃復引兵而東，至東城[207]，乃有二十八騎。漢騎追者數千人。項王自度不得脫，謂其騎曰：「吾起兵至今八歲矣，身七十餘戰[208]，所當者破，所擊者服，未嘗敗北，遂霸有天下。然今卒困於此，此天之亡我，非戰之罪也。今日固決死，願為諸君快戰[209]，必三勝之[210]，為諸君潰圍，斬將，刈旗[211]。令諸君知天亡我，非戰之罪也[212]。」乃分其騎以為四隊，四嚮[213]。漢軍圍之數重。項王謂其騎曰：「吾為公取彼一將。」令四面騎馳下，期山東為三處[214]。於是項王大呼馳下，漢軍皆披靡[215]，遂斬漢一將。是時赤泉侯[216]為騎將，追項王，項王瞋目而叱之，赤泉侯人馬俱驚，辟易[217]數里。與其騎會為三處。漢軍不知項王所在，乃分軍為三，復圍之。項王乃馳，復斬漢一都尉，殺數十百人。復聚其騎，亡其兩騎耳。乃謂其騎曰：「何如？」騎皆伏[218]，曰：「如大王言。」

21 於是項王乃欲東渡烏江[219]。烏江亭長[220]檥船[221]待，謂項王曰：「江東雖小，地方千里，眾數十萬人，亦足王也。願大王急渡。今獨臣有船，漢軍至，無以渡。」項王笑曰：「天之亡我，我何渡為！且籍與江東子弟八千人渡江而西，今無一人還。縱江東父兄憐而王我，我何面目見之？縱彼不言，籍獨不愧於心乎[222]！」乃謂亭長曰：「吾知公長者。吾騎此馬五歲，所當無敵，嘗一日行千里，不忍殺之，以賜公。」乃令騎皆下馬步行，持短兵接戰。獨籍所殺漢軍數百人，項王身亦被十餘創[223]。顧見漢騎司馬呂馬童[224]，曰：「若非吾故人乎？」馬童面之[225]，指王翳[226]曰：「此項王也。」項王乃曰：「吾聞漢購我頭千金[227]，邑萬戶[228]，吾為若德[229]。」乃自刎而死[230]。王翳取其頭，餘騎相蹂踐爭項王，相殺者數十人。最其後[231]，郎中騎楊喜，騎司馬呂馬童，郎中呂勝、楊武各得其一體[232]。五人共會其體，皆是。故分其地為五[233]，封呂馬童為中水侯[234]，封王翳為杜衍侯[235]，封楊喜為赤泉侯，封楊武為吳防侯[236]，封呂勝為涅陽侯[237]。

22 項王已死，楚地皆降漢，獨魯不下[238]，漢乃引天下兵欲屠之。為其守禮義，為主死節[239]，乃持項王頭視魯[240]，魯父兄乃降[241]。始，楚懷王初封項籍為魯公，及其死，魯最後下，故以魯公禮葬項王穀城[242]。漢王為發哀，泣之而去[243]。

23 諸項氏枝屬，漢王皆不誅。乃封項伯為射陽侯[244]，桃侯[245]、平皋侯[246]、玄武侯[247]皆項氏，賜姓劉[248]。

【章　旨】以上為第四段，寫項羽在楚漢戰爭中由強到弱，直到最後兵敗自刎而死的過程。

【注　釋】❶漢之元年　劉邦稱漢王的第一年，西元前二〇六年。❷諸侯罷戲下　一說「戲下」同「麾下」，麾是大將的指揮旗，意即各諸侯將皆從項羽的麾下散去。一說「戲下」指戲水旁邊。戲水是渭水支流，在項羽駐兵的鴻門東側，北流入渭水。張家英集中《史記》中所出現的「戲下」數條對比分析，以為只有〈淮陰侯列傳〉李左車說話中的一條應該解作「麾下」，其餘都應解釋為水名。似應從張說。❸各就國　各到自己的封地上去。❹出之國　謂出函谷關去彭城。❺使人徙義帝　按：當時義帝尚在彭城，故必須在項羽到達之前將其遷走。❻上游　《集解》引文穎曰：「居水之上游也。」❼長沙郴縣　即今湖南郴縣，居湘水上游，當時屬長沙郡。❽趣義帝行　催著義帝快走。趣，同「促」。❾其羣臣稍稍背叛之　謂義帝周圍的群臣漸漸離義帝而去。稍稍，漸漸。❿乃陰令衡山句　據此文擊殺義帝者是衡山王吳芮與臨江王共敖，然〈黥布列傳〉則云：「項氏立懷王為義帝，徙都長沙，乃陰令九江王布等行擊之。其八月，布使將擊義帝，追殺之郴縣。」則殺義帝者主要是黥布，而且是殺於郴縣，非殺於「江中」。⓫廢以為侯二句　已，後來。據〈秦楚之際月表〉，項羽殺韓成在漢元年七月。⓬擊殺廣無終　據〈秦楚之際月表〉，臧荼擊殺韓廣在漢元年八月。⓭因以齊反二句　據〈秦楚之際月表〉，田榮以齊反項羽在漢元年五月。⓮西擊殺濟北王田安　據〈秦楚之際月表〉，田榮追殺田市於即墨，自立為齊王，事在漢元年六月；田榮擊殺濟北王田安在漢元年七月。⓯三齊　在齊地的三個國家，即齊、膠東、濟北。⓰榮與彭越將軍印二句　瀧川引岡白駒曰：「是時彭越在巨野，有眾萬餘，無所屬。」按：田榮、彭越反項羽，於楚漢戰爭之勝負有關鍵意義，詳見〈田儋列傳〉、〈魏豹彭越列傳〉。⑰張同夏說　都是趙王歇的部將。⑱為天下宰　指主持分封諸侯的事情。宰，主持；主宰。⑲逐其故主趙王二句　梁玉繩曰：「趙王歇乃陳餘之故主也，『其』字當衍。」⑳不聽不義　不聽你的號召，我自己也覺得不合適。義，宜也。㉑資餘兵　借給我們一些人馬。資，助；借給。㉒擊常山　迎擊常山王張耳，使其不能入趙地稱王。㉓以國為扞蔽　以我們趙國給你們齊國做屏障。扞，捍衛者。蔽，屏蔽。㉔張耳走歸漢　封張耳為常山王的是項羽，今張耳有難不投項羽而投劉邦，蓋因劉邦與張耳有舊交也。張耳被陳餘打敗投奔劉邦事，在漢二年（西元前二〇五年）十月。㉕立陳餘為代王　陳餘擊敗張耳，迎趙歇歸趙，以及陳餘被立為代王而仍留趙為相事，詳見〈張耳陳餘列傳〉。㉖漢還定三秦　事在漢元年八月，詳見〈高祖本紀〉。三秦，關中地區的三個國家，即雍、塞、翟。㉗且東　行將出兵東下。㉘齊趙叛之　梁玉繩曰：「齊叛，指田榮擊殺田都、田市、田安，并王三齊也；趙叛，指陳餘破常山王迎還趙歇也。然趙叛事在二年，此時尚未，當依《漢書》作『齊梁叛之』為是，下文『張良以齊梁反書遺項王』可証，指彭越反梁地也。」按：梁氏所說與下文不合，似仍作「齊趙」為是。㉙以故吳令鄭昌為韓王　張良的故主韓成開始被封為韓王，但項羽不令其就國，不久遂殺之。今劉邦即將東來，故項羽改立鄭昌為韓王，以阻劉邦。鄭昌，原為吳縣（今蘇州市）縣令，項氏叔姪避居吳縣時，與之有舊，見〈韓信盧綰列傳〉。㉚蕭公角　曾任蕭縣縣令，其名為角，姓氏不詳。錢大昕《十駕齋養新錄》曰：「春秋之際，楚縣令皆稱公。楚漢之際，官名多沿楚制，故漢王起沛稱沛公，楚有蕭公、薛公、郯公、留公、柘公，漢有滕公、戚公，皆縣令之稱。」㉛徇韓　帶兵開闢韓國地面，因張良是韓國舊臣，在此地區有號召力。㉜失職　沒有得到應有的職位，即關中王。㉝以齊梁反書遺項王　瀧川曰：「『齊梁』當『齊趙』之誤，下文『齊欲與趙并滅楚』可証，後人據《漢書》妄改。」㉞項王由此怨布　項羽徵兵於黥布，黥布稱疾不往，從此與項羽結怨事，見〈黥布列傳〉，史文著此為黥布日後叛項張本。㉟漢之二年二句　西元前二〇五年的冬天，當時以十月為歲首，即這一年的年初。陳仁錫曰：「『漢之元年』『漢之二年』『漢之三年』『漢之四年』，此子長以漢之年紀楚事例也，故加『之』字以別之。至五年楚亡，然後直書『漢五年』，示一統也。」㊱城陽　秦縣名，也作「成陽」，今山東鄄城東南。㊲走至平原　向北逃到平原。平原，秦縣名，縣治在今山東平原西南。㊳平原民殺之　據〈秦楚之際月表〉，田榮兵敗被殺在漢二年十二月。㊴燒夷齊城郭室屋三句　按：句首應出「項羽」二字。此項羽於楚漢戰爭開始後的第一次殘暴不仁，皆為劉邦「為淵驅魚，為藪驅雀」者也。㊵徇齊至北海　攻占齊國地盤一直到北海邊。北海，即渤海，這裡是指山東濰坊、昌樂、壽光、昌邑等一帶地區，這一帶北臨渤海，後來漢代又將此地設為北海郡。㊶田橫　田儋的堂兄弟。㊷反城陽　重又在城陽縣崛起以反項羽，事情詳見〈田儋列傳〉。㊸部五諸侯兵　猶言「率天下之兵」也。部，部署；統領。有曰，「部應作劫」，劫，挾持。五諸侯兵，說法不一，瀧川引董教增曰：「當據故七國，以其地言，不以其王言也。漢定三秦，即故秦地；項羽王楚，乃故楚地；其餘韓、趙、魏、齊、燕為五諸侯。劫五諸侯兵，猶後言引天下兵耳。故漢伐楚，可以言『五諸侯』；楚滅秦，亦可言『五諸侯』也。」按：董說最好，其他不錄。㊹南從魯出胡陵　意謂直插彭城之西，以截斷劉邦之退路。魯，秦縣名，縣治即今山東曲阜。出，經由。胡陵，也作「湖陵」，秦縣名，縣治在今山東魚台東南。㊺收其貨寶美人二句　張文虎《舒藝室隨筆》曰：「沛公一入秦宮，即欲留居；今入彭城，又復如此，亦無異於淫昏之主，此范增所謂『貪財好美姬』者也，宜其為羽所破，幾至滅亡哉！史公于此二事不著之〈高紀〉，而見之〈羽紀〉及〈留侯世家〉，此為高諱而仍不沒其實。」高會，猶言「盛會」。㊻西從蕭二句　謂項羽由胡陵南至蕭縣，截斷劉邦之退路後，始對劉邦發動攻擊。蕭，秦縣名，在今安徽蕭縣西北，當時的彭城之西六十里。㊼日中二句　《集解》引或曰：「旦擊之，至日中，大破。」㊽穀泗水　二水名。泗水源於今山東泗水東，流經曲阜、沛縣，經彭城東，南流入淮水。穀水是泗水的支流，西從碭山、蕭縣流來，在彭城東北入泗水。㊾殺漢卒十餘萬人　此言被楚軍所殺與被河水所淹死的總數。㊿南走山　彭城以南的山地。(51)靈壁　古邑名，在今安徽淮北西。(52)睢水　古代鴻溝的支流之一，自今河南開封東由鴻溝分出，流經商丘南、夏邑北、靈壁東，東南入泗水。(53)睢水為之不流　史珥曰：「酷摹《左氏》『舟中之指可掬』，造語極奇，范蔚宗『積甲與熊耳山齊』亦原于此。」姚苧田曰：「漢兵五十六萬，羽以三萬人大破之，此段極寫項王善戰，為傳末『天亡我』數語伏案。」(54)三帀　三層。帀，周遭。(55)於是　當時；當此時。(56)窈冥晝晦　昏暗得有如黑夜。窈冥，幽黑的樣子。屈原〈九歌〉：「日窈冥兮羌晝晦。」史公蓋用其語。(57)逢迎楚軍　指黑風砂石衝著楚軍吹去。逢迎，衝著；迎著。按：對於當時流行的這種神化劉邦的捏造，史公姑妄言之，以為劉邦之獲免僥倖也。(58)欲過沛二句　觀此語，竟似四年多來太公與呂后等一直居於沛縣家中者。(59)家皆亡　家人俱逃亡而去，不知下落。(60)孝惠魯元　劉邦的一子一女，皆呂后所生。孝惠，名盈，即日後的孝惠帝。魯元，孝惠之姐，後嫁與張耳之子張敖，生子張偃，封為魯王，於是遂為魯太后，謚曰「元」，這裡是史官用後來的稱號追述當時的事件。(61)滕公　即夏侯嬰，因其曾為滕縣令，故稱「滕公」、「滕嬰」。夏侯嬰是劉邦的太僕官，終生為劉邦趕車。(62)常下收載之　〈樊酈滕灌列傳〉敘此事云：「漢王急，馬罷，虜在後，常蹶兩兒，欲棄之。嬰常收，竟載之，徐行面雍樹乃馳。漢王怒，行欲斬嬰者十餘。」寫劉邦的無情似更突出，是時孝惠年六歲，魯元年十四。(63)求　尋找。主語為劉邦。(64)審食其　出身不詳，此為初見。從此遂為呂后幸臣，日後封辟陽侯，官左丞相，見〈呂太后本紀〉。(65)間行　抄小路隱蔽而行。(66)周呂侯　呂澤，劉邦即位後以軍功被封為周呂侯。周呂，封地名。梁玉繩曰：「呂澤是時未封，依史法不當預稱『周呂侯』。」按：亦如上文對劉邦子女之預稱「孝惠」、「魯元」也。67下邑　秦縣名，即今安徽碭山，在當時的彭城西北。68滎陽　秦縣名，縣治在今河南滎陽城東北。69蕭何亦發關中句　蕭何，秦時為沛縣吏，後成為劉邦的開國功臣，官至相國，此時正為劉邦鎮守關中，事跡詳見〈蕭相國世家〉。未傅，尚未登入丁壯冊籍的少年人。傅，著錄；登記。《集解》引孟康曰：「古者二十而傅。」悉詣，全部送到。70常乘勝逐北　意即多次打敗劉邦。北，同「背」。「逐背」即追擊敗逃者。71滎陽南京索間　即今河南鄭州以西、鞏縣以東的狹小地區。京，秦縣名，在今河南滎陽城南。索，古城名，即今河南滎陽。72漢敗楚　徐孚遠曰：「此總敘漢兵敗之後稍能振，不必一時事也。」按：自漢二年（西元前二〇五年）五月開始，楚漢之主戰場於滎陽一帶形成對峙，從此一直相峙到漢四年（西元前二〇三年）九月。73立田榮子廣為齊王　據〈秦楚之際月表〉，事在漢二年四月，詳見〈田儋列傳〉。74諸侯皆復與楚而背漢　與楚，猶言「歸楚」、「附楚」。與，助也；歸附也。按：劉邦東出時有許多諸侯背楚歸漢，漢敗後又有許多諸侯反漢歸楚，如魏王豹、長史欣等是也。75築甬道屬之河　（從滎陽）築甬道一直北通到黃河邊上。屬，連接。76敖倉　秦朝在滎陽城北敖山上修築的大糧倉，東臨汴水，北靠黃河。由於黃河水逐漸沖刷南移，今其地已不存。77割滎陽以西為漢　按：此劉邦向項羽之求和，欲以滎陽為界。78歷陽侯　封地歷陽，即今安徽和縣。79易與　容易對付。與，打交道。80今釋弗取二句　按：日後楚漢結鴻溝之約後，劉邦欲退兵，張良乃曰：「今釋弗擊，此所謂『養虎自遺患』也。」意思完全相同。81乃用陳平計間項王　陳平，原是項羽的將領，於漢之二年彭城之敗前歸投劉邦，事見〈陳丞相世家〉。間項王，對項羽施行反間計。82太牢具　牛、羊、豕三牲皆備的飯食，為古代待客的最高禮數。具，原指盛放食品的器具，後來即用以指飯食。《呂氏春秋》注：「太牢，謂牛、羊、豕也。牛羊之閑曰『牢』，故三牲具謂之『太牢』。」瀧川曰：「太牢，猶言『盛饌』，不必拘古法。」83詳通「佯」。假裝。84更持去二句　乾隆曰：「陳平此計，乃欺三尺童未可保其必信者，史乃以為奇，而世傳之，可發一笑。」85大定　大體已定；基本平定。86願賜骸骨歸卒伍　意即「請准許我回家為民」。古代鄉里的基層編制是五家為一伍，三百家為一卒。歸卒伍，即回到基層的編制中去。87疽　也叫癰，一種惡性的癤瘡，多發於項部、背部和臀部，治療不及時，有生命危險。88請為王誑楚為王　請讓我裝扮成你的樣子去欺騙項羽。89間出　乘隙逃出。90夜出女子滎陽東門被甲二千人　謂令二千女子披甲，偽裝士兵而出。〈陳丞相世家〉於此作「陳平乃夜出女子二千人滎陽東門。」91黃屋車　以黃繒為篷蓋的車，古代王者所乘。《正義》引李斐曰：「天子車以黃繒為蓋裡。」92傅左纛　左驂馬的頭上插著犛牛尾的飾物。傅，著；插設。纛，以犛牛尾為之，狀如拂塵。瀧川曰：「漢王未為天子，何以『黃屋左纛』？蓋紀信用引耳目，楚人遂為其所誑。」93楚軍皆呼萬歲　趙翼曰：「『萬歲』本古人慶賀之辭，後乃為至尊之專稱。」按：如〈田單列傳〉田單約降於燕，「燕軍皆呼萬歲」是也。94漢王亦與數十騎從城西門出　按：「亦」字作「乃」方順。95成皐　古邑名，也稱虎牢關，在今河南滎陽西北。96項王燒殺紀信　按：《左傳》成公二年晉敗齊於鞍，逢丑父身代齊頃公被晉人所俘，竟蒙晉人之赦，相比之下，紀信為不幸矣。97御史大夫周苛樅公　二人皆劉邦之部將。御史大夫，主管監察的最高長官，位同副丞相，秦漢時為國家的「三公」之一。周苛，周昌的堂兄。樅公，史失其名，樅是姓。98魏豹　戰國時魏國諸侯的後代，項羽分封諸路將領時，魏豹被封為西魏王。劉邦東出伐楚，魏豹歸附劉邦，劉邦彭城失敗後，魏豹又絕河津反漢。漢二年八月，韓信破魏，虜魏豹。劉邦赦之，今乃留之與周苛等共守滎陽。事跡詳見〈魏豹彭越列傳〉。99若不趣降漢二句　若，爾；你。趣，速；趕緊。今，將；即將。100項王怒三句　據〈秦楚之際月表〉，劉邦逃出滎陽在漢三年七月，滎陽陷落周苛等被殺似應在漢三年八月，而《資治通鑑》繫之於五月。101南走宛葉　〈高祖本紀〉云：「漢王之出滎陽入關，收兵欲復東。袁生說漢王曰：『願王出武關，項羽必引兵南走，王深壁，令滎陽、成皐且得休；使韓信等輯河北趙地，連燕齊，君王乃復走滎陽未晚也，如此則楚所備者多，力分，漢得休。復與之戰，破楚必矣。』漢王從其計，出軍宛、葉間。」宛，秦縣名，縣治即今河南南陽。葉，秦縣名，在今河南葉縣南。102得九江王布　劉邦彭城之敗後，曾派說客隨何往勸黥布反楚歸漢，黥布幾經動搖後，至此乃單身來歸，過程詳見〈黥布列傳〉。103復入保成皐　據當時形勢分析，劉邦之「南走宛、葉」與其「復入保成皐」似應皆在漢三年九月。104項王進兵圍成皐二句　梁玉繩曰：「此下敘事前後倒置，不但與《漢書》異，并與〈高祖紀〉不同，恐係錯簡。『漢之四年』當在後『擊陳留、外黃』句下，觀《漢書》高紀、籍傳自明。」按：此紀所述前後數事，大體與〈秦楚之際月表〉相合。105渡河走脩武二句　按：劉邦化裝潛行至脩武襲奪張耳、韓信兵事，詳見〈淮陰侯列傳〉。據此紀，其事當在漢四年十月；據〈高祖本紀〉，其事則似在漢三年夏、秋。《資治通鑑》繫之於漢三年六月，恐非。脩武，秦縣名，即今河南省之獲嘉縣，時韓信等已平定趙地移兵駐此。從，投奔。106距之鞏　將楚軍阻擋於鞏縣以東。鞏，秦縣名，縣治在今河南鞏縣西南三十里。107彭越渡河擊楚東阿三句　梁玉繩曰：「〈高紀〉及《漢書》紀傳，項王擊彭越是三年五月，在楚拔滎陽及成皐之前，此書於拔成皐後，一誤也；越渡睢水與項聲、薛公戰下邳，殺薛公，此不書項聲，而又謂『渡河擊東阿』，二誤也。」按：此處應從梁說，東阿距彭城甚遠，攻擊東阿對項羽威脅不大；下邳則靠近彭城，正兵法所謂「攻其必救」者。108欲渡河南　劉邦奪得韓信軍後，駐於小脩武（當時的脩武城東），今乃欲渡黃河而南，回歸滎陽一帶之主戰場。109鄭忠說漢王　鄭忠是劉邦的郎中，他勸劉邦深溝高壘，暫時不與項羽作戰；而派盧綰、劉賈等帶兵入楚地，策應彭越多方以擊之，為使項王「備多力分」也。說辭見〈高祖本紀〉。110止壁河內　留軍駐紮於河內郡。秦時河內郡的郡治懷縣，在小脩武西南。111劉賈　劉邦的族人，隨劉邦起事，後封荊王，事見〈荊燕世家〉。[112]佐彭越二句　歸有光曰：「《漢．高紀》『使劉賈佐彭越燒楚積聚，羽乃令曹咎守成皋，而引兵定梁地，漢破咎兵汜水上，復取成皋』是一事。而此紀前後倒置，遂作兩段，若漢先取成皋，楚無緣得令咎守之也，考《漢書》紀傳自明。」梁玉繩曰：「漢王使盧綰、劉賈將兵佐越擊破楚軍燕郭西，燒其積聚；攻下睢陽、外黃十七城，此但言『賈佐越燒積聚』，似太略，當參〈高紀〉〈越傳〉及《漢書》觀之。此下應接『項王乃謂海春侯』一段。」[113]項王東擊破之二句　梁玉繩曰：「此即下文『項王令曹咎守成皋，而引兵定梁地』之事，〈彭越傳〉所謂『越北走穀城』者也。在此紀中，於事為重出，於文無所附，當衍之。」[114]廣武　古城名，在今河南滎陽東北之廣武山上。[115]已定東海來西　穩定了東海郡的形勢後，又回到西線來。東海，秦郡名，郡治郯縣（在今山東郯城北）。「定東海」即打敗彭越事。[116]與漢俱臨廣武而軍《正義》引《括地志》謂廣武山上有東西二城，相距百餘步，中隔廣武澗，即劉、項對峙處也。時劉邦據西城，項羽據東城。按：當時的地理形勢，現在尚能大體看到。[117]相守數月　相守，相互對峙。梁玉繩曰：「《漢書》〈高紀〉、〈籍傳〉皆無『數月』二字，是也，此時為漢四年十月，才軍廣武，不得便言『數月』，當是『一月』。」[118]為高俎二句　俎，案板。師古曰：「俎者，所以荐肉，示欲烹之，故置俎上。」[119]今不急下　如果還不迅速投降。今，若；假如。[120]北面受命懷王　意即為懷王做臣子。受命，聽命。[121]曰約為兄弟　按：此「曰」字疑衍，《漢書》無。[122]吾翁即若翁　我的父親也就是你的父親。若，你；你的。[123]必欲烹而翁二句　而翁，乃翁；你的父親。吳見思曰：「兵鈍糧絕，項王為此，乃急著也。已為漢王窺破，必不敢沒太公，故為大言。」按：以上項羽欲殺劉邦父，劉邦巧語與之對答事，原見於《楚漢春秋》，文字大體相同。[124]雖殺之無益二句　按：項伯之言固亦在理，然其為劉邦收買之情實，事事可見。王維楨曰：「項伯全沛公於鴻門，則以與張良善故；乃今復活太公，則以沛公『約為婚姻』故。」[125]苦軍旅　苦於從軍打仗。[126]罷轉漕　疲弊勞乏於運送糧餉。車運曰轉，船運曰漕。罷，同「疲」。[127]匈匈　煩苦勞擾的樣子。[128]挑戰　《集解》引李奇曰：「挑身獨戰，不須眾也。」即今所謂「決鬥」。[129]吾寧鬬智二句　據〈高祖本紀〉，劉邦先數項羽之十項大罪，而後曰：「吾以義兵從諸侯誅殘賊，使刑餘罪人擊殺項羽，何苦與乃公挑戰！」較此更生動有力。[130]樓煩　顧炎武曰：「趙西北邊之國，其人強悍，善騎射，是以楚漢之際多用樓煩人別為一軍。」師古引李奇曰：「『樓煩』後為縣，屬雁門，此縣人善騎射。謂士為『樓煩』，取其稱耳，未必樓煩人也。」按：「樓煩」原為少數民族名，漢時在其所居之地設樓煩縣，即今山西寧武。[131]三合　猶言三次，三回。[132]輒　就；遂即。[133]遂走還入壁二句　淩稚隆曰：「連用三『不敢』字，模寫羽威猛如畫。」[134]間問　暗中打聽。[135]乃即漢王相與臨廣武間而語　意即隔著廣武澗與劉邦相互對話。即，靠近。廣武間，即廣武澗。張文虎、周壽昌等皆以為「間」字應作「澗」。《續漢志》

注引《西征記》云：「三皇山上有二城，東者曰東廣武，西者曰西廣武，各在山一頭，相去二百餘步，其間隔深澗，漢祖與項籍語處。」按：當時之地理形勢現在尚能大體看出。[136]漢王數之　數，一條條地列其罪狀。按：漢王數項羽十大罪狀，見〈高祖本紀〉。[137]項王怒二句　此即上文項羽「願與漢王挑戰決雌雄」事，此紀分敘兩處，重複零碎，《漢書》合而為一，較此明暢。[138]項王伏弩射中漢王　〈高祖本紀〉云：「漢王傷匈，乃捫足曰：『虜中吾指！』」表現劉邦之絕頂機靈，極為精彩，應參看。[139]漢王傷二句　〈高祖本紀〉寫漢王中箭後，「病創臥」，張良乃「強請漢王起行勞軍，以安士卒」云云，皆極關緊要。[140]淮陰侯已舉河北二句　梁玉繩曰：「韓信破趙已逾年矣，非破齊一時事，此與〈高紀〉皆多一『趙』字，《漢書》無。」按：韓信破趙在漢三年（西元前二〇四年）十月，破齊歷下軍在漢四年（西元前二〇三年）十月。[141]乃使龍且往擊之　韓信襲破齊軍，齊王田廣東走高密，向楚求救，楚使龍且救齊。[142]灌嬰　劉邦的騎兵將領，此時在韓信屬下，在破齊之役中功勞甚大，事跡詳見〈樊酈滕灌列傳〉。[143]大破楚軍二句　事在漢四年十一月，詳見〈淮陰侯列傳〉。[144]韓信因自立為齊王　據〈秦楚之際月表〉韓信為齊王在漢四年二月。據〈淮陰侯列傳〉，很像是韓信先向劉邦請求為假齊王，劉邦不得已而封之；其實乃是韓信先「自立」，而後始派人往請之也。梁玉繩引《古今考》曰：「信自立為王在十一月，其使人以書與漢王言『假王』者，乃擅自立為王之後始請之。」[145]武涉往說淮陰侯　按：武涉勸說韓信叛離劉邦、重歸項羽的辭令見〈淮陰侯列傳〉。武涉於《史記》中僅此一見，應是項氏一黨。[146]彭越復反三句　凌稚隆引張之象曰：「曰『燒楚積聚』，曰『絕楚糧食』，〈高紀〉稱『彭越反梁地，往來苦楚兵』者，此之謂也。篇中眼目，不可不玩。」吳見思曰：「凡三提彭越，以見楚項之病根。」[147]則漢欲挑戰　則，若。〈高祖本紀〉直作「若」。[148]毋令得東而已　只要牽制住他們，別讓他們向東方開進就夠了。郭嵩燾曰：「前敘項王圍成皋，漢王逃，楚遂拔成皋；項王東擊彭越，漢王引兵渡河，復取成皋，軍廣武，項王乃即漢王相與臨廣武而語，是成皋已屬漢矣；此復云『項王乃謂海春侯大司馬曹咎等曰謹守成皋』，成皋屬楚、屬漢疑不能明。〈高祖本紀〉敘汜水之戰於前，項羽聞海春侯破乃引兵還，俱臨廣武而軍。所以臨廣武間相語者，為楚、漢皆軍廣武故也。〈項羽本紀〉敘失次，當以〈高祖本紀〉為得其實。」按：梁玉繩、崔適等皆有類似說法。[149]復從將軍　再回到你們這裡來。[150]行擊陳留外黃　行擊，猶今之所謂「攻擊前進」。陳留，秦縣名，縣治即今河南開封東南的陳留鎮。外黃，秦縣名，縣治在今河南民權西北。[151]外黃令舍人兒　外黃縣令的門客的孩子。舍人，依託於官僚貴勢之家而為之役使者。[152]彊劫外黃　用武力逼著外黃人做事。劫，劫持；挾制。[153]百姓豈有歸心　百姓們還能有歸順你的心思嗎？張文虎曰：「《御覽》引此作『豈有歸哉』，《漢書》同。」[154]睢陽　秦縣名，縣治在今河南商丘南，秦時為碭郡郡治。[155]皆爭下項王　都爭先恐後地向項羽投降。[156]渡兵汜水　調渡汜水而東，以擊漢軍。汜水，源於今河南嵩山北麓，流經滎陽城西、成皋城東，北入黃河。(157)大司馬咎句　「長史」下各本原有「翳塞王」三字，梁玉繩曰：「〈高紀〉及《漢書》紀傳皆無『翳塞王』三字，此後人妄增之。何者？翳降漢後，雖與欣同叛歸楚，而不復再見。蓋欣與項王有舊恩，故得棄瑕而仍任用之，非翳可比矣。」按：梁說是，下文亦言「長史欣亦故櫟陽獄吏」，故據刪。(158)兩人嘗有德於項梁二句　吳見思曰：「獄椽凡兩應，分封一點，見其私也；此處一點，見不用賢而任其私，項羽之所以敗也。」(159)鍾離眛　項羽的猛將，事跡又見〈淮陰侯列傳〉。(160)漢兵盛食多二句　凌稚隆曰：「太史公敘漢，曰『取敖倉粟』，曰『就敖倉食』，曰『兵盛食多』；敘楚，曰『燒楚積聚』，曰『絕楚糧食』，曰『兵罷食盡』，皆紀中關鍵，當玩。」(161)陸賈　劉邦的謀士，事跡見〈酈生陸賈列傳〉。(162)請太公　請求項羽放回太公。(163)鴻溝　戰國時魏國開鑿的溝通黃河與淮水的運河，北起滎陽，東經中牟、開封，南流至淮陽東南入潁水（淮水的支流）。(164)歸漢王父母妻子　趙翼曰：「《史記》謂『歸漢王父母妻子』，而班書但言『歸太公、呂后』，而不言『父母妻子』。蓋以高祖之母久已前死（高祖起兵時母死於小黃），羽所得者但有太公與呂后，非真有母與子在項羽軍中。不知高祖母雖已前死，而楚元王為高祖異母弟，則高祖猶有庶母也。孝惠帝尚有庶兄肥，後封齊為悼惠王。當高祖路遇孝惠時，與孝惠偕行者但有魯元公主，則悼惠未偕行可知也。悼惠既未偕行，又別無投歸高祖之事，則必與太公、呂后同為羽所得，故高祖有子在項軍也。然則《史記》所謂『父母妻子』乃無一字虛設，而《漢書》改云『太公、呂后』轉疏漏矣。」(165)平國君　《正義》曰：「說歸太公、呂后，能和平邦國。」(166)匿弗肯復見　謂劉邦躲避不欲見侯公。郭嵩燾曰：「侯公必多為長短之說以明得失之數，重之以盟誓要約，項羽為所誘惑，急歸其父母妻子。高祖所以匿不肯見者，誠有所諱也。」一說，指侯公不願見劉邦，不圖其賞賜。(167)所居傾國　言其口舌之利足以壞人國家，而且是走到哪裡，壞到哪裡。傾，顛覆。(168)故號為平國君　中井曰：「取其反稱也。」張文虎曰：「『匿弗肯復見』與上下文不接，《漢書・高紀》無。疑『匿弗』以下二十一字，後人依《楚漢春秋》竄入。」按：劉邦這種過河拆橋，事成後反而辱罵侯公的行為，與其在戰場上被楚將丁公放過，事後反將丁公處死的情形相同，事見〈季布欒布列傳〉。(169)項王已約二句　郭嵩燾曰：「按〈灌嬰傳〉，『齊地已定，韓信自立為齊王，使嬰別將攻楚將公杲於魯北；渡淮，盡降其城邑；至廣陵，下下邳，擊破楚騎於平陽，遂降彭城。』嬰之入彭城尚在鴻溝定約以前，宜其遽解而東歸也。」(170)太半　大半。《集解》引韋昭曰：「凡數三分有二為『太半』，一為『少半』。」(171)今釋弗擊二句　按：張良、陳平此語與當年劉邦處劣勢向項羽乞和時，范增之對項羽所講者相同，亦與句踐敗吳後范蠡之勸句踐遂一舉滅吳之語相同，參看〈越王句踐世家〉。(172)陽夏　秦縣名，縣治即今河南太康。(173)建成侯彭越　梁玉繩曰：「越為魏相國，未聞封侯，蓋所賜名號，曹參亦有『建成侯』之稱，本傳不載。」

[174]期會　約定日期匯合兵力。[175]固陵　秦縣名，在今河南太康南。[176]不會　該到達而不到達。[177]不從約　不遵守約定。[178]未有分地　《集解》引韋昭曰：「信等雖名為王，未有所畫經界。」[179]能與共分天下　意即捨得把天下的地盤給他們每人分一塊。[180]今可立致　將會使之立刻前來。[181]即不能　倘若你不這樣做。即，若。[182]自陳以東傅海　自陳郡一直東到海邊，大體包括今河南省東部，山東省西南部，和安徽江蘇兩省的北部地區。傅海，直到海邊。傅，貼近。[183]睢陽以北至穀城　大體包括今河南省東北部和山東省西部一帶地區。穀城，秦縣名，在今山東平陰西南。[184]使各自為戰　使其各為自己獲取分地而戰。張文虎曰：「此事不書於〈高紀〉，不書於〈留侯世家〉、信、越列傳，而書之於〈羽紀〉者，明非此不能破羽，然信、越死機，已伏於此。」[185]彭相國　即彭越。當初魏豹為魏王跟從劉邦伐楚時，劉邦曾封彭越為魏相國，見〈魏豹彭越列傳〉。[186]從壽春竝行　從壽春同時起行。壽春，秦縣名，縣治即今安徽壽縣，當時為九江郡郡治。[187]屠城父　謂前進途中隨勢屠滅了城父。城父，秦縣名，縣治在今安徽亳縣東南。按：劉賈從壽春向垓下進軍，不經過城父，屠城父者乃黥布也。[188]垓下　古地名，在今安徽固鎮城東五十里。[189]大司馬周殷　項羽的將領，官為大司馬。時劉邦派人誘之，殷遂叛楚歸漢。[190]以舒屠六　帶領舒縣（在今安徽廬江西南）之眾北行，沿途屠滅了六縣（在今安徽六安東北）。[191]舉九江兵　帶著九江郡的全部人馬。[192]隨劉賈彭越皆會垓下　按：此數句關係不明，事實為劉賈入楚地攻克壽春後，周殷又從舒縣叛楚歸漢，協助劉賈控制了九江郡的局勢；而後又西行迎來了原為九江王，後來單身歸漢的黥布；黥布軍經過城父時，屠之。最後，周殷、黥布等皆隨劉賈一同與劉邦、韓信等會師垓下。梁玉繩曰：「此段頗有缺誤，當云：『韓信乃從齊往，彭越乃從魏往，劉賈軍從壽春迎黥布并行屠城父，大司馬周殷叛楚，以舒屠六，舉九江兵隨劉賈、黥布皆會垓下。』」[193]項王軍壁垓下二句　按：漢軍諸路到達垓下後，與項羽尚有一次決定性的大戰。據〈高祖本紀〉云：「五年（西元前二〇二年），高祖與諸侯兵共擊楚軍，與項羽決勝垓下。淮陰將三十萬自當之，孔將軍居左，費將軍居右，皇帝在後，絳侯、柴將軍在皇帝後。項羽之卒可十萬。淮陰先合，不利，卻；孔將軍、費將軍縱，楚兵不利；淮陰復乘之，大敗垓下。」而後始得云「兵少食盡，漢軍及諸侯兵圍之數重」也。[194]皆楚歌　唱的都是楚地的民間歌謠。[195]有美人名虞　《集解》引徐廣曰：「一云『姓虞氏』。」王先謙引周壽昌曰：「婦人從夫姓，即以己姓為名，晉李恆妻衛鑠，稱名曰『李衛』；趙孟頫妻管道升，稱名曰『趙管』，皆是。」[196]騅　毛色黑白相間的馬。師古曰：「蒼白雜毛曰騅，蓋以其色名之。」[197]虞兮虞兮柰若何　朱熹曰：「慷慨激烈，有千載不平之餘憤。」吳見思曰：「『可奈何』，『奈若何』，若無意義，乃一腔怒憤，萬種低回，地厚天高，托身無所，寫英雄失路之悲，至此極矣。」[198]歌數闋　一連唱了幾遍。闋，段；遍。[199]美人和之　《正義》引《楚漢春秋》所載虞姬和歌云：「漢軍已略地，四方楚歌

聲。大王意氣盡，賤妾何聊生。」殆出於後人依託。(200)項王乃上馬騎　按：「騎」字辭費，疑涉下文而衍，《漢書》無「騎」字。(201)麾下　猶言「部下」，師古曰：「麾，大將之旗也。」(202)直夜　中夜；半夜。(203)騎能屬者百餘人耳　屬，跟隨。師古曰：「屬，聯及也。」(204)陰陵　秦縣名，縣治在今安徽定遠西北。(205)田父紿曰二句　農夫騙他說「向左拐」。紿，欺騙。(206)以故漢追及之　按：史公極力突出項羽被追及的偶然性，以寄託其無限同情。(207)東城　秦縣名，縣治在今安徽定遠東南。(208)身七十餘戰　按：史公稱道將軍之勇好用「七十」字，李廣臨死前對其部下語亦曰「廣結髮與匈奴大小七十餘戰」，如李白詩稱山之高與年代之久好用「四萬八千」字同。(209)快戰　痛痛快快、漂漂亮亮地打一仗。又，快戰，一作決戰。(210)必三勝之　一定要連續地打敗他幾次。三，用指多次。(211)刈旗　砍倒敵軍的大旗。(212)令諸君知天亡我二句　錢鍾書曰：「馬遷行文，深得累疊之妙，如本篇末寫項羽『自度不能脫』，一則曰：『此天之亡我，非戰之罪也』；再則曰：『令諸君知天亡我，非戰之罪也』；三則曰：『天之亡我，我何渡為！』心已死而意猶未平，認輸而不服氣，故言之不足，再三言之也。」(213)四嚮　朝著四個方向，蓋圍作一個圓陣也，《漢書》作「為圓陣，外向」。(214)令四面騎馳下二句　向著四個方向突圍，約定好突圍後在山東面的三個地點集合。期，約定。《正義》曰：「分為三處，漢軍不知項羽處。」(215)披靡　倒伏、避散的樣子。(216)赤泉侯　楊喜，劉邦的部將，因獲項羽屍體而被封為赤泉侯。梁玉繩曰：「楊喜封赤泉侯在漢七年，《漢書》改稱『楊喜』是也。」赤泉，在今河南淅川西。(217)辟易　因畏懼而退避。辟，同「避」。易，易地；挪動了地方。凌約言曰：「羽叱樓煩，樓煩『目不能視，手不能發』；羽叱楊喜，楊喜『人馬俱驚，辟易數里』，羽之威猛可想像於千百世之下。」(218)伏　通「服」。(219)東渡烏江　謂欲從烏江浦渡長江東去。烏江浦，渡口名，在今安徽和縣東北之長江西岸。(220)烏江亭長　瀧川曰：「秦法，十里一亭，亭長者，主亭之吏，猶今里正也。」猶劉邦之為泗上亭長然。(221)檥船　攏船靠岸。《集解》引如淳曰：「南方人謂整船向岸曰『檥』。」檥，通「艤」。(222)縱彼不言二句　劉子翬曰：「羽所以去垓下者，猶冀得脫也，乃為田父所紿，陷于大澤；亭長之言甚甘，安知不出田父之計耶？羽意謂丈夫途窮寧戰死，不忍為亭長所執，故托以江東父老所言為解耳。使羽果無東渡意，豈引兵至此哉！」姚苧田曰：「項王之意必不欲以七尺軀隨他手坑塹，觀其潰圍奔逐，豈不欲脫？迨聞亭長言，而又不肯上其一葉之舟，既又賜以愛馬而慰遣之，粗糙爽直，良可愛也。」(223)獨籍所殺漢軍數百人二句　梁玉繩曰：「此二語上稱『籍』，下稱『項王』，竟似兩人矣，未免語病。」按：梁說是，此類問題《左傳》中更多。(224)漢騎司馬呂馬童　騎司馬，騎兵中主管法紀的官。王伯祥曰：「呂馬童當係項王舊部反楚投漢者，故下以『故人』稱之。」(225)馬童面之　呂馬童聞聲對項羽定睛一看。面，正面相對。王先謙引劉攽曰：「面之，直面向之。」〈田敬仲完世家〉「淳于髡說畢，趨出至門，而面其仆」，「面」即面對。(226)指

王翳　指項王以告王翳。王翳，灌嬰的部下。227千金　千斤黃金。漢稱黃金一斤曰「一金」。王駿圖曰：「黃金一斤為『一金』，一金值錢千貫。」按：秦時稱黃金一鎰曰「一金」，一鎰為二十兩，或說二十四兩。228邑萬戶　具有萬戶人家的領地，即封之為萬戶侯。229吾為若德　我給你提供這個獲賞的機會。230乃自刎而死　李清照〈項羽〉詩：「生當作人傑，死亦為鬼雄。至今思項羽，不肯過江東。」鄭板橋〈鉅鹿之戰〉詩：「千奸萬黠藏凶戾，曹操朱溫皆稱帝。何似英雄駿馬與美人，烏江過者皆流涕！」按：韓信破項羽於垓下與項羽自刎烏江，在漢五年（西元前二〇二年）十二月。《集解》引徐廣曰：「項王以始皇十五年己巳生，死時年三十一。」231最其後　過後彙總起來。最，同「聚」。《漢書》作「最後」，無「其」字，則讀如今日之「最後」可也。232一體　一肢，通常以四肢加頭稱為「五體」。233分其地為五　原日得項王者「邑萬戶」，今乃五人共得一具屍體，故將萬戶之邑分為五份，以賞五人。234中水侯　封地中水，在今河北獻縣西北。235杜衍侯　封地杜衍，在今河南南陽西南。236吳防侯　封地吳防，即今河南遂平。237涅陽侯　封地涅陽，在今河南鎮平南。238獨魯不下　只有魯縣（今山東曲阜）還在為項羽堅持守城。239為其守禮義二句　當年楚懷王曾封項羽為「魯公」，故魯人對項羽忠心耿耿。240視魯　讓魯縣人看。視，同「示」。241魯父兄乃降　史珥曰：「魯不急下，動漢王『守禮義，為主死節』之褒，羽得此頗不寂寞。」按：此亦史公因同情項羽，而於篇終極力為之周旋處。242葬項王穀城　《正義》引《述征記》：「項羽墓在穀城（今山東平陰西南）西北三里半許。」243漢王為發哀二句　王鳴盛曰：「『為義帝發喪』，『袒而大哭』，此猶自可；殺項羽，『以魯公禮葬，為發哀，泣之而去』，天下豈有我殺之即我哭之者？不知何處辦此一副急淚！」又曰：「〈鄭當時傳〉『詔項籍故臣皆名籍』，怨毒如許，何哭之為？」瀧川曰：「〈田儋列傳〉云：『田橫自剄，高帝曰：夫起布衣，兄弟三人更王，豈不賢乎哉？為之流涕，發卒二千人以王者禮葬田橫』，高祖蓋喜泣者。」按：《三國志・武帝紀》亦有曹操破袁氏後，「公臨祀紹墓，哭之流涕」云云。244封項伯為射陽侯　項伯助劉邦傾項，可謂盡其力矣，不知其於項羽之死內心安否？射陽侯，封地射陽，在今江蘇淮安東南。245桃侯　項襄，封地桃縣，在今河北邢台附近。246平皋侯　項佗，封地平皋，在今河南溫縣東。按：《漢書・籍傳》有所謂「羽使從兄子項它為大將、龍且為裨將救齊」云者，不知是否即此人。247玄武侯　名字不詳。248皆項氏二句　謂項伯與以下桃侯等四人皆賜姓劉也。

【語　譯】漢王元年，四月，各路諸侯首領在戲水之濱解散，分別到自己的封地去了。項羽也準備離開關中到自己的封地去，於是他首先派出一哨人馬去彭城將義帝遷徙，他說：「古時候的帝王不僅擁有千里封地，而且還必定要居住在江河的上游。」於是他就下令把義帝遷到長沙郡的郴縣去，而且催著義帝快走。義帝身邊的臣子們一見到這種情景，就漸漸地離開義帝了。而項羽又暗中給衡山王吳芮和臨江王共敖下密令，讓他們在長江上伺機把義帝殺掉。韓王成因為沒有軍功，項羽不准他去自己的封地，而把他帶到了彭城，先是把他降爵為侯，隨後又殺了他。燕王臧荼到了自己的封國後，驅逐原來的燕王韓廣去遼東，韓廣不去，於是臧荼就把韓廣殺死在無終，並把韓廣的遼東封地也收歸己有。

2 田榮聽說項羽把齊王田市遷到膠東，而封了齊將田都為齊王，心中非常憤怒。他讓齊王田市不要去膠東，同時以齊國的地盤為根據，起兵反抗項羽。他的第一著就是派兵迎擊受項羽之封前來齊國上任的田都。田都無法，只好逃到了楚國。而齊王田市因為害怕項羽，他自己偷偷地逃出臨菑，前去膠東的封國上任。田榮氣憤之極，派人追到了即墨，殺死了田市。於是田榮隨即自立為齊王，接著又向西出兵破殺了濟北王田安，從而使舊日齊地上的三個國家都歸入了他的統轄之下。接著田榮又給了彭越一顆將軍印，封他為將軍，讓他在梁地造項羽的反。而陳餘這時也派了張同、夏說來見齊王田榮說：「項羽分封天下分封得不公平。他把原來的諸侯王全封在壞的地方，而把他自己的群臣眾將都封在好的地方。他把我們原來的趙王歇趕到了北邊的代地，我覺得這麼做是不行的。如今聽說您已經起兵造他的反了，不追隨您是不合適的。希望您支援我一部分兵力，讓我去攻打常山王張耳，以幫助趙王收復舊有的趙國，這樣，就可以用趙國來給您作為屏障。」田榮答應了，隨即派了一部分軍隊前往趙國。而陳餘這時又調動了自己所屬的三個縣的所有壯丁，與齊軍一起攻打常山王，結果張耳被打敗，逃去歸附了劉邦。於是陳餘又把趙王歇從代地迎回了趙國，而趙王歇隨即封陳餘做了代王。

3 這時候，劉邦已經從巴蜀地區殺了出來，平定了三秦。項羽聽說劉邦已經占有全部的關中，而且馬上又要出兵東進，而這時齊、趙兩國又同時造了他的反，不禁大怒。他立刻封原來的吳縣縣令鄭昌為韓王，讓他西去阻擋劉邦，而讓蕭公角等去討伐彭越，結果蕭公角等被彭越擊敗了。這時劉邦正派了張良到韓國去開拓地盤，張良寫了一封信欺騙項羽說：「因為漢王當初沒有得到他應該得到的關中，所以他才出兵殺了回來。

他只求能實現當初懷王的約定就滿足了，決不敢再出兵東進和您爭鋒。」接著他又把齊國、梁國檄告天下的反書也附給了項羽，說：「真正想要聯合起來消滅您的，是齊國和趙國。」這樣一來就完全打消了項羽對西方劉邦的注意，而集中力量北上去進攻齊國了。項羽向九江王黥布徵調兵力，黥布本人推託有病，不肯前去，而只是派了一員將領帶著幾千士兵跟著項羽一道去了。項羽從此開始怨恨黥布。漢王二年的冬天，項羽率兵北進到了城陽，田榮也正好率兵到此。雙方展開戰鬥，結果田榮大敗，逃到平原縣，被平原人殺掉了。而項羽的軍隊則乘勝北進，一路上鏟平城牆，燒毀房屋，把降兵統統活埋，把老弱婦孺統統綑綁帶走。就這樣橫貫齊國，一直到北海邊，走到哪裡，那裡便化為一片廢墟。因而逼得齊國人不得不在各地集聚起來造反圖存。這時田榮的弟弟田橫又挺身而出，他收拾了齊國流散在各地的士兵幾萬人，重新在城陽舉起了齊國大旗。這一來就把項羽牽制在了齊國。項羽儘管一連幾次地進攻城陽，但都沒有能攻下。

4 到了這年春天，劉邦統帥著所有反對項羽的各路軍隊，共達五十六萬人，東進伐楚。項羽聽到消息後，他留下了一些將領繼續在齊國作戰，而自己則率領著精兵三萬人，經由曲阜、胡陵，而星夜返回楚國。再說劉邦，他在這一年的四月，已經攻入了彭城，他占有了項羽所有的珍寶美女，每天大擺酒宴，吃喝玩樂。這時項羽已經由側翼繞過了彭城，到達彭城西面的蕭縣，截斷了劉邦的歸路。第二天一早，項羽向東方發起攻擊，直逼彭城，到中午時，項羽在彭城大破劉邦。劉邦的軍隊到處亂跑，許多人被趕入了穀水、泗水。僅在這裡被殺的漢兵就有十多萬人。其他的一些敗軍都向南逃進了山裡，楚軍又乘勝追殺到了靈壁東面的睢水上。漢軍再次潰退，漢軍被擠得無路可走，被殺的與落入水中被淹死的有十多萬人，以至於睢水都被堵塞得流不動了！楚軍裡外三層緊緊包圍了劉邦。正在這關鍵時刻，忽然從西北颳起了一陣大風，拔起了樹木，掀走了屋頂，飛沙走石，明明是白晝，天色卻黑得伸手不見五指。這陣大風迎面向楚軍吹去，楚軍一下子亂了陣腳，潰不成形。於是劉邦才乘這個機會帶著幾十個隨從一溜煙地騎馬逃走了。當劉邦經過沛縣的時候，他想把他的家眷也帶上一起向西逃。而這時項羽也正好派兵到沛縣，去捉拿劉邦的家屬。結果劉邦的家屬早已經不知跑到什麼地方去了，沒能與劉邦見著面。後來劉邦在路上遇見了他的兒子和女兒，也就是日後的孝惠帝和魯元公主，劉邦讓他們上了自己的車。不一會兒，楚國的騎兵追上來了，劉邦為了讓自己的車子快跑，於是又把他的兒子和女兒推了下去。這時多虧了滕公夏侯嬰，他趕緊下去把他們抱了上來。就這樣劉邦一連把他們推下去好幾次，滕公不忍地說：「就算是情況緊急，車子跑不快，但又怎麼能忍心把孩子扔了呢？」後來終於大家都脫了險。劉邦一路上也還在注意尋找太公和呂后，但始終沒有找到。原來開始時是審食其跟著太公和呂后抄著小道，也在尋找劉邦，不料遇上了項羽的軍隊，被捉了去。楚軍將其帶回並告知項王。從此項羽就把他們當作人質拘留在楚軍的營中。

5 當時，呂后的哥哥周呂侯呂澤正作為劉邦的將領統兵駐紮在下邑，於是劉邦悄悄地抄小路去投奔了他，並在那裡漸漸地又集合起了一些被打散的軍隊。接著他們一起向西退到了滎陽。這時在彭城被打敗的其他人馬也逐漸地都匯集到這裡來了。而蕭何又不失時機地把關中地區尚未成年的孩子或是超過服役年齡的老人都一齊調集起來送到了滎陽，於是劉邦軍隊的氣勢又重新振作起來了。項羽的軍隊從彭城出發乘勝向西追擊漢軍，一直追到滎陽南面的京縣和索亭一帶，結果被漢軍打敗了。從此，楚漢遂相持於滎陽一線，楚軍再也沒有能夠跨過滎陽向西前進一步。

6 正當項羽回師援救彭城，並進而追擊劉邦到滎陽的時候，田橫又乘機收復了齊國，並立田榮的兒子田廣做了齊王。當劉邦在彭城慘敗後，過去那些一度曾追隨劉邦背叛項羽的諸侯們又都脫離了劉邦，重新歸附項羽了。這時，劉邦的軍隊駐紮在滎陽，他們修築了一條甬道，一直通到黃河南岸，從中運取敖倉的糧食，以供軍用。漢王三年，項羽一連幾次地出兵攻擊漢軍的甬道，劫奪他們的糧食，以致漢軍中的糧草供應不上。劉邦很害怕，於是向項羽提出講和，條件是以滎陽為界，滎陽以東的地盤歸項羽，滎陽以西的地盤歸劉邦。

7 項羽想要同意，這時歷陽侯范增說：「現在的漢軍是最容易對付的，如果現在放了他們不打，日後肯定是要後悔的。」於是項羽便聽取了范增的意見，下令加緊對滎陽的攻擊。劉邦很傷腦筋，於是就採用了陳平的計謀去離間項羽和范增的關係。有一天項羽派的使者來到了漢營，漢營的接待人員準備了牛、羊、豬三牲具備的最高規格的筵席來招待他們。當招待人員把飯菜端上筵席後，一看是項羽的使者，於是就裝出一種驚異的樣子說：「我們還以為是亞父的使者呢，原來是項王的使者！」於是便把這些最豐盛的東西端了回去，而重新端出一些粗劣的飯菜來招待他們。項羽的使者回去後把情況報告了項羽，項羽便懷疑范增與劉邦私通，於是就逐漸地削減了范增的權力。范增很生氣，說：「現在天下的大事差不多都已經定了，以後的事您可以自己做了，請允許我回家為民。」項羽批准了。范增上路東歸，還沒走到彭城，背上的毒瘡突然發作，很快就含恨死去了。

8 再說被楚軍包圍的滎陽城內，劉邦的將領紀信對劉邦說：「現在的形勢已經很危急，請讓我假扮您出去矇騙項羽，而您可以趁機逃出城去。」於是劉邦在一個夜晚打開滎陽東門，把脅迫來的兩千名頂盔掛甲的婦女趕了出去。楚軍一見，立刻從四面圍攻上來。這時紀信假扮劉邦坐著一輛黃篷車，左驂馬頭上方插著一根犛牛尾飾物，也夾在這幫婦女群裡。他讓左右的人們喊道：「城裡的糧食已經吃光，漢王出來投降了！」楚軍一聽，立刻響起一片歡呼。而這時真正的劉邦卻帶著幾十個隨從，開西城門一溜煙逃到了成皋。項羽捉到了紀信後問他：「漢王在哪裡？」紀信說：「漢王早已趁機離開了滎陽。」項羽大怒，立即下令把紀信燒死了。

9 劉邦離開滎陽前，留下了御史大夫周苛、樅公和魏豹，讓他們一道在滎陽堅守。待到劉邦走後，周苛與樅公立即商量說：「魏豹是一個曾經背叛過我們的傢伙，我們不能和他一道守城。」於是兩人自作主張就把魏豹殺了。後來楚軍攻下了滎陽，活捉了周苛，項羽對周苛說：「你今後要是能跟著我，我可以讓你當上將軍，封給你食邑三萬戶。」周苛大罵道：「你倒是更應該趕快投降漢王，不然漢王很快就會俘虜你，你可不是漢王的對手！」項羽大怒，立刻下令煮死了周苛，把樅公也一起殺掉了。

10 再說劉邦，他急急地逃出了滎陽以後，就一直向南奔到了宛城、葉縣。這時，剛好九江王黥布歸降過來了。於是他們又折頭北上，邊走邊收羅軍隊，又進入了成皋。漢王四年，項羽進兵圍攻成皋，劉邦無力抵抗，只好和滕公夏侯嬰兩個人開北門逃跑，渡過黃河到脩武來投奔剛在趙地大獲全勝的張耳與韓信。守成皋的其他將領也陸陸續續地逃出圍城，來找劉邦。於是成皋跟著就被楚軍攻下了。接著他們還想揮兵西進。這時劉邦趕緊派兵在鞏縣一帶設防，從而制止了楚軍的繼續西行。

11 這時，在項羽後面活動的彭越，率兵渡過黃河，攻擊楚國的東阿，殺死了楚將薛公。於是項羽不得不親自領兵回去打彭越。這時劉邦奪得了韓信的軍隊，他想渡黃河南下。不過郎中鄭忠出來勸阻，於是劉邦就讓軍隊在河內暫時駐紮下來。他派劉賈帶領一支人馬去幫著彭越，到項羽後方去焚燒楚國的各種物資。項羽帶兵東歸後，與彭越交戰，彭越被趕走了。而劉邦就趁著項羽與彭越作戰的這個時機迅速地率兵渡過黃河，收復成皋，把軍隊駐紮在廣武山。這裡最大的好處是靠著敖倉，可以有足夠的軍糧。等到項羽穩定住東海郡的形勢，再次回兵西進時，就只能與劉邦在滎陽城北的廣武澗兩軍對峙了。就這樣一直對峙了幾個月。

12 而在這時，項羽後方的彭越又殺出來，連續地在大梁一帶進行騷擾，掐斷了楚軍的糧草補給線。這使得項羽大傷腦筋。於是他派人搭了一個高臺，上設案板，把劉邦的父親綁在案板上面，對著劉邦吆喊說：「你要是還不趕緊投降，我就把你父親煮了！」劉邦一見，狡黠地也大聲喊道：「當初我和你一道在懷王的駕下稱臣，大家說好彼此兄弟相待。因此我的父親也就是你的父親。你如果一定要煮你的父親，那就請你也給我一碗肉粥喝！」項羽聽了氣得直跳腳，他真想把劉太公殺了。這時項伯勸他說：「如今天下大事還未有結局，況且打天下的人都是不顧家的，你就是殺了太公也沒用，白給自己招是非。」於是項羽也只好作罷了。

13 楚、漢兩軍在滎陽一帶相持的時間太長了，雙方的青壯年苦於行軍打仗；老弱們也因為運送糧草物資，累得疲憊不堪。因此項羽對著劉邦喊道：「百姓們一連幾年不得安寧，就是因為咱們倆鬧的。乾脆咱們倆個比個高低算了，別再讓天下百姓為我們受罪。」劉邦哈哈大笑說：「我要和你鬥智，不和你比量匹夫之勇。」於是項羽派出一些武藝高強的人向劉邦的軍隊挑戰。這時劉邦部下有一個從樓煩來的神箭手，項羽的人出來三次，三次都被這個神箭手射死了。項羽一見大怒，他自己披甲持戟衝了出來，神箭手搭箭正要再射，項羽瞬起眼睛向他大喝一聲，只見那個神箭手被嚇得眼也不敢看，箭也不敢發，掉頭跑回營內，再也不敢出來了。劉邦很奇怪，趕緊派人出去打探，才知道剛才出來挑戰的那個人就是項羽，這件事使劉邦也感到吃驚。於是項羽找了一天約劉邦隔著廣武澗兩人對話。劉邦當面歷數了項羽的十大罪狀，項羽很生氣，想和劉邦決一死戰。劉邦不答應，於是項羽讓預先埋伏的弓箭手射劉邦，劉邦被射中受傷，退進了成皋。

14 不久，項羽聽說劉邦的將領韓信在平定了河北之後，又攻破了齊國和趙國，下一步就要發兵對付楚國了。於是項羽趕緊派了龍且去聯合齊王田廣共同抗擊韓信。結果被韓信及其部將灌嬰擊敗，龍且戰死。接著韓信自己當了齊王。項羽聽說龍且的軍隊被韓信殲滅，一時慌了神。他派了盱台人武涉去勸誘韓信脫離劉邦，韓信不聽。與此同時，彭越又在他的後方折騰起來，攻占了大梁一帶，斷絕了楚軍的糧草。項羽一見東方的情況緊急，就對海春侯大司馬曹咎等說：「你們好好地替我守著成皋，不管漢軍怎麼向你們挑戰，都不要理他們。你們只要能擋住他們，別讓他們東進就行。我保證在十五天內消滅彭越，穩定好大梁一帶的形勢，而後立即回到這裡來。」說罷，遂率軍東下，並順路對被彭越軍隊占領的陳留、外黃發起了攻擊。

15 剛開始，外黃的守敵很頑強，一直堅守了好幾天。等到攻下之後，項羽生氣地下令要把全城所有十五歲以上的男人通通集合到城東活埋。這時外黃縣令的一個門客的兒子才十三歲，他跑去找項羽說：「彭越靠著武力威逼外黃人，外黃人能不害怕，能不服從他嗎？他們所以暫且投降彭越，是為了等待大王您的到來。結果您今天來了，又要把他們活埋。這樣一來，其他地方的百姓們誰還有心歸順您呢？從這兒往東，梁地還有十幾座城被彭越占著，那裡的人們恐怕沒有一個再會投降您啦。」項羽覺得他說得有理，於是就把那些要活埋的人全部釋放了。從此往東一直到睢陽，沿路的敵人一聽說項羽來到，就都紛紛地繳械投降了。

16 再說成皋，自從項羽走後，漢軍就一個勁兒地向楚軍挑戰，開始楚軍遵照項羽的囑咐，堅壁不出。這時劉邦就派人故意對楚軍百般辱罵。一連五六天，終於把大司馬曹咎惹毛了，他率兵渡過汜水，向漢軍衝擊。當楚軍渡了一半的時候，漢軍對楚軍發起了總攻擊，結果楚軍被打得大敗。楚軍的一切財寶貨物全被劉邦繳獲了。大司馬曹咎、長史司馬欣都自殺在汜水邊上。這位大司馬曹咎，過去曾當過蘄縣的典獄官，長史司馬欣過去曾在櫟陽管理過監獄。兩個人都對項梁有恩，所以項羽分外信任他們。當這幾個人失敗的時候，項羽正在睢陽，聽到了曹咎兵敗的消息後，項羽馬上帶兵折返回來。這時漢軍正把楚將鍾離昧圍困在滎陽城東，項羽一到，漢軍就嚇得趕緊逃走，都跑到險要的地方躲起來了。

17 這時漢軍方面人多糧足，而楚軍方面則是兵疲糧盡了。劉邦派陸賈去見項羽，請他放回太公，項羽不答應。劉邦於是又派了侯公去向項羽遊說。項羽終於同意與劉邦訂立條約，二人平分天下；鴻溝以西歸劉邦，鴻溝以東屬項羽。項羽同意了這個協定後，隨即把劉邦的父母和妻兒都放了回去。漢軍一見劉邦的家屬回了漢營，全軍都歡呼萬歲。劉邦封侯公為平國君，但自己卻躲著不願見他。他說：「這個人是耍嘴皮子的天才，他在哪個國家，那個國家就得滅亡。所以特地給他來了個正好相反的封號叫做平國君。」項羽簽訂條約後，就帶著軍隊撤離前線，準備回自己東方的領地去了。

18 劉邦也準備撤軍西行。這時張良、陳平對劉邦說：「我們已經占據了整個天下的一大半，許多諸侯都已經傾向了我們。而項羽已經兵疲糧盡，這是老天爺要滅亡楚國的時候了。我們不如乾脆乘這時機滅了他。如果現在錯過不打，那可真成了俗話說的『留著老虎讓牠日後咬我們』啦。」劉邦採納了他們的意見。漢王五年，劉邦率軍追擊項羽，追到陽夏南面才停了下來。他約定好了時間讓淮陰侯韓信、建成侯彭越和他一起進擊項羽。不料當劉邦率軍前進到固陵的時候，韓信和彭越的軍隊都沒到，於是項羽趁機反攻漢軍，漢軍大敗。劉邦只好退入營壘，深挖溝塹，堅守不出。劉邦為難地問張良：「諸侯們不按約定辦，這怎麼好呢？」張良說：「項羽眼看著就要被消滅了，可是韓信、彭越還沒有得到增加封地的允諾，因此他們不來是很自然的。您要是能夠捨得與他們共分天下，那就馬上可以把他們召來；要是您捨不得這麼做，那對付項羽的事情就很難說了。您要是能把從陳郡往東直到海邊的地盤全給韓信，把從睢陽往北一直到穀城的地盤全給彭越，讓他們都去為了取得自己的地盤而作戰，那時項羽就很容易解決了。」劉邦說：「好。」於是派使者分頭去告訴韓信、彭越說：「請你們合力攻楚，打下楚地以後，自陳郡往東一直到海邊都給齊王，睢陽以北一直到穀城都給彭相國。」結果傳令的使者一到，韓信和彭越都立刻說：「我們現在馬上就進兵。」於是韓信的軍隊從齊國開來了，劉賈的軍隊從壽春同時發兵，沿途夷平了城父縣而後來到了垓下。這時，楚國大司馬周殷也背叛了項羽，他領著舒縣的軍隊屠滅了六縣，又匯合了九江王黥布的軍隊，和劉賈、彭越一起先後會師於垓下，直逼項羽的陣地。

19 項羽失敗後的軍隊駐紮在垓下，這時已經是兵力又少，糧食也已經沒有了。劉邦的軍隊和各路諸侯的軍隊合在一起，把他們層層圍住。深夜裡四面的漢軍都在唱著楚地的歌謠，項羽聽到後吃驚地說：「莫非漢軍已把楚國全部占領了嗎？要不然他們的軍中怎麼有這麼多楚人呢？」於是項羽夜裡披衣起來，在帳中飲酒澆愁。當時他身邊有一個美人名字叫虞，深受項羽寵愛，幾年來一直跟在他身邊。還有一匹駿馬名字叫騅，是項羽衝鋒陷陣時所騎乘的。項羽面對著這淒涼的局面，不由得感慨萬分，他作歌道：「力能拔山啊，豪氣蓋世，時運不利啊，騅馬不再奔馳。不再奔馳啊，又有何方？虞姬虞姬啊，我把你怎樣安放！」他一連唱了好幾遍，虞美人也和著唱了一首。這時項羽淚如雨下，左右將士們也涕泣噓唏，誰都不忍心抬頭仰視。

20 於是項羽上馬突圍，這時帳下的騎兵還有八百多人跟著他。他們乘著夜半時分衝出了包圍圈，一直向南疾馳。到天快亮的時候，漢軍才發覺。劉邦命令騎將灌嬰率領五千騎兵追趕項羽。等到項羽渡過淮河的時候，跟著他的騎兵就只剩下一百來人了。項羽跑到陰陵縣時，迷失了道路。他向一個農夫打聽，農夫騙他說：「往左拐。」項羽不明就裡，真的向左而去，結果陷在了大泥塘裡。就因為這一耽誤，漢兵就追上來了。於是項羽又帶著他的隊伍向東走，到達東城身邊只剩下了二十八個人，而劉邦派來的追兵有好幾千。項羽自己估計著這回是無法脫險了，就對隨從們說：「自從我起兵到現在已經八年了，我曾身經七十多場大戰，所向披靡，沒有失敗過一次，從而成了天下的霸主。想不到今天竟然被困在這裡，這是老天爺要滅亡我，不是我不會打仗。今天肯定是要拚命了，我要為你們諸位再痛痛快快地打一仗，一定要連勝它幾回，要為你們突破重圍，殺死追將，砍倒敵旗，讓你們明白這是老天爺要滅亡我，不是我不會打仗！」說罷就把他這二十八個人分成了四組，各自分別朝著一個方向。這時漢軍已經把他們圍了好幾層。項羽對他的騎兵們說：「看我給你們殺他一個將領！」他命令四個小組分別朝四個方向衝出，並約定好大家在山的東面分三處集合。然後項羽大吼一聲拍馬衝了出去，漢軍一看嚇得紛紛倒退，混亂中漢軍被項羽殺掉了一個將領。當時，赤泉侯楊喜正給劉邦當騎將，他在後面追趕項羽。項羽回頭瞪起眼睛，大喝一聲，嚇得楊喜連人帶馬向後退出去了好幾里地。項羽果然和他的部下們分三個地方集合了。漢軍弄不清項羽在哪一處，於是只好把追兵分成三股，分別地包圍了項羽的三個集合點。這時項羽忽然又衝出來殺死了漢軍的一個都尉，殺死了漢軍士兵近百人。而後把自己的人集合起來一清點，發現才只少了兩個。項羽問他的部下說：「瞧，怎麼樣？」大家都敬佩地說：「果然像大王說的一樣！」

21 這時，項羽帶著他的二十幾個人到了烏江浦，準備東渡。烏江亭的亭長駕著一隻小船靠在岸邊，對項羽說：「江東雖小，可也還有縱橫上千里的地盤，還有民眾幾十萬，也足夠您稱王的。請您趕緊上船過江。這裡只我一個人有船，漢軍追到這裡，他們也無法渡過江去。」項羽笑道：「既然老天爺要滅亡我，我還渡江幹什麼！想當初我渡江西下時曾帶著江東子弟八千人，如今竟沒有一個活著回來。即使江東父老可憐我，還擁戴我為王，而我自己又有什麼臉面去見他們呢？就算人家什麼也不說，難道我自己就不問心有愧嗎？」接著他又對亭長說：「我知道您是好人。我騎這匹馬已經五年了，所向無敵，牠能一日奔馳千里，我不忍心殺牠，就把牠送給您吧。」說罷命令所有的人都下馬步行，手持短兵與漢軍接戰。光項羽一個人就殺死了漢兵好幾百，而項羽自己身上也有十餘處受了傷。最後項羽忽然看見了漢軍的騎司馬呂馬童，項羽向他招呼說：「那不是我的老朋友呂馬童嗎？」呂馬童定睛一看，立刻指著項羽回頭對王翳說：「這人就是項王！」項羽對他們說：「我聽說劉邦曾懸賞千金買我的人頭，還要給他萬戶的封地，我今天就成全你們吧！」說罷拔劍自刎而死。王翳趕緊奔過去割下了項羽的人頭，其餘的騎兵蜂擁而上去搶項羽的屍體，單是為了爭奪打架互相砍殺，就死了好幾十人。過後彙總起來，郎中騎楊喜、騎司馬呂馬童、郎中呂勝、楊武四個人分別各自搶到了項羽的一條腿或一隻手。他們四個和王翳五個人把手裡的殘肢湊在一起，可以確認都是項羽的。於是劉邦就把當初懸賞的萬戶封邑一分為五，封呂馬童為中水侯，封王翳為杜衍侯，封楊喜為赤泉侯，封楊武為吳防侯，封呂勝為涅陽侯。

22 項羽死後，楚國的領地都相繼投降了劉邦，只有魯城曲阜拒不投降。劉邦本想率全部軍力把它夷平，後來考慮到曲阜的軍民所以如此，是出於守禮義，忠於其主，就派人拿著項羽的人頭去給曲阜的百姓們看，曲阜的父老們才宣告向劉邦投降。因為在開始的時候，楚懷王曾封項羽為魯公；等到項羽死後，魯城曲阜又最後投降，所以劉邦就用魯公的禮儀把項羽安葬在穀城。甚至劉邦也親自前來為項羽哭了一場。

23 項羽的家族同姓，劉邦都不殺，項伯因救劉邦有功，被封為射陽侯。此外桃侯、平皋侯、玄武侯，也都是項家的人，劉邦特意恩賞讓他們都姓劉。

太史公曰：吾聞之周生❶曰：「舜目蓋重瞳子❷。」又聞項羽亦重瞳子。羽豈其苗裔❸邪？何興之暴也❹！夫秦失其政，陳涉首難❺，豪傑蠭起，相與並爭，不可勝數。然羽非有尺寸❻，乘埶起隴畝之中❼，三年遂將五諸侯❽滅秦，分裂天下，而封王侯，政由羽出❾，號為霸王，位雖不終，近古以來未嘗有也❿。及羽背關懷楚⓫，放逐義帝而自立，怨王侯叛己，難矣。自矜功伐⓬，奮其私智而不師古⓭，謂霸王之業，欲以力征經營天下，五年卒亡其國，身死東城⓮，尚不覺寤，而不自責，過矣⓯。乃引「天亡我，非用兵之罪⓰也」，豈不謬哉！

【章旨】以上為第五段，是作者的論贊，比較全面、客觀地評價了項羽的功過。

【注釋】❶周生　周先生，漢時學者，名字不詳，應是司馬遷的長輩。❷重瞳子　眼球上有兩個瞳孔。瀧川曰：「余聞之醫生，今人二瞳、三瞳者往往而有。」❸苗裔　後代。❹何興之暴也　意謂「(要不然)項羽為什麼能興起這麼突然呢？」暴，突然。〈黥布列傳〉亦有所謂「何其拔興之暴哉」，與此處的意思、用語皆同。❺首難　首先發動起事。❻非有尺寸　沒有尺寸的封地為根基。❼起隴畝之中　即由一個平頭百姓揭竿而起。❽五諸侯　《集解》曰：「此時山東六國，而齊、趙、韓、魏、燕五國并起，從伐秦，故曰『五諸侯』。」按：此指除楚以外的其他東方的各路義軍，說已見前。❾政由羽出　意即天下的一切大事，都由項羽說了算。❿近古以來未嘗有也　瀧川曰：「數句可以見史公列項羽於本紀之意。」⓫背關懷楚　背關，顧炎武曰：「謂舍關中形勝之地，而都彭城也。」懷楚，即其「富貴不歸故鄉，如衣繡夜行」之想。⓬自矜功伐　誇耀自己的戰功，如前項羽所謂「身被堅執銳首事，暴露於野三年，滅秦定天下者，皆將相諸君與籍之力也」；以及「身七十餘戰，所當者破，所擊者服，未嘗敗北」云云。功伐，猶言「功勳」。《左傳》莊公二十八年杜預注：「伐，功也。」⓭不師古　不學習古人成功的經驗，不接受古人失敗的教訓。⓮身死東城　按：項羽敗走至東城，以二十八騎大力衝殺漢軍後，復南逃至烏江浦乃自刎而死。烏江浦當時屬歷陽縣，離東城百餘里。⓯而不自責二句　《漢書》作「而不自責過失」，二者皆可，而《漢書》明潔。⓰乃引天亡我二句　按：項氏此語的確是在東城大戰時對部下所講，也正因此史公遂連類地說他「身死東城尚不覺寤」，而實際項羽並非死於東城。

【語　譯】太史公說：我先前曾聽周先生說過：「舜的每隻眼睛都有兩個瞳孔。」又聽說項羽也有兩個瞳孔，項羽莫非是舜的後代嗎？不然怎麼會興起得這麼突然呢？當秦朝暴虐無道，陳涉首先起兵發難後，各地豪傑們都蜂擁而起，各自為政，你爭我奪，不勝枚舉。而項羽並沒有尺寸的封地為根基，而是以一個平民百姓的身分拔地而起的。結果不出三年，就率領著東方的諸侯們滅掉了秦朝。接著他切割土地，分封王侯，所有政令都由項羽一人發布，自己號稱「西楚霸王」。他的事業雖然沒能善始善終，但像他這樣轟轟烈烈的，也是近古以來所沒有的了。可是後來他不建都關中，卻非要回到楚國，他又驅逐了義帝而以自己為尊，這時候他再埋怨王侯們背叛他，那就很難啦！他誇耀自己的戰功，只知道一意孤行而不吸取古代的歷史經驗，他只想著成為一代霸主，只想著用武力征伐經營天下，結果五年的時間，弄了個國滅身亡。到臨死的時候還不悔悟，還不知道責備自己的過失，還說什麼「這是老天爺要滅亡我，不是我不會打仗」，這不就太荒謬了嗎！

【研　析】〈項羽本紀〉是《史記》中最重要、最精彩的篇章之一，是關於秦末各路義軍滅秦和楚漢戰爭驚心動魄的藝術畫卷。從歷史上說，它最具體、最生動的記錄了那個波瀾壯闊的悲壯時代；從文學上說，它是以人物為中心的藝術傑作，它塑造了一個極其感人的悲劇英雄形象，並給後世的小說、戲劇以巨大的藝術影響。

〈項羽本紀〉的思想意義在於：其一，它不以成敗論英雄，它歌頌了項羽的豐功偉績並給予其至高無上的歷史地位，這是班固等其他歷史家所無法比擬的。我們說項羽是英雄，關鍵就在於他打了鉅鹿之戰，而鉅鹿之戰在秦末各路義軍反秦的過程中是最具有決定性的，從此秦朝的滅亡遂成定局。應該說，當時各路義軍的歸心項羽、服從項羽，絕不是偶然的。劉邦當時能夠首先攻進關中，接受秦王子嬰的投降，但威名勢力卻始終居於項羽之下，這完全是當時客觀形勢的反映。明白這一點，就可以知道班固等人在《漢書》中把項羽和陳勝寫成一篇「傳」，把他們通通說成是為劉邦「開闢道路」的思想與司馬遷的距離有多麼大了。試想如果沒有《史記》在前，中國人讀漢朝歷史，第一篇就是〈高祖紀〉，接著經過「八表」、「十志」，而後才讀到〈陳勝項籍傳〉，那人們對項羽的認識還會是今天這種樣子嗎？

其二，作者同情項羽不假，但對項羽一切錯誤的描寫也都是非常具體、非常準確的。相反他討厭劉邦，但對劉邦的政治思想、戰略戰術，尤其是他的能順應時代、應合民心，他的善於用人以及那種像條件反射一樣的隨機應變本領，都令人歎為觀止。所以項羽的失敗是注定了的，這與班固所說的「纂堯之緒，實天生德」，以及「神母告符，五星同晷」等神祕因素沒有關係。在作品最後的論贊中作者又一分為二的稱道了項羽的功動，也準確的指出了他的嚴重錯誤，作者的交代全面，評價準確，表現了司馬遷實事求是的科學精神。臺灣三軍大學《中國歷代戰爭史》準確的評述項羽說：「項羽軍事上之英卓，與西方拿破崙頗為相類，彼常採內線作戰，驅其精銳之樓煩騎兵，進行突擊戰法，故所當者無不破滅，經常在戰鬥上收速戰速決之功。至其所追求打擊之目標，亦唯指向敵人之重心，故其在滎陽對峙及劉邦行機動作戰時，彼即始終採取此種作戰思想，以求漢之重心而粉碎之。此種思想在純軍事上，頗有其重要價值。但亦由此可知，大戰爭之勝敗不可專恃軍事上之得計，此外又須配合政治、經濟、外交，以發揮總體之力量，蓋項羽即敗於不求配合他事之失也。」

其三，該文所展示的重大歷史場面的複雜性與深刻性，該文所描繪的人際關係與種種細節的深沉的歷史感，都是前所未見的。諸如項梁、項羽在起義前的一系列日常表現，諸如項梁、項羽與楚懷王關係的一系列描寫，諸如鴻門宴前後雙方決策人物的種種思想與活動，諸如項羽、劉邦在廣武山兩軍對陣既鬥文、又鬥武的劇烈情景，以及項羽臨死前認輸而不服氣的於窮途末路大顯神通。這些既有故事傳說，又有作者的合理想像，其所展現給讀者的場面、人物都既有鮮活事實，又具有深沉的人生閱歷，所以使人百讀不厭。

其四，在藝術上，〈項羽本紀〉是《史記》中最精彩的篇章之一，其敘事之生動，其語言之精彩，尤其是對項羽、劉邦這兩個人物形象的描寫，其成就更是空前的。他們既有英雄的偉大，又有普通人所常有的弱點，千載之下讀之，仍覺其虎虎有生氣，歷歷如在目前。錢鍾書稱讚司馬遷筆下的項羽形象說：「〈淮陰侯列傳〉韓信曰：『請言項王之為人也。項王喑噁叱咤，千人皆廢；然不能任屬賢將，此特匹夫之勇耳。項王見人恭敬慈愛，言語嘔嘔，人有疾病，涕泣分食飲；至使人有功當封爵者，印刓敝，忍不能予，此所謂婦人之仁也。』〈項羽本紀〉歷記羽『拔襄城皆坑之』，『坑秦卒二十餘萬人』，『引兵而屠咸陽』；〈高祖本紀〉『懷王諸老將皆曰：項羽為人慓悍滑賊，諸所過無不殘滅。』〈高祖本紀〉於劉邦隆準龍顏等形貌外，并言其心性：『仁而愛人，喜施，意豁如也，常有大度。』〈項羽本紀〉僅曰：『長八尺餘，力能扛鼎，才氣過人。』至其性情氣質都未直敘，當從范增等語中得之。『言語嘔嘔』與『喑噁叱咤』；『恭敬慈愛』與『慓悍滑賊』；『愛人禮士』與『妒賢嫉能』；『婦人之仁』與『屠坑殘滅』；『分食推飲』與『刓印不予』，皆若相反相違，而既具在羽一人之身，有似双手分書，一喉異曲，則又莫不同條共貫，科以心學性理，犁然有當。《史記》寫人物性格，無復綜如此者，談士每以『虞兮』之歌，謂羽風雲之氣而兼兒女之情，尚粗淺乎言之也。」（《管錐編》）

秦楚之際月表序

【題解】本表譜列了上起秦二世元年（西元前二〇九年）七月下至漢高祖五年後九月，也就是大體從陳涉起義反秦，中經陳涉兵敗身死，項羽、劉邦繼起滅秦，劉邦、項羽楚漢戰爭，直至最後劉邦打敗項羽即皇帝位的前後共九十個月的重要事件。本表分作前後兩截，前半截從二世元年七月到子嬰元年十二月，譜列的是各路諸侯起義，以至劉邦、項羽入關滅秦的過程；後半截是從項羽分封諸侯開始，一直譜列到劉邦滅項羽即皇帝位。由於這段時間的變化太快、重大事件太多，所以司馬遷把它逐月地加以排列。該表的題目不稱「秦漢」而稱「秦楚」，突出的表現了司馬遷對陳涉、楚懷王、項羽這三代「楚王」的極大重視。

太史公讀秦、楚之際❶，曰：初作難，發於陳涉❷；虐戾滅秦，自項氏❸；撥亂誅暴❹，平定海內，卒踐帝祚❺，成於漢家。五年之間，號令三嬗❻，自生民以來❼，未始有受命若斯之亟❽也。

昔虞、夏之興❾，積善累功數十年，德洽百姓❿，攝行政事，考之于天，然後在位⓫。湯、武之王，乃由契、后稷脩仁行義十餘世，不期而會孟津八百諸侯，猶以為未可，其後乃放弒⓬。秦起襄公⓭，章於文、繆⓮，獻、孝⓯之後，稍以蠶食六國⓰，百有餘載，至始皇⓱乃能并冠帶之倫⓲。以德若彼⓳，用力如此⓴，蓋一統若斯之難也。

秦既稱帝，患兵革不休，以有諸侯也㉑，於是無尺土之封㉒，墮壞名城㉓，銷鋒鏑㉔，鉏豪桀㉕，維㉖萬世之安。然王跡㉗之興，起於閭巷㉘，合從討伐㉙，軼於三代㉚，鄉秦之禁㉛，適足以資賢者㉜為驅除難㉝耳。故憤發其所為天下雄㉞，安在無土不王㉟？此乃傳之所謂大聖乎㊱？豈非天哉！豈非天哉！非大聖孰能當此受命而帝者乎㊲？

【章　旨】以上為〈秦楚之際月表〉之序，作者慨歎了秦楚之際的形勢變化之快，與劉邦取得帝位的輕而易舉。

【注　釋】❶讀秦楚之際　梁玉繩曰：「文義未全，與〈高祖功臣表序〉云『余讀高祖功臣』同一語病。」按：「秦楚之際」指記載秦末、楚漢之際的歷史資料。秦，實指二世胡亥與秦王子嬰。楚，指陳涉、項梁、項羽。姚苧田以為即指〈秦紀〉，似略狹窄。❷初作難二句　陳涉於二世元年（西元前二〇九年）七月，起義於宿縣之大澤鄉，過程詳見〈陳涉世家〉。❸虐戾滅秦二句　實際率先入關滅秦，接受秦王子嬰投降的是劉邦，但司馬遷歸功於項氏，其原因在於是項羽在河北消滅了章邯、王離等所率領的秦國軍隊，是鉅鹿大捷引發了秦國的宮廷政變，並給劉邦奠定了入關破秦之機。在滅秦的過程中項氏一直是實際的諸侯盟主。虐戾，指項羽在破秦過程中的好屠戮，以及入關後的殺子嬰、燒咸陽等等。項氏，指項梁、項羽，叔姪二人相繼為諸侯盟主。秦朝滅亡在西元前二〇六年十月。❹撥亂誅暴　廢除秦朝的亂政，削除秦朝與項羽的殘暴行為。❺卒踐帝祚　最終登上皇帝之位。卒，終。祚，帝王之座位。❻五年之間二句　梁玉繩曰：「自陳涉稱王至高祖五年即帝位凡八年，故〈序傳〉（即〈太史公自序〉）云『八年之間，天下三嬗』，此言『五年』非也。」按：梁說是。〈太史公自序〉云：「秦既暴虐，楚人發難。項氏遂亂，漢乃扶義征伐。八年之間，天下三嬗。」嬗，通「禪」。傳遞；轉交。「三嬗」指號令天下之權一由秦二世轉至陳涉；再由陳涉轉至項羽；三由項羽轉至劉邦。❼自生民以來　自從有了人類以來。❽受命若斯之亟　稟承天命即位為帝王像秦楚之際變得這樣快。亟，急促；快速。姚苧田曰：「此『受命』實兼說三家，所以《史記》於陳涉稱『世家』，於羽稱『本紀』。唯其五年之間而有三朝受命，所以為『亟』」；俗解專指高祖，文理便碍。」❾虞夏之興　虞舜、夏禹的興起為帝王。❿德洽百姓　舜、禹的德行為百官群僚所公認、信服。百姓，百官。⓫攝行政事三句　攝行，代行；代理執行。〈五帝本紀〉云：「舜年二十以孝聞，年三十堯舉之，年五十攝行天子事，年六十一代堯踐帝位。」又據〈夏本紀〉，禹為舜臣，治洪水十三年，有大功於天下，「舜荐禹于天，為嗣」。又十七年舜崩，喪畢，禹始踐帝位。⓬湯武之王五句　湯的祖先曰契，在舜、禹時代佐禹治水，又為掌管教化的大臣，功業著於天下。後十三世至成湯，時夏桀暴虐，湯乃以兵伐之，桀敗，奔於鳴條，湯乃即位，國號曰商，事見〈殷本紀〉。周之祖先曰后稷，在舜、禹時代曾佐禹治水，又為發展農業做出了重要貢獻。後十五世至武王，時殷紂暴虐無道，武王引兵伐之。前進至孟津渡口，事先並未約定，各路諸侯率軍來會的居然有八百多位。但武王還以為時機不夠成熟，便引兵撤退了。又過了兩年，殷紂的殘暴越發厲害，於是武王再次起兵，敗殷紂於牧野，殷紂自焚而死。事見〈周本紀〉。不期，事先並未約定。孟津，也作「盟津」，黃河上的渡口名，在今河南孟津東北。放弒，「放」指夏桀的逃亡，「弒」指殷紂的身死。⓭秦起襄公　秦國君主之成為諸侯自襄公開始。秦襄公，西元前七七七—前七六六年在位，原為西陲大夫。在周幽王被犬戎所殺，西周滅亡之際，秦襄公因抗擊犬戎，佐助周王室東遷有功，被封為諸侯，從此秦國日益強盛。事見〈秦本紀〉。⓮章於文繆　至文公、繆公時代，秦國更在諸侯間顯露頭角。章，顯著。文，秦文公，西元前七六五—前七一六年在位。繆，秦繆公，春秋時代傑出的國君之一，西元前六五九—前六二一年在位。⓯獻孝　秦獻公、秦孝公。秦獻公，戰國前期的秦國國君，西元前三八四—前三六二年在位。秦孝公，獻公之子，西元前三六一—前三三八年在位，任用商鞅實行變法，秦國自此強大。⓰稍以蠶食六國　稍，逐漸。六國，指齊、楚、燕、韓、趙、魏。⓱始皇　名政，西元前二四六年即位為秦王，至西元前二二一年統一六國，改號皇帝，是我國古代第一個統一中國、建立起中央集權的帝王。⓲并冠帶之倫　指統一中原地區的各個諸侯國。冠帶，戴帽子、繫腰帶，與周邊民族的披髮椎結相對稱。⓳以德若彼　指舜、禹、湯、武的改朝稱帝。⓴用力如此　指秦始皇的滅六國稱帝。㉑以有諸侯也　以，因為。秦始皇認為春秋、戰國之所以戰亂不休，就是因為周王朝當初封建了許多諸侯國。於是吸取教訓，秦朝改行郡縣制，中央集權，不再實行分封制。㉒無尺土之封　意即不再分封任何諸侯，使尺寸之地皆為朝廷所有。㉓墮壞名城　意即將東方各地的都邑城郭都剷掉，以防止再有人據城造反。㉔銷鋒鏑　將消滅六國所收繳的兵器都集中起來予以銷毀，熔鑄成鐘虡銅人等等，使意欲圖謀不軌者無兵器可用。㉕鉏豪桀　將東方有威望、有號召力的人士通通誅滅。鉏，同「鋤」。剷除。㉖維　通「為」。目的就是。㉗王跡　王者的跡象，指劉邦的活動。㉘閭巷　里弄，指古代平民居住的地方。㉙合從討伐　聯合起來共同推翻秦王朝。合從，即「合縱」，聯合作戰。從，通「縱」。㉚軼於三代　比以往的夏、商、周任何一個時代都快。軼，快速；超越。㉛鄉秦之禁　當初秦朝所採取的那些防備措施。鄉，通「向」。過去。㉜以資賢者　給後來起義的聖賢幫忙。資，助；幫忙。㉝為驅除難　語氣不順，似應作「為驅除患難」，意即為劉邦、項羽等掃除障礙。㉞憤發其所為天下雄　讓劉邦得以發揮了他那種出人頭地的才能。㉟安在無土不王　哪裡有那種「沒有領地就不能稱王」的道理呢？按：《白虎通》曰：「聖人無土不王，使舜不遭堯，當如夫子老於闕里也。」這裡對過去流行傳統說法提出了質問。像劉邦這種由一個平頭百姓一下子造反做皇帝的先例，在夏、商、周三代以及春秋、戰國都是沒有的，這正是趙翼在《廿二史劄記》中所說的「秦漢間為天地一大變局」。㊱傳之所謂大聖乎　有些書上所說的「大聖人」。按：漢代對儒家「六經」以外的各家各派的著作都稱作「傳」，漢代初期有許多書把劉邦稱作「真人」、「聖人」。㊲豈非天哉三句　這裡前後的幾句話究竟是褒是諷，歷來理解不一。

【語　譯】太史公讀歷史資料，讀到秦楚之際的時候，說：首先發難的是陳涉；用暴力滅掉秦朝的是項羽；剷除禍亂，誅滅殘暴，平定天下，最後登上帝位，建立了漢王朝的是劉邦。僅僅五年的時間，發號施令的人就換了三次，自有人類以來，還沒有見過接受天命登上帝位像現在這麼快的。

當初虞舜和夏禹的興起，都是做好事做了幾十年，功德深入人心，又代替天子處理政事，接受了上天的考驗，而後才正式登上帝位的。商湯和周武王的獲得天下，更是早在十幾代之前，從契和后稷開始就已經修仁行義了，這樣當武王伐紂時，沒有預約而同時會師到孟津的就有八百多個諸侯，但武王還認為伐殷的時機不成熟，還回去修德。就這樣又過了好久，商湯才把夏桀放逐，武王才滅了殷紂。秦朝是從襄公開始興起的，到了文公、繆公的時代，開始在諸侯中間顯露頭角，獻公、孝公以後，逐漸蠶食東方各國，再經過一百多年，到了秦始皇的時代才統一了天下。舜禹湯武都有那麼高的道德，還用了那麼長的時間；秦國有那麼強的武力，也用了那麼長的時間，可見統一天下是多麼不容易啊！

秦始皇稱帝以後，他認為過去之所以戰亂不休，就是因為有諸侯割據。因此他廢除分封制，一點土地也不封給別人，而且把東方各地的城池全部鏟平，把收繳的東方各國的武器統統熔毀，把盤踞於各地的豪強通通除掉，想以此維持今後的長治久安。但是一代帝王卻從平民百姓中冒出來了，他們聯合起來討伐暴秦，成功的速度比夏商周三代都快。而秦朝所推行的種種禁令，反倒正好給討伐它的人掃除了障礙，所以漢高祖發憤而起，一下子就成了天下的主宰，哪裡像有些人所說的沒有封地就不能成王呢？這大概就是古書上所說的那種大聖人吧？這難道不是天意嗎！這難道不是天意嗎！如果不是大聖人又怎麼能夠在這種亂世中這麼快地就受命而成了帝王呢？

【研析】秦楚之際諸事紛繁，且又變化極快，史公以「月表」紀序其事，可謂十分必要。至於為何稱「秦楚」而不稱「秦漢」，我想主要原因在於突出肯定陳勝、楚懷王、項梁、項羽這一群「楚人」的滅秦之功。如果讓班固寫這段歷史，我想他是會寫成「秦漢之際」的，試看其《漢書》對劉邦與陳勝、項羽的安置可以得知。

此表既稱「月表」，則紀述各國諸侯自應通通按「月」；即使想突出懷王、項羽、劉邦三個人的特殊地位，對之兼書「年」「月」，而對於吳芮、黥布、章邯、臧荼、張耳、韓王信諸人的「年」「月」兼書也似乎無其必要，梁玉繩的批評似乎有理。

表序的中心在於感慨六國以來，尤其是感慨陳勝起義以來到劉邦稱帝的八年之間的時局變化之快，與劉邦取得帝位的輕而易舉。作者注意到了當時的客觀形勢給劉邦提供的有利條件，也看到了劉邦所採取的種種政策、措施、戰略、戰術正好適應了當時客觀形勢的要求。從這個意義上講，劉邦的確是天才、是英雄、是聖人，項羽在劉邦面前是注定要失敗的，這並不是說誰有德、誰無德；誰淳厚、誰狡猾，而關鍵在於看清形勢，把握時機，有效地採取順應人心、順應社會潮流的決策，而且要有心胸、有手段地把一切人才都團聚在自己身邊，從而組成浩浩蕩蕩的改造現實社會的大軍。機遇對任何人都是平等的，關鍵就看你的行動如何。劉邦能從千百支起義隊伍中脫穎而出，終於打敗群雄一統天下，他不是「天才」「聖人」是什麼？司馬遷所不同於其他歷史家的地方在於，他對劉邦並不迷信、並不神化、並不是一味痴迷的為劉邦唱讚歌，而是他清醒的看清了當時的那種特定的客觀歷史形勢。劉邦因為能順應、能駕御這種形勢，因此他成功、他是「聖人」，你說這是「天命」也可以；但劉邦還是劉邦，一個政治加流氓的泗上亭長。你說「德」麼，他無法與商湯、周武王相比（至於商湯、周武王究竟有什麼「德」，也只是相沿都這麼說）；你說「力」麼，他也無法與秦朝的歷代先公先王比，但是他比過去那些用「德」、用「力」的一切人們所取得的成功更輝煌，而時間、手段卻又極其短暫、極其簡便。對一切世俗人說，這簡直就無法理解了，只能說這是「受命」，是「天所助」。司馬遷在這裡用的辭語是「鄉秦之禁，適足以資賢者為驅除難耳。故憤發其所為天下雄，安在無土不王？此乃傳之所謂大聖乎！豈非天哉？豈非天哉？非大聖孰能當此受命而帝者乎？」含蓄悠游的唱歎較多，對於客觀形勢的作用明確標舉不夠。百年之後班固寫作《漢書・異姓諸侯王表序》時幾乎全部襲用了司馬遷的〈秦楚之際月表序〉，只在說明劉邦取天下為何如此之迅捷時加進了兩句話，他說：「鐫金石者難為功，摧枯朽者易為力。」於是意思一下子豁然明朗。班固所補充的這兩句，大概也正是司馬遷當時想說但出於種種原因而還不便於這麼說的話吧？又過了一百七八十年，晉朝的阮籍在登廣武山觀看劉、項古戰場的時候口吐狂言說：「時無英雄，（遂）使豎子成名。」我不是說司馬遷、班固在寫作他們的文章時一定也有阮籍那樣的瞧不起劉邦的思想，我只是說阮籍這種「狂言」正是從〈秦楚之際月表序〉與《漢書・異姓諸侯王表序》中進一步推導出來的。

陳涉世家

【題解】〈陳涉世家〉寫了陳涉於秦二世元年七月因謫戍漁陽遇雨失期而起義反秦，前後歷時六個月，至秦二世二年十二月（當時以十月為歲首）兵敗被殺的全部過程，表現了陳涉的果敢精神和農民起義的強大威力；作者高度評價和熱情歌頌了陳涉在滅秦過程中的歷史作用。生在漢代，一般地肯定陳涉，是當時的官方觀點；至如〈太史公自序〉云：「桀紂失其道而湯武作，周失其道而《春秋》作，秦失其政而陳涉發迹。」竟把陳涉比做商湯、周武王、孔子這種古代的大聖人，其評價之高空前絕後。

1 陳勝者，陽城❶人也，字涉。吳廣者，陽夏❷人也，字叔。陳涉少時，嘗與人傭耕❸，輟耕❹之壟上，悵恨久之，曰：「苟富貴，無相忘！」庸者❺笑而應曰：「若❻為庸耕，何富貴也？」陳涉太息，曰：「嗟乎！燕雀安知鴻鵠之志哉❼！」

2 二世元年❽，七月，發閭左適戍漁陽九百人❾，屯大澤鄉❿。陳勝、吳廣皆次當行⓫，為屯長⓬。會⓭天大雨，道不通，度已失期⓮。失期，法皆斬。陳勝、吳廣乃謀曰：「今亡亦死，舉大計亦死。等死，死國可乎⓯？」陳勝曰：「天下苦秦⓰久矣。吾聞二世少子也⓱，不當立。當立者乃公子扶蘇⓲。扶蘇以數諫故，上使外將兵[19]。今或聞無罪，二世殺之[20]。百姓多聞其賢，未知其死也。項燕[21]為楚將，數有功，愛士卒，楚人憐之。或以為死，或以為亡。今誠以吾眾詐自稱公子扶蘇、項燕，為天下唱[22]，宜多應者。」吳廣以為然，乃行卜。卜者知其指意[23]，曰：「足下事皆成，有功。然足下卜之鬼乎[24]！」陳勝、吳廣喜，念鬼[25]，曰：「此教我先威眾耳。」乃丹書帛曰「陳勝王」，置人所罾[26]魚腹中。卒買魚烹食，得魚腹中書，固以[27]怪之矣；又間令吳廣之次所旁叢祠中[28]，夜篝火[29]，狐鳴呼曰：「大楚興，陳勝王。」卒皆夜驚恐。旦日[30]，卒中往往語，皆指目[31]陳勝。

3 吳廣素愛人，士卒多為用者。將尉[32]醉，廣故數言欲亡[33]，忿恚尉[34]，令辱之，以激怒其眾[35]。尉果笞廣[36]。尉劍挺[37]，廣起，奪而殺尉。陳勝佐之，并殺兩尉。召令徒屬，曰：「公等遇雨，皆已失期。失期，當斬。藉弟令毋斬[38]，而戍死者固十六七[39]。且壯士不死即[40]已，死即舉大名[41]耳。王侯將相，寧有種乎？」徒屬皆曰：「敬受命。」乃詐稱公子扶蘇、項燕，從民欲也[42]。袒右[43]，稱大楚，為壇而盟，祭以尉首[44]。陳勝自立為將軍，吳廣為都尉[45]。攻大澤鄉，收而攻蘄[46]。蘄下，乃令符離[47]人葛嬰將兵徇[48]蘄以東。攻銍、酇、苦、柘、譙[49]，皆下之。行收兵[50]，比至陳[51]，車六七百乘[52]，騎千餘，卒數萬人。攻陳，陳守、令[53]皆不在，獨守丞(54)與戰譙門(55)中，弗勝。守丞死，乃入據陳。數日，號令召三老、豪傑與皆來會計事(56)。三老、豪傑皆曰：「將軍身被堅執銳(57)，伐無道，誅暴秦，復立楚國之社稷(58)，功宜為王。」陳涉乃立為王，號為張楚(59)。

【章　旨】以上為第一段，寫陳涉起義的背景及其發動過程。

【注　釋】❶陽城　秦縣名，縣治在今河南方城東。❷陽夏　秦縣名，縣治即河南太康。❸傭耕　被雇傭從事耕作。❹輟耕　停止耕作，這裡指中間休息。❺庸者　與陳涉一起受雇用的人。庸，同「傭」。❻若　爾；你。❼嗟乎二句　鴻鵠，大雁。按：史公寫人物常用這種自我慨歎來預示其未來之不凡，如項羽觀始皇時曰「彼可取而代也」，劉邦觀始皇曰「大丈夫當如是也」，陳平切肉時曰「使平得宰天下，亦如是肉矣」等等，皆是。❽二世元年　西元前二〇九年。❾發閭左句　徵調住在里巷左側的居民九百人到漁陽服役。適戍，發配戍守。適，同「謫」。漁陽，秦縣名，縣治在今北京密雲西南。❿屯大澤鄉　屯，停駐。大澤鄉，在今安徽宿縣東南，當時上屬蘄縣。⓫皆次當行　都是按次序應該前去服役的。⓬屯長　下級軍吏，大約相當於後世的連排長。⓭會　值；正趕上。⓮度已失期　估計著肯定要遲到。⓯今亡亦死四句　亡，潛逃。舉大計，指造反。死國，為建立自己的王朝豁出命去幹。《索隱》曰：「謂欲經營圖國，假使不成而敗，猶愈為戍卒而死也。」按：此處見陳涉的決心、氣勢，這是生死關頭的嚴峻抉擇。陳涉這種選擇「舉大事」的氣概，最為史公所敬佩。⓰苦秦　以受秦的統治為苦。⓱二世少子也　《索隱》引姚氏按：「李斯為二世廢十七兄而立今王，則二世是始皇第十八子也。」⓲公子扶蘇　秦始皇的長子。⓳扶蘇以數諫故二句　扶蘇因焚書坑儒事向始皇提過意見，始皇發怒，令其北出監蒙恬軍於上郡。⓴二世殺之　始皇死前遺詔傳位於扶蘇；始皇死後，趙高、李斯竄改詔書立二世，並將扶蘇賜死。㉑項燕　項羽之祖父，戰國末期楚國的將領，被秦將王翦所殺。㉒詐自稱公子扶蘇項燕二句　唱，引頭；發端。按：扶蘇、項燕只能擇取其一而舉以為號，不可能同時並舉。㉓指意　心思。指，同「旨」。㉔然足下卜之鬼乎　「卜」上應增「何不」二字讀，意謂「您為何不到鬼神那裡去占卜一下呢？」實際是暗示讓他假借鬼神以號召群眾。㉕念鬼　心裡尋思卜者所說的「卜之鬼」是什麼意思。㉖罾　魚網，這裡用如動詞，即「捕撈」之意。㉗以　同「已」。㉘間令吳廣之次所旁叢祠中　間，私下；暗中。之，往。次所，戍卒所駐之處。

叢祠，一說謂草樹蔭蔽中的野廟，一說謂社樹。㉙篝火　篝，疑同「熢」，即舉火叢祠。㉚旦日　天亮之後。㉛指目　按：「指目」二字最見戍卒對陳涉的怪異、敬畏之神情。㉜將尉　統領戍卒的縣尉。將，統領；率領。㉝故數言欲亡　故意地在將尉面前揚言自己想要開小差。㉞忿恚尉　激怒將尉。忿恚，惱怒，這裡是使動用法，激之使怒。㉟令辱之二句　故意想激怒將尉，使將尉打自己，借以激起眾人對將尉的不滿。㊱尉果笞廣　笞，用鞭或用棍棒、竹板打人。㊲尉劍挺　將尉在打人時，其佩劍由鞘中甩脫出來。挺，脫也。㊳藉弟令毋斬　即使暫時不被殺。藉弟令，即使；即使。㊴戍死者固十六七　戍死，為守邊、修城而累死。十六七，十分之六、七。㊵即　同「則」。㊶舉大名　王先謙曰：「大名，即謂『侯』『王』之屬。」㊷乃詐稱公子扶蘇項燕二句　按：此云陳涉詐稱扶蘇、項燕以從民欲，而後面竟無具體事實，似有漏洞。㊸袒右　脫右肩之衣，此乃宣誓結盟時的一種臨時狀態。㊹祭以尉首　起兵者要祭戰神，劉邦起兵於沛，亦「祠黃帝，祭蚩尤於庭」也。㊺都尉　軍官名，級別低於將軍，略當於校尉。㊻蘄　秦縣名，縣治在今安徽宿州南。㊼符離　秦縣名，縣治在今安徽宿州東北。㊽徇　巡行宣令使之聽己。㊾銍酇苦柘譙　皆秦縣名，銍縣縣治在今安徽宿州西南，酇縣縣治在今河南永城西，苦縣縣治即今河南鹿邑，柘縣縣治在今河南柘城西北，譙縣縣治即今安徽亳縣。㊿行收兵　謂一面前進，一面招募、收編部隊。(51)比至陳　待至到達陳縣。比，及；至。陳，秦縣名，縣治即今河南淮陽，當時也是陳郡的郡治所在地。(52)乘　古代稱一車四馬曰「一乘」。(53)陳守令　陳郡的郡守和陳縣縣令。(54)守丞　師古曰：「郡丞之居守者。」(55)譙門　上有望樓的城門。(56)號令召三老句　按：「與」字疑衍文。三老，鄉官，職掌教化。豪傑，當地有名望、有勢力的人物。(57)被堅執銳　披堅甲，執利刃，極言其勇敢辛勞。被，同「披」。(58)復立楚國之社稷　意即重建了楚國。社稷，社稷壇，帝王祭祀土神與農神的地方，歷來被用以代指王朝政權。(59)陳涉乃立為王二句　事在秦二世元年七月。張楚，國號。王先謙曰：「張楚，即大楚也。」

【語譯】 陳勝是陽城人，字涉。吳廣是陽夏人，字叔。陳涉年輕時，曾經受雇從事耕作，有一次幹活累了，在田埂上休息時，恨恨不平地說：「如果將來我們誰發達了，可不能忘記今天的窮哥們！」別的長工都笑話他：「你一個打零工的，還有什麼富貴可講呢？」陳涉長歎一聲，說：「唉！小燕雀哪能知道鴻鵠一飛沖天的志向啊！」

2　秦二世元年，七月，遣送住在里巷左邊的壯丁九百人到漁陽去守邊，中途駐紮在大澤鄉。陳勝、吳廣都在這一行人裡，還充當小隊長。湊巧天降大雨，道路不通，他們計算一下日程，肯定不能按時趕到漁陽了。

不能按時到達，按照秦法，都要被殺頭的，陳勝、吳廣私下商量說：「現在我們如果逃跑，被抓回來肯定是死；我們如果造反，即使失敗了，無非也就是死。既然二者都是死，乾脆豁出去造反，為自己打天下而死不好嗎？」陳勝說：「老百姓受秦朝暴政的苦，已經有很長的一段時間了。我聽說秦二世是秦始皇的小兒子，不該由他當皇帝。應該當皇帝的是長子扶蘇。扶蘇由於多次勸說秦始皇，秦始皇討厭他，派他帶兵到外頭去守邊。我聽說他已經無辜被秦二世殺害了。百姓都只知道扶蘇賢明，很多人還不知道他已經被殺了。還有項燕，他是楚國的名將，曾多次立過戰功，而且關心士卒，楚國人都很愛戴他。現在有人認為他死了，有人認為他還活著，只是不知道躲在什麼地方。現在我們真要是冒充公子扶蘇和項燕，帶頭造反，我看響應我們的人會很多。」吳廣覺得有理，但兩人還有些猶豫，便去找人算卦。算卦的猜出了他們的心思，就說：「你們的事情都能辦成，而且一定會有大功效。但是你們為什麼不再去找鬼神算一卦呢？」陳勝、吳廣聽著心裡高興，又暗自琢磨，這「找鬼神」是什麼意思，後來他們恍然大悟：「這是教我們用裝神弄鬼的辦法來提高威信，以便組織群眾啊！」於是他們在一條白綢帶子上寫了「陳勝王」三個紅字，偷偷塞進捕魚人捕上來的一條魚的肚子裡。這條魚被戍卒們買回來了，一剖腹，發現了魚肚子裡的這個紅字條，人們覺得很奇怪；陳勝又讓吳廣夜裡偷偷地到營房附近林中的破廟裡，點起火，學狐狸似的嗥叫說：「大楚興，陳勝王。」戍卒們都被嚇得一夜沒有睡好覺。第二天早晨，戍卒們三三兩兩交頭接耳地開始議論，同時還指指點點地斜著眼睛看陳勝。

3 吳廣平常愛關心人，因此戍卒們都願意聽他使喚。這一天，押送戍卒的兩個尉官喝醉了，吳廣就當著他們的面一再揚言要逃跑，故意地激怒尉官讓他們打自己，以便挑起戍卒們的義憤。尉官果然中了圈套，他們拿起竹板子打吳廣。一用力，腰間的佩劍從劍鞘中甩了出來，吳廣一躍而起，抓過寶劍，殺死了打他的那個尉官。陳勝在一旁幫忙，把另一個尉官也殺掉了。緊接著他們把戍卒們召集起來，對大家說：「各位，我們在這裡遇上大雨，無論如何也不能按時趕到漁陽了。而不能按時到達，按法是要殺頭的。即使不殺頭，單說為守邊而死的人，十個裡頭也有六七個。大丈夫如果豁不出命去也就罷了，如果敢於豁出命去那就要做點大名堂。那些王侯將相，難道是天生注定的嗎？」戍卒們異口同聲地說：「願意聽從您的指揮。」於是他們為了順從人民的心願，自己就冒充公子扶蘇、項燕。他們一齊袒下右臂上的袖子宣誓，自己號稱「大楚」。他們又搭起臺子，用那兩個尉官的頭祭天。陳勝自己做將軍，吳廣做都尉。先攻下了大澤鄉，緊接著又帶領大澤鄉的人去攻蘄縣。蘄縣的守軍投降了，於是陳勝派符離人葛嬰帶兵去蘄縣以東開闢地盤。而他自己和吳廣則率軍西進攻銍、酇、苦、柘、譙等地，都攻下來了。他們一路上擴充軍隊，等到了陳郡城郊時，兵車已經有了六七百輛，騎兵有一千多，步兵已有好幾萬人了。於是他們開始進攻陳郡，當時陳郡的郡守和陳縣的縣令都不在，只有留守的郡丞在城門下抵抗了一陣子。郡丞隨即戰死了，於是陳勝順利地占據了陳郡。過了幾天，陳勝下令召集郡中各縣的三老、豪傑都來開會。這些三老、豪傑們都說：「將軍您身披鎧甲，手執利刃，為民眾討伐暴秦，重新建立了楚國的政權，這麼大的功勞，應當稱王。」於是他就自立為王，國號「張楚」。

1 當此時，諸郡縣苦秦吏者，皆刑其長吏，殺之以應陳涉❶。乃以吳叔為假王❷，監諸將，以西擊滎陽❸。令陳人武臣、張耳、陳餘徇趙地❹，令汝陰❺人鄧宗徇九江郡❻。當此時，楚兵數千人為聚者不可勝數。

2 葛嬰至東城，立襄彊為楚王❼。嬰後聞陳王已立，因殺襄彊，還報。至陳，陳王誅殺葛嬰。陳王令魏人周市❽北徇魏地❾。吳廣圍滎陽，李由❿為三川⓫守，守滎陽。吳叔弗能下。陳王徵國之豪傑與計，以上蔡⓬人房君蔡賜⓭為上柱國⓮。

3 周文，陳之賢人也，嘗為項燕軍視日⓯，事春申君⓰，自言習兵。陳王與之將軍印，西擊秦。行收兵，至關⑰，車千乘，卒數十萬。至戲，軍焉⑱。秦令少府章邯⑲免酈山徒、人奴產子生⑳，悉發以擊楚大軍，盡敗之。周文敗，走出關，止次曹陽二三月㉑，章邯追敗之，復走次澠池㉒。十餘日，章邯擊，大破之。周文自剄，軍遂不戰㉓。

4 武臣到邯鄲，自立為趙王㉔，陳餘為大將軍，張耳、召騷為左右丞相。陳王怒，捕繫武臣等家室，欲誅之。柱國㉕曰：「秦未亡，而誅趙王將相家屬，此生一秦也㉖，不如因而立之。」陳王乃遣使者賀趙，而徙繫武臣等家屬宮中㉗。而封耳子張敖為成都君㉘，趨趙兵亟入關㉙。趙王將相相與謀，曰：「王王趙，非楚㉚意也。楚已誅秦㉛，必加兵於趙。計莫如毋西兵㉜，使使北徇燕地以自廣也㉝。趙南據大河㉞，北有燕、代㉟。楚雖勝秦，不敢制趙；若楚不勝秦，必重趙。趙乘秦之弊，可以得志於天下㊱。」趙王以為然，因不西兵，而遣故上谷卒史㊲韓廣將兵北徇燕地。

5 燕故貴人豪傑謂韓廣曰：「楚已立王，趙又已立王。燕雖小，亦萬乘之國㊳也。願將軍立為燕王。」韓廣曰：「廣母在趙，不可。」燕人曰：「趙方西憂秦，南憂楚，其力不能禁我。且以楚之彊，不敢害趙王將相之家，趙獨安敢害將軍之家？」韓廣以為然，乃自立為燕王[39]。居數月，趙奉燕王母及家屬歸之燕。

6 當此之時，諸將之徇地者不可勝數。周市北徇地至狄[40]，狄人田儋[41]殺狄令，自立為齊王[42]，以齊反擊[43]周市。市軍散，還至魏地，欲立魏後故甯陵君咎[44]為魏王。時咎在陳王所，不得之魏。魏地已定，欲相與立周市為魏王，周市不肯。使者五反[45]，陳王乃立甯陵君咎為魏王，遣之國[46]，周市卒為相。

7 將軍田臧[47]等相與謀曰：「周章[48]軍已破矣，秦兵旦暮至。我圍滎陽城，弗能下，秦軍至，必大敗。不如少遺兵[49]，足以守[50]滎陽，悉精兵迎秦軍。今假王驕，不知兵權[51]，不可與計。非誅之，事恐敗。」因相與矯王令[52]，以誅吳叔，獻其首於陳王。陳王使使賜田臧楚令尹印，使為上將[53]。田臧乃使諸將李歸等守滎陽城，自以精兵西迎秦軍於敖倉[54]。與戰，田臧死，軍破。章邯進兵擊李歸等滎陽下，破之，李歸等死。

8 陽城人鄧說將兵居郯[55]，章邯別將[56]擊破之，鄧說軍散走陳。銍人伍徐將兵居許[57]，章邯擊破之，伍徐軍皆散走陳。陳王誅鄧說。

9 陳王初立時，陵人秦嘉[58]、銍人董緤、符離人朱雞石、取慮[59]人鄭布、徐[60]人丁疾等皆特起[61]，將兵圍東海守慶[62]於郯。陳王聞，乃使武平君畔[63]為將軍，監[64]

郯下軍。秦嘉不受命。嘉自立為大司馬[65]，惡屬武平君[66]，告軍吏曰：「武平君年少，不知兵事。勿聽！」因矯以王命，殺武平君畔。

10 章邯已破伍徐，擊陳。柱國房君死。章邯又進兵擊陳西張賀軍[67]。陳王出監戰。軍破，張賀死。

11 臘月，陳王之汝陰[68]，還至下城父[69]。其御莊賈殺以降秦[70]。陳勝葬碭[71]，謚曰隱王[72]。

12 陳王故涓人將軍呂臣[73]為倉頭軍[74]，起新陽，攻陳，下之[75]，殺莊賈，復以陳為楚。

13 初，陳王至陳，令銍人宋留將兵定南陽[76]，入武關[77]。留已徇南陽[78]，聞陳王死，南陽復為秦。宋留不能入武關，乃東至新蔡[79]，遇秦軍。宋留以軍降秦，秦傳留至咸陽[80]，車裂留以徇[81]。

14 秦嘉等聞陳王軍破出走，乃立景駒為楚王[82]，引兵之方與[83]，欲擊秦軍定陶[84]下。使公孫慶[85]使齊王，欲與并力俱進。齊王曰：「聞陳王戰敗，不知其死生。楚安得不請[86]而立王？」公孫慶曰：「齊不請楚而立王，楚何故請齊而立王？且楚首事[87]，當令於天下。」田儋誅殺公孫慶。

秦左右校[88]復攻陳，下之。呂將軍走，收兵復聚。鄱盜當陽君黥布之兵相收[89]，復擊秦左右校，破之青波[90]，復以陳為楚。會項梁立懷王孫心為楚王[91]。

【章　旨】以上為第二段，寫農民起義軍與秦王朝的殊死鬥爭，陳涉雖兵敗身死，但他點燃的反秦烈火已成燎原之勢。

【注　釋】❶當此時四句　郭嵩燾曰：「此及下文『當此時，楚兵數千人為聚者不可勝數』、『當此之時，諸將之徇地者不可勝數』，連用『當此時』三字，見一時倉卒乘亂而起，搶攘衡決情事歷歷如見。」❷假王　非實授，而暫行王者之事。猶後世之「代理」、「權署」。❸滎陽　秦縣名，縣治在今河南滎陽城東北。❹趙地　戰國時趙國的地盤，相當今河北南部一帶地區。❺汝陰　秦縣名，縣治即今安徽阜陽。❻九江郡　秦郡名，郡治壽春（今安徽壽縣）。❼葛嬰至東城二句　東城，秦縣名，縣治在今安徽定遠東南。襄彊，其人不詳，諸本皆無注，疑是六國時楚國的後代。❽周市　六國時魏國貴族的後代，故起兵後一直忠於魏國舊主。❾魏地　即梁地，今河南開封一帶地區。❿李由　秦丞相李斯之子。⓫三川　秦郡名，轄今河南西部黃河、伊水、洛水三水流域地區，三川郡即以此三水為名，郡治洛陽（今洛陽東北）。⓬上蔡　秦縣名，縣治在今河南上蔡西南。⓭房君蔡賜　房君，蔡賜的封號名。⓮上柱國　戰國時楚國官名，凡破軍殺將有大功者可使充之，位極尊寵。後為虛銜。⓯視日　占測時日的吉凶，古時的一種迷信職業。⓰春申君　名黃歇，戰國末期的楚國大貴族，以善養士聞名，與孟嘗君、平原君、信陵君並稱。⓱行收兵二句　關，指函谷關，在今河南靈寶東北，三門峽西南，是秦地東出的重要門戶。⓲至戲二句　戲，戲亭，在今陝西臨潼東，有戲水流經其下，因以為名。軍，駐紮。據〈秦楚之際月表〉，周文西征至戲在秦二世元年九月。⓳少府章邯　少府，即少府令，九卿之一，掌山海池澤的收入，以供皇家生活之用。章邯，秦將，後降項羽。⓴免酈山徒人奴產子生　免，免其罪，使之從軍。酈山徒，在酈山為秦始皇修築陵墓的苦役犯。酈山，在今陝西臨潼城東南。按：「人」、「生」二字衍文。奴產子，即家奴所生的孩子，是奴僕中的最賤者。㉑止次曹陽二三月　謂其敗退到曹陽停駐了一段時間。次，駐紮。曹陽，亭名，在今河南靈寶東。㉒復走次澠池　繼續向東敗退到澠池。澠池，秦縣名，縣治在今河南澠池城西。㉓周文自剄二句　據〈秦楚之際月表〉，事在秦二世元年十一月。自剄，自割其頸，即自刎。按：當時以十月為歲首，周文從西征入關到敗死澠池，前後總共不到三個月。㉔武臣到邯鄲二句　事在秦二世元年八月。邯鄲，古都邑名，舊址即今河北邯鄲西南之趙王城。㉕柱國　即房君蔡賜。㉖此生一秦也　意謂又樹立一個敵人。㉗徙繫武臣等家屬宮中　謂扣押武臣等的家屬，以之作為人質。繫，囚禁；關押。㉘封耳子張敖為成都君　耳子張敖，黃本作「其子張敖」，梁玉繩曰：「『其』字乃『耳』字之譌，張耳子也。」成都君，封號名，未必實有封地。㉙趣趙兵亟入關　趣，同「促」。催促。亟入關，迅速西下破秦。亟，疾；迅速。此蓋補敘周文未敗前事也。㉚楚　即指陳涉。㉛楚已誅秦　等楚滅秦之後。㉜毋西兵　不派兵西下。㉝北徇燕地以自廣也　向北略地以擴大自己的地盤。燕地，戰國時的燕國地盤，約當今之河北北部及與之鄰近的遼寧地區。㉞南據大河　大河，即黃河。當時的黃河流經今河南之溫縣、滑縣、濮陽，東北流經山東德州，至河北之滄州東北入海，在當時的確為趙國南部之天然屏障。㉟代　古國名，亦秦郡名，郡治在今河北蔚縣東北。㊱楚雖勝秦六句　李笠曰：「按《漢書》，『若』下無『楚』字；『乘』下有『楚』字，是也。」乘楚秦之弊，即坐收漁人之利也。弊，同「敝」。疲憊；殘破。得志於天下，即號令全國、控制全國之意。㊲上谷卒史　上谷，秦郡名，郡治沮陽（今河北懷來東南），即舊時燕國之地。卒史，亦稱曹史，郡守的掾屬。蓋韓廣反秦前為上谷郡小吏也。㊳萬乘之國　具有萬輛兵車的大國。㊴乃自立為燕王　按：韓廣自立為燕王在秦二世元年九月。㊵狄　秦縣名，縣治在今山東高青東南。㊶田儋　六國時齊國貴族的後代，與其堂弟田榮、田橫起兵反秦，相繼據齊地稱王。㊷自立為齊王　事在秦二世元年九月。㊸反擊　反兵相擊。謂先擊殺狄令，而又反兵以擊周市也。此蓋言其獨立，不服任何人管轄之狀，楚漢時期田氏據齊地五年，大致一貫如此，亦戰國末年齊王於諸國相爭時所採取之「孤立主義」也。㊹故甯陵君咎　即魏咎，戰國末期魏國的諸公子，曾被封為甯陵君。魏被秦滅，咎降為平民。反秦義軍起，咎被立為魏王。數月後，被秦將章邯包圍，自殺。甯陵君，封地甯陵（今河南寧陵東南）。㊺使者五反　魏地的使者五次到陳向陳涉請求。㊻乃立甯陵君咎為魏王二句　按：魏人擁立魏咎為魏王在秦二世元年九月，陳涉遣魏咎到魏（今河南開封一帶）在秦二世二年十二月（當時以十月為歲首）。㊼田臧　吳廣的部將。㊽周章　按：周章與周文應是一人，「文」「章」二字相應，一為其名，一為其字。㊾少遺兵　少留一些軍隊。㊿守　這裡指圍困，下文「乃使諸將李歸等守滎陽城」之「守」字與此同。(51)兵權　指用兵作戰的臨機應變之術。權，權變；應時變通。(52)矯王令　假說奉陳王之令。(53)陳王使使賜田臧楚令尹印二句　凌稚隆引王鏊曰：「陳涉兵無紀律若此。」按：事至此，陳涉亦無法控制。令尹，戰國時楚官名，職同丞相。(54)西迎秦軍於敖倉　迎，迎擊。敖倉，秦朝儲藏糧食的大倉庫，在當時滎陽城北黃河南岸的敖山上。按：「敖倉」在「滎陽」北，史文乃曰田臧等「西迎秦軍」，方向不對。(55)陽城人鄧說將兵居郯　鄧說，陳涉的部將。說，同「悅」。郯，應作「郟」。

即今河南郟縣，在滎陽南、陳縣之西。(56)章邯別將　章邯派出的另統一軍的將領。(57)伍徐將兵居許　伍徐，《漢書》作「五逢」，陳涉的部將。許，秦縣名，縣治在今河南許昌東。(58)陵人秦嘉　陵，應作「淩」，秦縣名，縣治在今江蘇泗陽西北。(59)取慮　秦縣名，縣治在今江蘇睢寧西南。(60)徐　秦縣名，縣治在今安徽泗縣南。(61)特起　自成一軍而不屬他人。(62)東海守慶　秦朝的東海郡太守名慶，史失其姓。東海郡的郡治在郯（今山東郯城西北）。(63)武平君畔　武平君名畔，史失其姓，時為陳涉的部將。(64)監　猶如後世之所謂「節制」，統一指揮。(65)大司馬　周代官名，掌全國軍務。(66)惡屬武平君　不願受「武平君畔」的控制。(67)陳西張賀軍　駐紮在陳縣城西的張賀軍隊。張賀，陳涉的部將。(68)陳王之汝陰　之，往。汝陰，秦縣名，縣治即今安徽阜陽。(69)還至下城父　謂陳勝在陳縣城西被章邯打敗，南逃至汝陰。謂又北折而至下城父。下城父，古邑名，即今安徽渦陽東南之下城父。(70)其御莊賈殺以降秦　御，車夫。按：陳涉於秦二世元年七月起事，至二年十二月被莊賈所殺，前後共六個月。(71)陳勝葬碭　碭，秦縣名，縣治即今安徽碭山南的保安鎮。(72)謚曰隱王　謂漢代謚陳涉曰「隱王」。謚法云：「不顯尸國曰『隱』。」尸，主也。主國不顯，即功業不彰、在位時間不長之意。(73)陳王故涓人將軍呂臣　曾為陳王當過涓人，後來成了將軍的呂臣。涓人，也叫「中涓」，即為王者主管灑掃、洗滌等內務，這裡即指侍從親信。(74)倉頭軍　倉，同「蒼」。《索隱》引韋昭曰：「軍皆著青帽。」按：此說可疑，〈蘇秦列傳〉云：「今竊聞大王之卒，武士二十萬，蒼頭二十萬，奮擊二十萬、廝徒十萬。」「蒼頭」、「奮擊」或係當時人們對「無敵」、「敢死」之兵的一種習用稱呼。(75)起新陽三句　新陽，秦縣名，縣治在今安徽界首北。按：細索此段文意，彷彿是呂臣在陳王生前為其充任中涓；陳王被殺後，呂臣是激於對叛徒的義憤，逃至新陽，號召陳王舊部，組織起一支隊伍重新起事。這支隊伍竟至一舉攻下陳郡，殺死了為秦朝駐守的叛徒莊賈。(76)南陽　秦郡名，郡治宛縣，即今河南南陽。(77)武關　關隘名，在今陝西商南南，是河南南部進入陝西的交通要道。(78)已徇南陽　意即南陽郡已聽從其號令。徇，巡行示威，號召其歸己。(79)東至新蔡　向東撤退至新蔡（今河南新蔡）。(80)傳留至咸陽　秦將用傳車把宋留押解至咸陽。傳，傳車；驛車。這裡用如動詞。(81)徇　載其屍體以巡行示眾。(82)立景駒為楚王　事在秦二世二年一月。景駒，六國時楚國貴族的後代。(83)方與　秦縣名，縣治在今山東魚台西。(84)定陶　秦縣名，縣治在今山東定陶西北。(85)公孫慶　陳直曰：「疑即上文之『東海守慶』。」(86)不請　謂其不向齊國請示。(87)首事　首先發動起義。(88)左右校　即左右校尉，章邯的部將。(89)鄱盜當陽君黥布之兵相收　按：「鄱盜」上應增「與」字讀。鄱，同「番」。指鄱江，源於安徽西南部，流入鄱陽湖。按：英布因受刑被黥，故亦稱「黥布」。先在鄱江為盜，後歸項梁，稱「當陽君」。相收，彼此合為一。(90)青波　秦縣名，縣治在今河南新蔡西南。(91)會項梁立懷王孫心為楚王　懷王孫心，戰國時楚懷王（名槐，西元前三二八—前二九九年在位）的孫子，名心。此人被項梁立為楚王在秦二世二年六月。按：陳涉發起的反秦戰爭，敘至「會項梁立懷王孫心為楚王」遂戛然而止，恰如告訴讀者：「欲知後事如何，請看〈項羽本紀〉。」

【語　譯】在這個時候，天下各郡縣痛恨秦朝官吏的百姓們，都紛紛起來殺掉他們的長官，響應陳涉。於是陳王就派吳廣代行王事，以自己的名義節制將領們，西攻滎陽。派陳郡人武臣、張耳、陳餘等人到趙國一帶擴充地盤；派汝陰人鄧宗南下開闢九江郡。這時候，楚地幾千人成伙的起義軍多得不可指數。

2　再說陳涉最早派出去的葛嬰，他到達東城後，自作主張擁立襄彊做了楚王。後來他聽說陳勝自己稱王了，於是又殺了襄彊，回去向陳王報告。葛嬰到陳後，被陳王所殺。陳王又派魏人周市回魏地進行開闢工作。而吳廣則已經督率大軍包圍滎陽。這時守滎陽的三川郡的郡守是李斯的兒子李由。兩軍相峙，吳廣久攻未能下。這時陳王召集陳國的豪傑人士們一道商量對策，並任用上蔡人房縣蔡賜做上柱國。

3　周文是陳郡的賢者，曾經在楚國名將項燕軍中做觀察星象的官，並在春申君門下做過事，他向陳王說他會用兵。於是陳王就任命他為將軍，派他向西進攻秦國的大本營。周文一路上招收兵馬，等到達函谷關時，已有兵車千餘輛，步卒幾十萬人。接著連續西進，一直到達咸陽東郊的戲亭，紮下營來。這時秦王朝派少府令章邯赦免了在酈山秦始皇墓地服勞役的苦役犯以及秦地家奴所生的兒子，把他們通通編入軍隊，迎擊周文。周文大敗，東走出關，至曹陽收兵整頓不到兩三個月，章邯的追兵又到了，結果周文又被打敗，周文繼續東退至澠池。不過十多天，章邯又到了，這一次，周文的部隊被打得一敗塗地。周文自殺，剩下的人遂不戰而潰。

4　再說武臣，他到達邯鄲後，不經請示自立為趙王，讓陳餘做大將軍，讓張耳、召騷為左右丞相。陳王聽說後很生氣，立即逮捕了武臣等人的家小，想統統殺光。這時上柱國勸說道：「秦國現在還沒有滅亡，您再殺了武臣等人的家小，這不等於又生出一個和您作對的秦國嗎？依我看，不如順水推舟，正式封他為王。」陳王覺得有理，便派人去趙向趙王祝賀，而把趙王武臣等人的家小扣留在陳王宮裡。封張耳的兒子張敖為成都君，催促趙國趕緊率軍西進函谷關。趙王的將相們一起討論說：「您在趙地稱王，不是陳王的本意。陳王滅秦之後，肯定要掉頭來打我們。從我們趙國的利益考慮，不如不率軍西下，而是派人往北開闢燕國的地方來擴大我們自己的地盤。這樣一來，我們南面有黃河作屏障，北面有燕、代的廣大地區。將來陳王即使戰勝了秦王朝，也治不了我們；如果陳王不能戰勝秦王朝，那他就更得借重我們。到那時，趁著秦國的疲憊，我們就可以號令天下了！」趙王覺得有理，於是就不再向西出兵，而是派原來在上谷郡當卒史的韓廣帶兵向北開闢原來的燕國地盤。

5 燕國的舊貴族和豪傑們對韓廣說：「楚國最早立了王，趙國不久前又立了王。我們燕國再小，也曾經是一個具有萬輛兵車的國家。希望韓將軍就做我們的燕王。」韓廣說：「不行，我的母親還在趙國。」燕國的人們說：「趙國眼下所怕的是它西面的秦朝和南面的楚國，它根本沒有力量阻止我們自立。況且楚國那麼強大，尚不敢殺害趙王將相的家小，它一個趙國就敢殺害將軍的家屬嗎？」韓廣認為有道理，於是就自立為燕王。過了幾個月，趙王居然派人把燕王的母親以及其他家小都給護送到燕國來了。

6 這時候，各地拉隊伍占地盤的將領不計其數。周市率軍北進，到達狄縣後，狄人田儋殺了狄縣令，自立為齊王，率領齊軍反擊周市。周市被打敗，退回到了魏地。周市想擁立魏國的後代從前的甯陵君魏咎做魏王。可是魏咎這時正在陳王那裡，陳王不放他來。魏國平定後，大家又想擁立周市為王，周市不肯。於是大家只好派人到陳郡去求陳王，往返五次，最後陳王才勉強同意了放甯陵君魏咎到魏地去做魏王，讓周市為魏王的丞相。

7 田臧等人私下商量說：「周章的軍隊已經被打敗了，秦朝的軍隊很快就會到達這裡。我們圍攻滎陽很久了，沒能攻下，如果再等秦軍到來，那我們肯定要失敗。所以現在不如留下少部分兵力，能圍住滎陽就行了，而把全部精銳部隊集中起來，去迎擊秦軍。假王吳廣，驕傲跋扈，根本不懂得用兵，不能同他商量。如果不殺他，我們的計畫恐怕就要失敗。」於是他們假傳陳王的命令，把吳廣殺了，還把吳廣的人頭送到了陳王那裡。陳王無法只得派人給田臧送去了楚國令尹的印章，封他為上將。田臧就留下將軍李歸等人圍攻滎陽城，自己領著精銳部隊西擊秦軍於敖倉。交戰結果田臧戰死，軍隊被擊潰。接著秦將章邯進擊圍困滎陽的李歸，李歸的軍隊又被打敗了，李歸等人戰死。

8　陳王的將軍陽城人鄧說領兵駐紮在郯縣，章邯派他的部將率兵將他擊敗，鄧說的軍隊敗散，逃回了陳郡。銍人伍徐領兵駐紮在許，章邯率軍攻許，伍徐的軍隊被擊潰，也逃回了陳郡。陳王一怒殺了鄧說。

9　陳涉剛剛稱王時，陵縣人秦嘉、銍縣人董緤、符離人朱雞石、取慮人鄭布、徐縣人丁疾等，皆各自率眾而起，他們一同帶兵把一個名叫慶的東海太守包圍在郯縣。陳王聽說後，就派武平君畔為將軍，去統領節制郯縣周圍的各路軍隊。秦嘉不接受陳王的這個命令。他自封為大司馬，不願意屬武平君統領。他對軍吏們說：「武平君年輕，根本不懂軍事。不要聽他的！」接著又假傳陳王的命令，把武平君畔殺了。

10　章邯擊敗駐守許的伍徐後，進兵攻擊陳郡。陳涉的上柱國房君首先戰死了。接著章邯又進擊駐紮在陳郡西郊的張賀軍。陳王親臨前線督戰。結果張賀軍也被章邯打敗，張賀戰死。

11　臘月，陳王退走汝陰，再往北折，到了下城父。這時，他的車夫莊賈叛變，他殺死陳涉投降了秦朝。陳勝死後，埋在碭縣，被後人謚為「隱王」。

12　這時曾給陳王當過侍從的將軍呂臣又領著一支頭裹青巾的隊伍，在新陽揭竿而起，他們一舉攻下了陳郡，殺死了叛徒莊賈，又以陳郡為根據地繼續號稱楚國。

13　開始，當陳王的軍隊剛到陳郡時，曾派銍縣人宋留，率兵往攻南陽，想讓他從南陽西入武關。當宋留平定南陽後，陳王被殺的消息傳來了，南陽的官吏又反歸附了秦朝。這時宋留已經不可能再入武關，只好向東退到了新蔡，結果在新蔡與秦軍的大部隊相遇。宋留見大勢已去遂率眾投降了秦軍，秦將把宋留解送到了咸陽，宋留被車裂示眾。

14　這時東部地區的秦嘉，聽說陳王被打敗，逃出了陳郡，於是擁立景駒為楚王，他率軍來到方與，準備在定陶與秦軍決戰。他派公孫慶東見齊王，想聯合他并力攻秦。齊王說：「聽說陳王戰敗逃走，生死不明。你們怎麼能夠不來請示我就立景駒為王呢？」公孫慶說：「當初你們稱王也沒有先向楚國請示，今天楚國為什麼要來向你請示呢？而且楚國是帶頭造反的，本來就應該領導天下。」田儋一怒把公孫慶殺掉了。

15 秦軍派左右校尉再次進攻陳郡，陳郡被攻下。呂將軍逃出陳郡後，又把隊伍集合起來。與鄱陽大盜當陽君黥布的隊伍合在一起，重新北上大敗秦朝的左右校尉於青波，再次收復了陳郡。這時項梁已經擁立楚懷王的一個名字叫「心」的孫子做了楚王。

1 陳勝王凡六月❶。已為王，王陳❷，其故人嘗與庸耕者聞之，之陳❸。扣宮門曰：「吾欲見涉。」宮門令❹欲縛之，自辯數❺，乃置❻，不肯為通❼。陳王出，遮道❽而呼涉。陳王聞之，乃召見，載與俱歸。入宮，見殿屋帷帳，客曰：「夥頤❾！涉之為王，沉沉者❿！」楚人謂多為夥，故天下傳之，「夥涉為王⓫」，由陳涉始。客出入，愈益發舒⓬，言陳王故情。或說陳王曰：「客愚無知，顓妄言，輕威⓭。」陳王斬之。諸陳王故人皆自引去⓮。由是無親陳王者。陳王以朱房為中正⓯，胡武為司過⓰，主司⓱羣臣。諸將徇地至⓲，令之不是者⓳，繫而罪之，以苛察為忠。其所不善者⓴，弗下吏㉑，輒自治之㉒，陳王信用之。諸將以其故不親附，此其所以敗也。

2 陳勝雖已死，其所置遣侯王將相竟亡秦，由涉首事也㉓。高祖時，為陳涉置守冢三十家碭，至今血食㉔。

【章　旨】以上為第三段，補敘陳涉失敗的原因。

【注　釋】❶凡六月　總共六個月。凡，總計。❷王陳　在陳縣稱王，即以陳縣為其都城。❸之陳　前往陳縣。之，往。❹宮門令　守衛宮門的長官。❺辯數　分辯訴說，力言自己不是壞人。數，一條一條地說。❻乃置　放過不管。❼不肯為通　不給向裡稟告。按：史公於此寫盡世態人情。❽遮道　攔路。遮，攔截。❾夥頤　俞正燮曰：「夥頤者，驚大之詞，二字合音。」即驚訝詫異某種器物、景象之多與美時的一種歎詞，二字不應分別解釋，今河北、天津、北京等地區猶有這種口語。❿沉沉者　富麗深邃的樣子。⓫夥涉為王　俞正燮曰：「言其時稱王者多，時人輕之，謂王為『夥涉』，蓋庾詞相喻也。」按：「夥涉」即被人呼過「夥頤」的陳涉，「夥」字遂成為外號，冠在了名字的前面。⓬發舒　放縱。⓭顓妄言二句　顓，同「專」。專門；一味地。輕威，降低您的威信。⓮諸陳王故人皆自引去　《孔叢子》云：「陳勝為王，妻之父兄往焉，勝以眾賓（一般賓客）待之。妻父怒曰：『怙強而傲長者，不能久焉！』不辭而去。」蓋其一例。⓯中正　官名，主管考核官吏，確定官吏的升降。⓰司過　官名，猶如異時之監察御史，職掌糾彈。⓱司　暗中監視、查訪。⓲諸將徇地至　諸將外出作戰回來。⓳令之不是者　不服從朱房、胡武命令的人。⓴其所不善者　凡是被朱房、胡武看著不順眼的人。㉑弗下吏　不交由主管官吏處置。㉒輒自治之　經常由他們自己審理。㉓其所置遣侯王將相竟亡秦二句　陳仁錫曰：「陳涉蓋首事亡秦者，太史公特作世家，敘其為楚王，兼及當時起兵者，末總結之曰『其所置遣王侯將相竟亡秦，由涉首事也』二句，括盡之矣。」㉔置守冢三十家碭二句　李景星曰：「《史記》、《漢書》之〈高祖紀〉皆言『置守冢十家』。」血食，指享受祭祀，因為祭祀時要殺牛、羊、豕作為供品，故云。

【語　譯】陳勝稱王前後總共六個月。當他剛剛為王，建都陳郡的時候，他的一位舊日一道幹活的老伙伴，聞訊前來看他。這個人到了陳郡，叩著宮門說：「我要見陳涉！」守門的值勤官，見這人如此無禮，就要把他綁起來。這個人費了許多口舌說明自己是陳涉的老朋友，值勤官才饒了他，但不給他向裡通報。這時正好陳王出來了，於是這個人就過去攔著車子大聲呼叫陳涉。陳王聽見叫聲，停車叫他過來，一看是舊識，於是叫他上車，一同回到宮裡。這個人一看宮裡的殿堂陳設，就驚訝地大嚷道：「夥頤！陳涉你這個王，當得可真闊啊！」楚國方言驚訝地稱「多」叫「夥」，後來人們之所以把那些草頭王們稱之為「夥涉為王」，就是從這個故事開始的。這個人在宮裡宮外進出，說話越來越放縱，有時還講一些陳王舊日不體面的事。於是有人勸陳王說：「您的那位客人，愚昧無知，專門胡說八道，降低您的威信。」於是下令把他殺掉了。陳王的其他老熟人們一見如此也都悄悄地離去了。從此沒有人再來親近陳王。陳王用朱房做中正官，用胡武為司過官，專管探聽臣僚們的過失。將領們出去開闢地盤回來，誰要是不聽從朱房、胡武的命令，朱房、胡武就把誰關起來治罪，他們以對別人的吹毛求疵來向陳王表示忠心。凡是他們不喜歡的人，他們根本不通過司法官吏，而是自己隨意治他們的罪，陳王偏偏就信用這種人。由於這種緣故，各位將領們也與陳王越來越疏遠，這就是陳王所以失敗的原因。

2 陳王雖然已經死了，但是由於他分封、派遣出去的侯王將相最後終於滅掉了秦朝，而陳涉是第一個帶頭造反的。漢高祖即位後，專門派了三十戶人家，在碭縣為陳涉守墓，一直到今天，人們祭祀不斷。

1 褚先生曰❶：地形險阻，所以為固也；兵革刑法，所以為治也，猶未足恃也。夫先王以仁義為本，而以固塞文法❷為枝葉，豈不然哉！吾聞賈生之稱曰❸：

2 「秦孝公❹據殽、函❺之固，擁雍州❻之地，君臣固守，以窺❼周室，有席卷天下，包舉宇內，囊括四海之意，并吞八荒之心❽。當是時也，商君❾佐之，內立法度，務耕織，修守戰之備❿；外連衡而鬭諸侯⓫。於是秦人拱手⓬而取西河之外⓭。

3 「孝公既沒，惠文王⓮、武王⓯、昭王⓰蒙故業，因遺策⓱，南取漢中⓲，西舉巴、蜀[19]，東割膏腴之地[20]，收要害之郡[21]。諸侯恐懼，會盟而謀弱秦[22]，不愛珍器、重寶、肥饒之地，以致[23]天下之士，合從締交[24]，相與為一。當此之時，齊有孟嘗[25]，趙有平原[26]，楚有春申[27]，魏有信陵[28]。此四君者，皆明知[29]而忠信，寬厚而愛人，尊賢而重士。約從連衡[30]，兼韓、魏、燕、趙、宋、衛、中山之眾[31]。於是[32]，六國[33]之士有甯越[34]、徐尚[35]、蘇秦[36]、杜赫之屬[37]為之謀；齊明[38]、周最[39]、陳軫[40]、邵滑[41]、樓緩[42]、翟景[43]、蘇厲[44]、樂毅[45]之徒通其意；吳起[46]、孫臏[47]、帶他、兒良[48]、王廖[49]、田忌[50]、廉頗、趙奢[51]之倫制其兵。嘗以什倍之地，百萬之師，仰關而攻秦[52]。秦人開關而延敵[53]，九國之師遁逃而不敢進。秦無亡矢遺鏃[54]之費，而天下固已困矣。於是從散約敗[55]，爭割地而賂秦。秦有餘力而制其弊，追亡逐北[56]，伏尸百萬，流血漂櫓[57]。因利乘便，宰割天下，分裂山河，彊國請服，弱國入朝[58]。

4 「施[59]及孝文王[60]、莊襄王[61]，享國[62]之日淺，國家無事。

5 「及至始皇[63]，奮六世[64]之餘烈[65]，振長策[66]而御宇內[67]，吞二周[68]而亡諸侯，履至尊[69]而制六合[70]，執敲朴[71]以鞭笞天下，威振四海。南取百越[72]之地，以為桂林、象郡[73]。百越之君俛首[74]係頸，委命下吏[75]。乃使蒙恬[76]北築長城而守藩籬[77]，卻匈奴七百餘里[78]，胡人不敢南下而牧馬[79]，士亦不敢貫弓而報怨[80]。於是廢先王之道[81]，燔百家之言[82]，以愚黔首[83]。隳名城[84]，殺豪俊，收天下之兵[85]，聚之咸陽，銷鋒鍉，鑄以為金人十二[86]，以弱天下之民。然後踐華為城[87]，因河為池[88]，據億丈之城[89]，臨不測之谿[90]以為固。良將勁弩，守要害之處，信臣[91]精卒，陳利兵而誰何[92]。天下已定，始皇之心自以為關中之固，金城千里，子孫帝王，萬世之業也。

6 「始皇既沒，餘威振於殊俗[93]。然而陳涉甕牖繩樞[94]之子，甿隸[95]之人，而遷徙[96]之徒也。材能不及中人，非有仲尼、墨翟[97]之賢，陶朱、猗頓[98]之富也。躡足[99]行伍之間，俛仰[100]仟佰[101]之中，率罷散[102]之卒，將數百之眾[103]，轉而攻秦。斬木為兵，揭[104]竿為旗，天下雲會響應[105]，贏糧[106]而景從[107]。山東[108]豪俊遂竝起，而亡秦族矣。

7 「且天下非小弱也[109]；雍州之地，殽、函之固自若[110]也；陳涉之位，非尊於齊、楚、燕、趙、韓、魏、宋、衛、中山之君也；鉏耰棘矜[111]，非銛[112]於句戟長鎩[113]也；適戍之眾[114]，非儔[115]於九國之師也；深謀遠慮，行軍用兵之道，非及鄉時之士[116]也。然而成敗異變[117]，功業相反也。嘗試使山東之國與陳涉度長絜大[118]、比權量力，則不可同年而語(119)矣。然而秦以區區之地致萬乘之權(120)，抑八州(121)而朝同列(122)，百有餘年(123)矣，然後以六合為家，殽、函為宮(124)。一夫作難(125)而七廟墮(126)，身死人手，為天下笑者，何也？仁義不施而攻守之勢異也(127)。」

【章　旨】以上為第四段，是作者的論贊，作者引賈誼的〈過秦〉對秦王朝的興亡表現了極大的感慨。

【注　釋】❶褚先生曰　此處應作「太史公曰」。褚先生，名少孫，西漢元帝、成帝時期為郎，是司馬遷《史記》最早的讀者與宣傳者之一。他所增補的《史記》篇章有〈三代世表〉、〈外戚世家〉、〈梁孝王世家〉、〈三王世家〉、〈張丞相列傳〉、〈田叔列傳〉、〈滑稽列傳〉、〈龜策列傳〉共八篇，而本篇則全部為司馬遷之原文。❷固塞文法　固塞，堅固的塞堡，應上文「地形險阻」而言。文法，指規章律令，應上文「兵革刑法」而言。❸吾聞賈生之稱曰　以下所引文字即賈誼的〈過秦〉上，其主旨在於分析論述秦王朝的失敗原因。賈生，即賈誼，西漢文帝時的傑出政論家，事跡見〈屈原賈生列傳〉。「生」字在漢代是對學者、隱者的敬稱。❹秦孝公　名渠梁，西元前三六一—前三三八年在位。❺殽函　殽山、函谷關，秦國東部的關險，殽山在今河南靈寶東南，函谷關在靈寶東北。❻雍州　古代的九州之一，大致包括今陝西和與之鄰近的甘肅東部地區。❼窺　偷看，這裡是伺機奪取的意思。❽有席卷天下四句　席卷、包舉、囊括、并吞，都是「吞併」的意思。天下、宇內、四海、八荒，都是「天下」的意思。❾商君　即商鞅，原衛人，故也稱衛鞅。商鞅佐秦孝公實行變法，使秦國富強。❿務耕織二句　即商鞅所實行的獎勵農耕、獎勵戰功的政策。⓫外連衡而鬪諸侯　按：講「連衡」者為張儀，張儀的活動乃在數十年後的惠文王時，非孝公時事也。⓬拱手　極言其清閒之態。⓭取西河之外　攻取了原屬魏國的今陝西東部黃河以西地區。按：秦取西河外在惠文王八年（西元前三三〇年），非孝公時也。⓮惠文王　孝公之子，名駟，西元前三三七—前三一一年在位。⓯武王　名蕩，惠王之子，西元前三一〇—前三〇七年在位。⓰昭王　也稱「昭襄王」，名則，惠王之子，武王之弟，西元前三〇六—前二五一年在位。⓱蒙故業二句　即繼承秦孝公的事業與政策。⓲南取漢中　事在惠文王二十六年。漢中，秦郡名，約當今之陝西東南部和與之相鄰的湖北西北部，這一帶原來屬楚，後被秦國占領。⓳西舉巴蜀　事在惠文王二十二年。巴蜀，古代小國名，蜀國的都城即今成都，巴國的都城在今重慶北，兩個小國在惠文王時被秦將司馬錯所攻取。⓴東割膏腴之地向東方的韓、魏等國割取肥沃土地。膏腴，肥沃。㉑收要害之郡　「收」上應有「北」字。按：「取」、「舉」、「割」、「收」都是「攻取」的意思。㉒弱秦　削弱秦國。㉓致　招納。㉔合從締交　指東方六國建立反秦聯盟。合從，同「合縱」，指東方六國間的聯盟。締，結；建立。㉕孟嘗　孟嘗君田文，曾為齊愍王之相，以養士聞名。㉖平原　平原君趙勝，趙惠文王之弟，趙國的宰相，以養士聞名。㉗春申　春申君黃歇，楚考烈王宰相，以養士聞名。㉘信陵　信陵君無忌，魏安釐王之弟，以養士聞名。㉙明知　同「明智」。㉚約從連衡　按：〈秦始皇本紀〉引此文作「約從離衡」，此作「連衡」，誤也。《索隱》曰：「言孟嘗等四君皆為其國共相約結為縱，以離散秦之橫。」㉛兼韓魏燕趙宋衛中山之眾　按：〈秦始皇本紀〉引此文有「齊」「楚」兩國。韓，國都即今河南新鄭。魏，國都大梁（今河南開封）。燕，國都薊縣（今北京市）。齊，國都臨淄（今山東淄博臨淄北）。趙，國都即今河北邯鄲。宋，春秋以前國都睢陽（今河南商丘東南），戰國時遷都彭城（今江蘇徐州）。衛，國都在今河南濮陽西南。中山，國都靈壽（今河北靈壽西北）。㉜於是　此時。㉝六國　《索隱》曰：「韓、魏、趙、燕、齊、楚是也，與秦為『七國』，亦謂之『七雄』。又六國與宋、衛、中山為九國，其三國蓋微，又前亡。」㉞甯越　《呂氏春秋》注：「趙中牟之鄙人也，十五歲而周威公師之。」㉟徐尚　梁章鉅曰：「疑即〈魏世家〉之『外黃徐子』，說魏太子中以百戰百勝之術者。」㊱蘇秦　當時有名的縱橫家。㊲杜赫之屬　杜赫，《呂氏春秋》以為「周人」，並曾「以安天下說周昭文君」。之屬，之類，與下文「之徒」「之倫」意同。㊳齊明　《索隱》曰：「東周臣，後仕秦、楚及韓。」㊴周冣　《索隱》曰：「周之公子，亦仕秦。」㊵陳軫　當時著名的縱橫家，曾仕於秦、楚。㊶邵滑　也作「召滑」，《索隱》以為「楚人」，沈欽韓說他曾為「楚相」。㊷樓緩　先為魏相，後又仕秦。㊸翟景　一說為即《戰國策》中之「翟強」，曾為魏相。另一說為即《戰國策・趙策》中的「翟章」。㊹蘇厲　司馬遷以為是蘇秦之弟。㊺樂毅　當時傑出的軍事家。㊻吳起　戰國初期傑出的政治家、軍事家。㊼孫臏　戰國中期傑出的軍事家。㊽帶他兒良　王念孫以為「帶他」即「帶季」，與兒良同為趙、魏將。㊾王廖　具體事跡不詳。㊿田忌　齊國名將。(51)廉頗趙奢　都是趙國名將。(52)仰關而攻秦　仰關，有本作「叩關」，「叩」字生動形象；「仰」則從秦國的地勢之高而言之。(53)延敵　引敵使之進入。延，引；請，此處蓋有從容不迫，以逸待勞的樣子。(54)亡矢遺鏃　丟一矢，損一箭，極言其花費之少。(55)從散約敗　即縱約解散。從，同「縱」。敗，解散。(56)追亡逐北　即追擊敗兵。亡，逃。北，背；敗。(57)櫓　大盾。(58)入朝　入函谷關朝拜秦國，亦即視秦為其宗主。(59)施　延續；等到。(60)孝文王　昭王之子，秦始皇的祖父，西元前二五〇年在位。(61)莊襄王　即子楚，秦始皇的父親，西元前二四九—前二四七年在位。(62)享國　享有國家的統治權，即臨朝在位。(63)始皇　名政，西元前二四六年繼位為秦王。(64)六世　指孝公、惠文王、武王、昭王、孝文王、莊襄王。65餘烈　傳留下來的事業。烈，業。66策　打馬的竹片，後世即用以指馬鞭。67御宇內　即統治天下。御，駕御；統治。68吞二周　指滅掉東周、西周兩個小國，在其地設立三川郡。西周於西元前二五五年被秦昭王所滅，東周於西元前二四九年被莊襄王所滅，今皆繫於始皇名下，與事實不符。69履至尊　登上皇帝之位。70制六合　亦即統治天下。六合，天之下、地之上的東西南北四方之內。71敲朴　都是打人的棍棒之類。短曰敲，長曰朴。72百越　指今廣東、廣西及與之鄰近的周邊地區，因這一帶的民族種類繁多，故以「百」字名之。73桂林象郡　皆秦郡名，桂林郡的郡治在今廣西桂平西南，象郡的郡治臨塵即今廣西崇左。74俛首　低頭。75委命下吏　把自己的性命交由秦始皇手下的官吏安排處置，極言其服從之狀。76蒙恬　始皇時代的名將，蒙驁之孫。77藩籬　以喻邊防要塞。78卻匈奴七百餘里　據〈匈奴列傳〉，戰國末期，今內蒙古黃河以南的伊克昭盟一帶地區被匈奴人占領，始皇統一六國後，乃「使蒙恬擊胡，悉收河南地，因河為塞」，從而使邊界向北擴展到了今黃河的後套以北。79胡人不敢南下而牧馬　隱指其不敢向黃河以南進犯。80士亦不敢貫弓而報怨　士，此指匈奴人。貫弓，張弓。「貫」亦同「彎」。81廢先王之道　即廢棄儒家所鼓吹的「禮樂」、「仁義」等。82燔百家之言　即通常所說的「焚書」。據〈秦始皇本紀〉，當時令史官「非秦紀皆燒之；非博士所職，天下敢有藏《詩》、《書》百家語者，悉詣尉雜燒之。」83黔首　即指百姓。始皇二十六年，下令「更名民曰『黔首』」。84墮名城　墮，同「隳」。始皇三十二年，有所謂「壞城郭，決通防」。85兵　兵器。86銷鋒鍉二句　意謂熔化這些兵器，改鑄成了十二個大銅人。鍉，同「鏑」。箭頭。87踐華為城　登上華山，以華山作為秦地的東城牆。88因河為池　用今陝西東界的黃河作為秦地的護城河。89億丈之城　即以華山所做的城牆。90不測之谿　即以黃河所做的護城河。不測，無法測量其深。91信臣　可信任的大臣。92陳利兵而誰何　即持槍站崗、巡邏。誰何，喝問行人。93殊俗　謂異國、異族。瀧川曰：「西方諸國謂禹域曰『支那』，又曰『震旦』、『真丹』，皆『秦』字引音，亦可見秦威『振於殊俗』也。」94甕牖繩樞　以破缸做窗口，以繩子繫門軸，極言其居室之貧。95甿隸　平民。甿，古「氓」字。民也。96遷徙　充軍；發配。97仲尼墨翟　孔子、墨子，儒家學派與墨家學派的創始人，這裡用作有道德、有才幹人物的代表。98陶朱猗頓　都是古代有名的大富翁。陶朱，陶朱公范蠡，春秋末期人，輔佐句踐滅吳後，轉去經商，成為巨富。猗頓，以放牧、製鹽發家的大富翁。99躡足　小步走，謹慎小心的樣子。100俛仰　這裡即指「俯」，「俯首」，與上句「躡足」意思相近。也有本引此文作「倔起」，即突然興起。101仟佰　千夫長、百夫長，極言其品級之低。也有本引此文作「阡陌」，意即隴畝、田間。102罷散　疲憊，散亂。極言其不堪一擊。罷，同「疲」。103將數百之眾　陳涉初起時，僅有戍卒九百人。將，率領。104揭　舉。105雲會響應　如雲之聚集，如響之應聲，皆喻其快。106贏糧　自己帶著糧食。贏，擔。

(107)景從　像影子隨著形體，時刻不離。景，同「影」。(108)山東　殽山以東，泛指昔時六國之地。(109)天下非小弱也　統一了天下的秦王朝，不是比統一前的秦國更小弱了。(110)自若　還是和從前一樣。(111)鉏耰棘矜　指陳涉起義軍的以棍棒做武器。鉏耰，鋤柄。棘矜，以棘木棒當矛。矜，矛。(112)銛　銳利。(113)句戟長鎩　指秦兵的精良武器。句，同「勾」。鎩，長矛。(114)適戍之眾　被發配遠戍邊地的役夫。適，通「謫」。(115)儔　侔；相比。(116)鄉時之士　指吳起、孫臏諸人。鄉，同「嚮」。昔日。(117)成敗異變　即成敗不同。「異」、「變」二字同義。(118)度長絜大　比一比誰長誰大。度、絜，都是比量的意思。(119)不可同年而語　極言其差別之懸遠。(120)致萬乘之權　謂使自己成了一個強大的諸侯國。(121)抑八州　意即將普天下的其他國家都壓了下去。古代稱中國有九州，秦國居於雍州，故統稱秦國以外的其他區域為「八州」。(122)朝同列　使與之同列的東方諸侯都來朝拜於秦。(123)百有餘年　從秦孝公實行變法（西元前三五六年）到秦始皇統一六國（西元前二二一年），共一百三十多年。(124)六合為家二句　使整個天下成為一家，以殽山、函谷關為秦朝的宮牆，指秦國統一天下，秦王稱帝。(125)一夫作難　指陳涉一個「匹夫」的首難反秦。(126)七廟墮　指政權毀滅，國家滅亡。七廟，皇帝的宗廟，因其廟內供奉著七代先祖，故云。墮，同「隳」。宗廟毀也就意味著王朝滅亡。(127)仁義不施而攻守之勢異也　按：以上為〈過秦〉上篇，批評了秦始皇統一後所實行政策的失誤。高步瀛說此文：「前半極力形容秦國累代之強，非諸國所能敵；及始皇益強，遂滅六國而統一天下，其勢力益雄，防衛益固，真可謂若萬世不亡者。而陳涉以一無勢力之人一出，乃遂亡秦。此段更就前文所述，兩兩比較，幾同卵石之異，而卵竟碎石，是真奇怪不可測度。其千回百折，止為激出末句，故正意一經揭出，格外警悚出奇，可謂極文章之能事矣。」

【語　譯】褚先生說：地理形勢的險要，有助於國家的穩固；軍隊建設與嚴格的法律，有助於社會的治理，但光憑這個還是靠不住的。古代聖王的治理國家所以要以仁義為本，而把牢固的防線與嚴格的法律放在次要地位，不正說明了這一點嗎！我聽賈誼對於這個問題發表的見解說：

2　「秦孝公憑藉著殽山、函谷關的堅固要塞，占有著古雍州的整個地盤，君臣合力在牢守本土的基礎上，向東窺測著洛陽一帶的周王室，他們有席捲、包攬天下之意，囊括、併吞四海之心。這時的秦國，有商鞅幫著秦孝公，在內部實行變法，獎勵務農，做好了一切進攻與防守的準備；對外實行連衡以逐個攻擊東方諸國。於是秦國毫不費力地奪取了黃河西岸的大片地盤。

3　「秦孝公死後，他的兒子、惠文王、武王、昭王繼承了孝公的事業，採用著孝公的既定政策，向南奪取了漢中，向西南奪得了巴、蜀二郡，向東奪取了大片肥美之地，向北奪取了一些重要的郡縣。東方各國對此感到恐懼了，於是那些君長們相會謀劃如何削弱秦國，遂不惜拿出奇珍異寶與肥沃領地來招攬各地的人才，他們合縱結盟，連成一體地共同對付秦國。這時齊國有孟嘗君，趙國有平原君，楚國有春申君，魏國有信陵君。這四位都是既明智又忠信，既寬厚又愛人，都是尊賢而重士的。他們瓦解了秦與東方的「連衡」，建立了東方各國的「合縱」，使韓、魏、燕、趙、宋、衛、中山諸國都一齊聯合起來。這時東方六國之士中有甯越、徐尚、蘇秦、杜赫一類的人為聯合抗秦設謀；有齊明、周冣、陳軫、邵滑、樓緩、翟景、蘇厲、樂毅一類人為諸國相互通聲息；有吳起、孫臏、帶他、兒良、王廖、田忌、廉頗、趙奢一類人為他們統兵。他們曾靠著十倍於秦國的地盤，以多達百萬的軍隊，浩浩蕩蕩地西上攻秦。秦國從容地打開關門讓東方的軍隊西進，而東方的九國聯軍卻暗中逃跑，沒有一個敢進去。結果秦兵沒費一根箭桿、一個箭頭，而東方各國卻已經自己折騰得疲憊不堪了。於是東方各國的合縱聯盟土崩瓦解，各國重又爭先恐後地向秦國討好，割地盤給秦國。而秦國則趁勢用自己的餘力以攻擊東方的疲憊，於是遂追奔逐北，打得東方各國橫屍百萬，血流之多幾乎可以漂起盾牌。秦國趁著這種形勢遂主宰天下，控制各國，較強的國家宣告服從，小國弱國只好讓其國君入秦朝拜了。

4 「接著孝文王、莊襄王兩代，都因為在位的時間太短，國家沒有什麼事情。

5 「待至始皇即位，遂在以往六代的基礎上奮發而起，他揮動長鞭以駕御天下，滅掉了東西二周與各國諸侯，他登上皇帝寶座統治四海，手執棍棒以治理國家，威振天下。他向南征服百越之地，在那裡設置了桂林、象郡。使百越之君俯首請降，歸命秦吏。他命蒙恬北築長城，鎮守邊關，把匈奴人向北趕出了七百多里，使匈奴人再也不敢向南進犯，再也不敢挽弓搭箭地前來尋釁報仇。但從此秦始皇便廢棄古代聖賢的章程，焚毀戰國以來的百家之言，想以此愚弄百姓。他們鏟平東方各地的大城，殘殺持有不同政見的名士，把被滅六國的武器都收集到咸陽，把那些矛頭箭鏃通通熔化，鑄成了十二個大金人，為的是削弱東方的黎民百姓，讓他們沒辦法造反。而秦朝自己則以華山作為它東面的城牆，以黃河作為它東面的護城河，他們上據高聳入雲的大城，下臨深不見底的溝溪。他們派信臣良將鎮守要害之處，士兵們執精良武器盤查行人。待一切安排完畢，秦始皇遂想關中的鞏固就恰如銅牆鐵壁，他們家的帝王之業就子子孫孫傳之萬世而無窮了。

6 「秦始皇剛死，其餘威還震撼著異邦異域的時候，陳涉起義爆發了。陳涉，是個窮人家的兒子，是個農民，是個被發配的人。論才能他夠不上個中等，他沒有孔丘、墨翟那樣的本事，也沒有范蠡、猗頓那樣的家財。他只是被發配的勞役隊伍中的一員，是一個低著頭走路的小頭目，他率領著一群散亂無章的幾百人的烏合之眾，掉轉矛頭攻打秦王朝。他們砍下木棒做武器，舉起竹竿當旗子，結果風起雲湧，天下響應，人們都自帶糧食投奔陳王。於是各地的豪傑同時起兵，遂一下子將秦王朝滅掉了。

7 「統一了天下的秦王朝，不是比以前的秦國更小更弱啊；雍州的地盤，殽山、函谷關的險要，還是和過去一樣啊；陳涉的政治地位，不比當年齊、楚、燕、趙、韓、魏、宋、衛、中山的君主更尊貴、更有號召力啊；陳涉軍隊所持的鋤把木棒，不比當年東方士兵所用的勾戟長矛更鋒利啊；被發配遣送的民夫苦役，沒法和東方九國訓練有素的軍隊相比啊；論起運籌帷幄、行兵布陣的才能，陳涉的軍官也遠遠不及當時東方的軍事家啊。然而事情的成敗結局，卻恰恰相反。如果拿當年東方諸國的條件來和陳涉比量高低，其相差的距離是不可同年而語的。但秦國當年就憑著一塊區區的雍州之地而發展成為一個具有萬輛兵車的大國，接著又削弱東方，打得各個諸侯君長臣服於秦，前後經過了一百多年的努力，最後才統一天下，讓殽山、函谷關做了秦王朝東面的宮牆。結果竟在陳涉這麼個下等人的舉兵發難之下，秦朝的宗廟被人鏟平，秦朝的帝王被人所殺，並被天下人所嘲笑，這都是怎麼搞的呢？這是由於秦王朝不施行仁義，不懂得打天下與守天下的方針、戰略是應該不同的啊！」

【研　析】〈陳涉世家〉寫了陳涉於秦二世元年七月揭竿起義，前後歷時六個月，至秦二世二年十二月（當時以十月為歲首）即被秦將章邯所殺的全部過程。對於陳涉的被列為「世家」，曾有人提出反對，認為應該降為「列傳」；而司馬遷卻將陳涉與湯、武、孔子相比，這是因為司馬遷特別看重了陳涉的首先發難之功。他說：

「陳勝雖已死，其所置遣侯王將相竟亡秦，由涉首事也。」對此，宋代洪邁發揮說：「秦以無道毒天下，六王皆萬乘之國，相踵滅亡，豈無孝子慈孫、故家遺俗？皆奉頭鼠伏。自張良狙擊之外，更無一人敢西向窺其鋒者。陳勝出於戍卒，一旦奮發不顧，海內豪傑之士乃始雲合響應，並起而誅之。數月之間，一戰失利，不幸隕命於御者之手，身雖已死，其所置遣侯王將相竟亡秦。項氏之起江東，亦矯稱陳王之令而渡江。秦之社稷為墟，誰之力也？且其稱王之初，萬事草創，能從陳餘之言，迎孔子之孫鮒為博士，至尊為太師。所與謀議，皆非庸人崛起者可及，此其志豈小小者哉！漢高帝為之置守冢於碭，血食二百年乃絕，子雲指以為『亂』，何邪？若乃殺吳廣，誅故人，寡恩忘舊，無帝王之度，此其所以敗也。」（《容齋續筆》）明代馮班說：「陳涉起自謫戍而敗，然亡秦之侯王將相多涉所置。自項梁未起，以天下之命制於一人之手，升為『世家』，太史公之旨也。」（《史記評林》引）

看重陳涉的首創之功是對的，但司馬遷將陳涉視同商湯、周武王與孔子，我認為還與司馬遷的特別眼光有關。其一是出於他的進步史觀，他同情下層人民，重視下層人民的力量，而不迷信「君權神授」；其二這是出於漢初較進步的思想家影響，如賈誼的〈過秦〉即推崇陳涉，將滅秦之功歸之陳涉；其三是司馬遷敬佩陳涉等在生死關頭的勇敢抉擇。當陳涉等遇雨失期，失期按律當斬時，陳涉說：「今亡亦死，舉大計亦死，等死，死國可乎？」又說：「王侯將相寧有種乎！」這話陳涉說過沒有？即使有這種意思，原話就是這個樣子嗎？反正第一次就是出現在這篇〈陳涉世家〉裡，而且凝聚著司馬遷的無限敬佩之情，這是司馬遷人生觀、價值觀的絕好表現。他在〈廉頗藺相如列傳〉裡說：「知死必勇，非死者難也，處死者難。方藺相如引璧睨柱及叱秦王左右，勢不過誅，然士或怯懦而不敢發。相如一奮其氣，威信敵國；退而讓頗，名重太山，其處智勇，可謂兼之矣。」這些是應該加以比較參照的。

這篇作品在描寫陳涉的發動起義，與通過故人的眼睛以表現陳涉後來的奢侈驕盈，都非常精彩，這些容易看到。但當中描述起義之後的這支早期農民隊伍中的紛紛總總，就往往不為人們所注意了。明代湯諧對此有絕好的理解，他說：「此文前後之妙易知，中間之妙難知；中間提筆之妙猶易知，零敘之妙難知。蓋陳勝王凡六月，一時多少侯王將相，起者匆匆而起，立者匆匆而立；遣者匆匆而遣，下者匆匆而下；畔者匆匆而畔，據者匆匆而據；勝者匆匆而勝，敗者匆匆而敗；失者匆匆而失，復者匆匆而復；誅者匆匆而誅，散者匆匆而散。有六月內結局者，有六月內未結局者，有六月後續出者，種種頭緒，紛如亂絲。詳敘恐失倉卒之意，急敘又有挂漏之患，豈非難事？乃史公卻是匆匆寫去，卻已一一詳盡，不漏不支，不躐不亂，豈非神手！若于此等妙處不能潛心玩味，真見其然，猶為枉讀《史記》也。」（《史記半解》）近代李景星說：「升項羽於『本紀』，列陳涉於『世家』，俱屬太史公破格文字。項羽垂成而終為漢困死，是古今極不平事，升之『本紀』，蓋所以惜之而不以成敗論也。陳涉未成，能為漢驅除，是當時極關係事，列之『世家』，蓋所以重之而不與尋常等也。且涉雖一起即蹶，所遣之王侯將相卒能亡秦，既不能一一皆為之傳，又不能一概抹殺，擯而不錄。即云有各『紀』、『傳』在，無妨帶敘互見；然其事有可以隸屬者，亦有不能強為隸屬者，此中安置，頗覺棘手。惟斟酌於『紀』、『傳』之間將涉列為『世家』，將其餘與涉俱起不能遍為立傳之人皆納入涉『世家』中，則一時之草澤英雄皆有歸宿矣。故通篇除吳廣外，牽連而書者至有二十餘人之多。千頭萬緒，五花八門，卻自一絲不亂，非大手筆何能為此！」（《史記評議》）

留侯世家

【題解】〈留侯世家〉是劉邦軍師張良本人的一篇傳說，並不是什麼有爵位、俸祿可世代相傳的「世家」。本篇作品先寫了張良的家世，寫了張良早期為戰國時期的韓國報仇而狙擊秦始皇的情景。其中心部分是寫張良在陳涉起事的影響下起而反秦，後來跟上劉邦，遂協助劉邦滅掉秦朝，又協助劉邦打敗項羽；劉邦稱帝後，張良又協助劉邦平定叛亂、定都關中、以及穩定了皇太子的地位等許多重大問題。張良是個以黃老思想為安身立命之基的文人，是劉邦身邊為之出謀劃策的搖羽毛扇的人物。張良以黃老思想指導劉邦消滅了秦朝、打敗了項羽，也以黃老思想使自己在兇險莫測的政治鬥爭中獲得了安全。

1 留侯❶張良者，其先韓❷人也。大父開地❸，相韓昭侯❹、宣惠王❺、襄哀王❻。父平，相釐王❼、悼惠王❽。悼惠王二十三年，平卒。卒二十歲，秦滅韓❾。良年少，未宦事❿韓。韓破⓫，良家僮⓬三百人，弟死不葬⓭，悉以家財求客⓮刺秦王，為韓報仇，以大父、父五世相韓⓯故。

2 良嘗學禮淮陽⓰，東見倉海君⓱，得力士，為鐵椎⓲重百二十斤。秦皇帝東游，良與客狙擊秦皇帝博浪沙⓳中，誤中副車⓴。秦皇帝大怒，大索天下，求賊甚急，為張良故也。良乃更名姓，亡匿下邳㉑。

3 良嘗閒從容㉒步游下邳圯㉓上，有一老父，衣褐㉔，至良所，直㉕墮其履圯下，顧謂良曰：「孺子㉖下取履！」良鄂然，欲毆之。為其老，彊忍，下取履㉗。父曰：「履我！」良業為取履，因長跪履之㉘。父以足受，笑而去。良殊大驚，隨目之。父去里所㉙，復還，曰：「孺子可教矣！後五日平明，與我會此。」良因怪之，跪曰：「諾。」五日，平明，良往，父已先在。怒曰：「與老人期，後，何也㉚？」去，曰：「後五日早會！」五日，雞鳴，良往，父又先在。復怒曰：「後，何也？」去，曰：「後五日復早來！」五日，良夜未半㉛往。有頃，父亦來，喜曰：「當如是。」出一編書㉜，曰：「讀此，則為王者師矣。後十年興㉝，十三年孺子見我濟北㉞，穀城山㉟下黃石即我矣。」遂去，無他言，不復見。旦日，視其書，乃太公兵法㊱也。良因異之，常習誦讀之。

4 居下邳，為任俠㊲。項伯常殺人㊳，從良匿㊴。

【章　旨】以上為第一段，寫張良的家世及其青年時事。

【注　釋】❶留侯　張良的封號。留，秦縣名，縣治在今江蘇沛縣東南。梁玉繩曰：「下有『子房』之稱。」❷韓　韓景侯六年（西元前四〇三年）正式受周天子冊命為諸侯，為戰國「七雄」之一。初期都於陽翟（今河南禹縣），後遷都於新鄭（今河南新鄭）。❸大父開地　師古引應劭曰：「大父，祖父；開地，名也。」❹韓昭侯　懿侯之子，西元前三六二—前三三三年在位。❺宣惠王　昭侯之子，西元前三三二—前三一二年在位，韓國從此改侯稱王。❻襄哀王　宣惠王之子，西元前三一一

—前二九六年在位。❼釐王　襄哀王之子，西元前二九五—前二七三年在位。❽悼惠王　按：〈韓世家〉及《世本》皆作「桓惠王」。釐王之子，西元前二七二—前二三九年在位。❾卒二十歲二句　指張平死後的第二十年，即秦王政十七年，韓王安九年，西元前二三〇年。是年秦派內史騰虜韓王安，滅韓以為潁川郡。❿宦事　為官做事。⓫韓破　指韓被秦滅。⓬家僮　家奴；婢僕。⓭不葬　指不以禮相葬，為節省錢財。⓮求客　客，賓客；食客，泛指戰國時期具有各種專長、技能的士人。這裡指勇士、刺客。⓯五世相韓　按：應曰「相韓五世」，即前所謂「大父開地，相韓昭侯、宣惠王、襄哀王。父平，相釐王、悼惠王」也。⓰淮陽　秦縣名，即今河南淮陽，秦時為楚郡的郡治所在地。⓱倉海君　師古曰：「當時賢者之號也。」而《集解》、《索隱》皆謂倉海君為秦朝時穢貊國的君長。因為穢貊國後來歸漢為蒼海郡，故史公以後來之郡名稱之。古穢貊國在今朝鮮之中部地帶。⓲鐵椎　鐵錘。椎，通「錘」。⓳狙擊秦皇帝博浪沙　事在始皇帝二十九年，西元前二一八年。狙擊，半路伏擊。狙，伏伺也。博浪沙，古地名，在今河南原陽境內。⓴副車　也叫屬車，給天子車駕做扈從的車輛。《索隱》引《漢官儀》云：「天子屬車三十六乘。」㉑亡匿下邳　亡匿，逃避；躲藏。下邳，秦縣名，縣治在今江蘇睢寧西北。㉒從容　猶今之所謂「隨便」，不經心的樣子。㉓圯　橋。《索隱》引李奇曰：「下邳人謂橋為圯。」又引文穎曰：「沂水上橋也。」㉔褐　粗布短衣，古代貧者所服。㉕直　特意；故意。一說：直，通「值」。恰好。㉖孺子　猶今之對年輕人呼「小子」，是一種不客氣、不講禮貌的稱呼。㉗彊忍二句　凌稚隆曰：「古人以『強忍』成就豪傑，類如此。卒之良因解擊秦軍，強忍一；諫沛公還軍霸上，強忍二；勸帝捐關以東，強忍三；躡足封假王，強忍四；天下已定遂學道辟穀，強忍五。『強忍』二字，一篇關鍵。」㉘良業為取履二句　張良心想既然已經幫他取上來了，於是便跪下身去給他穿上了。業，既已。長跪，原指挺身而跪，這裡即指跪下身去。㉙里所　一里來地。所，許，表示「約略」、「大概」的數量詞。㉚與老人期三句　期，約會。後，遲到。
㉛夜未半　還不到半夜。梁玉繩曰：「漢傳無『未』字，是」。㉜一編書　猶今所謂「一本書」、「一冊書」。古代的書籍有些是寫在竹簡上，而後用皮條將其串聯在一起，因而用「編」為其量詞。㉝後十年興　興，興起；發跡，隱指諸侯群起反秦。
㉞濟北　秦郡名，郡治博陽（今山東泰安東南）。㉟穀城山　也稱黃山，在今山東東阿東南，當時屬濟北郡。㊱太公兵法　一帙三卷。《太公兵法》應是戰國時人所依託。太公，姜子牙，周文王師，封齊侯也。㊲任俠　以解他人之難為己任，即好打抱不平的意思。《漢書・季布傳》師古注：「任，謂任使其氣力；俠之言挾也，以權力挾輔人也。」又引如淳曰：「相與信為任，同是非為俠。」㊳項伯常殺人　項伯，項羽堂叔，事跡見〈項羽本紀〉。常，通「嘗」。曾經。㊴從良匿　逃到張良處躲藏。按：參見〈項羽本紀〉。

【語譯】留侯張良，他的祖先是韓國人。祖父張開地，曾在韓昭侯、宣惠王、襄哀王三朝當過宰相。父親張平，又在韓釐王、悼惠王兩朝任宰相。悼惠王二十三年張平卒，張平死後二十年，韓國被秦國所滅。張良年歲小，沒有趕上在韓國做官。韓國滅亡後，有奴僕三百多人，但當他弟弟死時，在葬禮上卻一切從儉，而省著全部財產，都用來尋求刺客，準備刺死秦始皇，為韓國報仇。因為他的祖父和父親，曾在韓國相繼做過五朝的宰相。

2 張良曾經到淮陽學過禮，又到遼東拜訪過倉海君，在遼東物色到了一個大力士，此人手持一個重達一百二十斤的大鐵錘。當秦始皇往東方巡遊時，張良同這個大力士在博浪沙中對秦始皇進行了突襲，結果錯打了副車。秦始皇大怒，下令全國搜查，一定要捉到這個刺客，這就是張良他們幹的。於是張良只好改名換姓，逃到了下邳隱藏起來。

3 這期間，張良閒著無事曾有一次隨便在下邳的橋上散步，這時有一個穿著粗麻布短衣的老人走到張良跟前，故意地把自己的鞋子甩到了橋下，轉頭對張良說：「小伙子，下去把鞋給我撿上來！」張良猛吃一驚，掄拳就想打他。但一看他這麼大年紀了，就強壓著怒火，下去把鞋撿了上來。老人說：「給我穿上！」張良心想既然已經幫他撿上來了，於是就跪下身去給老人穿好了鞋。老人伸著腳等張良給他穿好鞋後，才滿意地笑著走了。張良目送著老人的背影，心裡很吃驚。那位老人走了一里，又轉身回來，他對張良說：「小伙子，你很有前途！五天後的黎明，你我在這兒會面。」張良越發覺得奇怪了，跪著說：「好的。」到了第五天的濛濛亮，張良到橋頭去了，結果一看老人早已先在那裡等了好久。老人生氣地對張良說：「同老人約，為什麼要遲到？」說完回身就走，並說：「再過五天早點來。」這回第五天雞剛叫，張良就來到了橋頭，結果老人又先在那裡等著了。老人更生氣地說：「又遲到了，怎麼搞的？」說完回頭便走，並說：「再過五天，記著要早點來。」這回第五天，還不到半夜，張良就到橋頭去了。過了一會兒，老人來了，高興地說：「本來就應當這樣！」於是拿出一編竹簡交給張良說：「好好地通讀這部書，就可以成為帝王之師了。再過十年，將有王者興起。再過十三年，你我將在濟北見面，那時你如果在穀城山下見到一塊黃石頭，那就是我。」說完就走了，沒有再說別的話，從此也沒有再見過這個人。等到天亮，張良一看這部書，原來是《太公兵法》。於是張良驚奇地把它視為珍寶，經常地研究記誦。

4 張良在下邳居住期間，仍是經常做一些行俠仗義的事情。比如項伯當時殺了人，就是跑到張良這裡來藏著。

1 後十年❶，陳涉等起兵❷，良亦聚少年百餘人。景駒自立為楚假王❸，在留。良欲往從之，道遇沛公❹。沛公將數千人略地❺下邳西，遂屬焉。沛公拜良為廄將❻。良數以太公兵法說沛公，沛公善之，常用其策。良為他人言，皆不省❼。良曰：「沛公殆天授❽。」故遂從之，不去見景駒❾。

2 及沛公之薛，見項梁❿。項梁立楚懷王⓫。良乃說項梁曰：「君已立楚後，而韓諸公子⓬橫陽君成⓭賢，可立為王，益樹黨⓮。」項梁使良求韓成⓯，立以為韓王⓰。以良為韓申徒⓱，與韓王將千餘人西略韓地。得數城，秦輒⓲復取之，往來為游兵潁川⓳。

3 沛公之從雒陽南出轘轅⓴，良引兵從沛公，下韓十餘城，擊破楊熊軍㉑。沛公乃令韓王成留守陽翟，與良俱南，攻下宛㉒，西入武關㉓。沛公欲以兵二萬人擊秦嶢下軍㉔，良說曰：「秦兵尚彊，未可輕。臣聞其將屠者子，賈豎㉕易動以利。願沛公且留壁㉖，使人先行，為五萬人具食，益為張旗幟諸山上，為疑兵。令酈食其㉗持重寶啗㉘秦將。」秦將果畔㉙，欲連和俱西襲咸陽㉚。沛公欲聽之，良曰：「此獨其將欲叛耳，恐士卒不從。不從必危，不如因其解㉛擊之。」沛公乃引兵擊秦軍，大破之，遂北至藍田㉜。再戰，秦兵竟敗㉝。遂至咸陽，秦王子嬰降沛公㉞。

【章　旨】以上為第二段，寫張良佐助劉邦滅秦的過程。

【注　釋】❶後十年　秦二世元年，西元前二〇九年。❷陳涉等起兵　陳涉等於秦二世元年七月起兵反秦，詳見〈陳涉世家〉。❸景駒自立為楚假王　事在秦二世二年一月，時陳涉已被秦將章邯所破殺，義軍將領秦嘉乃擁立景駒為楚王，非此所謂「自立」也。景駒，戰國時楚國王室的後代。假王，暫時代理以行王事。❹道遇沛公　亦在秦二世二年一月。沛公，即劉邦。劉邦於秦二世二年一月（當時以十月為歲首）赴留縣欲向景駒借兵，乃與張良相遇。❺略地　擴占地盤。略，開闢；擴占。❻廄將　軍中主管馬匹的官。廄，馬棚。❼不省　不理解。省，領會；明白。❽殆天授　殆，幾乎；差不多。天授，天賜；上天給人世派下來的。❾故遂從之二句　按：《漢書》於此作「故遂從之不去」。梁玉繩曰：「《漢書》無『見景駒』三字。班于〈高紀〉言『沛公道得張良，遂與俱見景駒。』是補《史》缺。蓋良亦見景駒，但自此決意從沛公耳。」❿沛公之薛二句　事在秦二世二年四月。薛，秦縣名，縣治在今山東滕縣東南。項梁，項羽之叔。秦二世元年九月起兵於會稽郡（今江蘇蘇州）；次年四月，擊殺景駒，占據薛縣。⓫項梁立楚懷王　事在秦二世二年六月。楚懷王，名心，戰國時楚王的後代。項梁聽謀士范增之議，立牧羊兒名「心」者以為「楚懷王」，以號召楚之遺民反秦。⓬諸公子　帝王的嫡長子以外的其他兒子。⓭橫陽君成　即韓成，橫陽君是其封號。⓮益樹黨　更多地建立一些同盟的勢力。益，更加。黨，黨羽；同伙。⓯求韓成　找來韓成。⓰立以為韓王　瀧川引周壽昌曰：「勸項梁立韓後，與他日說漢高銷六國印相反，蓋時異則事殊，不獨為韓也。」⓱申徒　《集解》引徐廣曰：「即『司徒』耳，語音訛轉，字亦隨改。」司徒，官名，其職守略同丞相。⓲輒　就；

隨即。⑲為游兵潁川　在潁川一帶打游擊。游兵，游擊部隊。潁川，秦郡名，郡治陽翟（今河南禹縣），即韓國之舊地。⑳從雒陽南出轘轅　事在秦二世三年五月。雒陽，同「洛陽」，在今河南洛陽東北，當時為三川郡的郡治所在地。轘轅，關隘名，在今河南偃師東南，因山路盤曲往還而得名。㉑擊破楊熊軍　楊熊，秦朝將領。據〈高祖本紀〉與〈秦楚之際月表〉，劉邦擊破楊熊於開封西，再西進至潁川，與張良等會合，而後始「南出轘轅」也，此處之敘述失次。㉒攻下宛　事在秦二世三年七月。宛，秦縣名，縣治即今河南南陽，當時亦為南陽郡的郡治所在地。按：宛城乃宛城守將聽其舍人之議歸順劉邦者，詳見〈高祖本紀〉。㉓西入武關　事在秦二世三年八月。武關，在今陝西商南東南，是陝西南部與河南南部之間的交通要道。㉔嶢下軍　嶢關的守軍。嶢關舊址在今陝西藍田東南，因而此關也叫「藍田關」，是長安一帶通往河南南部地區的交通要道。㉕賈豎　對商人的輕蔑稱呼。豎，猶今所謂「小子」。㉖留壁　停止前進，紮下大營。壁，營壘，這裡用如動詞。㉗酈食其　劉邦的謀士，以口才聞名，事跡見〈酈生陸賈列傳〉。㉘啗　吃；餵。這裡是「引誘」的意思。王駿圖曰：「謂沛公本有兵二萬，今使人先往為備五萬人糧食，欲使秦將疑我兵來之眾也。」㉙畔　通「叛」。㉚咸陽　秦朝的國都，在今陝西咸陽東北，西安之西北。㉛解　通「懈」。鬆懈。㉜遂北至藍田　於是追擊敗軍到藍田。北，背也。戰時以背對敵，即敗逃。藍田，秦縣名，縣治在今藍田西。梁玉繩《史記志疑》卷二十六：「『遂』乃『逐』字之訛。」㉝竟敗　連續失敗；徹底大敗。竟，終；徹底。劉邦用張良計大破秦軍於嶢下及藍田事，在秦二世三年九月。㉞遂至咸陽二句　事在漢元年十月，過程詳見〈高祖本紀〉。秦王子嬰，其人身世不清，〈秦始皇本紀〉說他是「二世兄之子」；〈李斯列傳〉說他是「始皇之弟」。

【語　譯】十年過後，陳涉等人果然起兵了。於是張良也趁機糾集了一百多個年輕人，起來反秦。這時，景駒自立為代理楚王，駐兵留縣。張良想去投奔他，結果半道上遇見了劉邦。這時，劉邦正帶著幾千人開闢地盤，來到了下邳城西，於是張良就投歸劉邦。劉邦讓張良當廄將管理戰馬。這期間，張良常給劉邦講《太公兵法》，劉邦很高興，經常採納他的主張。說來也怪，這些話張良也對別人講過，但那些人卻總是不開竅。張良佩服地說：「沛公的智慧，大概是老天爺賜給他的。」因而就跟上了劉邦，不再去找景駒了。

2　等劉邦到薛縣，見項梁，這時項梁已經擁立了楚懷王。於是張良就勸項梁說：「您已經擁立了楚國的後代為王，而韓國的後代橫陽君韓成也很賢明，也可以立他為王，這樣楚國也多一個盟友。」於是項梁就派張良去找來了公子韓成，立他為韓王，讓張良給他做宰相。張良和韓成率領著一千多人西行開闢韓地。開始時攻占了幾個城邑，但很快地又被秦軍奪了回去，他們只好在潁川一帶來回打游擊。

3 等到劉邦從雒陽出轘轅關南下時，張良又引兵與劉邦會合，他跟著劉邦一連攻下了韓地的十多個城池，又打敗了秦朝楊熊的軍隊。於是劉邦就派韓成留守陽翟，而讓張良跟著他一道南進，攻下了宛城，接著向西挺進，攻入了武關。這時劉邦想用兩萬人強攻鎮守嶢關的秦朝軍隊。張良說：「目前秦軍的戰鬥力還很強，不能輕敵！但我聽說鎮守嶢關的將領，是一個屠戶的兒子。商人都唯利是圖，我們可以用財寶引誘他。您可以先堅守營地，而派出一部分人先到前邊去放出消息，說是要為五萬人準備糧食，同時在四周的山頭上多樹旗幟，虛張聲勢，迷惑敵人。而後派酈食其帶著奇珍異寶去關上引誘秦國的守將。」幾方面的工作一做，秦將果然中計，答應倒戈和劉邦一起西擊咸陽。劉邦正要同意，張良說：「這還只是那個受賄賂的將軍想造反，他的部下還不一定聽從呢！如果他的部下不聽從，那就要壞事。不如趁著他們思想鬆懈，對他們發起突擊。」劉邦同意，於是引兵突襲嶢關，秦軍無備，嶢關失守，於是劉邦乘勝追擊到藍田。與秦軍再戰，秦軍徹底瓦解。劉邦勝利地進入咸陽，秦王子嬰向劉邦投降。

1 沛公入秦宮，宮室帷帳，狗馬重寶，婦女以千數❶，意欲留居之。樊噲諫沛公出舍❷，沛公不聽。良曰：「夫秦為無道，故沛公得至此。夫為天下除殘賊❸，宜縞素為資❹。今始入秦，即安其樂，此所謂『助桀為虐』。且『忠言逆耳利於行，毒藥❺苦口利於病』，願沛公聽樊噲言。」沛公乃還軍霸上❻。

2 項羽至鴻門下❼，欲擊沛公。項伯乃夜馳入沛公軍，私見張良，欲與俱去。良曰：「臣為韓王送❽沛公。今事有急，亡去❾，不義。」乃具以語沛公。沛公大驚，曰：「為將柰何⑩？」良曰：「沛公誠欲倍項羽邪⑪？」沛公曰：「鯫生⑫教我，距關無內諸侯⑬，秦地可盡王⑭。故聽之。」良曰：「沛公自度能卻項羽乎⑮？」沛公默然良久，曰：「固不能也。今為柰何？」⑯良乃固要⑰項伯。項伯見沛公，沛公與飲為壽⑱，結賓婚⑲。令項伯具言沛公不敢倍項羽，所以距關者，備他盜也。及見項羽後解⑳，語在項羽事中㉑。

3 漢元年，正月，沛公為漢王，王巴、蜀㉒。漢王賜良金百溢㉓、珠二斗，良具㉔以獻項伯。漢王亦因令良厚遺㉕項伯，使請漢中地㉖。項王乃許之，遂得漢中地。漢王之國㉗，良送至褒中，遣良歸韓㉘。良因說漢王曰：「王何不燒絕所過棧道㉙，示天下無還心，以固項王意㉚？」乃使良還。行，燒絕棧道㉛。

4 良至韓，韓王成以良從漢王故，項王不遣成之國，從與俱東㉜。良說項王曰：「漢王燒絕棧道，無還心矣。」乃以齊王田榮反書告項王㉝。項王以此無西憂漢心，而發兵北擊齊㉞。

5 項王竟不肯遣㉟韓王，乃以為侯㊱，又殺之彭城㊲。良亡，間行㊳歸漢王，漢王亦已還定三秦㊴矣。復以良為成信侯㊵，從東擊楚㊶。至彭城，漢敗而還㊷。至下邑㊸，漢王下馬踞鞍㊹而問曰：「吾欲捐關以東等棄之㊺，誰可與共功者㊻？」

良進曰：「九江王黥布[47]，楚梟將[48]，與項王有郄[49]；彭越[50]與齊王田榮反梁地[51]，此兩人可急使。而漢王之將，獨韓信可屬[52]大事，當一面[53]。即欲捐之，捐之此三人，則楚可破也。」漢王乃遣隨何[54]說九江王布，而使人連彭越[55]。及魏王豹反[56]，使韓信將兵擊之[57]，因舉燕、代、齊、趙[58]。然卒破楚者，此三人力也。

6 張良多病，未嘗特將[59]也，常為畫策臣，時時從漢王。

7 漢三年，項羽急圍漢王滎陽[60]，漢王恐憂，與酈食其謀橈楚權[61]。食其曰：「昔湯伐桀，封其後於杞[62]；武王伐紂，封其後於宋[63]。今秦失德弃義，侵伐諸侯社稷，滅六國之後，使無立錐之地[64]。陛下誠能復立六國後世，畢已受印，此其君臣百姓必皆戴陛下之德[65]，莫不鄉風慕義[66]，願為臣妾[67]。德義已行，陛下南鄉稱霸，楚必斂衽而朝[68]。」漢王曰：「善！趣刻印[69]，先生因行佩之矣[70]。」

8 食其未行，張良從外來謁[71]。漢王方食，曰：「子房前[72]！客有為我計橈楚權者。」具以酈生語告，曰：「於子房何如[73]？」良曰：「誰為陛下畫此計者？陛下事去矣！」漢王曰：「何哉？」張良對曰：「臣請藉前箸為大王籌之[74]。」曰：「昔者湯伐桀而封其後於杞者，度能制桀之死命也。今陛下能制項籍之死命乎？」曰：「未能也。」「其不可一也[75]。武王伐紂，封其後於宋者，度能得紂之頭也[76]。今陛下能得項籍之頭乎？」曰：「未能也。」「其不可二也。武王入殷[77]，表商容之閭[78]，釋箕子之拘[79]，封比干之墓[80]。今陛下能封聖人[81]之墓，表賢者[82]之閭，式智者[83]之門乎？」曰：「未能也。」「其不可三也。發鉅橋之粟，散鹿臺之錢，以賜貧窮[84]。今陛下能散府庫以賜貧窮乎？」曰：「未能也。」「其不可四矣。殷事已畢，偃革為軒[85]，倒置干戈，覆以虎皮[86]，以示天下不復用兵。今陛下能偃武行文[87]，不復用兵乎？」曰：「未能也。」「其不可五矣。休馬[88]華山之陽[89]，示以無所為。今陛下能休馬無所用乎？」曰：「未能也。」「其不可六矣。放牛[90]桃林之陰[91]，以示不復輸積[92]。今陛下能放牛不復輸積乎？」曰：「未能也。」「其不可七矣。且天下游士[93]離其親戚，弃墳墓[94]，去故舊，從陛下游者，徒欲日夜望咫尺之地[95]。今復六國，立韓、魏、燕、趙、齊、楚之後，天下游士各歸事其主，從其親戚[96]，反其故舊墳墓，陛下與誰取天下乎？其不可八矣。且夫楚唯無彊[97]，六國立者復橈而從之[98]，陛下焉得而臣之？誠用客之謀，陛下事去矣！」漢王輟食吐哺[99]，罵曰：「豎儒幾敗而公事[100]！」令趣銷印[101]。

9 漢四年，韓信破齊[102]而欲自立為齊王，漢王怒。張良說漢王[103]，漢王使良授齊王信印，語在淮陰事中。

10 其秋，漢王追楚至陽夏南⑩④，戰不利而壁固陵。諸侯期不至⑩⑤。良說漢王，漢王用其計，諸侯皆至⑩⑥，語在項籍事中。

【章旨】以上為第三段，寫張良輔佐劉邦消滅項羽事。

【注釋】❶宮室帷帳三句　按：「宮室帷帳，狗馬重寶，婦女以千數」行文有語病，似應作：「宮室、帷帳、狗馬、重寶不可勝計，婦女以千數」。❷樊噲諫沛公出舍　《集解》引徐廣謂一本云：「噲諫曰：『沛公欲有天下邪？將欲為富家翁邪？』沛公曰：『吾欲有天下。』噲曰：『今臣從入秦宮，所觀宮室、帷帳、珠玉、重寶、鐘鼓之飾，奇物不可勝極；入其後宮，美人婦女以千數，此皆秦所以亡天下也。原沛公急還霸上，無留宮中。』」❸殘賊　指殘虐害民的暴君。❹縞素為資　猶言「儉樸為本」。縞素，服飾不用文繡，以言其儉也。資，本；本錢。《集解》引晉灼曰：「資，藉也。」胡三省曰：「縞素，有喪之服，謂弔民也。」按：胡氏說亦通。❺毒藥　性質猛烈的藥物。毒，猛；烈。❻還軍霸上　霸上，古地名，在今陝西臨潼東北，當地人稱之為項王營。按：據〈高祖本紀〉，劉邦「封秦重寶財物府庫，還軍霸上」後，又施行一系列安民措施，遂致「秦人大喜」、「人又益喜，唯恐沛公不為秦王」。❼項羽至鴻門下　事在漢元年十二月。❽送　此處猶言「跟從」。❾亡去　逃走。❿為將柰何　應作「將為柰何」或「為之柰何」。⓫誠欲倍項羽邪　誠，果真。倍，通「背」。背叛。⓬鯫生　猶言「豎子」、「小子」，罵人語。鯫，小魚，此借稱「小人」。《索隱》引臣瓚曰：「《楚漢春秋》鯫生本姓解。」⓭無內諸侯　不要讓各路諸侯進關。內，同「納」。⓮可盡王　可以全部據有其地以稱王。⓯自度能卻項羽乎　自度，自己估計。卻，退；打退。⓰沛公默然良久四句　見劉邦明知不如，但又不肯輕於承認之狀。《漢書》不僅刪「良久」二字，且刪去「固不能也」四字。⓱固要　堅決邀請。要，此處意思同「邀」。⓲為壽　舉酒祝之健康長壽。⓳結賓婚　結交為友，並訂為兒女親家。賓，賓朋；朋友。⓴及見項羽後解　解，和解。按：此即著名的「鴻門宴」，事在漢元年十二月。㉑語在項羽事中　意即詳見〈項羽本紀〉。㉒沛公為漢王二句　事在漢元年一月。巴、蜀，秦之二郡名，巴郡的郡治江州（今重慶嘉陵江北岸）；蜀郡的郡治成都（即今四川成都）。項羽與劉邦在鴻門宴上解隙後，於是分封各路諸侯為王。項羽因不欲封劉邦於關中，故將其封於巴、蜀，而劉邦則由此始稱「漢王」。㉓溢　通「鎰」。重量單位，一鎰為二十四兩。有曰二十兩。㉔具　通「俱」。全部。㉕厚遺厚贈；重金收買。㉖使請漢中地　漢中，秦郡名，郡治南鄭，即今之陝西漢中。按：項羽起初只以巴、蜀封劉邦，劉邦欲兼有漢中之地，故託項伯代為之請求。㉗漢王之國　之國，到自己的封地上去，事在漢元年四月，當時各路諸侯以及項羽本人都離開咸陽，分赴各自的封地。㉘良送至褒中二句　褒中，古邑名，蓋古之褒國都城，在今陝西褒城東南，距南鄭已經不遠。按：據此文，則張良未至南鄭即辭劉邦而回，而《漢書・高帝紀》乃曰「張良辭漢歸韓，漢王送至褒中」，與此說異。㉙棧道亦稱「閣道」，山間構木而成的空中通道。劉邦自咸陽入漢中所走的是褒斜道，北口在今陝西眉縣西南，南口在今漢中西北，中隔秦嶺。㉚以固項王意　固，穩定；強化。意即迷惑項羽，使之相信劉邦無意東出爭天下。㉛行二句　師古曰：「且行且燒，所過之處皆燒之也。」㉜從與俱東　意即將韓成帶到了項羽的國都彭城。㉝乃以齊王田榮反書告項王　田榮，戰國時齊國王室的後裔，陳涉起義後，田榮亦與其堂兄田儋起兵於齊地。後田儋死，田榮又立田儋之子田市為王。因與項氏有衝突，故未隨之西下破秦。項羽亦恨田榮，故分封時乃命隨其入關的田都為齊王，而將田市改封於膠東。田榮不平，故倡言反項羽。反書，指反項的檄文、文告之類。有些本子將此處斷句為「以齊、梁反，書遺項王」，殆非。㉞發兵北擊齊　按：張良燒絕棧道及以齊王反書遺項王二事，促成項羽北征田榮，於是劉邦乃有乘隙回取三秦之舉。㉟遣　謂遣其去韓國就任。㊱乃以為侯將韓王降爵為侯。㊲殺之彭城　彭城，今江蘇徐州，當時為項羽的國都。茅坤曰：「子房自此以前種種為韓，以後死心于漢矣。」㊳間行　抄小道，投空隙而行。㊴還定三秦　事在漢元年八月。三秦，統指關中地區。鴻門宴後項羽大封各路諸侯，將關中地區一分為三，封秦朝的三員降將章邯為雍王，司馬欣為塞王，董翳為翟王，目的是堵住漢中地區的劉邦，不使其北出。而劉邦則聽從韓信的計謀，一舉收復了三秦。㊵成信侯　張良的封號，無具體領地。㊶從東擊楚　劉邦於漢元年八月收復關中；於漢二年十月東出，先後收服了韓王鄭昌、魏王魏豹、殷王司馬卬；至四月，遂乘項羽北征田榮之機，率五十六萬人一舉攻下了項羽的國都彭城。㊷至彭城二句　劉邦攻入彭城後，置酒高會，忘乎所以；項羽率三萬人馳回，大破劉邦之五十六萬人，劉邦狼狽西逃。㊸下邑　秦縣名，縣治即今安徽碭山，時劉邦的將領呂澤（呂后之兄）率軍居此。㊹踞鞍　坐在馬鞍上。按：古時行軍休息，常解下馬鞍用以為坐臥之具。㊺捐關以東等棄之　豁出函谷關以東的地區不要了，用以作為對有功者的封賞之資。關以東等，猶言關東諸地。㊻誰可與共功者　誰可以（接受此賞）與我共同建立功業呢？㊼黥布　原名英布，因受過黥刑，故時人稱之為「黥布」，項羽的猛將，號當陽君。入關後，被封為九江王，都六（今安徽六安北）。㊽梟將　猛將。㊾與項王有郄　郄，通「郤」、「隙」。隔閡；矛盾。據〈黥布列傳〉，項羽北征田榮，召黥布同往，黥布未從，只派了一員偏將前去敷衍，於是項羽遂與黥布有郄。㊿彭越　原在鉅野澤中為「盜」，陳涉起義後，彭越亦組織一支隊伍。但由於未隨劉、項入關，故項羽未封之為王。至田榮首倡反項，為聯絡同盟，故賜彭越將軍印，彭越遂反於梁地。(51)梁地　約當今之河南東北部一帶地區，戰國時屬於魏國，因魏國建都大梁（今開封市），故也稱梁國。(52)屬　通「囑」。委託。(53)當一面　即今所謂「獨當一面」。(54)隨何　劉邦的謀士，以口辯聞名。隨何勸說黥布叛楚歸順劉邦事，見〈黥布列傳〉。(55)使人連彭越　按：劉邦連結彭越事，〈高祖本紀〉與〈魏豹彭越列傳〉皆無詳載。(56)魏王豹反　事在漢二年五月。魏王豹，戰國時魏國君王的後裔，因起兵反秦被楚懷王立為魏王。鴻門宴後項羽改封之為西魏王，都平陽（今山西臨汾西南）。漢二年三月，劉邦率諸侯東擊項羽，這時魏豹也加入了劉邦的反項行列，並隨劉邦東克彭城；劉邦大敗於彭城後，各國諸侯紛紛反叛，魏豹遂也返回西魏，倒戈反劉。(57)使韓信將兵擊之　魏豹叛變後，劉邦使人招之不聽，遂使韓信破虜之，事在漢二年八月，過程詳見〈淮陰侯列傳〉。(58)因舉燕代齊趙　按：依順序應曰「因舉代、趙、燕、齊」。舉，拔掉；攻下。代，陳餘的封國，都代（今河北蔚縣東北）。項羽分封諸侯時，改封趙王歇為代王，陳餘不從，仍擁戴趙王歇居趙地，而趙王歇遂封陳餘為代王。陳餘留趙為趙王相，而派夏說往鎮代地。漢二年後九月，夏說被韓信所擒。趙，陳勝、吳廣失敗後，陳餘等擁立戰國時趙王後代趙歇建立的諸侯國名，都襄國（今河北邢台）。漢三年十月，被韓信所滅。燕，臧荼受項羽分封建立的諸侯國名，都薊（今北京市西南）。齊，戰國時齊國王室的後代田儋、田榮相繼在臨淄（今山東淄博臨淄北）建立的諸侯國名。田榮被項羽破殺後，其弟田橫又擁立田榮子田廣為齊王，漢四年十一月被韓信所滅。(59)特將　單獨領兵；獨當一面。特，獨。(60)滎陽　秦縣名，縣治在今河南滎陽東北，歷來為軍事要地。(61)謀橈楚權　研究如何削弱項氏的勢力。橈，阻止，這裡指削弱、限制。(62)湯伐桀二句　封夏朝之後於杞者乃周也，非殷。杞，古國名，國都即今河南杞縣。(63)武王伐紂二句　武王滅殷後，先封紂王之子武庚祿父於朝歌（今河南淇縣），以主殷遺民。後武庚祿父發動叛亂被周公誅滅，於是乃改封紂兄微子啟於宋。宋，古國名，國都商丘（今河南商丘西南）。(64)滅六國之後二句　其意蓋謂滅齊、楚、燕、韓、趙、魏六國，使其後無立錐之地。(65)戴陛下之德　戴，感念。梁玉繩曰：「天子稱『陛下』，自秦始也。然是時漢王未即天子位。」(66)鄉風慕義　意即傾心歸附。鄉風，猶言「望風」。鄉，通「向」。慕義，欽仰其德義。(67)臣妾　僕婢，這裡即指臣下、子民。(68)斂衽而朝　表示恭敬、服從，原為臣下的意思。衽，衣袖。王念孫曰：「衽，袂也。」(69)趣刻印　猶言「趕緊刻印章」。趣，通「促」。迅速。(70)因行佩之矣　師古曰：「『佩』謂授與六國使帶也。」(71)謁　拜見。(72)子房前　子房，張良的字。前，猶言「過來！」瀧川曰：「漢高呼諸臣常稱其名，獨于張良則否，蓋以賓待之也。」(73)於子房何如　在你看來此事如何？(74)請藉前箸為大王籌之　請讓我借用您面前的筷子來為您籌算一下。藉，借用。箸，筷子。籌，運算。(75)其不可一也　於是在劉邦面前放下一根筷子。(76)度能得紂之頭也　瀧川引中井曰：「此以封杞、宋為桀、紂未滅時事，故有『制命』之說，宜從文而觀其條貫。」(77)武王入殷　指攻入殷都朝歌（今河南淇縣）。(78)表商容之閭　在商容所住的里巷口上立表以彰顯之。表，標也，如匾額椿柱之類，用以彰顯有善行者。商容，紂時賢人，諫紂不聽，去而隱於太行山。閭，里巷。(79)釋箕子之拘　箕子，紂王之叔，為殷太師，諫紂不聽，因佯狂為奴，被紂所囚。拘，囚禁。王念孫曰：「『釋箕子之拘』應作『式箕子之門』。」(80)封比干之墓　給比干的墳上加土，以示崇敬。封，加土。比干，紂時賢臣，因力諫紂王，被剖心而死。(81)聖人　指比干一類的人。(82)賢者　指商容一類的人。(83)式智者　式，通「軾」。車前橫木。古人乘車路逢某事某物有應表示敬意者，即把頭伏在車前橫木上，這種動作也叫做「軾」。智者，指箕子一類的人。(84)發鉅橋之粟三句　鉅橋，指鉅橋倉，商朝的糧倉名，在今河北曲周東北的衡漳水東。鹿臺，殷紂王的臺觀名，在今河南湯陰境，紂王生前曾將大量財寶儲藏於此。武王破商後，紂王逃上鹿臺，自焚而死。(85)偃革為軒　《索隱》引蘇林云：「革者，兵車也；軒者，朱軒、皮軒也。謂廢兵車而用乘車也。」偃，廢；放置不用。軒，有篷的車，即所謂「乘車」，與兵車相對而言。(86)倒置干戈二句　意即將武器收藏起來。覆，蒙；蓋。(87)偃武行文　放棄武力，實行文治。(88)休馬　放馬休息。馬，指戰馬。(89)華山之陽　華山南面。華山，五嶽之一，即所謂「西嶽」，在今陝西華陰南。(90)放牛　讓牛休息。牛，指戰時供運輸所用者。(91)桃林之陰　桃林北面。桃林，亦稱桃林塞，約當今之河南靈寶以西、陝西潼關以東地區。(92)輸積　運送糧草。(93)游士　奔走以求名圖利的人。(94)弃墳墓　遠離先人之墳墓。(95)望咫尺之地　謂企圖得一塊封地，即稱王稱侯。咫尺，謙言其小，一咫為八寸。(96)從其親戚　指回到家鄉、回到自己的親人那裡去。從，往就；往投。(97)楚唯無彊　無彊，猶言「無敵」，無有比之更強者。(98)橈而從之　猶言「屈而服之」。(99)輟食吐哺　輟，停止；中斷。吐哺，吐出口中正在咀嚼的食物。(100)豎儒幾敗而公事　這個儒家小子差點把你老子的大事給弄砸了！而公，他篇亦稱「乃公」，猶言「你老子」，「你爸爸」，這是劉邦幾乎對任何人都使用過的罵人語。(101)令趣銷印　讓人趕緊把剛才下令製作的印章銷毀。王維楨曰：「方次刻印，即次銷印，才見漢王從諫如轉丸處。」(102)韓信破齊　韓信破殺齊王田廣與楚將龍且於濰水事，在漢四年十一月。(103)張良說漢王　據〈淮陰侯列傳〉，張良、陳平謂漢王曰：「漢方不利，寧能禁信之王乎？不如因而立，善遇之，使自為守；不然，變生。」(104)追楚至陽夏南　事在漢五年十月。陽夏，秦縣名，縣治即今河南太康。按：漢四年九月，項羽迫於韓信與劉邦的東西夾擊，答應與劉邦劃鴻溝為界，雙方講和。之後，項羽撤兵東歸。劉邦用張良、陳平計，撕毀盟約，隨即率兵追擊項羽於陽夏南。梁玉繩曰：「事在五年十月。」(105)戰不利而壁固陵二句　按：當時劉邦原約韓信、彭越等共擊項羽。至期，韓、彭之兵未至；項羽回擊劉邦，漢軍失利，故屯於固陵堅守之，事見〈項羽本紀〉。壁，築壘固守。固陵，秦縣名，在今河南太康（即當時的「陽夏」）南。諸侯，即指韓信、彭越等。期，約定時間。106良說漢王三句　指張良勸劉邦預先分割項羽的土地以分封韓信、彭越、黥布等，使其各為己戰以換得其協助事，詳見〈項羽本紀〉。

【語　譯】劉邦進入了阿房宮，宮室裡聲色狗馬、奇珍異寶，不計其數，單是美女就有幾千人。劉邦一看，就想住在裡頭不走了。樊噲一再勸他到外面住，劉邦不聽從。張良說：「正因為秦朝荒淫無道，所以您今天才打到這裡。既然我們是為天下除害，那就應該以儉樸為本。現在才剛剛打進了秦京，您就想要過他們昏君的那種享樂日子，這就叫『助桀為虐』。俗話說『忠言逆耳利於行，毒藥苦口利於病』，希望您接受樊噲的勸告。」於是劉邦遂退出皇宮，回軍到霸上駐紮。

2　項羽的軍隊來到鴻門後，想要進擊劉邦。項羽的叔叔項伯連夜跑到劉邦兵營私下去見張良，想要叫張良一同逃跑。張良說：「我是受韓王之託跟著沛公打到這裡的。今天沛公有了危險，我一個人逃跑了，這太不仗義。」於是進去把項伯的話一一地告訴了劉邦。劉邦一聽，吃驚地說：「這可怎麼辦好呢？」張良說：「您當初是真想背叛項羽嗎？」劉邦說：「有個小子教我，把住關口，不讓諸侯們進來，他說那樣，秦國的地盤就可以全部歸我稱王。所以我採信了他的話。」張良說：「您自己估量，您能夠打退項羽嗎？」劉邦沉默了好一會兒才說：「當然不可能。現在咱該怎麼辦呢？」於是張良便堅決把項伯請進來，讓他與劉邦相見，劉邦給他敬酒，並與他結成了兒女親家。劉邦請項伯給項羽帶話說他根本沒有叛變項羽的意思。至於派人守關，那是為了防備土匪的騷擾。後來劉邦又親自見到了項羽，問題才得以解決，這些事詳細記述在〈項羽本紀〉中。

3　漢高祖元年，正月，劉邦被封為漢王，統管巴、蜀地區。劉邦賞給張良黃金百鎰、寶珠二斗，張良把這些全部轉送給了項伯。劉邦又通過張良厚贈項伯，讓項伯幫他向項羽請求封給他漢中地區。項羽答應了，於是劉邦又獲得了漢中一帶。劉邦要到他的封地去了，張良送他們到褒中，劉邦才讓張良回到韓國去。張良臨別前對劉邦說：「您為什麼不把剛才走的這條棧道燒掉，這可以向人們表示您沒有再打回去的想法，用來迷惑項羽對您放心呢？」於是劉邦就讓張良在回去的路上邊走邊燒，整個棧道遂被燒光了。

4 張良回到韓國時，因為韓成當初讓張良跟了劉邦，所以項羽不派韓成回韓國，而是帶著一道回了彭城。張良到了彭城對項羽說：「劉邦自己燒毀了棧道，這說明他沒有打回來的意思了。」接著又把齊王田榮起兵倒項的檄文送給了項羽。於是項羽便不再防備劉邦，而專心致志地引兵北上去攻打齊國了。

5 項羽最終也沒有讓韓成去韓國，先是把他降位為侯，後來又在彭城把他殺了。張良聞風逃走，抄小路又西去投奔了劉邦，而劉邦這時已經捲土重來，又收復了關中。劉邦封張良為成信侯，讓他跟著一道東征項羽。劉邦開始時乘虛占領了彭城，後來又被項羽回師打敗。當他們西逃到下邑時，劉邦下馬坐著馬鞍子休息，他問人們：「如果我豁著把函谷關以東的地盤都分給別人，誰可以幫我一道破楚立功？」張良進前一步說：「九江王黥布，是項羽的猛將，現在正和項羽鬧矛盾；彭越和齊王田榮相勾結，正在梁地堅持倒項，這兩個人可以迅速利用。在您的部下裡只有一個韓信可以委派重任，讓他去獨當一面。假如您真能把地盤拿出來分給他們三個，那麼項羽就肯定會被您打敗。」於是劉邦就派了隨何去勸說九江王黥布，又派了其他人去聯合彭越。等到魏王豹反叛抗漢時，劉邦又派了韓信前去征討，接著韓信遂平定了燕、代、齊、趙等國的大片地區。劉邦最終所以能夠打敗項羽就是靠著這三個人的力量。

6 張良體弱多病，沒有領兵獨當一面，他只是作為一個籌謀劃策的人物，經常跟在劉邦身邊。

7 漢高祖三年，項羽把劉邦圍困在滎陽，形勢非常危急，劉邦十分擔心，所以和酈食其商量如何削弱項羽的勢力。酈食其說：「從前商湯打敗夏桀之後，把夏桀的後代封在杞國；周武王滅紂之後，把商朝的後代封在宋國。而秦朝不行德義，滅了東方六國之後，竟使他們的後代沒有立足之地。您今天如果能把六國的後代再封立起來，都發給他們印信，那麼這些國家的君臣百姓，一定都會感戴您的恩德，仰慕您的風範，願意給您做臣僕。到那時，您的德義風行天下，您也就可以成為霸主，項羽也就只好乖乖地向您俯首稱臣了。」劉邦說：「好！趕快叫人刻印，刻好印您就可以帶著去辦了。」

8 酈食其還沒有出發，張良正好從外面來見劉邦。劉邦當時正在吃飯，他一見張良便說：「子房過來！有人幫我想了一個削弱項羽勢力的辦法。」接著就把酈食其的主意向張良說了一遍。隨後問道：「您看這個做法如何？」張良說：「誰給您出的這個主意？這樣一來您的大事就要完蛋了！」劉邦說：「為什麼？」張良說：「請把您的筷子給我，讓我給您籌算一下。」他說：「當初商湯討伐夏桀後，所以還封夏的後代於杞國，那是商湯有把握可以置夏桀於死地。您今天能夠置項羽於死地嗎？」劉邦說：「不能。」張良說：「這是第一個不行。周武王討伐殷紂王，所以還封殷的後代於宋國，那是周武王有把握能得到殷紂的人頭。您今天能得到項羽的人頭嗎？」劉邦說：「也不能。」張良說：「這是第二個不行。周武王進入殷都後，曾給商容住的里巷口掛過匾，曾把箕子從監獄裡放出來，而且給比干的墳墓加土。您今天能夠去為聖人墳墓加土，去為賢人掛匾，到那些智者的門前去表示敬意嗎？」劉邦說：「也不能。」張良說：「這是第三個不行。周武王當時能拿鉅橋倉庫的糧食和鹿臺所存的錢幣，來救濟貧窮。您今天能把倉庫裡的東西拿出來去救濟貧窮嗎？」劉邦說：「也不能。」張良說：「這是第四個不行。周武王伐紂的戰爭一結束，立刻把戰車改為軒車，把兵器倒過頭來用虎皮蒙上，表示今後永遠不再使用它們了。您今天能夠棄武用文，不再打仗嗎？」劉邦說：「不能。」張良說：「這是第五個不行。周武王當時還把戰馬放牧在華山的南坡，表示以後不用牠們了。您今天也能把馬放出去，不再用牠們嗎？」劉邦說：「不能。」張良說：「這是第六個不行。周武王當時還把運輸隊的牛放牧到桃林塞的北面，表示他今後不再運送軍餉。您今天也能把牛放出去，不再運送軍餉嗎？」劉邦說：「不能。」張良說：「這是第七個不行。所有的謀士說客們，他們所以能夠離鄉背井拋開親友不顧而來跟著您，他們日夜所盼的也就是希望有朝一日能分到一小塊地盤。現在您重新建立起六個國家，讓昔日韓、魏、燕、趙、齊、楚六國的後代去為王，那麼今天您身邊的這些謀士說客們也就全都各自回去侍奉他們的主子，各自回到他們的親戚故舊、本鄉本土上去了，到那時您還靠誰來幫您打天下呢？這是第八個不行。而且今天項羽是最強不過的，您把六國立起來，六國立刻就會屈服於項羽，誰還會來聽從您的指揮呢？您要真是採用了這個主意，您的事情全完了！」劉邦一聽，氣得一口吐出了嘴裡的東西，罵道：「這個兔崽子差點壞了老子的大事！」下令趕緊把那些印章毀掉。

9 漢高祖四年，韓信滅掉齊國後，想要自己做齊王，劉邦很生氣。張良勸住了劉邦，劉邦於是將計就計地派張良帶著印信去封韓信做了齊王。這件事詳細記載在〈淮陰侯列傳〉中。

10 同年秋天，劉邦追項羽到陽夏南，又被項羽打敗，無可奈何地退守固陵。而各路諸侯的軍隊到了約定時間都故意不來。這時張良又出了主意，劉邦採用了張良的主意後，各路諸侯的兵馬就來了。這件事詳細記述在〈項羽本紀〉中。

1 漢六年，正月，封功臣❶。良未嘗有戰鬭功。高帝曰：「運籌策❷帷帳中，決勝千里外，子房功也，自擇齊三萬戶❸。」良曰：「始臣起下邳，與上會留，此天以臣授陛下。陛下用臣計，幸而時中❹。臣願封留❺，足矣，不敢當三萬戶❻。」乃封張良為留侯，與蕭何等俱封❼。

2 上已封大功臣二十餘人❽，其餘日夜爭功，不決，未得行封。上在雒陽❾南宮，從復道❿望見諸將往往相與坐沙中語。上曰：「此何語？」留侯曰：「陛下不知乎？此謀反耳。」上曰：「天下屬⓫安定，何故反乎？」留侯曰：「陛下起布衣⓬，以此屬⓭取天下。今陛下為天子，而所封皆蕭、曹故人所親愛，而所誅者皆生平所仇怨⓮。今軍吏計功，以天下不足徧封⓯，此屬畏陛下不能盡封，恐又見疑平生過失及誅⓰，故即相聚謀反耳⓱。」上乃憂曰：「為之柰何？」留侯曰：「上平生所憎，羣臣所共知，誰最甚者？」上曰：「雍齒與我故，數嘗窘辱我[18]。我欲殺之，為其功多，故不忍。」留侯曰：「今急先封雍齒以示羣臣。羣臣見雍齒封，則人人自堅[19]矣。」於是上乃置酒，封雍齒為什方侯[20]，而急趣[21]丞相、御史定功行封。羣臣罷酒，皆喜曰：「雍齒尚為侯，我屬無患矣。」

3 劉敬說高帝曰：「都關中。」[22]上疑之。左右大臣皆山東[23]人，多勸上都雒陽[24]：「雒陽東有成皋[25]，西有殽、黽[26]，倍河[27]，向伊、雒[28]，其固亦足恃。」留侯曰：「雒陽雖有此固，其中小[29]，不過數百里，田地薄，四面受敵。此非用武之國也。夫關中，左殽、函[30]，右隴、蜀[31]，沃野千里，南有巴、蜀之饒[32]，北有胡苑之利[33]。阻[34]三面而守，獨以一面東制諸侯[35]。諸侯安定，河、渭漕輓天下[36]，西給[37]京師；諸侯有變，順流而下，足以委輸[38]。此所謂金城千里[39]，天府之國[40]也。劉敬說是也。」於是高帝即日駕，西都關中[41]。

4 留侯從入關[42]。留侯性多病[43]，即道引，不食穀[44]，杜門[45]不出歲餘。

5 上欲廢太子[46]，立戚夫人子趙王如意[47]。大臣多諫爭，未能得堅決者[48]也。呂后恐，不知所為。人或謂呂后曰：「留侯善畫計筴，上信用之。」呂后乃使建成侯呂澤[49]劫[50]留侯，曰：「君常[51]為上謀臣，今上欲易太子，君安得高枕而臥[52]乎？」

留侯曰：「始上數在困急之中，幸用臣筴；今天下安定，以愛欲易太子，骨肉之間，雖臣等百餘人[53]，何益？」呂澤彊要[54]曰：「為我畫計[55]。」留侯曰：「此難以口舌爭也。顧[56]上有不能致[57]者，天下有四人。四人者，年老矣，皆以為上慢侮人，故逃匿山中，義不為漢臣。然上高此四人。今公誠能無愛[58]金玉璧帛，令太子為書，卑辭[59]安車[60]，因使辯士固請，宜來。來，以為客，時時從入朝[61]，令上見之，則必異而問之。問之，上知此四人賢，則一助也。」於是呂后令呂澤使人奉太子書，卑辭厚禮，迎此四人。四人至，客建成侯所[62]。

6 漢十一年，黥布反[63]。上病，欲使太子將，往擊之。四人相謂曰：「凡來者，將以存太子。太子將兵，事危矣。」乃說建成侯曰：「太子將兵，有功則位不益太子[64]；無功還，則從此受禍矣[65]。且太子所與俱[66]諸將，皆嘗與上定天下梟將[67]也。今使太子將之，此無異使羊將狼也，皆不肯為盡力，其無功必矣。臣聞『母愛者子抱[68]』。今戚夫人日夜侍御[69]，趙王如意常抱居前[70]。上曰『終[71]不使不肖子[72]居愛子之上』，明乎其代太子位必矣。君何不急請呂后承間[73]為上泣言：『黥布，天下猛將也，善用兵。今諸將皆陛下故等夷[74]，乃令太子將此屬，無異使羊將狼，莫肯為用。且使布聞之，則鼓行而西[75]耳。上雖病，彊載輜車[76]，臥而護之[77]，諸將不敢不盡力。上雖苦，為妻子自彊[78]。』」於是呂澤立夜見呂后，呂后承間為上泣涕而言，如四人意。上曰：「吾惟豎子固不足遣[79]，而公[80]自行耳！」於是上自將兵而東。羣臣居守，皆送至灞上[81]。留侯病，自彊起，至曲郵[82]見上曰：「臣宜從，病甚。楚人剽疾[83]，願上無與楚人爭鋒[84]。」因說上曰：「令太子為將軍，監關中兵[85]。」上曰：「子房雖病，彊臥而傅太子[86]。」是時叔孫通[87]為太傅[88]，留侯行少傅事[89]。

7 漢十二年，上從擊破布軍歸[90]，疾益甚[91]，愈欲易[92]太子。留侯諫，不聽，因疾不視事[93]。叔孫太傅稱說引古今，以死爭太子[94]。上詳[95]許之，猶欲易之。及燕[96]，置酒，太子侍。四人從太子，年皆八十有餘，鬚眉皓白，衣冠甚偉。上怪之，問曰：「彼何為者？」四人前對，各言名姓，曰東園公、角里先生、綺里季、夏黃公[97]。上乃大驚，曰：「吾求公數歲，公辟逃[98]我。今公何自從吾兒游乎？」四人皆曰：「陛下輕士善罵，臣等義不受辱，故恐而亡匿。竊聞太子為人仁孝，恭敬愛士，天下莫不延頸欲為太子死者，故臣等來耳。」上曰：「煩公幸卒調護太子[99]。」

8 四人為壽[100]已畢，趨[101]去。上目送之，召戚夫人指示[102]四人者曰：「我欲易之，彼四人輔之。羽翼已成，難動矣！呂后真而主[103]矣！」戚夫人泣，上曰：「為我楚舞，吾為若楚歌[104]。」歌曰：「鴻鵠[105]高飛，一舉千里。羽翮[106]已就，橫絕[107]四海。橫絕四海，當可柰何！雖有矰繳，尚安所施[108]！」歌數闋[109]，戚夫人噓唏[110]流涕。上起去，罷酒。竟不易太子者，留侯本招此四人之力也[111]。

9 留侯從上擊代[112]，出奇計馬邑下[113]，及立蕭何相國[114]，所與上從容[115]言天下事甚眾，非天下所以存亡，故不著[116]。留侯乃稱曰：「家世相韓，及韓滅，不愛萬金之資，為韓報讎彊秦，天下振動。今以三寸舌[117]為帝者師，封萬戶，位列侯，此布衣之極，於良足矣。願弃人間事，欲從赤松子游[118]耳。」乃學辟穀道引輕身[119]。會高帝崩[120]，呂后德留侯[121]，乃彊食之[122]，曰：「人生一世間，如白駒過隙[123]，何至自苦如此乎！」留侯不得已，彊聽而食[124]。

10 後八年卒[125]，謚為文成侯，子不疑代侯[126]。

11 子房始所見下邳圯上老父與太公書者，後十三年從高帝過濟北，果見穀城山下黃石，取而葆祠之[127]。留侯死，并葬黃石冢。每上冢伏臘，祠黃石[128]。

12 留侯不疑，孝文帝五年[129]坐不敬，國除[130]。

【章　旨】以上為第四段，寫劉邦建國後，張良在分封功臣、定都關中、護持太子諸事上所起的作用。

【注　釋】❶漢六年三句　梁玉繩曰：「按〈侯表〉及《漢書・高紀》，封功臣在十二月，非正月也。」按：漢六年十二月，劉邦分封第一批功臣。❷籌策　古時供運算使用的籌碼，這裡借以指謀略。❸自擇齊三萬戶　按：垓下之戰後，項羽敗亡，韓信之兵權遂亦被劉邦所奪，並將韓信由齊王改封楚王，故此時劉邦可以令張良「自擇齊三萬戶」。❹幸而時中　碰巧讓我說對了幾回。❺封留　以留縣做我的封地。❻不敢當三萬戶　按：張良深明形勢，亦深知劉邦、呂后其人，故處處謙退。❼與蕭何等俱封　據〈高祖功臣侯者年表〉，曹參、靳歙、夏侯嬰、陳平等首先於六年十二月受封；而張良、項伯、蕭何、周勃、灌嬰、樊噲等乃在六年正月受封。❽上已封大功臣二十餘人　據〈高祖功臣侯者年表〉，在雍齒前受封者共二十九人。此句上原有「六年」二字，梁玉繩《史記志疑》卷二十六：「《史詮》曰：『重出「六年」二字，《漢書》削之是。』」據刪。❾雒陽　也寫作「洛陽」，在今河南洛陽東北，劉邦建國初期建都於此。❿復道　亦稱閣道，樓閣之間的空中通道。⓫屬　剛剛。師古曰：「屬，近也。」⓬起布衣　由一個平民百姓起家。⓭此屬　這些人。⓮生平所仇怨　平素所憤恨。⓯以天下不足徧封　把整個國家的地盤都拿出來，也不夠給他們分封。⓰恐又見疑平生過失及誅　平生，與上文「生平」同義，皆謂「平素」。及誅，以至於被殺。⓱故即相聚謀反耳　李維楨曰：「沙中之人，怏怏不平見于詞色，未必謀反，但留侯為弭亂計，故權辭以對耳。」⓲雍齒與我故二句　故，《漢書・張良傳》作「有故」，謂有舊怨也。窘辱，謂使其吃苦頭。按：雍齒原為劉邦部將，劉邦令其守豐，魏人招之，雍齒遂叛劉歸魏。劉邦還軍攻豐，數攻不下。後劉邦破豐，雍齒奔魏（最後雍齒又歸服了劉邦）。所謂「有故」及「嘗窘辱我」，即指此事。⓳自堅　自信；自安。⓴什方侯　封地什方。什方，也作「汁方」、「汁邡」，秦縣名，在今四川什邡南。㉑急趣　趕緊催促。㉒劉敬說高帝曰二句　事在漢五年劉邦稱帝後，《通鑑》繫之於六月前。劉敬，原名婁敬，以一戍卒的身分勸說劉邦建都關中，因受賞識被賜姓劉，故稱「劉敬」。事見〈劉敬叔孫通列傳〉。㉓山東　殽山（或曰華山）以東，泛指今河南、河北南部、以及山東西部等地區。㉔多勸上都雒陽　為離其故鄉近，可以滿足其「富貴還鄉，衣錦晝行」之虛榮，亦出之於其農民出身之鄉土觀念。㉕成皋　古邑名，也稱「虎牢關」，即今河南滎陽西北之汜水鎮，地形險要，歷來為軍事重鎮。㉖殽黽　殽山及澠池。黽，通「澠」。殽山在今河南洛寧西北，靈寶東南，東西綿亘三十五里。澠池，秦縣名，縣治在今河南澠池西。㉗倍河　北倚黃河。倍，通「背」。㉘向伊雒　向南面對伊、洛二水。伊水源於河南欒川之外方山，東北流，在偃師入雒水。洛水源於陝西東南部之冢嶺山，東流入河南，在洛陽東北入黃河。㉙其中小　意謂城市周圍的平原狹小。㉚左殽函　東側有殽山及函谷關。㉛右隴蜀　西側有隴山與岷山。隴山在今陝西隴縣西，岷山在今四川與甘肅界上，二山相連。㉜巴蜀之饒　饒，富庶。巴、蜀二郡在四川境內，古有「天府之國」的美稱。㉝胡苑之利　胡，指匈奴等北部邊境上的少數民族。苑，牧場。《正義》曰：「上郡（約當今之陝西北部）、北地（約當今之陝、甘、寧交界地區）之北與胡接，可以牧養禽獸，又多致胡馬，故謂胡苑之利也。」李笠曰：「『苑』當從中統本作『宛』，謂大宛也。」㉞阻　憑藉；倚靠。㉟東制諸侯　控制東方的諸侯國。㊱河渭漕輓天下　謂通過黃河、渭水運來天下各地的糧食。漕輓，指輓船運輸。㊲給供應。㊳委輸　運輸，指運輸糧草供應前線。㊴金城千里　極言其固。㊵天府之國　極言其富。天府，老天爺的府庫。㊶高帝即日駕二句　極度誇張，以言高帝對張良意見之重視。按：此所謂「西都關中」者，乃西都櫟陽（今西安之臨潼北），至七年，始徙居長安。梁玉繩曰：「按〈高紀〉、〈名臣表〉、〈劉敬傳〉皆以都關中在五年。」㊷從入關　謂跟從劉邦西入櫟陽，不似他侯之各去自己之封地，以見張良之分外受劉邦倚任。㊸性多病　猶言「體多病」。王先謙引周壽昌曰：「『性』猶『生』也，亦猶『體』也。」㊹道引二句　古代道家所採用的養生之術。道引，也作「導引」，類似深呼吸的一種活動。不食穀，也稱「辟穀」，不吃糧食。㊺杜門　閉門。㊻太子　指劉盈，即日後的孝惠帝，呂后所生。㊼戚夫人子趙王如意　戚夫人，劉邦在漢中時新得的寵姬，原籍定陶，事跡主要見於本文與〈呂太后本紀〉。趙王如意，劉邦之愛子，戚夫人所生，被劉邦封為趙王，國都邯鄲。㊽未能得堅決者　猶言「還沒有人能使劉邦下定決心（不廢太子）」。㊾建成侯呂澤　據〈高祖功臣侯者年表〉，建成侯乃呂釋之，呂澤為周呂侯，二人皆呂后之兄。㊿劫　挾持；強制。(51)常　通「嘗」。曾經。(52)高枕而臥　以言其不關心的樣子。(53)雖臣等百餘人　猶今所謂「即使有我一百個張良」。(54)彊要　強制要求，即今之所謂「逼」。(55)為我畫計　給我出個主意。(56)顧　但。轉折語詞。(57)不能致　不能得到；請不出來。(58)無愛　不要吝惜。(59)卑辭　低聲下氣地說好話。(60)安車　安穩舒適的車子。(61)從入朝　讓他們跟著太子進宮朝拜。從，使之跟從。(62)四人至二句　郭嵩燾曰：「此四人者，不為高帝屈，獨肯為呂后屈乎？史公亦但據疑以傳疑之詞，并此四人之名迹不及知。其後惠帝立，亦未嘗一旌其保護之功，亦足證其事之虛實矣。」(63)黥布反　十一年春，劉邦殺韓信；同年夏，又殺彭越，且將彭越菹醢以賜黥布。黥布疑將及己，遂於該年七月舉兵反，詳見〈黥布列傳〉。(64)位不益太子　不可能對「太子」的權位有更大的提高。(65)無功還二句　意即必將有損於「太子」的身分、形象。(66)所與俱　與之一道同行者。俱，偕；同行。(67)梟將　猛將。梟，猛禽。(68)母愛者子抱　意謂其母受寵，其子則亦將多為其父所愛撫抱持。(69)侍御　侍奉；侍寢。(70)常抱居前　常被抱到劉邦面前。(71)終　竟；無論如何。(72)不肖子　沒有出息的兒子。不肖，不類（其父），指不成材，沒出息。(73)承間　趁機；找空隙。(74)故等夷　舊日的平輩。等夷，指身分地位相同。夷，平也。75鼓行而西　謂通行無阻地殺向京師。76彊載輜車　強打精神地躺在輜車裡。輜車，有篷帷，可供傷病者坐臥的車。77臥而護之　躺在車裡監督著他們。護，監督；監管。78為妻子自彊　為了老婆孩子而勉為其難吧。自彊，強制自己；勉強堅持。79吾惟豎子固不足遣　惟，思；考慮。不足遣，不配擔當此任。80而公　你老子。而，爾；你。81灞上　灞水邊上，當時的灞水自藍田流來，經長安城東，北流入渭水。82曲郵　古村落名，在今西安臨潼東北，當時的新豐西南。83剽疾　勇猛迅捷。剽，迅捷。84爭鋒　意謂面對面地硬拼。85監關中兵　徐孚遠曰：「太子監關中兵，一以固根本，亦以安太子，解不擊黥布之事也。」86彊臥而傅太子　儘管有病臥牀，也仍請多關心輔導太子。傅，輔導；護持。87叔孫通　當時有名的儒生，先曾為秦朝博士，後歸依劉邦。漢朝建國後，為劉邦制訂了一套朝廷的禮儀，事見〈劉敬叔孫通列傳〉。88太傅　指太子太傅，與太子少傅皆為太子的輔導官，秩二千石。89行少傅事　代理太子少傅。行，代理。90上從擊破布軍歸　劉邦於十二年十月擊破黥布軍，返程中經過沛縣，還鄉置酒；十二月返回長安。91疾益甚　據〈高祖本紀〉，「高祖擊布時，為流矢所中，行道病，病甚。」92易　更換。93因疾不視事　因疾，因而稱疾。不視事，不再過問自己所擔任的職事。94以死爭太子　爭太子，反對劉邦廢棄原太子。爭，爭辯；勸阻。95詳　通「佯」。假裝。96及燕　燕，通「宴」。97東園公句　角里，也寫作「甪里」。按：四者皆非人名，或但以地稱，或僅以姓稱。98辟逃　逃避。辟，通「避」。99煩公幸卒調護太子　幸，謙詞，自己為此感到幸運。卒，終；一直到底。調護，調教；護持。100為壽　向人敬酒，祝其健康長壽。101趨　小步疾走，這是臣、子在君、父面前行走的禮節。102指示　「指以示之」的省文，指著某人某物讓人看。103呂后真而主　呂后真是你的主子，你鬥不過人家。而，爾；汝。104為我楚舞二句　按：戚夫人舊籍定陶，劉邦家沛，皆故楚地也，故愛楚調。若，同「而」，亦「爾」、「汝」之義。105鴻鵠　大雁。106羽翮　羽翼。翮，羽莖。107橫絕　橫穿；橫越。絕，橫渡。108雖有矰繳二句　矰繳，泛指射具。矰，一種射鳥的短箭。繳，繫在箭後的絲繩。史珥曰：「『鴻鵠高飛』一歌雖有雄概，而音韻淒激，如將不勝。高帝鼓缶之景宛然。」109歌數闋　一連唱了好幾遍。闋，樂曲終了，後用為「段落」、「片段」之義。110噓唏　抽泣的聲音。111竟不易太子者二句　司馬光《通鑑考異》曰：「高祖剛猛伉暴，非畏縉紳譏議者也。但以大臣皆不肯從，恐身後趙王獨立，故不為耳。若決意欲廢太子，立如意，不顧義理，以留侯之久故親信，猶云『非口舌所能爭』，豈山林四叟片言遽能泥其事哉！」112從上擊代　指代相陳豨叛漢，劉邦率軍往討事。事在高祖十年秋，原因、過程詳見〈韓信盧綰列傳〉。代，漢初建立的諸侯國名。113出奇計馬邑下　張良於破陳豨中究出何計，諸篇皆不載。114及立蕭何相國　瀧川曰：「『何』下添『為』字看。」按：謂蕭何被立為相國乃出於張良建議，此事他處皆不載。115從容　自然地；不勉強。116不著不書於史。[117]三寸舌　《索隱》引《春秋緯》曰：「舌在口，長三寸。」[118]從赤松子游　意即要去學當神仙。赤松子，古代傳說為仙人的名字。[119]乃學辟穀道引輕身　輕身，方士的用語，據說人修煉到一定程度就可以平地飛升。淩稚隆引劉子翬曰：「良從赤松子游，蓋婉其辭以脫世網，所謂『鴻飛冥冥，弋人何慕』焉。」[120]高帝崩　事在高祖十二年四月。[121]德留侯　感念張良的好處。[122]彊食之　強制張良吃飯。彊，硬是勸說。[123]人生一世間二句　瀧川曰：「白駒，白馬也。隙，間隙。」隙，牆縫。「白駒過隙」極言用時之短暫。[124]留侯不得已二句　按：張良處世之術，他人果不能及。[125]後八年卒　即呂后元年，西元前一八七年。梁玉繩曰：「漢傳『八』作『六』。考〈表〉，良以高帝六年封，卒于呂后二年，在位十六年，則當是『九年』，《史》《漢》俱誤。」[126]子不疑代侯　按：〈呂太后本紀〉載有張良子曰「辟彊」，此則謂「不疑」，蓋皆以道家之宗旨命名也。[127]葆祠之　意即珍重地供奉著它。葆，通「寶」。[128]每上冢伏臘二句　每年伏天、臘月兩次祭祀張良時，同時也一併祭祀黃石。伏，夏季伏日之祭。臘，冬季臘月之祭。[129]孝文帝五年　西元前一七五年。[130]坐不敬二句　不敬，指對皇帝或天地神靈不禮貌，這在當時是死罪。國除，封國被取消。按：〈高祖功臣侯者年表〉作「不疑坐與門大夫吉謀殺故楚內史，當死，贖為城旦，國除」，與此文異。梁玉繩曰：「《史》、《漢》〈表〉『坐殺楚內史』，非『不敬』也，此與《漢》〈傳〉誤。」

【語譯】漢高祖六年，正月，分封開國功臣。張良沒有帶兵打仗獨當一面的功績。劉邦說：「決策於大帳中，制勝於千里外，這就是張良的功勞。你可以在齊地自己選擇三萬戶作封邑。」張良說：「當初我自己在下邳起兵，到留縣遇上了您，這是老天爺把我交給您的。您採納了我的意見，有的也的確讓我給料中了。現在我只要一個留縣就夠了，不敢領受這三萬戶的厚賞。」於是劉邦便封張良為留侯，與蕭何等人一起受封。

2 待至劉邦封到二十幾個人時，其餘的就開始互相攀比，日夜爭吵不休，直鬧得劉邦分封不下去了。有一天劉邦在雒陽南宮的空中走廊上向下閒望，看見將領們三三兩兩地坐在沙堆上在議論什麼。劉邦問張良：「這些人在議論什麼？」張良說：「您還不知道嗎？他們正在商量著造反呢。」劉邦說：「天下才剛剛安定下來，他們為什麼又要造反呢？」張良說：「您出身於一個平民百姓，靠著他們給您奪得了天下。現在您做了皇帝，您所封的都是蕭何、曹參等這種親密的老朋友，而殺掉的都是您平常所恨的人。現在軍事長官們統計一下各個人的功勞，恐怕把整個國家都封出去也不夠。因而他們害怕得不到封賞，另外他們還擔心過去曾在您面前有過什麼過失，怕您把他們殺掉，所以他們就一起商量著要造反。」劉邦一聽很擔憂地說：「那我們該怎麼辦呢？」張良說：「您平常所最恨而群臣也都知道的是誰？」劉邦說：「雍齒與我有舊仇，曾幾次地讓我吃盡苦頭。我總想殺他，但又因為他功多，所以一直沒忍心下手。」張良說：「那就趕快先封賞雍齒，給他們做個樣子。他們一見雍齒都能受封，他們自己也就安心了。」於是劉邦立即大擺酒席，封雍齒為什方侯，當眾催促丞相、御史讓他們趕快給大家評定功勞，趕快進行封賞。宴會一結束，大臣們都高興地說：「雍齒都能被封侯，我們就不用擔心了！」

3 這時劉敬勸劉邦說：「國都應該設在關中。」劉邦聽了遲疑不決。劉邦的大臣們都是殽山以東的人，他們大都勸劉邦建都洛陽。他們說：「洛陽東有成皋，西有殽山和黽池，背靠黃河，面對伊、洛二川，形勢險要，可以讓人放心。」張良說：「洛陽固然有它險要的一面，但是它的中心地帶狹小，方圓才不過幾百里，而且土地瘠薄，它的四面都容易受到敵人的攻擊。這不是一個可以發揮軍事優勢的地方。關中就不同了，它左有殽山和函谷關，右有隴山與岷山，中間沃野千里。它南面連著物產豐富的巴、蜀，北面挨著盛產牛馬的胡地。我們背靠著萬無一失的南、北、西三面，集中力量只用於控制東方的諸侯。東方安定的時候，可以通過黃河、渭水把全國各地的糧食西運到長安；一旦有諸侯叛亂，關中的人力物力可以通過渭水、黃河順流而下供給前線。這就是人們通常所說的『金城千里，天府之國』。劉敬的說法是對的。」於是劉邦當天就坐著車子搬到關中去了。

4 張良也跟著劉邦進了關中。張良一直多病，到了關中以後，就整天學習道家的導引吐納之術，不吃五穀雜糧，幾乎有一年多閉門不出。

5 後來，劉邦想廢掉太子劉盈，另立戚夫人所生的兒子趙王如意。很多大臣勸阻，但都始終沒能徹底改變劉邦的態度。呂后很害怕，不知如何是好。這時有人提醒呂后說：「張良善於出謀劃策，皇上一貫信任他。」於是呂后就派建成侯呂澤去脅迫張良說：「您曾經是最能幫皇上出謀劃策的大臣，現在皇上想要更換太子，您怎麼能躺在屋裡睡大覺不聞不問？」張良說：「當初皇上曾多次處於危急之中，所以他能採納我的意見；

現在天下已經安定了，他是出於個人的感情，想換太子，這是人家家庭內部的事情，對於這種事情，即使有一百個張良，又能怎樣？」呂澤強逼著說：「無論如何您必須給想個辦法。」張良說：「這種事，空口勸說是不行的。皇上有四個一直想請而至今請不到的人。這四個人年紀都大了，他們討厭皇上的傲慢無禮，寧願逃到深山裡躲起來，也不願做漢朝的子民。但是皇上還一直對這四個人很崇敬。現在您如果能夠不吝惜金銀財寶，多多地帶著禮物，讓太子寫上一封信，言詞要謙恭，派一個會說話的人，讓他趕著一輛舒適的車子去請他們，我估計他們是會來的。如果來了，叫他們充當太子的賓客，經常跟隨太子上朝，故意讓皇上看到他們。這樣皇上感到奇怪，就會問他們。一問是他們，皇上知道他們德高望重，這對太子將是一種很大的幫助。」於是呂后就讓呂澤派人帶著厚禮和太子的書信，謙恭地去請這四個人。四人請來後，先住在建成侯呂澤的家裡。

6 漢高祖十一年，黥布起兵造反。劉邦當時有病，想讓太子率兵前去征討。四個人彼此商量道：「我們之所以到這裡來，就是為了保護太子。如果今天讓太子領兵出征，那事情就很危險了。」於是四人去找呂澤說：「太子領兵出征，即使有了功勞，也不會給太子帶來什麼好處；假如無功而回，那就要從此遭殃了。而且太子所統領的那些將領，都是過去同皇上一道打天下的猛將。現在讓太子去統領他們，這簡直就是讓一隻羊去統領一群狼，誰也不會替太子盡力，這樣去了是絕對不會獲得成功的。俗話說『愛哪個母親，就抱那個母親所生的孩子』。現在戚夫人整天圍著皇上轉，趙王如意常常被抱放在皇帝面前。皇上常說『我無論如何不會讓那不成器的小子坐在我這個心愛的兒子的上頭』，很明顯趙王如意要取代太子是肯定的事。你為什麼還不趕快請呂后找機會向皇上哭訴，就說：『黥布是天下有名的將領，很會用兵。而咱們的這些將領，又都和您是同一輩的，如果讓太子去統領他們，簡直就是讓羊去統領狼，沒有人會聽他的使喚。這要教黥布一知道，那他就會毫無顧忌地向西長驅直入了。您現在雖然有病，但最好還是堅持一下，即使躺在一輛篷車裡不動，只要您在，他們就誰也不敢不盡力。您雖然吃些苦，為了老婆孩子，就再硬撐一回吧。』」呂澤聽罷，當夜就把四個人的意思告訴了呂后，呂后趕緊找機會按著四個人的意思對劉邦哭訴了一遍。劉邦一聽說：「我也早就琢磨著這個小子不中用，還是老子自己去罷！」於是劉邦親自率軍東征了。留守京都的大臣們，都送行到灞上。張良正有病，但也掙扎著來到曲郵。張良對劉邦說：「我本來應隨您一道去，但因病重不可能了。楚地人迅猛驃悍，希望您不要同黥布的軍隊正面硬拼。」並乘機又說：「應該任命太子為統帥，讓他留守後方，監督節制關中的所有軍隊。」劉邦答應了，說：「您雖有病，也請您勉為其難替我照顧太子吧！」因為當時叔孫通已經是太傅，所以劉邦遂命張良代理少傅的職務。

7 漢高祖十二年，劉邦從打敗黥布的前線回來後，病情越來越重了，想更換太子的心情也越來越急迫了。張良勸說無效因而遂推說有病，不問政事。叔孫通在劉邦面前稱古道今地引證了許多歷史教訓，甚至要用最後一死來勸阻劉邦。劉邦假意答應，而心裡仍是想要換太子。這時正好宮廷裡有宴會，酒席已經排開，太子在一旁侍候。而四位老人便跟隨在太子身後。四個人的年紀都在八十開外，鬚髮皆白，衣帽偉麗。劉邦覺得奇怪，便問太子：「他們幾個是什麼人？」於是四個人過去各報自己的姓名，是：東園公、角里先生、綺里季、夏黃公。劉邦一聽大吃一驚，說：「我找你們好幾年，你們老是避而不見。今天你們為什麼來和我兒子在一起呢？」四人說：「您生性傲慢動不動就罵人，我們絕不受您的侮辱，所以離開您遠遠的。後來我們聽說皇太子忠孝仁慈，禮賢下士，普天下沒有一個人不願意為他效死，所以我們就來了。」劉邦說：「那就多勞你們，請你們始終如一地照護他吧。」

8 於是四個人一齊向劉邦敬酒，而後一齊小步退去。劉邦望著他們，指著他們退去的身影對戚夫人說：「我想廢太子，可是那四個人輔助他。他的翅膀已經長成，我們對他已經無法撼動了！看來呂后真是你的主子了！」戚夫人聽著不由得淚如雨下。劉邦又說：「你為我跳個楚地的民俗舞吧，我來伴你唱楚歌。」說罷劉邦唱道：「鴻鵠展翅高飛，一飛橫空千里。翅膀已經長硬，任憑東西南北。任憑東西南北，誰能對牠奈何！縱有強弓硬弩，也將徒勞無益！」他反覆地唱了好幾遍。戚夫人抽抽噎噎，涕淚橫流。於是劉邦怏怏地離席而去，宴會就此結束。劉邦之所以最終沒能廢掉太子，就是由於張良出主意，請來了這四個人的結果。

9 張良曾跟隨劉邦去討伐代國，在馬邑為劉邦出過奇計。後來劉邦任蕭何當相國，也是聽從張良勸告的結果。此外他與劉邦談過的事情還有很多，但那些不是關係國家存亡的根本問題，所以這裡就不一一記述了。張良自己說：「我們家世世代代在韓國當丞相，韓國被滅亡後，我為了替韓國向秦朝報仇曾不吝惜萬貫家財，鬧得天下震動。現在我靠著三寸不爛之舌，當了帝王的老師，被封為萬戶侯。作為一個平民來說，這已經到達頂點；我的願望已經滿足了！我願意拋棄人世間的一切事情，想效法赤松子去當神仙。」於是他就學著不吃糧食，意想平地飛升。待至劉邦死後，呂后回想從前，感激張良的恩德，就去強迫他吃東西，並勸他說：「人活在世上，就像白馬馳過牆縫一樣短暫，為什麼要這樣自討苦吃呢！」張良不得已，又勉強恢復了吃飯。

10 又過了八年，張良死了。朝廷謚之為「文成侯」。他的兒子張不疑繼承了留侯的爵位。

11 當初，張良在下邳橋頭遇到送給他《太公兵法》的那位老人，十三年以後，張良跟著劉邦經過濟北，果然在穀城山下見到了一塊黃石頭。張良就把它帶回珍重地供奉著。後來張良死時，人們就把這塊黃石頭同留侯埋在了一起。每逢夏、冬兩季人們給張良祭祀時，同時也一併祭祀那塊黃石頭。

12 留侯張不疑在孝文帝五年因犯了不敬朝廷的罪，封爵被廢除。

太史公曰：學者多言無鬼神，然言有物❶。至如留侯所見老父予書，亦可怪矣！高祖離困❷者數矣，而留侯常有功力焉，豈可謂非天乎？上曰「夫運籌筴帷帳之中，決勝千里外，吾不如子房❸」，余以為其人計❹魁梧奇偉。至見其圖，狀貌如婦人好女。蓋孔子曰「以貌取人，失之子羽❺」，留侯亦云❻。

【章旨】以上為第五段，是作者的論贊，對張良的生平作為表現了某種含蓄的優遊唱歎。

【注釋】❶物　精靈，具有神怪性質的東西。古代有些思想家，他們不相信有鬼神，但卻相信有一種很靈異，甚至可以與妖作怪的東西。❷離困　陷入困境。離，同「罹」。遭；陷。❸夫運籌筴帷帳之中三句　語見〈高祖本紀〉。❹計　王駿圖曰：「度必也。」即「估計一定」。❺以貌取人二句　〈仲尼弟子列傳〉云：「澹臺滅明，字子羽，狀貌甚惡。欲事孔子，孔子以為材薄。既已受業，退而修行，行不由徑（小路），非公事不見卿大夫。南游至江，從弟子三百人，設取予去就，名施乎諸侯。孔子聞之，曰：『吾以言取人，失之宰予；以貌取人，失之子羽。』」失，錯。❻留侯亦云　瀧川曰：「『留侯』上添『余于』二字看。」按：古人以身材魁梧高大為美，張良「狀貌如婦人好女」，故不易為人所重，然而卻有大才，故作者曰「余於留侯亦以貌失之也」。

【語　譯】太史公說：學者們都不相信鬼神，但卻認為有物怪。至於像張良所見到的那位給他書的老人，也可以說是一怪了！漢高祖曾多次陷入困境，而張良在這時常常能使他轉危為安，這能夠說不是一種天意嗎？漢高祖曾佩服地說「運籌於軍帳之中，決勝於千里之外，我不如張良」，也正因此我總認為張良一定是一個身材魁梧，相貌非凡的人。等到後來一見他的畫像，原來長得像個柔弱的婦女。孔子曾說過「單以容貌取人，我就看錯過澹臺子羽」，對於張良，我也差點犯了同樣的錯誤。

【研　析】〈留侯世家〉記述了張良籌謀劃策，佐助劉邦滅秦滅項，以及劉邦建國後，又協助他穩定王朝秩序上所進行的種種活動。張良的豐功偉績、歷史貢獻是有目共睹的，劉邦稱張良與蕭何、韓信為「三傑」；宋人真德秀說：「子房為漢謀臣，雖未嘗一日居輔相之位，而其功實為『三傑』之冠，故高帝首稱之。其人品在伊、呂間，而學則有王伯之雜；其才如管仲，而氣象高遠則過之。其漢而下，惟諸葛孔明略相伯仲。」黃震曰：「利啖秦將，旋破嶢關，漢以是先入關；勸還霸上，固要項伯，以是脫鴻門；燒絕棧道，激項攻齊，漢以是還定三秦；敗於彭城，則勸連布、越；將立六國，則借箸銷印；韓信自王，則躡足就封：此漢所以卒取天下。勸封雍齒，銷變未形；勸都關中，垂安後世；勸迎四皓，卒定太子：又所以維持漢室於天下既得之後。凡良一謀一畫，無不繫漢得失安危，良又『三傑』之冠也哉！」對此大家都沒有異議。

張良是黃老哲學的活標本，他以黃老哲學與秦朝鬥、與項羽鬥、與其他功臣鬥，同時又得留著一分心思與劉邦鬥、與呂后鬥。他那種以柔克剛、欲取反予、出爾反爾的種種手段，他那種遠事避禍、明哲保身的立場態度，則是令人歎服，而又令人感到可怕的。但是話又說回來，歷覽兩千多年的封建社會，又能找到幾個不是靠著運用陰謀權術而取得勝利的呢？關鍵在於用得是否巧妙，是否真的打敗了敵人，只要勝利了那就一切都好解釋，怎麼說怎麼有理。至於明哲保身，圓滑處世，固非慷慨之士所樂為；但身處高層，又值矛盾極度複雜尖銳、處境極度兇險之際，稍不留心即有殺身之禍，且又於國於家無補。處於這種條件下，我們又怎能單用一個是否「正直」、是否「誠實」的尺度來要求一切人呢？應該說，張良比起陳平、蕭何來，已經算是好了。我們與其責備張良這些圓滑的表現，不如更深刻地挖掘一下產生這種「爭權奪利」的社會制度與造成這種人人自危的政治環境。

〈留侯世家〉的藝術性很高，「圯上贈書」是第一個亮點，這當然是張良自己或者張良的徒子徒孫為了某種目的所編造的。但的確生動，蘇軾寫過〈留侯論〉，說是某位隱君子為了點化張良而故行此計，張良也的確是從此搖身一變，由荊軻、聶政變成了滿腹玄機的軍師。第二個亮點是張良為呂后出主意請來商山四皓，商山四皓終於發揮了作用的情景。這段故事寫劉邦、寫戚夫人憂愁感傷而又無可奈何之情，韻味悠長。表明劉邦這時已決心拋棄戚夫人，戚夫人只有死路一條了。

至於被某些人盛稱的張良借箸勸阻劉邦分封事，我覺得虛張聲勢、借以嚇人，邏輯混亂，不是好文章。王若虛糾駁張良的這段話說：「張良八難，古今稱頌，以為美談，竊疑此論甚疏。夫桀、紂已滅，然後湯、武封其後，而良云『度能制桀之命』、『得紂之頭』，豈封於未滅之前耶？酈氏所以說帝，特欲繫眾人之心，庶幾叛楚而附漢耳，非使封諸項氏也，奈何其以湯、武之事勢相較哉？湯、武雖殊時，事理何異？『制死命』與『得其頭』，亦何以分列為兩節？『表商容之閭，釋箕子之拘，封比干之墓』，此本三事，而并之者，以其一體也；至於『倒置干戈』、『休馬』、『放牛』，獨非一體乎？而復析之為三，何哉？八難之目，安知無誤耶！」的確是抓到了毛病，但這毛病不在於張良，因為文章是司馬遷寫的。

絳侯周勃世家

【題解】〈絳侯周勃世家〉分前後兩部分，前一部分記述了周勃在協助劉邦滅秦、滅項建立漢王朝，劉邦建國後又協助劉邦平定叛亂鞏固漢王朝，以及在呂后死後誅滅諸呂、擁立漢文帝，最後被罷官鬱鬱而死的情景。後一部分寫周勃的兒子周亞夫在文帝時為將軍治軍有方，景帝時為太尉，平定吳楚七國之亂有大功，後來因權大位尊被景帝所忌恨、所殺害的情景。作者對周氏父子兩代的慘痛遭遇，尤其是對周亞夫的悲劇結局表現了無限同情，周亞夫是《史記》中最重要的悲劇英雄人物之一。

1 絳侯周勃❶者，沛❷人也。其先卷❸人，徙沛。勃以織薄曲❹為生，常為人吹簫給喪事❺，材官❻引彊❼。

2 高祖之為沛公初起❽，勃以中涓❾從攻胡陵，下方與❿。方與反，與戰，卻適⓫。攻豐⑫，擊秦軍碭東⑬。還軍留及蕭⑭。復攻碭，破之⑮。下下邑⑯，先登⑰。賜爵五大夫⑱。攻蒙、虞⑲，取之。擊章邯車騎，殿⑳。定魏地㉑。攻爰戚㉒、東緡㉓，以往至栗㉔，取之。攻齧桑㉕，先登。擊秦軍阿下，破之㉖。追至濮陽，下甄城㉗。攻都關、定陶，襲取宛朐㉘，得單父令㉙。夜襲取臨濟㉚，攻張㉛，以前至卷㉜，破之。擊李由軍雍丘下㉝。攻開封，先至；城下，為多㉞。後章邯破殺項梁㉟，沛公與項羽引兵東如碭㊱。自初起沛，還至碭，一歲二月㊲。楚懷王封沛公號安武侯㊳，為碭郡長㊴。沛公拜勃為虎賁令㊵。以令㊶從沛公定魏地，攻東郡尉於城武，破之㊷。擊王離軍，破之㊸。攻長社㊹，先登。攻潁陽、緱氏，絕河津㊺。擊趙賁軍尸北㊻。南攻南陽守齮㊼，破武關、嶢關㊽。破秦軍於藍田㊾，至咸陽，滅秦㊿。

3 項羽至(51)，以沛公為漢王(52)。漢王賜勃爵為威武侯(53)。從入漢中(54)，拜為將軍。還定三秦(55)，至秦，賜食邑懷德(56)。攻槐里、好畤，最(57)。擊趙賁、內史保於咸陽(58)，最。北攻漆(59)，擊章平、姚卬軍(60)。西定汧(61)，還下郿、頻陽(62)。圍章邯廢丘(63)。破西丞(64)，擊盜巴(65)軍，破之。攻上邽(66)。東守嶢關(67)。轉擊項籍(68)，攻曲逆(69)，最。還守敖倉(70)。追項籍(71)。籍已死(72)，因東定楚地泗川、東海郡(73)，凡得二十二縣。還守雒陽、櫟陽(74)。賜與潁陰侯(75)共食鍾離(76)。以將軍從高帝擊反者燕王臧荼，破之易下(77)。所將卒當馳道(78)為多(79)，賜爵列侯，剖符世世勿絕(80)。食絳，八千一百八十戶，號絳侯。

【章旨】以上為第一段，寫周勃在佐助劉邦滅秦、滅項中所建立的種種功勳。

【注　釋】❶絳侯周勃　周勃的封地為絳。絳，漢縣名，縣治在今山西侯馬東北。❷沛　秦縣名，縣治即今江蘇沛縣。❸卷　秦縣名，縣治在今河南原陽西南。❹薄曲　用竹篾或葦篾編成的養蠶用具。❺常為人吹簫給喪事　常，通「嘗」。曾經。給，充役；給人辦事。❻材官　一種力大善射的特種兵的名號。❼引彊　拉硬弓。按：此文之「材官引彊」，疑是為喪家充當儀仗隊，非軍中之真正「材官」。❽高祖之為沛公初起　事在秦二世元年九月。劉邦首先率人攻下沛縣，被擁立為沛縣令。當時凡縣令皆被尊稱為某公，故人呼劉邦為「沛公」直至被封為「漢王」前。❾中涓　在帝王身邊為之主管清潔灑掃的貼身官員。❿攻胡陵二句　事在秦二世二年（西元前二〇八年）十月（當時以十月為歲首）。胡陵，秦縣名，縣治在今山東魚台東南。下，攻下。方與，秦縣名，縣治在今山東魚台西。⓫卻適　打退了敵人。適，通「敵」。⓬攻豐　事在秦二世二年十一月。時劉邦的部將雍齒據豐邑反劉邦，故劉邦率軍往攻之。豐，鄉邑名，劉邦的故里之所在，原屬沛縣，漢朝建國後，升格為縣，縣治即今江蘇豐縣。⓭擊秦軍碭東　事在秦二世二年一月，乃劉邦與東陽寧君合兵攻章邯所部之秦軍，初戰未利也。按：〈高祖本紀〉書此曰「與戰蕭西」，〈秦楚之際月表〉書此作「擊秦軍碭西」。碭，秦縣名，縣治在今河南夏邑東南。⓮還軍留及蕭　以其在碭東與秦軍戰不利，故向東退回，事見〈高祖本紀〉。留，秦縣名，縣治在今江蘇沛縣東南。蕭，秦縣名，縣治在今安徽蕭縣西北。⓯復攻碭二句　事在秦二世二年二月。〈秦楚之際月表〉云「攻下碭，收得兵六千，與故凡九千人」。⓰下下邑　事在秦二世二年三月。下，攻克。下邑，秦縣名，縣治即今安徽碭山。⓱先登　率先登上城牆。⓲五大夫　秦爵名，秦爵最高的為二十級，五大夫為第五級。⓳攻蒙虞　蒙，秦縣名，縣治在今河南商丘東北。虞，秦縣名，縣治在今河南虞城北。⓴擊章邯車騎二句　章邯，秦朝名將，前已於秦二世二年十二月，破殺陳涉於陳縣城西，今又東下與劉邦、項梁等作戰。殿，一說謂「斷後」，撤退時走在最後。一說謂二等功，類似今之所謂「殿軍」。《集解》引孫檢曰：「上功曰『最』，下功曰『殿』，戰功曰『多』」。㉑定魏地　按：三字上下不連，且無事實依據，疑涉下文誤衍。㉒爰戚　秦縣名，縣治在今山東嘉祥東南。㉓東緡　秦縣名，縣治即今山東金鄉。㉔栗　秦縣名，縣治即今河南夏邑。㉕齧桑　古亭名，在今江蘇沛縣西南。㉖擊秦軍阿下二句　事在秦二世二年七月。阿，也稱「東阿」，秦縣名，即今山東陽穀東北之阿城鎮。時齊王田儋被章邯破殺於臨濟，田儋之弟田榮被章邯包圍於東阿。田榮向項梁求救，項梁率項羽、劉邦救東阿，破章邯，救出了田榮。㉗追至濮陽二句　其事亦在秦二世二年七月。濮陽，秦縣名，縣治在今河南濮陽西南，當時亦為東郡的郡治所在地。甄城，也寫作「鄄城」，秦縣名，縣治在今山東鄄城北。〈項羽本紀〉於此作「項梁使沛公及項羽別攻城陽（在鄄城東南），屠之。西破秦軍濮陽東，秦軍收入濮陽」。㉘攻都關定陶二句　都關，秦縣名，縣治在今山東鄆城西。定陶，秦縣名，縣治在今山東定陶西北。宛朐，秦縣名，縣治在今山東菏澤西南。㉙單父令　單父縣的縣令。單父即今山東單縣。㉚臨濟　古邑名，在今河南封丘東。㉛張　秦縣名，縣治在今山東梁山東北。㉜以前至卷　率先攻打到卷縣。按：「前至」似與「先登」意近。㉝擊李由軍雍丘下　事在秦二世二年八月。李由，秦丞相李斯之子，時為三川郡的郡守，在此役中兵敗被殺。雍丘，秦縣名，縣治即今河南杞縣。㉞攻開封四句　楊樹達引李慈銘曰：「攻開封既先至；及城破，又勃功最多也。」開封，秦縣名，縣治即今河南開封。㉟章邯破殺項梁　事在秦二世二年九月。時項梁因連戰取勝，驕傲輕敵，致被章邯大破於定陶，項梁死。㊱沛公與項羽引兵東如碭　蓋向東撤退也。㊲一歲二月　一年零兩個月。㊳封沛公號安武侯　事在秦二世二年後（閏）九月。《漢書》作「武安侯」。㊴碭郡長　碭郡的郡守。秦時的碭郡治睢陽（今河南商丘西南）。㊵虎賁令　猶今之所謂「衛隊長」。虎賁，勇士的稱號，言其勇猛無敵，可以奔逐猛虎。賁，通「奔」。㊶令　即所謂「虎賁令」也。㊷攻東郡尉於城武二句　事在秦二世三年一月，時項羽受命隨宋義往救河北，劉邦受命向西推進，直取關中。東郡，秦郡名，郡治濮陽（今河南濮陽西南）。郡尉是郡中職掌武事的長官。城武，也作「成武」，即今山東成武，在濮陽之東南。㊸擊王離軍二句　事亦在秦二世三年一月，〈秦楚之際月表〉於此書作「攻東郡尉與王離軍于成武南」。王離，秦將名，秦國名將王翦之孫。按：蓋劉邦此次攻成武時，項羽已受命隨宋義往救河北，因趙王歇與張耳、陳餘等前已被王離、涉間等圍困於鉅鹿也，則劉邦此時尚何得擊王離於成武？㊹長社　秦縣名，縣治在今河南長葛東北。㊺攻潁陽緱氏二句　事在秦二世三年四月。潁陽，秦縣名，縣治在今河南許昌西南。緱氏，秦縣名，縣治在今河南偃師東南。絕河津，斷絕黃河渡口。津，渡口，這裡指平陰津，在今河南孟津東北。按：劉邦此次西行出發前，懷王曾與諸將約曰「先入關中者王之」。劉邦為阻司馬卬南渡與之爭功，故「絕河津」。㊻擊趙賁軍尸北　趙賁，秦將。尸，即尸鄉，古邑名，在今河南偃師城西。㊼攻南陽守齮　南陽郡的郡守名齮，史失其姓。南陽郡的郡治宛縣，即今河南南陽。劉邦攻南陽郡在秦二世三年七月，攻之不下，聽陳恢議，乃使之歸降，見〈高祖本紀〉。㊽破武關嶢關　劉邦破武關在秦二世三年八月，破嶢關在三年九月，乃用張良計襲破之也。武關，在今陝西商南東南。嶢關，又名藍田關，在今陝西藍田東南。武關和嶢關都是關中地區通往河南南部的重要通道。㊾破秦軍於藍田　蓋與嶢關之戰為同一過程，劉邦用張良計，先與嶢關守將假意聯合，趁其懈怠襲破其軍後，「逐北至藍田，再戰，秦兵竟敗，遂至咸陽」。追擊秦軍於藍田，又破，進咸陽。藍田，秦縣名，縣治在今陝西藍田西南。㊿至咸陽二句　事在漢元年（西元前二〇六年）十月。在此以前之二世三年八月，秦二世被趙高所殺，子嬰被立為帝；子嬰即位後，殺趙高，退皇帝號而復稱「秦王」，凡四十六日，劉邦遂入咸陽，秦朝宣告滅亡。(51)項羽至　謂項羽兵抵咸陽，事在漢元年十二月。(52)以沛公為漢王　事在漢元年一月。鴻門宴後，項羽分封諸侯，封劉邦為漢王，王巴、蜀、漢中，過程詳見〈項羽本紀〉。(53)賜勃爵為威武侯　威武，封號名，蓋只有封號而無封地也。(54)從入漢中　跟著劉邦去漢王之封地，事在漢元年四月。漢王的國都南鄭，即今陝西漢中。(55)還定三秦　事在漢元年八月。三秦，指關中地區，因項羽分封諸侯時，將關中地區分而為三，以封秦朝的三員降將為王。劉邦用韓信之謀議，八月復定關中。(56)賜食邑懷德　食邑，也稱「采邑」，即領地，受封者收取該地區的租稅以供生活之資。懷德，秦縣名，縣治在今陝西大荔東南。(57)攻槐里好畤二句　槐里，漢縣名，即秦時之「廢丘」。好畤，秦縣名，縣治在今陝西乾縣東。最，謂作戰最能，功勞最大。(58)擊趙賁內史保於咸陽　其事約在漢元年九月。曹參、周勃共為之也。趙賁，章邯的部將，隨章邯以抗劉邦。內史保，內史名保，史失其姓。內史，官名，即後日之京兆尹。(59)漆　秦縣名，縣治即今陝西彬縣。(60)擊章平姚卬軍　章平，章邯之弟。姚卬，章邯將。蓋亦曹參、周勃共擊之。(61)汧　秦縣名，縣治在今陝西隴縣南。(62)下郿頻陽　郿，秦縣名，縣治在今陝西眉縣東北。頻陽，秦縣名，縣治在今陝西銅川東南。(63)圍章邯廢丘　章邯於漢元年八月即被漢軍圍困於廢丘，至今未下。(64)破西丞　擊敗了西縣縣丞的軍隊。西縣在今甘肅天水西南；縣丞是縣令的副手。(65)盜巴　盜者名巴，章邯的部將。(66)上邽　秦縣名，縣治在今甘肅天水西。(67)東守嶢關　為守衛關中東南部之安全。(68)轉擊項籍　事在漢二年四月。劉邦於漢二年十月前大體平定關中，於是東出函谷關以經營河南西部與山西南部。至四月，率各路歸附者共五十六萬東攻彭城。(69)曲逆　「逆」為「遇」之誤。曲遇在今河南中牟東北。(70)還守敖倉　其事應在漢二年四月，劉邦被項羽大破於彭城之後。敖倉，秦朝所建的大糧倉，在今河南滎陽城東北的敖山上，北鄰黃河。(71)追項籍　事在漢五年十月。劉邦被項羽大破於彭城，向西潰退後，雙方遂在滎陽、成皋一帶形成對峙。至漢四年八月，由於韓信破魏、平趙、下齊，楚漢形勢轉，項羽無奈接受了劉邦的請和，以鴻溝為界，兩國罷兵。項羽信以為實，於漢四年九月引兵東歸；劉邦則用張良計，隨即率軍追了過去。(72)籍已死　漢五年十二月，韓信率各路漢軍與項羽決戰垓下，大破之，項羽敗死。(73)因東定楚地泗川東海郡　泗川，秦郡名，郡治相縣（今安徽濉溪西北），當時屬項羽。梁玉繩曰：「『川』當作『水』。」東海郡，郡治郯縣（今山東郯城北），當時屬項羽。(74)還守雒陽櫟陽　事在漢五年、六年，蓋為劉邦首都之軍事長官。雒陽，同「洛陽」，在今河南洛陽東北，劉邦稱皇帝後最初幾個月的都城。櫟陽，楚漢戰爭期間劉邦的後方大本營，劉邦稱帝後於漢五年六月將國都遷移到此。(75)潁陰侯　灌嬰，劉邦的部將，以軍功後來被封為潁陰侯，事跡見〈樊酈滕灌列傳〉。原作「潁陽侯」。《漢書》卷四〇〈周勃傳〉云易與潁陰侯共食鍾離。張文虎《校刊史記集解索隱正義札記》云：《志疑》云：潁陰之譌，灌嬰也。案《正義》作，潁陰，不誤。據改。(76)共食鍾離　意謂以鍾離縣為周勃、灌嬰二將之食邑，蓋當時周勃尚未封「絳侯」，灌嬰亦尚未封「潁陰侯」也。鍾離縣在今安徽蚌埠東。(77)從高帝擊反者燕王臧荼二句　事在高祖五年八月。燕王臧荼，原為陳涉部將燕王韓廣的屬下，因隨項羽入關，被封為燕王。高祖三年，韓信破魏、破代、破趙後，臧荼被迫降漢。高祖五年七月，臧荼反漢；八月，被劉邦親自率軍討平。易，秦縣名，縣治在今河北雄縣西北。[78] 當馳道　猶言「為天子開路」。馳道，天子車駕所行之道。郭嵩燾曰：「馳道，猶言『輦道』，謂當上前也。蓋以前鋒擊賊，仍存護衛之意。」[79] 為多　依前例，此處似非謂人多，乃指功多、功大也。[80] 賜爵列侯二句　周勃受封為侯在高祖六年正月。列侯，享有封地的侯爵，為秦爵二十級中的最高者。剖符，古代帝王分封諸侯或任命將帥，常把特製的符節一分為二，帝王與受封者各執其一，需要時，合符以為驗。

【語　譯】 絳侯周勃，是沛縣人。他的祖先原來是卷縣人，後來才遷居沛縣。周勃原來以編織養蠶的工具為生，他還會吹簫，曾經去給辦喪事的人家充當吹鼓手或作儀仗隊員。

2　當劉邦奪得沛縣縣長之位起兵時，周勃就以近侍官員的身分跟上了劉邦，他隨著劉邦打下過胡陵，打下了方與。後來方與又反叛，周勃率軍往討，將叛軍擊敗了。接著又進攻豐邑，在碭縣東打擊了秦軍。後因戰鬥不利而退守留縣和蕭縣。當第二次進攻碭縣時，碭縣被周勃占領。後來在攻打下邑的時候，周勃最先登上城樓。累計上述功勞，劉邦賜給了周勃五大夫的爵位。後來周勃又攻下了蒙縣、虞縣。在劉邦進擊秦將章邯的時候，周勃獲得下功。接著平定了魏地。繼而又往攻爰戚、東緡，一直打到南面的栗縣，這些縣分都被周勃占領了。在進攻齧桑縣的戰鬥中，周勃又最先登上了城樓。接著在東阿城下擊潰了秦軍，並乘勝追擊到濮陽，攻下了甄縣。接著又攻下了都關、定陶，襲取了宛朐，俘獲了單父縣的縣令。然後又夜襲了臨濟，打下了張縣，又乘勝前進打到了卷縣，一路上勢如破竹。後來在雍丘城下進擊過秦將李由。在攻占開封時，周勃的兵卒首先攻到城下，功勞最多。在秦將章邯打敗了項梁的軍隊殺死了項梁後，周勃隨同劉邦、項羽等一同向東退到了碭縣。周勃從沛縣起兵跟隨劉邦，到東退碭縣，前後已經有一年零兩個月了。這時楚懷王封劉邦為安武侯，做碭郡的地方長官。而劉邦則讓周勃當了負責保衛工作的虎賁令。接著周勃又以虎賁令的身分跟著劉邦平定了魏地，又在城武縣打敗了秦朝東郡郡尉的軍隊。又曾經打敗過秦將王離的軍隊。在進攻長社縣城的時候，周勃又最先登上了城樓。接著又進攻潁陽、緱氏，而後北上斷絕了黃河平陰津的渡口。又在尸鄉以北打擊過秦將趙賁的軍隊。又南下攻擊過秦朝南陽郡的太守齮，又乘勝西進攻破了武關和嶢關。又在藍田打敗了秦朝軍隊，一直到進入咸陽，推翻了秦朝。

3 項羽來到咸陽後，封劉邦為漢王。劉邦則封周勃為威武侯。不久周勃又跟隨劉邦一同到了漢中，劉邦封周勃為將軍。等到劉邦從漢中回軍收復三秦時，部隊剛到關中，劉邦就把懷德縣賜給了周勃作為食邑。接著在攻打槐里、好畤二縣時，周勃的戰功最大。緊跟著進擊咸陽，與趙賁和內史保作戰，周勃的功勞又最大。而後北攻漆縣，打擊了章平、姚卬的軍隊。再西取汧縣，又回軍攻下了郿縣、頻陽。把章邯包圍在廢丘。接著打敗了西縣縣丞，擊潰了盜巴的軍隊，又攻克了上邽。後來又東去鎮守嶢關。又從嶢關東出輾轉攻擊項羽，在攻取曲逆時，周勃的戰功最多。接著又回兵駐守敖倉。最後又東進追擊項羽。項羽死後，周勃率軍平定了楚地的泗水、東海兩郡，共取得二十二個縣。後來又回師鎮守劉邦的臨時首都雒陽、櫟陽。為了酬答周勃的功勞，劉邦把鍾離縣賜給周勃與灌嬰為食邑。後來周勃又以將軍的身分跟隨劉邦去討伐造反的燕王臧荼，破臧荼於易縣下。在戰鬥中周勃率領的士兵一直在劉邦的前面打先鋒。因而在劉邦分封功臣的時候周勃被封為列侯，並剖符為信，發誓世代相繼，永不斷絕。劉邦把絳縣的八千一百八十戶賜給周勃作食邑，周勃號稱絳侯。

1 以將軍從高帝擊反韓王信於代❶，降下霍人❷。以前至武泉❸，擊胡騎❹，破之武泉北。轉攻韓信軍銅鞮❺，破之。還，降太原六城❻。擊韓信胡騎晉陽下❼，破之，下晉陽。後擊韓信軍於硰石❽，破之，追北❾八十里。還攻樓煩❿三城，因擊胡騎平城下⓫，所將卒當馳道為多。勃遷為太尉⓬。

2 擊陳豨[13]，屠馬邑[14]，所將卒斬豨將軍乘馬絺[15]。擊韓信[16]、陳豨、趙利[17]軍於樓煩，破之，得豨將宋最、鴈門守圂[18]。因轉攻，得[19]雲中守遬[20]、丞相箕肆[21]、將勳[22]。定鴈門郡十七縣、雲中郡十二縣。因復擊豨靈丘，破之，斬豨[23]，得豨丞相程縱[24]、將軍陳武[25]、都尉[26]高肆。定代郡九縣。

3 燕王盧綰反[27]，勃以相國代樊噲將[28]。擊下薊[29]，得綰大將抵[30]、丞相偃[31]、守陘[32]、太尉弱[33]、御史大夫施，屠渾都[34]。破綰軍上蘭[35]，復擊破綰軍沮陽[36]，追至長城[37]。定上谷[38]十二縣，右北平[39]十六縣，遼西、遼東[40]二十九縣，漁陽[41]二十二縣。最[42]從高帝得相國一人，丞相二人，將軍、二千石[43]各三人。別[44]破軍二，下城三，定郡五，縣七十九，得丞相、大將各一人。

4 勃為人木彊敦厚[45]，高帝以為可屬[46]大事。勃不好文學[47]，每召諸生[48]說士[49]，東鄉坐[50]而責之：「趣為我語[51]！」其椎少文[52]如此。

5 勃既定燕而歸，高祖已崩[53]矣。以列侯事孝惠帝[54]。孝惠帝六年[55]，置太尉官[56]，以勃為太尉。十歲[57]，高后崩[58]。呂祿[59]以趙王為漢上將軍[60]，呂產[61]以呂王為漢相國[62]，秉漢權[63]，欲危劉氏。勃為太尉，不得入軍門；陳平為丞相，不得任事。於是勃與平謀，卒誅諸呂[64]而立孝文皇帝[65]。其語在呂后、孝文事中。

【章　旨】以上為第二段，寫周勃在漢朝建國初期為維護與鞏固劉氏王朝所做出的貢獻。

【注　釋】❶擊反韓王信於代　事在高祖七年十月。韓王信，戰國時韓國諸侯的後裔，隨劉邦滅秦、滅項，被劉邦封為韓王，自請北都馬邑（今山西朔縣）。高祖六年九月，馬邑被匈奴所圍，韓王信遂降匈奴，且引匈奴南掠太原郡，故劉邦往擊之。代，秦郡名，其地約當今之山西北部和與之鄰近的河北西北部地區。❷霍人　漢縣名，縣治在今山西繁峙東北。❸武泉　漢縣名，縣治在今內蒙呼和浩特東北。❹胡騎　指匈奴騎兵。胡，古代用以稱北部邊境的少數民族，秦漢時期主要指匈奴人。❺轉攻韓信軍銅鞮　韓信，即韓王信。銅鞮，漢縣名，縣治在今山西沁縣南。❻太原六城　太原郡的六個縣。❼擊韓信胡騎晉陽下　謂攻擊韓王信與匈奴人的聯軍於晉陽城下。晉陽，在今山西太原西南，當時為太原郡的郡治所在地。❽後擊韓信軍於硰石　王先謙曰：「『後』當作『復』」。硰石，古邑名，在今山西靜樂東北。❾追北　追擊潰敗之敵。北，背也，雙方交而示之以背，即指敗逃。❿樓煩　漢縣名，縣治即今山西寧武。⓫因擊胡騎平城下　其事約在高祖七年十一月。平城，漢縣名，縣治在今山西大同東北。按：是役劉邦被匈奴人所圍困，因天寒，士墮指者十二三。⓬勃遷為太尉　事在高祖十一年。太尉，官名，秦、漢時為「三公」之一，主管全國軍事。⓭擊陳豨　事在高祖十年九月。陳豨，劉邦的將領，任以為代國的相國，後因周昌進讒，朝廷與陳豨互相猜疑，故於高祖十年八月，陳豨自稱代王，與叛將韓王信等共同勾結，為亂於北方，故劉邦於九月出兵擊之。⓮屠馬邑　屠，殺光；血洗。馬邑，漢縣名，即今山西朔縣。⓯乘馬絺　姓乘馬，名絺。⓰韓信　仍指韓王信。⓱趙利　戰國時趙國諸侯的後裔，原為韓王信的部將。韓王信反漢兵敗，逃入匈奴後，韓王信的殘存勢力遂立趙利為王。至陳豨反，趙利遂與之合伙。⓲鴈門守圂　鴈門郡的郡守，名圂，史失其姓，陳豨屬下官員。鴈門郡的郡治善無，在今山西右玉東南。⓳得　擒獲。⓴雲中守遬　雲中，漢郡名，郡治雲中（今內蒙古托克托東北），其郡守名遬，史失其姓。㉑丞相箕肆　韓王信的丞相，名箕肆。㉒將動　瀧川曰：「楓、三本『將』下有『軍』字。」蓋謂韓王信的將軍名動也。㉓擊豨靈丘三句　事在高祖十二年冬。斬陳豨者蓋樊噲之軍，而非周勃，蓋周勃此時尚未取代樊噲為將也。靈丘，漢縣名，縣治在今山西靈丘東。㉔得豨丞相程縱　梁玉繩曰：「〈酈商傳〉以為商得程縱，何也?」㉕將軍陳武　梁玉繩曰：「此陳武乃陳豨將，別是一人，非棘蒲侯。」㉖都尉　略低於將軍的武官名。㉗燕王盧綰反　盧綰，是劉邦的同鄉好友，被立為燕王。陳豨謀反失敗後，「陳豨降將言豨反時燕王盧綰使人之豨所，與陰謀。上使辟陽侯迎綰，綰稱病。辟陽侯歸，具言綰反有端矣。」此高祖十二年冬事。㉘勃以相國代樊噲將　按：此所謂「以相國」，乃加以「相國」之虛銜，非實任其職。又，梁玉繩曰：「勃為太尉，此誤。」樊噲，呂后的妹夫，劉邦的開國元勳，人告盧綰謀反，劉邦即命樊噲「以相國」往擊之。不久又有人說樊噲黨附呂氏，欲待日後謀殺戚夫人與趙王如意，劉邦即命陳平往誅樊噲，而命周勃往代樊噲統其討盧綰之兵。㉙薊　漢縣名，縣治在今北京城之西南部。㉚大將抵　大將名抵。㉛丞相偃　丞相名偃。㉜守陘　謂廣陽郡的郡守名陘，當時廣陽郡的郡治在薊。㉝太尉弱　太尉名弱。㉞渾都　漢縣名，縣治在今北京昌平西南。梁玉繩曰：「〈噲傳〉云『破綰丞相抵薊南』，此誤以『抵』為綰將，當是得『綰丞相抵、大將偃』耳。」㉟上蘭　水名，亦名馬蘭溪，在今河北懷來東北。㊱沮陽　漢縣名，縣治在今河北懷來東南。㊲長城　瀧川引沈濤曰：「蓋謂燕之長城，自造陽至襄城。」蓋即今河北張家口以及北京密雲、平谷一帶之舊長城。㊳上谷　漢郡名，郡治即上文之沮陽。㊴右北平　漢郡名，郡治平剛（今遼寧凌源西南）。㊵遼西遼東　皆漢郡名，遼西郡治陽樂（今遼寧義縣西南）。遼東郡治襄平（今遼寧遼陽）。㊶漁陽　漢郡名，郡治漁陽（今北京密雲西南）。㊷最　總計。師古曰：「最者，凡也，謂總舉其攻戰克獲之數。」㊸二千石　官階名，相當於朝內的太子太傅、典屬國、水衡都尉，以及地方上的郡守等。㊹別　指單獨領兵，自當一面。㊺木彊敦厚　木彊，憨厚剛直。師古曰：「木謂質樸。」按：謂不善言語也。㊻屬　委託；託付。㊼不好文學　略當於今之所謂「缺少文化修養」。修養欠佳。㊽諸生　猶今所謂「學者」。㊾說士　以議論、談說著稱的人。按：《漢書》於此作「說事」，意思略別。㊿東鄉坐　謂自己東向而坐，是一種目中無人的樣子。蓋秦漢時代除升堂理事仍為南向外，平時都以東向坐為尊。(51)趣為我語　猶言「有話給我快點說！」趣，通「促」。迅速。(52)椎少文　魯鈍木訥，無文采蘊藉。椎，鈍。(53)高祖已崩　事在高祖十二年四月。(54)以列侯事孝惠帝　以列侯的身分在孝惠帝朝居官任職，蓋為區別多數列侯要各自前往自己的封地而言。孝惠帝，即劉盈，劉邦之子，呂后所生。(55)孝惠帝六年　西元前一八九年。(56)置太尉官　按：自高祖十二年周勃討盧綰後，「太尉」一職遂廢；至此又設此職，復以周勃任之也。《正義》曰：「下云『以勃為太尉，十歲高后崩』。按：孝惠六年至高后八年，是十年耳。」(57)十歲　謂周勃二次任太尉的第十年。(58)高后崩　事在高后八年（西元前一八〇年）七月。高后，即呂后，名雉，劉邦的皇后，惠帝之生母。(59)呂祿　呂后兄呂釋之的次子，呂后元年被封為胡陵侯，呂后七年被封為趙王。(60)為漢上將軍　事在高后八年七月，時呂后病危將死，為恐劉氏與功臣作亂，乃命呂祿「為上將軍，軍北軍」。此時周勃的「太尉」實際已被架空。(61)呂產　呂后長兄呂澤之次子，呂后六年被封為呂王，七年改封為梁王，但又改梁稱呂，實際是只換了封地。(62)以呂王為漢相國　事在呂后八年七月，時呂后將死，除命呂祿為上將軍，軍北軍外，又命呂產為相國，軍南軍。此時陳平的「右丞相」實際已被棄置。(63)秉漢權　把持著漢王朝的中央政權。秉，執；把持。(64)誅諸呂　事在高后八年九月。周勃、陳平利用齊王劉襄舉兵西下，灌嬰率軍往討而中途倒戈之際，依仗劉章等人發動政變誅滅諸呂。㊺立孝文皇帝　孝文皇帝名恆，劉邦之子，薄后所生。原來封為代王，都中都（今山西平遙西南）。周勃、陳平誅滅呂氏後，為立一個便於他們控制的皇帝，誤選了善於韜晦的代王劉恆。

【語　譯】後來周勃又以將軍的身分跟隨劉邦北至代郡討伐造反的韓王信，他首先攻下了霍人縣。接著又前進到武泉，在武泉北擊潰了匈奴人的騎兵。而後又輾轉至銅鞮，擊潰了韓王信的軍隊。接著又回兵北進，收復了太原郡的六個縣城。並在太原郡的首府晉陽城下打敗了韓王信和匈奴人的聯軍，占領了晉陽城。後來又在硰石邑擊敗了韓王信的軍隊，並乘勝追擊了八十餘里。接著又回師攻擊了樓煩縣的三座城邑，並乘勝北上在平城下攻擊了匈奴人的騎兵，在以上戰鬥中周勃率領著士卒經常在劉邦前面打頭陣。因為軍功周勃被提升為太尉。

2　後來周勃又奉命北擊叛將陳豨，血洗了馬邑城，周勃的部卒殺了陳豨的部將乘馬絺。接著在樓煩打敗了韓王信、陳豨、趙利等人的聯軍，俘獲了陳豨的將領宋最和鴈門郡的太守圂。接著又進攻雲中郡，俘虜了雲中郡的太守遬、和韓王信的丞相箕肆與將軍勳。前後共平定了鴈門郡的十七個縣、雲中郡的十二個縣。接著又進擊陳豨於靈丘，陳豨兵敗被殺，陳豨的丞相程縱、將軍陳武、都尉高肆等被俘。從而平定了代郡的九個縣。

3　後來燕王盧綰造反時，周勃以相國的身分取代了樊噲的軍權。他攻下了薊縣，虜獲了盧綰的大將抵、丞相偃、太守陘、太尉弱、御史大夫施等，血洗了渾都縣。接著又在上蘭、沮陽相繼地打敗了盧綰軍，並乘勝追擊到長城下。前後共平定了上谷郡的十二個縣，右北平的十六個縣，遼西郡、遼東郡的二十九個縣，和漁陽郡的二十二個縣。總括起來，周勃跟隨劉邦作戰時，曾獲相國一人，丞相二人，將軍、二千石各三人。此外周勃還單獨地擊敗過兩支敵軍，攻下了三個城，平定了五個郡，共七十九個縣，俘虜了丞相、大將各一人。

4　周勃為人剛直憨厚，被劉邦認為是一個可以託付大事的人。周勃不講究斯文，每當會見儒生和遊說之士時，自己總是坐在上位不耐煩地喝斥著他們：「有話給我快說！」他那種率直粗魯就是經常如此。

5 周勃平定了燕國的叛亂回到長安時，劉邦已經死了。這以後他就以列侯的身分侍候孝惠皇帝。孝惠帝六年，開始設置太尉官，於是周勃被任命為太尉。十年後，呂太后死了。當時呂祿正以趙王的身分充任上將軍，呂產以呂王的身分充任相國，兩人控制著國家的權柄，對劉氏皇室構成了嚴重的威脅。當時周勃雖然名義上是太尉，但卻無法進入軍門；陳平雖然名義上是丞相，但卻不能過問國家大事。於是周勃與陳平聯合了起來，共同定計，最後剷除了呂氏一黨而擁立了孝文皇帝。關於這件事情的詳細經過記述在〈呂太后本紀〉和〈孝文本紀〉中。

1 文帝既立❶，以勃為右丞相❷，賜金五千斤，食邑萬戶❸。居月餘❹，人或說勃曰：「君既誅諸呂，立代王，威震天下。而君受厚賞、處尊位以寵❺，久之，即❻禍及身矣。」勃懼，亦自危❼，乃謝請歸相印❽。上許之。歲餘，丞相平卒❾，上復以勃為丞相❿。十餘月⓫，上曰：「前日吾詔列侯就國⓬，或未能行。丞相吾所重，其率先之⓭！」乃免相就國。

2 歲餘⓮，每河東守尉⓯行縣⓰至絳，絳侯勃自畏恐誅，常被甲，令家人持兵以見之⓱。其後人有上書告勃欲反，下廷尉⓲。廷尉下其事長安⓳，逮捕勃治⓴之。勃恐，不知置辭。吏稍侵辱之㉑。勃以千金與獄吏，獄吏乃書牘背㉒示之，曰「以公主為證㉓」。公主者，孝文帝女也，勃太子勝之㉔尚之㉕，故獄吏教引為證。勃之益封受賜，盡以予薄昭㉖。及繫急，薄昭為言薄太后，太后亦以為無反事。文帝朝㉗，太后以冒絮㉘提㉙文帝，曰：「絳侯綰皇帝璽㉚，將兵於北軍㉛，不以此時反；今居一小縣，顧㉜欲反邪？」文帝既見絳侯獄辭㉝，乃謝曰：「吏方驗而出之㉞。」於是使使持節赦絳侯，復爵邑㉟。絳侯既出，曰：「吾嘗將百萬軍，然安知獄吏之貴乎㊱！」

3 絳侯復就國，孝文帝十一年卒，謚為武侯。子勝之代侯。六歲㊲，尚公主不相中㊳，坐殺人，國除㊴。絕一歲㊵，文帝乃擇絳侯勃子賢者河內守㊶亞夫，封為條侯㊷，續絳侯後㊸。

【章旨】以上為第三段，寫周勃晚年的悲憤遭遇。

【注釋】❶文帝既立　文帝即位在高后八年九月。❷以勃為右丞相　事在文帝元年十月。陳平原為右丞相，他自以為在平定諸呂上不如周勃功大，自請換居周勃之下，文帝許之。❸食邑萬戶　食萬戶之邑，即封以萬戶之地。❹居月餘　此誤，應依《漢書》作「居十一月」。梁玉繩曰：「按〈文紀〉〈百官表〉，勃為右丞相在文帝元年十月，其免相在八月，則首尾凡十一月。」❺以寵　榮耀已到頂點。以，通「已」。寵，榮耀。❻即　則。❼勃懼二句　方孝孺曰：「周勃挾誅諸呂之權，常有德色，帝待之益莊。夫不責其德色之不恭，而引職事以問之。文帝豈不知其不能答哉？出其不意問其所當知，使其不對而自慚，慚而不敢怒，其驕慢之虛氣至是索然銷鑠而無餘，天下之大權不待發于聲色而盡歸于己，此其得御權臣之道者也。」❽請歸相印　《漢書・百官公卿表》繫之於文帝元年八月。❾歲餘二句　梁玉繩曰：「勃以元年八月免相，平以二年十月薨，中間只隔一月，當是『月餘』之誤。」❿上復以勃為丞相　據〈漢興以來將相名臣年表〉，事在文帝二年（西元前一七八年）十一月。⑪十餘月　文帝三年十一月，《漢書・百官公卿表》繫之於十二月。⑫前日吾詔列侯就國　楊樹達曰：「文帝二年十月事也。」詔列侯就國，讓所有封侯者都到各自的封地上去。因當時列侯多娶公主為妻，而公主不願離開京城，故列侯也隨之留京。文帝即位後，為減輕京城壓力，皆令諸侯就國。⑬率先之　猶言「給他們帶個頭」。⑭歲餘　過了一年多，蓋即文帝四年。⑮河東守尉　河東郡的郡守或郡尉。河東郡的郡治在安邑（今山西夏縣西北）。⑯行縣　到所屬各縣視察。周勃的封地絳縣上屬河東郡，故河東郡的郡守、郡尉有時要來視察。⑰勃自畏恐誅三句　被，通「披」。按：漢朝初年大肆誅殺功臣，使得人人自危，周勃有擁立之大功，尚畏懼如此，他人可知。⑱下廷尉　皇帝把事情交由廷尉辦理。廷尉，官名，九卿之一，相當於今之最高法院院長。⑲廷尉下其事長安　廷尉又將此事交由長安主管刑獄的官吏去辦理。⑳治　審理；拷問。㉑吏稍侵辱之　獄吏們越來越欺侮周勃。稍，漸；越來越厲害。㉒書牘背　寫在木簡的背面。牘，古人寫字用的木板。㉓以公主為證　讓公主出來給你作證。㉔太子勝之　周勃的嫡長子周勝之。按：漢初時皇帝、諸王以及諸列侯的嫡長子都稱「太子」，景帝以後方改為只用以稱皇太子。㉕尚之　娶以為妻。皇帝之女地位至高，不可謂娶，尊之曰「尚」。尚，上配。㉖勃之益封受賜二句　按：薄昭，漢文帝之舅，薄太后之弟，功封軹侯。在周勃誅滅呂氏，派人迎請，而文帝尚未進京前，文帝曾先派薄昭進京與周勃聯絡。周勃深知薄昭地位的重要，故盡力與之結好。㉗文帝朝　謂文帝朝見太后。㉘冒絮　猶今婦女所戴之頭巾。冒，覆。㉙提　擲擊。㉚綰皇帝璽　綰，繫，這裡即指「掌握」、「把持」。㉛將兵於北軍　指掌握著守衛京城的主要兵力，因為周勃誅滅諸呂時首先是奪得了北軍，故云。漢代初期駐守長安城的軍隊有北軍、南軍兩支，北軍負責守衛京城，南軍負責守衛宮廷，北軍比南軍更為強大。兩軍都由帝王與其心腹將帥直接統領。㉜顧　反而，轉折語詞。㉝絳侯獄辭　周勃在獄中所寫申訴材料。㉞吏方驗而出之　主管此事的官吏很快就能對證清楚，放他出來了。原作「吏事方驗而出之」。王念孫《讀書雜志・史記第三》曰：「此當作『吏方驗而出之』，不當有事字。蓋古文『事』字作『叓』，與吏相似，故吏誤為事。今本作吏事者，一本作吏，一本作事，而後人誤合之耳。《漢書・周勃傳》無事字。」據刪。㉟使使持節赦絳侯二句　節，符節，以竹為之，天子派出的使者持之以為信驗。㊱安知獄吏之貴乎　錢鍾書曰：「馬遷嘗下於理（獄），阱檻捶楚，目驗身經，〈報任少卿書〉痛乎言之，所謂『見獄吏則頭搶地，視徒隸則心惕息』者。於此篇記周勃繫獄事，僅曰『吏稍侵辱』；記周亞夫下吏事，僅曰『侵之益急』；〈韓長孺列傳〉亦只曰『蒙獄吏田甲辱安國』均未嘗本已遭遇稍事渲染，真節制之師也。將創巨痛深，欲言而有餘怖耶？抑以獄吏之深刻殘賊路人皆知，故不須敷說圓牆況味乎？」此為反語，暗指獄吏之殘酷，且寓有感歎之意。㊲六歲　謂周勝之代立為侯的第六年，亦即文帝後元元年（西元前一六三年）。㊳尚公主不相中　意即與公主合不來。㊴國除　指封地被收回，封號被取消。㊵絕一歲　文帝後元二年。㊶河內守　河內郡的郡守。河內，漢郡名，郡治懷縣（今河南武陟西南）。㊷條侯　封地條縣，在今河北景縣西北。㊸續絳侯後　作為絳侯周勃的正統繼承人。

【語　譯】孝文帝即位後，任命周勃為右丞相，賜給他黃金五千斤，封賞他食邑一萬戶。過了一個月後，有人勸周勃說：「您消滅了呂氏一黨，擁立代王做了皇帝，您的權威已經使整個天下為之震動了。現在您又接受了如此優厚的賞賜，高踞在如此尊貴的地位上而受寵太過，日子一久，您就會大禍臨頭的。」周勃一聽很害怕，自己也感到處境的危險，於是他就向孝文帝請求辭職歸還相印。孝文帝答應了他的請求。過了一年多，丞相陳平死了，孝文帝又任命周勃當了丞相。又過了十多個月，孝文帝說：「前些日子我曾命令在京的列侯們回到自己的封地上去，可是有的人至今還沒有動身。丞相您是我最尊重的人，您給他們帶個頭吧！」於是周勃被免去丞相職務也回到自己的封地上去了。

2　在周勃退居自己封地的一年多裡，每當河東郡的郡守或郡尉視察工作前來絳縣，周勃總懷疑他們是來襲捕自己的，所以自己總是身披鎧甲，並讓家丁們做好一切應變的準備後才出去接見他們。這樣，後來就有人上書告發周勃說他要造反，孝文帝責成廷尉查處這件事。廷尉又把這件事交給了長安令，長安令逮捕了周勃並對他進行審問。周勃非常害怕，不知道該說什麼好。這時獄吏們也越來越欺侮他。周勃無奈，拿出了千金重禮去打點獄吏，於是有個獄吏故作無心地在木簡背面寫了幾個字說「請公主出來作證」。所謂公主，就是孝文帝的女兒，嫁給了周勃的長子周勝之為妻，所以現在獄吏向他提醒了這個門路。另外早在文帝剛剛即位，給周勃加封增賞的時候，周勃就把自己應得的財寶，全部送給了孝文帝的舅舅薄昭。因此到周勃這次事情緊急時，薄昭就向薄太后說明了周勃的情況，薄太后自己也認為周勃不可能造反。於是當孝文帝來給太后請安時，太后生氣地扯下自己的頭巾向孝文帝打去，說：「當初，周勃掌管著皇帝的大印，並統帥著整個北軍時，在那個時候他都不想造反；現在住在一個小縣裡，反而想要造反了嗎？」孝文帝當時也看到了周勃的口供，於是向太后賠禮說：「主管的官吏們再核對一下，馬上就要放他出去了。」於是孝文帝立刻派使者拿著符節到獄中宣告周勃無罪馬上釋放，同時，恢復了他的封爵和食邑。絳侯出獄後，感慨地說：「我曾經率領過百萬大軍，但是我哪裡知道當一個獄吏居然還有這樣的權威！」

3 周勃又回到了自己的封地絳縣，到孝文帝十一年時死去，朝廷諡之為武侯。其子周勝之繼承了絳侯的爵位。繼位後的第六年，因為周勝之同公主關係不和，而且又犯了殺人罪，因而被剝奪絳侯的爵邑。過了一年後，孝文帝又從周勃的兒子中挑了一個賢明而現任河內郡郡守的周亞夫，封他為條侯，立他為周勃之後。

1 條侯亞夫自未侯為河內守時❶，許負❷相❸之，曰：「君後三歲而侯❹；侯八歲為將相❺，持國秉❻，貴重矣，於人臣無兩；其後九歲而君餓死❼。」亞夫笑曰：「臣之兄❽已代父侯矣。有如卒，子當代，亞夫何說侯乎❾？然既已貴，如負言，又何說餓死？指示我❿。」許負指其口曰：「有從理⓫入口，此餓死法⓬也。」居三歲，其兄絳侯勝之有罪，孝文帝擇絳侯子賢者，皆推亞夫。乃封亞夫為條侯，續絳侯後。

2 文帝之後六年⓭，匈奴⓮大入邊。乃以宗正劉禮⓯為將軍，軍霸上⓰；祝茲侯徐厲⓱為將軍，軍棘門⓲；以河內守亞夫為將軍，軍細柳⓳，以備胡。上自勞軍，至霸上及棘門軍，直馳入，將以下騎送迎⓴。已而之細柳軍，軍士吏被甲，銳兵刃㉑，彀弓弩㉒，持滿㉓。天子先驅㉔至，不得入。先驅曰：「天子且至！」軍門都尉㉕

曰：「將軍令曰『軍中聞將軍令，不聞天子之詔㉖』。」居無何㉗，上至，又不得入。於是上乃使使持節詔將軍：「吾欲入勞軍。」亞夫乃傳言開壁門㉘。壁門士吏謂從屬車騎曰：「將軍約，軍中不得驅馳。」於是天子乃按轡㉙徐行。至營，將軍亞夫持兵揖，曰：「介冑之士不拜㉚，請以軍禮見。」天子為動，改容式車㉛，使人稱謝：「皇帝敬勞將軍。」成禮而去。既出軍門，羣臣皆驚。文帝曰：「嗟乎！此真將軍矣！曩㉜者霸上、棘門軍，若兒戲耳，其將固可襲而虜也。至於亞夫，可得而犯邪？」稱善者久之㉝。月餘，三軍皆罷。乃拜亞夫為中尉㉞。

3 孝文且崩時，誡太子㉟曰：「即有緩急㊱，周亞夫真可任將兵。」文帝崩㊲，拜亞夫為車騎將軍㊳。

4 孝景三年，吳、楚反㊴。亞夫以中尉為太尉㊵，東擊吳、楚。因自請上曰：「楚兵剽輕，難與爭鋒㊶；願以梁委之㊷，絕其糧道，乃可制。」上許之㊸。

5 太尉既會兵滎陽㊹，吳方攻梁。梁急，請救。太尉引兵東北走昌邑㊺，深壁而守㊻。梁日使使請太尉，太尉守便宜㊼，不肯往㊽。梁上書言景帝，景帝使使詔救梁。太尉不奉詔，堅壁不出㊾，而使輕騎兵弓高侯㊿等絕吳、楚兵後食道。吳兵乏糧，飢，數欲挑戰，終不出。夜，軍中驚，內相攻擊擾亂，至於太尉帳下。

太尉終臥不起51。頃之，復定。後吳奔壁東南陬52，太尉使備西北。已而其精兵果奔西北，不得入。吳兵既餓，乃引而去。太尉出精兵追擊，大破之53。吳王濞54棄其軍而與壯士數千人亡走，保於江南丹徒55。漢兵因乘勝，遂盡虜之，降其兵56，購吳王千金。月餘，越人斬吳王頭以告57。凡相攻守三月，而吳、楚破平58。於是諸將乃以太尉計謀為是。由此梁孝王與太尉有卻59。

【章旨】以上為第四段，寫周亞夫的治軍才能，與其平定吳、楚七國之亂的歷史功勳。

【注釋】❶為河內守時　蓋謂文帝十五年也。❷許負　漢初的相者。《索隱》引應劭曰：「河內溫人，老婦也。」又引姚氏曰：「《楚漢春秋》高祖封負鳴雌亭侯。」❸相　相面。❹後三歲而侯　文帝後元二年周亞夫果然封了條侯。❺侯八歲為將相　景帝三年（西元前一五四年）周亞夫為太尉，平定七國之亂；景帝七年周亞夫任丞相。❻持國秉　掌握國家大權。秉，同「柄」。❼其後九歲而君餓死　景帝中元三年（西元前一四七年）周亞夫因得罪景帝被下獄，死。按：以上許負云云自然是後人所依附。❽臣之兄　周勃的長子周勝之。❾亞夫何說侯乎　我有什麼理由可以封侯呢？何說，猶言「何因」、「何由」。❿指示我　請指著我的面相告訴我。⓫從理　豎紋。從，通「縱」。⓬法　也稱「法令」，指口邊的紋理。古人相面，說豎紋入口是餓死的徵象。⓭文帝之後六年　後六年即後元六年，為西元前一五八年。⓮匈奴　戰國後期以來興起的北方民族名，活動在今內蒙及蒙古國一帶，詳情見〈匈奴列傳〉。⓯宗正劉禮　宗正，朝官名，九卿之一，主管敘錄皇族的譜牒及處理皇族人員的犯罪問題。劉禮，劉邦之姪，劉邦弟楚元王劉交之少子，後來被封為楚王。⓰霸上　古地名，在當時的長安城東南，今西安市城東，因其地處霸水西岸高原上而得名。⓱祝茲侯徐厲　梁玉繩曰：「當作『松茲侯徐悍』。」⓲棘門　古地名，原為秦宮門，在當時的長安城西北，今陝西咸陽東。⓳細柳　古地名，在當時的長安城西，今陝西咸陽西南的渭河北岸。⓴將以下騎送迎　按：此處「下」字疑當重出。㉑銳兵刃　即指刀出鞘。㉒彀弓弩　即所謂弓上弦。彀，張也。㉓持滿　把弓拉圓。王先謙引劉奉世曰：「言『彀弓弩』是也；敵未至，何遽『持滿』？何時已乎？此二字疑衍。」㉔先驅　師古曰：「導駕者也，若今之『武侯隊』矣。」㉕軍門都尉　把守營門的都尉。都尉的級別相當於校尉。㉖軍中聞將軍令二句　《六韜・立將篇》：「軍中之事，不聞君命，皆由將出。」㉗居無何　沒有過多久。㉘壁門　即營門。壁，壁壘；營壘。㉙按轡　勒著轡繩，使車馬徐行。㉚介冑之士不拜　《集解》引應劭曰：「禮，介者不拜。」介，甲；鎧甲。冑，頭盔。㉛式車　把手扶在車前的橫木（軾）上，這是古人在車上為向某人某事表示敬意而做出的一種姿態。式，通「軾」。㉜曩　昔；前者。㉝稱善者久之　對此稱讚良久。㉞乃拜亞夫為中尉　中尉，主管京城治安的武官，後來改稱「執金吾」。㉟太子　即日後的漢景帝，名啟，竇皇后所生。㊱即有緩急　倘有緊急情況發生。即，若。緩急，偏義複詞，即指急，緊急。㊲文帝崩　事在西元前一五七年六月。㊳車騎將軍　將軍的名號，僅次於大將軍和驃騎將軍。㊴吳楚反　吳、楚等七國發動叛亂。漢景帝即位後，鑒於諸侯王勢力過大，採用御史大夫鼂錯之議削減了他們各自的一部分領地。諸侯不服，遂以請誅鼂錯為名，發動了大規模的叛亂，史稱為「七國之亂」，詳見〈袁盎鼂錯列傳〉、〈吳王濞列傳〉。㊵亞夫以中尉為太尉　周亞夫由中尉升任為太尉。按：「太尉」一職前於文帝三年被二次廢除，今事有緊急，故又重設此職。㊶楚兵剽輕二句　剽輕，勇猛迅捷。王先謙曰：「楚兵，總謂吳楚之兵。」㊷以梁委之　先以梁國抵擋吳、楚。梁，景帝之胞弟劉武的封國，國都睢陽（在今河南商丘西南）。吳、楚叛軍殺向長安，梁國首當其衝。詳見〈梁孝王世家〉。㊸上許之　梁玉繩曰：「〈吳王傳〉『剽輕』諸語出鄧都尉，此云亞夫自請于上。《漢書》兩傳亦仍《史》異，師古以為未知孰是。」按：蓋兩人之計暗合也。況乘破吳、楚之機以削弱梁國，亦景帝與亞夫之所夙定。㊹會兵滎陽　會兵，集結兵力。滎陽，漢縣名，縣治在今河南滎陽東北。㊺昌邑　漢縣名，縣治在今山東金鄉西北，當時為山陽郡的郡治所在地，處於睢陽東北方的二百多里之外。㊻深壁而守　深溝高壘的據以固守，而不出擊敵人。㊼守便宜　據守著有利的地形。㊽不肯往　目的即先使梁耗吳楚之兵，以待其弱。㊾太尉不奉詔二句　瀧川引《孫子・九變篇》云：「將受命於君合軍聚眾，途有所不由，軍有所不擊，城有所不攻，地有所不爭，君命有所不受。」按：此說於當時情理不合。王夫之曰：「亞夫之情可見，景帝之情亦可見矣。委梁于吳以敝吳，而即亦敝梁，以今日之梁即他日之吳楚也。亞夫以是獲景帝之心，不奉詔而不疑；景帝之使救也，亦聊以謝梁而緩太后之責也。」㊿弓高侯　韓頹當，劉邦功臣韓王信之子。於文帝十四年率眾歸降於漢，被封為弓高侯。事見〈韓信盧綰列傳〉。(51)太尉終臥不起　按：此寫周亞夫之鎮靜老練，能持重。(52)奔壁東南陬　謂奔襲周亞夫軍營的東南角。陬，隅；角落。(53)出精兵追擊二句　事在景帝三年二月。《通鑑》大體依〈吳王濞列傳〉，似謂周亞夫先曾堅壁於昌邑，後移兵而南，乃與吳軍會於下邑，但又堅壁不戰，致有吳攻東南，亞夫備西北之事也。(54)吳王濞　劉邦的次兄劉仲之子，高祖十一年黥布「謀反」被殺後，劉邦立劉濞為吳王，都廣陵（今江蘇揚州）。吳王濞是七國亂軍的盟主，事見〈吳王濞列傳〉。55保於江南丹徒　保，逃依；退守。丹徒，漢縣名，縣治在今江蘇鎮江東南。據〈東越列傳〉，東甌是越人在今浙江溫州一帶建立的小國名，劉邦建國後，歸依漢朝；吳楚七國造反，東甌響應吳王劉濞的號召，起兵相從，駐兵於丹徒，劉濞自己的軍隊被打垮，故逃依東甌人於丹徒。56遂盡虜之二句　謂盡降劉濞「棄」於江北之兵。57越人斬吳王頭以告　越，春秋時代的古國名，都會稽（今浙江紹興），後遂以「越」泛指今浙江一帶地區，這裡即指東甌人。據〈東越列傳〉：「及吳破，東甌受漢購，殺吳王丹徒，以故皆得不誅，歸國。」58凡相攻守三月二句　吳楚七國於景帝三年一月造反，於三月被討平，首尾共三個月。59梁孝王與太尉有郤　郤，通「隙」。隔閡；仇怨。以其「抗命」不救梁也。

【語譯】 當周亞夫任河內郡郡守還沒有被封侯的時候，許負就曾給他相面說：「您在三年之後就要被封侯；封侯八年之後要做將相，掌握國家大權，那時您的地位將尊貴到極點，在人臣中獨一無二；但是再過九年您將被餓死。」周亞夫笑著說：「我的長兄已經接替了父親的爵位。日後他死了，也將由他的兒子接替，我又怎麼輪得上封侯呢？再說如果我真是像您所說的，封侯拜相有了尊貴到極點的權位，那又怎麼會餓死呢？請你看著我的面相告訴我。」於是許負指著周亞夫的嘴說：「您的嘴角上有一條豎紋進入嘴中，這是一種餓死的面相。」過了三年，周亞夫的哥哥絳侯周勝之因為殺人罪而被剝奪爵位，孝文帝要在周勃的兒子中找一個賢明的，大家都推舉周亞夫。於是孝文帝就封周亞夫為條侯，把他立為絳侯周勃之後。

2　漢文帝後元六年，匈奴人大舉入侵漢朝的北部邊境。孝文帝派宗正劉禮為將軍，率軍駐紮在霸上；派祝茲侯徐厲為將軍，率軍駐紮在棘門；派河內郡郡守周亞夫為將軍，率軍駐紮在細柳，以防備匈奴人的入襲京城。孝文帝親自去慰勞軍隊，當他到達霸上和棘門的兩座軍營時，兩處都是毫無阻攔地讓孝文帝的車駕侍從長驅而入，以將軍為首的騎兵所有人等都下馬俯伏迎送皇帝。接著孝文帝又向細柳而來，營門前的士兵們都一個個身披鎧甲刀出鞘弓上弦。當皇帝車駕的先驅到達營門時，門前的衛兵攔住了他們。先驅說：「皇帝馬上就要到了！」把守營門的都尉說：「將軍命令『軍營中只能聽將軍的命令，不能聽皇帝的聖旨』。」過了不久，孝文帝的車駕來到營前，衛隊仍是攔著不准他們入內。於是孝文帝只好派使者手執符節進去通知周亞夫說：「皇帝要入營慰勞官兵。」周亞夫接到詔令後，乃傳令打開營門。營門的守衛又對皇帝的侍從們說：「將軍有規矩，軍營中不允許車馬飛跑。」於是孝文帝告訴侍從們一律勒住轡繩，緩步前進。當文帝到達營門時，將軍周亞夫手持兵器迎過來作了一個揖，說：「我是一個武士，只能以軍隊的禮節參見皇上。」孝文帝很受感動，他嚴肅地手扶在車前的橫木上向官兵們敬禮，並讓人向周亞夫傳呼道：「皇帝謹向將軍致以最親切的問候。」就這樣，直到結束了全部慰勞儀式才起駕離去。孝文帝出了周亞夫的軍營，跟隨皇帝的群臣和侍衛們都還一個個驚魂未定。孝文帝讚歎地說：「這才是真正的將軍！像剛才去過的霸上和棘門，那裡簡直就是兒戲，那裡的主將完全可以被化裝的敵人所偷襲、俘獲。至於像周亞夫，誰能侵犯得了呢？」這件事一直被漢文帝稱讚了好幾天。一個多月以後，各地駐軍撤去。於是孝文帝改拜周亞夫為中尉，以維持首都的治安。

3 孝文帝臨死前，告誡太子說：「如果日後國家有了緊急情況，周亞夫是可以信託可以任命率領軍隊的。」孝文帝死後，周亞夫被任命為車騎將軍。

4 孝景帝三年，吳王劉濞夥同楚王劉戊等一起舉兵造反。周亞夫從中尉被拜為太尉，受命率兵東進迎擊吳楚叛軍，出發前他向漢景帝請求說：「楚地的軍隊一向剽悍迅猛，我們不能同他們硬拼；我們可以暴露梁國這個側面讓叛軍攻擊，以消耗叛軍的銳氣，而我們則是抄後路切斷他們的糧道，這樣才有可能打敗他們。」漢景帝答應了周亞夫的請求。

5 周亞夫把朝廷的各路軍隊集結在滎陽，這時吳國軍隊正在進攻梁國。梁國的形勢危急，梁王請求周亞夫出兵援救。他把軍隊帶到了滎陽東北的昌邑縣，深溝高壘，堅守不出。梁王天天派人請求周亞夫救援，周亞夫以因時因地制宜為藉口就是不動。梁王只得上書向景帝告急，景帝派人詔令周亞夫出兵救援梁國。周亞夫拒不執行詔令，仍是堅守營壘不肯出兵救梁，而是派了弓高侯等率領輕騎兵切斷了吳、楚軍隊後方的運輸線。這樣一來吳國軍隊的糧草補給不上了，士兵們開始餓肚子。這時吳軍連續幾次向周亞夫的軍隊挑戰，但周亞夫始終堅守陣地不肯出戰。一天夜裡，周亞夫的營中忽然掀起騷亂，亂兵幾乎都鬧到了周亞夫的帳幕之下。但周亞夫始終鎮靜地躺在牀上不起來。過了一會兒，營中自己又平靜下來了。後來吳兵突然向周亞夫營寨的東南角發起攻擊，周亞夫立即命令要注意防備西北角。不一會兒吳國的精銳部隊果然開始對西北角猛攻，只因周亞夫有備所以吳兵未能攻入。最後因為吳國軍隊已經絕糧，於是只好撤退。這時周亞夫立即派精兵追擊，吳軍大敗。吳王劉濞無奈只好拋棄了部隊隻身一人帶著幾千名壯士，逃到了江南的丹徒縣。漢兵乘勝追擊，全部地俘虜了吳國軍隊，迫使他們投降，同時懸出千金之賞購買吳王劉濞的人頭。一個多月後，丹徒有人殺了吳王把人頭給周亞夫送來了。這次周亞夫與叛軍作戰，前後總共用了三個月，吳、楚幾國就被削平了。這時各將領們才認識到周亞夫當初的計謀是正確的。但也正是從這次平叛開始，梁孝王同周亞夫結下了怨仇。

1 歸，復置太尉官❶。五歲❷，遷為丞相❸，景帝甚重之。景帝廢栗太子❹，丞相固爭❺之，不得❻，景帝由此疏之。而梁孝王每朝，常與太后❼言條侯之短。

2 竇太后曰：「皇后兄王信❽可侯也。」景帝讓❾曰：「始南皮、章武侯❿，先帝不侯⓫。及臣即位，乃侯之。信未得封也。」竇太后曰：「人主各以時行⓬耳。自竇長君在時，竟不得侯，死後乃其子彭祖顧得侯⓭。吾甚恨⓮之。帝趣侯信也⓯！」景帝曰：「請得與丞相議之。」丞相議之⓰，亞夫曰：「高皇帝約『非劉氏不得王，非有功不得侯⓱。不如約，天下共擊之』。今信雖皇后兄，無功，侯之，非約也。」景帝默然而止。

3 其後匈奴王唯徐盧⓲等五人降，景帝欲侯之以勸後⓳。丞相亞夫曰：「彼背其主降陛下，陛下侯之，則何以責[20]人臣不守節者乎？」景帝曰：「丞相議不可用。」乃悉封唯徐盧等為列侯[21]。亞夫因謝病。景帝中三年[22]，以病免相[23]。

4 頃之，景帝居禁中[24]，召條侯賜食。獨置大胾[25]，無切肉，又不置櫡[26]。條侯心不平，顧謂尚席[27]取櫡。景帝視而笑，曰：「此不足君所乎[28]？」條侯免冠謝[29]。上起[30]，條侯因趨出[31]。景帝以目送之，曰：「此怏怏者，非少主臣也[32]！」

5 居無何，條侯子為父買工官尚方[33]甲楯五百被[34]可以葬[35]者。取庸苦之[36]，不予錢[37]。庸知其盜買[38]縣官[39]器，怒而上變告子[40]。事連汙[41]條侯。書既聞上，上下吏[42]。吏簿責[43]條侯，條侯不對。景帝罵之曰：「吾不用也[44]！」召詣廷尉[45]。廷尉責曰：「君侯欲反邪？」亞夫曰：「臣所買器，乃葬器也。何謂反邪？」吏曰：「君侯縱不反地上，即欲反地下耳[46]！」吏侵之益急[47]。初，吏捕條侯，條侯欲自殺。夫人止之，以故不得死，遂入廷尉。因不食，五日，嘔血而死[48]。國除[49]。

6 絕一歲[50]，景帝乃更封絳侯勃他子堅為平曲侯[51]，續絳侯後[52]。十九年卒[53]，謚為共侯。子建德代侯。十三年，為太子太傅[54]。坐酎金不善，元鼎五年，有罪，國除[55]。

7 條侯果餓死56。死後，景帝乃封王信為蓋侯57。

【章　旨】以上為第五段，寫周亞夫立朝剛正，最後被景帝所害的情形。

【注　釋】❶復置太尉官　按：漢初之太尉官，時置時廢。據〈漢興以來將相名臣年表〉：高祖二年最先以盧綰為太尉，高祖五年盧綰反，漢亦遂罷太尉官；至高后四年，又以周勃為太尉，孝文帝三年又罷太尉官；景帝三年，周亞夫往討吳、楚，臨時授以此職，至歸，乃又正式設置此官。❷五歲　周亞夫為太尉的第五年，即景帝七年。❸遷為丞相　是時丞相陶青被免職，周亞夫擢為丞相，而「太尉」一職遂又廢除。楊樹達曰：「亞夫時用趙禹為丞相史而弗任，見禹傳。」❹景帝廢栗太子　栗太子，名榮，以其母姓栗，故史稱「栗太子」。栗姬性妒，在嬪妃中處境孤立，景帝姐長公主劉嫖與景帝妃王夫人共同傾陷之。孝景帝七年，栗太子被廢，栗姬也憤鬱而死。❺固爭　堅決反對景帝的做法。❻不得　不為景帝所採納。❼太后　即漢文帝的夫人竇太后，孝景帝與梁孝王的生母，事跡詳見〈外戚世家〉。❽王信　漢景帝王夫人之兄。王夫人鬥勝栗姬後，遂被景帝立為皇后，所生子即日後之武帝劉徹。❾讓　推辭。太后提出要封兒媳婦的哥哥，做兒子的理應「推辭」一番。❿南皮章武侯　南皮侯為竇彭祖，竇太后兄竇長君之子，因其父早死，故封其子為侯。章武侯為竇廣國，竇太后之弟。⓫先帝不侯　先帝，指文帝，文帝在世時並未封其妻之兄弟為侯，乃景帝於文帝去世後的第十七天所封。⓬各以時行　《索隱》曰：「謂人主各當其時而行事，不必一一相法也。」⓭乃其子彭祖顧得侯　謂竇長君未能封侯，死後兒子彭祖反倒被封侯。顧，反而；反倒。乃，下原有「封」字，張文虎《札記》：「『封』字衍《漢》傳無」據刪。⓮恨　遺憾；後悔。⓯帝趣侯信也　猶言「你要趕緊封王信為侯」。趣，通「促」。急；迅即。⓰丞相議之　李笠曰：「四字誤復，《漢》傳不復。」⓱非劉氏不得王二句　按：劉邦此約又見於〈呂太后本紀〉中王陵語。郭嵩燾曰：「是時薄氏、竇氏皆已前侯，亞夫猶以高帝之約為詞，亦稍犯當時之忌諱矣。」⓲唯徐盧　原匈奴王，於景帝中元三年（西元前一四七年）冬率眾降漢，事見〈孝景本紀〉。原作「徐盧」，梁玉繩曰：「此人姓唯徐名盧，似脫『唯』字，說在〈惠景侯表〉。」據補。⓳勸後　鼓勵其餘的人（繼續來降）。勸，鼓勵。⓴責　要求。㉑悉封唯徐盧等為列侯　據《漢書．景武昭宣元成功臣表》，此次受封者唯徐盧為容城侯，僕陽為易侯，范代為范陽侯，邯鄲為翕侯，盧他之為亞谷侯，于軍為安陵侯，某賜為桓侯，共七人。㉒景帝中三年　即中元三年，西元前一四七年。㉓以病免相　實際以屢忤上意而遭免職，事在景帝中元三年九月。㉔禁中　即宮中，以其門閤有禁，非侍御之臣不得入內，故云。㉕大胾　大塊的肉。㉖櫡　筷子。㉗尚席　官名，主管為皇帝安排酒席。尚，主管。㉘此不足君所乎　意即「這難道還不滿你的意嗎？」楊樹達曰：「『所』，猶『意』也。」凌稚隆引余有丁曰：「置胾而不置箸，是景帝作意如此以覘亞夫；乃亞夫怒形于色，故曰『怏怏非少主臣』，此亞夫不善處危機也。」㉙免冠謝　摘下帽子賠禮請罪。㉚上起　言景帝發怒站起。㉛趨出　趨，小步疾走，這是臣下在君父面前行走的一種特殊步態。㉜此怏怏者二句　「這個心懷不滿的傢伙，不是日後侍奉幼主的材料！」意即絕不能再留著他。怏怏，猶言「悻悻」，內心不平、不滿的樣子。㉝工官尚方　猶言「尚方工官」，主管為皇家製造器物的部門，其長官曰上方令。㉞五百被　猶言「五百套」。被，套，計數單位。㉟可以葬　可做殉葬之用。㊱取庸苦之　在雇人搬運這些器物的過程中對被雇者所虐待。庸，通「傭」。雇工。㊲不予錢　不付給人家工錢。㊳盜買　非法購買。㊴縣官　指天子，亦用為「國家」之義。㊵上變告子　上書告發條侯之子。變，也叫「變事」，告發謀反事件的文書。㊶連汙　連帶受禍。㊷上下吏　景帝將告發周亞夫的「變事」批給有關部門查處。㊸簿責　師古曰：「書之於簿，一一責問之也。」按：此時尚未逮治，乃派吏持簿至其家驗問之。㊹吾不用也　中井積德曰：「下吏簿責，不直付廷尉，是帝猶有優意，而欲有所宥赦也。然而亞夫恚不對，帝乃怒其不承當優意也。」㊺召詣廷尉　命令條侯到廷尉處受審。廷尉，官名，主管全國刑獄，是當時的九卿之一。㊻君侯縱不反地上二句　查慎行曰：「亞夫之坐『謀反』，因子買葬器，獄吏執『欲反地下』四字，游戲定爰書（判決書），景帝之刻薄寡恩，隱然言外。」㊼侵之益急　侵，折辱；使之受苦。按：史公每言及此種事，感慨萬分，試參看〈報任安書〉、〈韓長孺列傳〉以及本篇上文寫周勃下獄事。㊽嘔血而死　周亞夫嘔血死的時間，史公未明載，《通鑑》繫之於景帝後元元年八月。然據下文「絕一歲，景帝乃更封絳侯勃他子堅為平曲侯」，而〈高祖功臣侯者年表〉謂勃子堅續封平曲侯在景帝後元元年，則亞夫之死似當在景帝中元六年。㊾國除　條侯的建制與封邑被撤銷。㊿絕一歲　景帝後元元年。(51)平曲侯　封地平曲縣，關於「平曲」為今何地望說法不一，有說在今江蘇東海東南，有說在今河北霸縣城東。(52)續絳侯後　作為周勃的嫡系繼承人。(53)十九年卒　據〈高祖功臣侯者年表〉，周堅死於武帝元朔四年，西元前一二五年。(54)十三年二句　太子太傅，皇太子的輔導官，秩二千石。據此文，周建德為太子太傅在武帝元鼎五年，西元前一一二年。然據《漢書．百官公卿表》是年周建德為太常，非為太子太傅也。(55)坐酎金不善四句　梁玉繩以為應作「為太子太傅有罪免，十三年元鼎五年，坐酎金不善國除」。酎金，漢代諸侯獻給皇帝作為助祭宗廟用的黃金。酎，經過多次釀製的醇酒，祭祀宗廟時用之。據丁孚《漢儀》記載，漢代酎金的數目是按照各諸侯國的戶口來計算，每千口奉金四兩。其封邑在南方諸郡的，交犀角、象牙、玳瑁，以折黃金。按：所謂「酎金不善」，實際是當時皇帝為取消這些諸侯國而稱說的一種藉口。(56)條侯果餓死應前文許負之為亞夫看相。57死後二句　瀧川引洪頤煊曰：「《漢書・恩澤侯表》，蓋侯王信，景帝中五年五月甲戌封，在亞夫未死前二年。」

【語　譯】當周亞夫回朝後，朝廷為此又特意恢復了前已廢除的太尉官。又過了五年，周亞夫被遷升為丞相，漢景帝非常重用他。後來當漢景帝要廢除栗太子的時候，周亞夫極力攔阻護持，但未能成功，而漢景帝則從此對周亞夫越來越疏遠。梁孝王每次來長安朝見時，也常常在太后面前說周亞夫的壞話。

2 有一次竇太后向漢景帝說：「皇后的哥哥王信應該封侯。」漢景帝推辭說：「南皮侯、章武侯都是您的親戚，先帝在世時都沒有封他們。是到我即位後才封的。王信是我這輩的親戚，這時候不能封他。」竇太后說：「做主子的理應根據各自的時代情況辦事。就因為先帝有那種章程所以鬧得我大哥竇長君到死也未能封侯，等你即位後倒把他的兒子竇彭祖封了侯。我對這件事一直感到遺憾。你現在還是要趕緊封王信為侯！」漢景帝說：「請讓我和丞相商量一下再說。」後來當丞相商量這件事，周亞夫說：「高皇帝當初曾有明確規定『不是劉家的子弟不能封王，沒有功勞的人不能封侯。誰不遵守這個規定，全國就一起討伐他』。現在王信雖然是皇后的哥哥，但他沒有功勞，封他為侯，是違背高皇帝規定的。」漢景帝聽了沒再說話，於是此事也就算完了。

3 後來匈奴王唯徐盧等五人歸降了漢朝，漢景帝準備封他們為侯，想以此來吸引別的匈奴人也來投降。周亞夫說：「他們這些人都是背叛了自己的主子來歸降您的，您封他們為侯，以後我們還怎麼要求我們自己的那些對主子不忠的人呢？」漢景帝說：「丞相的意見不能採用。」於是把唯徐盧等人全都封為列侯。周亞夫對此不滿，藉故稱病請假。漢景帝中元三年，周亞夫因病被罷免了丞相職務。

4 過後不久，漢景帝召周亞夫入宮，設宴招待他。但桌上只擺著一大塊肉，既沒有切碎的肉，又沒有放筷子。周亞夫心裡不高興，他回頭叫主管筵席的官員去拿筷子。漢景帝看著周亞夫笑說：「這還不能滿足你的要求嗎？」周亞夫一聽只好脫帽請罪。這時漢景帝已經生氣地站起來了，周亞夫見此情景，也躬身快步出門而去。漢景帝盯著他的背影，說：「這個心懷不滿的傢伙，可不是一個將來能受少年皇帝支使的人！」

5 沒過多久，周亞夫的兒子為周亞夫向專為宮廷服務的製造廠買了五百套作殉葬用的鎧甲和兵器。由於虐待雇工，不給人家工錢。而雇工們知道這是偷著買了皇家使用的陪葬物品，於是一怒之下上書告發了周亞夫的兒子。事情很自然地牽連到了周亞夫。漢景帝看過控告信後，把這個案件交給有關的法吏去辦理。法吏拿著簿書到周亞夫家驗問，周亞夫不理他。漢景帝聽說後生氣地罵道：「我也用不著叫你對簿了！」於是下令叫周亞夫到廷尉那裡去受審。廷尉責問周亞夫說：「君侯你想造反嗎？」周亞夫說：「我買的那些東西都是殉葬品，怎麼能說是造反呢？」旁邊的小吏們說：「即使您不是想在人間造反，也是想到地下去造反！」接著他們就越來越厲害地迫害周亞夫。本來當獄吏去逮捕周亞夫時，周亞夫就想自殺。由於他的夫人勸阻他，所以沒有死，才到了廷尉這裡。在獄中，周亞夫五日拒不進食，最後吐血而死。封國也隨之被廢除。

6 周亞夫的封爵斷絕一年之後，漢景帝又改封周勃的其他兒子周堅為平曲侯，立他為周勃之後。周堅為平曲侯十九年死去，被諡為共侯。他的兒子周建德繼位。十三年，周建德被任命為太子太傅。元鼎五年，因為交納的助祭宗廟的黃金成色不好而犯罪，封國被廢除。

7 周亞夫果然是被餓死的，周亞夫死後，漢景帝封王信為蓋侯。

太史公曰：絳侯周勃始為布衣時，鄙樸❶人也，才能不過凡庸❷。及從高祖定天下，在將相位❸。諸呂欲作亂，勃匡❹國家難，復之乎正❺，雖伊尹❻、周公❼，何以加哉！亞夫之用兵，持威重❽，執堅刃❾，穰苴❿曷有加焉！足己而不學⓫，守節不遜⓬，終以窮困。悲夫⓭！

【章　旨】以上為第六段，是作者的論贊，表現了作者對周勃父子巨大功動的肯定和對其悲慘結局的感慨同情。

【注　釋】❶鄙樸　粗陋樸實。鄙，粗陋；不懂禮儀，缺乏修養。❷不過凡庸　不比平常人強。❸從高祖定天下二句　周勃在高祖、孝惠時，兩度為太尉，第二次一直當到呂后死；至為丞相，乃在文帝即位後，此處乃大略言之。❹匡　扶持；糾正。❺復之乎正　恢復了劉氏的正統，與國家的正常秩序。❻伊尹　商初名臣，曾輔佐商湯滅夏建國，事見〈殷本紀〉。❼周公　名旦，武王之弟，曾輔佐武王滅商建國，後又輔佐成王治理天下，事見〈周本紀〉。伊尹和周公被後世稱為名臣的代表，被儒家稱為聖人。❽持威重　謂有威嚴，且沉著穩重。❾執堅刃　刃，同「忍」。嚴厲；不慈，蓋指其意志堅定，法令嚴明。按：「堅刃」解作「堅韌」，亦大致可通。❿穰苴　春秋時期齊國的軍事家，姓田，景公時人。因做過司馬官，故人們也稱之曰司馬穰苴，事跡見〈司馬穰苴列傳〉。⓫足己而不學　自以為是，而不學習古人。足己，自足；自滿。⓬守節不遜　守節，堅守臣節，指爭栗太子、阻封王信、阻封唯徐盧等。不遜，不順；不順適天子之意。⓭終以窮困二句　淩稚隆引余有丁曰：「亞夫不得其死，此景帝之失，太史公以『守節不遜』責之，過矣。」沈家本曰：「遜，順也，言不能遜順以自全也。故繼之曰：『終以窮困，悲夫』，傷之至，非責之也。」按：沈說是也。

【語　譯】太史公說：絳侯周勃在還是一個平民的時候，為人粗俗質樸，才能很平常。等到跟著高祖平定了天下，居然能夠出將入相。待至諸呂篡權作亂時，周勃居然又能挽救了國家的危機，使國家恢復了正統，這樣的功勳恐怕即使伊尹、周公也難以超過了！周亞夫的用兵，能夠威嚴穩重，意志堅毅，即使司馬穰苴也難得超過他！可惜過於自信，而不知道學習古人，能夠堅守節操而不能忍讓謙遜，結果落了個悲劇下場。真叫人感慨萬分。

【研　析】周勃是劉邦的同鄉，是隨同劉邦最早起事的骨幹，周勃在協助劉邦滅秦、滅項以及在建國初期的過程中立有累累戰功。

〈絳侯周勃世家〉稱頌了周勃父子在建立與鞏固漢王朝，以及在稍後的平定吳楚七國之亂、維護國家統一過程中所做出的卓越貢獻，而對他們父子兩代最後的慘痛遭遇，尤其是對周亞夫的絕食而死，表現了無限的同情與不平。作者對周勃的「木彊敦厚」、「椎少文」；對周亞夫的「足己而不學，守節不遜」云云，都是似貶而實褒，這與蕭、曹、陳平諸人的望風觀色、阿意取容恰成對照。因此，史公於劉邦開國諸臣中，對周勃的貶辭最少，同情最多。

歷代凡行廢立之大臣，雖於新主有大恩，但也最為新主所畏忌，晉之里克、劉宋之徐羨之、傅亮所以有大功而被殺，正以此也。陳平早死，免卻了許多麻煩；周勃已被罷官放歸領地，隨後又因莫須有的罪名被下獄，放出後鬱鬱而死。這裡邊的確有許多令人感慨的人生學問，應結合〈呂太后本紀〉、〈孝文本紀〉、〈齊悼惠王世家〉、〈陳丞相世家〉諸篇參照思考，很讓人長見識。

周亞夫軍細柳一節，史公之描寫精彩但過分誇張，似不可盡信。亞夫之治軍有才，且又功勳巨大，景帝懼之，亦猶高祖之忌韓信，故其悲劇結局在所難免。如果說周勃在呂后封諸呂為王時還有些迎合、有些可議的話，則周亞夫一生可指責的地方幾乎沒有，周亞夫是《史記》中最使人同情的悲劇英雄人物之一，司馬遷的描寫也意到筆到。查慎行說：「太史公敘周勃，與曹、樊同例，功雖多，不過一戰將耳；至子亞夫用兵處，極力摹寫，節制之師，歷歷有如目擊。亞夫之坐『謀反』，因子買葬器，獄吏執『欲反地下』四字，游戲定爰書，此何異岳武穆『莫須有』三字耶？景帝之刻薄寡恩，隱然言外。史筆至此，出神入化矣。」

漢景帝是司馬遷所見到的漢代最差的帝王之一，一生所行的善政沒有更多可寫，但他殺周亞夫、殺鼂錯、殺臨江王劉榮，都是極無理、極殘忍的，因此〈絳侯周勃世家〉又應與〈外戚世家〉、〈袁盎鼂錯列傳〉並讀。

伯夷列傳

【題解】《伯夷列傳》是《史記》之「列傳」的開宗第一篇，它敘述了伯夷、叔齊兄弟讓國出走，又勸阻武王伐紂，與不食周粟、餓死首陽山的大致過程。作品充滿了強烈的抒情性，表現了司馬遷對統治集團內部爭權奪利的無比憎恨。「伯夷」作為一個歷史人物大概是有的，因為在《論語》中孔子早就提過；但司馬遷寫「伯夷」所用的材料卻未必可信，他是依據《莊子》中的一些說法捏合而成。他之所以要塑造這麼一個「人物」並加以歌頌，其意義更多的是在這個人物形象之外。又因為《伯夷列傳》是《史記》「列傳」的第一篇，所以它那種「學者載籍極博，猶考信於六藝」云云，便具有給全部「列傳」發凡起例的作用。

1 夫學者載籍❶極博，猶考信❷於六藝❸。詩、書雖缺❹，然虞、夏之文可知❺也。堯將遜位❻，讓於虞舜；舜、禹之間，岳牧咸薦❼，乃試之於位，典職數十年❽，功用既興，然後授政❾。示天下重器，王者大統❿，傳天下若斯之難也。而說者⓫曰：堯讓天下於許由，許由不受，恥之逃隱⓬；及夏之時，有卞隨、務光⓭者。此何以稱焉⓮？

2 太史公曰⓯：余登箕山⓰，其上蓋有許由冢云⓱。孔子序列古之仁聖賢人，如吳太伯、伯夷之倫詳矣⓲。余以所聞由、光義至高，其文辭不少概見，何哉⓳？

【章旨】以上為第一段，提出了一系列以讓國著稱的人，其中有的見於儒家經典，被孔子所稱道；有的則否，史公對此提出疑問。

【注釋】❶載籍　猶言「冊籍」。泛指各種圖書資料。❷考信　通過考察得以確信。❸六蓺　指《詩》、《書》、《禮》、《樂》、《易》、《春秋》六部儒家經典。按：載籍雖多，但要以「六藝」作為鑒別是非、決定去取的標準，於此見史公之尊重儒家學說。❹詩書雖缺　《詩》《書》，即後代所說之《詩經》、《尚書》。相傳古代的《詩》《書》都篇章甚多，後經孔子刪選，才成了後來人們所見的樣子。如〈孔子世家〉稱古《詩》有三千餘篇，孔子刪為三百零五篇。今人對此說多不相信。《尚書緯》稱孔子時尚見《書》三百三十三篇，孔子刪為百篇。經秦火後，僅餘二十八篇。乃老儒記誦所得，時人以今文（隸書）錄出，即後世所稱之今文《尚書》。後來又從孔子宅壁中發現一部分古字的《尚書》，即所謂古文《尚書》。二者的文字有差異。按：「《詩》《書》雖缺」，瀧川以為這裡主要是指《書》而言，言《詩》者，連類而及。❺虞夏之文可知　今文《尚書》中有〈堯典〉，古文《尚書》中有〈堯典〉、〈舜典〉、〈大禹謨〉，記載了堯禪位於舜，舜禪位於禹的事情。❻遜位　退位。❼舜禹之間二句　按：「之間」二字，意思不明。其意蓋謂堯將讓位於舜，舜將讓位於禹的時候，舜和禹都是被全體諸侯大臣推薦出來的。岳，四嶽。分掌四方諸侯的四個霸主，當時稱為方伯。牧，州牧。各州的行政長官。據說當時中國劃分為九州，州各有牧。行政長官而稱「牧」，乃用放牧牛羊以比喻治民。❽典職數十年　典職，任職理事。典，主管。據說舜、禹都是任職理事二十餘年後，才正式登上帝位的。詳情見〈五帝本紀〉、〈夏本紀〉。❾授政　指傳與帝位。❿示天下重器二句　由此說明政權是最貴重的東西，帝王是全國人民的首腦。（對於傳授政權，選擇天子的事情，萬萬不能掉以輕心。）天下，這裡指國家政權。重器，也稱「大器」、「神器」。極言其貴重緊要。《莊子・讓王》：「天下，大器也。」《呂氏春秋・貴生》：「天下，重器也。」大統，大綱；主宰者。⓫說者　此處指莊周之流。莊周，戰國時人，道家學派的主要人物之一，著有《莊子》。⓬堯讓天下於許由三句　《莊子・讓王》云：「堯以天下讓許由，許由不受。」此乃莊周為闡述道學所捏造的故事。至晉人皇甫謐作《高士傳》，乃更推衍其事，謂堯以天下讓許由，許由逃於潁水之陽，箕山之下；堯又欲召以為九州長，許由以為受辱，竟跑到潁水邊上洗耳云云。⓭卞隨務光　亦《莊子・讓王》中虛構的人物。據說商湯曾向他們請教有關伐桀的問題，他們不回答。湯滅桀後，想把天下讓給他們，他們都氣憤得投河而死。⓮此何以稱焉　有關許由、卞隨、務光的這些事情，為什麼又受到世人稱讚呢。⓯太史公曰　王叔岷曰：「《史記》稱『太史公曰』，大都在篇末；列傳中在篇首者，如〈孟子荀卿列傳〉是也；

在篇中者，如本傳是也。」⑯箕山　在今河南登封東南。⑰其上蓋有許由冢云　瀧川曰：「曰『蓋』、曰『云』，疑之也。」按：謂疑其冢之真實性，感到事情滑稽。⑱孔子序列古之仁聖賢人二句　吳太伯，周文王的大伯父，周太王之子，為將君位及早讓與其弟季歷，以便日後能順利地傳給周文王，而早早地偕其二弟仲雍逃離周國而去，事見〈吳太伯世家〉。「太」字也寫作「泰」。倫，類。孔子序列吳太伯、伯夷事，皆見於《論語》。其〈泰伯〉云：「泰伯其可謂至德也矣，三以天下讓，民無得而稱焉。」序列伯夷事見下文。陳直曰：「此段以孔子嘗稱之吳太伯和伯夷並論，蓋表其有讓德。丹陽吉鳳池先生語余云：『年表首共和，本紀首黃帝，世家首吳太伯，列傳首伯夷，皆表揚讓位，反抗君主者。』」⑲余以所聞由光義至高三句　意謂我認為從我聽到的有關許由、務光的情況看，他們的道義是夠高的了，可是儒家的經典和聖人的言辭中卻從來不提他們，這是為什麼呢。以，認為。少，同「稍」。不少概見，即「不可見」、「見不到」的意思，語氣比較靈活。

【語　譯】學者們記載歷史的冊籍雖然很多，但仍然要把六經作為鑒別取捨的標準。《詩經》、《尚書》雖然有殘缺，但是關於虞、夏兩代的記載還是能夠看到的。堯將要退位時，準備讓位給虞舜，以及後來舜讓位於禹的時候，都是四方的諸侯盟主和各州長官提出推薦，而後先讓他們代行帝王的職位，主持政事幾十年，直到治理天下的功績很顯著時，才把帝位正式傳給了他們。由此可見管理天下的政權是極其重要的寶器，帝王是天下的主宰，而傳授管理天下的政權給人是多麼不可掉以輕心的事啊。可是有人傳說：堯要把主宰天下的職位讓給許由，許由不接受，他認為是一種恥辱，於是逃走隱居起來了；到了夏朝的時候，又有卞隨、務光兩個不肯接受帝位的人。這幾個人的行為為什麼受到稱讚呢？

2　太史公說：我登上過箕山，看到山上有許由的墳墓。孔子提到過許多古代的仁聖賢人，如吳太伯、伯夷等，說得都很詳細。據我所聽到的有關許由、務光的傳說其節義也很崇高，但孔子卻從來沒有提到過他們，這是為什麼呢？

1 孔子曰：「伯夷、叔齊，不念舊惡，怨是用希❶。」「求仁得仁，又何怨乎❷？」余悲伯夷之意❸，睹軼詩可異焉❹。

2 其傳曰❺：伯夷、叔齊，孤竹君之二子❻也。父欲立叔齊，及父卒，叔齊讓伯夷。伯夷曰：「父命也。」遂逃去。叔齊亦不肯立而逃之。國人立其中子❼。於是伯夷、叔齊聞西伯昌❽善養老❾，盍往歸焉❿。及至⓫，西伯卒，武王載木主，號為文王⓬，東伐紂⓭。伯夷、叔齊叩馬⓮而諫曰：「父死不葬，爰及干戈⓯，可謂孝乎？以臣弒君，可謂仁乎？」左右欲兵之⓰。太公⓱曰：「此義人也。」扶而去之⓲。武王已平殷亂⓳，天下宗周⓴，而伯夷、叔齊恥之，義不食周粟㉑，隱於首陽山㉒，采薇而食之㉓。及餓且死，作歌。其辭曰：「登彼西山㉔兮，采其薇矣。以暴易暴㉕兮，不知其非矣。神農㉖、虞、夏㉗忽焉㉘沒兮，我安適歸㉙矣？于嗟徂兮，命之衰矣㉚！」遂餓死於首陽山㉛。由此觀之，怨邪非邪㉜？

【章旨】以上為第二段，寫伯夷兄弟的事跡，對此事跡與孔子評論不符的問題提出疑問。

【注釋】❶不念舊惡二句　由於不記舊仇，因此怨恨也就少了。惡，怨仇。用，因。希，通「稀」。按：孔子此語見《論語・公冶長》。所謂「舊惡」，不知指何事，恐絕非指武王伐紂不聽其叩馬之諫事。《大戴禮記・衛將軍文子》：「孔子曰：『不克不忌，不念舊惡，蓋伯夷、叔齊之行也。』」❷求仁得仁二句　孔子此語見《論語・述而》，亦不知確指何事。孔安國注曰：「以讓為仁，豈有怨乎？」亦只可姑妄聽之，未必符合孔子原意。❸悲伯夷之意　《索隱》曰：「謂悲其兄弟相讓，又義不食周粟而餓死。」❹睹軼詩可異焉　軼詩，散失而未編入「三百篇」內的古代詩歌，這裡即指下文所引的〈采薇詩〉。《索隱》曰：「《論語》云：『求仁得仁，又何怨乎？』今其詩曰：『我安適歸矣？于嗟徂兮，命之衰矣！』是怨詞也，故云『可異焉』。」按：《論語》所云，本不知對何事而發，今硬自將其與〈采薇詩〉牽合一起，矛盾自然就出來了。❺其傳曰　《索隱》曰：「『其傳』，蓋《韓詩外傳》及《呂氏春秋》也。」按：有關伯夷的「事跡」，最早而又較詳的是見於《莊子》，《韓詩外傳》與《呂氏春秋》皆成書甚晚，不足取信。❻孤竹君之二子　按：說伯夷、叔齊為孤竹君之子者，始於莊周，成於司馬遷。《莊子・盜跖》云：「伯夷叔齊，辭孤竹之君，而餓死于首陽之山。」先此之《孟子》未言其為何如人也；《論語》則一稱為「逸民」（〈微子〉），一稱為「古之賢人」（〈述而〉）；《呂氏春秋・誠廉》稱之為「二士」；即《莊子・讓王》亦仍稱曰「有士二人」，而皆不稱其為孤竹君之子。孤竹，古國名。其地約當今河北盧龍一帶地區。《索隱》引《韓詩外傳》與《呂氏春秋》有所謂「夷、齊之父名初，字子朝；伯夷名允，字公信；叔齊名致，字公遠」云云。按：伯夷、叔齊究竟為何許人尚無法說清，後人竟能造出其「名」、其「字」，可謂用心良苦。❼中子　謂伯夷之弟，而叔齊之兄也。❽西伯昌　即日後之周文王，姓姬名昌。商朝末年，姬昌為西方的諸侯之長，故稱之曰「西伯」。伯，通「霸」。諸侯之霸主。❾養老　收養老人。實乃招賢納士之意。❿盍往歸焉　於是就去投奔他。盍，通「蓋」。乃；於是。《孟子・離婁》云：「伯夷避紂，居北海之濱。聞文王作興，曰：『盍歸乎來！吾聞西伯善養老者。』」那裡的「盍」字作「何不」講。此處「盍往歸焉」四字如按《孟子》理解，則應將其括起，四字前加「曰」字讀。瀧川曰：「楓山本、三條本、敦煌本皆作『蓋』。」⓫及至　就字面，應指到達周國。當時的周國都於豐（今西安市西南之古豐水西側）。但據下文文意，實際是在武王出師東征的路上。⓬載木主二句　當時文王已死，武王載其父之靈牌伐紂，以表示自己是謹奉父命，行父之志。木主，靈牌。⓭紂　商朝的末代帝王，國都朝歌（今河南淇縣）。⓮叩馬　意即攔著馬頭。⓯爰及干戈　猶言「就動起了干戈」。爰，於是；就。及，輪到；動起。⓰欲兵之　欲以兵器殺之。⓱太公　姓姜名尚，也稱「呂望」，西周的開國元勳，事跡詳見〈齊太公世家〉。⓲扶而去之　意即沒有殺他，讓人把他們架到一邊去了。⓳武王已平殷亂　武王滅殷的時間，范文瀾以為在西元前一〇六六年，郭沫若以為在西元前一〇五六年，趙光賢以為在西元前一〇四五年，今夏商周斷代工程定之為前一〇四六年。⓴天下宗周　意即各小國都承認周天子為天下之共主。㉑義不食周粟　梁玉繩曰：「恥食周粟，亦止于不食稍祿，非絕粒也。《戰國策・燕策》蘇秦曰：『伯夷不肯為武王之臣，不受封侯。』《漢書・王貢兩龔鮑傳》序曰：『武王遷九鼎于洛邑，伯夷、叔齊薄之，不食其祿。』」㉒首陽山　其說甚多，有曰即今山西永濟附近之雷首山，有曰即今河南偃師西北之首陽山，有曰其山在今甘肅隴西。按：其人之有無尚在不可知數，其隱而餓死之地自然更是後人之影附。㉓采薇而食之　方孝孺曰：「恥食其粟，獨食其薇。其薇也獨非周土之毛乎？謬甚。」薇，也叫「蕨」，一種野菜名。㉔西山　《索隱》曰：「即首陽山也。」㉕以暴易暴　《索隱》曰：「以武王之暴臣，易殷紂之暴主。」按：稱武王伐紂為「以暴易暴」，可謂駭人聽聞。類似之語《莊子・讓王》稱伯夷、叔齊云：「今周見殷之亂而遽為政，上謀而下行貨，阻兵而保威，割牲而盟以為信，揚行以說眾，殺伐以要利，是推亂以易暴也。」此詩不見於先秦典籍，不知史公取自何處。㉖神農　中國遠古傳說中的帝王，被稱為「三皇」之一。㉗虞夏　虞舜、夏禹。神農、虞舜、夏禹都被傳說是遠古的聖帝名王，他們的政治被後人們嚮往為古代的極盛政治。㉘忽焉　言其消失之快。或曰「忽」者「奄忽」之意，「奄忽」指生命死亡的樣子。㉙我安適歸　我還能去投奔誰呢。安適歸，意即安歸。「適」、「歸」二字同義。㉚于嗟徂兮二句　猶言「唉呀，我就要死啦，我的命運就是這樣的壞啊！」于嗟，也寫作「吁嗟」。歎息聲。徂，去。這裡指死。㉛遂餓死於首陽山　說伯夷餓死於首陽山者始於莊周，其〈盜跖〉云：「伯夷叔齊，辭孤竹之君，而餓死于首陽之山。」其〈讓王〉云：「二子北至于首陽之山，遂餓而死焉。」早於《莊子》之《論語・季氏》只言其「餓于首陽之下」，晚於《莊子》之《呂氏春秋・誠廉》亦只言「至首陽之下而餓焉」，皆未云餓死。㉜怨邪非邪　有怨呢還是沒有怨呢。

【語　譯】 孔子說：「伯夷、叔齊，他們不記掛舊的仇根，因此他們的怨氣也就少了。」又說：「他們求仁德而得到了仁德，還有什麼可怨憤的呢？」我對於伯夷、叔齊的經歷感到悲哀，當我看到他們遺留下來的詩句時，又感到很詫異。

2　他們的傳記上說：伯夷、叔齊，是孤竹國君的兩個兒子。父親在世時想讓小兒子叔齊繼位，等到父親死後，叔齊讓給大哥伯夷。伯夷說：「父親的遺命是讓你做啊。」於是逃走了。而叔齊也不肯即位，也逃走了。國人只得擁立了老二為君。當時伯夷、叔齊聽說西伯姬昌善於收養賢士，就想到那裡去歸順他。等他們到達時，西伯姬昌已經死了，武王姬發正載著姬昌的靈牌，號稱是遵循著父親的遺命，往東討伐殷紂。伯夷、叔齊就攔住武王的馬頭勸阻說：「你父親剛死還沒有安葬，就發動戰爭，這能說是孝嗎？做臣子的要去討伐自己的君主，這能說是仁嗎？」武王左右的人要殺他們。太公姜尚說：「這可是兩位義士啊。」於是讓人把他們攙扶開了。等到武王滅掉殷紂後，天下人都接受周的統治，而伯夷、叔齊卻對做周朝的臣民感到恥辱，他們決心不吃周朝的糧食，隱居在首陽山，採摘蕨菜充飢。等他們餓得將死的時候，作了一首歌。歌詞說：「登上西山啊，採野菜充飢。用暴力取代暴力啊，誰人不知道這是錯的。神農、舜、禹的時代一去不復返，我還能去投奔誰呢？啊，我就要死啦，我的命運就是這樣的壞啊！」於是雙雙餓死在首陽山上。由他們留下的歌詞看來，伯夷、叔齊是有怨呢還是沒有怨呢？

或曰：「天道無親，常與善人❶。」若伯夷、叔齊，可謂善人者非邪❷？積仁絜行❸如此而餓死！且七十子❹之徒，仲尼獨薦顏淵為好學❺；然回也屢空❻，糟糠不厭❼，而卒蚤夭❽。天之報施❾善人，其何如哉？盜蹠❿日殺不辜⓫，肝人之肉⓬，暴戾⓭恣睢⓮，聚黨數千人，橫行天下⓯，竟以壽終⓰。是遵何德哉⓱？此其尤大彰明較著者也⓲。若至近世，操行不軌⓳，專犯忌諱⓴，而終身逸樂富厚，累世不絕㉑；或擇地而蹈之㉒，時然後出言㉓，行不由徑㉔，非公正不發憤㉕，而遇禍災者，不可勝數㉖也。余甚惑焉，儻所謂天道，是邪非邪㉗？

【章　旨】以上為第三段，由伯夷兄弟的慘痛遭遇聯想到當前社會，於是對「天道無親，常與善人」的傳統敬天觀念提出懷疑。

【注　釋】❶天道無親二句　意即老天爺沒有偏心眼兒，專門幫助好人。親，親近；偏向。與，助。按：以上二語見《老子》第七十九章。類似意思諸書多見，若《左傳》僖公五年有所謂「皇天無親，惟德是輔」；《國語・晉語六》有所謂「天道無親，惟德是授」；〈離騷〉亦有所謂「上天之無私阿兮，覽民德而措輔」。即俗話之所謂「善有善報，惡有惡報」，亦此類也。

❷若伯夷叔齊二句　意謂像伯夷、叔齊這樣的，是可以稱為好人呢還是不能稱為好人呢。〈貨殖列傳〉有所謂「豈所謂素封者邪？非也？」句式與此略同。❸積仁絜行　即努力為仁，努力使自己的操行廉潔。絜，通「潔」。❹七十子　指孔門的高材弟子。〈仲尼弟子列傳〉云：「孔子曰：『受業身通者七十有七人，皆異能之士也。』」此云「七十」，乃舉其成數。❺獨薦顏淵為好學　《論語・雍也》：「哀公問弟子孰為好學，孔子對曰：『有顏回者好學，不遷怒，不貳過，不幸短命死矣，今也則亡，未聞好學者也。』」此外還見於《論語・先進》，亦見於〈仲尼弟子列傳〉。薦，推舉；稱讚。❻屢空　經常處於貧困之中。屢，每；經常。空，困缺。《論語・先進》：「回也其庶乎！屢空。」❼糟穅不厭　連吃糟糠都得不到滿足。糟，酒渣。穅，稻麥等作物種子脫下的皮或殼。後作「糠」。按：《論語・雍也》有所謂「賢哉回也！一簞食，一瓢飲，在陋巷，人不堪其憂，回也不改其樂」，無所謂「糟穅不厭」。故《索隱》曰：「顏生『簞食瓢飲』，亦未見『糟穅』之文也。」❽卒蚤夭　卒，終於；結果。蚤，同「早」。夭，夭折。〈仲尼弟子列傳〉云：「回年二十九，髮盡白，蚤死。」《孔子家語》云：「年二十九而髮白，三十二而死。」此外還有許多說法，似更不可信，此不錄。❾報施　即今所謂「回報」。❿盜蹠　亦作「盜跖」。古代傳說中的大盜，名跖，詳見《莊子・盜跖》，蓋亦寓言人物。⓫日殺不辜　每天都殺害無罪的人。辜，罪孽。⓬肝人之肉　中井曰：「不可曉，蓋字訛也。」瀧川曰：「肝，疑當作『膾』。」按：《莊子・盜跖》云：「盜跖方休卒徒太山之陽，膾人肝而餔之。」據此，瀧川說似有理。膾人之肉，將人肉切成細絲而食之。膾，切肉成絲。⓭暴戾　殘暴兇狠。⓮恣睢　任意為非做歹。睢，怒目視人的樣子。⓯聚黨數千人二句　《莊子・盜跖》云：「盜跖從卒九千人，橫行天下。」⓰竟以壽終　按：《莊子・盜跖》未言盜跖「以壽終」，此亦史公所發揮。⓱是遵何德哉　《索隱》曰：「言盜跖無道，橫行天下，竟以壽終，是其人遵行何德而致此哉？」遵何德，猶言「幹了什麼好事」。⓲此其尤大彰明較著者也　這都是最突出、最明顯的例子。指「最好」的顏回窮一輩子短命而死，「最惡」的盜跖為非做歹長壽善終。彰明較著，四字疊用，都是「明確」、「顯著」的意思。較，明也。⓳不軌　不端；不走正道。⓴專犯忌諱　專門違法犯禁。忌諱，猶言禁忌。㉑終身逸樂富厚二句　有本斷句為「終身逸樂，富厚累世不絕」，亦通。逸樂，安閒快樂。富厚，家產富足。累世，一連好幾代。瀧川曰：「『操行』以下十九字，暗指當時恃寵擅權者。其曰『近世』，不曰『今世』者，史公亦有所忌諱也。」㉒擇地而蹈之　看好了地方才下腳邁這一步。極言其小心謹慎之狀。㉓時然後出言　時機合適了才開口說話。時，合時機。《論語・憲問》：「夫子時然後言，人不厭其言。」㉔行不由徑　走路不抄近道。徑，小路。《論語・雍也》子游稱澹臺滅明「行不由徑，非公事未嘗至于偃之室」。㉕非公正不發憤　瀧川曰：「數句，史公暗自道也。『非公正不發憤』六字，尤見精神。」凌稚隆引董份曰：「太史公寓言為李陵遭刑之意。」

㉖不可勝數　無法計算。極言其多。㉗儻所謂天道二句　如果說有什麼「天道」的話，究竟是對呢還是不對呢。儻，同「倘」。

【語　譯】有人說：「老天爺沒有偏心眼，誰有道德它就幫助誰。」那麼像伯夷、叔齊能不能算是好人呢？他們一輩子修德行善，最後竟被餓死！在聖門的七十多位高徒中，孔子最讚美顏淵的好學；但顏淵卻一輩子經常處在窮困之中，甚至連糟糠也吃不上，最後還落到一個短命而死。這老天爺的所謂幫助好人，表現在哪裡呢？盜跖每天都在無故地殺人，把人肉拿來切片吃，他兇狠殘暴，率領著幾千人橫行天下，結果卻壽終正寢。這又是遵循的什麼標準呢？這些都是非常明顯的例子啊。至於近代，那些品行不端、專門違法犯紀的壞蛋，卻終身享樂，高官厚祿幾輩子連續不斷；而那些一生謹慎小心，到了合適時機才說話，走路從來不抄小道，非遇到該主持正義的時候不出頭，行為如此而遭遇災禍的，簡直數不清啊。我簡直不能理解，如果說還有什麼天道，這究竟是對呢？還是不對呢？

子曰：「道不同不相為謀❶。」亦各從其志也❷。故曰：「富貴如可求，雖執鞭之士，吾亦為之❸；如不可求，從吾所好❹。」「歲寒，然後知松柏之後凋❺。」舉世混濁，清士乃見❻。豈以其重若彼，其輕若此哉❼？

【章　旨】以上為第四段，稱引前賢的道德操行，聊做自己生前的寬慰之資。

【注　釋】❶道不同不相為謀　兩個人生宗旨不同的人，不會在一起互相商議、謀劃。語見《論語．衛靈公》。❷亦各從其志也　也就只好各走各的路了。❸富貴如可求三句　如果說為了追求富貴可以不擇手段，那麼即使讓我給人當馬夫我也肯幹。執鞭，趕馬。指給人當馬夫。❹如不可求二句　如果說不能不講原則，那麼我就還是按著我本來的思想志趣去生活了。以上五句是孔子的話，見《論語．述而》。前三句是反話，後兩句是主旨。他在《論語．述而》中還說過：「不義而富且貴，於我如浮雲。」大旨與此相同。❺歲寒二句　語見《論語．子罕》。何晏注：「喻凡人處治世，亦能自修整，與君子同；在濁世，然後知君子之正，不苟容也。」按：《荀子・大略》：「歲不寒無以知松柏，事不難無以知君子。」鮑照詩〈代出自薊北門行〉：「時危見臣節，世亂識忠良。」皆此旨也。❻舉世混濁二句　按：屈原〈漁父〉云：「舉世皆濁我獨清，眾人皆醉我獨醒。」此酌用其句。按：《索隱》於此處引《老子》曰：「國家昏亂，始有忠臣。」用語雖相似，而所說之理大不相同，讀者應辨之。❼豈以其重若彼二句　按：此處文意不清，眾說紛紜。有曰後句「其」上應加「故」字讀，其意為「不就是因為他們把道德操行看得那樣重，所以才把窮困以至於生死都看得這樣輕嗎？」顧炎武《日知錄》曰：「其重若彼，謂俗人之重富貴也；其輕若此，謂清士之輕富貴也。」方苞評點《史記》曰：「言自聖賢論之，豈以若彼之富貴逸樂為重，若此之困窮災禍為輕乎？」其他尚多，今不錄。似以增「故」字讀者為簡便通順。郭嵩燾曰：「所重者志，所輕者富貴壽夭之遇。豈者，想像之辭。」與此相同。

【語　譯】孔子說：「志向不同的人，不會在一起相互商議、謀劃。」也只好各自按著自己的志向去做。孔子又說：「富貴如果允許不擇手段地求得，那麼即使讓我給人家拿鞭子趕馬我也照做；如果不能那麼做，我就只能按照我本來的志趣行事了。」孔子又說：「只有到了冬天，才能看出松柏最耐寒。」整個社會都混濁不清，高潔的人這時才會顯現出來。難道不是因為他們把道德操行看得那樣重，所以才把貧窮以至於生命看得這麼輕嗎？

「君子疾沒世而名不稱焉❶。」賈子❷曰：「貪夫徇財，烈士徇名，夸者死權，眾庶馮生❸。」「同明相照，同類相求。」「雲從龍，風從虎，聖人作而萬物覩。」❹伯夷、叔齊雖賢，得夫子而名益彰❺；顏淵雖篤學❻，附驥尾❼而行❽益顯。巖穴之士，趣舍有時若此，類名堙滅而不稱，悲夫❾！閭巷之人❿，欲砥行立名⓫者，非附青雲之士，惡能施于後世哉⓬？

【章　旨】以上為第五段，想到人之身後成名尚須有大人物推崇，不然則難免類名堙滅，於是又悲憤填膺。

【注　釋】❶君子疾沒世而名不稱焉　孔子語，見《論語・衛靈公》。疾，患；擔心。按：史公〈報任安書〉云：「所以隱忍苟活，幽于糞土之中而不辭者，恨私心有所不盡，鄙陋沒世而文采不表於後也。」此處亦深含個人感慨。❷賈子　賈誼，西漢文帝時的政論家，著有〈過秦論〉、〈治安策〉等。事跡見〈屈原賈生列傳〉。❸貪夫徇財四句　見賈誼〈鵩鳥賦〉。其意謂每個人都在追求自己的東西，為了達到個人的目的，死都不怕。徇，通「殉」。為追求某種東西而豁出命去。烈士，有事業心、有氣節的人。夸者，好矜誇、好作威作福的人。馮生，貪生。馮，通「憑」。恃也。引申為「看重」。瀧川引村尾元融曰：「四句內主意在『烈士』一句，『名』字與『名不稱』之『名』前後呼應。」❹同明相照五句　語出於《易・乾卦》。原文作「同聲相應，同氣相求，水流濕，火就燥，雲從龍，風從虎，聖人作而萬物覩」。前六句言「物以類聚」、「同類相求」之理。聖人作而萬物覩，言萬事萬物經聖人之詮釋，其義乃得大明於天下，以喻伯夷、叔齊、顏淵得孔子之薦而名顯天下事。作，起；出現。覩，被人看見。即彰顯之義。❺得夫子而名益彰　是因為受到了孔子的評點，所以才聲名大振。夫子，猶今所謂「先生」，這裡是敬稱孔子。揚雄《法言・淵騫》：「無仲尼，則西山之餓夫惡乎聞？」❻篤學　好學。篤，厚；用心專一。❼附驥尾　《索隱》曰：「蒼蠅附驥尾而致千里。」王褒〈四子講德論〉：「蚊虻終日經營，不能越階序，附驥尾則涉千里。」史公這裡用以比喻普通人的受名人提攜。❽行　行為；操行。❾巖穴之士四句　意謂「有些隱居山林的人，他們的出處大節也和伯夷一樣，但因為缺少孔子那樣的大人物表彰他們，所以他們的名字和事跡也就堙滅無聞了，可悲啊！」趣舍有時，出仕和退隱都掌握得恰合時機。趣，通「趨」。指出仕。舍，指退隱。若此，和伯夷等的行為一樣。類名，美名。類，善也。❿閭巷之人　指平民之士。⓫欲砥行立名　想通過磨鍊操行揚名天下。⓬非附青雲之士二句　如果沒有一個德高望重的人來薦拔他，他又怎麼能夠揚名後世呢。青雲之士，楊慎《丹鉛總錄》曰：「謂聖賢立言傳世者，孔子是也。」中井引村尾元融曰：「青雲有三義，此云『青雲之士』，以德言；〈范雎傳〉『自致於青雲之上者』，以位言；《晉書・阮咸傳》『仲容青雲器』，以志言，皆取義高超絕遠耳。」惡能，怎能；豈能。施，延；流傳。凌稚隆引董份曰：「太史公言伯夷、叔齊不能無怨，惟得孔子言之，故益顯；若由、光義至高，而文辭不少概見，故後世無聞焉，是以砥行立名者必附青雲之士也，此一篇大意。」

【語　譯】孔子說過：「君子所擔心的是死後名聲不被後代所稱頌。」賈誼說：「貪得無厭的人為追求財利而死，有事業心的人為建立功業而死，權勢慾強的人為追求權勢而死，一般的人只求平平安安地度過一生。」《易・乾卦・繫辭》裡說：「發光的物體互相映照，同類的東西互相吸引。」「雲跟著龍，風跟著虎，有了聖人出現，萬事萬物才能得到說明和解釋。」伯夷、叔齊雖有賢德，只有得到孔夫子的讚譽他們的名聲才得以顯揚；顏淵雖然好學，但還是因為他跟上了孔夫子，所以才使得世人皆知。而那些隱居在山林巖穴的人，他們的思想行為並不比伯夷、叔齊差，但他們的名字和事跡卻湮滅無聞了，這實在可悲啊！看起來一個普通人要想讓自己的道德、名聲留傳於後世，倘若沒有個「德高望重」的人來提攜，那又怎麼可能呢？

【研　析】〈伯夷列傳〉的主要意義主要有三點：

其一是歌頌伯夷、叔齊的「讓」，以反對、批判現實政治生活中的「爭」。司馬遷在〈太史公自序〉中說：「末世爭利，維彼奔義；讓國餓死，天下稱之。」這是說得比較明白的。伯夷與叔齊能置一個國家政權所能帶給他們的富貴尊榮於不顧，這與歷史上那些為爭奪政權而耍陰謀、搞政變，打得不可開交，甚至鬧得屍橫遍野的梟雄們比較起來，該是多麼鮮明的一種對照啊！司馬遷歌頌伯夷兄弟，無疑正是對這種使人憎惡的黑暗現實的強烈批判。「列傳」之開篇歌頌伯夷、叔齊，與「本紀」之開篇歌頌堯、舜，「世家」之開篇歌頌吳太伯，性質完全相同。李景星曰：「世家首太伯，列傳首伯夷，美讓國高節以風世也。」這是一篇體現司馬遷社會理想的文字。

其二是懷疑「天道」，否定「善人必有善報」的欺人之談。司馬遷從伯夷兄弟的「讓國」餓死聯繫到歷史上與現實社會中的種種「不公」，他憤怒地說：「余甚惑焉，儻所謂天道，是邪非邪？」這是對自古以來那種「天道無親，常與善人」的虛偽讕言有力痛斥，具有強烈的反迷信的意義。

其三，司馬遷不僅懷疑「天道」，更主要的是批判「人道」，批判當時漢王朝專制統治下的是非顛倒，聲討那種壞人當道、好人倒霉的極大不公。篇中所說的「若至近世，操行不軌，專犯忌諱，而終身逸樂富厚，累世不絕；或擇地而蹈之，時然後出言，行不由徑，非公正不發憤，而遇禍災者，不可勝數也」，這些不都正是向著當時的黑暗政治開炮嗎？這篇作品應該與〈游俠列傳〉對照閱讀。

錢鍾書說：「此篇敘夷、齊行事甚少，感慨議論居其大半，反議論之賓，為傳記之主。司馬遷牢騷孤憤，如喉鯁之快於一吐，有欲罷而不能者。」（《管錐編》）〈伯夷列傳〉是《史記》中抒情性最強的篇章之一。

〈伯夷列傳〉是「列傳」部分的第一篇，其開首之「學者載籍極博，猶考信於六蓺」云云，具有一種為全書發凡起例，標舉其取捨、評斷之原則的意義，亦應為讀《史記》者所注意。

孫子吳起列傳

【題　解】這是孫武、孫臏、吳起三個軍事家的合傳，由於《史記》中再沒有龐涓列傳，所以這篇作品又有包括龐涓在內四人合傳的意義。孫武是我國第一個有完整軍事著作流傳後世的軍事家，他協助吳王闔廬破楚入郢，成就了吳王闔廬的霸業；孫臏於桂陵、馬陵兩次大破龐涓，結束了魏國在戰國前期的霸主地位，使田氏齊國達到強盛的頂峰；吳起不僅是軍事家，還是一位傑出的政治改革家，他在楚國的變法比秦國的商鞅變法要早半個世紀，只是由於楚悼王的過早謝世，致使吳起的變法中途夭折，吳起個人也以悲劇結束，這是令人遺憾的。司馬遷突破了儒家那種一味反對戰爭，說什麼「善戰者服上刑」的濫調，如實的寫出了這些軍事家對國家、對社會的傑出貢獻，這是值得稱讚的。由於個人的切身遭遇，司馬遷討厭法家人物，故而在評價吳起時用語不當，有失偏頗。

孫子武❶者，齊人也，以兵法見於吳王闔廬❷。闔廬曰：「子之十三篇❸，吾盡觀之矣，可以小試勒兵❹乎？」對曰：「可。」闔廬曰：「可試以婦人乎？」曰：「可。」於是許之，出宮中美女，得百八十人。孫子分為二隊，以王之寵姬二人各為隊長，皆令持戟。令之曰：「汝知而心與左右手、背❺乎？」婦人曰：「知之。」孫子曰：「前，則視心❻；左，視左手；右，視右手；後，即視背❼。」

婦人曰：「諾。」約束❽既布，乃設鈇鉞❾，即三令五申❿之。於是鼓之右⓫，婦人大笑。孫子曰：「約束不明，申令不熟，將之罪也。」復三令五申而鼓之左，婦人復大笑。孫子曰：「約束不明，申令不熟，將之罪也；既已明而不如法⓬者，吏士⓭之罪也。」乃欲斬左右隊長。吳王從臺上觀，見且斬愛姬，大駭，趣使使下令曰⓮：「寡人已知將軍能用兵矣。寡人非此二姬，食不甘味⓯，願勿斬也。」孫子曰：「臣既已受命為將，將在軍，君命有所不受⓰。」遂斬隊長二人以徇⓱，用其次為隊長。於是復鼓之，婦人左、右、前、後、跪、起，皆中規矩繩墨⓲，無敢出聲。於是孫子使使報王曰：「兵既整齊，王可試下觀之。唯王所欲用之⓳，雖赴水火⓴猶可也。」吳王曰：「將軍罷休，就舍，寡人不願下觀。」孫子曰：「王徒好其言，不能用其實㉑。」於是闔廬知孫子能用兵，卒以為將。西破彊楚，入郢㉒；北威齊、晉㉓，顯名諸侯㉔，孫子與有力焉㉕。

【章　旨】以上為第一段，寫孫武的被任用於吳，並為吳國立功事。

【注　釋】❶孫子武　姓孫名武。「子」是古代對人的尊稱，猶如今之所謂「先生」。❷闔廬　名光，春秋末期吳國的國君，西元前五一四—前四九六年在位。❸子之十三篇　即今所謂《孫子兵法》，其中有〈始計〉、〈作戰〉、〈謀攻〉、〈軍形〉、〈兵勢〉、〈虛實〉、〈軍事〉、〈九變〉、〈行軍〉、〈地形〉、〈九地〉、〈火攻〉、〈用間〉共十三篇。❹勒兵　操練部隊。勒，控制；部署。這裡即指操練。❺汝知而心與左右手背　而，你；你的。心，胸口。這裡即指「前」。左右手，這裡即指「左」與「右」。背，後背。這裡即指「後」。按：此句若改作「汝知而心、背與左右手乎」，則前、後、左、右四個方位更覺顯明。❻視心　視自己的胸口。即「向前」。❼視背　視自己的後背。即「向後」。❽約束　規矩；章程。這裡即指上述的向前、向後、向左、向右等各項規定。❾鈇鉞　即「斧鉞」，古時軍中用以懲治犯令者的刑具。鈇，通「斧」。鉞，大斧。❿三令五申　即反覆宣布，再三申明。「三」、「五」皆言其遍數之多。⓫鼓之右　以鼓聲令之向右。⓬不如法　不按規定辦。如，按照。⓭吏士　猶今所謂「官兵」。⓮趣使使下令曰　趕緊派人向孫武傳達命令說。趣，通「促」。急也。⓯食不甘味　吃東西吃不出香甜。極言其痛苦憂慮，心不在焉之狀。⓰將在軍二句　《孫子．九變》云：「將受命於君，君命有所不受。」⓱徇　謂持其首級巡行示眾。⓲規矩繩墨　皆匠人所用的儀器，規以取圓，矩以取方，繩墨以取直，這裡用以代指各種章程規定。⓳唯王所欲用之　一切都聽憑你的使喚。唯，聽憑；任憑。⓴雖赴水火　即使讓她們赴湯蹈火。雖，即使。㉑王徒好其言二句　《孫子兵法》中有「將在軍，君命有所不受」之語，今孫子用於實踐而王不悅，故孫子稱其「徒好其言，不能用其實」。㉒西破彊楚二句　事在吳王闔廬九年，楚昭王十年，西元前五〇六年，詳見〈伍子胥列傳〉。「郢」是楚國國都，在今湖北荊州江陵西北。㉓北威齊晉　據〈十二諸侯年表〉，吳王夫差曾於其十一年（西元前四八五年）、十二年（西元前四八四年），兩次北上伐齊；十四年（西元前四八二年），夫差又與晉定公爭長於黃池，事亦見於〈吳太伯世家〉。㉔顯名諸侯　意即使吳王的名字顯揚於各諸侯國。㉕孫子與有力焉　按：《左傳》定公四年寫伍子胥率吳兵破楚入郢事，無「孫武」其人，說孫武與伍子胥共同破楚者，實自《史記》始。鍾惺曰：「寫孫武只此試美人一事，是史公好奇處。」按：恐實無材料可寫，非好奇也。

【語　譯】孫子名武，齊國人。因為精通兵法，而去求見吳王闔廬。闔廬說：「你寫的《孫子兵法》十三篇，我都看了，寫得好。但是你能當場為我表演一下實際操練部隊嗎？」孫武說：「可以。」闔廬說：「可以試用在婦人身上嗎？」孫武說：「可以。」於是闔廬把宮中的美女選了一百八十人供孫武調遣。孫武把她們分為兩隊，讓吳王的兩個寵姬當隊長，叫宮女們都手執長戟。孫武問她們：「你們都知道自己的心口、左右手、後背在什麼地方嗎？」宮女說：「知道。」孫武說：「等會我發令向前，你們就朝著你們心口所對的方向前進；我說向左，你們就朝著左手的方向轉；向右，就朝右手的方向轉；向後，就朝後背轉。」宮女都說：「好。」孫武規定完畢，就把軍中懲辦犯令者的刑具斧、鉞等擺了出來，又把剛才講過的動作要領，行動要求反覆講了幾遍。說罷，孫武擊鼓使之向右，宮女們都只是哄笑而站著不動。孫武說：「這一次沒做好，是我還沒把規定講清楚，沒把軍法要求講明白，這是我的責任。」於是，他把剛才宣布過的又講了幾遍，而後擊鼓使之向左，宮女們仍是嘻笑不動。孫武嚴肅地說：「規定講得不明白，軍法講得不清楚，這是將軍的責任；如果這些都已經講清楚了，而動作不合規定，這就是官兵的責任了。」於是準備處決兩個隊的隊長。這時正在臺上觀看的吳王，一見孫武要斬他的愛姬，大驚失色，趕緊派人下來對孫武說：「我已經知道您善於用兵了。如果沒有這兩位愛姬，我連飯都吃不下去，希望能不處決她們。」孫武說：「我已經接受命令當了您的將軍，將軍在行伍之中，可以不接受君王的命令。」說罷硬是把兩個寵姬殺了，還把她們的人頭拿到隊伍前面巡行示眾。接著，又重新選派了兩個隊長，繼續操練。這次大家都隨著孫武的鼓點，該左、該右、該前、該後、該跪、該起，一切都謹遵規矩，沒人敢再嘻笑了。於是孫武派人去報告吳王說：「隊伍已經操練整齊，大王可以下來看看。現在您怎麼命令她們都可以，就是叫她們赴湯蹈火，也毫無問題了。」吳王不高興地說：「請將軍解散部隊，自行回去休息吧，我不想下去看了。」孫武說：「您就是喜好書面上的文章，而不能把它付之於實踐。」但是通過這一次，闔廬還是知道孫武善於用兵了，後來他終於請孫武做了吳國的大將。吳國西破強楚，攻入了楚國的郢都；又揮師北上，威震齊、晉，吳王闔廬所以能夠顯名於諸侯，成為一代霸主，這裡面孫武是出了力的。

1　孫武既死，後百餘歲有孫臏❶。臏生阿、鄄之間❷，臏亦孫武之後世子孫也。

2　孫臏嘗與龐涓俱學兵法❸。龐涓既事魏❹，得為惠王❺將軍，而自以為能不及孫臏，乃陰使召孫臏。臏至，龐涓恐其賢於己，疾❻之，則以法❼刑斷其兩足而黥❽之，欲隱勿見❾。齊使者如梁❿，孫臏以刑徒陰見⓫，說齊使。齊使以為奇，竊載與之齊[12]，齊將田忌[13]善而客待之。

3 忌數[14]與齊諸公子[15]馳逐重射[16]，孫子見其馬足[17]不甚相遠，馬有上、中、下輩。於是孫子謂田忌曰：「君弟重射[18]，臣能令君勝。」田忌信然[19]之，與王及諸公子逐射千金[20]。及臨質[21]，孫子曰：「今以君之下駟[22]與彼上駟[23]，取君上駟與彼中駟，取君中駟與彼下駟。」既馳三輩畢[24]，而田忌一不勝而再勝，卒得王千金。於是忌進孫子於威王[25]。威王問兵法，遂以為師[26]。

4 其後魏伐趙[27]，趙急，請救於齊。齊威王欲將孫臏，臏辭謝曰：「刑餘之人不可。」於是乃以田忌為將，而孫子為師[28]，居輜車[29]中，坐為計謀。田忌欲引兵之趙，孫子曰：「夫解雜亂紛糾者不控捲[30]，救鬭者不搏撠[31]。批亢擣虛[32]，形格勢禁[33]，則自為解耳。今梁、趙相攻，輕兵銳卒[34]必竭於外[35]，老弱罷於內[36]。君不若引兵疾走大梁[37]，據其街路[38]，衝其方虛[39]，彼必釋趙而自救，是我一舉解趙之圍而收獘[40]於魏也。」田忌從之。魏果去邯鄲[41]，與齊戰於桂陵，大破梁軍[42]。

5 後十三歲[43]，魏與趙攻韓[44]，韓告急於齊。齊使田忌將而往[45]，直走大梁。魏將龐涓聞之[46]，去韓而歸[47]，齊軍既已過而西矣[48]。孫子謂田忌曰：「彼三晉之兵[49]素悍勇而輕齊，齊號為怯，善戰者因其勢而利導之。兵法：『百里而趣利[50]者蹶上將(51)，五十里而趣利者軍半至(52)。』」使齊軍入魏地為十萬竈，明日為五萬竈，又明日為三萬竈。龐涓行三日(53)，大喜，曰：「我固知齊軍怯，入吾地三日，士卒亡者(54)過半矣。」乃弃其步軍，與其輕銳倍日并行(55)逐之。孫子度其行(56)，暮當至馬陵(57)。馬陵道陜(58)，而旁多阻隘，可伏兵。乃斫(59)大樹，白而書之曰「龐涓死于此樹之下」。於是令齊軍善射者萬弩，夾道而伏，期(60)曰：「暮見火舉而俱發。」龐涓果夜至斫木下，見白書，乃鑽火燭之(61)。讀其書未畢，齊軍萬弩俱發，魏軍大亂相失(62)。龐涓自知智窮兵敗，乃自剄(63)，曰：「遂成豎子之名(64)！」齊因乘勝盡破其軍，虜魏太子申(65)以歸。孫臏以此名顯天下，世傳其兵法(66)。

【章旨】以上為第二段，寫孫臏為齊將，兩次挫敗魏將龐涓的史實。

【注釋】❶後百餘歲有孫臏　梁玉繩曰：「武死不知何時，若以吳入郢至齊敗魏馬陵計之，則百六十六年矣。」按：古代稱挖去膝蓋骨的刑罰叫「臏」，孫臏因受此刑，故以「臏」字名之。❷阿鄄之間　阿，也稱東阿，齊縣名，在今山東陽穀東北。鄄，即鄄城，在今山東鄄城北。❸孫臏嘗與龐涓俱學兵法　蓋謂同師而學兵法。後世小說家有曰孫臏與龐涓俱學兵法於鬼谷子，不知何據。❹魏　戰國時諸侯國名，最初都於安邑（今山西夏縣西北），至惠王九年（西元前三六一年）乃遷都大梁（今河南開封），故這以後的魏國也稱「梁國」。❺惠王　武侯之子，名罃，西元前三六九—前三一九年在位。❻疾　憎惡；忌恨。❼以法　謂假借法令以陷害之。❽黥　在犯人臉上刺字的一種刑罰。❾欲隱勿見　想把他埋沒起來，不叫他出頭。見，通「現」。❿如梁　到達魏國的國都大梁。如，往。⓫陰見　暗中求見。⓬之齊　抵達齊國的都城臨淄。⓭田忌　齊國名將，事跡又見於〈孟嘗君列傳〉。⓮數　屢屢。⓯諸公子　除太子以外的國君的其他兒子。⓰馳逐重射　下大賭注地比賽馬拉車奔馳。重射，下大賭注。射，猜押。⑰馬足　馬的奔跑能力。足，足力。⑱弟重射　儘管下大賭注。弟，亦作「第」。但；儘管。⑲信然　二字同義，皆「相信」、「同意」的意思。⑳千金　秦時以一鎰（重二十兩，或曰二十四兩）為一金，漢時以一斤為一金。㉑臨質　輪到比賽開始的時候。《索隱》曰：「質，猶對也，將欲對射之時也。」瀧川曰：「質，射侯也。」即箭靶，此處蓋以賽射比喻賽馬。㉒下駟　下等馬。駟，原指一車四馬，後來也即用以指馬。㉓與彼上駟　和對方的上等馬對抗。與，對付。㉔既馳三輩畢　比試過三場之後。輩，次。㉕威王　名因齊，西元前三五六－前三二〇年在位。㉖以為師　謂尊之若師。或謂以之為軍師。㉗魏伐趙　事在魏惠王十六年，趙成侯二十一年，齊威王三年，西元前三五四年。是年趙伐衛，魏國救衛，並進兵包圍了趙都邯鄲。事見〈趙世家〉、〈魏世家〉的繫年有誤。㉘為師　為軍師。㉙輜車　有篷蓋的車，區別於當時的一般兵車。《漢書・張良傳》師古注：「輜車，衣車也。」㉚解雜亂紛糾者不控捲　《索隱》曰：「謂解雜亂糾紛者當善以手解之，不可控捲以擊之。捲，即拳也。」雜亂紛糾，如亂絲、亂麻之類。控捲，引拳相擊。控，投也。捲，通「拳」。㉛救鬭者不搏撠　《索隱》曰：「救鬭者當善為解之，無以手助相搏擊，則其怒益熾矣。」凌稚隆引余有丁曰：「撠義當為擊，非矛戟也。」救鬭，制止打架。救，止。撠，以手指叉人。㉜批亢擣虛　中井曰：「亢，吭（喉嚨）也。批亢，擊其要處也。擊亢沖虛，并喻走大梁之便。」談允厚曰：「批之為言『撇』也，謂撇而避亢滿之處，擣其虛空無備之所。」瀧川曰：「若解亢為咽喉，則不與『虛』字對，談說為長。」㉝形格勢禁　意即兩方罷休。格，停。禁，止。㉞輕兵銳卒　指精銳部隊。輕，指行動迅疾。㉟竭於外　指消耗在戰場上。竭，力量耗盡。㊱罷於內　指為繳納賦稅、運輸糧草所困乏。罷，通「疲」。㊲疾走大梁　奔襲魏國的國都，攻其必救也。㊳據其街路　占據其交通要道。街路，交通要道。㊴衝其方虛　攻擊其正好空虛的地方。方，剛好。㊵收獘　收拾疲敝之敵。㊶去邯鄲　由邯鄲撤回。㊷戰於桂陵二句　桂陵，魏縣名，在今河南長垣西北。按：銀雀山出土之《孫臏兵法》首章為〈禽龐涓〉，即敘齊軍圍魏救趙，擊梁軍「於桂陵，而禽龐涓」事。〈六國年表〉、〈魏世家〉繫齊、魏桂陵之役於魏惠王十八年，亦即齊威王四年，西元前三五三年。㊸後十三歲　據〈六國年表〉、楊寬〈戰國史表〉，馬陵之役（西元前三四一年）乃在桂陵之役的後十二年；據《竹書紀年》與平勢隆郎、繆文遠等人考據，馬陵之役（西元前三四二年）乃在桂陵之役的後十一年。㊹魏與趙攻韓　時韓國的都城為新鄭（今河南新鄭）。繆文遠曰：「據《紀年》與《國策》，知馬陵之戰實起於魏出兵攻韓（即南梁之難），與趙無涉，其涉及趙國者，乃史公誤與桂陵之役相混故。〈孫吳列傳〉謂起於『魏與趙攻韓』，尤誤之甚者。」㊺齊使田忌將而往　〈六國年表〉謂此役「田忌、田嬰、田盼將，孫子為師」。繆文遠曰：「齊軍主將為田盼，此役田忌并未參加，見《孫臏兵法》。〈陳忌問壘〉篇載田忌問孫臏禽魏太子申之戰，『事已往而形不見，可得聞乎？』可知田忌并未親自參加此役。」㊻魏將龐涓聞之　按：前文桂陵之戰已謂「禽龐涓」矣，今何得又曰「魏將龐涓聞之」？楊寬對此推測說：「可能他被禽之後曾被放回魏國，再度為將，如同春秋時秦將孟明視為晉軍所俘，旋被釋放，仍為秦將一樣。」㊼去韓而歸　謂撤離韓國都城，移軍至魏國東境以阻擊齊軍。㊽齊軍既已過而西矣　錢大昕《考史拾遺》曰：「齊揚言走大梁，及龐涓棄韓而歸，齊軍始入魏地。『過而西』者，過齊境而西也。齊軍初至，（敵）未知虛實，故為減灶之計以誤之。」郭嵩燾曰：「齊之侵魏自東而西；龐涓之去韓而歸，又自西而東，其勢不能繞出齊軍之後。此當為龐涓還救，孫臏因急退師以誘之，而龐涓悉銳追及以謀邀擊也。史公於此尚少一斡旋。」按：錢說符合史公原意，郭氏之分析多為後人所汲取，今之軍事成語亦將此事說成為「退兵減灶」，作為分析實情也許合理，但與史公所敘之原意分明不合；且深人敵境時可以有人開小差，至「向回撤退」時，開小差者尚欲何為？尚可用「減灶」之詐乎？㊾三晉之兵　此處即指魏軍，因魏與韓、趙皆分晉而建國，故時人多稱魏為「三晉」或「晉」。㊿百里而趣利　奔赴百里之外去追求勝利。趣，通「趨」。奔赴。51蹶上將　損失上將。極言這種戰爭的有害無利。蹶，曹操注：「猶『挫』也。」《索隱》引劉氏曰：「猶『斃』也。」52軍半至　軍隊人數只有一半能到達。極言其減員之多。按：今本《孫子．軍爭》篇作：「百里而爭利，則擒三將軍，勁者先，罷者後，其法十一而至；五十里而爭利，則蹶上將軍，其法半至。」53龐涓行三日　據文意為尾追西進的齊軍；據郭嵩燾等後人之說則為追擊東退的齊軍。54亡者　開小差的人。55倍日并行　猶言「晝夜兼程」。56度其行　估計魏國追兵的行程。57馬陵　古地名，在今山東范縣西南。錢穆引《正義》說以為在今河南濮陽北，二說所指的方位大致相近。58陜　通「狹」。59斫　砍削。60期　約定。61鑽火燭之　點起火把來照。鑽火，遠古人鑽木取火，這裡即指點火。燭，照。62相失　彼此亂奔亂跑。63乃自剄　梁玉繩曰：「〈齊策〉言『禽』，此言『自剄』，恐皆非實。〈年表〉、〈世家〉俱云『殺龐涓』，蓋弩射殺之也。」64遂成豎子之名　猶言「今天可成就了這個小子的名聲」。悵恨不平之語。遂成，成就。遂，成也。65太子申　魏惠王的太子，名申，時為魏國上將軍。66世傳其兵法　按：《孫臏兵法》於六朝以來不見於世，人多疑史公此語有誤。一九七二年於山東臨沂銀雀山漢墓中發現此書，一九七五年已公開出版。按：以上孫臏破龐涓於馬陵道事，《戰國策》無詳載，只在〈魏策〉中連帶提及。〈六國年表〉繫之於周顯王二十八年（西元前三四一年），即齊威王十六年、魏惠王二十九年。

【語　譯】孫武死後一百多年，又出了一個孫臏。孫臏生於阿縣、鄄縣之間，是孫武的後代。

2 孫臏曾與龐涓一道學習兵法。後來龐涓在魏國做了魏惠王的將軍，他知道自己的才能比不上孫臏，於是就派人悄悄地把孫臏招到魏國來。孫臏來到大梁後，龐涓忌恨他，怕他超過自己，於是就編造罪名，誣蔑孫臏犯法，砍掉孫臏的兩隻腳，同時在他的臉上刺了字，想以此讓他永無出頭之日。後來，齊國的使者來到了魏國的國都大梁，孫臏就以一個罪犯的身分，悄悄地求見了齊國使者，對齊國使者有所進言。齊國使者覺得孫臏是位奇才，就把他藏在馬車裡，偷偷地帶到了齊國。齊國的大將田忌很喜歡孫臏，待他很好。

3 田忌經常和齊王的公子們下大賭注賽馬。孫臏看田忌家的馬與對方的馬實力差不多，都可以分為上、中、下三等。於是孫臏對田忌說：「下回賽馬，您可以儘管下大賭注，我包您能贏。」田忌相信孫臏，約齊王和諸公子們賽馬，並下了千金的賭注。臨到比賽時，孫臏對田忌說：「您用您的下等馬跟他們的上等馬比賽，用您的上等馬對付他們的中等馬，用您的中等馬對付他們的下等馬。」就這樣，三場比賽過後，田忌一負二勝，贏了齊王的千金。於是，田忌就把孫臏推薦給了齊威王。齊威王和他談論了一回兵法，很佩服，隨即尊孫臏為軍師。

4 後來，魏國出兵攻打趙國，趙國形勢危急，派人到齊國求援。齊威王想派孫臏率軍援趙，孫臏推辭說：「我是受過刑的人，不宜充當主將。」於是齊王就派田忌為主將，而請孫臏給他當軍師，讓他坐在一輛有篷蓋的車裡，為田忌出謀獻策。田忌打算引兵直奔被圍的趙國，孫臏說：「一團亂絲只能慢慢地解，不能亂扯亂揪；給人勸架，只能從旁勸解，不能揮拳掄臂地加到裡頭去摻合。如果給它來個避實就虛，那麼形勢就會立刻發生變化，問題也就自然地迎刃而解了。現在魏國出兵攻打趙國，他們的精銳部隊都到外面去了，國內留下的都是一些老弱病殘。您不如領兵奔襲魏國的國都大梁，占據他們的交通要地，攻擊他們守備空虛的地方，這樣魏軍就必然要撤兵回來自救。這一來，我們便一舉兩得，既為趙國解了圍，又叫魏軍疲於奔命。」田忌採納了這個方略。魏軍果然放棄了趙都邯鄲，回師自救，而田忌在魏國的桂陵截擊魏軍，把魏軍打得落花流水。

5 十三年以後，魏又與趙聯合攻韓，韓國向齊國告急。齊王又讓田忌為將帶兵救韓，田忌率兵直撲大梁。魏將龐涓聞訊後，急急從韓國撤兵，趕回魏國東境阻擊齊軍，可是這時齊軍已經越過邊境突向魏國腹地了。

孫臏對田忌說：「魏國人以剽悍勇猛著稱，他們素來瞧不起齊國人，認為齊兵膽子小。善於作戰的人就是要將計就計，因勢利導，引誘他們輕敵上當。《兵法》上不是說過麼：『每日行軍百里趕去和敵人爭利的，就要折損自己的上將；每日行軍五十里趕去和敵人爭利的，部隊也會減員一半。』」於是命令齊軍進入魏境的頭一天，在營地上安排給十萬人做飯的爐灶，到第二天安排給五萬人做飯的爐灶，第三天只安排給三萬人做飯的爐灶。龐涓在後追趕齊軍一連三天，一方面注意察看齊軍的營地，他高興地說：「我早就知道齊國人是膽小鬼，進入我國境內才三天，開小差的就超過一大半了。」於是，他下令甩掉步兵，只帶著一支輕裝的騎兵晝夜兼程地追趕齊軍。孫臏估算著到天黑時，魏軍可以趕到馬陵。馬陵這個地方的道路狹窄，兩旁地勢險要，可以埋下伏兵。於是孫臏叫人把一棵路邊的大樹削去樹皮，在露出白木頭的地方寫了「龐涓死於此樹下」幾個大字。然後調集了萬餘名善射的齊兵，埋伏在山路兩旁，告訴他們：「天黑以後，只要看見有人點火把，你們就一起放箭。」當天夜裡，龐涓果然帶兵進入了馬陵道，來到這棵大樹下，他見樹上彷彿寫著什麼，於是叫人點起火把來照看，結果樹上的字還沒看完，兩旁埋伏的齊兵就萬箭齊發，魏軍一下子亂成一團。龐涓知道大勢已去，自己沒有任何勝算，只好拔劍自殺了。臨死前他又恨又氣地說：「這下子可成就了孫臏這小子的名聲！」齊軍乘勝追擊，徹底打敗了魏軍，並俘虜了魏國太子申，凱旋而歸。從此孫臏名揚天下，他寫的兵法，也在世上廣為流傳。

1 吳起者，衛❶人也，好用兵❷。嘗學於曾子❸，事魯君❹。齊人攻魯❺，魯欲將吳起，吳起取齊女為妻，而魯疑之。吳起於是欲就名，遂殺其妻，以明不與齊也❻。魯卒以為將，將而攻齊，大破之❼。

2 魯人或惡❽吳起曰：「起之為人，猜忍❾人也。其少時，家累千金❿，游仕⓫

不遂，遂破其家。鄉黨[12]笑之，吳起殺其謗己者三十餘人[13]，而東出衛郭門[14]。與其母訣，齧臂[15]而盟曰：『起不為卿相，不復入衛。』遂事曾子[16]。居頃之，其母死，起終不歸。曾子薄之，而與起絕。起乃之魯，學兵法以事魯君。魯君[17]疑之，起殺妻以求將。夫魯小國，而有戰勝之名，則諸侯圖魯矣。且魯、衛，兄弟之國也[18]，而君用起，則是弃衛[19]。」魯君疑之，謝[20]吳起。

3 吳起於是聞魏文侯[21]賢，欲事之。文侯問李克[22]曰：「吳起何如人哉？」李克曰：「起貪[23]而好色，然用兵，司馬穰苴[24]不能過也。」於是魏文侯以為將，擊秦，拔五城[25]。

4 起之為將，與士卒最下者同衣食。臥不設席[26]，行不騎乘[27]，親裹贏糧[28]，與士卒分勞苦。卒有病疽[29]者，起為吮[30]之。卒母聞而哭之。人曰：「子卒也，而將軍自吮其疽，何哭為？」母曰：「非然也，往年吳公吮其父，其父戰不旋踵[31]，遂死於敵。吳公今又吮其子，妾不知其死所矣，是以哭之。」

5 文侯以吳起善用兵，廉平，盡能得士心，乃以為西河守[32]，以拒秦、韓。

6 魏文侯既卒，起事其子武侯[33]。武侯浮西河而下[34]，中流，顧而謂吳起曰：「美哉乎山河之固，此魏國之寶也！」起對曰：「在德不在險。昔三苗氏[35]左洞庭㊱，右彭蠡㊲，德義不修，禹滅之；夏桀之居㊳，左河、濟㊴，右泰華㊵，伊闕㊶在其南，羊腸㊷在其北，修政不仁，湯放之㊸；殷紂㊹之國，左孟門㊺，右太行㊻，常山㊼在其北，大河㊽經其南，修政不德，武王殺之㊾。由此觀之，在德不在險㊿。若君不修德，舟中之人盡為敵國也[51]。」武侯曰：「善。」

7 吳起為西河守[52]，甚有聲名。魏置相，相田文[53]。吳起不悅，謂田文曰：「請與子論功，可乎？」田文曰：「可。」起曰：「將三軍，使士卒樂死，敵國不敢謀，子孰與起？」文曰：「不如子。」起曰：「治百官，親萬民，實府庫[54]，子孰與起？」文曰：「不如子。」起曰：「守西河而秦兵不敢東鄉[55]，韓、趙賓從[56]，子孰與起？」文曰：「不如子。」起曰：「此三者子皆出吾下，而位加吾上，何也？」文曰：「主少國疑[57]，大臣未附，百姓不信，方是之時，屬[58]之於子乎？屬之於我乎？」起默然良久，曰：「屬之子矣。」文曰：「此乃吾所以居子之上也。」吳起乃自知弗如田文[59]。

8 田文既死，公叔[60]為相，尚魏公主[61]，而害[62]吳起。公叔之僕[63]曰：「起易去[64]也。」公叔曰：「柰何？」其僕曰：「吳起為人節廉而自喜名[65]也。君因先與武侯言曰[66]：『夫吳起，賢人也，而侯之國小，又與彊秦壤界[67]，臣竊恐起之無留心也。』武侯即曰：『奈何？』[68]君因謂武侯曰：『試延以公主[69]，起有留心則必受之；無留心則必辭矣。以此卜之[70]。』君因召吳起而與歸[71]，即令公主怒而輕君[72]。吳起見公主之賤君也，則必辭[73]。」於是吳起見公主之賤魏相，果辭魏武侯[74]，武侯疑之而弗信也。吳起懼得罪，遂去，即之楚。

9 楚悼王[75]素聞起賢，至則相楚。明法審令[76]，捐不急之官[77]，廢公族疏遠者[78]，以撫養戰鬭之士。要在彊兵，破馳說之言從橫者[79]。於是南平百越[80]，北并陳、蔡[81]，卻三晉[82]，西伐秦[83]。諸侯患楚之彊，故楚之貴戚盡欲害吳起[84]。及悼王死[85]，宗室大臣作亂而攻吳起，吳起走之王尸而伏之。擊起之徒因射刺吳起，并中悼王。悼王既葬，太子[86]立，乃使令尹[87]盡誅射吳起而并中王尸者，坐射起而夷宗死者七十餘家[88]。

【章　旨】以上為第三段，寫吳起為魯、魏、楚建立功勳，但處處受排擠，以至被楚人所殺事。

【注　釋】❶衛　西周初年建立的諸侯國名，始封之君為武王之弟康叔，國都在朝歌（今河南淇縣）。春秋時期曾先後遷到楚丘（今河南滑縣）和帝丘（今河南濮陽西南）。戰國以來逐漸淪為魏國附庸。❷好用兵　意即長於用兵。❸曾子　名申，孔子弟子曾參之子。❹魯君　魯穆公，名顯，西元前四〇七—前三七七年在位。魯國的國都即今山東曲阜。❺齊人攻魯　當時姜姓齊國的諸侯齊康公（西元前四〇四—前三七九年在位）已成為傀儡，齊國的真正執政者乃田和，史稱「太公」，西元前四〇四—前三八四年在位。❻遂殺其妻二句　不與齊，不助齊；不傾向於齊。與，助；交結。按：吳起殺妻事，他書不載。《韓非子・外儲說右上》載有吳起因其妻織布不合尺寸而將其妻休棄事，蓋欲說明其執法不二，自為平民時已如此也。❼將而攻齊二句　按：歷史不載，或妄傳也。此時之魯已近於大國之附庸，尚能「大破」齊國？❽惡　譖也。說人壞話。❾猜忍　殘忍。❿家累千金　家資值數千金。累，意即有多個相累積。⓫游仕　周遊各國找官做。⓬鄉黨　古時基層的居民單位，五百家為一黨，兩萬五千家為一鄉。故「鄉黨」時常用為鄉鄰、鄉親之義。⓭吳起殺其謗己者三十餘人　按：此大約亦惡起者所誇張捏造，不足取信。⓮衛郭門　衛國國都（今河南濮陽西南）外城的城門。郭，外城。⓯齧臂　古人發誓時所做出的一種動作。《淮南子・齊俗》：「胡人彈骨，越人嚙臂，中國歃血也，所由各異，其於信一也。」⓰遂事曾子　遂拜曾子為師。⓱學兵法以事魯君二句　董份曰：「『魯人惡之』者，必惡之于君也，不宜用『魯君』字。」何焯曰：「二『魯』字衍。」⓲魯衛二句　魯國是周公姬旦的後代，衛國是康叔姬封的後代，姬旦與姬封是親兄弟，所以稱魯、衛是兄弟之國。⓳弃衛　吳起曾殺衛之「謗己者三十餘人」，於衛為有罪，今魯用之，是得罪衛國，有損於兩國的友好關係。⓴謝　辭退。㉑魏文侯　名斯，戰國初期的魏國國君，西元前四四五—前三九六年在位。㉒李克　即李悝，魏國名臣，曾協助魏文侯實行了許多新的經濟政策，使魏國得以富強。〈平準書〉云：「魏用李克，盡地力，為強君。」〈魏世家〉中有其事跡。㉓貪　按：此所謂「貪」者，貪於榮名也，指其家累千金，破產求仕，又母死不歸，以及殺妻殺將諸節。若謂其貪於財貨，則與後文之「廉平」、「節廉」矛盾。㉔司馬穰苴　春秋後期齊國的名將，景公時人，事跡見〈司馬穰苴列傳〉，《晏子春秋》亦載有其事。㉕擊秦二句　歷史不載。㉖席　指茵褥之類。㉗騎乘　騎馬乘車。㉘親裹贏糧　親自包裹，親自背糧。贏，背負。㉙疽　癰瘡。多發於頸部、背部和臀部，治療不及時有生命危險。㉚吮　用嘴吸。此謂吸瘡之膿使出。㉛不旋踵　猶言「不回身」。謂一直向前。踵，腳跟。㉜西河守　西河郡的郡守。「西河」也稱「河西」，約當今陝西東部之黃河西岸地區，當時屬魏。㉝武侯　名擊，文侯之子，西元前三九五—前三七〇年在位。㉞浮西河而下　乘船在西河中順流而下。西河，此稱今山西與陝西交界的那段黃河。㉟三苗氏　古代傳說中的南方部族。㊱洞庭　指洞庭湖，在今湖南省北部。㊲彭蠡　彭蠡澤，即今江西省北部的鄱陽湖。古人通常稱西邊為右，東邊為左，此以人之南向而言。今三苗北向以抗舜、禹，故稱三苗「左（西）洞庭，右（東）彭蠡」。㊳夏桀之居　夏桀是夏朝的末代帝王，都於原（今河南濟源西北）。㊴河濟　黃河、濟水。此指今河南溫縣東，其地為黃河與濟水的分流處。㊵泰華　即華山，在今陝西華陰南。㊶伊闕　山名，又名龍門山，在今河南洛陽南。因兩山相對如門，伊水流經其間，故名。㊷羊腸　指羊腸坂，太行山上的通道，以其縈曲如羊腸，故名。在今山西晉城南。㊸湯放之　謂夏桀被商湯打敗後，逃於鳴條（今河南封丘東）而死，事見〈夏本紀〉、〈殷本紀〉。㊹殷紂　商朝的末代帝王，都於朝歌（今河南淇縣）。

後被周武王打敗，自焚而死。㊺孟門　山名，在今河南輝縣西。㊻太行　山名，盤踞於今山西省東南部與河南、河北交界處。按：孟門、太行皆在朝歌之西（右），強言「左」、「右」者，為對舉整齊，於實際不合。㊼常山　即恆山，在今河北曲陽西北與山西接壤處。㊽大河　即黃河。㊾武王殺之　殷紂被周武王打敗後逃往鹿臺自焚事，見〈殷本紀〉、〈周本紀〉。㊿在德不在險　瀧川曰：「《左傳》昭公四年，司馬侯對晉侯曰：『四嶽、三涂、陽城、太室、荊山、中南，九州之險也，是不一姓；冀之北土，馬之所生，無興國焉。恃險與馬，不可以為固也，自古已然，是以先王務修德音，以寧神人，不聞務險與馬也。』吳起之對蓋本於此。」(51)若君不修德二句　按：以上吳起論在德不在險，見《戰國策・魏策一》。《左傳紀事本末》引《尸子》謂范獻子滅欒氏後，遊於河，問諸人欒氏是否尚有後裔，舟人清涓謂范獻子曰：「善修晉國之政，內得大夫，外不失百姓，雖欒氏子，其若君何？若不修晉國之政，內不得大夫，而外失百姓，則舟中之人皆欒氏子也。」與吳起對武侯語相同。(52)吳起為西河守　金陵本作「即封吳起為西河守」，梁玉繩《史記志疑》云：「為西河守不可言封，且起於文侯時已守西河矣，何俟武侯封之耶？『即封』二字衍。」今據刪。(53)相田文　以田文為相。按：此田文為魏國貴族，《呂氏春秋》作「商文」，與後來齊國的孟嘗君田文非一人。(54)實府庫　使府庫充實，指理財而言。實，充滿；裝滿。(55)東鄉　向東。鄉，通「向」。(56)韓趙賓從　使韓、趙二國服從魏國。賓，服也。(57)主少國疑　謂臣民對國君、對朝政有疑慮、不信任。(58)屬　矚目；眼睛盯著。言其一身繫天下之重。郭嵩燾曰：「武侯之立，年十四耳，此言置相當在武侯初立時，故有『主少國疑』之言。然文侯在位日久，內有魏成子、翟璜，外有西門豹、李克之屬，吳起為將在文侯時，則亦老臣矣，不得復云『大臣未附，百姓不信』也。」(59)乃自知弗如田文　按：以上吳起不平田文為相事，見《呂氏春秋・執一》。(60)公叔　韓國貴族，時居魏為相。有曰即魏國的將領公叔痤者，王駿圖曰：「痤亦魏之公族，不應復尚公主。」(61)尚魏公主　娶魏國的公主為妻。尚，上配。對娶帝王之女的敬稱。(62)害　忌恨。以其存在為己之病。(63)僕　車夫。或謂即指僕人。(64)易去　不難將其排擠走。(65)自喜名　重視自己的名譽。(66)君因先與武侯言曰　梁玉繩曰：「此及下三稱『武侯』，誤，《史詮》謂俱當作『魏侯』。」(67)侯之國小二句　壤界，猶言「接壤」。謂國土相連。按：當時秦未變法，國力未強；而魏國之文侯、武侯時代，國力為天下第一，今乃謂其「國小」，皆與實情不合，顯為後人編造。(68)武侯即曰二句　武侯如果問你該怎麼辦。即，若；倘若。柰何，怎麼辦。(69)延以公主　以給公主招親的辦法來吸引他。延，請；吸引。(70)以此卜之　用這個辦法來試探他。卜，占卜；算卦。這裡用為「測試」的意思。(71)因召吳起而與歸　意即將吳起邀到相府。(72)令公主怒而輕君　讓你的妻子故意做出一種驕氣凌人的樣子。(73)則必辭　謂辭絕武侯「延以公主」之事。(74)果辭魏武侯　按：以上公叔設陷阱以傾害吳起事，見《呂氏春秋・先見》，然害吳起者為「王錯」，非「公叔」。(75)楚悼王　名疑，西元前四〇一—前三八一年在位。(76)明法審令　使法律嚴明，使令出必行。審，確也；必也。(77)捐不急之官　即今所謂「精簡機構」。捐，撤除。不急，不急需的；沒有用的。(78)廢公族疏遠者　褫奪那些遠門的國王宗族的爵祿，使其降為平民。公族，國君的同族。(79)破馳說之言從橫者　馳說，到處奔走遊說。從橫，同「縱橫」。中井曰：「吳起相楚先蘇秦說趙五十年，秦孝未出，商鞅未用，何有言『從橫』者！」(80)百越　也作「百粵」。統稱當時居住在今福建、廣東、廣西一帶的少數民族，因其種族繁多，故稱「百越」。(81)陳蔡　西周以來的諸侯國名。「陳」國的始封之君為舜的後代胡公滿，都於宛丘（今河南淮陽），西元前四七八年被楚所滅。「蔡」國的始封之君為武王之弟叔度，都於上蔡（今河南上蔡）。春秋時期受楚侵逼，曾先後遷都於新蔡（今河南新蔡）、州來（今安徽壽縣西北），西元前四四七年被楚所滅。事見〈陳世家〉、〈管蔡世家〉。(82)卻三晉　卻，打退；打敗。三晉，指韓、趙、魏三國，因為它們都是分晉建立的國家。這裡實指韓、魏，因為趙國居北，不與楚國為鄰。(83)西伐秦　吳起在楚時的秦國諸侯為秦獻公，西元前三八四—前三六二年在位，國都櫟陽（今西安市臨潼東北，渭南市之西北）。按：以上吳起佐悼王強楚諸事多與事實不合，梁玉繩曰：「陳滅於楚惠王十一年（西元前四七八年），蔡滅於惠王四十二年（西元前四七七年），何待悼王時始并之？此與〈蔡澤傳〉同妄，而實誤仍（沿襲）〈秦策〉也。」(84)故楚之貴戚盡欲害吳起　因吳起「捐不急之官，廢公族疏遠者」，觸及此等利益故也。水澤利忠曰：「高、毛本無『欲』字。」按：無「欲」字者義長。害，嫉恨。(85)悼王死　事在西元前三八一年。(86)太子　名臧，即楚肅王，西元前三八〇—前三七〇年在位。(87)令尹　楚官名，職同北方諸國之丞相。(88)坐射起而夷宗死者七十餘家　坐，因。因事遭罪。夷宗，滅族。夷，平；滅。按：以上吳起變法強楚及其死於楚事，見《韓非子·和氏》與《戰國策·秦策三》之蔡澤語。吳起臨死設謀為自己復仇事，《戰國策》不載，《韓非子》但謂吳起被「肢解」，而略見於《呂氏春秋·貴卒》。梁玉繩曰：「《呂氏春秋》言『起拔矢而走，伏尸插矢』，謂拔人所射之矢插王尸也。與此小異。」郭嵩燾曰：「如此則亦楚大變矣，〈楚世家〉顧不一載，何也？」按：史公每寫及復仇事，必感情飽滿，繪形繪聲。此吳起臨死設謀為自己復仇事，與蘇秦臨死之為自己設謀復仇思路相同。

【語　譯】吳起是衛國人，擅長用兵。曾跟著曾子求學，後來又在魯國做官。有一次，齊國起兵攻魯，魯君想讓吳起為將，但由於吳起的妻子是齊國人，所以魯國人又對他有疑心。吳起為了追求功名，不願意錯過這次機會，於是就回家把妻子殺了，以此來表明自己不會倒向齊國。魯君終於讓他當了大將，派他率兵迎敵，最後打敗了齊軍。

2 魯國有人忌恨吳起，就散布吳起的壞話說：「吳起為人太殘忍了。他年輕時家裡是很富裕的，就是為了到處奔走找官做，竟把全部的家產都敗散光了。鄉親們有人笑他，他竟為此殺了三十多人，然後從衛的東郭門離開了。在他與他的母親告別時，他咬破了手臂發誓說：『我這一去要是當不上卿相，就絕不再回來！』於是他就去跟隨曾子求學。不久，他母親死了，吳起因為自己還沒有做官所以也不回家為母親辦喪事。曾子為此很看不起他，和他斷絕了關係。這以後吳起就到了魯國，學了些兵法在魯國做官。當魯國被攻，國君懷疑他跟齊國有干係時，他為了換取信任得到大將的官職，竟回家殺了自己的妻子。魯國是個小國，小國有了個打敗大國的虛名，就會引起其他國家的不安，就會招來一系列的麻煩。何況魯、衛又是兄弟之國，吳起在衛國犯了罪，而我們國君卻重用他，這肯定又要得罪衛國。」魯君聽了這些話，也懷疑吳起，不久就把他辭退了。

3 吳起聽說魏文侯是個賢明的國君，於是來到了魏國，請求為魏國做事。魏文侯問李克說：「吳起這人怎麼樣？」李克說：「吳起貪名而好女色，但要說到用兵打仗，就是司馬穰苴也比不過他。」於是魏文侯就任用吳起為將，吳起帶兵攻秦，一連奪取了秦國的五座城池。

4 吳起當將軍時，和最下等的士兵吃一樣的飯，穿一樣的衣裳。睡覺不鋪褥子，行軍時不僅不騎馬坐車，而且還親自背糧食，與士兵同甘共苦。有一個士兵長了癰瘡，吳起親自用嘴把他瘡裡的膿吸了出來。這個士兵的母親聽說後，不由得哭了起來。旁人問她：「你的兒子是個小兵，人家將軍親自為他吮瘡吸膿，你哭什麼呢？」這位母親說：「你不知道，以前吳將軍也這樣替孩子他爹吸過膿，因此孩子他爹就感動得勇往直前，連頭都不回地戰死在沙場上。如今吳將軍又替我們孩子吸膿了，我不知道這孩子將來又會戰死在什麼地方，所以我才哭了。」

5 魏文侯因為吳起善用兵，而且又不愛錢財，待人公平，能夠得到士兵們的真心擁戴，於是就任命他為西河地區的長官，以防備秦、韓兩國的入侵。

6 魏文侯死後，吳起又接著為魏武侯做事。一次，魏武侯與吳起等人一同乘船，沿著黃河順水漂流而下，中途，魏武侯環顧著四周對吳起說：「多麼壯麗險要的山川形勢啊！這可是我們魏國最可寶貴的啊！」吳起對武侯說：「國家的強固是在於實行德政，而不在於地勢的險要。昔日三苗氏的立國，西倚洞庭湖，東靠鄱陽湖，可是由於他們不講德義，結果讓大禹把它滅了；夏桀的都城，東有黃河、濟水，西有華山，南有伊闕山，北有太行山的羊腸坂，但是由於他為政不仁，結果還是被商湯打敗，自己也被流放了；商紂王的國都，東有孟門山，西有太行山，北有恆山，南有黃河，可是由於他不實行德政，最後還是被周武王給殺了。由此看來，國家的鞏固，是在於德政而不在天險。如果您不實行德政，這船上坐的都將變成您的敵人。」魏武侯聽了，敬佩地說：「說得好！」

7 吳起在擔任西河長官的時期裡，聲望很高，而魏國設立丞相，卻是選用了貴族田文。吳起很不服氣，他對田文說：「咱倆比比，看誰的功勞大，行嗎？」田文說：「可以。」吳起說：「統帥三軍，能讓士兵捨生忘死，使敵人不敢打我們的主意，這一條咱倆誰強？」田文說：「我不如你。」吳起說：「管理文武官員，安撫黎民百姓，充實國家府庫，這一條咱倆誰強？」田文說：「我不如你。」吳起說：「鎮守西河，使秦軍不敢向東進犯，韓、趙兩國也都老老實實地靠攏我們，這一條咱倆誰強？」田文又說：「我不如你。」吳起說：「這三方面你既然都不如我，可是官位卻比我大，這是憑什麼？」田文說：「當君主年少，國內疑慮不安，大臣不能歸心王室，百姓也不信任朝廷的這個時候，全國上下眼睛是盯著你呢？還是盯著我呢？」吳起沉默了一會兒，說：「大家的眼睛還是盯著你。」田文說：「這就是我的職位要比你高的原因。」這時吳起才明白自己是比不上田文的。

8 田文死後，公叔接任為相，公叔娶的是魏國的公主，他一向忌恨吳起。公叔的僕從對公叔說：「要想攆走吳起是很容易的。」公叔問：「你有什麼辦法呢？」僕從說：「吳起是個有氣性、有稜角、愛名聲的人。您可以先去對武侯說：『吳起是一個能人，而您的國家是比較小的，又緊挨著強大的秦國，我擔心吳起不會長久地留在魏國。』這時武侯如果問您：『那怎麼辦呢？』您就對武侯說：『可以用給公主招親的辦法來試試他，他要是想長期留在魏國，他就會接受這門親事；要是他不打算長期留下來，他就一定會推辭，這樣您就可以試探出他的想法了。』您跟武侯這樣說過後，立刻就請吳起到您家裡作客，您要讓您們家的公主當著吳起的面對您發脾氣，藐視您。這樣使吳起一見娶公主是件受氣的事，他就必然會拒絕武侯的提親了。」果然，吳起一見公叔之妻對公叔的蔑視，就委婉地謝絕了魏武侯的招親。而魏武侯從此也對吳起有了疑心，不再信任他了。吳起害怕這樣下去遲早要倒霉，於是就離開魏國到楚國去了。

9 楚悼王早就知道吳起的才幹，所以吳起一到，就讓他當了楚國的丞相。吳起執政後，制訂了明確的法令，而且切實地付諸實行，他裁減了無關緊要的官員，廢除了那些與王室疏遠的家族的特權，把節省下來的錢財用於提高士兵的生活待遇。他的主要宗旨是在於加強軍事實力，而堅決排斥那些到處奔走遊說，大講合縱連橫的人。於是楚國的實力大增，向南平定了百越；向北兼併了陳、蔡，打退了韓、魏等國的侵擾；還幾次出兵西進伐秦。各國都對楚國的強大感到不安，因而楚國的舊貴族們都恨吳起，把他視為眼中釘、肉中刺。等到楚悼王一死，這些人便趁機發動叛亂，他們追殺吳起，吳起逃到了楚悼王停屍的地方，趴在楚悼王的屍體旁。這幫追殺吳起的人在刺射吳起的時候，楚悼王的屍體上也中了不少箭。等到安葬完楚悼王，太子立為新君後，他命令令尹把追殺吳起時連帶傷害了悼王屍體的叛亂分子一齊斬首，為此前後被牽連滅族的計有七十多家。

太史公曰：世俗所稱師旅❶，皆道孫子十三篇、吳起兵法❷，世多有，故弗論，論其行事所施設❸者。語曰❹：「能行之者未必能言，能言之者未必能行。」孫子籌策龐涓❺明矣，然不能蚤救患於被刑❻；吳起說武侯以形勢不如德，然行之於楚，以刻暴少恩亡其軀❼，悲夫！

【章　旨】以上為第四段，是作者的論贊，表現了司馬遷對這些軍事家、法家人物不同程度的不滿與批評。

【注　釋】❶師旅　都是軍隊編制的名稱，後遂用以代指軍隊。這裡指行兵打仗的權謀。❷吳起兵法　《漢書・藝文志》載有「《吳起》四十八篇」。❸所施設　猶言「所作所為」。❹語曰　即今之所謂「俗話說」。❺籌策龐涓　籌謀劃策破殺龐涓。籌、策，原是計算用的小竹棍兒，後用作動詞，即「謀劃」。❻蚤救患於被刑　指避免受龐涓的殘害。蚤，通「早」。預先。❼以刻暴少恩亡其軀　按：史公不喜法家人物，其指責多有不合理者，其〈商君列傳〉指責商鞅「天資刻薄」、「少恩」；其〈袁盎鼂錯列傳〉指責鼂錯「擅權，多所變更」，以及「變古亂常」云云，用詞幾乎相同。

【語　譯】太史公說：人們在談到行兵打仗的理論時，總要提到《孫子》十三篇和《吳起兵法》，這兩種書社會上流傳很多，所以我就不評論了，這裡我只敘述他們平生的所作所為。俗話說：「能做的人未必能說，能說的人又未必能做。」孫臏在籌謀劃策破殺龐涓時是多麼英明啊，可是他卻不能及早地使自己避免斷足的災難。吳起勸說武侯治理國家不能靠天險，而要靠施仁政，這多麼中肯呀，可是他在楚國執政時，卻因苛刻殘暴，結果連自己的性命也賠進去了。這不是很可悲嗎？

【研　析】〈孫子吳起列傳〉應當注意的問題有如下幾個方面：

一、作品歌頌了孫武、孫臏、吳起三個人的本領才幹，高度評價了他們的歷史功績，充分肯定了他們的人生價值。吳王闔廬由於任用孫武，結果「西破強楚，入郢，北威齊晉，顯名諸侯」；齊威王由於任孫臏為軍師，結果大破魏軍於馬陵道，殺死其大將龐涓；吳起在為魏國鎮守西河時，「秦兵不敢東鄉，韓趙賓從」；後來在楚國實行變法，結果「南平百越，北并陳蔡，卻三晉，西伐秦」；而他們自己也因此博得「名顯天下，世傳其兵法」。這一方面表現了司馬遷對奇人奇才的欣賞和讚美，同時也是他自身的人生觀、價值觀的一種體現。

二、讚頌了一種不怕挫折、忍辱奮鬥，終於報仇雪恥、功成名遂的英雄氣概，一種重建自己高尚人格的大義行為，這點特別體現在孫臏身上。司馬遷在〈太史公自序〉與〈報任安書〉中反覆提到「孫子臏腳，而論兵法」的事，亦足見其傾心讚賞之情。

三、表現了司馬遷從感情上對法家人物的厭惡，這一點主要表現在對待吳起上。吳起是戰國時期著名的軍事家，也是當時傑出的政治家，但司馬遷不喜歡他，便在他的事跡中寫入了他「殺妻求將」，「殺謗己者三十餘人」等事，又在「太史公曰」中說他「刻暴少恩」等等，其偏頗與說商鞅「天資刻薄」，說鼂錯「變古亂常」相同，這是司馬遷議論歷史人物最不公平的事例之一。

四、表現了司馬遷對吳起悲劇命運的同情，和對那些妒才忌能、售奸進讒者的憎惡。司馬遷儘管對吳起的為人不大滿意，但是他的到處受排擠、受迫害，乃至最後被殺，卻是無辜的，是令人同情的；而那些施奸計、進讒言的小人卻是無處不存在的，這也是司馬遷在《史記》中所憤怒、所著力批判的社會問題之一。

這篇作品在藝術上極富於「戲劇性」和「小說性」，如孫武練女兵和馬陵道之戰，其情節與場面的描寫都十分精彩，引人入勝。

伍子胥列傳

【題解】 本文記述了伍子胥的父親、哥哥被楚平王無辜殺害，伍子胥逃到吳國，在吳國協助吳王闔廬奪得王位後，興兵伐楚，為父兄報仇，幾乎將楚國滅掉；後來在吳、越對抗中，又忠心耿耿，力勸吳王滅越，竟被昏庸的吳王夫差所殺的經過。作品的材料基本來自《左傳》和《國語》，但某些方面也明顯有司馬遷的個人發揮。

1 伍子胥者，楚人也，名員。員父曰伍奢，員兄曰伍尚。其先曰伍舉，以直諫事楚莊王❶，有顯❷，故其後世有名於楚。

2 楚平王❸有太子名曰建，使伍奢為太傅❹，費無忌❺為少傅❻。無忌不忠於太子建。平王使無忌為太子取婦於秦❼，秦女好，無忌馳歸報平王曰：「秦女絕美，王可自取，而更為太子取婦。」平王遂自取秦女，而絕愛幸之，生子軫❽。更為太子取婦。

3 無忌既以秦女自媚於平王，因去太子❾而事平王。恐一旦平王卒而太子立，殺己，乃因讒太子建。建母，蔡女❿也，無寵於平王⓫。平王稍益疏建⓬，使建守城父⑬，備邊兵。

4 頃之，無忌又日夜言太子短於王曰：「太子以秦女之故，不能無怨望⑭，願王少⑮自備也。自太子居城父，將兵，外交諸侯，且欲⑯入為亂矣。」平王乃召其太傅伍奢考問之。伍奢知無忌讒太子於平王，因曰：「王獨柰何以讒賊小臣⑰，疏骨肉之親乎？」無忌曰：「王今不制，其事成矣。王且見禽。」於是平王怒，囚伍奢，而使城父司馬奮揚⑱往殺太子。行未至⑲，奮揚使人先告太子：「太子急去，不然將誅。」太子建亡奔宋⑳。

5 無忌言於平王曰：「伍奢有二子，皆賢㉑，不誅，且為楚憂。可以其父質而召之㉒，不然，且為楚患。」王使使謂伍奢曰：「能致㉓汝二子則生，不能則死。」伍奢㉔曰：「尚為人仁，呼必來；員為人剛戾㉕忍訽㉖，能成大事，彼見來之并禽，其勢必不來。」王不聽，使人召二子，曰：「來，吾生汝父㉗；不來，今㉘殺奢也。」伍尚欲往，員曰：「楚之召我兄弟，非欲以生我父也，恐有脫者，後生患，故以父為質，詐召二子。二子到，則父子俱死，何益父之死？往而令讎不得報耳。不如奔他國，借力以雪父之恥，俱滅，無為㉙也。」伍尚曰：「我知往終不能全父命，然恨父召我以求生而不往，後不能雪恥，終為天下笑耳。」謂員：「可去矣！汝能報殺父之讎，我將歸死。」尚既就執㉚，使者捕伍胥。伍胥貫弓執矢㉛，嚮使者。使者不敢進，伍胥遂亡。聞太子建之在宋，往從之㉜。奢聞子胥之亡也，曰：「楚國君臣且苦兵矣㉝。」伍尚至楚，楚并殺奢與尚也。

6 伍胥既至宋，宋有華氏之亂㉞，乃與太子建俱奔於鄭㉟，鄭人甚善之。太子建又適晉㊱，晉頃公㊲曰：「太子既善鄭，鄭信太子。太子能為我內應，而我攻其外，滅鄭必矣。滅鄭而封太子。」太子乃還鄭。事未會㊳，會自私欲殺其從者，從者知其謀，乃告之於鄭。鄭定公與子產誅殺太子建㊴。建有子名勝，伍胥懼，乃與勝俱奔吳㊵。到昭關㊶，昭關欲執之㊷。伍胥遂與勝獨身步走，幾不得脫。追者在後，至江，江上有一漁父乘船，知伍胥之急，乃渡伍胥。伍胥既渡，解其劍曰：「此劍直㊸百金，以與父。」父曰：「楚國之法，得伍胥者賜粟五萬石，爵執珪㊹，豈徒百金劍邪！」不受。伍胥未至吳而疾，止中道，乞食㊺。至於吳，吳王僚方用事，公子光為將㊻，伍胥乃因公子光以求見吳王㊼。

7 久之，楚平王以其邊邑鍾離㊽與吳邊邑卑梁㊾氏俱蠶，兩女子爭桑相攻，乃大怒，至於兩國舉兵相伐。吳使公子光伐楚，拔其鍾離、居巢而歸㊿。伍子胥說吳王僚曰：「楚可破也，願復遣公子光。」公子光謂吳王曰：「彼伍胥父兄為戮於楚，而勸王伐楚者，欲以自報其讎耳。伐楚未可破也。」伍胥知公子光有內志51，欲殺王而自立，未可說以外事。乃進專諸52於公子光，退而與太子建之子勝耕於野53。

【章旨】以上為第一段，寫伍子胥的父兄被害，伍子胥輾轉入吳的過程。

【注釋】❶其先曰伍舉二句　凌稚隆引余有丁曰：「按《左傳》，伍舉當康王、靈王時，其父伍參乃事莊王，伍奢其孫也。」梁玉繩曰：「伍參之子是舉，伍舉之子是奢。事莊王者參，事靈王者舉，安得伍舉諫莊王？疑此處『莊』乃『靈』之錯文。」瀧川曰：「『伍舉』當作『伍參』，史之錯文。」楚莊王，名侶，春秋時期楚國最有名的國君，西元前六一三—前五九一年在位，為通常所說的「五霸」之一。關於伍舉（參？）「以直諫事楚莊王」事，〈楚世家〉云：「莊王即位三年，不出號令，日夜為樂，令國中曰：『有敢諫者死無赦！』伍舉入諫。莊王左抱鄭姬，右抱越女，坐鐘鼓之間。伍舉曰：『願有隱進。』曰：『有鳥在於阜，三年不蜚不鳴，是何鳥也？』莊王曰：『三年不蜚，蜚將沖天；三年不鳴，鳴將驚人。舉退矣，吾知之矣。』於是乃罷淫樂，聽政，所誅者數百人，所進者數百人，任伍舉、蘇從以政，國人大悅。」按：此故事又見於〈滑稽列傳〉，為淳于髡說齊威王語，蓋皆傳說影附者云，《左傳》無此事。❷有顯　瀧川曰：「楓山、三條本『顯』下有『名』字。」❸楚平王　名居，西元前五二八—前五一六年在位，是楚莊王後的第五個國君。❹太傅　這裡指太子太傅，官名，主管對太子的教導訓育工作。❺費無忌　《索隱》曰：「《左傳》作『費無極』。」❻少傅　這裡指太子少傅，官名，也是主管對太子的教導訓育工作。按：據《左傳》，伍奢為「太子師」，費無極為「太子少師」，「師」「傅」的職任大體相似。❼取婦於秦　取，通「娶」。此時秦國在位的國君為秦哀公，西元前五三六—前五〇一年在位。❽生子軫　此名「軫」者即日後的楚昭王。❾去太子　調費無忌離開太子。❿蔡女　蔡國國君之女。在這段時間裡蔡國的國君先是蔡平侯，西元前五三〇—前五二二年在位；後來是蔡悼侯，西元前五二一—前五一八年在位，國都在今河南上蔡西南。⓫無寵於平王　蔡平侯死，蔡國政變，平侯之黨失勢，故其女在楚亦不被平王所寵。⓬稍益疏建　漸漸地與太子建越來越疏遠。稍，漸。⓭城父　古邑名，在今河南寶豐東，春秋前期屬陳，後被楚國所占，居楚之北境。今安徽亳縣東南亦有城父，平王時楚之東北境似未至此。⓮怨望　猶言「怨恨」。望，亦怨也。⑮少　稍微。⑯且欲　將要。且，將。⑰讒賊小臣　以說壞話害人的奴才。賊，害也。⑱城父司馬奮揚　城父駐軍的司馬，名奮揚。司馬，官名，主管軍中的糾察、司法等事。⑲行未至　謂奮揚在行進途中時。⑳亡奔宋　亡，逃。宋，西周初年建立的諸侯國名，始封之君為紂王之兄微子啟，國都商丘，在今河南商丘南。事見〈宋微子世家〉。現時的宋國國君為宋元公，平公之子，西元前五三一—前五一六年在位。㉑賢　此處主要指有本領、有才幹。㉒可以其父質而召之　質，為人質。按：此語似應作「可以質其父而召之」。㉓致　招來。㉔伍奢　金陵本作「伍奮」，誤植，逕改。㉕剛戾　強硬兇狠。㉖忍詢　能忍受恥辱。詢，辱也。㉗生汝父　饒爾父之命。㉘今　將。㉙無為　無謂；沒意義。㉚就執　自動受縛。㉛貫弓執矢　張弓搭箭。貫，彎。「彎弓」即「弓上弦」，準備戰鬥。㉜聞太子建之在宋二句　按：《左傳》此處但曰「員如吳」，無從太子於宋事；《國語》未載伍員家難及奔吳過程；《呂氏春秋》有伍員「登太行而望鄭」與「去鄭之許」、由許入吳事，亦未言與太子建有任何聯繫。㉝且苦兵矣　將要嘗到戰爭的苦頭啦。㉞華氏之亂　詳見《左傳》昭公二十年。事情大致是：宋元公（西元前五三一—前五一七年在位）多私而無信，厭惡國之大族華氏、向氏，華氏、向氏因懼而謀反，拘執了宋太子及諸公子，宋元公出兵攻之，華氏、向氏敗，逃於陳、吳。㉟與太子建俱奔於鄭　鄭，西周後期建立的諸侯國名，始封之君為宣王之弟姬友，都於南鄭（今陝西華縣）。犬戎之難後，鄭隨周平王一同東遷，都於新鄭（今河南新鄭）。事見〈鄭世家〉。按：據《左傳》，伍子胥無奔鄭事。㊱晉　西周初期建立的諸侯國名，始封之君為成王之弟叔虞，都於翼（今山西翼城東南）。晉獻公（西元前六七六—前六五一年在位）時遷都於絳（今山西侯馬西南）。事見〈晉世家〉。㊲晉頃公　名棄疾，昭公之子，西元前五二五—前五一二年在位。㊳未會　未集；未成。㊴鄭定公與子產誅殺太子建　鄭定公，名甯，簡公之子，西元前五二九—前五一四年在位。子產，即公孫僑，鄭國貴族，春秋後期著名的政治家，能在晉、楚兩大國的夾縫中，支撐鄭國的局面數十年。梁玉繩曰：「鄭殺建，不知何時，而子產卒於定之八年（西元前五二二年），即建奔鄭之歲，恐未是子產誅之。」㊵乃與勝俱奔吳　吳，殷朝末期建立的諸侯國名，開國之君為太王之子太伯、仲雍（皆文王之伯父），都於吳（今江蘇蘇州），事見〈吳太伯世家〉。梁玉繩曰：「子胥『亡楚至吳』而已，乃此言其歷宋、鄭、晉而與太子俱，不知何據。」按《吳越春秋》所敘子胥逃難事，與本文同，蓋後起之書，就史公所云更發揮之也。㊶昭關　舊址在今安徽含山縣北小峴山上，當時位於楚國東境，是吳、楚兩國間的交通要衝。㊷昭關欲執之　瀧川曰：「『關』下疑脫『吏』字」。郭嵩燾曰：「當時追者及漁父之渡之，正為楚捕之急，人皆指目之耳；若從太子建居鄭數年，又與建子勝奔吳，前事久已寢矣，追者何自來也？〈十二諸侯年表〉敘伍員奔吳在昭公二十年，敘鄭殺太子建在昭公二十三年，亦與伍員傳不合。」㊸直　通「值」。㊹執珪　楚爵名，功臣賜以珪，謂之「執珪」，位同有領地的封君。㊺止中道二句　《吳越春秋》謂子胥向洗衣女子乞食於溧陽，吳之西部邑也。㊻吳王僚方用事二句　吳王僚，吳王餘眛之子，西元前五二六—前五一五年在位。用事，主事。執掌吳政。按：「用事」一詞通常用於丞相等執政大臣，今用之於國君，殊不合習慣，故瀧川曰：「猶曰『好事』也。」「好事」即所謂「好戰」，窮兵黷武。也有曰此句應與下句連讀而衍「事」字。公子光，即後日的吳王闔廬，吳王諸樊（西元前五六〇—前五四八年在位）之子，吳王僚的堂兄。㊼因公子光以求見吳王　因，通過。按：伍子胥至吳，在吳王僚五年，西元前五二二年。㊽鍾離　古邑名，在今安徽蚌埠東，當時屬楚。㊾卑梁　古邑名，在今安徽鳳陽附近，當時屬吳。按：此與〈楚太伯世家〉、〈十二諸侯年表〉同；而〈吳太伯世家〉作「楚邊邑卑梁氏之處女與吳邊邑之女爭桑」，與《呂氏春秋》說合，《史記》自相歧異。㊿拔其鍾離居巢而歸　事在吳王僚九年，楚平王十一年，西元前五一八年。居巢，古邑名，在今安徽巢縣東北。(51)內志　想在國內搞政變奪權的心思。(52)專諸　《左傳》作「專設諸」，當時有名的刺客。(53)退而與太子建之子勝耕於野　凌稚隆引茅坤曰：「子胥入吳且久，不事吳王僚而退耕於野，以僚不足與也。然方公子光之弒吳王也，何不引身為公子光畫臣而特進專諸？蓋其國內方亂，事未可知也。」按：以上伍子胥父兄之因讒被害與伍子胥逃奔入吳事，分別見於《左傳》之昭王十九年、二十年與《呂氏春秋》之〈慎行〉與〈異寶〉。

【語譯】伍子胥是楚國人，名員。他的父親叫伍奢，哥哥叫伍尚。他的先人有個叫伍舉的，曾經以直諫聞名，在楚莊王駕前做過事，功業顯達，所以他們的後代在楚國便成了一個有名望的家族。

2 楚平王的太子名建，楚平王讓伍奢做太子的太傅，讓費無忌做少傅，一起在太子身邊服務。但費無忌對太子建不忠。楚平王讓費無忌到秦國去給太子迎親，費無忌看到這位秦國女子長得好，於是趕緊跑回來向楚平王報告說：「秦國女子長得太美了，您可以自己留下，而給太子另找一個。」於是楚平王果然就自己要了這個秦國女子，對她特別寵愛，和她生了一個兒子，名軫。而給太子另娶了一個媳婦。

3 費無忌通過娶秦女這件事討好了楚平王，於是也就離開了太子，到楚平王身邊去做事了。但是他擔心一旦平王去世，太子立為楚王，自己會被殺頭，於是他就在平王面前說太子的壞話。太子建的母親是蔡國國君之女，平王不喜歡她。待至又聽了費無忌說的壞話，於是也就對太子建越來越疏遠了，讓他帶兵去鎮守北部的城父要塞，保衛楚國的邊防。

4 過沒多久，費無忌又不分晝夜地在平王面前給太子編造壞話說：「太子沒有娶到秦國女子，他的心裡不可能沒有怨恨，希望您要有所防備。太子自從鎮守城父以來，領兵在外，廣交諸侯，他就要帶兵殺回來造反了。」平王一聽，就派人把太子的太傅伍奢叫了回來，向他盤問。伍奢知道這是費無忌在平王面前說太子壞話的緣故，就氣憤地回答說：「大王為什麼要相信小人的挑撥，而疏遠自己的親骨肉呢？」費無忌則慫恿平王說：「大王現在要再不先發制人，他們的叛亂就可能要成功了。到那時您就會被他們所擒拿。」於是平王大怒，立即囚起了伍奢，而派城父守軍的司馬奮揚去捕殺太子。奮揚知道太子冤枉，在前去途中就派人通知太子說：「太子快逃跑，不然就要被砍頭了。」太子建得訊，出逃到了宋國。

5 這時費無忌又跟楚平王說：「伍奢有兩個兒子，都很能幹，不殺了他們，將來都是楚國的禍害。我們可以用他們的父親作人質，把他們也騙來一起殺掉，不然，後患無窮。」於是楚平王就派人去對伍奢說：「能把你的兩個兒子叫來就饒了你，叫不來就把你殺掉。」伍奢說：「伍尚秉性仁慈，我叫他，他一定來；伍員則個性強硬兇狠，忍受得了恥辱，能成大事，他知道來了會一起被殺，他是肯定不會來的。」平王不信，派人去對伍氏兄弟說：「如果你們來了，我就放了你們的父親；如果你們不來，我就立刻把你們的父親殺掉。」伍尚一聽馬上想前去。伍員說：「楚王之所以叫我們回去，並不是想給我們父親留下活命，而是怕我們跑了，以後給他們鬧亂子，所以才用父親作人質，來騙我們。我們一旦回去，就只有父子三人一起被殺。這對於父親的死又有什麼好處呢？白白地落得沒有人給父親報仇。還不如我們一起逃奔到別的國家，借別國的力量來給父親報仇。回去和父親一塊死，毫無意義。」伍尚說：「我也知道回去救不了父親，但我怕的是，今天父親叫我回去我沒有回去，日後我也沒有給父親報什麼仇，結果落得被天下人恥笑。」他對伍員說：「你可以逃走！因為你日後肯定能報這場殺父之仇，我準備回去和父親一道死。」說罷伍尚遂束手被擒了。來人又想逮捕伍子胥。伍子胥彎弓搭箭，對準來人。來人不敢靠近，伍子胥乘勢逃走了。他聽說太子建這時正逃亡在宋國，於是他也就去跟隨他。伍奢聽說伍子胥逃跑了，感歎地說：「楚國的君臣們將來要吃兵火之苦了。」

伍尚被押到郢都後，楚王就把伍奢和伍尚都殺掉了。

6 伍子胥逃到宋國後，正趕上華亥等人發動叛亂，於是伍子胥就和太子建一起離開了宋國轉到鄭國，鄭國人對他們很好。後來太子建到晉國訪問，晉頃公對太子建說：「你和鄭國的關係好，鄭國人相信你，如果你能為我作內應，我從外面往裡打，就一定可以滅掉鄭國。滅鄭國以後，我就把那塊地盤封給你，立你為君。」太子答應後返回了鄭國。事情還沒辦，恰巧趕上太子想殺他的一個侍從，而這個侍從知道太子勾結晉國企圖滅鄭的陰謀，於是就逃出來把事情報告了鄭國。鄭定公和大夫子產一聽立刻就把太子建抓起來殺掉了。太子建有個兒子名勝，伍子胥害怕受牽連，就和太子的兒子勝一起逃到了吳國。中途經過楚、吳交界的昭關時，昭關的守吏想逮捕他們，伍子胥和太子的兒子勝只好丟棄了車馬從人，單身步行，差點被人家逮住。追兵一直在後邊跟著，伍子胥逃到江邊，見江上有一個漁父搖船，漁父知道伍子胥正急著避難，於是就把他渡過江去。伍子胥過江後，解下了身上的佩劍，對漁父說：「這把寶劍價值百金，我把它送給你吧。」漁父說：「楚國早有懸賞，誰能抓到伍子胥，賞給他糧食五萬石，賜爵為『執珪』，那些難道只值百金嗎？」漁父沒有接受伍子胥的酬謝。伍子胥還沒到達吳國首都就病倒了，半路上只好停下來，以乞討為生。後來伍子胥終於到達了吳國首都，吳國當時正是王僚執政，公子光為將軍。於是，伍子胥就通過公子光見到了吳王。

7 過了很長一段時間，楚平王由於楚國邊境鍾離縣的女子和鄰境吳國卑梁邑的女子因為養蠶採桑發生了衝突，大為生氣，進而發展成了楚、吳兩個國家的邊境戰爭。吳國派公子光率兵伐楚，攻占了楚國的鍾離、居巢兩座縣城。這時伍子胥對吳王僚說：「看此情形，可以打敗楚國。大王可以派公子光再次出兵。」公子光回答吳王說：「伍子胥的父親、哥哥都是被楚王殺的，他勸大王伐楚，是為了給他的家人報仇。楚國現在是難以打敗的。」伍子胥一聽明白了公子光的個人企圖，他是想殺掉吳王而自立，在這種情況下，不可能勸他對外用兵，於是伍子胥就找來了一個勇士專諸，把他推薦給公子光，而後自己就和太子建的兒子勝去隱居農耕，徐以待變了。

1 五年而楚平王卒❶。初，平王所奪太子建秦女生子軫，及平王卒，軫竟立為後，是為昭王❷。吳王僚因楚喪，使二公子❸將兵往襲楚。楚發兵絕吳兵之後，不得歸。吳國內空，而公子光乃令專諸襲刺吳王僚而自立❹，是為吳王闔廬。闔廬既立❺，得志，乃召伍員以為行人，而與謀國事❻。

2 楚誅其大臣郤宛、伯州犂❼，伯州犂之孫伯嚭❽亡奔吳，吳亦以嚭為大夫。前王僚所遣二公子將兵伐楚者，道絕不得歸。後聞闔廬弒王僚自立，遂以其兵降楚，楚封之於舒❾。闔廬立三年❿，乃興師與伍胥、伯嚭伐楚，拔舒，遂禽故吳反二將軍⓫。因欲至郢⓬。將軍孫武⓭曰：「民勞，未可，且待之。」乃歸。

3 四年⓮，吳伐楚，取六⓯與灊⓰。五年⓱，伐越，敗之⓲。六年⓳，楚昭王使公子囊瓦⓴將兵伐吳。吳使伍員迎擊，大破楚軍於豫章㉑，取楚之居巢㉒。

4 九年㉓，吳王闔廬謂子胥、孫武曰：「始子言郢未可入，今果何如？」二子對曰：「楚將囊瓦貪，而唐、蔡皆怨之㉔。王必欲大伐之，必先得唐、蔡乃可㉕。」闔廬聽之，悉興師與唐、蔡伐楚，與楚夾漢水而陳㉖。吳王之弟夫概將兵請從㉗，王不聽，遂以其屬五千人擊楚將子常㉘。子常敗走，奔鄭。於是吳乘勝而前，五戰，遂至郢㉙。己卯㉚，楚昭王出奔。庚辰㉛，吳王入郢。

5 昭王出亡，入雲夢[32]。盜擊王，王走鄖[33]。鄖公弟懷[34]曰：「平王殺我父[35]，我殺其子，不亦可乎！」鄖公恐其弟殺王[36]，與王奔隨[37]。吳兵圍隨，謂隨人曰：「周之子孫在漢川者，楚盡滅之[38]。」隨人欲殺王，王子綦[39]匿王，己自為王以當之[40]。隨人卜與王於吳，不吉，乃謝吳，不與王[41]。

6 始伍員與申包胥為交，員之亡也，謂包胥曰：「我必覆[42]楚。」包胥曰：「我必存之。」及吳兵入郢，伍子胥求[43]昭王。既不得，乃掘楚平王墓，出其尸，鞭之三百然後已[44]。申包胥亡於山中，使人謂子胥曰：「子之報讎，其以甚乎[45]！吾聞之，人眾者勝天，天定亦能破人[46]。今子故平王之臣，親北面而事之。今至於僇[47]死人，此豈其無天道之極乎！」伍子胥曰：「為我謝申包胥曰，吾日莫途遠，吾故倒行而逆施之[48]。」於是申包胥走秦[49]告急，求救於秦。秦不許，包胥立於秦廷，晝夜哭，七日七夜不絕其聲[50]。秦哀公[51]憐之，曰：「楚雖無道，有臣若是，可無存乎？」乃遣車五百乘[52]救楚擊吳。六月[53]，敗吳兵於稷[54]。會吳王久留楚求昭王，而闔廬弟夫概乃亡歸，自立為王[55]。闔廬聞之，乃釋楚而歸，擊其弟夫概。夫概敗走，遂奔楚。楚昭王見吳有內亂，乃復入郢[56]。封夫概於堂谿[57]，為堂谿氏[58]。楚復與吳戰，敗吳，吳王乃歸[59]。

7 後二歲[60]，闔廬使太子夫差將兵伐楚，取番[61]。楚懼吳復大來，乃去郢，徙於鄀[62]。當是時，吳以伍子胥、孫武之謀，西破彊楚，北威齊、晉，南服越人[63]。

【章旨】以上為第二段，寫伍子胥引吳兵破楚報仇，並佐闔廬稱霸。

【注釋】❶五年而楚平王卒　梁玉繩曰：「『五年』乃『三年』之誤。自吳滅巢至是時三年也；若自子胥奔吳數之，則七年矣。」按：楚平王死於吳王僚十一年，西元前五一六年，上距鍾離、居巢之役相隔一年。❷是為昭王　楚昭王元年即吳王僚十二年，西元前五一五年。❸二公子　指公子掩餘、公子燭庸，皆吳王僚之弟。❹公子光乃令專諸襲刺吳王僚而自立　事在吳王僚十二年，楚昭王元年，西元前五一五年，過程詳見《左傳》昭公二十七年與〈刺客列傳〉。❺闔廬既立　闔廬元年即楚昭王二年，西元前五一四年。❻乃召伍員以為行人二句　行人，官名，掌朝覲聘問之事，約當今之外交部長。袁黃曰：「『員退耕於野，待專諸之事』，蓋以吳市光也。專諸弒僚，光代立為王，德員，舉國委之。遂伐楚入郢，鞭平王之尸。予謂員己之志則酬矣，其如吳王僚何？禮無毀人以自成也，員之毀人亦大矣。使僚有子如員，員之尸將能免乎？是尋刃之道也，惡得賢？」❼郤宛伯州犂　《集解》引徐廣曰：「伯州犂之子曰郤宛，郤宛之子曰伯嚭。」按：照徐說，「伯州犂」三字應在「郤宛」之前，此說恐非。梁玉繩曰：「郤宛見殺，在魯昭公二十七年；州犂為楚靈王所殺，遠在昭元年也。定四年《傳》云：『楚殺郤宛，伯氏之族出。』伯氏乃郤宛之黨，非同族也。」❽伯州犂之孫伯嚭　伯嚭可能是伯州犂之孫，然定非郤宛之子。❾舒　原為古國名，後被楚所滅，其都在今安徽廬江西南。❿闔廬立三年　即楚昭王四年，西元前五一二年。⓫故吳反二將軍　即王僚之弟掩餘、燭庸。⓬郢　楚國都城，在今湖北荊州江陵西北。⓭孫武　古代著名軍事家，事跡詳見〈孫子吳起列傳〉，但《左傳》中無孫武其人。⓮四年　闔廬四年，楚昭王五年，西元前五一一年。⓯六　古邑名，在今安徽六安北。⓰灊　古邑名，在今安徽霍山東北。⓱五年　闔廬五年，楚昭王六年，西元前五一〇年。⓲伐越二句　越，小國名，國都會稽，即今浙江紹興。當時的越王為句踐之父，名允常，事見〈越王句踐世家〉。⓳六年　闔廬六年，楚昭王七年，西元前五〇九年。⓴公子囊瓦　《集解》曰：「《左傳》楚公子貞，字子囊；其孫名瓦，字子常。此言『公子』，又兼稱『囊瓦』，誤也。」凌稚隆引陳仁錫曰：「『公子』當作『公孫』。子囊之孫稱『囊瓦』者，孫以祖父字為氏也。」中井曰：「『公子』二字當削。」㉑豫章古地區名，說法不一。杜預以為在「江北、淮水南」；又說是「漢東江北地名」；也有說即指今安徽合肥、壽縣一帶。㉒取楚之居巢　按：上文已言「拔其鍾離、居巢而歸」，後未言居巢復被楚占，則今似不得又言「取楚之居巢」。《左傳》定公二年作：「遂圍巢，克之。」巢，古邑名，在今安徽巢縣東北。㉓九年　闔廬九年，楚昭王十年，魯定公四年，西元前五〇六年。㉔楚將囊瓦貪二句　唐，周初分封的諸侯國名，姬姓，其都城即今湖北隨縣西北的唐城鎮。蔡，周初分封的諸侯國名，姬姓。最早都於上蔡，因受楚逼，後來遷到新蔡，昭侯（西元前五一八—前四九一年在位）時又遷於州來（今安徽壽縣西北）。楚昭王九年（西元前五〇七年），蔡昭侯、唐成公皆朝楚。蔡昭侯有二佩，獻昭王一，而自用其一。囊瓦欲得之，蔡昭侯不與，遂將蔡昭侯留楚三年；唐成公有二善馬，囊瓦欲得之，唐成公不與，亦留之三年。最後二侯終於獻出寶物，始得歸國。因此心恨囊瓦，必欲倚大國以伐之。事見《左傳》定公三年。㉕必先得唐蔡乃可　茅坤曰：「聯其讎而後攻之，則彼力分而屈。」㉖夾漢水而陳　謂吳與唐、蔡列陣於漢水東，楚軍列陣於漢水西也。按：據《左傳》定公四年，吳、楚此戰發生於柏舉（今湖北麻城東北），而柏舉至漢水尚有五、六百里。陳，通「陣」。㉗從　出擊。㉘遂以其屬五千人擊楚將子常　「遂以」上應增「夫概」二字讀。其屬，其部下。子常，即囊瓦。㉙吳乘勝而前三句　據《左傳》，夫概先破楚軍於柏舉，又追破楚軍於清發（水名，在今湖北安陸），「楚人為食，吳人及之，奔，食而從之，敗諸雍澨，五戰，及郢。」文氣之妙，勢如破竹。㉚己卯　陰曆十一月二十八。瀧川曰：「『己卯』上奪『十一月』三字。」㉛庚辰　「己卯」之次日，十一月二十九。㉜雲夢　古藪澤名，約當今湖北之武漢以西，荊州以東，應城以南，以及湖南之洞庭湖一帶地區。㉝盜擊王二句　《左傳》云：「楚子涉睢，濟江，入於雲中。王寢，盜攻之，以戈擊王，王孫由於以背受之，中肩。王奔鄖。」鄖，古國名，國都在今湖北安陸，一說在湖北鄖縣，春秋時被楚所滅。㉞鄖公弟懷　姓鬭名懷，鄖公之弟。鄖公，楚國國內的封君，名鬭辛，蔓成然之子。㉟平王殺我父　鄖公之父蔓成然原為楚平王令尹，為人不知禮度而又貪求無厭，被楚平王所殺。因為蔓成然對楚平王曾有佐立之功，故楚平王又封蔓成然之子鬭辛為鄖公。事見《左傳》昭公十四年。㊱鄖公恐其弟殺王　據《左傳》，鄖公之弟將弒王，鄖公曰：「君討臣，誰敢仇之？君命，天也。若死天命，將誰仇？」乃伴王奔隨。史公刪此「禮教」語。㊲隨　西周初年分封的諸侯國名，姬姓，其都城在今湖北隨縣南，此時已成為楚之附庸。㊳周之子孫在漢川者二句　楊伯峻曰：「僖二十八年《傳》云：『漢陽諸姬，楚實盡之。』吳、隨皆姬姓，故作此語。」又曰：「〈楚世家〉謂楚武王三十五年伐隨，始開濮地而有之；文王六王伐蔡，楚強，陵江、漢間小國，皆畏之；十一年，楚亦始大，成王時楚地千里云云，則皆吞併之事。」㊴王子綦　《左傳》作「子期」，杜預注：「昭王兄公子結也。」㊵己自為王以當之　自己化裝為楚王挺身而出。㊶乃謝吳二句　謝絕吳國，未將楚王交出。據《左傳》，隨人謂吳人云：「以隨之辟小，而密邇於楚，楚實存之。世有盟誓，至於今未改。若難而棄之，何以事君？執事之患不唯一人，若鳩楚竟，敢不聽命？」吳人乃退。㊷覆　顛覆；消滅。㊸求　尋找；捉拿。㊹掘楚平王墓三句　按：此次吳軍入郢，殘暴異常，《左傳》、《公羊》、《穀梁》皆有所謂「以班處宮」，即《吳越春秋》之所謂「令闔廬妻昭王夫人，伍胥、孫武、伯嚭亦妻子常、司馬成之妻，以辱楚之君臣也」。吳之君臣如此，部下將士之活動可知。史公為回護伍子胥而刪棄此情節不錄，而誇張其復個人之仇的掘墓鞭屍。而掘墓鞭屍事《左傳》、《國語》皆無，《穀梁》與《呂氏春秋・首時》、《淮南子・泰族》皆謂「撻平王之墓」，〈楚世家〉與〈十二諸侯年表〉、〈季布欒布列傳〉亦但曰「鞭平王之墓」，蓋尚稍文明；不似此文之所謂「出其尸，鞭之三百然後已」也。而後出之《吳越春秋》又發揮為「左足踐腹，右手抉其目，誚之曰：『誰使汝用讒諛之口殺我父兄，豈不冤哉？』」尤顯荒唐。凌約言曰：「子胥所當仇者費無忌也，楚既為之殺費無忌，滅其家，昭王又使人謝先王之過而勉之歸，則子胥亦可矣。而至鞭平王屍，其亦甚哉！」中井曰：「平王死經十有餘年，縱令掘之，朽骨而已，非有可鞭之屍。」㊺其以甚乎　也太過分了點吧。其，將。以，通「已」。㊻人眾者勝天二句　《正義》曰：「人眾者雖一時兇暴勝天，及天降其兇，亦破於強暴之人。」瀧川曰：「《詩・小雅・正月》：『視天夢夢，既克有定，靡人弗勝。』包胥所本。」㊼僇　辱也。㊽吾日莫途遠二句　莫，通「暮」。《索隱》曰：「子胥言志在復仇，常恐且死不遂本心，今幸而報，豈論理乎？譬如人行，前途尚遠而日勢已暮，其在顛倒急行，逆理施事，何得責吾順理乎？」岡白駒曰：「伍員意謂立白公勝為楚後，而身相之，則恩怨皆可報，吾非不知出於此也；今求昭王既不得，則事之成否未可知，常恐且死，不遂本志，故喻以日暮途遠云爾。」瀧川曰：「《漢書・主父偃傳》偃曰：『吾日暮，故倒行逆施之。』蓋述子胥語。」㊾秦　東周初正式受封的諸侯國名，春秋時期都於雍，在今陝西鳳翔東南。㊿七日七夜不絕其聲　按《左傳》於此曰：「倚於庭墻而哭，日夜不絕聲，勺飲不入口七日。」(51)秦哀公　景公之子，西元前五三六－前五〇一年在位。(52)五百乘　五百輛兵車。一輛車上有甲士三人，車後有步卒七十二人。(53)六月　梁玉繩曰：「『六月』上，缺書『十年』二字。」按：吳王闔廬十年即楚昭王十一年，秦哀公三十二年，西元前五〇五年。(54)敗吳兵於稷　按：《左傳》於此謂秦將「使楚人先與吳人戰，而自稷會之，大敗夫概王於沂（楊伯峻以為在今河南正陽縣境）。」稷，杜預注：「稷丘，地名，在（郢都）郊外。」楊伯峻以為「稷」在今河南桐柏縣境；錢穆以為「稷」即今湖北隨縣城北之歷山。(55)夫概乃亡歸二句　事在吳王闔廬十年九月。杜預注：「自立為吳王，稱『夫概王』。」(56)昭王見吳有內亂二句　事在吳王闔廬十年，楚昭王十一年十月。(57)堂谿　也作「棠谿」。楚邑名，在今河南遂平西北。(58)為堂谿氏　以「堂谿」為其家族的姓氏。(59)楚復與吳戰三句　據《左傳》定公五年，秦軍敗吳軍於稷後，又破之雍澨，楚將子期又焚吳軍於麇，又戰於公婿之溪，吳師大敗，吳王乃歸。[60]後二歲　梁玉繩曰：「『二歲』當作『一歲』。」即闔廬十一年，西元前五〇四年。[61]使太子夫差將兵伐楚二句　事在闔廬十一年，楚昭王十二年四月。梁玉繩曰：「『夫差』當作『終纍』。」按：《左傳》作「吳太子終纍敗楚舟師」。杜預注：「終纍，闔廬子，夫差兄。」番，楚邑名，即今江西鄱陽。[62]徙於鄀　鄀，古國名，後被楚滅，其邑在今湖北宜城東南。按：此次楚之遷都於鄀時間不長，於昭王時又遷回於郢。[63]西破彊楚三句　凌稚隆引茅坤曰：「伍子胥之入吳也，以報父仇。一番事業已了，特著一總按。」按：以上伍子胥助闔廬殺王僚奪位，並佐其破楚稱霸事，見《左傳》昭公二十七年、昭公三十年、昭公三十一年、定公三年、定公四年、定公五年。

【語　譯】五年後，楚平王死了。當初楚平王所奪的那個應該屬於太子建的秦女，生了個兒子名軫，平王死後，其子軫就繼承了王位，這就是楚昭王。這時吳王看到楚國正忙於辦理喪事，就趁機派他的兩個弟弟率兵伐楚。不想這支吳軍被楚軍截斷了退路，回不來了。吳國內部空虛，這時公子光就趁機派專諸刺殺了吳王僚，而自立為王，這就是吳王闔廬。闔廬當了吳王，心滿意足，就召來伍子胥，任命他為行人，讓他參與國家大事的決策。

2　這時楚國又殺了他的大臣郤宛和伯州犁，伯州犁的孫子伯嚭就逃到吳國，吳王闔廬任命他為大夫。而當初吳王僚所派出的率軍伐楚而退路被截斷不能回來的那兩位公子，聽說闔廬殺了王僚自立，於是就率兵投降了楚國，楚王把他們封在了舒縣。闔廬自立後的第三年，便與伍子胥、伯嚭等人一起出兵伐楚，攻克了舒縣，俘虜了投降楚國的那兩位吳國公子。當時闔廬就想一鼓作氣乘勝進攻楚國的郢都。將軍孫武說：「士民已經很疲憊了，不能再打，我們應該暫時等一等。」於是吳軍回師。

3　闔廬四年，吳又興兵伐楚，占領了六、灊兩縣。闔廬五年，吳國起兵伐越，擊敗了越國。闔廬六年，楚昭王派囊瓦率軍伐吳。吳派伍子胥率軍迎擊，大敗楚軍於豫章，又重新占領了楚國的居巢。

4　闔廬九年，吳王闔廬對伍子胥與孫武說：「過去你們總說不能進攻楚國的郢都，現在怎麼樣啦？」兩個人回答說：「楚國的大將囊瓦生性貪婪，唐國、蔡國都恨他。您如果一定想要伐楚，應該先取得唐國和蔡國的配合。」闔廬同意，於是就發動了全國的軍隊，和唐國、蔡國一起進攻楚國，雙方隔著漢水對陣。這時闔廬的弟弟夫概請求率軍出擊，闔廬不允許，於是夫概便偷偷地帶著自己的部下五千人突然出動，猛攻楚將囊瓦，囊瓦大敗，逃到鄭國去了。吳王見夫概獲勝，於是全軍乘勝進擊，沿途又經過五場大戰，遂到達了郢都城下。己卯這一天，楚昭王離城出逃。第二天，吳王遂進入了郢都。

5 楚昭王逃出郢都後，進入了雲夢澤，後來遭到盜賊的襲擊，只好又逃到了他們的附庸鄖國。鄖公的弟弟鬭懷說：「楚平王當初殺了我們的父親，現在我們殺他的兒子，這不是很合理嗎？」鄖公怕他的弟弟殺害楚昭王，便親自陪著昭王逃到了隨國。吳軍緊跟著也包圍了隨國，並對隨人說：「周朝子孫被封在漢水流域的國家，幾乎都被楚國滅掉了，你們隨國為什麼還幫助楚國呢？」隨人聽了就想殺死楚昭王，這時楚昭王的哥哥王子綦把楚昭王藏了起來，自己冒稱楚昭王，準備替昭王死。後來隨人占卜，占卜的結果是把楚王交給吳國不吉利，於是就回絕了吳國，沒有把楚王交出去。

6 起初伍子胥和申包胥兩人是朋友，當伍子胥被害逃離楚國時，對申包胥說：「我將來一定要滅掉楚國。」申包胥說：「那我一定要保住楚國。」後來吳軍攻入郢都，伍子胥就到處搜捕楚昭王，但沒有找到，於是他就掘開了楚平王的墓，把楚平王的屍體拉出來抽了三百鞭子，才算完事。這時申包胥正逃到了荒山之中，他派人去對伍子胥說：「你的這種報仇也太過分啦！人們常說，人有時可以勝天，但是天終究還是要勝人。你原先也是楚平王的臣子，曾在他駕前做過事，可是今天你竟至於鞭打他的屍體，這不是違背天道達到極點了嗎？」伍子胥對來人說：「你回去替我告訴申包胥，我是一個日暮途遠的人，因此我也只能倒行逆施了。」於是申包胥就跑到了秦國告急，請求秦國出兵拯救楚國。秦國一開始不答應，申包胥就站在秦宮殿前的院子裡，日夜嚎哭，七天七夜聲音沒停過。秦哀公聽著覺得可憐，說：「楚王雖然殘暴無道，但是能有這樣忠心的臣子，這樣的國家難道不該得到拯救嗎？」於是派出了戰車五百輛攻吳救楚。六月，大破吳軍於稷丘。這時正好由於吳王長時間地留在楚國搜捕楚昭王，而吳王的弟弟夫概偷偷地回到吳國，自立為王。闔廬聽到國內有變，趕緊扔下楚國率兵回吳，去打他的弟弟夫概。結果夫概失敗，逃到了楚國。楚昭王見吳國發生內亂，於是又回到了郢都。他接受了夫概的投降，把夫概封在了堂谿，稱他的家族為堂谿氏。接著楚國又出兵與吳軍交戰，吳軍又被打敗，吳王從此也只好死了滅楚的心，收兵回吳去了。

7 過了兩年，闔廬又派太子夫差率軍伐楚，占領了鄱陽。而楚國也害怕吳軍再次大舉進攻，於是把國都從郢向北遷到了鄀。這個時候，吳國靠著伍子胥、孫武等人，向西打敗了強大的楚國，向北威震著齊國和晉國，向南收服了越國。

1 其後四年❶，孔子相魯❷。

2 後五年❸，伐越❹。越王句踐迎擊，敗吳於姑蘇❺，傷闔廬指❻，軍卻。闔廬病創❼，將死，謂太子夫差❽曰：「爾忘句踐殺爾父乎？」夫差對曰：「不敢忘。」❾是夕，闔廬死。夫差既立為王，以伯嚭為太宰❿，習戰射。二年後伐越⓫，敗越於夫湫⓬。越王句踐乃以餘兵五千人棲於會稽之上⓭，使大夫種⓮厚幣⓯遺吳太宰嚭以請和，求委國為臣妾⓰。吳王將許之，伍子胥諫曰：「越王為人能辛苦，今王不滅，後必悔之⓱。」吳王不聽，用太宰嚭計，與越平⓲。

3 其後五年⓳，而吳王聞齊景公死⓴而大臣爭寵，新君弱㉑，乃興師北伐齊㉒。伍子胥諫曰：「句踐食不重味㉓，弔死問疾，且欲有所用之也。此人不死，必為吳患。今吳之有越，猶人之有腹心疾也。而王不先越而乃務齊，不亦謬乎？」吳王不聽，伐齊，大敗齊師於艾陵㉔，遂威鄒、魯之君以歸㉕。益疏子胥之謀。

4 其後四年㉖，吳王將北伐齊，越王句踐用子貢之謀，乃率其眾以助吳㉗，而重寶以獻遺太宰嚭。太宰嚭既數受越賂，其愛信越殊甚，日夜為言於吳王，吳王信用嚭之計。伍子胥諫曰：「夫越，腹心之病，今信其浮辭詐偽而貪齊。破齊，譬猶石田㉘，無所用之。且盤庚之誥㉙曰：『有顛越不恭，劓殄滅之，俾無遺育，無使易種于茲邑㉚。』此商之所以興。願王釋齊而先越，若不然，後將悔之無及㉛。」而吳王不聽，使子胥於齊㉜。子胥臨行，謂其子曰：「吾數諫王，王不用，吾今見吳之亡矣。汝與吳俱亡，無益也。」乃屬其子於齊鮑牧㉝，而還報吳。

5 吳太宰嚭既與子胥有隙，因讒曰：「子胥為人剛暴少恩，猜賊㉞，其怨望恐為深禍也㉟。前日王欲伐齊，子胥以為不可，王卒伐之而有大功㊱。子胥恥其計謀不用，乃反怨望。而今王又復伐齊㊲，子胥專愎㊳彊諫，沮毀㊴用事，徒幸吳之敗，以自勝其計謀㊵耳。今王自行，悉國中武力以伐齊，而子胥諫不用，因輟謝㊶，詳㊷病不行。王不可不備，此起禍不難。且嚭使人微伺㊸之，其使於齊也，乃屬其子於齊之鮑氏。夫為人臣，內不得意，外倚諸侯㊹，自以為先王之謀臣，今不見用，常鞅鞅㊺怨望。願王早圖之。」吳王曰：「微子之言，吾亦疑之。」乃使使賜伍子胥屬鏤[46]之劍，曰：「子以此死。」伍子胥仰天歎曰：「嗟乎！讒臣嚭為亂矣，王乃反誅我。我令若[47]父霸，自若未立時，諸公子爭立，我以死爭之於先王，幾不得立[48]。若既得立，欲分吳國予我，我顧不敢望[49]也。然今若聽諛臣言以殺長者[50]。」乃告其舍人[51]曰：「必樹吾墓上以梓[52]，令可以為器[53]；而抉吾眼縣吳東門之上[54]，以觀越寇之入滅吳也[55]。」乃自剄死。吳王聞之，大怒，乃取子胥尸，盛以鴟夷革，浮之江中[56]。吳人憐之，為立祠於江上，因命曰胥山[57]。

6 吳王既誅伍子胥，遂伐齊[58]。齊鮑氏殺其君悼公，而立陽生[59]。吳王欲討其賊，不勝而去[60]。其後二年[61]，吳王召魯、衛之君，會之橐皋[62]。其明年[63]，因北大會諸侯於黃池[64]，以令周室[65]。越王句踐襲殺吳太子，破吳兵[66]。吳王聞之，乃歸，使使厚幣與越平[67]。後九年[68]，越王句踐遂滅吳，殺王夫差[69]，而誅太宰嚭[70]，以不忠於其君，而外受重賂，與己比周[71]也。

【章旨】以上為第三段，寫伍子胥因反對吳王夫差忽視句踐北上伐齊，被夫差殺害事。

【注釋】❶其後四年　吳王闔廬十五年，魯定公十年，西元前五〇〇年。❷孔子相魯　趙翼《陔餘叢考》曰：「列傳與孔子毫無相涉者，亦書『孔子相魯』，以其繫天下之輕重也。」按：梁玉繩以為孔子是年為「儐相」陪魯定公與齊景公會於夾谷，非「宰相」也，此史公誤解，魯之宰相自是季氏。參見〈孔子世家〉。❸後五年　梁玉繩曰：「『五年』當作『四年』。」即吳王闔廬十九年，越王句踐元年，西元前四九六年。❹伐越　是時越王允常新死，句踐剛即位，闔廬乃乘其釁而伐之。❺敗吳

於姑蘇　《正義》曰：「姑蘇，當作『檇李』，乃文誤也。」按：《正義》說是，《左傳》定公十四年與〈越王句踐世家〉書此事皆曰「吳師敗於檇李」。檇李，古邑名，在今浙江嘉興西南。❻傷闔廬指　《左傳》曰：「闔廬傷將指。」杜預注：「其足大指見斬。」❼創　刀劍槍械之傷。❽太子夫差　闔廬原來的太子為「終累」，見《左傳》定公六年；此時改為「夫差」者，伍子胥之力也，見後文伍子胥語。❾夫差對曰二句　按：《左傳》於此云：「夫差使人立於庭，苟出入，必謂己曰：『夫差，而忘越王之殺而父乎？』則對曰：『唯，不敢忘。』」較此更為生動。❿太宰　官名，即後世之丞相。⓫二年後伐越　即夫差二年，句踐三年也，西元前四九四年。⓬敗越於夫湫　梁玉繩曰：「吳、越兩世家作『夫椒』，此作『湫』，蓋古通用。」夫椒，山名，在今江蘇省太湖中。⓭棲於會稽之上　謂句踐率殘兵敗將躲入會稽山上。會稽，山名，在今浙江省中部的紹興、嵊縣、諸暨、東陽間。⓮大夫種　即文種，越國的重要謀臣。⓯厚幣　厚禮。幣，禮品，古代常用璧、帛等。⓰委國為臣妾　將國家交出，聽憑調遣，而國君與夫人亦為其充當奴婢。按：有關句踐求和的過程，詳見〈越王句踐世家〉。⓱今王不滅二句　按：子胥勸說夫差勿許越和的大段說辭，詳見《左傳》哀公元年、《國語・吳語》、〈吳太伯世家〉、〈越王句踐世家〉。⓲用太宰嚭計二句　平，講和。有關伯嚭受賄勸說夫差與越講和事，詳見《國語・越語下》及〈越王句踐世家〉。⓳其後五年　即吳王夫差七年，齊晏孺子元年，西元前四八九年。⓴齊景公死　事在吳王夫差六年，西元前四九〇年。齊景公，名杵臼，西元前五四七—前四九〇年在位。㉑大臣爭寵二句　齊景公死後，其少子晏孺子立，高昭子、國惠子為相。晏孺子元年六月，齊國權臣田乞與高昭子逐國惠子。十月，田乞又殺晏孺子，而另立公子陽生為君（即齊悼公），齊國政權從此落入田氏手中，事見〈齊世家〉。㉒興師北伐齊　據〈十二諸侯年表〉，是年吳曾伐陳，無伐齊事，此與〈吳太伯世家〉皆誤。梁玉繩曰：「是年無伐齊事，伐齊在魯哀公十年，其事去齊景公之卒已四年矣；而即以此為艾陵之役則更誤。」㉓食不重味　飯桌上只有一種菜。極言其儉樸。㉔大敗齊師於艾陵　按：艾陵之役應在魯哀公十一年（西元前四八四年），史公繫之於此，誤也。艾陵，齊邑名，在今山東萊蕪東北。一說在今山東泰安東南。㉕威鄒魯之君以歸　威，威脅；恫嚇。鄒，也作「邾」。春秋時小國名，國都在今山東鄒縣東南。魯，西周以來的諸侯國名，國都即今山東曲阜。據〈十二諸侯年表〉，吳王夫差曾於其七年伐陳（國都即今河南淮陽）；八年與魯君會於繒，向魯君徵百牢；九年伐魯等等。按：淩本、殿本於此作「滅鄒魯之君以歸」，於是盧文弨、錢大昕遂斷句為「滅鄒，魯（虜）其君以歸」，於義亦得。㉖其後四年　吳王夫差十一年，齊悼公四年，西元前四八五年。㉗句踐用子貢之謀二句　按：據《左傳》，夫差十一年，吳與魯伐齊，適齊國政變，齊悼公被弒，吳遂未戰而還。夫差十二年，齊簡公元年，吳又聯魯伐齊，「越子率其眾以朝焉，王及列士皆有饋賂」，蓋即本文所謂「率其眾以助吳」也。所謂「句踐用子貢之謀」，事見〈仲尼弟子列傳〉，其大致情況是：齊侵魯，為解魯國之難，子貢往說吳王使救魯伐齊；而吳畏越襲其後，故子貢又往說越王，使越出兵以助吳也。此子貢多方遊說事，《左傳》不載，前人多疑為後人附會，史公誤取。㉘石田　不能耕種的石頭地。㉙盤庚之誥　即指《尚書》中的〈盤庚〉篇，分上、中、下，這是殷代帝王盤庚告諭臣下的訓辭。大意是，盤庚即位後，欲率領殷民搬遷，殷民皆咨嗟埋怨而不願意，盤庚遂作此以訓告之。㉚有顛越不恭四句　四句見〈盤庚〉中篇。大意說：誰敢悖謬不聽命令，我就割他殺他，不叫他留下後代，不叫他在這裡再延續種姓。顛越，猶言顛倒；悖謬。不恭，不承；不奉行。劓，割。殄，絕滅。俾，使。易種，延續種姓。易，通「施」。延也。㉛後將悔之無及　凌稚隆引王維楨曰：「伍員借吳力得報父仇，故盡忠謀如此。」按：《吳越春秋》云：「子胥曰：『臣聞狼子有野心，仇讎之人不可親。夫虎不可餵以食，蝮蛇不恣其意。今大王捐國家之福，以饒無益之讎；棄忠臣之言，而順敵人之欲，臣必見越之破吳，豕鹿游於姑蘇之臺，荊榛蔓於宮闕。』」《吳越春秋》為晚出之書，其事多不足取，惟此語極其有名，故錄之。㉜使子胥於齊　凌稚隆引楊循吉曰：「出謀臣於外，太宰嚭以計疏遠之，而陰欲以罪誅之也。」㉝屬其子於齊鮑牧　屬，託。託人照看。鮑牧，齊國貴族，鮑叔牙的後人。按：其時鮑牧已死，此語有誤，《左傳》但曰「屬其子於鮑氏」。茅坤曰：「子胥處君驕臣讒之間，而屬其子於他國，非明哲之道。」凌稚隆引穆文熙曰：「子胥屬子，蓋誓以死諫，且不欲絕先人之後也。或謂屬鏤之劍乃所自招，不知其心矣。」㉞猜賊　殘忍。㉟其怨望恐為深禍也　他的怨恨不滿，恐將成為吳國的大災難。怨望，怨恨。望，怨。㊱王卒伐之而有大功　據《左傳》，此即前文誤說之「艾陵之戰」，事在夫差十二年，齊簡公元年，西元前四八四年五月。是役吳與魯「大敗齊師，獲國書、公孫夏、閭丘明、陳書、東郭書，革車八百乘，甲首三千」。㊲今王又復伐齊　指夫差十二年之聯魯伐齊，蓋史公誤繫子胥被殺於夫差十一年故也。㊳專愎　專斷；自以為是。愎，不聽人勸。㊴沮毀　指發表阻撓、破壞的言論。㊵自勝其計謀　以顯示他自己的謀劃正確。㊶輟謝　尋找理由不肯從行。輟，停止；中斷。㊷詳　通「佯」。假裝。㊸微伺　暗中偵視。㊹外倚諸侯　勾結別的國家。㊺鞅鞅　怨恨不滿的樣子。㊻屬鏤　杜預注：「劍名。」楊伯峻引章炳麟說，以為「屬鏤」即「獨鹿」，山名，在涿郡，其地出劍，因以為劍名。並以《淮南子．氾論》有「大夫種身伏屬鏤而死」，故謂「屬鏤非一劍之名可知」。㊼若　你；你的。㊽諸公子爭立三句　按：闔廬諸子相爭事，各處均無詳載，唯《左傳》定公六年載有「吳太子終纍」其人，至於後來如何換成了「夫差」，過程不得而知。依情理推斷，蓋伍子胥助夫差以傾倒故太子也。此伍子胥責夫差忘恩負義諸語，不見於《左傳》、《國語》，僅見於本文與〈越王句踐世家〉，不知史公取材於何處。㊾我顧不敢望　我根本就不想要。顧，通「固」。根本；本來。㊿今若聽諛臣言以殺長者　諛臣，讒臣；佞臣。長者，猶今之所謂「好人」、「忠厚人」。李笠曰：「『若』下當依《說苑・正諫》篇補『之何』二字，以『若』訓『汝』則語無結束矣。」按：二解皆可，李氏說語氣更好。(51)舍人　貴族身邊的親信人員。《漢書・高帝紀》師古注：「親近左右之通稱也。」(52)梓　喬木名。(53)今可以為器　器，指棺材。意謂讓它將來給吳王做棺材用。《正義》曰：「器謂棺也，以吳必亡也。」《左傳》云：「樹吾墓檟，檟可材也，吳其亡乎！」(54)抉吾眼縣吳東門之上　抉，摳；挖。縣，通「懸」。(55)以觀越寇之入滅吳也　柳宗元曰：「伍子胥者，非吳之昵親也，其始交闔廬以道，故由其計。今于嗣君已不合，言見進則讒者勝，國無可救者，於是為去之可也。出則以孥累於人，而又入以即死，固非吾之所知也，然則員者果勇士也與！」茅坤曰：「子胥忿恚如是，則其在當時，處君臣上下之間必多不當於道矣，此讒之所由興也。」瀧川曰：「太宰嚭之讒，子胥之歎，史公以意敷衍。」(56)盛以鴟夷革二句　《國語・吳語》：「王慍曰：『孤不使大夫得有見也。』乃使取申胥之屍，盛以鴟夷，而投之江。」鴟夷，即皮製的囊袋。瀧川曰：「此『革』字疑衍。」按：此所謂「江」者指吳淞江，今亦名蘇州河。(57)胥山　《集解》引張晏曰：「胥山在太湖邊，去江不遠百里故云『江上』。」梁玉繩引顧炎武《日知錄・三十二》，詳辯今太湖之「胥山」與蘇州之「胥門」皆與伍子胥無涉，其說可信。按：以上伍子胥反對夫差忽視越王句踐而一味用兵中原，致被夫差害，吳亦迅即被越所滅事，見《左傳》定公十四年、哀公元年、六年、七年、八年、九年、十年、十一年，與《國語》之〈吳語〉、〈越語上〉、〈越語下〉。(58)吳王既誅伍子胥二句　據《左傳》，伍子胥被殺於夫差十二年吳、魯破齊於艾陵後；而史公乃誤書於夫差十一年之吳、魯伐齊前，故下文有「齊鮑氏殺其君悼公」云云。(59)齊鮑氏殺其君悼公二句　梁玉繩曰：「疑（此句）當在前『益疏子胥之謀』句上，庶與《左傳》情事相協。此及〈吳世家〉敘伐齊事多倒亂失實。而『悼公』即『陽生』，此又誤說，當是殺其君悼公而立『王』也。」按：所謂「王」者，即齊簡公。(60)吳王欲討其賊二句　〈吳太伯世家〉云：「齊鮑氏弒齊悼公。吳王聞之，哭於軍門外三日，乃從海上攻齊，齊人敗吳，吳王乃引兵歸。」(61)其後二年　吳王夫差十三年，西元前四八三年。(62)召魯衛之君二句　魯、衛之君，指魯哀公（名將，西元前四九四－前四六六年在位）與衛出公（名輒，西元前四九二－前四八一年在位）。橐皋，古邑名，即今安徽巢縣西北之拓皋鎮。按：據《左傳》，此次與吳相會者只有魯國，無衛國。而吳、魯相會的目的是重申舊日的盟約。(63)其明年　吳王夫差十四年，西元前四八二年。(64)大會諸侯於黃池　按：此次會吳王於黃池者只有魯哀公與晉定公，會盟的目的是吳王夫差想壓倒當時處於盟主地位的晉國，而自己取得霸主地位。黃池，古邑名，在今河南封丘西南。(65)以令周室　蓋謂號令諸侯以尊周室也。此語殊欠明曉。(66)越王句踐襲殺吳太子二句　〈越王句踐世家〉云：「吳王北會諸侯於黃池，吳國精兵從王，惟獨老弱與太子留守。句踐乃發習流二千人，教士四萬人，君子六千人，諸御千人，伐吳。吳師敗，遂殺吳太子。」(67)厚幣與越平　厚幣，厚禮。幣，禮品，古代常以璧、帛等為之。平，講和。(68)後九年　吳王夫差二十三年，越王句踐二十四年，西元前四七三年。(69)越王句踐遂滅吳二句　〈越王句踐世家〉云：「其後四年，越復伐吳。吳士民罷弊，輕銳盡死於齊、晉。而越大破吳，因而留圍之三年。吳師敗，越遂復棲吳王於姑蘇之山。（吳王求和，范蠡不許。）句踐乃使人謂吳王曰：『吾置王甬東，君百家。』吳王謝曰：『吾老矣，不能事君王！』遂自殺。乃蔽其面，曰：『吾無面以見子胥也！』」按：史著吳亡於此，見子胥繫吳國之重。(70)誅太宰嚭　〈吳太伯世家〉云：「越王滅吳，誅太宰嚭，以為不忠而歸。」〈越王句踐世家〉亦曰：「乃葬吳王而誅太宰嚭。」劉恕曰：「《左傳》哀二十四年閏月，『哀公如越，使因太宰嚭而納賄焉』，在吳亡後二年也。如左氏之說，則嚭入越亦用事，安得吳亡即誅哉？」竹添光鴻曰：「越之誅嚭，當在季孫納賄之後，史公特因滅吳而牽連書之耳。」按：史公痛疾賣主賣友之輩，故著伯嚭之誅於此，亦猶〈季布欒布列傳〉之著劉邦誅丁公，《新五代史》載耶律德光之殺張彥澤也。《越絕書》亦有句踐誅伯嚭語，蓋隨《史記》而推衍。(71)與己比周　謂與越王句踐相勾結。比周，互相依附遷就。猶今之所謂「狼狽為奸」。

【語譯】在此以後的第四年，孔子做了魯國的丞相。

2　第五年，吳國起兵伐越。越王句踐出兵迎擊，在檇李大破吳軍，闔廬的腳指受傷，吳軍退卻。闔廬的傷勢發作，臨死前，他對太子夫差說：「你會忘掉句踐殺了你父親嗎？」夫差說：「我至死也不會忘記。」當天夜裡闔廬就死去了。夫差即位為王後，任命伯嚭為太宰，並開始加緊訓練軍隊。二年後起兵伐越，大破越軍於夫湫。越王句踐於是帶著他的殘兵五千人逃到了會稽山上，他派大夫文種送厚禮給吳國的太宰伯嚭，通過他向吳王夫差求和，說句踐願把國家交給吳王管轄，連自己夫妻本人也情願給吳王作奴作婢。吳王心軟想答應，伍子胥勸阻說：「句踐能忍受辛苦圖強發憤。現在不消滅他，日後一定要後悔的。」但吳王不聽伍子胥的勸阻，最後還是採納了伯嚭的主張與越國講和了。

3　又過了五年，吳王聽說齊景公死了，齊國的大臣正爭權奪勢，新即位的國君軟弱，無法駕馭他們，於是想趁勢興兵北伐。伍子胥又勸阻說：「句踐現在飯桌上不擺兩個菜，經常去弔問死者，撫恤傷病，可以看出他是為了取得國人的擁戴，日後要使用他們。這個人只要不死，日後肯定要成為吳國的大患。越國的存在對於吳國來說，是心腹之中的大病。您不首先解決越國而去對付齊國，這不是很錯誤的嗎？」吳王不採信，出兵伐齊，大敗齊軍於艾陵，同時威震鄒、魯兩國而後搬師回吳。這一來吳王對伍子胥的話就更不聽了。

4 又過了四年，吳王又要北伐齊國，這時越王句踐聽從子貢的計謀，自動地率領軍隊幫助吳國，同時還獻給了伯嚭許多寶物。而伯嚭已經多次地接受越國的賄賂了，他對於越國分外愛護信任，於是就日夜不停地在吳王面前說越國的好話，吳王對這些全都信以為真。伍子胥對吳王說：「越國是我們真正的心腹之患，可是我們卻相信他們的花言巧語而醉心於北伐齊國。即使我們占有了齊國，那也只如得到一片石頭地，沒有任何用處。《尚書・盤庚》裡曾說：『凡是橫行無法不服管教的，就要徹底消滅它，不要讓它留下根子，不能讓他們再滋長起來。』商朝所以興旺，就因為他們有果斷的措施。希望大王能夠放棄齊國先消滅越國，否則我們將後悔莫及。」吳王還是不聽信，並且打發伍子胥去齊國出使。伍子胥臨走時，對他的兒子說：「我幾次勸說吳王，吳王都不聽，我看吳國很快就要滅亡了。你留在這裡跟著吳國一起滅亡，是沒有意義的。」於是，就把他的兒子帶到了齊國，把他託付給了齊國的鮑氏，而後單獨一人回來。

5 太宰伯嚭與伍子胥之間本來就有閒隙，於是就在吳王面前說：「伍子胥生性剛暴，狠毒殘忍，他的怨恨不滿，恐將成為吳國的大災難。前次大王伐齊，他就說不行，結果大王獲得了全勝。但伍子胥並不因此認錯，而是相反地更恨大王不聽他的話了。如今大王又要伐齊，伍子胥又硬是攔阻，詆毀破壞，希望吳國打敗仗，以證實他有先見之明。現在大王統率著全國的兵力親自出征齊國，伍子胥因為您沒聽他的話，就故意裝病推辭不去。大王不能不防備他，看來恐怕他很快就要造反了。另外我還派人暗中盯過他的梢，他在出使齊國的時候，已經把他的兒子託付給了齊國的鮑氏。作為一個臣子，在國內稍微有點不痛快，就去勾結國外的諸侯，自己仗恃著是先王的老臣，因為今天一時的不被信任，就心懷不滿。對於這樣的人希望大王早作處置。」吳王夫差說：「即使你不說這些話，我自己也早就懷疑他了。」於是就派人給伍子胥送去一把名叫「屬鏤」的寶劍，說：「你就用這把劍自盡吧。」伍子胥接過劍仰天長歎說：「唉！本來是奸臣伯嚭誤國作亂，可是大王卻反而殺我。我曾經輔助你的父親在諸侯中稱霸，在你還沒有即位的時候，許多弟兄都爭奪過這個王位，是我在先王面前誓死保你，才讓你勉強繼承王位。你當了吳王之後，想把吳國分一半給我，我都沒有要。沒想到今天你聽信小人的壞話，反而來殺我。」於是回頭告訴他手下的人們說：「你們要在我的墓前種幾棵梓樹，讓它長大了可以作棺材，還要把我的眼珠挖下來掛在吳國國都的東門，我要看著有朝一日越國人從這裡進來滅掉吳國。」說完就自刎而死了。吳王聽到了伍子胥臨死前的這段話，非常生氣，他叫人把伍子胥的屍體裝進了一條皮袋，把它扔進了江裡。吳國人可憐伍子胥的遭遇，便在江邊給伍子胥立了一座廟，並把附近的一座小山稱為胥山。

6 吳王殺掉了伍子胥之後，遂北上伐齊。這時正好齊國的鮑氏殺了齊悼公，而另立公子陽生為君。吳國想打抱不平地討伐鮑氏，結果沒能取勝，只好退兵了。又過了兩年，吳國召集魯國、衛國的國君，在橐皋會盟。隔年，吳王又率兵北上，大會各國諸侯於黃池，並號令諸侯以尊周王室。不料想越王句踐這時乘虛帶兵襲擊吳國，攻破了吳國國都，殺死了吳國的太子。吳王夫差聞訊後，只好由黃池趕回，並派人帶著厚禮去與越國求和。又過了九年，越王句踐終於滅掉了吳國，殺死了吳王夫差，同時也殺掉了吳國的太宰伯嚭，因為他不忠於自己的國君，而接受外人的賄賂，與自己狼狽為奸。

1 伍子胥初所與俱亡故楚太子建之子勝者，在於吳。吳王夫差之時，楚惠王❶欲召勝歸楚❷。葉公❸諫曰：「勝好勇而陰求死士❹，殆有私乎❺！」惠王不聽，遂召勝，使居楚之邊邑鄢❻，號為白公❼。白公歸楚三年而吳誅子胥。

2 白公勝既歸楚，怨鄭之殺其父，乃陰養死士求報鄭。歸楚五年❽，請伐鄭，楚令尹子西❾許❿之。兵未發而晉伐鄭，鄭請救於楚⓫。楚使子西往救，與盟而還⓬。

白公勝怒曰：「非鄭之仇，乃子西也⑬。」勝自礪⑭劍，人問曰：「何以為？」勝曰：「欲以殺子西。」子西聞之，笑曰：「勝如卵耳，何能為也⑮？」

3 其後四歲⑯，白公勝與石乞⑰襲殺楚令尹子西、司馬子綦於朝⑱。石乞曰：「不殺王，不可⑲。」乃劫王如高府⑳。石乞從者屈固負楚惠王亡走昭夫人之宮㉑。葉公聞白公為亂，率其國人㉒攻白公。白公之徒敗，亡走山中，自殺㉓。而虜石乞，而問白公尸處，不言將亨㉔。石乞曰：「事成為卿，不成而亨，固其職也㉕。」終不肯告其尸處㉖。遂亨石乞，而求惠王復立之㉗。

【章　旨】以上為第四段，寫白公勝為父報仇的故事，為伍子胥的報仇作餘波。

【注　釋】❶楚惠王　名章，昭王之子，西元前四八八—前四三二年在位。❷欲召勝歸楚　按：平王信費無極之讒，致使太子建流亡死於外；昭王即位後，執政子西即順眾意而誅費無極。至惠王二年（西元前四八七年），子西遂更召故太子建之子勝歸國。郭嵩燾曰：「伍員之奔吳，志在復仇耳，太子建非可恃以成事者。」若從太子建奔宋、奔鄭，又從建子勝奔吳，則是伍員始終繫心楚國，不應與白公勝同在吳而無一語及之。疑白公勝奔吳未久，子西亦聞其勇而憂其為楚患也故召之，與伍員奔吳兩不相涉。❸葉公　楚國名臣沈尹戌之子，字高，因其封地在葉（今河南葉縣西南），故稱「葉公」。❹陰求死士　暗中物色亡命之徒。❺殆有私乎　怕是懷有不可告人的目的吧。殆，近；大概。私，陰私；陰謀。❻鄢　古邑名，《集解》以為在今河南鄢陵西北。其地原屬鄭國，後被楚占，為楚之北境邊邑。《正義》以為「鄢」同「郾」，在今河南郾城南。其地有「白亭」，又有「白公故城」。❼號為白公　〈楚世家〉於此作「召平王故太子建之子勝於吳，以為巢大夫，號曰『白公』」。《集解》曰：「楚邑大夫皆稱『公』。」❽歸楚五年　史公以為在惠王七年，西元前四八二年。梁玉繩曰：「晉伐鄭在魯哀十五年（西元前四八〇年），乃白公歸楚八年，非五年也。」❾楚令尹子西　令尹，楚官名，略同於他國之宰相。子西，楚平王之弟，曾長期掌握楚國政權。❿許　應允。⓫晉伐鄭二句　《左傳》哀公十五年之經文有所謂「晉侯伐鄭」，傳文無，具體原因不詳。⓬楚使子西往救二句　謂退晉兵後與鄭結盟而還。按：〈楚世家〉云：「楚使子西救鄭，受賂而去。」是子西因得鄭賂而未踐與白公之約也。⓭非鄭之仇二句　我的仇敵現在已經不是鄭國，而是子西。《左傳》於此云：「勝怒曰：『鄭人在此，仇不遠矣。』」⓮礪　磨。⓯勝如卵耳二句　言其如卵之尚未孵化。極喻其小弱不足成事。按：《左傳》於此作「勝如卵，余翼而長之，楚國第我死，令尹、司馬，非勝而誰」。蓋謂子西自恃對勝有恩，且謂勝不愁日後在楚無權，無須作亂以殺己。史公之行文與《左傳》不同，應各隨文而解。⓰其後四歲　梁玉繩曰：「『四』當作『一』，晉伐鄭之明年，白公作亂也。」按：史公前文曰「歸楚五年」，少說三年；此又曰「其後四歲」，多說三年，遂正與梁玉繩所說之年代相同，即楚惠王十年，吳王夫差十七年，西元前四七九年。⓱石乞　白勝所養的「死士」之一。⓲襲殺楚令尹子西司馬子綦於朝　事在惠王十年七月。司馬，官名，執掌全國軍事。子綦，《左傳》作「子期」，已見於前文之救昭王。⓳不殺王二句　石乞之意以為必須除掉惠王，白公勝才有可能取得王位。《左傳》於此云：「石乞曰：『焚庫，弒王，不然不濟。』白公曰：『不可。弒王不祥，焚庫無聚，將何以守矣？』乞曰：『有楚國而治其民，以敬事神，可以得祥，且有聚矣，何患？』弗從。」⓴乃劫王如高府　此句金陵本原作「乃劫之王如高府」，王念孫曰：「『劫』下本無『之』字，哀十六年《左傳》曰『白公以王如高府』，〈楚世家〉曰『因劫惠王置之高府』，此曰『乃劫王如高府』，其義一也。『劫』下不當有『之』字。」今據刪。高府，杜預注：「楚之別府也。」㉑石乞從者句　按：《集解》引徐廣曰：「一作『惠王從者屈固』。」〈楚世家〉亦作「惠王從者屈固」。《左傳》於此作「石乞尹門，圉公陽（杜注：楚大夫）穴宮，負王以如昭夫人之宮」。然則此句作「石乞」者誤。昭夫人，昭王之夫人，惠王之母也。㉒率其國人　率領其封地葉邑的人。㉓亡走山中二句　按：「亡走」上應增「白公」二字讀。㉔亨　通「烹」。㉕固其職也　猶言「分當如此」。職，職分；義務。或曰，職，常也。常情。凌稚隆引凌約言曰：「白公為父報仇，石乞為主盡忠，其于子胥，皆類例也。太史公附此一段，正以例見子胥之長耳。」㉖終不肯告其尸處　按：此處突出了石乞的士為知己者死，亦突出了白公勝的能得人，皆為史公所欣賞。㉗而求惠王復立之　按：以上白公勝作亂於楚被削平事，見《左傳》哀公十六年。

【語　譯】當初和伍子胥一起逃出來的原楚國太子建的兒子勝，也一直住在吳國。當吳王夫差在位時，楚惠王曾想叫他回去。但葉公勸諫說：「勝這個人勇敢好鬥，而且還收養了許多亡命之徒，他別是有什麼個人打算吧！」楚惠王不聽信，終於還是把他叫回來了，讓他住在楚的邊城鄢邑，號為白公。白公歸楚的第三年，吳王殺害了伍子胥。

2 白公勝歸楚以後，怨恨鄭國殺了他的父親太子建，於是就開始豢養敢死隊尋機報仇。白公勝回國後的第五年，他請求國家出兵伐鄭，楚國的令尹子西答應了他的請求。誰知楚軍還沒派出而晉國已經出兵伐鄭了，鄭國派人向楚國求救。結果楚王又派子西前去救鄭，子西救鄭後與鄭國結盟而回。白公勝見此情景心中大怒，說：「如今我的仇人已經不是鄭國，而是子西了。」於是他就自己霍霍磨劍，有人問他：「你磨劍幹什麼？」白公勝說：「殺子西。」子西聽了笑著說：「白公勝像個雞蛋，一碰就破，他能幹什麼？」

3 四年後的一天，白公勝和石乞乘著上朝的機會發動襲擊，一舉殺死了楚國的令尹子西與司馬子綦。石乞對白公勝說：「不把楚王一起殺掉，恐怕不行。」於是就劫持著楚惠王一起向高府轉移。不想石乞的隨從屈固，偷偷地背著楚惠王逃到惠王的母親昭王夫人的宮中去了。外面的葉公聽說白公在朝內發動了叛亂，便率領著他的屬下討伐白公，白公被打敗，逃到山中自殺了。石乞被葉公俘虜，葉公問石乞白公的屍體現在何處，並說如果他不說，就要用鼎把他烹了。石乞說：「事成了當卿，事敗了受烹，本來就理當如此。」到末了他也沒有說出白公的屍首在什麼地方。於是葉公下令烹了石乞，而後又找出了楚惠王讓他恢復了王位。

太史公曰：怨毒❶之於人甚矣哉！王者尚不能行之於臣下，況同列❷乎！向令伍子胥從奢俱死，何異螻蟻？弃小義，雪大恥，名垂於後世❸，悲❹夫！方子胥窘於江上，道乞食，志豈嘗須臾❺忘郢❻邪？故隱忍就功名❼，非烈丈夫孰能致此哉？白公如不自立為君❽者，其功謀❾亦不可勝道者哉！

【章　旨】以上為第五段，是作者的論贊，作者盛讚了伍子胥棄小義、雪大恥，隱忍以就功名的壯烈行為，寄寓了個人身世的無限感慨。

【注　釋】❶怨毒　猶言「狠毒」。指設計害人而言。❷同列　同僚。費無忌與伍奢同為太子官，是同列也。❸弃小義三句　凌稚隆引王維楨曰：「太史公蓋以自見也。」❹悲　悲壯；慘烈。❺須臾　片刻；頃刻。❻忘郢　忘記楚國對他的殺父、殺兄之仇。❼隱忍就功名　司馬遷的價值觀，也是《史記》中的重要主題之一。❽如不自立為君　據前面所引《左傳》哀公十六年文，石乞固欲「焚庫、弒王」矣，而白公堅持不從；又稱其欲立平王之子「子閭」為王，蓋未見其有自立為王之意也。而〈楚世家〉則云：「白公勝怒，乃遂與勇力死士石乞等襲殺令尹子西、子綦於朝，因劫惠王，置之高府，欲弒之。惠王從者屈固負王亡走昭王夫人宮，白公自立為王。」是則歸一切壞事於白公勝矣，與《左傳》所云蓋異。❾功謀　功業、謀略。

【語　譯】太史公說：手段毒辣，設計害人，這種行為也實在太過分了。做君主的都不能隨便殺害臣下，何況是同僚呢？想當初如果伍子胥跟著他的父親一塊死了，那跟死一隻螻蟻有什麼區別？而伍子胥能夠不顧眼前的小義，終於報了大仇，又揚名於後世，這是多麼悲壯啊！當伍子胥在江上受困，在路邊乞食的時候，他何嘗有一分一秒忘掉滅楚報仇呢？所以他忍辱發憤終於功成名就，要不是一個堅強剛烈的大丈夫哪能做出這番事業呢？白公如果不圖謀自立為王，他的功業恐怕也是稱道不完的。

【研　析】〈伍子胥列傳〉的意義有以下幾點：

一、作品歌頌了伍子胥的復仇精神，表現了司馬遷的民主意識。伍子胥歷盡艱辛逃到吳國，取得吳國信任後舉兵伐楚，攻入郢都，「掘楚平王墓，出其尸，鞭之三百然後已」。他的這種忍辱復仇，把復仇之火直接燒向自己君主的行為，歷來不為傳統的衛道者所容忍，而司馬遷竟毫無保留地加以讚揚，稱之為「烈丈夫」。在司馬遷看來，任何人都要為自己的罪惡行徑負責，都理所當然地要受到相應的報復，即使是帝王，也不例外。《孟子》中說：「君視臣如手足，臣視君如腹心；君視臣如草芥，臣視君如寇仇。」「聞誅一夫紂也，不聞弒君也。」〈伍子胥列傳〉表達的正是這種思想，這也就是司馬遷的民主意識之所在。

二、作品歌頌了伍子胥「棄小義，雪大恥」，忍辱奮鬥的生死觀、價值觀。《史記》裡歌頌了許多保存生命、忍辱奮鬥的人，如孫臏、張儀、范雎、韓信、季布以及本篇的伍子胥等；《史記》裡也歌頌了許多在關鍵時刻能豁出去，不惜生命的人，如屈原、侯嬴、田光、豫讓、項羽、李廣等。既讚揚「忍辱」，又讚揚「舍生」，二者之間的標準是什麼呢？答案就在〈伍子胥列傳〉裡。當伍尚、伍子胥兄弟面對楚王使者的時候，伍尚對伍子胥說：「我知往終不能全父命，然恨父召我以求生而不往，後不能雪恥，終為天下笑耳。」「可去矣！汝能報殺父之讎，我將歸死。」於是兄弟二人各自選擇了對自己最好的價值取向。也就是說，有才幹，日後能有更大作為的，留下生命爭取以後；估計日後難得再有更大作為，或者目前又的確關係到自己一生大節的，就犧牲性命以取當前。各有得失，二者權衡取其大。這是司馬遷一貫的思想，唯本篇表述得最為明白，最為突出。

三、歌頌了伍子胥有遠見，敢直言，為堅持真理而不惜犧牲生命的豪邁精神。這是司馬遷理想中大臣所應具有的品質之一。伍子胥深知越國對吳國的威脅，故而一再向吳王陳明利害，結果反被吳王殺害。他在臨死前悲憤地說：「必樹吾墓以梓，令可以為器；而抉吾眼縣吳東門之上，以觀越寇之入滅吳也。」這是多麼沉痛的呼號！這不是在詛咒吳國的滅亡，而是痛苦於國君的昏庸，而自己的忠心與卓見不被理解。

四、本篇同樣表現了司馬遷對奸讒小人害賢誤國、君昏臣佞、政治黑暗的無比憤怒。篇末，作者寫道：「後九年，越王句踐遂滅吳，殺王夫差，而誅太宰嚭。」誅殺伯嚭，史無考證，這裡不過是表現了作者對此類人物的一種憎恨與憤慨而已。

此外，本篇以伍子胥為中心，還寫了許多忍辱復仇的人物與事件，使其集中於一傳，以突出中心人物的品質氣節。這一點，和〈刺客列傳〉關於荊軻的寫法相似，紅花綠葉，相映相托，遂使中心人物的性格更覺豐滿。

魏公子列傳

【題解】魏公子無忌是魏昭王的少子，安釐王的異母弟，被封為信陵君。本篇記述了魏公子禮賢下士，在諸賢士的協助下竊取兵符，矯奪晉鄙兵以破秦救趙的事跡。魏公子是司馬遷精心刻劃的歷史人物，在這個人物身上寄託著作者重要的社會理想。本篇也是《史記》中最生動、最感人的篇章之一，其中所描寫的人物，除信陵君外，其他如侯嬴、朱亥、毛公、薛公等，雖著墨不多，但都凜凜有生氣。

1 魏公子無忌者，魏昭王❶少子而魏安釐王❷異母弟也。昭王薨，安釐王即位，封公子為信陵君❸。是時，范睢亡魏相秦❹，以怨魏齊故，秦兵圍大梁❺，破魏華陽❻下軍，走芒卯❼。魏王及公子患之。

2 公子為人仁而下士，士無賢、不肖皆謙而禮交之，不敢以其富貴驕士。士以此方數千里爭往歸之，致食客三千人。當是時，諸侯以公子賢，多客，不敢加兵謀魏十餘年❽。

3 公子與魏王博❾，而北境傳舉烽，言「趙寇至，且入界」。魏王釋博，欲召大臣謀。公子止王曰：「趙王田獵耳，非為寇也。」復博如故。王恐，心不在博❿。

居頃，復從北方來傳言曰：「趙王獵耳，非為寇也。」魏王大驚，曰：「公子何以知之？」公子曰：「臣之客有能深[11]得趙王陰事者。趙王所為，客輒[12]以報臣，臣以此知之。」是後魏王畏公子之賢能，不敢任公子以國政。

4 魏有隱士曰侯嬴，年七十，家貧，為大梁夷門監者[13]。公子聞之，往請，欲厚遺[14]之。不肯受，曰：「臣脩身絜行[15]數十年，終[16]不以監門困故而受公子財。」公子於是乃置酒，大會賓客。坐定，公子從車騎，虛左[17]，自迎夷門侯生。侯生攝[18]敝衣冠，直上載公子上坐，不讓，欲以觀公子。公子執轡愈恭。侯生又謂公子曰：「臣有客在市屠中，願枉[19]車騎過之。」公子引車入市，侯生下見其客朱亥，俾倪[20]，故久立，與其客語，微察公子。公子顏色愈和。當是時，魏將相宗室賓客[21]滿堂，待公子舉酒。市人皆觀公子執轡。從騎皆竊罵侯生。侯生視公子色終不變，乃謝客就車[22]。至家，公子引侯生坐上坐，偏贊賓客[23]，賓客皆驚。酒酣，公子起，為壽[24]侯生前。侯生因謂公子曰：「今日嬴之為公子亦足矣。嬴乃夷門抱關[25]者也，而公子親枉車騎，自迎嬴於眾人廣坐之中。不宜有所過[26]，今公子故過之。然嬴欲就公子之名，故久立公子車騎市中。過客以觀公子，公子愈恭。市人皆以嬴為小人，而以公子為長者[27]，能下士也。」於是罷酒，侯生遂為上客。

侯生謂公子曰：「臣所過屠者朱亥，此子賢者，世莫能知，故隱屠間耳。」公子往數請之，朱亥故不復謝，公子怪之。

【章旨】以上為第一段，寫信陵君養士，尤其著重寫其謙請侯嬴的情景。

【注釋】❶魏昭王　名遬，西元前二九五—前二七七年在位。❷魏安釐王　名圉，西元前二七六—前二四三年在位。釐，也寫作「僖」。❸信陵君　魏公子的封號名，封地信陵。信陵，古邑名，在今河南寧陵西。❹范雎亡魏相秦　范雎，字叔，原魏人，因遭須賈誣陷，幾被魏齊（時為魏相）打死。後來逃到秦國，改名張祿，為秦昭王相。詳見〈范雎蔡澤列傳〉。亡魏，逃離魏國。❺大梁　即今河南開封，當時為魏國都城。❻華陽　地名，在今河南新鄭北，當時屬魏。❼走芒卯　走，趕跑。芒卯，魏將。按：秦圍大梁事在魏安釐王二年（西元前二七五年）。破魏華陽下軍、走芒卯事，在魏安釐王四年（西元前二七三年），是役秦將白起擊殺趙、魏聯軍十五萬人。梁玉繩曰：「雎相在秦昭四十一年，秦圍大梁及破魏華陽二事在昭王三十二、四兩年，其時穰侯相秦也，安得謂因雎怨魏齊而興兵乎？誤矣。」❽諸侯以公子賢三句　郭嵩燾曰：「按〈魏世家〉，安釐王元年，秦拔魏兩城；二年，又拔二城；三年，拔四城；四年，秦破魏，予秦南陽以和；九年，秦拔魏懷；十一年，秦拔魏邢丘；齊楚攻魏，秦救之，魏王因欲伐韓求故地，信陵君諫；二十年，秦圍邯鄲，信陵君矯奪晉鄙軍救趙。蓋自魏安釐王立，無歲不有秦兵。是時秦益強，六國日益弱，而趙將樓昌攻魏幾，廉頗攻魏房子，又攻安陽。所謂『諸侯不敢加兵謀魏十餘年』，是史公極意描寫之筆，無事實也。」❾博　古代類似擲骰子的一種遊戲。❿心不在博　吳見思曰：「『釋博』、『復博』、『心不在博』，點染妙。」⓫深　按：「深」字有本作「探」。⓬輒　就；隨即。⓭夷門監者　夷門的守門人。夷門，魏都大梁的東門。⓮厚遺　重重饋贈。⓯脩身絜行　保持自己的清白品格。絜，同「潔」。此處用如動詞。⓰終　無論如何。⓱虛左　空著左邊的座位。當時以左為尊。⓲攝　整理。⓳枉　繞彎；繞遠。謙辭。⓴俾倪　通「睥睨」。斜視；用餘光偷看人。㉑將相宗室賓客　國家的將相和國王的宗室這樣身分的賓客。〈魏其武安侯列傳〉有「灌夫家居雖富，然失勢，卿相侍中賓客益衰」，「卿相侍中賓客」句式與此相同。㉒乃謝客就車　謝，辭別。吳見思曰：「『愈恭』、『愈和』、『色終不變』，三番搖曳；『將相」「賓客」「市人」「從騎」，四面照應，遂令一時神采，千古如生。」㉓偏贊賓客　把賓客一個個地向侯生做了介紹，極力尊敬侯生。㉔為壽　祝酒；敬酒。㉕抱關　守門。關，門栓。㉖不宜有所過　不應該去那種地方。指去市場。過，經由。這裡意即前往。㉗長者　君子；厚道人。

【語　譯】魏公子無忌，是魏昭王的小兒子，魏安釐王的同父異母兄弟。魏昭王去世後，魏安釐王繼位，封魏公子為信陵君。當時，魏國的逃臣范雎正在秦國當丞相，因為他怨恨魏國的丞相魏齊，因而曾派兵包圍了魏國的大梁，接著又擊敗了駐守在華陽的魏國軍隊，打跑了魏將芒卯。魏王和魏公子對這種形勢很感憂慮。

2 魏公子為人厚道而又謙虛，無論是有才幹的還是沒才幹的，只要到他門下他都以禮相待，從不因自己的地位高貴而待人傲慢。因此方圓幾千里以內的遊士們都爭先恐後地去投奔他，歸到他門下的食客有三千多人。當時，就因為魏公子賢明，而且門下又有很多能幹的食客，所以各國諸侯十幾年都不敢出兵來侵犯魏國。

3 有一次，魏公子正和魏王博戲，突然北部邊境傳來報警烽火，說是「趙國向我們進攻了，敵軍很快就要進入我們的國境」。魏王趕緊停止博戲，要召集大臣們開會商議。魏公子勸止魏王說：「那是趙王出來打獵罷了，不是侵犯我國。」說完又接著玩。但魏王心裡害怕，心思不在博上。過不多時，又從北邊傳來消息說：「是趙王打獵，不是侵犯我國。」魏王很驚訝，問魏公子說：「你怎麼事先就知道呢？」魏公子說：「我的賓客中有人能掌握趙王的祕密。趙王有什麼活動，我的賓客都能及時向我報告，因此我對趙王的活動很清楚。」從這件事情以後，魏王開始害怕魏公子的才能，不敢把國家大事交給魏公子辦了。

4 魏國有個隱士叫侯嬴，已經七十歲了，家境貧窮，在大梁的夷門看城門。魏公子聽說這個人後，就親自去拜訪他，想要送給他一些東西。但侯嬴不要，他說：「我保持清高廉潔已經幾十年了，絕不能因為看城門受窮而接受您的東西。」魏公子一看不行，於是就舉辦了一個盛大的宴會。等客人們都就座以後，魏公子就帶著車馬隨從，空著車子左邊的上座，親自到夷門去接侯嬴。侯嬴整理了一下自己的破衣冠，徑直地上去就坐了車子左邊的尊位，一點也不謙讓，他想看看魏公子的態度如何。只見魏公子抓著轡繩，舉止更加謙虛。侯嬴又對魏公子說：「我有一個朋友在市場上的肉店裡，麻煩你的車子繞個彎，帶我過去看看他。」魏公子二話不說，趕著車子就來到了市場。侯嬴從車上下來找到了他的朋友朱亥，兩人故意地說個不休，同時侯嬴也斜著眼睛觀察著魏公子。只見魏公子的神態比剛才還要平靜溫和。當時，在魏公子的家裡，滿堂將相宗室一流的貴賓，都在等著公子回來，開始宴會。市場上的人們卻正驚奇地看著魏公子在為一個什麼人牽著轡繩，而魏公子的那些隨從們則早已經在偷偷地大罵侯嬴了。侯嬴見魏公子的態度始終沒有變化，這才辭別了朱亥上車。來到魏公子府中，魏公子請侯嬴坐到上座，把賓客們一一地向侯嬴作了介紹，賓客們見狀都很吃驚。當大家飲酒飲到了正痛快的時候，魏公子又站起身來，恭恭敬敬地到侯嬴面前敬酒。侯嬴這時對魏公子說：「今天我也夠難為公子了。我不過是夷門的一個守門人，而公子竟能屈尊地趕著車子，把我接到了這大庭廣眾裡來；有些地方不是公子該去的，可是公子居然也去了。我當時是為了成就公子的好名聲，所以才故意地讓公子帶著車馬在市場上罰站。當時來來往往的人都看著公子，而公子顯得越來越謙遜。這樣就可以讓整個市場的人們都罵我是小人，而稱讚公子為人厚道，禮賢下士。」於是大家盡歡而散，侯嬴從此成了魏公子家裡的上賓。

侯嬴對魏公子說：「我所拜訪的那個屠戶朱亥，是個賢人，因為沒有人了解他，所以他才隱居在屠戶裡。」魏公子聽說後一連幾次地去拜訪他，而朱亥卻故意地一次也不回拜，魏公子感到很奇怪。

魏安釐王二十年❶，秦昭王❷已破趙長平軍❸，又進兵圍邯鄲❹。公子姊為趙惠文王弟平原君❺夫人，數遺魏王及公子書，請救於魏。魏王使將軍晉鄙將十萬眾救趙。秦王使使者告魏王曰：「吾攻趙旦暮且下，而諸侯敢救者，已拔趙，必移兵先擊之！」魏王恐，使人止晉鄙，留軍壁鄴❻，名為救趙，實持兩端以觀望。

平原君使者冠蓋相屬⑦於魏，讓⑧魏公子曰：「勝所以自附為婚姻者，以公子之高義，為能急人之困。今邯鄲旦暮降秦，而魏救不至，安在公子能急人之困也？且公子縱輕勝，弃之降秦，獨不憐公子姊邪？」公子患之，數請魏王，及賓客辯士說王萬端。魏王畏秦，終不聽公子。公子自度終不能得之於王，計不獨生而令趙亡，乃請賓客，約⑨車騎百餘乘，欲以客往赴⑩秦軍，與趙俱死。

2 行過夷門，見侯生，具告所以欲死秦軍狀。辭決⑪而行，侯生曰：「公子勉之矣，老臣不能從。」公子行數里，心不快，曰：「吾所以待侯生者備矣，天下莫不聞。今吾且死，而侯生曾無一言半辭送我，我豈有所失哉？」復引車還，問侯生。侯生笑曰：「臣固知公子之還也⑫。」曰：「公子喜士，名聞天下。今有難，無他端⑬而欲赴秦軍，譬若以肉投餒虎⑭，何功之有哉？尚安事客⑮？然公子遇臣厚，公子往而臣不送，以是知公子恨之復返也。」公子再拜，因問。侯生乃屏人間語⑯，曰：「嬴聞晉鄙之兵符⑰常在王臥內⑱，而如姬最幸，出入王臥內，力能竊之。嬴聞如姬父為人所殺，如姬資⑲之三年，自王以下⑳欲求報其父仇，莫能得。如姬為公子泣，公子使客斬其仇頭，敬進如姬。如姬之欲為公子死，無所辭，顧㉑未有路耳。公子誠一開口請如姬，如姬必許諾。則得虎符奪晉鄙軍，北救趙而西卻秦，此五霸之伐[22]也。」公子從其計。請如姬，如姬果盜晉鄙兵符與公子[23]。

3 公子行，侯生曰：「將在外，主令有所不受[24]，以便國家。公子即合符，而晉鄙不授公子兵而復請之，事必危矣。臣客屠者朱亥可與俱，此人力士。晉鄙聽，大善；不聽，可使擊之。」於是公子泣。侯生曰：「公子畏死邪？何泣也？」公子曰：「晉鄙嚄唶宿將[25]，往恐不聽，必當殺之，是以泣耳，豈畏死哉？」於是公子請朱亥。朱亥笑曰：「臣迺市井鼓刀屠者，而公子親數存[26]之。所以不報謝者，以為小禮無所用。今公子有急，此乃臣效命之秋也。」遂與公子俱。公子過謝侯生。侯生曰：「臣宜從，老不能。請數公子行日，以至晉鄙軍之日，北鄉自剄，以送公子[27]。」公子遂行。

4 至鄴，矯魏王令代晉鄙。晉鄙合符，疑之，舉手[28]視公子曰：「今吾擁十萬之眾，屯於境上，國之重任。今單車[29]來代之，何如哉？」欲無聽。朱亥袖四十斤鐵椎，椎殺晉鄙，公子遂將晉鄙軍。勒兵[30]，下令軍中曰：「父子俱在軍中，父歸；兄弟俱在軍中，兄歸；獨子無兄弟，歸養。」得選兵[31]八萬人，進兵擊秦軍。秦軍解去，遂救邯鄲，存趙。趙王及平原君自迎公子於界，平原君負韊矢[32]

為公子先引。趙王再拜曰：「自古賢人未有及公子者也。」當此之時，平原君不敢自比於人。公子與侯生決，至軍，侯生果北鄉自剄。

魏王怒公子之盜其兵符、矯殺晉鄙，公子亦自知也。已卻秦存趙，使將將其軍歸魏，而公子獨與客留趙。趙孝成王㉝德公子之矯奪晉鄙兵而存趙，乃與平原君計，以五城封公子。公子聞之，意驕矜而有自功之色。客有說公子曰：「物有不可忘，或有不可不忘。夫人有德於公子，公子不可忘也；公子有德於人，願公子忘之也。且矯魏王令，奪晉鄙兵以救趙，於趙則有功矣，於魏則未為忠臣也。公子乃自驕而功之，竊為公子不取也。」於是公子立自責，似若無所容㉞者。趙王埽除自迎，執主人之禮，引公子就西階㉟。公子側行辭讓，從東階上。自言辠過，以負於魏，無功於趙。趙王侍酒至暮，口不忍獻五城，以公子退讓也。公子竟留趙。趙王以鄗為公子湯沐邑㊱，魏亦復以信陵奉公子。公子留趙。

【章旨】以上為第二段，寫信陵君在侯嬴、朱亥等人協助下完成竊符救趙這一歷史壯舉的經過。

【注釋】❶魏安釐王二十年　西元前二五七年。❷秦昭王　名則，西元前三〇六—前二五一年在位。❸破趙長平軍　事在西元前二六〇年，是役秦將白起大敗趙將趙括，坑殺趙卒四十餘萬。詳見〈廉頗藺相如列傳〉、〈白起王翦列傳〉。長平，在今山西高平西北。❹進兵圍邯鄲　事在西元前二五九—前二五七年。❺趙惠文王弟平原君　趙惠文王，名何，武靈王之子，西元前二九八—前二六六年在位。平原君，趙勝的封號。平原，趙縣名，在今山東平原縣西南。平原君時為趙相。❻留軍壁鄴在鄴縣止軍築壘。鄴，魏縣名，在今河北磁縣南。梁玉繩曰：「〈魯仲連傳〉本《國策》云『止於蕩陰』，不曰『鄴』。」按：鄴與蕩陰相隔不遠，十萬人之駐紮，前軍後軍之間耳。❼冠蓋相屬　極言派出求救的使者之多，一批接一批，絡繹不絕。冠蓋，冠冕、車蓋。屬，連。❽讓　責備。❾約　準備；收拾。❿赴　衝入；撲向。⓫辭決　辭別。決，通「訣」。別。⓬臣固知公子之還也　凌稚隆引黃洪憲曰：「敘侯生與公子語，宛然在眉睫間，蓋生初欲為公子畫計，恐不從，故於其復還而盡之，所以堅其志耳！」按：侯生之設謀，事關重大，且又處人骨肉之間，不到時候，勢難開口。《三國志．蜀書．諸葛亮傳》云：「劉表長子琦，亦深器亮。表受後妻之言，愛少子琮，不悅於琦。琦每欲與亮謀自安之術，亮輒拒塞，未與處畫。琦乃將亮游觀後園，共上高樓，飲宴之間，令人去梯，因謂亮曰：『今日上不至天，下不至地，言出子口，入於吾耳，可以言未？』亮答曰：『君不見申生在內而危，重耳在外而安乎？』」諸葛亮的做法，有助於我們理解侯嬴。此外，孔子云：「不憤不啟，不悱不發。」經過如此一番周折，話更易入，黃氏之說是。⓭他端　其他辦法。端，頭緒；辦法。⓮餒虎　餓虎。⓯尚安事客　還要養客做什麼。⓰屏人間語　支開眾人，兩人密談。屏，同「摒」。間語，私語；密語。⓱兵符　古代調兵所用的符信，一半為大將所持，一半存於國君。國君有令，則命使者持符前往，以合符為信。⓲常在王臥內　姚苧田曰：「天下有心人當其窮賤閑廢之時，無事不留心採察。侯生作用，極似唐之虬髯客，古押衙一流人，謂之『大俠』，不虛也。看其兩個『聞』字，包卻許多機事。」李贄曰：「抱關人偏知宮禁祕密事，奇哉！」按：此等描寫即類小說。⓳資　蓄積；存在心裡。一說：資，給；購求。⓴自王以下　意即上至魏王，下至各色人等，遍求而無所得。㉑顧　轉折詞，其意為「關鍵是」、「問題是」。㉒五霸之伐　春秋五霸一樣的功業。五霸，指齊桓公、晉文公、楚莊王、吳王闔廬、越王句踐。伐，功業。此處或解作「討伐」，亦通。㉓如姬果盜晉鄙兵符與公子　晉鄙兵符，指存於魏王處可與晉鄙所持合符的另一半兵符。郭沫若曰：「如姬的父親被人殺了，她蓄著報仇的志向三年，終於不惜向信陵君哭泣，請求援助，足見她是篤於天倫的人。她分明知道魏王妒忌信陵君，而她偏偏要甘冒死罪為他盜虎符，這怕是不能由純粹的報恩感德來說明的。他們還應該有一種思想上的共鳴，便是她也贊成信陵君合縱抗秦的主張。」（〈「虎符」寫作緣起〉）㉔將在外二句　《孫子．九變篇》：「將受命於君，合軍聚眾……君命有所不受。」此外，〈司馬穰苴列傳〉、〈絳侯周勃世家〉亦有類似說法。㉕嚄唶宿將　叱咤風雲的老將。嚄唶，聲音雄武貌。用以形容勇士的威猛。〈淮陰侯列傳〉：「項王暗噁叱咤，千人皆廢。」「暗噁叱咤」即此「嚄唶」之意。宿將，老將；素習於兵者。㉖存　恤問。㉗北鄉自剄二句　凌稚隆引徐中行曰：「或謂：『侯生自剄過乎？』余曰：『否，否，剄殆有說也。侯生度為公子竊符，計必殺晉鄙，鄙何辜哉？心必有不忍而不自安者，乃以死謝之耳。不然，報公子即死耳，何必數公子行至晉鄙軍之日而後自剄耶？故程嬰之死，世謂報宣孟，余謂謝杵臼也；侯生之死，世謂報公子，余謂謝晉鄙也。奚過哉？』」按：徐說不為無理，但非關大節。侯生自剄乃為堅定魏公子殺晉鄙以奪兵權之志耳。公子「為人仁愛」，晉鄙則「嚄唶宿將」，且又無辜。侯生初言之時，公子即已流淚，此危險之徵兆也。倘見面後心稍一軟，大事去矣，故侯生預告之曰：「此我侯嬴自剄之時也！」〈刺客列傳〉寫田光之死曰「欲以此激之」，蓋侯嬴之死與田光之死相同，都是以自己之死以堅定魏公子與荊軻這種當事人的信念與決心，這是佐成信陵君竊符救趙這一歷史壯舉不可少的因素之一。這樣解釋才符合司馬遷所讚揚的生死觀。㉘舉手　表示一種緊張、急迫的樣子。按：古今注本於此皆無說，〈孔子世家〉寫孔子佐魯定公赴夾谷之會，齊人欲用樂工劫魯君，這時「孔子趨而進，歷階而登，不盡一等，舉袂而言曰」云云，此「舉袂」與晉鄙之「舉手」意思相同。《後漢書·班超傳》寫班超在鄯善背著大使郭恂殺了匈奴使者後，「明日乃還告郭恂，恂大驚，既而色動，超知其意，舉手曰」云云，此乃范曄之學《史記》者也。㉙單車　古今注本於此皆無說，但此處似絕不能理解為只有一輛車子，因為信陵君當時帶著「車騎百餘乘」。凡國君在戰場更換大將，似應同時派出兩個人物，一個是前往接任的將軍，一個是前往下達詔書的特使。〈陳丞相世家〉寫劉邦懷疑討伐盧綰的樊噲謀反，於是派出了周勃與陳平，周勃的任務是往「代噲將」，陳平的任務是「至軍中即斬噲頭」，而不是讓周勃自己兼幹其事。王維詩〈使至塞上〉有「單車欲問邊」，與此涵義相同，可理解為謙稱自己的品級不高，恐亦不能解釋為只有一輛車子。㉚勒兵　整理部隊。勒，整飭；約束。㉛選兵　猶言「精兵」。經過挑選的士兵。〈廉頗藺相如列傳〉有所謂「選車」、「選騎」，與此意同。鍾惺曰：「戰國用兵，此一令絕響矣。」凌稚隆引王世貞曰：「公子雖竊符以有魏師，而其人者，皆嚄唶宿將之所教，而恫脅不振之餘也。又縱其父兄獨子以歸者二萬人，外若削弱其形，而內實有以一八萬人之心而振其氣，此其乘堅而為瑕，轉弱而為勁者。愚以為善為兵者，固無如公子者矣。」董份曰：「《國語》述越王伐吳所以遣恤軍士者亦此意，但彼用數十百言，此惟三句盡之，而遒勁不遺，所以難也。」㉜負韊矢　韊矢，裝著箭的箭囊。韊，箭囊。替人背著箭囊在前引路，表示最大的感謝與最高的敬意。㉝趙孝成王　名丹，趙惠文王之子，平原君之姪，西元前二六五—前二四五年在位。㉞無所容　即今所謂無地自容。按：以上客勸信陵君勿居功自得事，見《戰國策·魏策四》，說話人為「唐雎」。唐雎，魏人，尚有為安陵君說秦王事，亦見於〈魏策四〉。凌稚隆引楊慎曰：「客說公子，其慮甚長者，而公子能聽之，至使趙王不忍言獻城，此是公子美處。」㉟引公子就西階　《禮記·曲禮上》：「主人就東階，客就西階，客若降等，則就主人之階。」㊱以鄗為公子湯沐邑　鄗，地名，在今河北高邑東。湯沐邑，古代諸侯因要按時往朝天子，故天子在京郊附近賜給諸侯一塊領地，以供他們「齋戒沐浴」的開銷之用，此地稱為湯沐邑。後來王后、王子、公主等也都有湯沐邑，它的意義就變成了供給其生活所需，或者是純粹美立名目另占一塊地盤。

【語　譯】魏安釐王二十年，秦昭王在長平大破趙軍後，又進兵包圍了趙國的首都邯鄲。魏公子的姐姐是趙惠文王的弟弟平原君的夫人，平原君一連幾次地給魏王和魏公子寫信，向魏國求救。開始時魏王也派出了將軍晉鄙率兵十萬前往援救趙國。但後來秦王派使者來威脅魏王說：「邯鄲很快就要被我們攻下來了，哪個國家如果膽敢援救趙國，等我們攻下邯鄲後，就首先移兵攻打它！」魏王聽了害怕，於是就派人讓晉鄙把軍隊停在了鄴縣，名義上是要救趙，實際上是觀望動靜，腳踩兩隻船。這時平原君告急的使者，一批批絡繹不絕，平原君責備魏公子說：「我當初之所以和你結為姻親，純粹是看在了你為人高尚，能救助別人的困難。如今邯鄲很快就得投降秦國了，而魏國的救兵卻遲遲不到，你的救人急難表現在哪兒呢？再說，你即使不把我看在眼裡，可以讓我去給秦國當奴隸，難道你就不可憐你的姐姐嗎？」魏公子聽了很焦急，他多次去向魏王請求，他周圍的賓客辯士們也千方百計地對魏王進行勸說。但魏王由於害怕秦國，無論如何都不答應。魏公子心想怎麼做也不能說服魏王了，而自己又不能眼看著趙國滅亡而自己活著，於是他就邀集了他的賓客家丁等，湊了一百多輛車，準備率領他們去跟秦軍拚命，和趙國共存亡。

2　當他臨走時特意地到夷門來見侯嬴，把自己如何準備去跟秦軍拚命的想法向侯嬴說了一遍。說罷就告別要走，侯嬴說：「公子好自為之吧，我不能隨您去啦。」魏公子走出了幾里地後，心裡很不痛快，心想：「我對待侯嬴應該說是不錯了，天下沒人不知道，可是今天輪到我去拚命，侯嬴竟然連一言半語的好話都沒有對我說，難道是我有什麼事情做得不對嗎？」於是又帶著車馬回來了。當魏公子再問侯嬴的時候，侯嬴笑著說：「我就知道您會回來的。」接著說：「您喜歡招賢納士，天下無人不知。如今遇到困難了，您不想別的辦法而只顧自己去跟秦軍拚命，這樣做如同拿著肥肉朝餓虎扔，哪會有什麼好處呢？照這樣，那還養客做什麼？不過您待我是天高地厚，您剛才說走而我不送您，我知道您心裡會起疑問而再回來的。」魏公子向侯嬴拜了兩拜，接著向他請教辦法。侯嬴支開了眾人，和魏公子悄悄地說：「我聽說晉鄙的兵符就放在魏王的臥室內，在魏王的周圍只有如姬最受寵幸，她可以自由地在魏王的臥室出出進進，她可以把這塊兵符偷出來。我聽說如姬的父親是被人殺害的，當初如姬積恨三年，到處找人替她報仇而辦不到。最後如姬來向您哭訴，是您派了一個人去取來了她仇人的人頭，交給了如姬。如姬想報答您的恩情，是死也不怕的，只是沒有機會罷了。現在您只要一開口拜託如姬，如姬肯定會答應。這樣我們就可以拿到虎符，奪得晉鄙的兵權，而後率兵北救趙，西破秦，這儼然是春秋五霸一樣的功業啊！」魏公子接受了侯嬴的意見。請求如姬幫他盜取兵符，如姬果然把兵符偷了出來。

3 魏公子拿到兵符後，馬上又要出發了，侯嬴說：「大將帶兵在外，君主的命令有時可以不接受，總的是以對國家有利為原則。您到晉鄙那裡，即使兵符合上了，但如果晉鄙不把兵權交給您，卻再請示魏王，那事態就危險了。我的朋友屠戶朱亥可以跟您一起去，他是個大力士。到時候晉鄙聽話便罷，如果不聽話，就讓朱亥當場把他殺掉。」魏公子一聽這話，不由得落下了眼淚。侯嬴說：「公子是怕死嗎？為什麼哭啦？」魏公子說：「晉鄙是一員叱咤風雲的老將，我怕到時候他不答應，那時我們就得殺掉他，所以我落了淚，哪裡是因為怕死呢？」於是魏公子就去邀請朱亥。朱亥一聽，欣然答應，說：「我是集市上一個操刀賣肉的，而公子竟能夠多次地來探望我。以前我之所以不回拜，那是由於我認為講這些小禮節沒有用處。如今公子有了緊急需要，這正是我獻身報效的時機。」於是跟著魏公子一同去了。魏公子最後來向侯嬴辭行，侯嬴說：「我也是應該跟著您一道去的，但由於年紀太大，去不了啦。我會計算著您的行程，當您到達晉鄙軍隊的那一天，我就向著北方自刎，以此來報答公子。」魏公子於是出發了。

4 魏公子到達鄴縣後，假傳魏王的命令，要接管晉鄙的兵權。晉鄙與魏公子對證了兵符後，心中存有疑問，他惶惑地舉著手看魏公子說：「我領著十萬大兵駐紮在這邊界線上，這是國家重任。現在你就這麼簡單地來接替我，這究竟是怎麼回事呢？」說著就想拒絕魏公子的命令。這時朱亥袖子裡正藏著一支重四十斤的大鐵槌，他冷不防一下就結果了晉鄙的性命，於是魏公子遂奪取了晉鄙的兵權。接著魏公子集合部隊，下命令說：「父子兩個都在軍中的，父親可以回去；兄弟兩個都在軍中的，兄長可以回去；獨生子沒有兄弟的，可以回去奉養父母。」這樣整編後還剩下精兵八萬人，於是前進攻擊秦軍。秦軍被迫撤退，於是邯鄲之圍解除，趙國得到了保全。趙王和平原君親自到國境上來迎接魏公子，平原君還親自替魏公子背著箭袋，在前頭引路。趙王對公子拜了兩拜，感激地說：「自古以來的賢人沒有一個能比得上公子您。」到這時，平原君再也不敢和魏公子相比了。再說侯嬴，等魏公子走後，當他估計著魏公子已經到達晉鄙軍隊的時候，果然向著北方自殺了。

5 魏王對魏公子盜竊兵符、假傳命令殺死晉鄙的事情很生氣，魏公子當然也很清楚這一點。所以等他擊退了秦兵，保全了趙國之後，立刻就讓別的將領帶著軍隊回了魏國，他自己和他的那些賓客們就在趙國留了下來。趙孝成王很感謝魏公子假傳命令奪了晉鄙的軍隊救了趙國，於是就和平原君商量，想要封給魏公子五座城。魏公子聽說後，心裡也很得意，覺得是理所當然的。這時有位賓客就去勸他說：「有些事情我們不能忘掉它，也有些事情我們不能不忘掉它。凡是別人對您有德，您是不應該忘記的；如果是您對別人有德，那您就應該把它忘掉。更何況假傳命令、奪取兵權以解救趙國，這對於趙國當然是有功的，但對於魏國而言就不能算是忠臣了。可是您現在還自以為有功而得意洋洋，我認為這是不可取的。」魏公子一聽立刻反躬自責，愧悔得好像無地自容了。當趙王灑掃街道，以主人身分親自把魏公子接到了王宮時，趙王請魏公子從表示尊敬的西邊的臺階上殿。魏公子推辭不敢，而謙虛地側著身子從東邊的臺階走了上去。魏公子說自己有罪，因為自己對魏國來說是一種背叛，而對於趙國也沒有什麼功勞。趙王陪著公子喝酒，一直喝到晚上，由於魏公子的謙虛退讓，使得趙王竟沒法再開口說要獻給魏公子五座城的事情。從此以後，魏公子就在趙國留了下來。趙王把鄗邑給了魏公子，以供給他日常生活的開銷，而魏國也把信陵又給了魏公子。魏公子就繼續留在了趙國。

1 公子聞趙有處士[1]毛公藏於博徒，薛公藏於賣漿家，公子欲見兩人，兩人自匿不肯見公子。公子聞所在，乃間步❷往從此兩人游，甚歡。平原君聞之，謂其夫人曰：「始吾聞夫人弟公子天下無雙，今吾聞之，乃妄從博徒、賣漿者游，公子妄人❸耳。」夫人以告公子。公子乃謝夫人去，曰：「始吾聞平原君賢，故負魏王❹而救趙，以稱平原君❺。平原君之游，徒豪舉❻耳，不求士也。無忌自在大梁時，常聞此兩人賢，至趙，恐不得見。以無忌從之游，尚恐其不我欲也；今平原君乃以為羞，其不足從游。」乃裝❼為去。夫人具以語平原君。平原君乃免冠謝❽，固留公子。平原君門下聞之，半去平原君歸公子，天下士復往歸公子，公子傾平原君客❾。

2 公子留趙，十年不歸。秦聞公子在趙，日夜出兵東伐魏。魏王患之，使使往請公子。公子恐其怒之，乃誡門下：「有敢為魏王使通者，死❿。」賓客皆背魏之趙，莫敢勸公子歸。毛公、薛公兩人往見公子，曰：「公子所以重於趙，名聞諸侯者，徒以有魏也。今秦攻魏，魏急而公子不恤，使秦破大梁而夷⓫先王之宗廟，公子當何面目立天下乎？」語未及卒，公子立變色，告車趣駕⓬，歸救魏。

【章　旨】以上為第三段，寫信陵君禮交毛、薛二公，並在二人的勸導下返魏救國的經過。

【注　釋】❶處士　有才德而隱居不仕的人。❷閒步　改形容變服步行。閒，悄悄地。❸妄人　任性胡來的人。妄，胡亂；荒誕。❹負魏王　對不起魏王。負，背叛；對不起。❺以稱平原君　以求讓平原君滿意。稱，稱心；合意。❻徒豪舉　只圖虛名、裝門面。豪舉，聲勢顯赫的舉動。❼裝　收拾行裝。❽免冠謝　摘了帽子賠禮道歉。❾傾平原君客　意即勝過了平原君。傾，以天平為喻。吳見思曰：「非必抑平原，借客形主之法也。」❿有敢為魏王使通者二句　通，指通報；稟報。郭沫若曰：「信陵君救趙以後，儘管是打了勝仗，魏王對他這位異母弟的處置一定也相當嚴厲，我們看到信陵君留在趙國一直過了十年的亡命生活都不肯回去，也就可以知道。而在十年之後魏國受秦壓迫日急，魏王被逼得沒法才派人去請信陵君的時候，信陵君還在『恐其怒之，乃誡門下有敢為魏王通者死』，害怕得那樣厲害，戒備得那樣決絕，不正說明著史書上還遺漏了一段很大的痛史嗎？」（〈「虎符」寫作緣起〉）⓫夷　鏟平。⓬告車趣駕　告訴管車馬的人迅即安排車駕。趣，同「促」。迅速。凌稚隆引蘇轍曰：「無忌之名，發於侯生，而全於毛、薛。侯生之奇，毛、薛之正，廢一不可，而正之所以全者多矣。」鍾惺曰：「微二公，非惟魏不魏，而公子且不得為公子矣。其責公子數語，鑿鑿綱常名教，非戰國人之言也。」

【語　譯】魏公子聽說趙國有位才德高尚而潔身不仕的毛公混跡於一群賭徒之中，還有一位薛公混跡在一家酒店裡，魏公子想見這兩個人，這兩人都故意地躲著不見。於是魏公子打聽好了他們的住處後，自己就換了衣服悄悄地步行去找他們了，和他們在一起過得很開心。平原君聽說了這件事，對他的夫人說：「從前我聽人說你的弟弟天下無人比得上，可是如今我聽說他竟然去跟一些賭徒和賣酒的鬼混，原來他是個荒唐人。」平原君夫人把這些話告訴了魏公子，魏公子就向他姐姐告辭要離開趙國，他說：「原先我是因為聽說平原君賢能，所以才寧可背叛魏王也要來救趙國，為的是讓平原君滿意。可是現在看來平原君的所謂結交賢士，只不過是圖虛名罷了，並不是真正地要得到人才。我早在大梁的時候，就聽說這裡的毛公、薛公是兩個人才，到了趙國以後，我還唯恐見不到他們。我去跟人家交朋友，我還總擔心人家不願意，可是平原君卻居然認為是羞恥，看來平原君真是不值得一交。」說罷收拾行裝就準備上路。平原君夫人趕緊把魏公子的這些話去告訴了平原君，平原君一聽趕緊摘去了帽子來向魏公子賠禮道歉，堅決挽留魏公子，請求魏公子不要走。平原君門下的賓客們知道了這件事，差不多有一半的人離開了平原君而去投奔魏公子，而其他國家的人來投奔魏公子的也越來越多，因而魏公子門客的人數大大地超過了平原君。

2 魏公子在趙國一住十年。秦國聽說魏公子還在趙國，於是就趁機不斷地出兵東攻魏國。這使魏王很頭疼，最後只好派人到趙國請魏公子回去。魏公子怕魏王記舊恨，不願回去，就對門下人說：「誰要是再敢為魏王的來人通報，我就處死他。」魏公子原來的門客們也都是跟著公子背叛魏國到趙國來的，所以也沒人勸公子回去。這時毛公、薛公兩人出來對魏公子，說：「你之所以在趙國受尊重，所以能名揚諸侯，就是因為有魏國的存在。如今秦國攻打魏國，魏國情況緊急而您不關心它，萬一要是秦兵攻破了大梁，鏟平了魏國先王的宗廟，到那時您有何面目立於天地之間呢？」話還沒有說完，魏公子的臉色突然大變，他吩咐人趕緊收拾車馬起程，歸救魏國。

1 魏王見公子，相與泣，而以上將軍印授公子，公子遂將。魏安釐王三十年❶，公子使使遍告諸侯。諸侯聞公子將，各遣將將兵救魏。公子率五國❷之兵破秦軍於河外❸，走蒙驁❹。遂乘勝逐秦軍至函谷關❺，抑秦兵，秦兵不敢出。當是時，公子威振天下，諸侯之客進兵法，公子皆名之❻，故世俗稱魏公子兵法❼。

2 秦王患之，乃行金萬斤於魏，求晉鄙客，令毀❽公子於魏王曰：「公子亡在外十年矣，今為魏將，諸侯將皆屬。諸侯徒聞魏公子，不聞魏王。公子亦欲因此時定南面而王，諸侯畏公子之威，方欲共立之。」秦數使反間，偽賀公子得立為魏王未也❾。魏王日聞其毀，不能不信，後果使人代公子將。公子自知再以毀廢，乃謝病不朝，與賓客為長夜飲，飲醇酒⑩，多近婦女。日夜為樂飲者四歲，竟病酒而卒⑪。其歲，魏安釐王亦薨。

3 秦聞公子死，使蒙驁攻魏，拔二十城，初置東郡⑫。其後秦稍蠶食魏，十八歲⑬而虜魏王⑭，屠大梁⑮。

4 高祖始微少時⑯，數聞⑰公子賢。及即天子位，每過大梁，常祠公子。高祖十二年⑱，從擊黥布還⑲，為公子置守冢五家⑳，世世歲以四時奉祠公子。

【章　旨】以上為第四段，寫信陵君歸國後大破秦軍及悲憤結局。

【注　釋】❶魏安釐王三十年　西元前二四七年。❷五國　指魏、韓、趙、楚、燕。❸河外　即今河南省滎陽、鄭州、原陽等當時黃河以南的地區。當時稱對岸的黃河以北為「河內」，稱黃河以南為「河外」。❹走蒙驁　打跑了蒙驁。蒙驁，秦將，蒙恬的祖父，時為秦國上卿。❺函谷關　秦國東境的關塞名，舊址在今河南靈寶東北。❻公子皆名之　總的署名為《魏公子》。按：古代召集許多人集體著書，以召集者的名字命名，是常有的事，如《呂氏春秋》、《淮南子》等都是，不能以今天的觀點視為剽掠。❼魏公子兵法　按：《漢書・藝文志・兵家類》有《魏公子》二十一篇，是班固尚及見此書也。凌稚隆引王世貞曰：「或曰：『公子非善知兵者，公子之客善之。』是不然。公子歿而未聞其客能西抗秦者也。且客善兵，亦唯公子善用之。韓淮陰之驅市人戰也，高帝之將將也，公子亦庶幾矣。其『每過之而令民奉祠不絕』，有以也。」❽毀　編造謠言、壞話以陷害人。❾偽賀公子得立為魏王未也　假做聽說公子已當了魏王，故來祝賀，來後方知尚未當魏王。手段與漢陳平之間范增相似。〈項羽本紀〉云：「項王使者來，為太牢具，舉欲進之。見使者，詳驚愕曰：『吾以為亞父使者，乃反項王使者。』更持去，以惡食食項王使者。」❿醇酒　濃度高的酒。⓫竟病酒而卒　郭沫若曰：「信陵君回國後，二次受讒，竟不得不以醇酒婦女自戕，這與其說是由於信陵君的悲觀失望而至於消極，倒寧可說是由於魏王的猜忌殘忍，而使他不得不韜光隱晦的吧！」

《〈「虎符」寫作緣起〉》凌稚隆引王世貞曰：「公子不死則魏幾不亡，萬金入而晉鄙客之間行，公子知飲酒近婦女之足以傷生，不欲以生為秦虜耳。愚哉，魏王之為秦亡魏也。」按：魏公子卒於魏安釐王三十四年（西元前二四三年）。⑫東郡　約當今之河南省東北部、河北省東南部和山東省西部一帶地區，郡治濮陽（今河南濮陽西南）。⑬十八歲　魏公子死後十八年，即秦王政二十二年，西元前二二五年。⑭虜魏王　此時的魏王名假，安釐王之孫，景湣王之子。在位三年（西元前二二七－前二二五年），被秦所虜。⑮屠大梁　據〈秦始皇本紀〉，是年「王賁攻魏，引河溝灌大梁，大梁城壞，其王請降」。唐順之曰：「以魏亡繫〈信陵傳〉，見信陵繫國之存亡。」司馬光曰：「無忌去而魏輕，還而魏重，安釐王猶以為疑，無忌死而魏亡，賢者之於國何如哉！」按：〈廉頗藺相如列傳〉、〈屈原賈生列傳〉之寫李牧、屈原死，亦與此同。⑯微少時　年少而為平民的時候。⑰數聞　屢次聽說。⑱高祖十二年　西元前一九五年。⑲從擊黥布還　從打敗黥布的前線回來。黥布，原名英布，因秦時曾受黥刑，故時人亦稱之為「黥布」。漢初名將，始從項羽，後歸劉邦，以功封淮南王。因「謀反」，高祖十二年被討平，詳見〈黥布列傳〉。⑳為公子置守冢五家　〈高祖本紀〉云：「十一月，高祖自布軍至長安。十二月，高祖曰：『秦始皇帝、楚隱王、陳涉、魏安釐王、齊湣王、趙悼襄王，皆絕無後，予守冢各十家，秦皇帝二十家，魏公子五家。』」

【語　譯】魏王見到了魏公子，兄弟面對面地哭了一回。魏王把大將軍的大印授給了魏公子，魏公子重又統帥了魏國的軍隊。魏安釐王三十年，魏公子派人把自己親任魏國統帥的消息通告給了各國諸侯。各國諸侯聽說魏公子當了統帥，於是都派人領兵來救魏國。魏公子率領著東方五國的軍隊在黃河以南大破秦軍，秦國的大將蒙驁被打得大敗而逃。東方的軍隊乘勝追到了函谷關下，堵住了秦兵，使秦兵再也不敢出來了。這時候，魏公子威震天下，各國的謀士們有人給魏公子寫了一些有關兵法的文章，魏公子把它們搜集整理，最後以自己的名字給這部書命名，這就是人們通常所說的《魏公子兵法》。

2　秦王把魏公子看成了心腹之患，於是就拿出了黃金萬斤到魏國去進行反間活動，他們找到了晉鄙的門客，讓他們在魏王面前給魏公子編造壞話說：「公子在國外逃亡了十年，如今當了魏國的統帥，現在其他各個國家的將領也都聽從他的調遣。以至於各個國家只知道魏國有個魏公子，不知道魏國還有魏王。而公子他也正想乘這個時機自己南面為王，各國諸侯害怕公子的威力，也正準備一起擁立他。」在編造謠言的同時，秦國又一連幾次地派人來使反間，他們先是假裝聽說公子已當了魏王，以來祝賀，來後才知尚未當魏王。就這樣，魏王每天都聽到對魏公子的毀謗，漸漸地也就不能不信了，最後果真派人接管了魏公子的兵權。魏公子知道這第二次被毀棄，是不可能再出頭了，於是就以病為名不再上朝，常常和賓客們通宵達旦地飲酒作樂，以酒澆愁，沉淪於女子聲色之中。就這樣一連四年，最後中酒毒而死。這一年，魏安釐王也死了。

3 秦國聽說魏公子死了，立即派蒙驁攻打魏國，攻下了二十座城，建立了直屬秦國的東郡。接著又慢慢地向東蠶食魏國其餘的領土，到魏公子死後十八年，秦國終於俘虜了魏國的國王，血洗了魏國的國都。

4 漢高祖年少的時候，就多次地聽說過魏公子的賢能。等到做了皇帝後，每當經過大梁，都要祭祀魏公子。高祖十二年，他打敗了黥布從前線回京路過大梁的時候，他下令撥了五戶人家專門給魏公子守墳，讓他們世世代代地一年四季按時祭祀魏公子。

太史公曰：吾過大梁之墟，求問其所謂夷門。夷門者，城之東門也❶。天下諸公子亦有喜士❷者矣，然信陵君之接❸巖穴隱者，不恥下交，有以也❹。名冠諸侯，不虛耳。高祖每過之，而令民奉祠❺不絕也。

【章旨】以上為第五段，是作者的論贊，表現了作者對信陵君的無限敬仰之情。

【注釋】❶夷門者二句　吳見思曰：「只就夷門點綴，徘徊憑弔，如見其人，令我慨然。」❷喜士　愛士；喜歡招納士人。❸接　交結。❹有以也　有原因。張文虎《札記》：「疑衍『也』字，『有以』二字錯簡，當在末『奉祠不絕』下。」❺奉祠　祭祀。

【語譯】太史公說：我曾到過大梁古城，去打聽過人們所說的夷門。夷門原來就是大梁城的東門。當時那些貴公子們好養士的人多的是，但能像信陵君這樣真心實意地去訪求山林隱者的人卻不多。他能夠不以結交下等人為恥辱，因此許多人忠於他，這就是有原因的了。信陵君的聲名滿天下，絕不是吠形吠聲的虛傳。漢高祖每次經過大梁，都要去祭祀他，而且還要派專人給他按時上供，這些都不是偶然的。

【研　析】本篇作品的思想意義主要有以下幾點：

一、歌頌了信陵君的禮賢下士。作品一開頭就說：「公子為人仁而下士，士無賢、不肖皆謙而禮交之，不敢以其富貴驕士。」接著就描寫了他的謙請侯嬴，經受了侯嬴的一連串考驗；他把滿堂「將相賓客」一一向侯嬴介紹，以至於使得滿堂「賓客皆驚」。這樣的「禮賢下士」真可以說是做到家了，但更重要的是他能夠真正地信用他們，聽取他們的意見以發揮他們的作用。魏公子虛心地向侯嬴討教救趙的方法；接受毛公、薛公的規勸，立即「告車趣駕，歸救魏」。這些事例說明，作為賓客的侯嬴、毛公、薛公等都是大義凜然，一語千鈞；而魏公子則是聞過即改，從諫如流。

二、歌頌了侯嬴等人的「士為知己者死」。作品中受魏公子禮遇的主要人物有侯嬴、朱亥、毛公、薛公，其中尤以侯嬴為最重要。侯嬴不同於當時那種朝秦暮楚的食客，他不依附於王公權貴以圖個人的功名利祿，而是隱居於市井之中，甚至魏公子送禮物給他都不接受。後來，當他確信魏公子對他的誠意時，才接受了邀請。當魏公子救趙無策而虛心向他討教時，他給魏公子出了竊符的主意，又推薦了力士朱亥。他生怕魏公子不忍殺晉鄙，又以自己的死來激發與堅定魏公子行大事的決心。這一系列行動說明了侯嬴一旦把魏公子看成知己，便準備為他獻出一切。這也是司馬遷傾心歌頌的人物，他寄託著司馬遷理想的為人處世的道德觀念。

三、歌頌了魏公子與侯嬴等相扶以義，共同以國家利益為重的準則。「禮賢下士」和「為知己者死」都只是一種道德觀念，而其實踐活動與社會效果才是衡量它是否有積極意義的準繩。魏公子與侯嬴等一切行動的歸宿都集中在破秦救趙的事情上，魏國和趙國是脣齒相依的鄰邦，脣亡則齒寒，因此救趙與否，實際上關係著魏國自己的存亡。由於信陵君等果斷地採取了竊符救趙的行動，挫退了秦兵，挽救了趙國，也救了魏國自己，暫時穩定了東方六國的危急局面，其意義是重大的，是其他三公子以及他們所養的士們所不能比擬的，因此他們的活動都帶有鮮明的政治性。

本文的寫作特點，正如李景星所說：「通篇以『客』起，以『客』結，中間所敘之客如侯生、如朱亥、如毛公、薛公，固卓卓可稱；餘如探趙陰事者、萬端說魏王者、與百乘赴秦軍者、斬如姬仇頭者、說公子忘德者、背魏之趙者、進兵法者，皆隨事見奇，相映成姿。蓋魏公子一生大節在救趙卻秦；而成救趙卻秦之功，全賴乎客；而所以得客之力，實本於公子之好客。故以好客為主，隨路用客穿插，便成一篇絕妙佳文。寫侯生處，筆筆如繪，乃又為好客作頰上毫也。傳中稱『公子』者凡一百四十七處，因其欽佩公子者深，故低回縈繞，特於繁複處作不盡之致。」（《四史評議》）

廉頗藺相如列傳

【題解】這是廉頗、藺相如、趙奢、李牧四個人的合傳，因為這四個人都有才幹，忠心耿耿，關係著趙國的興亡，所以司馬遷把他們寫在一起。明代茅坤說：「兩人為一傳，中復附趙奢，已而復綴以李牧為四人傳，須詳太史公次四人線索，才知趙之興亡矣。」（《史記鈔》）所以這篇作品既是廉頗、藺相如、趙奢、李牧四人的英烈傳，同時也可看作是趙國的興亡史。作者的感情濃烈，興寄遙深。其中最精彩的部分無疑是有關藺相如的「完璧歸趙」、「澠池會」、「將相和」，在這裡既表現了藺相如顧全國家大局，不計個人得失的崇高精神；又表現了司馬遷的人生觀與生死觀，應該深入體會。

1 廉頗者，趙之良將也。趙惠文王十六年❶，廉頗為趙將伐齊❷，大破之，取陽晉❸，拜為上卿❹，以勇氣聞於諸侯。藺相如者，趙人也，為趙宦者令❺繆賢舍人❻。

2 趙惠文王時，得楚和氏璧❼。秦昭王❽聞之，使人遺❾趙王書，願以十五城請易❿璧。趙王與大將軍⓫廉頗諸大臣謀：欲予秦，秦城恐不可得，徒見欺⓬；欲勿予，即⓭患秦兵之來。計未定，求人可使報秦⓮者，未得。宦者令繆賢曰：「臣舍人藺相如可使。」王問：「何以知之？」對曰：「臣嘗有罪，竊計欲亡走燕⓯，臣舍人相如止臣，曰：『君何以知燕王？』臣語曰臣嘗從大王與燕王會境上，燕王私握臣手，曰『願結友⑯』。以此知之，故欲往。相如謂臣曰：『夫趙彊而燕弱，而君幸於趙王，故燕王欲結於君。今君乃亡趙走燕，燕畏趙，其勢必不敢留君，而束君歸趙矣。君不如肉袒⑰伏斧質⑱請罪，則幸得脫矣。』臣從其計，大王亦幸赦臣。臣竊以為其人勇士，有智謀，宜可使⑲。」於是王召見，問藺相如曰：「秦王以十五城請易寡人之璧，可予不⑳？」相如曰：「秦彊而趙弱，不可不許。」王曰：「取吾璧，不予我城，柰何？」相如曰：「秦以城求璧而趙不許，曲在趙；趙予璧而秦不予趙城，曲在秦。均㉑之二策，寧許以負秦曲㉒。」王曰：「誰可使者？」相如曰：「王必無人，臣願奉璧往使。城入趙，而璧留秦；城不入，臣請完璧歸趙㉓。」趙王於是遂遣相如奉璧西入秦。

3 秦王坐章臺㉔見相如，相如奉璧奏㉕秦王。秦王大喜，傳以示美人及左右。左右皆呼萬歲。相如視秦王無意償趙城，乃前曰：「璧有瑕㉖，請指示㉗王。」王授璧，相如因持璧，卻立，倚柱，怒髮上衝冠㉘，謂秦王曰：「大王欲得璧，使人發書至趙王。趙王悉召羣臣議，皆曰『秦貪，負其彊㉙，以空言求璧，償城恐不可得』。議不欲予秦璧。臣以為布衣之交㉚尚不相欺，況大國乎！且以一璧之故逆㉛彊秦之驩，不可。於是趙王乃齋戒㉜五日，使臣奉璧，拜送書於庭㉝。何者？嚴㉞大國之威以修敬㉟也。今臣至，大王見臣列觀㊱，禮節甚倨㊲；得璧，傳之美人，以戲弄臣。臣觀大王無意償趙王城邑，故臣復取璧。大王必欲急㊳臣，臣頭今㊴與璧俱碎於柱矣！」相如持其璧睨柱㊵，欲以擊柱。秦王恐其破璧㊶，乃辭謝固請，召有司㊷案圖㊸，指從此以往十五都予趙。相如度㊹秦王特㊺以詐詳㊻為予趙城，實不可得，乃謂秦王曰：「和氏璧，天下所共傳寶也。趙王恐，不敢不獻。趙王送璧時，齋戒五日，今大王亦宜齋戒五日，設九賓於廷㊼，臣乃敢上璧。」秦王度之，終不可彊奪，遂許齋五日，舍相如廣成傳㊽。相如度秦王雖齋，決負約不償城，乃使其從者衣褐㊾，懷其璧，從徑道亡，歸璧于趙㊿。

4 秦王齋五日後，乃設九賓禮於廷，引趙使者藺相如。相如至，謂秦王曰：「秦自繆公以來二十餘君(51)，未嘗有堅明約束者也(52)。臣誠恐見欺於王而負趙(53)，故令人持璧歸，間(54)至趙矣。且秦彊而趙弱，大王遣一介之使(55)至趙，趙立奉璧來。今以秦之彊而先割十五都予趙，趙豈敢留璧而得罪於大王乎？臣知欺大王之罪當誅，臣請就湯鑊(56)。唯大王與羣臣孰計議之(57)。」秦王與羣臣相視而嘻(58)。左右或欲引相如去(59)，秦王因曰：「今殺相如，終不能得璧也，而絕秦、趙之驩，不如因而厚遇之，使歸趙。趙王豈以一璧之故欺秦邪[60]！」卒廷見相如[61]，畢禮而歸之[62]。

5 相如既歸，趙王以為賢大夫，使不辱於諸侯[63]，拜相如為上大夫[64]。秦亦不以城予趙，趙亦終不予秦璧。

6 其後秦伐趙，拔石城[65]。明年[66]，復攻趙，殺二萬人[67]。

7 秦王使使者告趙王[68]，欲與王為好會[69]於西河外澠池[70]。趙王畏秦，欲毋行。廉頗、藺相如計曰：「王不行，示趙弱且怯也。」趙王遂行，相如從。廉頗送至境，與王訣[71]曰：「王行，度道里會遇之禮畢，還，不過三十日[72]。三十日不還，則請立太子為王，以絕秦望[73]。」王許之，遂與秦王會澠池。秦王飲酒酣[74]，曰：「寡人竊聞趙王好音[75]，請奏瑟[76]。」趙王鼓瑟。秦御史[77]前書曰：「某年月日，秦王與趙王會飲，令趙王鼓瑟[78]。」藺相如前曰：「趙王竊聞秦王善為秦聲，請奏盆缻秦王[79]，以相娛樂。」秦王怒，不許。於是相如前進缻，因跪請秦王。秦王不肯擊缻。相如曰：「五步之內，相如請得以頸血濺大王矣[80]！」左右欲刃相如，相如張目叱之，左右皆靡[81]。於是秦王不懌[82]，為一擊缻[83]。相如顧召[84]趙御史書曰：「某年月日，秦王為趙王擊缻。」秦之群臣曰：「請以趙十五城為秦王壽。」藺相如亦曰：「請以秦之咸陽為趙王壽(85)。」秦王竟酒(86)，終不能加勝於趙。趙亦盛設兵以待秦，秦不敢動(87)。

8 既罷歸國，以相如功大，拜為上卿，位在廉頗之右(88)。廉頗曰：「我為趙將，有攻城野戰之大功，而藺相如徒以口舌為勞，而位居我上；且相如素賤人(89)，吾羞，不忍為之下。」宣言曰：「我見相如，必辱之。」相如聞，不肯與會(90)。相如每朝時，常稱病，不欲與廉頗爭列(91)。已而相如出，望見廉頗，相如引車避匿。於是舍人相與諫曰：「臣所以去親戚而事君者，徒(92)慕君之高義也。今君與廉頗(93)同列，廉君宣惡言，而君畏匿之，恐懼殊甚。且庸人尚羞之，況於將相乎！臣等不肖(94)，請辭去。」藺相如固止之，曰：「公之視廉將軍孰與秦王(95)？」曰：「不若也。」相如曰：「夫以秦王之威，而相如廷叱之，辱其羣臣。相如雖駑(96)，獨畏廉將軍哉？顧吾念之，彊秦之所以不敢加兵於趙者，徒以吾兩人在也(97)。今兩虎共鬬，其勢不俱生。吾所以為此者，以先國家之急而後私讎也。」廉頗聞之，肉袒負荊(98)，因賓客(99)至藺相如門謝罪。曰：「鄙賤之人，不知將軍寬之至此也！」卒相與驩，為刎頸之交(100)。

9 是歲(101)，廉頗東攻齊，破其一軍(102)。居二年(103)，廉頗復伐齊幾(104)，拔之。後三年[105]，廉頗攻魏之防陵[106]、安陽[107]，拔之。後四年[108]，藺相如將而攻齊，至平邑[109]而罷。其明年[110]，趙奢破秦軍閼與[111]下。

【章　旨】以上為第一段，通過「完璧歸趙」、「澠池會」、「將相和」三個故事，歌頌了藺相如在對敵鬥爭中的大智大勇和廉頗勇於認錯的磊落精神。

【注　釋】❶趙惠文王十六年　西元前二八三年。趙惠文王，名何，武靈王之子，西元前二九八—前二六六年在位。趙國的都城邯鄲（今河北邯鄲）。❷伐齊　當時的齊國諸侯為齊襄王（名法章，西元前二八三—前二六五年在位），國都臨淄（今山東淄博臨淄區北）。❸陽晉　古邑名，在今山東菏澤西北。《索隱》曰：「衛地，後屬齊，今趙取之。」❹上卿　當時諸侯國大臣的最高爵位，其地位略同於丞相或大將軍。❺宦者令　宦官的頭領。陳直曰：「《漢書‧百官公卿表》：少府屬官有宦者令，漢因秦制，秦則兼采六國時官制。又宦者令為六百石官吏。」❻舍人　寄食於官僚貴族門下而為之役使者。❼和氏璧　由楚人和氏所得的玉璞中理出的玉璧。《韓非子‧和氏》云：「楚人和氏得玉璞山中，奉而獻之厲王。厲王使玉人相之，玉人曰『石也』。王以和為誑，而刖其左足。及厲王薨，武王即位，和又奉其璞而獻之武王。武王使玉人相之，又曰『石也』。王又以和為誑，而刖其右足。武王薨，文王即位，和乃抱其璞而哭於楚山之下，三日三夜，泣盡而繼之以血。王聞之，……乃使玉人理其璞而得寶焉，遂命曰『和氏之璧』。」❽秦昭王　名則，秦惠王之子，秦武王之弟，西元前三〇六—前二五一年在位。秦國的都城咸陽，在今陝西咸陽東北。❾遺　給；致。❿易　交換。⓫大將軍　國家的最高軍事長官。⓬徒見欺　白白地受欺騙。徒，空；白白地。⓭即　則。⓮報秦　給秦國回話，即出使秦國。⓯亡走燕　向燕國潛逃。亡，潛逃。燕，西周以來的諸侯國名，國都薊（即今北京市）。當時的燕國諸侯為燕昭王（西元前三一一—前二七八年在位）。⓰願結友　王念孫曰：「『友』，『交』之誤。《文選‧恨賦》《御覽‧治道部》引竝作『交』。」⓱肉袒　《索隱》曰：「謂袒衣而露肉也。」《正義佚文》曰：「肉袒，露膊。」⓲斧質　刀斧和砧板，殺人的工具。⓳宜可使　徐孚遠曰：「繆賢以薦人之故，不隱其奔燕之謀，使人主疑其有外心，蓋亦人情所難及。」瀧川曰：「(繆賢)不隱舊惡，卻見真情。」⓴不　通「否」。㉑均　比較；衡量。㉒寧許以負秦曲　意即豁著受騙，叫秦國把理曲的「包袱」背起來。負，背；承擔。姚苧田曰：「諸大臣但計利害，相如提出『曲』、『直』來，此便得養勇根本，兩言而決，真為善謀。」㉓完璧歸趙　將完好無損的和氏璧帶回趙國。姚苧田曰：「料得破，把得定，行得徹，說得快，大奇，大奇。」㉔章臺　也叫章華臺，秦離宮中的臺觀名，在當時的咸陽城西南，今西安市西北的長安故城。按：不在朝廷，而在離宮中接見別國來使，有對該國輕視的意思。㉕奏　進呈。㉖璧有瑕　瑕，玉上的小斑點。玉以純白為貴，有瑕即是缺陷。㉗指示　謂指（其瑕）以示之。㉘卻立倚柱二句　卻，退行。退行倚柱後始「怒髮上衝冠」，以防身後有人擊之也，史公設身處地，文心甚細。㉙負其彊　仗恃著它的國力強盛。㉚布衣之交　平民之間的買賣交易。㉛逆　不順從；故意得罪。㉜齋戒　古人為對某事表示虔敬而做出的一種姿態，通常指沐浴、獨居、吃素等。㉝拜送書於庭　「拜送」上應增「趙王」二字讀，主語不是藺相如。〈刺客列傳〉云：「（燕王）謹斬樊於期之頭，及獻燕督亢之地圖，函封，燕王拜送于庭，使使以聞大王，惟大王命之。」事情正與此同。「齋戒」與「拜送書於庭」皆說趙王本人對於此事的鄭重。㉞嚴　敬畏，用如動詞。㉟修敬　表示虔敬之意。㊱列觀　一般的臺觀，與朝廷對比而言。㊲倨　傲慢。㊳急　逼迫。㊴今　將。㊵睨柱　睨，斜視；瞥視。李光縉曰：「『睨柱』二字，其模寫情狀如見。」㊶秦王恐其破璧　史珥曰：「『恐其破璧』四字寫照秦王，即是補出相如所以能完璧之故。蓋秦王此心相如未使時策之已審，上邊一『視』字，下文連用三『度』字，兩邊情態如生。」㊷有司　負責該項事務的官吏。㊸案圖　查看地圖。㊹度　揣摩；估量。㊺特　只不過。㊻詳　通「佯」。假裝。㊼設九賓於廷　按：「設九賓」又見於〈刺客列傳〉，其制度不見於經傳，不知究竟云何。《集解》引韋昭語以為即《周禮》之「九儀」；《索隱》以為「九賓」即「九服之賓客」；《正義》引劉伯莊以為「九賓」為「周王之備禮，天子臨軒，九服同會」；中井曰：「賓，儐也。儐九人立廷，以禮使者也。」瀧川云：「九賓，猶言『具大禮』，不必援古書為證。」㊽廣成傳　《索隱》曰：「『廣成』是傳舍之名。」傳，傳舍，即今所謂賓館、招待所。㊾衣褐　身穿下層人所穿的小襖。褐，粗布小襖。㊿從徑道亡二句　抄小路潛行，將璧送回趙國。姚苧田曰：「相如前既云『寧許以負秦曲』，今秦齋宿案圖，而趙已懷璧私逝，玩弄大國於掌股之上，曲仍在趙，不在秦也。」(51)秦自繆公以來二十餘君　繆公，也作「穆公」，名任好，西元前六五九－前六二一年在位，是春秋時期秦國最有為的國君。據〈秦始皇本紀〉，自秦穆公至秦昭王，共二十一代。(52)未嘗有堅明約束者也　堅明約束，信守條約。「堅明」在這裡用如動詞，即堅定明確地遵守。史珥曰：「直指先世之詐而刺其隱，氣懾秦廷，相如得全，正在於此。」(53)負趙　對不起趙國。(54)間　間行；潛行。(55)遣一介之使　讓一個人來說一聲。「一介之使」極言使者的身分之低，和派出者所使用的禮數之簡。瀧川曰：「『介』『个』通。《左傳》襄八年『一介行李，告于寡君』。」(56)湯鑊　大開水鍋，古代烹人的刑具。(57)孰計議之　仔細地盤算盤算。孰，通「熟」。(58)相視而嘻　《正義佚文》

曰：「嘻，恨怒之聲。」中井曰：「『嘻』只是驚怪之聲，不必有怒意。」姚苧田曰：「想此時，真是哭不得，笑不得，只一『嘻』字，傳神極矣。」59引相如去　拉藺相如去就刑。60趙王豈以一璧之故欺秦邪　秦王以此圓場，為自己下臺做收束。61廷見相如　重新在朝廷上接見了藺相如。62畢禮而歸之　畢禮，按應有的禮數。姚苧田曰：「人臣謀國，只是『致身』二字，看得明白則智勇皆從此生，天下無難處之事矣。玩相如『完璧歸趙』一語，當奉使時已自分璧完而身碎，璧歸趙而身不與之俱歸矣。此時隻身廷見若有絲毫覬倖之情，即一字說不出。看其侃侃數言，有倫有脊，故知明於『致身』之義者也。」63趙王以為賢大夫二句　李笠曰：「『大夫』二字涉下文誤衍，時相如未為大夫。」64上大夫　爵位名，是大夫中的最高一級，次於卿。65秦伐趙二句　事在趙惠文王十八年，西元前二八一年。石城，趙縣名，在今河南林縣西南。66明年　趙惠文王十九年，秦昭王二十七年，西元前二八〇年。67殺二萬人　梁玉繩曰：「表作三萬。」據〈秦本紀〉、〈六國年表〉，是年秦將白起攻取趙之光狼城。68秦王使使者告趙王　梁玉繩曰：「『秦王』上疑缺『明年』二字。」按：梁說是，下文所敘之澠池會，在趙惠文王二十年，秦昭王二十八年，西元前二七九年。69好會　友好的會見。70西河外澠池　戰國時人習慣地稱今河南省的黃河以南為「河外」，稱黃河以北為「河內」。「西河外」即指今河南省西部的黃河以南。澠池，縣名，縣治在今河南澠池西，原屬韓，此時已為秦國所有。71訣　別；告別。72度道里會遇之禮畢三句　估計會議以及往來路途所用的時間，不會超過三十天。73三十日不還三句　按：於此足見廉頗的大將風概，深謀遠慮，忠於趙國。有此一舉，則秦國扣留趙王為人質以要脅趙國的陰謀遂不得行。史珥曰：「唯趙氏君臣坦白無猜，乃能如此。」姚苧田曰：「相如二事皆爭勝於口舌之間，而於〈相如傳〉中特將『立太子，以絕秦望』一議屬之廉頗，則廉將軍之為社稷臣加於相如一等明矣。」74飲酒酣　喝酒喝到興頭上。75好音　愛好（精通）音樂。76請奏瑟　請允許我進給您一張瑟，意即請您演奏一曲。奏，進呈。77御史　戰國時掌管圖書文籍的官員，有如後代的史官，與秦代職掌糾彈的官員不同。78某年月日三句　按：於此事見秦國君臣之極度傲慢，以一個小小御史竟公然侮辱一個國家的元首。79請奏盆缻秦王　奏，進。盆缻，盛水的盆罐之屬。《風俗通義》曰：「缻者瓦器，所以盛酒漿，秦人鼓之以節歌也。」按：李斯〈諫逐客書〉云：「夫擊甕扣缶彈箏搏髀，而歌呼嗚嗚快耳目者，真秦之聲也。」楊惲〈報孫會宗書〉云：「家本秦也，能為秦聲，仰天擊缶，而呼嗚嗚。」80五步之內二句　即「要和大王您同歸於盡」的婉轉說法，〈平原君虞卿列傳〉毛遂有所謂「今五步之內，王不能恃楚國之眾」，與此意同。81靡　隨風倒伏的樣子。82不懌　不樂。83為一擊缻　極寫秦王無可奈何之狀。84顧召　回頭招呼。二字見趙國君臣畏怯呆木之狀，反襯藺相如之勇敢無畏，從容指揮。85請以秦之咸陽為趙王壽　壽，祝福人健康長壽。瀧川曰：「《左傳》定十年夾谷之會，齊魯將盟。齊人加於載書曰：『齊師出竟，不以甲車三百乘從我者，有如此盟。』孔丘使茲無還揖對曰：『而不返我汶陽之田，吾以共命者，亦如之。』藺相如折衝之語，自此等處得來。」(86)竟酒　直到酒筵結束。(87)趙亦盛設兵以待秦二句　秦能襲執楚懷王，而不敢襲執趙惠文王，並不敢對藺相如用強者，正以廉頗「盛設兵」於後，且有「三十日不還，則請立太子為王」之預約也。陳子龍曰：「相如以趙有備，故以氣陵秦；秦王亦知趙尚強，故因善相如也。」(88)右　這裡指上位。先秦時期究竟以左為上，還是以右為上，各國各時期並不一致，如〈魏公子列傳〉寫魏公子迎侯嬴時即有所謂「虛左」之語。(89)相如素賤人　指其為宦者令繆賢舍人而言。素，平素；往日。(90)不肯與會　不願與之碰面。(91)爭列　爭行列位置之高低。(92)徒　就是。(93)廉頗　王念孫曰：「『廉頗』當作『廉君』，下文作『廉君』即其證。《文選》盧諶〈覽古詩〉注、曹攄〈感舊詩〉注引此並作『廉君』。」(94)不肖　不類其父，通常用以稱「不成材」、「沒出息」，這裡含諷譏意味，似謂「我們沒有您的修養好、肚量大」。(95)公之視廉將軍孰與秦王　你看廉將軍與秦王哪個更厲害？(96)相如雖駑　我藺相如即使再差。駑，劣馬，這裡以比人的材質拙劣。(97)彊秦之所以不敢加兵於趙者二句　郭嵩燾曰：「戰國人才以藺相如為首，其讓廉頗可謂遠矣，庶幾與聞君子之道者也。」李景星曰：「太史公以廉藺合傳，即本斯旨。」(98)肉袒負荊　袒露肩背，背著荊條，意為承認錯誤，願受責罰。(99)因賓客　讓身邊的幕僚領著。因，憑藉。(100)刎頸之交　能以生死相託的朋友。《索隱》引崔浩曰：「言要齊生死，而刎頸無悔也。」中井曰：「謂患難相為死也。」(101)是歲　趙惠文王二十年，齊襄王五年，西元前二七九年。(102)東攻齊二句　瀧川曰：「是時燕軍攻齊，趙使廉頗助之，又見〈趙世家〉。」(103)居二年　應作「居三年」，即趙惠文王二十三年，西元前二七六年。(104)復伐齊幾　幾，古邑名，在今河北大名東南。梁玉繩曰：「幾是魏邑。〈趙世家〉言『頗攻魏幾，取之。』〈秦策〉亦云『秦敗閼與，反攻魏幾，廉頗救幾。』此作『齊幾』，誤。裴駰謂『或屬齊』，非也。先是樓昌攻幾不能取，故云『復伐』。」(105)後三年　梁玉繩曰：「當作後一年，乃惠文王二十四年事也。」西元前二七五年。(106)防陵　魏縣名，在今河南安陽西南，因防水而得名。(107)安陽　魏縣名，在今河南安陽西南。(108)後四年　趙惠文王二十八年，齊襄王十三年，西元前二七一年。(109)平邑　齊縣名，在今河南南樂東北。(110)其明年　趙惠文王二十九年，秦昭王三十七年，西元前二七〇年。(111)閼與　趙縣名，即今山西和順。

【語　譯】廉頗是趙國的傑出將領。趙惠文王十六年，廉頗為趙國率兵伐齊，大破齊軍，奪取了齊國的陽晉縣，回國後被封為上卿，憑著勇敢聞名天下。藺相如也是趙國人，是趙國太監總管繆賢家裡的門客。

2 趙惠文王在位的時候，得到了一塊楚國的和氏璧。秦昭王聞說後，就派人給趙王送來了一封信，說是希望用自己的十五座城來交換趙國的這塊璧。趙王和廉頗等人一道商量：給秦國吧，又怕得不到秦國的城，自己白白受騙；不給秦國吧，又怕秦國派兵來打。主意定不下來，於是就想找一個合適的人去出使秦國，但找不到。這時太監總管繆賢說：「可以讓我那個門客藺相如去。」趙王問道：「你怎麼知道呢？」繆賢說：「有一次我犯了罪，當時我曾想往燕國跑，這時我的門客藺相如勸我說：『您怎麼知道燕王會收留您呢？』我說有一次我跟隨大王和燕王在邊境上會晤時，燕王曾在底下握著我的手說『我希望和你成為朋友』。由此我知道燕王會收留我，所以我打算去投靠他。相如對我說：『當時趙國強大燕國弱小，而您又正是趙王的紅人，所以燕王才想和您拉關係。現在您是從趙國逃到燕國，燕國害怕趙國，在這種情況下他肯定不敢收留您，而是立即就會捆起您把您送回趙國來了。您不如光著背，背著斧子板子去向大王請罪，那還說不定可以得到倖免。』於是我就依了他的主意，而幸好大王您也開恩免了我的罪。所以我認為藺相如是勇士，而且有智謀，估計他可以完成任務。」趙王一聽，立即召見藺相如，問他說：「秦王請求用十五座城來換我的和氏璧，你看可不可以給他？」藺相如說：「秦國強大，趙國弱小，不給不行。」趙王說：「如果秦王要走了我們的和氏璧，而不給我們城，那又怎麼辦呢？」藺相如說：「秦王用城來換我們的璧，如果我們不答應，那理虧的是我們；如果我們給了他璧而他們不給我們城，那時理虧的就是他們了。比較這兩種局面，我們寧可答應他落個被騙，也要叫他們把理虧的包袱背起來。」趙王說：「好的，那誰可以去出使呢？」藺相如說：「大王如果確實找不到更合適的人選時，我可以帶著璧前去。到那時他給我們城，我就給他們璧；他們不給我們城，我保證把和氏璧完好無損地帶回來。」趙王一聽，就派藺相如帶著和氏璧到秦國去了。

3 秦王在章臺接見藺相如，藺相如雙手捧著和氏璧進給了秦王。秦王非常高興，他自己看完之後，又傳給他的侍女以及左右親信們觀看。大家都高呼萬歲，向他祝賀。藺相如等了半天，看著秦王沒有給趙國城的意思，於是就走上前去對秦王說：「大王沒注意，璧上還有一個斑點，讓我指給您看。」秦王一聽，就把璧遞給了藺相如，藺相如接過璧來，後退了幾步，背靠著一根柱子，他怒髮衝冠地對著秦王說：「您寫信給我們的趙王，想要我們的和氏璧。趙王召集大臣們商量給不給，大家都說『秦國貪婪得很，他是依恃著自己強大，想用空話來騙我們的璧，他所說的十五座城恐怕是絕對得不到的』。大家都商量著不給您。但是我卻覺得連平民百姓之間的買賣交易都不能用欺騙的手段，更何況是一個大國呢？再說因為一塊小小的和氏璧鬧得讓一個大國不高興，這是不好的。於是趙王先親自沐浴齋戒了五天，然後派我前來送璧，臨行時走下殿來，親自把我送到了院子裡並向我行禮。為什麼這樣呢？不就是尊重您是個大國，向您表示敬意嗎？可是我到了秦國之後，您只在一個普普通通的殿臺上接見我，表現得很傲慢；等您接到和氏璧後，又傳給一群女人看，故意地耍弄我。我看您的意思是根本不打算給趙國城，所以我就想法把璧又騙了回來。現在您要再逼我，我就連頭帶璧一塊都碎在這根柱子上！」說著，他就舉起璧來眼睛斜視著柱子，想往柱子上摔。秦王怕他真的把璧摔壞，於是就連聲地向他表示歉意請他千萬不要摔，並趕緊讓有關的負責人查看地圖，秦王指著地圖上的一片地區說，就從這裡到這裡劃十五座城給趙國吧。但藺相如心裡明白秦王這只不過是做出來的一種樣子，實際上他是不會給的。於是就對秦王說：「和氏璧是天下公認的寶貝。由於趙王害怕秦國，所以才不敢不送給您。趙王送我帶和氏璧來的時候，曾經齋戒了五天，現在我請求大王也齋戒五天，然後設九賓之禮於朝廷，那時我才可以正式把璧獻給您。」秦王心裡明白，這時要想硬奪是絕對不行的，於是就答應了也齋戒五天，他安排藺相如在廣成賓館住了下來。藺相如心想秦王現在儘管答應齋戒了，但最後他仍是肯定要違背盟約，不會給趙國城的，於是就派他的隨從穿著小襖，揣著和氏璧，抄小路，把璧送回了趙國。

4 秦王齋戒了五天以後，舉行隆重的接待儀式，在大殿上設置了九賓之禮，而後使人帶領著藺相如進入了大殿。藺相如進殿後，對秦王說：「秦國自繆公以來的二十多個國君，都沒有堅定明確地遵守過盟約。我實在是怕被您所騙而辜負了趙國，所以我已經派人帶著和氏璧先走了，估計現在已經回到了趙國。話又說回來，秦國強大，趙國弱小，大王只要派一個小小的使臣到趙國，趙國立刻就會把璧送過來。憑著您們這樣的強大，如果您能夠先把十五座城割讓給趙國，趙國它敢不給您璧而故意得罪您嗎？我知道我欺騙大王是罪該萬死的，我現在甘願下湯鍋。請您和您的大臣們仔細考慮。」秦王和大臣們一聽都驚得叫了起來。武士們過來就想把藺相如拉去行刑，倒是秦王明智地說道：「現在即使殺了藺相如，也是得不到璧了，反倒弄壞了秦國和趙國的關係，不如還是好好地對待他，讓他回到趙國。難道趙王還會因為一塊和氏璧而欺騙我們秦國嗎？」於是就在大殿上按照禮節接見了藺相如，典禮結束後就讓藺相如回國了。

5 藺相如回國後，趙王認為他表現出色，在出使秦國的過程中維護了國家的尊嚴，因而封藺相如為上大夫。結果事後，秦國也沒有給趙國城，趙國也沒有給秦國璧，就這麼不了了之了。

6 後來秦國進攻趙國，占領了趙國的石城。第二年，再次進攻趙國，又殺了趙國的兩萬多人。

7 接著秦王派人告訴趙王，想和趙王在西河外的澠池舉行和平會談。趙王害怕秦國，不想前去。廉頗和藺相如商量說：「大王如果不去，這就越發表現了我們的弱小怯懦。」趙王無奈只好去了，藺相如跟著一道同行。廉頗送他們到國境線上，和趙王分別的時候說：「大王此去，我估計連開會和路上的耽擱加起來，總共不會超過三十天。如果您三十天還回不來，那我就請求擁立太子為趙王，以斷絕秦國扣留您當人質的幻想。」趙王同意了，於是西行和秦王在澠池進行了會晤。這天，秦王在宴會上正喝得起勁時對趙王說：「我聽說閣下擅長音樂，請允許我進給您一張瑟。」趙王無法只好彈了一曲。這時秦國的史官就走出來侮辱性地一面念著一面在竹簡上寫道：「某年某月某日，秦王和趙王一道飲酒時，秦王命令趙王鼓瑟。」藺相如一聽也立刻走出來說：「我們趙王也早就聽說秦王精通秦國的音樂，現在請允許我給您進上一只缶，來為大家樂一樂。」秦王生氣了，不答應。這時藺相如就從旁邊的樂隊裡拿過一只缶，雙手捧到了秦王面前，跪著請秦王敲。秦王還是不敲。藺相如說道：「咱倆現在離著不出五步，您要是再不敲，我這一腔熱血立刻就要噴您一身。」這時秦王左右的衛士們也想對藺相如下手，只見藺相如圓瞪著雙眼，大喝了一聲，嚇得秦王的衛士們都不敢動了。秦王無法只好勉強地敲了一下。這時藺相如立刻回頭招呼著趙國的史官說：「某年某月某日，秦王為趙王擊缶。」這時秦國的大臣們一齊喊道：「請趙王用十五座城來為秦王作進賀之禮吧！」藺相如也說：「請秦王把你們的首都咸陽也拿來給趙王進賀。」結果一來一往，直到宴會結束，秦王始終沒能壓倒趙王。而這時趙國也因為後面有廉頗的大兵嚴陣以待，所以秦國始終沒敢再動。

8 從澠池回來後，藺相如因為功勞大，被封為上卿，地位在廉頗之上。廉頗在背後說：「我是趙國的大將，有攻城野戰的大功，而藺相如只不過是靠著耍嘴皮，現在居然弄得位置在我之上；而且藺相如又是個出身低賤的人，我實在感到羞恥，沒辦法處在這種地位。」於是公開對人宣揚說：「什麼時候我見了藺相如，一定要好好地羞辱他一頓。」藺相如聽到廉頗這麼說，就故意地躲著他，不願和他見面。每到該去上朝的時候，藺相如總是推說有病，不去和廉頗爭位次的高低。後來藺相如出門時，半路上遇見了廉頗，藺相如一見就立即趕著車子躲開了。這樣一來，藺相如的門客們都很不高興，他們對藺相如說：「我們之所以離開家庭來侍候您，就是因為仰慕您的高尚人品。您和廉頗的職位是同一個等級，廉頗背後揚言要侮辱您，而您居然就躲了起來，怕得要命。這種事是連個普通人也都感到羞恥的，更何況是位居將相的人呢！我們沒有出息，不得不請求離開您了。」藺相如一聽就攔住他們說：「你們認為廉將軍比秦王更厲害嗎？」門客們說：「當然比不上秦王厲害。」藺相如說：「可是儘管秦王有那樣的威嚴，我還敢在朝廷之上當眾喝斥他，並羞辱他的那班大臣。我藺相如即使沒出息，難道竟會害怕一個廉將軍嗎？我所考慮的問題是，強秦之所以不敢進攻我們趙國，關鍵就因為有我們兩個人在。現在如果我們兩個人爭執起來，那就如同二虎相爭，肯定不能兩全。我之所以對廉頗一再忍讓，就是因為我要把國家利益放在前頭，而把個人恩怨放在其次。」廉頗一聽說這個話，立刻袒露起肩背，背著荊條，讓身邊的幕僚領著來到藺相如的家裡當面認錯，廉頗說：「我是個狹隘淺陋的人，實在不了解您的胸懷竟然寬廣到了這樣的地步！」從此兩個人相處得非常友好，以至於成了生死之交。

9 也就在這一年裡，廉頗率軍伐齊，消滅了齊國的一支軍隊。又過了兩年，廉頗出兵攻打齊國的幾縣，幾縣被攻克。又過了三年，廉頗率軍進攻魏國的防陵、安陽，二城都被攻克了。又過了四年，藺相如率兵伐齊，一直打到了平邑，才收兵回來。第二年，趙奢在閼與大破秦軍。

1 趙奢❶者，趙之田部吏❷也。收租稅，而平原君❸家不肯出租，奢以法治之，殺平原君用事者九人❹。平原君怒，將殺奢。奢因說曰：「君於趙為貴公子，今縱君家而不奉公則法削❺，法削則國弱，國弱則諸侯加兵，諸侯加兵是無趙也。君安得有此富乎？以君之貴，奉公如法❻則上下平❼，上下平則國彊，國彊則趙固。而君為貴戚，豈輕於天下邪❽？」平原君以為賢，言之於王。王用之治國賦❾，國賦大平，民富而府庫實❿。

2 秦伐韓，軍於閼與⓫。王召廉頗而問曰：「可救不？」對曰：「道遠險狹⓬，難救。」又召樂乘⓭而問焉，樂乘對如廉頗言。又召問趙奢，奢對曰：「其道遠險狹，譬之猶兩鼠鬭於穴中，將勇者勝⓮。」王乃令趙奢將，救之。

3 兵去邯鄲三十里⓯，而令軍中曰：「有以軍事諫⓰者死。」秦軍軍武安西⓱，秦軍鼓譟勒兵⓲，武安屋瓦盡振。軍中候⓳有一人言急救武安，趙奢立斬之。堅壁⓴，留二十八日不行，復益增壘㉑。秦間㉒來入，趙奢善食而遣之㉓。間以報秦將，秦將大喜曰：「夫去國三十里㉔而軍不行，乃增壘，閼與非趙地也㉕。」趙奢既已遣秦間，乃卷甲而趨㉖之，二日一夜至，令善射者去㉗閼與五十里而軍。軍壘㉘成，秦人聞之，悉甲而至。軍士許歷請以軍事諫㉙，趙奢曰：「內之㉚。」許歷曰：「秦人不意趙師至此，其來氣盛，將軍必厚集其陣以待之㉛。不然，必敗。」趙奢曰：「請受令㉜。」許歷曰：「請就鈇質之誅㉝。」趙奢曰：「胥後今邯鄲[34]。」許歷復請諫，曰：「先據北山上者勝，後至者敗。」趙奢許諾，即發萬人趨[35]之。秦兵後至，爭山不得上[36]。趙奢縱兵擊之，大破秦軍。秦軍解而走，遂解閼與之圍[37]而歸。

4 趙惠文王賜奢號為馬服君[38]，以許歷為國尉[39]。趙奢於是與廉頗、藺相如同位。

5 後四年[40]，趙惠文王卒，子孝成王立。七年[41]，秦與趙兵相距長平[42]。時趙奢已死[43]，而藺相如病篤[44]，趙使廉頗將攻秦[45]。秦數敗趙軍，趙軍固壁不戰。秦數挑戰，廉頗不肯。趙王信秦之間[46]。秦之間言曰：「秦之所惡[47]，獨畏馬服君趙奢之子趙括為將耳[48]。」趙王因以括為將，代廉頗。藺相如曰：「王以名使括，若膠柱而鼓瑟[49]耳。括徒能讀其父書傳，不知合變[50]也。」趙王不聽，遂將之。

6 趙括自少時學兵法，言兵事，以天下莫能當。嘗與其父奢言兵事，奢不能難[51]，然不謂善。括母問奢其故，奢曰：「兵，死地也[52]，而括易言之[53]。使趙不將括即已[54]，若必將之，破趙軍[55]者必括也。」及括將行，其母上書言於王曰：「括不可使將。」王曰：「何以？」對曰：「始妾事其父，時為將，身所奉飯飲而進食[56]者以十數，所友者[57]以百數；大王及宗室所賞賜者，盡以予軍吏士大夫[58]；受命之日，不問家事[59]。今括一旦為將，東向而朝[60]，軍吏無敢仰視之者；王所賜金帛，歸藏於家，而日視便利田宅可買者買之[61]。王以為何如其父？父子異心，願王勿遣[62]。」王曰：「母置之[63]，吾已決矣。」括母因曰：「王終遣之，即有如不稱[64]，妾得無隨坐[65]乎？」王許諾。

7 趙括既代廉頗，悉更約束[66]，易置軍吏[67]。秦將白起聞之[68]，縱奇兵，詳[69]敗走，而絕其糧道，分斷其軍為二[70]，士卒離心。四十餘日，軍餓，趙括出銳卒自博戰，秦軍射殺趙括。括軍敗，數十萬之眾遂降秦，秦悉阬之[71]。趙前後所亡凡四十五萬。明年[72]，秦兵遂圍邯鄲[73]，歲餘，幾不得脫。賴楚、魏諸侯來救，迺得解邯鄲之圍[74]。趙王亦以括母先言，竟不誅也。

8 自邯鄲圍解五年[75]，而燕用栗腹[76]之謀，曰「趙壯者盡於長平，其孤[77]未壯」，舉兵擊趙[78]。趙使廉頗將，擊，大破燕軍於鄗[79]，殺栗腹，遂圍燕。燕割五城請和，乃聽之[80]。趙以尉文[81]封廉頗為信平君[82]，為假相國[83]。

9 廉頗之免長平歸也，失勢之時，故客盡去。及復用為將，客又復至。廉頗曰：「客退矣！」客曰：「吁！君何見之晚[84]也？夫天下以市道交[85]，君有勢，我則從君；君無勢，則去。此固其理也，有何怨乎[86]？」居六年[87]，趙使廉頗伐魏之繁陽(88)，拔之。

10 趙孝成王卒，子悼襄王立(89)，使樂乘代廉頗。廉頗怒，攻樂乘(90)，樂乘走。廉頗遂奔魏之大梁(91)。其明年(92)，趙乃以李牧為將而攻燕，拔武遂、方城。

11 廉頗居梁久之，魏不能信用。趙以數困於秦兵，趙王思復得廉頗，廉頗亦思復用於趙。趙王使使者視廉頗尚可用否。廉頗之仇郭開(93)多與使者金，令毀(94)之。趙使者既見廉頗，廉頗為之一飯斗米，肉十斤(95)，被甲上馬，以示尚可用(96)。趙使還報王曰：「廉將軍雖老，尚善飯。然與臣坐，頃之(97)三遺矢(98)矣。」趙王以為老，遂不召。

12 楚聞廉頗在魏(99)，陰使人迎之。廉頗一為楚將(100)，無功(101)，曰：「我思用趙人(102)。」廉頗卒死于壽春(103)。

【章　旨】以上為第二段，寫趙奢、趙括父子為趙統兵的不同經歷，與廉頗晚年的悲劇結局。

【注　釋】❶趙奢　梁玉繩引《唐書・世系表》稱其為「趙王子」，不知為何代趙王之子。❷田部吏　徵收田賦的官吏。❸平原君　趙勝，趙武靈王之子，趙惠文王之弟，時為趙相，「平原君」是其封號，事跡見〈平原君虞卿列傳〉。❹殺平原君用事者九人　平原君用事者，平原君家的管事人。郭嵩燾曰：「平原君，趙公子；趙奢，一田部吏耳，何遽殺其用事者九人？此由史公好奇，取諸傳奇之詞甚言之。」❺今縱君家而不奉公則法削　縱，放任不管。不奉公，不照章程辦事。法削，法制削弱，不能實行。❻如法　按法律條文辦事。❼上下平　舉國上下都心平氣和。❽豈輕於天下邪　史珥曰：「趙奢說平原君，理明詞達，段太尉責郭晞全本此。」按：段太尉責郭晞事見柳宗元〈段太尉逸事狀〉。❾治國賦　主管全國的賦稅。❿府庫實　府庫充實。⓫秦伐韓二句　《史記會注考證》：「《御覽》引《國策》作『秦師伐韓圍閼與』，今本《國策》無。今本〈趙策〉作『伐趙』，與此異，說在〈趙世家〉。徐孚遠曰：『閼與，本趙地。伐韓而軍閼與，假道也，亦以脅趙。』」〈趙世家〉、〈六國年表〉皆繫之於趙惠文王二十九年，秦昭王三十七年，西元前二七〇年；而〈秦本紀〉則繫之於秦昭王三十八年，西元前二六九年，楊寬〈戰國史表〉、繆文遠《戰國史繫年輯證》皆從後者。閼與乃趙地。據〈秦本紀〉，此次率兵之秦將為胡陽。⓬道遠險狹　由趙都邯鄲出兵，西北行往救閼與（今山西和順），須翻越太行山，故曰「道遠險狹」。⓭樂乘　樂毅的族人，先為燕將，伐趙，被廉頗所擒，後遂為趙將，可參看〈樂毅列傳〉。⓮譬之猶兩鼠鬬於穴中二句　今軍事理論有所謂「狹路相逢，將勇者勝」，《孫子兵法》無，蓋源於此傳也。⓯兵去邯鄲三十里　意為趙軍剛離開邯鄲三十里，就停了下來。⓰有以軍事諫　誰敢對此次行動提不同意見。茅坤曰：「不欲人諫者，絕軍中譁言也。」⓱秦軍軍武安西　意謂前來阻擊趙奢部隊的秦軍，駐紮在武安縣西。武安，趙縣名，在今河北武安西南，趙都邯鄲之西北，在邯鄲去閼與的通路上。⓲鼓譟勒兵　指操練軍隊，三軍吶喊，以此向趙人示威。⓳軍中候　軍中主管刺探敵情的官員。⓴堅壁　堅守營壘。堅，加固。㉑復益增壘　越發地增修營壁。壘，壁壘。㉒秦間　秦國的間諜。㉓善食而遣之　佯作不知，如周瑜之利用蔣幹誤傳假情報。㉔去國三十里　剛離開邯鄲三十里。國，古人用以稱都城。㉕閼與非趙地也　意即閼與必將為秦所攻克。㉖卷甲而趨　脫下鎧甲，捲持著輕捷地奔襲敵人。郭嵩燾曰：「所以留軍不行而誅諫者，蓄謀在此。」㉗去　距離。㉘軍壘　軍陣、壁壘，即今所謂「防禦工事」。㉙請以軍事諫　請求提出有關軍事方面的意見。㉚內之　讓他進來。內，通「納」。㉛厚集其陣以待之　意即加強防守，不要出戰。㉜請受令　猶言「願聽從您的意見」。請，謙辭。㉝請就鈇質之誅　意即「願接受你的懲罰」，應前文之「有以軍事諫者死」。鈇質，同前文之「斧質」，殺人的刑具。鈇，通「斧」。㉞胥後令邯鄲　請等待日後邯鄲（國君處）來的命令，意即暫時不殺。梁玉繩引錢大昕曰：「趙都邯鄲，謂當待趙王之令也。」胥，通「須」。等待。按《索隱》以「胥後令」為一句，並謂「『邯鄲』字當為『欲戰』，謂臨戰之時，許歷復諫也。」中井積德以為「邯鄲」二字應作「將戰」。聯繫上下文，作「欲戰」、「將戰」意思較順。㉟趨　奔赴，謂搶占北山。㊱秦兵後至二句　郭嵩燾曰：「秦軍久至而不知據此山者，由趙奢留軍不行，先示怯，是以秦軍易之。直見趙軍據此山，乃始與爭利，此其所以敗也。」按：《索隱》引王粲詩以贊許歷云：「許歷為完士，一言猶敗秦。」蓋許歷曾受髡刑（剃髮），故曰「完士」。㊲遂解閼與之圍　武國卿、慕中岳曰：「趙奢在閼與之戰中製造了種種假象，嚴密地隱蔽了奔襲閼與的企圖，迷惑了秦軍，偃旗息鼓，晝夜急馳，突然逼近敵人，一舉解了閼與之圍，其中巧妙地示敵以『佯』，起了很重要的作用。」馬非百曰：「閼與戰爭後，國際間所生影響實甚巨大。信陵君說魏王曰：『夫越山踰河，絕韓之上黨，而攻彊趙，是復閼與之事也，秦必不為也。』當日秦在閼與戰爭所受創傷之深，蓋可想見。又〈秦策〉言：『天下之士合從相聚於趙，而欲攻秦。』然則自閼與戰爭後，趙之邯鄲且一躍為合從謀秦之國際政治中心矣。李斯有云：『秦四世有勝，兵強海內，威行諸侯，獨閼與戰爭為趙所敗。』」㊳賜奢號為馬服君　以「馬服君」為趙奢的封號。㊴國尉　按：此「國尉」似略當於後世之「都尉」、「校尉」，低於「將軍」之軍官，而與〈秦始皇本紀〉之任尉繚為「國尉」（略當於太尉）者不同。馬服，山名，在邯鄲西北。㊵後四年　趙惠文王三十三年，西元前二六六年。是年趙惠文王何死，趙孝成王丹立。㊶七年　據〈六國年表〉，秦、趙之相拒於長平乃從趙孝成王五年（西元前二六一年）始，至趙孝成王六年，亦即秦昭王四十七年，西元前二六〇年，趙乃有長平之敗。㊷秦與趙兵相距長平　據〈秦本紀〉、〈六國年表〉，趙孝成王四年（西元前二六二年），秦兵攻韓野王（今河南沁陽），拔之。韓國之上黨郡（今山西省東南部）與韓國都城新鄭的聯繫被切斷。韓國的上黨守將馮亭率部降趙，趙封之為華陽君。秦派將軍王齕攻上黨，拔之。復進兵，遂與趙軍對壘於長平。長平，縣名，在今山西高平西北，原屬韓，後歸趙。㊸趙奢已死　《集解》引張華曰：「趙奢家在邯鄲界西山上，謂之馬服山。」㊹病篤　病重。篤，深重；沉實。《正義佚文》曰：「藺相如墓在邯鄲西南六里。」㊺攻秦　按：「攻秦」實際應作「拒秦」。㊻信秦之間　聽了秦國間諜的話。㊼所惡　所討厭；所恐懼。㊽獨畏馬服君趙奢之子趙括為將耳　按：此挑撥趙國撤掉廉頗改用趙括之謀，乃出於秦相范雎，其設計過程見〈范雎蔡澤列傳〉。㊾膠柱而鼓瑟　以比喻人的死守教條，遇事不知變通。此句乃指趙括而言，行文不明，易使人誤認為是說趙王。膠柱，把柱膠死，不能再調整絃的鬆緊。柱，琴、瑟上繫絃的轉軸。㊿合變　根據情況應合變通。(51)不能難　猶今所謂「問不倒」。(52)兵二句　《孫子・始計》：「兵者，國之大事，死生之地。」死地，關係人生死的地方。(53)易言之　談起來不當一回事。易，輕；不當一回事。(54)不將括即已　不使趙括為將還則罷了。(55)破趙軍　使趙軍敗亡。(56)身所奉飯飲而進食　意即把對方視為尊長。身所奉，親自捧著。奉，捧。(57)所友者　把對方看作平等的朋友。(58)軍吏士大夫　指其屬下的各級軍官。有謂「軍吏」指軍官，「士大夫」指幕僚者似過拘。(59)受命之日二句　自受命為將之日起，便不再關心家裡的事情。〈司馬穰苴列傳〉：「將受命之日則忘其家，臨軍約束則忘其親，援枹鼓之急則忘其身。」(60)東向而朝　面朝東坐著接受部下的參見，以言其妄自尊大之狀。按：先秦以至漢初，除正式的坐殿、升堂仍是以南向為尊外，一般的集會、筵席，都是以東向為尊，見〈項羽本紀〉、〈魏其武安侯列傳〉等。(61)日視便利田宅可買者買之　按：本文以趙括如此行徑為短，而〈白起王翦列傳〉寫王翦故意以如此行徑安定秦王之意，用意不同也。(62)父子異心二句異心，指思想作風不同。鍾惺曰：「括母上書言括不可將，不單述括父之言，卻將括臨事舉動占其成敗，而以『父子異心』自發一片議論。有母如此，亦可將也。」(63)母置之　猶今所謂「老太太，你就別管啦」。置，任其存在，不再過問。(64)不稱　指事情結果與趙王的預想不符，謂趙軍破敗。(65)無隨坐　不要讓我受牽連。隨坐，因別人犯罪而牽連受懲罰。(66)悉更約束　完全改變了廉頗舊有的一切條令章程。(67)易置軍吏　撤換了廉頗舊任的軍官。(68)秦將白起聞之　按：廉頗為將時的秦國將軍為王齕，趙國改任趙括後，秦乃祕密換成了名將武安君白起，事見〈白起王翦列傳〉。(69)詳　通「佯」。假裝。(70)分斷其軍為二　〈白起王翦列傳〉云：「趙括至，則出兵擊秦軍。秦軍詳敗而走，張二奇兵以劫之。趙軍逐勝，追造秦壁，壁堅拒不得入。而秦奇兵二萬五千人絕趙軍後，又一軍五千騎絕趙壁間，趙軍分而為二。」(71)秦悉阬之　〈白起王翦列傳〉曰：「括軍敗，卒四十萬人降武安君。武安君計曰：『前秦已拔上黨，上黨民不樂為秦而歸趙；趙卒反覆，非盡殺之，恐為亂。』乃挾詐而盡阬殺之，遺其小者二百四十人歸趙。」《水經注》曰：「長平城西有秦壘，秦坑趙卒，收頭顱築臺於壘中，迄今猶號『白起臺』。」《括地志》曰：「頭顱山在縣西五里，白起臺在其上。」又曰：「『冤谷，在今高平城西二十里，舊稱『殺谷』。唐玄宗到潞州，路過致祭，又名『省冤谷』。」(72)明年　趙孝成王七年，秦昭王四十八年，西元前二五九年。(73)秦兵遂圍邯鄲　長平之戰後，白起原欲立即進攻邯鄲，因秦相范雎妒嫉白起之功，從中破壞，未能成行，白起遂憤而稱病，離開軍隊。至次年，秦昭王又派王陵率軍圍邯鄲。(74)賴楚魏諸侯來救二句　秦圍邯鄲至趙孝成王九年（西元前二五七年），魏公子竊符奪晉鄙兵來救，春申君率楚兵來救，共同擊破秦軍，秦將鄭安平率軍降趙，邯鄲之圍乃解。事情參見〈魏公子列傳〉、〈平原君虞卿列傳〉、〈魯仲連鄒陽列傳〉。(75)邯鄲圍解五年　據〈趙世家〉、〈六國年表〉，燕將栗腹率軍擊趙被廉頗大敗事，在趙孝成王十五年，燕王喜四年，西元前二五一年，乃在邯鄲解圍之第六年也。(76)栗腹　時為燕相。(77)其孤　死者的孤兒。(78)舉兵擊趙　栗腹鼓動燕王喜乘危伐趙事，參見〈趙世家〉、〈燕召公世家〉。(79)鄗　趙邑，在今河北高邑東南。(80)燕割五城請和二句　按：〈燕召公世家〉曰：「廉頗逐之五百餘里，圍其國。燕人請和，趙人不許，必令將渠處和。燕相將渠以處和。趙聽將渠，解燕圍。」與此不同。將渠，燕臣之反對燕王攻趙者也。(81)尉文　地名，不詳所在。王駿圖以為「在趙之西北境，蔚州屬邑」。(82)信平君　廉頗的封號。(83)假相國　代理相國。假，攝理；暫代。漢代韓信、樊噲等皆有此稱，唐代有所謂「使相」，亦此也。(84)見之晚　猶今所謂「看不透」。(85)以市道交　以做買賣的原則來處理朋友關係，意即隨利害而改變。(86)有何怨乎　按：司馬遷對此等世態炎涼深惡痛絕，於〈孟嘗君列傳〉、〈魏其武安侯列傳〉、〈汲鄭列傳〉、〈平津侯主父列傳〉等篇皆屢屢言之。柯維騏曰：「『市道交』即馮諼所論『趨市』者也。孟嘗唾面而翟公勒門，長平之吏移於冠軍，魏其之客移於武安，汲鄭廢而其門益落，任昉逝而其後莫恤，古今交態盡然，不獨廉頗也。」(87)居六年　趙孝成王二十一年，魏安釐王三十二年，西元前二四五年。(88)繁陽　魏縣名，在今河南內黃西北。(89)趙孝成王卒二句　事在孝成王二十一年，時當秦王政二年，西元前二四五年。悼襄王，名偃，西元前二四四—前二三六年在位。(90)廉頗怒二句　王應麟曰：「『趙使樂乘代廉頗，廉頗怒，攻樂乘』；『趙使趙蔥、顏聚代李牧，牧不受命』，此非為將之法，頗、牧特戰國之將耳。」(91)大梁　即今河南開封，當時為魏國都城。(92)其明年　梁玉繩曰：「當作『後二年』。蓋廉頗奔魏在孝成卒年，李牧攻燕在悼襄二年也。」按：〈六國年表〉繫李牧攻燕，拔武遂、方城於趙悼襄王二年，西元前二四三年，詳見後注。(93)郭開　趙悼襄王的寵臣，此人除害廉頗外，尚有受秦金讒害李牧事，見下文。(94)毀　誹謗；說人壞話。(95)一飯斗米二句　按：戰國時的一斗約當現在的二升，戰國時的一斤約當現在半市斤。(96)被甲上馬二句　被，通「披」。淩稚隆曰：「馬援『據鞍矍鑠』，李靖『雖老，猶堪一行』，與廉頗意同。」按：馬援事見《後漢書・馬援傳》，李靖事見《新唐書・李靖傳》。(97)頃之　時間不長。(98)三遺矢　《索隱》曰：「謂數起便也。」遺矢，排大便。矢，通「屎」。中井曰：「是坐而不覺矢也，非『起』。」照中井說，蓋即大便失禁。意思較好。(99)楚聞廉頗在魏　當時的楚王為考烈王，頃襄王之子，西元前二六二—前二三八年在位。(100)一為楚將　既為楚將之後。一，既已。(101)無功　沒有成效。郭嵩燾曰：「廉頗入楚。在考烈王東遷壽春之後，其勢亦不足以有為矣。」(102)思用趙人　願統領指揮趙國的士兵。姚苧田曰：「鍾儀既縶，猶鼓南音；范叔西遊，無忘丘墓，廉將軍於此遐哉不可及矣，而惜乎趙之不終其用也。」(103)死于壽春　壽春，楚縣名，即今安徽壽縣，當時為楚國都城。《正義》曰：「廉頗墓在壽春縣北四里。」

【語　譯】趙奢原是趙國的一個徵收田賦的官吏。有一次他徵收租稅時，平原君的家裡不肯交租，於是趙奢就按照國家法律一連殺掉了平原君家的九個管家。平原君大怒，想要殺趙奢。趙奢對平原君說：「您是趙國的貴公子，現在我要是對您家的人放任不管，不按照國家的法令辦事，那國家的法令就要失效，國家的實力就要衰落。而國家實力一旦衰落，那麼各個國家就要來打我們，我們趙國也就要覆滅。那時您家的富貴還保得住嗎？假如反過來，像您這樣地位高貴的人，能帶頭奉公守法，那麼全國上下也就都會奉公守法，大家都奉公守法，那麼國家就會變得強大，國家一強大，趙王的地位也就安穩了。那時您作為趙王的親屬，難道還怕被人輕視嗎？」平原君一聽，覺得趙奢很能幹，遂把他推薦給了趙王。趙王任命他主管全國的賦稅，結果整個國家的賦稅工作都做得很好，百姓們都很富足，國家的倉庫也充實了起來。

2 秦國進攻韓國，軍隊駐紮在閼與。趙王找來廉頗問他：「我們能不能救閼與？」廉頗說：「路又遠，道又狹，難得援救。」趙王又問樂乘，樂乘的回答和廉頗一樣。趙王又問趙奢，趙奢說：「路遠道狹，在這種地方作戰就如同兩隻老鼠在洞裡打鬥，哪方的主將勇敢哪方就能勝利。」於是趙王立即任命趙奢為統帥，率兵往救閼與。

3 趙軍離開邯鄲走了三十里就停了下來，趙奢對全軍宣布說：「誰敢給將軍亂出主意，誰就將被處死。」這時秦國的軍隊近在武安縣的城西，秦軍列好陣式，齊聲吶喊的聲音之大，以至於連武安城裡屋頂上的瓦都隨之震動。這時趙奢部下有一個主管刺探敵情的軍官勸趙奢趕緊移兵救援武安，趙奢馬上把這個人殺掉了。接著趙奢增修工事，一直在那裡駐紮了二十八天，沒有前進一步，而且還在繼續加固工事。有一個秦國的奸細混進趙奢的軍營裡來了，趙奢就故意地好好招待他並放他回去。這個奸細回去向秦將報告了情況後，秦將大喜，說：「趙奢的軍隊剛離開邯鄲三十里就不敢往前走了，只顧在那裡加強工事，可以斷定，閼與不會再屬於趙國了。」再說趙奢，他在打發走了秦國的奸細後，就立刻命令全軍把鎧甲脫下來背著，急行軍直奔閼與，結果只用了兩天一夜就趕到了，趙奢抽調了一支善於射箭的隊伍前進到離閼與五十里的地方紮下營寨，營盤剛剛紮好，秦軍就知道了，他們立即全軍猛撲過來。這時趙奢手下有一個名叫許歷的出來請求發表一點有關作戰的意見，趙奢說：「讓他進來。」許歷說：「秦軍本來沒有料到趙軍會這麼快地到達這裡，現在它全軍撲來，氣勢兇猛，您應該集中力量堅守陣地，不然的話，就會失敗。」趙奢說：「願意接受你的意見。」許歷說：「我願意接受您的懲罰。」趙奢說：「此事日後回到邯鄲再議。」接著許歷又提出建議說：「誰能夠先占領北山誰就能獲得勝利，誰遲到誰就要失敗。」趙奢同意，馬上派出了一萬人去搶占北山。不一會兒，秦國的軍隊也來了，因為這時山頭已經被趙軍占領，秦國軍隊衝不上去。這時趙奢便下令對秦軍猛烈出擊，秦軍抵抗不住，只好撤走了。趙奢遂解除了閼與之圍勝利而回。

4 趙惠文王封趙奢為馬服君，命許歷為國尉。趙奢在國內的地位和廉頗、藺相如在同一個等級。

5 過了四年，趙惠文王死了，他的兒子孝成王即位。趙孝成王七年，秦國的軍隊和趙國的軍隊在長平對峙。

這時趙奢已經死了，藺相如也正好病得很重，於是趙國派廉頗率軍抗秦。秦軍已經多次打敗了趙國的軍隊，廉頗率領的趙軍只好堅守不戰。秦軍多次挑戰，廉頗只是不應。正在這個時候，趙王聽信了秦國的謠言。當時秦國的謠言說：「秦國最擔心、最害怕的是趙國改派馬服君趙奢的兒子趙括為統帥。」趙王信以為真，就真讓趙括代替了廉頗。藺相如勸阻說：「大王只是憑著虛名就任用了趙括，其實趙括的為人，就如同一個鼓瑟的，都用膠把繫絃的柱子黏死再也無法轉動了。這個人只會讀他父親留下來的書本，根本不懂得隨機應變。」趙王不聽，硬是派趙括去指揮軍隊了。

6 趙括從小就學習兵法，喜歡談論軍事，認為天下沒有一個人能比得過自己。他曾經與他的父親趙奢一起爭論戰略戰術問題，趙奢也說不過他，但趙奢卻不認為他的兒子真有本領。趙括的母親問趙奢這是為什麼，趙奢說：「戰爭，是生死攸關的事情，而趙括卻隨隨便便地對待它。如果趙國不讓趙括帶兵還好，一旦讓他帶兵，那時使趙國吃敗仗的肯定就是他。」等到這次趙括被任命為將軍就要出發了，他的母親上書給趙王說：「不能任用趙括為將軍。」趙王說：「為什麼？」趙括的母親回答說：「過去我侍候他父親的時候，他父親正做趙國的將軍，那時他每天親自給人家端飯端湯恭敬對待的有幾十人，他友好平等地像朋友一樣接待的有幾百個，當時大王和王室貴族們所賞賜給他的一切財物，他都拿出來分給手下的軍官和士兵，每當他接受了軍事任務，就顧不得再過問家裡的事情。可是今天趙括剛做了將軍，就傲慢地朝東坐著接受部下的參見，那些手下的軍官們誰都不敢仰著臉看他，您所賞給他的金玉布帛，他都拿回家裡藏起來，每天在觀察哪裡有好的良田美宅，一旦發現就把它買下來。您認為他的這種不同表現，和他父親比起來，究竟怎麼樣？父子兩個完全不同，請您不要委派他。」趙王說：「老人家別說了，我已經決定這樣做了。」趙括的母親無奈只好請求說：「您既然非要派他，假如他日後不稱職打敗仗，我可以不受牽連嗎？」趙王答應了。

7 再說趙括代替了廉頗後，就立即改變了廉頗舊有的一切規定，撤換了軍隊裡大批的軍官。秦將白起聽說這些情況後，就派了一支部隊讓他們假裝失敗逃走，當趙軍出動追擊時，白起派另一支部隊切斷了趙軍的運輸線，把趙軍截成了兩段，於是趙軍很快地就人心渙散了。待至被困四十多天後，軍中已經沒有糧食吃，趙括無法只好選出了一部分精兵，親自帶著突圍，結果趙括被秦軍射死了。於是整個趙軍大敗，幾十萬人被迫都投降了秦國，被秦軍通通活埋了。這一仗，趙國前後損失了四十五萬人。第二年，秦軍就繼續推進包圍了邯鄲。邯鄲被圍困了一年多，差點兒就完蛋了。幸虧這時有楚國和魏國派兵前來援救，才解除了邯鄲的危機。趙王也因為趙括的母親有言在先，所以沒有殺她。

8 邯鄲解圍後的第五年，燕國採納了栗腹的意見，栗腹說「趙國的青壯年都在長平死光了，剩下的孩子們都還沒有長大」，於是趁機發兵進攻趙國。趙國派廉頗率兵迎戰，在鄗縣大破燕軍，殺死了栗腹，接著進兵包圍了燕國的首都。燕國無法只好割讓了五座城來向趙國求和，趙國答應了。趙國把尉文縣封給了廉頗作領地，稱廉頗為信平君，並讓他代理國家的宰相。

9 當初廉頗在長平被免職回來，失去了權勢的時候，他家裡的那些門客一下子就全部都走光了。等到廉頗重新又被任命為將軍後，那些門客們很快地又都回來了。廉頗說：「你們還是走吧！」這時有個門客出來說：「您這看問題怎麼老是不夠靈敏呢？現在的交朋友都是像做買賣一樣，您有了權勢，我們就來投奔您；您失去了權勢，我們就離開您。這是很自然的事情，又有什麼好埋怨的呢？」過了六年，趙國又派廉頗伐魏，占領了魏國的繁陽。

10 趙孝成王死後，他的兒子悼襄王即位，這時他派了樂乘去代替廉頗。廉頗很生氣，揮兵攻打樂乘，樂乘被趕走了。廉頗無奈，只好離開趙國投奔魏國來到了大梁。第二年，趙國派李牧率軍伐燕，奪取了燕國的武遂和方城二縣。

11 廉頗在大梁住了很久，魏國也沒有相信任用他。這時趙國由於經常受到秦國的打擊，所以趙王很希望再起用廉頗，而廉頗也希望被趙國所用。於是趙王就派了使者到大梁來看看廉頗的身體如何，還能不能為將，這時廉頗的仇人郭開就花錢賄賂了這位使者，叫他設法破壞這件事。趙國的使者見到廉頗後，廉頗在使者面前一頓飯就吃了一斗米，十斤肉，然後穿上鎧甲跨上戰馬，表示自己身體健康，完全可以勝任為將。但是這個使者回去卻對趙王說：「廉頗將軍已經老了，雖然他的胃口還挺好。但在他和我談話的那點工夫，就一連上了三次廁所。」趙王一聽以為廉頗確實不行了，就沒有再請他回來。

12 楚國聽說廉頗住在魏國，就悄悄地派人把他接到了楚國。廉頗在楚國做了一段時間的將軍，沒有什麼功效。他自己說：「我還是願意統領指揮趙國的士兵。」廉頗後來死在了當時楚國的國都壽春。

1 李牧者，趙之北邊良將也。常居代、鴈門❶，備匈奴❷。以便宜置吏❸，市租皆輸入莫府，為士卒費❹。日擊數牛饗士❺，習射騎，謹烽火，多間諜，厚遇❻戰士。為約曰❼：「匈奴即入盜❽，急入收保❾，有敢捕虜者斬。」匈奴每入，烽火謹，輒入收保，不敢戰。如是數歲，亦不亡失。然匈奴以李牧為怯，雖趙邊兵亦以為吾將怯。趙王讓❿李牧，李牧如故。趙王怒，召之，使他人代將。

2 歲餘，匈奴每來，出戰。出戰，數不利，失亡多，邊不得田畜⓫。復請李牧。牧杜門⓬不出，固稱疾。趙王乃復彊起使將兵。牧曰：「王必用臣，臣如前，乃敢奉令。」王許之。

3 李牧至，如故約。匈奴數歲無所得，終以為怯。邊士日得賞賜而不用，皆願一戰。於是乃具⓭選車⓮得千三百乘，選騎得萬三千匹，百金之士⓯五萬人，彀者⓰十萬人，悉勒習戰⓱。大縱畜牧，人民滿野⓲。匈奴小入⓳，詳北⓴不勝，以數千人委之㉑。單于㉒聞之，大率眾來入。李牧多為奇陳㉓，張左右翼擊之，大破殺匈奴十餘萬騎㉔。滅襜襤㉕，破東胡㉖，降林胡㉗，單于奔走㉘。其後十餘歲，匈奴不敢近趙邊城。

4 趙悼襄王元年㉙，廉頗既亡入魏㉚，趙使李牧攻燕，拔武遂、方城㉛。居二年㉜，龐煖㉝破燕軍，殺劇辛㉞。後七年㉟，秦破殺趙將扈輒於武城㊱，斬首十萬。趙乃以李牧為大將軍㊲，擊秦軍於宜安㊳，大破秦軍，走㊴秦將桓齮。封李牧為武安君㊵。居三年㊶，秦攻番吾㊷，李牧擊破秦軍，南距韓、魏㊸。

5 趙王遷七年㊹，秦使王翦㊺攻趙，趙使李牧、司馬尚禦之。秦多與趙王寵臣郭開㊻金，為反間㊼，言李牧、司馬尚欲反。趙王乃使趙蔥㊽及齊將顏聚㊾代李牧。李牧不受命，趙使人微捕得李牧，斬之㊿。廢司馬尚。後三月(51)，王翦因急擊趙，大破殺趙蔥，虜趙王遷及其將顏聚，遂滅趙(52)。

【章　旨】以上為第三段，寫趙國最後一位名將李牧的為國立功與其因讒被殺，而趙國也隨之滅亡的悲慘事實。

【注　釋】❶代鴈門　趙國北部的兩個郡名，代郡約當今大同以東的山西省北部與河北省的西北部地區，首府為代（今河北蔚縣東北）。鴈門郡約當今大同以西的山西北部地區，首府善無（即今山西右玉東南）。《正義》有所謂「今雁門縣在代地，故云『代雁門』」者，似非。❷匈奴　戰國後期強大起來的北部少數民族名，活動在今內蒙與蒙古國南部一帶地區，詳見〈匈奴列傳〉。❸以便宜置吏　根據實際需要，任命屬下的官員，這是一種受王者特許才能行使的權力。便宜，與固有的章程規定相對而言。❹市租皆輸入莫府二句　市租，指從軍中市場和當地百姓市場上所收得之稅。莫府，同「幕府」，將軍辦公的篷帳，後用以代指將軍的辦事機構。〈張釋之馮唐列傳〉：「李牧為趙將居邊，軍市之租皆自用饗士。」可與此互證。❺日擊數牛饗士　擊牛，殺牛，古時殺牛多用椎棒擊死，故也稱「椎牛」。饗士，犒賞士兵。❻厚遇　優待。❼為約曰　給部下人規定說。❽匈奴即入盜　如果有匈奴人來攻邊塞。即，若。❾急入收保　迅速退入工事，謹守城堡。❿趙王讓　趙王，趙孝成王。讓，責備。⓫不得田畜　不能耕田、放牧。⓬杜門　閉門。⓭具　安排；籌備。⓮選車　經過挑選的戰車。下文有「選騎」，〈魏公子列傳〉有「選兵」，皆與此義同。⓯百金之士　曾獲過百金之賞的勇士。裴駰引《管子》：「能破敵擒將者賞百金。」⓰彀者　能拉硬弓的射手。《正義佚文》：「彀，滿弓張也，言能滿弦而射。」⓱悉勒習戰　組織起來進行戰鬥訓練。勒，部勒；組織。⓲大縱畜牧二句　把大批的牛羊、百姓趕到田野上去，以吸引敵人。⓳匈奴小入　當一支匈奴的小部隊試探性的入侵時。⓴詳北　「詳北」上應增「牧」字讀。詳，通「佯」。假裝。㉑以數千人委之　《索隱》曰：「『委』謂棄之，恣其殺虜也。」㉒單于　匈奴族的首領。㉓多為奇陳　布下了許多疑兵。陳，通「陣」。㉔大破殺匈奴十餘萬騎　凌約言曰：「李牧日擊數牛饗士，而不敢用，雖王讓之如故。及使他人代之，再至亦如故約。兵法云：『守如處女，距如脫兔』，牧其庶幾。」㉕襜襤　當時活動在代郡以北的少數民族。㉖東胡　當時活動在今遼寧西部、內蒙東部一帶地區的少數民族，大約與後來的烏桓、鮮卑同一種姓。㉗林胡　當時活動在今內蒙東勝一帶地區的少數民族。㉘單于奔走　謂匈奴單于從此逃得遠遠地。按：李牧「滅襜襤，破東胡，降林胡」並使「單于奔走」事，據文意似在趙孝成王末年，而〈趙世家〉、〈六國年表〉均不載，疑有誇大。《通鑑》繫之於秦王政三年，即趙悼襄王元年（西元前二四四年），繆文遠《戰國史繫年輯證》從之，似與史公本文略不合。㉙趙悼襄王元年　梁玉繩曰：「當作『二年』。」西元前二四三年。㉚廉頗既亡入魏　即前文之趙悼襄王「使樂乘代廉頗。廉頗怒，攻樂乘，樂乘走。廉頗遂奔魏之大梁」也。㉛拔武遂方城　武遂，燕縣名，即今河北徐水西之遂城鎮。方城，燕縣名，在今河北固安南。按：〈趙世家〉、〈六國年表〉皆繫李牧拔燕武遂、方城於悼襄王二年（西元前二四三年）。㉜居二年　梁玉繩曰：「『二』當作『一』。」即趙悼襄王三年，燕王喜十三年，西元前二四二年。㉝龐煖　趙將，事跡詳見〈趙世家〉。㉞破燕軍二句　〈燕召公世家〉云：「劇辛故居趙，與龐煖善，已而亡走燕。燕見趙數困于秦，而廉頗去，令龐煖將也，欲因趙弊攻之。問劇辛，辛曰：『龐煖易與耳。』」結果燕軍喪師二萬，劇辛被殺。㉟後七年　梁玉繩曰：「應作『後八年』。」即趙王遷三年，秦王政十四年，西元前二三三年。㊱秦破殺趙將扈輒於武城　扈輒，趙將名。《索隱》曰：「漢張耳時，別有扈輒。」武城，原作「武遂」。錢大昕《考異》卷五曰：「〈趙世家〉作『武城』。『武遂』在燕、趙之交，秦兵未得至其地。」

今據改。武城，在今河北磁縣西南。據〈秦始皇本紀〉，此殺扈輒，破趙兵十萬之秦將，即下文被李牧「破走」之「桓齮」。㊲大將軍　國家的最高軍事長官。㊳宜安　趙縣名，在今河北藁城西南。㊴走　打跑。㊵武安君　封號名，當時各國功臣多以此為封號者，如秦封白起為武安君、趙封蘇秦為武安君等，皆是。㊶居三年　梁玉繩曰：「當作『居一年』。」即趙王遷四年，秦王政十五年，西元前二三二年。㊷番吾　趙縣名，在今河北平山東南。㊸南距韓魏　按：時當韓王安七年、魏景湣王十一年。史珥曰：「二年之間兩紀戰功，嘉牧也，亦惜牧也，言外有無限痛趙自毀長城意。」㊹趙王遷七年　時當秦王政十八年，西元前二二九年。趙王遷，趙悼襄王之子，西元前二三五—前二二八年在位。㊺王翦　秦國名將，協助秦始皇統一全國有大功，事跡詳見〈白起王翦列傳〉。㊻趙王寵臣郭開　此人前已受收買害過廉頗，使廉頗被棄置至死。㊼為反間　幫著秦國在趙國君臣之間製造矛盾。按：據《戰國策．秦策五》，讒害李牧者為韓倉，非郭開也，疑史公誤記。郭嵩燾曰：「郭開一夫之讒，能顛倒輕重之，將非用兵久而權勢盛，犯人主之忌者多哉？」㊽趙蔥　一作「趙怱」。趙將名，趙王的族人。㊾顏聚　原為齊將，後歸趙國。㊿李牧不受命三句　微捕，暗中伺機而襲捕之。方苞曰：「曰『欲反』，則無實迹可知；曰『使人微捕』，則非謀反迹見，此史遷之微指也。」按：據《戰國策．秦策五》，乃李牧歸朝後，韓倉誣李牧謀反，李牧「北面再拜」，「銜劍征之於柱以自刺」而死，無「不受命」事，或亦史公誤記也。梁玉繩曰：「牧之死，《策》言其『北面再拜，銜劍自刺』；《史》言其『不受命，捕斬之』，二說迥異。《通鑑》主《史》，《大事記》主《策》，鮑、吳注並以《史》為誤也。史公於〈趙世家〉、〈馮唐傳〉俱言『王遷信郭開，誅李牧』，乃此以為『不受命』，豈非矛盾？蓋郭開、韓倉比共陷牧，而《列女傳》又謂遷母譖牧，使王誅之也。」陳仁錫曰：「秦、胡數十萬人殺頗、牧而不足；一郭開，殺頗、牧而有餘。」(51)後三月　梁玉繩曰：「《策》作『後五月』。」據〈趙世家〉「八年十月，邯鄲為秦」，趙王遷八年，即秦王政十九年，西元前二二八年。按：〈秦策五〉司空馬預言趙若能用李牧則可支秦一年，若殺李牧，則半年內滅亡，今趙殺李牧乃三月而滅。(52)遂滅趙　凌稚隆引余有丁曰：「此傳敘趙之存亡繫相如、頗、牧之去留死生，故言李牧誅及王遷虜以終之。」陳仁錫曰：「紀秦滅趙在斬牧之後，與紀魏亡在信陵死後一例。」

【語　譯】李牧，是趙國防守北部邊疆的名將。曾長期地領兵駐守在代縣、雁門一帶，防備匈奴人的進攻。他在軍隊裡常常是根據實際需要來任命自己手下的官員，從市場上收來的稅金，全歸軍部所有，作為士兵們的生活費用。他幾乎每天都要殺幾頭牛來犒勞士兵，他訓練士兵們騎馬射箭，注意烽火的通訊聯絡，選派了許多偵察人員去探聽敵情，對士兵們非常愛護。李牧對全軍宣布說：「如果一旦有匈奴人來侵犯，我們就趕快退入我們的城堡工事，誰要是敢出去捉敵人，就把誰砍頭。」結果匈奴人每次來進犯時，由於有烽火臺及時報警，部隊能迅速地撤入城堡固守，絕不出去迎戰，所以在好幾年內，趙軍沒有受到任何損失。但匈奴人認為李牧是膽小鬼，而且即使連趙國自己的那些邊防部隊也都認為自己的將軍是膽小鬼。於是趙王就派人去責備李牧，但李牧不管，還是像過去一樣。趙王很生氣，他派了別人去代替李牧，而讓李牧回來了。

2 在這後來的一年裡，匈奴人每次入侵，趙軍總是要出去和它作戰。而在作戰的過程中，又總是失敗的次數多，傷亡很大，以至於弄得在邊疆地區都不能耕田放牧了。趙王無法，只好再請李牧出山，李牧關起大門不出來，推說自己有病。但趙王還是一再地極力請他，李牧說：「您如果非要任用我，就必須允許我還使用以前的老辦法，只有這樣我才能接受任命。」趙王答應了。

3 李牧到達邊疆後，又把各種制度都恢復了過去的老樣子，使得匈奴人一連好幾年沒有得到什麼好處，但他們還認為李牧是膽小鬼。李牧手下的士兵每天都能得到賞賜，但卻無所事事，大家都希望打一仗。於是李牧精心挑選了一千三百輛戰車，挑選了一萬三千名騎兵，還有獲過百金之賞的勇士五萬人，能拉硬弓的射手十萬人。他把他們組織起來經過訓練之後，就故意地讓人們出去放牧，弄得漫山遍野都是人。這時有小股的匈奴人來了，李牧就故意假裝失敗，扔給了他們幾千人。單于一見如此，就率領著大隊人馬前來進犯了。這時李牧布置了許多靈活多變的陣式以迷惑敵人，而後派了兩支部隊從左右兩翼包抄了過去，結果大破匈奴，殺死了匈奴人十多萬。接著又滅掉了襜襤，打敗了東胡，降服了林胡，匈奴單于也遠遠地逃走了。從此以後的十多年裡，匈奴人再也不敢靠近趙國的邊城。

4 趙悼襄王元年，廉頗被迫逃向了魏國後，趙國派李牧率軍伐燕，奪取了燕國的武遂、方城二縣。又過了兩年，趙將龐煖又打敗了燕國的軍隊，殺死了燕將劇辛。又過了七年，秦國在武城大破趙軍，殺死了趙將扈輒，殺死了趙國士兵十多萬。趙王一看趕緊任命李牧為大將率軍進攻宜安，結果大破秦軍，趕跑了秦將桓齮。李牧因此被封為武安君。三年後，秦軍進攻趙國的番吾，被李牧擊退，同時韓、魏兩國從南面來的威脅，也被李牧解除了。

5 趙王遷七年，秦國派王翦進攻趙國，趙國派了李牧和司馬尚前去迎敵。這時秦國派人給趙王的寵臣郭開送去了大批黃金，讓他散布謠言，說李牧和司馬尚想要造反。趙王信以為真，就派了趙蔥和齊國來的顏聚去代替李牧。李牧不接受，於是趙王遷就派人去偷偷地抓住了李牧，把李牧殺掉了。同時罷免了司馬尚。三個月後，王翦遂出兵猛攻趙國，大破趙軍，殺死了趙蔥，活捉了趙王遷及其將領顏聚，趙國遂被消滅了。

太史公曰：知死必勇，非死者難也，處死者難❶。方藺相如引璧睨柱，及叱秦王左右，勢不過誅，然士或怯懦而不敢發。相如一奮其氣，威信❷敵國；退而讓頗，名重太山❸。其處智勇❹，可謂兼之矣！

【章　旨】以上為第四段，是作者的論贊，作者結合藺相如的卓犖行為抒發了有關生死問題的深沉感慨。

【注　釋】❶非死者難也二句　處死，如何處理、如何對待「死」這件事情，亦即在生死關頭如何作出最有價值的抉擇。按：司馬遷曾多次抒發有關「處死」問題的感慨，〈報任安書〉云：「勇者不必死節，怯夫慕義，何處不勉焉」；〈陳涉世家〉云：「壯士不死即已，死即舉大名耳，王侯將相寧有種乎」；〈季布欒布列傳〉云：「賢者誠重其死。夫婢妾賤人感慨而自殺者，非能勇也，其計畫無復之耳。欒布哭彭越，趣湯如歸者，彼誠知所處，不自重其死。雖往古烈士，何以加哉！」❷信　通「伸」。伸張，引申為威壓、震懾。❸太山　同「泰山」。❹其處智勇　對智勇如何運用。處，對待；運用。

【語　譯】太史公說：一個人如果知道自己已經到了非死不可的地步，那他就會勇敢起來，所以一個人能豁出死去並沒有什麼難處，難的是如何處理好要不要死這件事。當藺相如舉著璧眼睛斜看著柱子，和他厲聲喝叱秦王左右的時候，那時頂多也不過就是一個死，可是有些膽小懦弱的人就不敢這樣做。藺相如憑著他一股正氣的勃然奮發，使自己的威勢完全壓住了敵國；可是轉到對待廉頗的問題上，卻又變得非常謙虛退讓，因而使自己的名聲比泰山還要高。藺相如在如何使用「明智」與如何使用「勇氣」上，可以說是兩者都做得恰到好處了。

【研 析】〈廉頗藺相如列傳〉是《史記》中高度的思想性與高度文學性完美結合的典範之作，從其思想意義上說，作品首先是描寫和歌頌了一批明顯帶有作者社會理想的人物。這些人物才情卓越，品質崇高，忠心耿耿，無私無畏地把自己貢獻給了保衛國家的豪邁事業，其中尤以藺相如最為作者所欣賞。文中首先通過「完璧歸趙」和「澠池會」突出地表現了藺相如在對敵鬥爭中的英勇機智，威伸敵國。但僅憑這方面還不足以表明藺相如是個有風度的政治家。更感人的是，當他兩次為國立功，政治地位超出功勳卓著的老將廉頗，而廉頗不服氣，屢屢向他尋釁的時候，他能一反過去對敵鬥爭的勇敢強硬，而一再退避忍讓。他說：「彊秦之所以不敢加兵於趙者，徒以吾兩人在也。今兩虎共鬬，其勢不俱生。吾所以為此者，以先國家之急而後私讎也。」這種先公後私的精神不僅感動了負氣爭勝的廉頗，而且也使虎狼般的強秦為之卻步。明代李贄對藺相如的這種表現無比敬佩，他說：「言有重於泰山，相如是也。相如真丈夫，真男子，真大聖人，真大阿羅漢，真佛祖，真令人千載如見也。」（《藏書》）

其次，作品歌頌了廉頗的知過必改，光明正大。作品對於廉頗的軍功正面著筆較少，只在開頭時說他「為趙將伐齊，大破之，取陽晉，拜為上卿，以勇氣聞於諸侯」。後面又寫了他鎮守長平時「秦數敗趙軍，趙軍固壁不戰。秦數挑戰，廉頗不肯」，表現了他的老成持重。最能表現他的精神氣質和大將風度的，是送趙王與藺相如去澠池與秦王會談時的臨別之言，他說：「王行，度道里會遇之禮畢，還，不過三十日。三十日不還，則請立太子為王，以絕秦望。」這是多麼有頭腦、有政治目光的大將風度啊，難怪明代凌登第說：「廉將軍與趙王臨訣數語，真有古大臣風，所謂社稷為重者也。」廉頗先是對相如不服氣，後來一旦省悟，立即負荊請罪。這種知過必改，肝膽照人的品格，更成了千古佳話。

其三，作品抒發了一種得賢者昌，失賢者亡，人才之得失關係邦國興亡的無限感慨。趙惠文王在位時，趙國雖小卻相當強盛，其關鍵在於他能上繼武靈王的事業，任賢使能。廉頗有攻城野戰之功，自不待言。藺相如雖為繆賢舍人，因其有才，便用以為使者。相如出使不辱使命，一次歸來即拜為上大夫，二次歸來便拜為上卿。這種論功行賞，大膽提拔，破格任用，是歷來所少有的。趙奢本是趙國的田部吏，「平原君以為賢，言之於王」，趙王遂「用之治國賦」。後來秦攻趙軍於閼與，情勢危急，廉頗、樂乘都說不可救，而趙惠文王卻採納了趙奢的意見，並用以為將，結果大破秦軍。正因為趙惠文王能用人，能用得力之人，所以趙國雖處於秦、齊大國之間而能與之並立。到了趙孝成王、趙悼襄王時，情況就不同了。趙孝成王不聽趙奢的遺言，不採納藺相如的勸告，不用廉頗之謀，偏偏聽信紙上談兵的趙括，結果四十五萬人被滅於長平。連最後一位名將李牧，也在秦國施用反間計與趙國內奸郭開的挑撥下，被趙王遷所襲捕殺害。司馬遷在李牧被殺後寫道：「王翦因急擊趙，大破殺趙蔥，虜趙王遷及其將顏聚，遂滅趙。」這是因為後代的趙王不僅不能任用賢者，反而自毀長城，為敵人掃清進攻自己的道路，豈不可悲也哉！

本文是《史記》中藝術性最高的篇章之一，藺相如的三個故事，情節緊張，描寫生動，簡直像一篇文言小說，其情節場面的描寫，其人物語言的設計，都達到了超前的成熟。自《史記》之後，至唐人傳奇出現之前的九百年間，再也難以找到如此精彩的寫人作品。

刺客列傳

【題解】〈刺客列傳〉全文五千多字，共寫了曹沫、專諸、豫讓、聶政、荊軻五個人，而其中單是荊軻一個人就用了三千多字，可見荊軻是司馬遷這篇作品要表現的中心人物，正如清代郭嵩燾說：「史公之傳刺客，為荊卿也。」《史記札記》作品通過對荊軻其人其事的生動描述，充分表現了作者對一種無私無畏精神的讚頌和景仰。

1 曹沫❶者，魯人也，以勇力事魯莊公❷。莊公好力❸。曹沫為魯將，與齊戰，三敗北❹。魯莊公懼，乃獻遂邑之地以和❺。猶復以為將。

2 齊桓公❻許與魯會于柯而盟❼。桓公與莊公既盟於壇上，曹沫執匕首劫齊桓公。桓公左右莫敢動，而問曰：「子將何欲？」❽曹沫曰：「齊強魯弱，而大國侵魯亦以甚矣。今魯城壞，即壓齊境❾，君其圖之。」桓公乃許盡歸魯之侵地❿。既已言，曹沫投其匕首，下壇，北面就羣臣之位⓫，顏色不變，辭令如故。桓公怒，欲倍⓬其約。管仲⓭曰：「不可。夫貪小利以自快，棄信於諸侯，失天下之援，不如與之。」於是桓公乃遂割魯侵地，曹沫三戰所亡地盡復予魯⓮。

3 其後百六十有七年⓯，而吳有專諸之事。

【章　旨】以上為第一段，寫曹沫劫齊桓公，迫其歸還侵地事。

【注　釋】❶曹沫　梁玉繩曰：「曹子之名，《左》、《穀》及《人表》、《管子・大匡》皆作『劌』，《呂覽・貴信》作『翽』，〈齊〉、〈燕策〉作『沫』，蓋聲近而字異耳。」牛鴻恩曰：「『沫』有一音為ㄏㄨㄟˋ，與『劌』同音，以古音考似應作『沫』。」按：曹劌論戰並協助魯莊公打敗齊國事，見《左傳》莊公十年與〈齊太公世家〉。❷以勇力事魯莊公　梁玉繩曰：「《史通・人物篇》稱曹子為『命世大才，挺生傑出』；《困學紀聞・七》謂其問戰、諫觀社，『藹然儒者之言』，而目為『勇士』，列於『刺客』之首，何其卑視曹子也！」魯莊公，姓姬，名同，魯國諸侯，西元前六九三—前六六二年在位。❸好力　好勇；好鬥。❹與齊戰三句　北，其義通「背」，亦敗也。梁玉繩曰：「莊公自九年敗乾時，後至十三年盟柯，中間有長勺之勝，是魯只一戰而一勝，安得有三敗之事？」❺乃獻遂邑之地以和　遂邑，原古國名，在今山東肥城南，後被齊所滅。梁玉繩曰：「齊桓會北杏，遂人不至，故滅之。『遂』非魯地，何煩魯獻？此皆妄也。」據《左傳》，魯莊公十三年，齊桓公五年，西元前六八一年，「會於北杏（今山東東阿縣境），以平宋亂，遂人不至。夏，齊人滅而戍之。」❻齊桓公　名小白，齊國諸侯，西元前六八五—前六四三年在位。是春秋時期最有作為的國君之一，為春秋五霸的第一個。❼會于柯而盟　柯，齊邑，在今山東陽穀東北。盟，盟誓定約。按：齊、魯柯之盟在魯莊公十三年、齊桓公五年（西元前六八一年）冬。❽左右莫敢動三句　《公羊傳》云：「管子進曰：『君何求乎？』」知此問話者為管仲。❾今魯城壞三句　魯國的城牆倒塌就要倒在齊國的土地上。極言齊國國境離魯國都城之近。❿盡歸魯之侵地　將齊國侵占的魯國的土地全部歸還魯國。⓫投其匕首三句　凌稚隆引茅坤曰：「既許歸地，遂北面就群臣之位，此其不可及處。」閔如霖曰：「非『投匕首』數句，則沫直一粗勇人耳。」⓬倍　通「背」。⓭管仲　春秋時齊國著名政治家，曾佐助齊桓公成就霸業，使齊國強盛一時。事跡見《左傳》及〈管晏列傳〉。⓮桓公乃遂割魯侵地三句　割魯侵地，將過去侵占的魯國地盤盡數割出來。亡，丟失。按：以上曹沫劫齊桓公於柯事，《春秋》、《左傳》皆不載，而見於《公羊傳》莊公十三年，是魯莊公與曹沫的預謀行為。莊公曰「寡人之生，不若死也」，曹沫曰「然則君請當其君，臣請當其臣」，鋪陳相當熱鬧。何焯曰：「曹沫之事，亦戰國好事者為之，春秋無此風也。」梁玉繩曰：「劫桓歸地一節，〈年表〉、〈齊〉、〈魯世家〉、〈管仲〉、〈魯連〉、〈自序傳〉皆述之，此傳尤詳。〈荊軻傳〉載燕丹語，仍《國策》

並及其事，蓋本《公羊》也。《公羊》漢始著竹帛，不足盡信。即如歸汶陽田，在齊頃公時，當魯成二年，乃《公羊》以為桓公盟柯，因曹子劫而歸之，其妄可見。況魯未嘗戰敗失地，何用要劫？曹子非操匕首之人，春秋初亦無操匕首之習，前賢謂戰國好事者為之耳。仲連遺燕將書云『亡地五百里』，《呂覽・貴信》云『封以汶南四百里』，〈齊策〉及《淮南・氾論》云『喪地千里』，魯地安得如此之廣，汶陽安得如此之大？不辨而知其誣誕矣。」⑮其後百六十有七年　有，通「又」。按：曹沫劫桓在莊公十三年（西元前六八一年），專諸刺王僚在昭公二十七年（西元前五一五年），其間相隔一百六十七年。

【語　譯】 曹沫是魯國人，靠著勇武有力給魯莊公做事。魯莊公也是個勇武好鬥的人。曹沫作為魯國的將軍，帶兵和齊軍作戰，三次作戰，三次大敗而回。魯莊公害怕了，只好把遂邑割給了齊國向齊國求和。但仍然讓曹沫當魯國的將軍。

2　後來齊桓公答應要和魯莊公在齊國的柯邑會談結盟。當齊桓公和魯莊公在壇臺上宣誓定盟後，曹沫突然跳上臺去用匕首逼住了齊桓公。齊桓公的左右不敢動手，問曹沫說：「你想要幹什麼？」曹沫說：「齊國強大，魯國弱小，而你們大國對我們小國的侵略也太過分了。如今我們魯國的城牆如果壞了，就得塌到你們齊國的國土上，請你看看該怎麼辦吧！」齊桓公無法，只好答應歸還他們所侵占的魯國的土地。等到雙方的話已經說完，曹沫立刻把手裡的匕首一扔，下了臺，仍然回到自己原來站立的地方，臉色一點不變，說話的口氣就和事情沒有發生前一模一樣。齊桓公很生氣，想要背棄他剛才許下的諾言。管仲說：「不能這樣。如果只顧貪小便宜圖一時的痛快，就會在各國諸侯面前失信，就會落得個孤立無援。不如還是還給他為好。」於是齊桓公就把從魯國割來的曹沫三次打敗仗所丟失的土地，全部還給了魯國。

3　曹沫以後過了一百六十七年，吳國又出了一個專諸。

1　專諸❶者，吳堂邑❷人也。伍子胥之亡楚而如吳❸也，知專諸之能。伍子胥既見吳王僚❹，說以伐楚之利。吳公子光❺曰：「彼伍員父兄皆死於楚，而員言伐楚，欲自為報私讎也，非能為吳。」吳王乃止。伍子胥知公子光之欲殺吳王僚，乃曰⑥：「彼光將有內志⑦，未可說以外事⑧。」乃進專諸於公子光。

2 光之父曰吳王諸樊⑨。諸樊弟三人：次曰餘祭⑩，次曰夷眛⑪，次曰季子札⑫。諸樊知季子札賢而不立太子，以次傳三弟，欲卒致國于季子札。諸樊既死，傳餘祭。餘祭死，傳夷眛。夷眛死，當傳季子札；季子札逃不肯立，吳人乃立夷眛之子僚為王。公子光曰：「使以兄弟次⑬邪，季子當立；必以子乎⑭，則光真適嗣⑮，當立。」故嘗⑯陰養謀臣以求立。

3 光既得專諸，善客待之。九年⑰而楚平王⑱死。春⑲，吳王僚欲因楚喪，使其二弟公子蓋餘、屬庸⑳將兵圍楚之灊㉑；使延陵季子㉒於晉，以觀諸侯之變㉓。楚發兵絕吳將蓋餘、屬庸路，吳兵不得還。於是公子光謂專諸曰：「此時不可失，不求何獲？且光真王嗣，當立，季子雖來，不吾廢也㉔。」專諸曰：「王僚可殺也。母老子弱㉕，而兩弟將兵伐楚，楚絕其後。方今吳外困於楚，而內空無骨鯁之臣㉖，是無如我何㉗。」公子光頓首曰：「光之身，子之身也㉘。」

4 四月丙子㉙，光伏甲士於窟室㉚中，而具酒請王僚。王僚使兵陳自宮至光之家，門戶階陛左右，皆王僚之親戚㉛也。夾立侍，皆持長鈹㉜。酒既酣，公子光詳㉝為足疾，入窟室中，使專諸置匕首魚炙㉞之腹中而進之。既至王前，專諸擘㉟魚，因以匕首刺王僚，王僚立死㊱。左右亦殺專諸，王人㊲擾亂。公子光出其伏甲以攻王僚之徒，盡滅之。遂自立為王，是為闔閭㊳。闔閭乃封專諸之子以為上卿㊴。

其後七十餘年㊵，而晉有豫讓之事。

【章旨】以上為第二段，寫專諸為公子光刺殺王僚事。

【注釋】❶專諸 《左傳》作「鱄設諸」。「專」、「鱄」音同。❷堂邑 吳邑名，在今江蘇六合北。❸伍子胥之亡楚而如吳 伍子胥，名員，楚國人，其父伍奢、兄伍尚皆被楚平王所殺，伍子胥逃到吳國。事跡見〈伍子胥列傳〉。伍，金陵本原作「五」。《通志・氏族略四》：「伍氏，羋姓，楚大夫伍參之後也。武陵又有五氏，本伍氏，避仇改為五。」今通改。❹吳王僚 吳王夷眛之子，西元前五二六－前五一五年在位。❺公子光 吳王僚的堂兄，吳王諸樊之子。❻乃曰 意謂「自相思忖」。❼內志 指欲在國內奪取王位。❽外事 指伐楚等對外用兵。❾諸樊 吳王壽夢之子，西元前五六〇－前五四八年在位。❿餘祭 承其兄諸樊位為吳王，西元前五四七－前五三一年在位。⓫夷眛 承其兄餘祭位為吳王，西元前五三〇－前五二七年在位。〈吳太伯世家〉作「餘眛」。⓬季子札 即「季札」，也稱「延陵季子」，《左傳》與〈吳太伯世家〉所著意描寫的人物之一，以「清高」、「博雅」聞名。⓭以兄弟次 按兄弟的次序相傳。⓮必以子乎 如果說可以傳給兒子。⓯光真適嗣 我公子光才是最合法的繼承人。適嗣，嫡長子。適，通「嫡」。⓰嘗 通「常」。⓱九年 謂公子光得專諸之後的第九年，即吳王僚十一年（西元前五一六年）。⓲楚平王 名棄疾，後改曰居，楚國國君，西元前五二八－前五一六年在位。⓳春 謂吳王僚十二年，楚昭王元年（西元前五一五年）之春。⓴蓋餘屬庸 《左傳》作「掩餘」、「燭庸」。㉑灊 楚邑名，在今安徽霍山東北。㉒延陵季子 即季子札，因其封地在延陵（今江蘇常州），故稱「延陵季子」。㉓觀諸侯之變 觀察中原諸國對吳伐楚的反應。變，變化；反應。㉔季子雖來二句 意謂我現在奪得政權，即使季札回來，也不會再把我廢掉。不吾廢，不廢吾。㉕母老子弱謂王僚之母老，王僚之子小，正孤立無依。《索隱》曰：「言其少援救，故云無奈我何。」㉖骨鯁之臣　有地位、有威望而又堅持原則，極言敢諫的大臣。㉗無如我何　對我們無可奈何。㉘光之身二句　意謂你的家庭後事一概由我負責，我可以代替你。按：《左傳》云：「鱄設諸曰：『王可弒也，母老子弱，是無若我何。』光曰：『我，爾身也。』」杜預注：「猶言『我無若是何』，欲以老弱託光。」史公此文改動《左傳》，「母老子弱」所指與舊文不同。㉙四月丙子　按：王僚十二年（西元前五一五年）四月無「丙子」日，「丙子」日為三月二十九。梁玉繩曰：「『丙子』不知何出。」㉚窟室　地下室。一曰，窟室猶言「空屋」。㉛親戚　親信；親近者。中井曰：「《左傳》云：『門階戶席，皆王親也。』『王親』者，謂親信之人也，不必戚屬。史遷添一『戚』字，害文意不小。〈吳世家〉作『門階戶席，皆王僚之親也』，亦無戚字。」㉜夾立侍二句　夾立侍，謂夾路立侍。鈹，兩邊都有鋒刃的刀。凌稚隆引閔如霖曰：「王僚兵衛若是之盛而卒不免，所以形容專諸之善刺，非他人所能也。」㉝詳　通「佯」。假裝。㉞魚炙　燒好的魚。㉟擘　剖；撕開。㊱王僚立死　王叔岷曰：「《戰國策・魏策四》唐且曰：『夫專諸之刺王僚也，彗星襲月。』《博物志・八》：『專諸刺吳王僚，鷹擊殿上。』並傅會之說。」㊲王人　王僚的侍從親近等。㊳闔閭　吳國國君，西元前五一四—前四九六年在位。按：以上專諸刺王僚事，見《左傳》昭公二十七年（西元前五一五年）。《左傳》敘王僚戒備森嚴的情景，有所謂「羞者（進食者）獻體改服於門外，執羞者（即上所謂『羞者』）坐（跪）行而入。執鈹者夾承之，及體，以相授也。」較此尤為緊張。㊴上卿　諸侯國大臣的最高爵位，為丞相、大將者往往享有此爵。㊵其後七十餘年　《集解》引徐廣曰：「闔閭元年（西元前五一四年）至三晉滅智伯（西元前四五三年），六十二年。」梁玉繩曰：「『七』乃『六』字之誤。」

【語譯】專諸是吳國堂邑人。伍子胥逃出楚國來到吳國後，知道專諸有本領。當伍子胥見到了吳王僚，對他說了討伐楚國的好處後，公子光說：「伍子胥的父親和哥哥都是被楚國殺害的，他勸說我們討伐楚國是為了給他自己報仇，並不是為我們吳國著想。」吳王一聽就沒有答應伍子胥的請求。伍子胥一聽公子光的話也明白了他的心思，他是想要殺掉吳王而自立。在這種形勢下伍子胥思忖說：「公子光目前是急於想在國內動手，現在是不可能勸說他對外用兵的。」於是他就把專諸推薦給了公子光。

2 公子光的父親是吳王諸樊。諸樊有三個弟弟：一個叫餘祭，一個叫夷眜，一個叫季札。諸樊知道自己的四弟人好，於是就故意不立太子，打算兄弟四人依次相傳，最後把吳國傳到季札手裡。於是諸樊死後，王位傳給了餘祭。餘祭死後，王位傳給了夷昧。夷昧死後，下面就應該傳給季札了，但季札逃避不受。吳人無法，只好立了夷昧的兒子僚為吳王。這時公子光說：「如果按照兄弟的次序，那就該立季札；如果要傳給兒子，那麼只有我才是真正該立的接班人。」因此他常在暗中收養謀臣，準備伺機謀奪王位。

3 待至公子光得到了專諸以後，就把他當做貴賓好好款待。吳王僚九年，楚平王死了。這一年的春天，吳王僚乘著楚國辦喪事，派他的兩個弟弟蓋餘和屬庸率兵包圍了楚國的灊縣；同時派他的叔叔延陵季子到晉國去觀察各國的動靜。不料楚國突然出兵斷絕了蓋餘和屬庸的歸路，吳兵回不來了。於是公子光對專諸說：「這個時機可不能錯過，哪有自己不去追求，就能得到收穫的道理呢？況且只有我才是真正的王位繼承人，應當被立為王。即使日後季札回來，他也不會廢掉我。」專諸說：「王僚是可以殺掉的。他的母親年老，兒子還小，只有兩個弟弟還帶兵在外，被楚國斷絕了歸路。如今吳國在外被楚國所困，朝內又沒有能起主心骨作用的大臣，我們趁此機會起事，他們對我們沒有辦法。」公子光給他磕了一個頭說：「我的身子今後也就像你的身子一樣，可以負責你們家裡的一切。」

4 四月丙子這一天，公子光事先把武士埋伏在地下室裡，而後置辦酒席宴請吳王僚。從王宮到公子光家門，以及公子光的庭院裡、臺階上，到處都排滿了吳王僚的親信。他們都手持兩刃刀，夾道站立。等到宴會上酒已喝到起勁時，公子光假裝腳疼，離席進了地下室，這時他讓專諸把一柄小匕首裝在一條紅燒魚的肚子裡給王僚送了上去。專諸走到吳王僚面前，突然抓出匕首猛刺吳王僚，吳王僚當即身亡。與此同時，侍立在左右的吳王的衛士當然也立刻把專諸殺掉了。吳王僚帶來的人們頓時大亂，這時公子光趁機派那些事先埋伏的武士一齊出擊，把吳王僚的部下全部消滅。接著就宣告自己當了吳王，這就是闔閭。闔閭封專諸的兒子做了吳國的上卿。

5 這件事後過了七十多年，晉國又出了一個豫讓。

1 豫讓[1]者，晉[2]人也。故嘗事范氏[3]及中行氏[4]，而無所知名。去而事智伯[5]，智伯甚尊寵之。及智伯伐趙襄子[6]，趙襄子與韓、魏合謀滅智伯[7]，滅智伯之後而三分其地。趙襄子最怨智伯[8]，漆其頭以為飲器[9]。豫讓遁逃山中，曰：「嗟乎！士為知己者死，女為說己者容[10]。今智伯知我，我必為報讎而死。以報智伯，則吾魂魄不愧矣[11]。」乃變名姓為刑人[12]，入宮塗廁[13]，中挾匕首，欲以刺襄子。襄子如廁，心動。執問塗廁之刑人，則豫讓。內持刀兵，曰：「欲為智伯報仇！」左右欲誅之，襄子曰：「彼義人也，吾謹避之耳。且智伯亡，無後，而其臣欲為報仇，此天下之賢人也。」卒醳[14]去之。

2 居頃之，豫讓又漆身為厲，吞炭為啞[15]，使形狀不可知，行乞於市。其妻不識也。行見其友，其友識之[16]，曰：「汝非豫讓邪？」曰：「我是也。」其友為泣曰：「以子之才，委質[17]而臣事襄子[18]，襄子必近幸[19]子。近幸子，乃為所欲，顧不易邪[20]？何乃殘身苦形，欲以求報襄子[21]，不亦難乎？」豫讓曰：「既已委質臣事人，而求殺之，是懷二心以事其君也。且吾所為者[22]極難耳！然所以為此者，將以愧天下後世之為人臣懷二心以事其君者也[23]。」

3 既去[24]，頃之，襄子當出，豫讓伏於所當過之橋下[25]。襄子至橋，馬驚。襄子曰：「此必是豫讓也。」使人問之，果豫讓也。於是襄子乃數㉖豫讓曰：「子不嘗事范、中行氏乎？智伯盡滅之，而子不為報讎，而反委質臣於智伯。智伯亦已死矣，而子獨何以為之報讎之深也？」豫讓曰：「臣事范、中行氏，范、中行氏皆眾人遇我㉗，我故眾人報之。至於智伯，國士遇我㉘，我故國士報之。」襄子喟然歎息而泣曰：「嗟乎豫子！子之為智伯，名既成矣；而寡人赦子，亦已足矣。子其自為計㉙，寡人不復釋子㉚！」使兵圍之。豫讓曰：「臣聞明主不掩人之美，而忠臣有死名之義㉛。前君已寬赦臣，天下莫不稱君之賢。今日之事，臣固伏誅㉜，然願請君之衣㉝而擊之，焉㉞以致報讎之意，則雖死不恨㉟。非所敢望也㊱，敢布腹心㊲！」於是襄子大義之，乃使使持衣與豫讓。豫讓拔劍三躍而擊之，曰：「吾可以下報智伯矣㊳！」遂伏劍自殺。死之日，趙國志士聞之，皆為涕泣㊴。

4 其後四十餘年㊵，而軹有聶政之事。

【章　旨】以上為第三段，寫豫讓為智伯報仇謀刺趙襄子事。

【注　釋】❶豫讓　吳師道曰：「《晉語》伯宗索士庇州犁，得畢陽。及欒弗忌之難，諸大夫害伯宗，畢陽送州犁於荊。讓乃其孫，義烈有自來矣。」梁玉繩曰：「祖孫皆以義烈著，而史公不書於傳何也？其序豫讓事亦與《策》小異。」❷晉　西周初期以來的諸侯國名，始封之君為成王之弟叔虞，春秋前期的國都為翼（今山西翼城東南），後遷絳（今山西侯馬西南）。❸范氏　春秋後期的晉國大貴族，春秋中期晉國名臣士會的後代。士會被封於范，故遂以「范」為其家族之姓。豫讓所事奉的「范氏」指范吉射。❹中行氏　春秋後期晉國的大貴族，春秋中期晉國名臣荀林父的後代。荀林父曾將中行（晉國的中軍元帥），故其家族遂以「中行」為姓。豫讓所事奉的「中行氏」指荀寅。❺智伯　指荀瑤，春秋中期晉國大臣荀首的後代。荀首與荀林父是兄弟，荀林父的後代稱中行氏，荀首的後代稱「智氏」（也寫作「知氏」）按：春秋中期以來，晉國國君的權力逐漸下落，國家政事被范氏、中行氏、智氏、趙氏、韓氏、魏氏六家大臣所把持，史稱此事為「六卿專晉政」。後來范氏、中行氏兩家被智氏、趙氏、韓氏、魏氏四家所滅，在所剩的四家中，以智氏的勢力為最大。❻趙襄子　名毋恤，晉國名臣趙衰、趙盾的後代，趙國政權的創建者與開拓者，西元前四七五－前四二五年在位。❼趙襄子與韓魏合謀滅智伯　晉出公十七年（西元前四五八年），智伯聯同韓、趙、魏三家共滅范氏、中行氏而分其地。晉出公二十年（西元前四五五年），智伯恃強又向韓、趙、魏三家要求割地。趙襄子不給，智伯率韓、魏圍趙襄子於晉陽（今山西太原西南）。晉出公二十二年（西元前四五三年），趙襄子派人說服韓、魏，三家聯合滅掉了智氏。事情詳見〈趙世家〉，年代考證見〈六國年表〉。❽趙襄子最怨智伯　趙襄子是趙簡子之子，據〈趙世家〉，晉出公十一年，趙襄子為太子時隨智伯伐鄭，智伯醉，曾以酒灌趙襄子；智伯歸，又勸說趙簡子使之廢襄子；後又圍襄子於晉陽，故襄子深恨之。❾飲器　酒壺、酒杯之類。《正義》曰：「酒器也，每賓會設之，示恨深也。」《呂氏春秋・義賞篇》：「擊智伯，斷其頭為觴。」《淮南子・人間》稱智伯：「身死高梁之東，頭為飲器。」一說，飲器即「溲器」，尿壺。「飲」字乃「溲」字之誤。《韓非子・喻老篇》：「漆其頭以為溲器。」《劉子・慎言》稱智伯：「頭為穢器。」〈大宛列傳〉稱匈奴破月氏王，「以其頭為飲器」。《集解》引晉灼曰：「飲器，虎子之屬也。」《晉書・載記》：「姚方成三斬徐嵩，漆其首為便器。」❿士為知己者死二句　二語首見於《戰國策・趙策一》，亦見於〈報任安書〉。說，通「悅」。⓫以報智伯二句　意謂當我給智伯報仇之後，那時即使我死了，我的魂魄也就沒有什麼可慚愧的了。以，通「已」。⓬刑人　被判刑服役的人。諸祖耿引金正煒曰：「『刑』疑當為『圬』。古文『刑』與『圬』近似而誤。『圬人』，塗者；『刑人』非可變姓名而為也。」⓭入宮塗廁　到趙襄子的宮中去抹廁所的牆。塗，以泥抹牆。⓮醳　通「釋」。放。⓯漆身為厲二句　以漆塗身，使之如患癩病；吞炭傷喉，使聲音變嘶啞。厲，通「癩」。麻瘋病。梁玉繩曰：「按下文豫讓與其友及襄子相問答，則不可言『啞』，當依《策》作『吞炭以變其音』為是。」按：啞，即嘶啞，無須變動文字。⓰其友識之　董份曰：「妻不識而友識者，妻熟其形，友知其心耳。然此非心知之友，則讓亦必不以謀告之。」⓱委質　猶言「託身」。質，身體。另一說為寫保證書投靠於人。質，指字據。⑱臣事襄子　為趙襄子當奴僕。⑲近幸　親近寵愛。⑳顧不易邪　難道還不容易嗎。顧，轉折語詞。茅坤曰：「借友人摹寫豫讓苦心處。」㉑欲以求報襄子　按：此處語氣不順，「欲以」上應增「若此」二字讀。㉒吾所為者　指通過「漆身吞炭」這種方式以謀刺趙襄子。㉓將以愧天下句　《索隱》曰：「言寧為厲而自刑，不可求事襄子而行殺，恐傷人臣之義而近賊，非忠也。」《正義》曰：「吾為極難者，令天下後代為人臣懷二心者愧之，故漆身吞炭，所以不事趙襄子也。」錢鍾書曰：「蓋不肯詐降也。其嚴於名義，異於以屈節從權後圖者。」陳子龍曰：「豫讓明知不能殺襄子，特欲存己之志耳，此刺客中守經之士也。」㉔既去　中井曰：「二字冗。」瀧川曰：「《治要》無『既去』二字。」按：二字應削。㉕橋下　《正義》曰：「汾橋下架水，在并州晉陽縣東一里。」按：唐時之晉陽在今山西太原西南。㉖數　列其罪狀而責之。㉗眾人遇我　像對待一般人那樣來對待我。㉘國士遇我　像對待國士那樣來對待我。國士，一國之中的傑出人物。鮑彪曰：「名蓋一國者。」按：《呂氏春秋・不侵篇》載此事，乃豫讓之友問豫讓，豫讓乃以「眾人遇我，眾人報之；國士遇我，國士報之」之理對之，大旨與此相同。㉙子其自為計　意其令其自殺。㉚寡人不復釋子　瀧川曰：「襄子不為諸侯，不當稱『寡人』，蓋襲〈趙策〉。」㉛忠臣有死名之義　忠臣有為某種名聲而死的義務。㉜伏誅　服罪。自己認為該死。㉝請君之衣　向您討要一件您的衣服。㉞焉　於是；因之。㉟雖死不恨　意即死而無憾。恨，憾。㊱非所敢望也　謙詞。鮑彪曰：「言有此心，望不及此。」㊲敢布腹心　大膽地講出了我心裡的一點要求。㊳吾可以下報智伯矣　鮑彪曰：「襄子、豫子皆千載人也，豫子能報舊君，能厲天下後世之為臣。或以其無成事為空自苦，夫壯士能行其志而已，成不成則有命焉，吾何以必之哉！」方孝孺曰：「讓既謂智伯待以國士矣，國士，濟國之事也。當伯請地之日，為讓者正宜力諫之；諫而終不從，則移其伏劍之死於是日，伯雖頑冥，庶幾或一悟也。讓於此時曾無一語，待伯既死，乃不勝悻悻，甘自附於刺客之流，國士之報豈若是耶？」㊴趙國志士聞之二句　按：以上豫讓謀刺趙襄子事，見《戰國策・趙策一》。繆文遠曰：「此章主旨在申言『士為知己者死』，即豫讓所言『智伯以國士遇我，臣故國士報之』。文末云豫讓『死之日，趙國志士聞之，皆為涕泣』，可覘當時風氣。」按：「死之日，趙國志士聞之，皆為涕泣」云云，固為〈趙策一〉所舊有，然亦史公對其所欽敬之人所習用之抒情手段，如〈李將軍列傳〉寫李廣死時有所謂「廣軍士大夫一軍皆哭，百姓聞之，知與不知，無老壯皆為垂涕」，即此類也。㊵其後四十餘年　《集解》曰：「自三晉滅智伯至〈聶政〉殺俠累共五十七年。」此云「四十餘年」，不當。

【語　譯】豫讓是晉國人。從前曾經為范氏和中行氏兩個大貴族家效力，但始終也沒有被了解和重用。後來豫讓便離開了他們去投奔了智伯，智伯對他特別尊敬寵愛。後來智伯討伐晉國的另一個大貴族趙襄子，不料趙襄子和韓康子、魏桓子三家聯合起來，把智伯消滅了，隨後他們便瓜分了智伯的領地。因為趙襄子對智伯特別痛恨，於是就把他的頭砍下來，用漆漆好，做了酒壺。這時豫讓逃到了山中，發誓說：「士要為知己而獻身，女子要為愛人而打扮。智伯曾經理解我信任我，今天我一定要為智伯報仇。如果我能為智伯報仇而死，那麼即使到了九泉，我的魂魄也就不會覺得慚愧了！」於是他改名換姓，裝作了一個被判刑服役的罪人，到趙襄子的宮中去抹廁所，他身上暗藏著匕首，想尋找機會刺殺趙襄子。趙襄子來上廁所時，突然覺得心有所動。於是就派人把抹廁所的罪人抓起來審問，結果發現是豫讓。他身上藏著匕首，並揚言說：「要為智伯報仇。」趙襄子的左右想殺他，趙襄子說：「這是個義士，我們今後注意防備就是了。再說智伯被滅以後，連個後人也沒有，他的臣民裡有人要為他報仇，這是天下難得的好人。」於是便釋放了他。

2 過了一段時間，豫讓便渾身抹漆，把自己弄成了一個長癩瘡的樣子；又故意吞食炭火搞壞了自己的聲帶，讓自己的模樣變得誰也認不出來。他在街市上討飯，居然連他的妻子也認不出他來了。豫讓在路上遇見了他的一位知心朋友，他的朋友倒認得他，對他說：「你不是豫讓嗎？」豫讓說：「是的。」他的朋友一見如此便落了淚，他說：「憑著你的才能，你如果假裝去為趙襄子效力，趙襄子必定會親近你。等到他一旦親近你，那時你想幹什麼還不就很容易了嗎？何必像現在這樣毀壞自己的身體？你想通過這種方法來向趙襄子報仇，這不是很難的事情嗎？」豫讓說：「如果一旦給人效力了，再回過頭來殺人家，這就是懷著二心去事奉人。我知道我現在這個做法是很難的，我之所以要這麼做，就是為了讓那些懷著二心事奉人的人感到羞愧。」

3 豫讓和朋友分別而去。不久，豫讓聽說趙襄子又要出門了，於是他就藏在了趙襄子所要經過的橋下。待至趙襄子來到橋頭，忽然馬驚了。趙襄子立即心有所悟地說：「這下面必定是豫讓。」他派人下去查問，果然是豫讓。於是趙襄子就斥責豫讓說：「你起先不是為范氏和中行氏效過力嗎？當智伯把他們都滅掉時，你那時不說為他們報仇，卻反而投靠了智伯。現在智伯死了，你為什麼就這麼賣力地為智伯報仇呢？」豫讓說：「我為范氏、中行氏效力時，他們都像對待一般人那樣對待我，所以我也像對待一般人那樣對待他們；至於智伯，他是把我當作傑出人物來對待的，所以我也要像傑出人物待人那樣去對待他。」趙襄子一聽，深有所感地流下了眼淚說：「豫讓先生！你為了給智伯報仇所做的這些努力，已經可以名揚後世了，而我已經寬赦過你一次，這事情也就算已經到頭了。現在請你自己看著辦吧，我不能再放你了。」於是派兵把豫讓包圍了起來。豫讓說：「古人說賢明的君主不應該埋沒別人的好處，忠直的臣子應該為了道義而獻身。上次您寬赦了我，天下沒有人不稱讚您的賢明。今天的事，我也理所當然地該死，但最後我請求在您的衣服上砍幾刀，這樣也就算是讓我報了仇，我就是死也毫無遺憾了。我不敢奢望能夠實現，但我大膽地講出心裡的一點要求。」趙襄子聽了大受感動，就脫下一件衣服，讓人遞給了他。豫讓拔出劍來，跳著腳一連向衣服砍了好幾下，說：「這樣我就可以到地下去見智伯了！」說罷自刎而死。豫讓死的那天，趙國有正義感的人們聽了，都為他流出了眼淚。

4 這件事過了四十多年，魏國的軹縣又出了一個聶政。

1 聶政者，軹❶深井里人也。殺人避仇，與母、姊如齊❷，以屠為事。

2 久之，濮陽嚴仲子❸事韓哀侯❹，與韓相俠累有郤❺。嚴仲子恐誅，亡去，游❻求人可以報俠累者。至齊，齊人或言聶政勇敢士也，避仇隱於屠者之間。嚴仲子至門請❼，數反❽，然後具酒自暢聶政母前❾。酒酣，嚴仲子奉黃金百溢❿，前為聶政母壽⓫。聶政驚怪其厚，固謝⓬嚴仲子。嚴仲子固進，而聶政謝曰：「臣幸有老母，家貧，客游⓭以為狗屠，可以旦夕得甘毳⓮以養親。親供養備，不敢當仲子之賜。」嚴仲子辟⓯人，因⓰為聶政言曰：「臣有仇，而行游諸侯眾矣⓱；然至齊，竊聞足下義甚高。故進百金者，將用為大人麤糲之費⑱，得以交足下之驩，豈敢以有求望邪！」聶政曰：「臣所以降志辱身⑲居市井屠者，徒幸以養老母⑳；老母在，政身未敢以許人也㉑。」嚴仲子固讓㉒，聶政竟不肯受也，然嚴仲子卒備賓主之禮㉓而去。

3 久之，聶政母死。既已葬，除服㉔，聶政曰：「嗟乎！政乃市井之人㉕，鼓刀㉖以屠；而嚴仲子乃諸侯之卿相也，不遠千里，枉車騎㉗而交臣。臣之所以待之，至淺鮮㉘矣，未有大功可以稱㉙者。而嚴仲子奉百金為親壽，我雖不受，然是者徒深知政也㉚。夫賢者㉛以感忿睚眥之意㉜而親信窮僻之人，而政獨安得嘿然而已乎！且前日要㉝政，政徒以老母；老母今以天年終㉞，政將為知己者用。」

4 乃遂西至濮陽，見嚴仲子曰：「前日所以不許仲子者，徒以親在；今不幸而母以天年終。仲子所欲報仇者為誰？請得從事㉟焉。」嚴仲子具告曰：「臣之仇韓相俠累，俠累又韓君之季父㊱也，宗族盛多，居處兵衛甚設㊲。臣欲使人刺之，終莫能就㊳。今足下幸而不棄，請益其車騎壯士可為足下輔翼者。」聶政曰：「韓之與衛，相去中間不甚遠㊴，今殺人之相，相又國君之親，此其勢不可以多人。多人不能無生得失㊵，生得失則語泄，語泄是韓舉國㊶而與仲子為讎，豈不殆㊷

哉！」遂謝車騎人徒。

5 聶政乃辭，獨行杖劍至韓。韓相俠累方坐府上，持兵戟而衛侍者甚眾。聶政直入，上階刺殺俠累，左右大亂。聶政大呼，所擊殺者數十人，因自皮面決眼[43]，自屠出腸，遂以死。

6 韓取聶政屍暴[44]於市，購問莫知誰子。於是韓購縣[45]之，有能言殺相俠累者予千金。久之莫知也。

7 政姊榮[46]聞人有刺殺韓相者，賊不得，國不知其名姓[47]，暴其尸而縣之千金[48]。乃於邑[49]曰：「其是吾弟與[50]？嗟乎，嚴仲子知吾弟！」立起如韓，之市，而死者果政也。伏尸哭極哀，曰：「是軹深井里所謂聶政者也。」市行者諸眾人皆曰：「此人暴虐[51]吾國相，王縣購其名姓千金，夫人不聞與？何敢來識之也？」榮應之曰：「聞之。然政所以蒙污辱自棄於市販之間者，為老母幸無恙[52]，妾未嫁也。親既以天年下世，妾已嫁夫，嚴仲子乃察舉[53]吾弟困污之中而交之，澤厚矣，可柰何[54]！士固為知己者死，今乃以妾尚在之故，重自刑以絕從[55]。妾其柰何畏歿身之誅，終滅賢弟之名！」大驚韓市人。乃大呼天者三，卒於邑悲哀而死政之旁。

8 晉[56]、楚[57]、齊、衛聞之，皆曰：「非獨政能也，乃其姊亦烈女也。鄉使[58]政誠知其姊無濡忍59之志，不重60暴骸61之難，必絕險千里62以列其名，姊弟俱僇於韓市者，亦未必敢以身許嚴仲子也。嚴仲子亦可謂知人能得士矣63！」

9 其後二百二十餘年64，秦有荊軻之事。

【章　旨】以上為第四段，寫聶政為嚴仲子刺殺韓相俠累事。

【注　釋】❶軹　魏縣名，在今河南濟源東南。❷如齊　如，往；至。齊，戰國初期田氏篡姜氏建立的諸侯國名，國都仍在臨淄。這時的齊國國君是「侯剡」，西元前三八三—前三七五年在位。❸濮陽嚴仲子　濮陽，衛國都城，在今河南濮陽西南。衛國是西周初期建立的諸侯國名，戰國以來已經逐漸淪為魏國的附庸。嚴仲子，名遂，韓國貴族，因其此時逃居在濮陽，故稱「濮陽嚴仲子」。❹韓哀侯　文侯之子，西元前三七六—前三七五年在位。韓是戰國初期與趙、魏三家瓜分晉國建立的諸侯國名，這時的國都在新鄭（今河南新鄭）。❺與韓相俠累有卻　韓相俠累，名傀，《戰國策》稱之曰「韓傀」，韓哀侯之叔。卻，仇怨。《戰國策・韓策》云：「韓傀相韓，嚴遂重於君，二人相害也。嚴遂舉韓傀之過，韓傀叱之於朝，嚴遂拔劍趨之，以救解。」此其怨隙之由來。❻游　四處周遊。❼請　求見。❽數反　多次前來，因聶政不肯見。❾具酒自暢聶政母前　自暢，猶言「得盡己意」。按：《戰國策・韓策二》作「具酒觴聶政母前」。觴，舉杯敬酒。❿溢　古代的重量單位。一溢為二十四兩。一說為二十兩。⓫為聶政母壽　為壽，敬酒，祝人健康長壽。這裡實際是指給人送禮物。⓬固謝　堅拒不受。⓭客游　漂流作客。指避仇在齊。⓮甘毳　香甜肥美的食品。毳，通「脆」。⓯辟　通「避」。⓰因　於是；趁機。⓱行游諸侯眾矣　意謂我曾到過很多國家想找個能幫我報仇的人，但一直沒有找到。⓲用為大人麤糲之費　以此給老人作為生活費用。用，以。大人，長輩，此稱聶政之母。麤糲，粗糙的米粱。「麤糲」在這裡是謙辭，即指飲食生活。糲，粗米。⓳降志辱身　《索隱》曰：「言其心志與身本應高潔，今乃卑下其志，屈辱其身。《論語》孔子謂『柳下惠降志辱身』是也。」⓴徒幸以養老母　以，以此身。所以言「幸」，是表示對母親的敬愛，以養母為幸事。㉑老母在二句　《禮記・曲禮上》：「父母存，不許友以死。」㉒固讓　堅持要給。㉓卒備賓主之禮　到底還是受到了主人的以客禮相待。凌稚隆引王鏊曰：「『卒備賓主之禮而去』，政固已心許之。」㉔除服　服喪期滿，脫去喪服。古代通常為父母服喪三年。㉕市井之人　泛稱平民百姓。《正義》曰：「古者相聚汲水，有物便賣，因成市，故曰『市井』。」中井曰：「邑居如井畫，故曰『市井』。」㉖鼓刀　揮動屠刀，殺牲割肉。㉗枉車騎　猶言「屈尊」。枉，委屈。指尊貴的人貶抑自己的地位，屈就低賤的人。㉘至淺鮮　淺薄至極點。鮮，稀少。㉙未有大功可以稱　我沒有任何表現可以和人家待我的恩情相比。稱，相稱；相比。㉚然是者徒深知政也　但從這件事情看來人家就是特別賞識我。徒，獨；特別。郭嵩燾曰：「《戰國策》云：『我義不受，然是深知政也。』『者徒』二字恐亦傳寫者誤入。」㉛賢者　指嚴仲子。㉜以感忿睚眦之意　指嚴仲子欲向俠累報仇事。睚眦之意，因被瞪了一眼而結下的仇恨。極言其起因之小。㉝要　意思通「邀」。㉞以天年終　即終其天年，老病而死，與其他非正常死亡相對而言。天年，天然的壽數。㉟從事　著手辦理這件事情。㊱季父　最小的叔父。㊲甚設　猶言「甚盛」。指防衛嚴密。㊳終莫能就　始終未能成功。原作「眾終莫能就」。王念孫《讀書雜志》卷五曰：「眾、終一字也……今本作眾終莫能就者，一本作眾，一本作終，而後人誤合之耳。」今據刪。㊴韓之與衛二句　時嚴遂在衛都濮陽，濮陽距韓都新鄭不到四百里，故曰「相去不甚遠」。㊵不能無生得失　不可能不發生閃失。得失，偏義複詞，即指「失」。與今俗話所說的「萬一有個好歹」，「有個三長兩短」，實際只指「歹」，「短」相同。又，有本無「失」字。則「生得」者，被生擒也。後說較好。前說雖通，但於文意略有不順。㊶舉國　整個國家。㊷殆　危險。㊸皮面決眼　《索隱》曰：「『皮面』謂以刀割其面皮，欲令人不識；『決眼』謂出其眼睛。《戰國策》作『抉眼』，此『決』亦通。」皮，剝皮。㊹暴　露放。㊺購縣　謂懸金以購求之。縣，通「懸」。下文作「縣購」。㊻縈　《集解》曰：「一作『嫈』。」㊼賊不得二句　按：「不」字疑衍。實乃賊之屍體已得，唯不知其姓名耳。㊽暴其尸而縣之千金　中井曰：「(聞人有刺殺韓相者，賊不得，國不知其名姓，暴其尸而縣之千金) 是文重復煩冗，唯『聞之』二字可承當，是類蓋太史公欲刪定未果者。」㊾於邑　通「嗚咽」。低聲哭泣。㊿其是吾弟與　猶言「大概是我弟弟吧」。其，約莫；大概。(51)暴虐　用如動詞，對人施行殘暴。指殘酷殺害。(52)無恙　健康無病。(53)察舉　賞識；選擇。(54)澤厚矣二句　意謂嚴仲子對我弟弟的恩情太深了，我弟弟還能怎麼樣呢。(55)重自刑以絕從　重自刑，指「皮面決眼，自屠出腸」云云。絕從，避免讓親屬受連累獲罪。從，連坐。《集解》引徐廣曰：「恐其姊從坐而死。」凌稚隆曰：「政一刺客之流，然知愛親敬姊，故太史公次其事首以『母』『姊』二字作骨。始辭仲子者，以老母在也；繼從仲子者，以老母亡也；終皮面決眼者，慮禍及姊也。通篇只以母姊纏綿著其孝友，末歸仲子知人，極得要領。非太史公筆力，政之心事孰能表暴如此。」按：「從」亦可通「蹤」。「絕蹤」，謂斷絕跟蹤追查的線索。鍾惺曰：「聶政報嚴仲子不在刺一俠累，在一段善後之慮，不以刺累之故禍及仲子，是為難耳。政自刑以絕從，其意故在此。」中井曰：「政之自刑，以護仲子也。姊已誤認矣，又顯仲子之蹤，是大失政之意。」陳子龍曰：「政重在報嚴之德，而姊重在揚弟之名，不能兼顧也。」56晉　西周初期建立的諸侯國名，在此以前久已名存實亡。此處之「晉」實指韓、趙、魏三國。此時趙國的國君為趙成侯，都邯鄲（今河北邯鄲）；魏國的國君為魏武侯，都安邑（今山西夏縣西北）。57楚　西周初期以來的南方諸侯國名，此時的國君為楚肅王，都郢（今湖北荊州之江陵西北）。58鄉使　當初假如。鄉，通「向」。當初。59濡忍　容忍；忍耐。《索隱》曰：「濡，潤也。人性潤濕，則能含忍；若勇躁，則必輕死也。」王叔岷曰：「『濡忍』猶『柔忍』。『濡』借為『儒』，《說文》：『儒，柔也。』」60不重　不惜；不顧。61暴骸　指被殺。62絕險千里　猶言「千里跋涉」。絕險，度越險難崎嶇。絕，橫度。63嚴仲子亦可謂知人能得士矣　按：以上聶政為嚴仲子刺韓相事，見《戰國策．韓策二》，惟《戰國策》作「韓傀」，不作「俠累」。據〈韓世家〉，「列侯三年（西元前三九七年），聶政殺韓相俠累」，「哀侯六年（西元前三七一年），韓嚴弒其君哀侯」。〈六國年表〉同，今楊寬〈戰國史年表〉亦兩載其事。繆文遠則以為以上二者為一事，在韓哀侯三年，亦即韓懿侯元年（西元前三七四年）。當時俠累被刺，哀侯也連帶被殺。「韓嚴」即「嚴仲子」。殺哀侯，立哀侯子為懿侯，史稱此年為「懿侯元年」。牛鴻恩曰：「聶政刺韓傀，亦即嚴遂弒韓哀侯，二者為一事。今人均據《竹書紀年》定于魏武侯二十二年，亦即韓哀侯三年，前三七四年。〈韓策二〉、《韓非子．內儲下》均為韓哀侯，與《紀年》所載相符。平勢隆郎即亦以為在前三七四年。」鮑彪曰：「人之居世不可不知人，亦不可妄為人知也。遂惟知政，故得行其志。惜乎，遂褊褊狷細人耳，政不幸謬為所知，故死於是。使其受知明主賢將相，則其所成就豈不又萬萬於此者乎？哀哉！」董份曰：「直入奮擊，頃刻事成，雖亡其身，勇亦著矣。」郭嵩燾曰：「聶政之刺韓相，尤為悖，然聶政人品與伎能，乃獨高出一切。」史珥曰：「聶政之死，全賴姊榮生色；末借聞者之論反寫作結，痛快淋漓。」梁玉繩曰：「《御覽》琴部載〈琴操〉，謂政之刺韓王，因政父為王治劍不成見殺，政入泰山，遇仙人學琴，琴成入韓，王召使琴，遂出刀刺韓王以報讎，非為仲子。抱政屍而哭者，政之母，亦非政其姊。與《策》、《史》大異。《繹史》云：『牽合聶政、豫讓、高漸離等事為一，附會明矣。』」64其後二百二十餘年　按：自韓懿侯元年（西元前三七四年）至秦王政十九年（西元前二二八年），僅相距一百四十六年，此云「二百二十餘年」，誤。

【語譯】聶政是魏國軹縣深井里人，因為殺人後躲避仇家，和他的母親、姐姐一起到了齊國，以賣肉為業。

2　過了好長時間，濮陽的嚴仲子在韓哀侯駕前做事，因為與丞相俠累有矛盾，怕被他所殺，於是逃離韓國，四處周遊，企圖尋找一個可以替他向俠累報仇的人。嚴仲子到了齊國，齊國有人向他說聶政是個勇士，只不過是因為躲避仇家才混在這些屠戶之間。嚴仲子一聽立即到聶政家登門求見，一連去了好幾次，而後又在聶政家為聶政的母親置辦了一桌酒席。等到喝酒喝得起勁時，嚴仲子拿出了黃金百鎰，贈給聶政的母親，作為向她表示敬意的禮物。聶政對這麼豐厚的贈禮感到驚訝，堅決推辭不受。嚴仲子一定要給，聶政說：「我慶幸我的老母健在，我的家裡雖然窮，但我躲避仇家靠著賣肉，還可以買些好吃的東西來孝敬母親。現在老母的用度什麼都不缺，所以我們不能接受您的賞賜。」嚴仲子拉著聶政到沒有人的地方說：「我有一個仇人，為了報仇我周遊各國找過許多人，只有到了齊國，才聽說你最講義氣。我所以拿出百金，是想讓它作為供養老人的一點費用，和你交個朋友，哪裡還有更多的要求呢？」聶政說：「我之所以低三下四，不顧羞恥地混在屠戶之間，就是因為還有老母需要供養；只要老母在世，我的身子是不能答應別人給別人用的。」嚴仲子非要留下禮物，但聶政到底還是沒有接受。不過嚴仲子最終還是受到主人以客禮相待而離去。

3 又過了好長時間，聶政的母親死了。等到安葬過後，三年服滿。聶政說：「唉！我不過是一個揮著屠刀賣肉的市井小民，而嚴仲子作為一個國家的卿相，居然可以不辭遙遠地來屈尊和我交朋友。我當初對待人家太淡薄了，我對人家沒有任何功勞可言，而嚴仲子竟拿出黃金百鎰來給我的母親作賀禮，我當時雖然沒有接受，但從這件事上可以看出人家是賞識我的。一個賢者由於不能忍受吹鬍子瞪眼的怨隙，而來結交我這個窮困淺陋的人，難道我就能夠永遠這麼默不作聲嗎？再說嚴仲子那次來請我，我就是因為有老母才沒有答應；如今老母已經享盡天年，我也應該去為知己者效力了。」

4 於是聶政離開齊國來到了濮陽，他找到了嚴仲子說：「上次我之所以沒有答應您的邀請，那是因為我的母親還在；如今我的母親已經去世了，您的仇人是誰？我現在可以替您去辦了。」嚴仲子說：「我的仇人是韓國的丞相俠累，俠累又是韓國國君的叔父。他的家族人多勢大，住處的周圍防衛森嚴。我曾想讓人去行刺他，但都一直未能成功。如今你願意給我幫忙，我可以多派一些車馬勇士來協助你。」聶政說：「衛國離韓國本來就不遠，我們如今又是想去殺人家的丞相，而丞相又是韓國國君的親屬，在這種形勢下不可能帶很多人。人一多就難保不發生閃失，一發生閃失就會走露風聲。走露了風聲，那就變成了韓國整個國家來和您一人為敵，那不就太危險了！」於是他謝絕了一切車馬從人。

5 聶政辭別嚴仲子，獨自一人持劍來到了韓國的首都。當時丞相俠累正在家裡坐著，周圍手持刀槍的衛士很多。聶政進門口直往裡闖，他登上臺階，迅不及防地刺殺了俠累。俠累的衛兵一陣大亂。聶政大聲吼叫著一連又殺死了幾十個人，隨後自己用刀劃破了自己的面孔，剜出了自己的眼睛，又剖開肚皮流出了腸子，才慘不忍睹地死去了。

6 韓國把刺客的屍體擺在市場上，花錢徵問誰認得這個人，結果沒有一個人認識。於是韓國又懸出重賞說，誰能認出殺死丞相的兇手，就賞給誰千金。結果過了好久，還是沒人認識。

7 這時聶政的姐姐聶榮聽說有人刺殺了韓國的丞相，兇手已死，韓國人都不認識兇手是誰，於是就把他的屍體擺在市場上而懸賞千金，徵問誰能認識他。聶榮傷心地哭著說：「這恐怕就是我的弟弟吧！因為嚴仲子曾賞識過我的弟弟！」於是她立刻起身來到了韓國，到了市場上一看，果然是聶政。於是她就趴在他的身上，痛哭道：「這人就是魏國軹縣深井里的聶政啊！」街上過路的人們一看都說：「這個人殺害了我國的丞相，現在韓王正懸賞千金找人辨認他是誰，你難道不知道嗎？怎麼還敢前來認屍呢？」聶榮說：「我知道。聶政當初之所以忍受汙辱降低身分地生活在市井小販之中，就是因為當時上有老母健在，下有我還沒出嫁。後來老母已盡天年，我也嫁了人，當初嚴仲子從一個低賤卑汙的處境中賞識了我的弟弟，和他交了朋友。嚴仲子對我弟弟的恩情太深了，我弟弟還能怎麼樣呢？士本來就應該為知己者死，今天他是為了我的緣故，所以才這樣嚴重地毀壞自己的身體，以斷絕追查的線索；我又怎麼能夠害怕自己被殺而埋沒他的英名呢？」韓國市場上的人們聽了這番話都大為震驚。聶榮說完後大叫了三聲蒼天，也痛苦悲哀地在聶政身旁死去了。

8 晉、楚、齊、衛各國聽說了這件事，都說：「不僅聶政是個烈士，連他的姐姐也是一位剛烈的女性。當初假使聶政早就知道他的姐姐這麼毫不遲疑，不怕死地千里跋涉來為他揚名，致使姐弟兩人一同死在韓國的市場上，那麼他也許就未必輕易把自己的身子交給嚴仲子去用了。這嚴仲子的確也可以說得上是一個能知人、能得人之力的人了。」

9 這件事過了二百二十多年，秦國又出了一個荊軻。

1 荊軻者，衛人也。其先乃齊人，徙於衛，衛人謂之慶卿❶。而之燕❷，燕人謂之荊卿❸。

2 荊卿好讀書擊劍，以術說衛元君❹，衛元君不用。其後秦伐魏，置東郡❺，徙衛元君之支屬於野王❻。

3 荊軻嘗游過榆次❼，與蓋聶論❽劍。蓋聶怒而目之，荊軻出。人或言復召荊卿，蓋聶曰：「曩者❾吾與論劍有不稱❿者，吾目之；試往，是宜去⓫，不敢留。」使使往之主人⓬，荊卿則已駕而去榆次⓭矣。使者還報，蓋聶曰：「固去也，吾曩者目攝之⓮！」

4 荊軻游於邯鄲⓯，魯句踐與荊軻博⓰，爭道⓱。魯句踐怒而叱之，荊軻嘿而逃去⓲，遂不復會。

5 荊軻既至燕，愛燕之狗屠⓳及善擊筑⓴者高漸離。荊軻嗜酒，日與狗屠及高漸離飲於燕市。酒酣以往，高漸離擊筑，荊軻和而歌於市中，相樂也；已而相泣，旁若無人者㉑。荊軻雖游於酒人乎，然其為人沉深好書㉒；其所游諸侯，盡與其賢豪長者相結。其之燕，燕之處士[23]田光先生亦善待之，知其非庸人也。

6 居頃之，會燕太子丹質秦亡歸燕[24]。燕太子丹者，故嘗質於趙，而秦王政生於趙[25]，其少時與丹驩。及政立為秦王[26]，而丹質於秦。秦王之遇燕太子丹不善，故丹怨而亡歸。歸而求為報秦王者，國小，力不能。其後秦日出兵山東[27]以伐齊、楚、三晉[28]，稍蠶食諸侯，且至於燕[29]，燕君臣皆恐禍之至。太子丹患之，問其傅[30]鞠武。武對曰：「秦地徧天下，威脅韓、魏、趙氏[31]；北有甘泉、谷口[32]之固，南有涇、渭[33]之沃，擅巴、漢之饒[34]；右隴、蜀之山[35]，左關、殽之險[36]；民眾[37]而士厲[38]，兵革[39]有餘。意有所出[40]，則長城之南，易水以北[41]，未有所定[42]也。柰何以見陵之怨，欲批其逆鱗哉[43]！」丹曰：「然則何由？」對曰：「請入圖之[44]。」

7 居有間[45]，秦將樊於期得罪於秦王[46]，亡之燕，太子受而舍之[47]。鞠武諫曰：「不可。夫以秦王之暴而積怒於燕，足為寒心，又況聞樊將軍之所在乎？是謂『委肉當餓虎之蹊[48]』也，禍必不振[49]矣！雖有管、晏[50]，不能為之謀也。願太子疾遣樊將軍入匈奴以滅口[51]。請西約三晉，南連齊、楚，北購於單于[52]，其後迺可圖也[53]。」太子曰：「太傅之計，曠日彌久，心惛然[54]，恐不能須臾[55]。且非獨於此也。夫樊將軍窮困於天下，歸身於丹，丹終不以迫於彊秦而棄所哀憐之交，置之匈奴，是固丹命卒之時也。願太傅更慮之。」鞠武曰：「夫行危欲求安，造禍而求福，計淺而怨深，連結一人之後交[56]，不顧國家之大害，此所謂『資怨而助禍[57]』矣。夫以鴻毛燎於爐炭之上，必無事矣[58]。且以雕鷙之秦，行怨暴之怒，豈足道哉[59]！燕有田光先生，其為人智深而勇沉[60]，可與謀。」太子曰：「願因太傅而得交於田先生，可乎？」鞠武曰：「敬諾。」出見田先生，道：「太子願圖國事於先生也。」田光曰：「敬奉教。」乃造[61]焉。

8 太子逢迎[62]，卻行為導[63]，跪而蔽席[64]。田光坐定，左右無人，太子避席[65]而請曰：「燕、秦不兩立，願先生留意也。」田光曰：「臣聞騏驥[66]盛壯之時，一日而馳千里；至其衰老，駑馬[67]先之。今太子聞光盛壯之時，不知臣精已消亡矣。雖然，光不敢以圖國事，所善荊卿可使也[68]。」太子曰：「願因先生得結交於荊卿，可乎？」田光曰：「敬諾。」即起，趨出[69]。太子送至門，戒[70]曰：「丹所報，先生所言者，國之大事也，願先生勿泄也！」田光俛而笑曰：「諾。」[71]

9 僂行[72]見荊卿，曰：「光與子相善，燕國莫不知。今太子聞光壯盛之時，不知吾形已不逮[73]也。幸而教之曰：『燕、秦不兩立，願先生留意也。』光竊不自外，言足下[74]於太子也。願足下過太子於宮[75]。」荊軻曰：「謹奉教。」田光曰：

「吾聞之，長者為行，不使人疑之。今太子告光曰：『所言者，國之大事也，願先生勿泄。』是太子疑光也。夫為行而使人疑之，非節俠[76]也。」欲自殺以激荊卿[77]，曰：「願足下急過太子，言光已死，明不言也。」因遂自刎而死[78]。

荊軻遂見太子，言田光已死，致光之言。太子再拜而跪，膝行流涕，有頃而后言曰：「丹所以誡田先生毋言者，欲以成大事之謀也。今田先生以死明不言，豈丹之心哉！」荊軻坐定，太子避席頓首曰：「田先生不知丹之不肖[79]，使得至前，敢有所道，此天之所以哀燕而不棄其孤也[80]。今秦有貪利之心，而欲不可足也。非盡天下之地，臣海內之王者，其意不厭[81]。今秦已虜韓王，盡納其地[82]。又舉兵南伐楚，北臨趙[83]；王翦[84]將數十萬之眾距漳、鄴[85]，而李信[86]出太原[87]、雲中[88]。趙不能支秦，必入臣[89]，入臣則禍至燕[90]。燕小弱，數困於兵[91]，今計舉國不足以當秦。諸侯服秦，莫敢合從。丹之私計，愚以為誠得天下之勇士使於秦，闚以重利[92]；秦王貪，其勢必得所願[93]矣。誠得劫秦王，使悉反諸侯侵地，若曹沫之與齊桓公[94]，則大善矣；則不可[95]，因而刺殺之。彼秦大將擅兵[96]於外而內有亂，則君臣相疑[97]，以其間諸侯得合從，其破秦必矣。此丹之上願，而不知所委命[98]，唯荊卿留意焉。」久之，荊軻曰：「此國之大事也，臣駑下[99]，恐不足任使[100]。」太子前頓首，固請毋讓。然後許諾。於是尊荊卿為上卿，舍上舍。太子日造門下，供太牢具，異物間進，車騎美女恣荊軻所欲，以順適其意[101]。

11 久之，荊軻未有行意。秦將王翦破趙，虜趙王[102]，盡收入其地，進兵北略地至燕南界[103]。太子丹恐懼，乃請荊軻曰：「秦兵旦暮渡易水，則雖欲長侍足下，豈可得哉[104]！」荊軻曰：「微太子言，臣願謁之[105]。今行而毋信[106]，則秦[107]未可親也。夫樊將軍，秦王購之金千斤，邑萬家[108]。誠得樊將軍首與燕督亢[109]之地圖，奉獻秦王，秦王必說[110]見臣，臣乃得有以報[111]。」太子曰：「樊將軍窮困來歸丹，丹不忍以己之私而傷長者[112]之意。願足下更慮之！」

12 荊軻知太子不忍，乃遂私見樊於期。曰：「秦之遇將軍可謂深矣[113]，父母宗族皆為戮沒[114]。今聞購將軍首金千斤，邑萬家，將柰何？」於期仰天太息流涕曰：「於期每念之，常痛於骨髓，顧[115]計不知所出耳！」荊軻曰：「今有一言可以解燕國之患，報將軍之仇者，何如？」於期乃前曰：「為之柰何？」荊軻曰：「願得將軍之首以獻秦王，秦王必喜而見臣。臣左手把其袖，右手揕其匈[116]，然則將軍之仇報而燕見陵之愧除矣[117]。將軍豈[118]有意乎？」樊於期偏袒搤捥[119]而進曰：「此臣之日夜切齒腐心也[120]，乃今得聞教。」遂自剄。太子聞之，馳往，伏屍而哭，極哀。既已，不可柰何，乃遂盛樊於期首，函封[121]之。

13 於是[122]太子豫求[123]天下之利匕首，得趙人徐夫人[124]匕首，取之百金，使工以藥焠之[125]，以試人，血濡縷，人無不立死者[126]。乃裝為遣荊卿[127]。燕國有勇士秦舞陽[128]，年十三，殺人，人不敢忤視[129]。乃令秦舞陽為副。荊軻有所待，欲與俱。其人居遠，未來，而為治行[130]。頃之，未發，太子遲之，疑其改悔。乃復請曰：「日已盡矣，荊卿豈有意哉？丹請得先遣秦舞陽。」荊軻怒，叱太子曰：「何太子之遣？往而不返者，豎子也[131]！且提一匕首入不測之彊秦[132]，僕所以留者，待吾客與俱。今太子遲之，請辭決矣[133]！」遂發。

14 太子及賓客知其事者，皆白衣冠以送之。至易水之上，既祖，取道[134]。高漸離擊筑，荊軻和而歌，為變徵之聲[135]。士皆垂淚涕泣。又前而為歌曰：「風蕭蕭兮易水寒，壯士一去兮不復還！」復為羽聲[136]忼慨，士皆瞋目，髮盡上指冠。於是荊軻就車而去，終已不顧[137]。

15 遂至秦，持千金之資幣物[138]，厚遺秦王寵臣中庶子[139]蒙嘉[140]。嘉為先言於秦王曰：「燕王誠振怖大王之威，不敢舉兵以逆軍吏[141]，願舉國為內臣[142]，比諸侯之列[143]，給貢職如郡縣[144]，而得奉守先王之宗廟[145]。恐懼不敢自陳，謹斬樊於期之頭，及獻燕督亢之地圖，函封，燕王拜送于庭[146]，使使以聞大王。唯大王命之[147]。」秦王聞之，大喜，乃朝服，設九賓[148]，見燕使者咸陽宮[149]。

16 荊軻奉[150]樊於期頭函，而秦舞陽奉地圖柙[151]，以次進。至陛，秦舞陽色變振恐[152]，羣臣怪之。荊軻顧[153]笑舞陽，前謝曰：「北蕃蠻夷之鄙人[154]，未嘗見天子[155]，故振慴[156]。願大王少假借之[157]，使得畢使[158]於前。」秦王謂軻曰：「取舞陽所持地圖。」軻既[159]取圖奏[160]之。秦王發圖，圖窮而匕首見[161]。因左手把秦王之袖，而右手持匕首揕之。未至身，秦王驚，自引[162]而起，袖絕。拔劍，劍長[163]，操其室[164]。時惶急，劍堅，故不可立拔。荊軻逐秦王，秦王環柱而走。羣臣皆愕，卒起不意，盡失其度[165]。而秦法，羣臣侍殿上者不得持尺寸之兵；諸郎中[166]執兵皆陳殿下，非有詔召不得上。方急時，不及召下兵，以故荊軻乃逐秦王。而卒惶急，無以擊軻，而以手共搏之[167]。是時侍醫夏無且以其所奉藥囊提荊軻[168]也。秦王方環柱走，卒惶急，不知所為，左右乃曰：「王負劍[169]！」負劍，遂拔以擊荊軻，斷其左股。荊軻廢[170]，乃引其匕首以擿[171]秦王，不中，中桐柱。秦王復擊軻，軻被八創。軻自知事不就，倚柱而笑，箕踞[172]以罵曰：「事所以不成者，以欲生劫之，必得約契以報太子也[173]。」於是左右既前殺軻[174]，秦王不怡者良久。

17 已而論功，賞羣臣及當坐[175]者各有差，而賜夏無且黃金二百溢，曰：「無且愛我，乃以藥囊提荊軻也。」

18 於是秦王大怒，益發兵詣趙，詔王翦軍以伐燕。十月[176]，而拔薊城[177]。燕王喜、太子丹等盡率其精兵，東保於遼東[178]。秦將李信追擊燕王急，代王嘉[179]乃遺燕王喜書曰：「秦所以尤追燕急者，以太子丹故也。今王誠殺丹，獻之秦王，秦王必解，而社稷幸得血食[180]。」其後李信追丹，丹匿衍水[181]中，燕王乃使使斬太子丹，欲獻之秦。秦復進兵攻之。後五年[182]，秦卒滅燕[183]，虜燕王喜。

19 其明年[184]，秦并天下[185]，立號為皇帝[186]。於是秦逐[187]太子丹、荊軻之客，皆亡[188]。高漸離變名姓為人庸保[189]，匿作於宋子[190]。久之，作苦[191]，聞其家堂上客擊筑，傍偟[192]不能去。每出言曰：「彼有善有不善。」從者[193]以告其主，曰：「彼庸乃知音，竊言是非。」家丈人[194]召使前擊筑，一坐稱善，賜酒。而高漸離念久隱畏約無窮時[195]，乃退[196]，出其裝匣[197]中筑與其善衣，更容貌而前。舉坐客[198]皆驚，下與抗禮[199]，以為上客。使擊筑而歌，客無不流涕而去者。宋子傳客[200]之，聞於秦始皇。秦始皇召見，人有識者，乃曰：「高漸離也。」秦皇帝惜其善擊筑，重赦之[201]，乃矐其目[202]。使擊筑，未嘗不稱善。稍益近之[203]，高漸離乃以鉛置筑中，復進得近，舉筑朴[204]秦皇帝，不中。於是遂誅高漸離，終身不復近諸侯之人[205]。魯句踐[206]已聞荊軻之刺秦王，私曰：「嗟乎，惜哉其不講[207]於刺劍之術也！甚矣吾不知人也！曩者吾叱之，彼乃以我為非人也[208]！」

【章　旨】以上為第五段，寫荊軻為太子丹刺秦王事。

【注　釋】❶慶卿　慶為齊國大族，或荊軻祖出慶氏，或衛人以齊國大姓漫稱之，皆不能詳知。卿，古代對男人的美稱。❷燕　西周初期以來的諸侯國名，始封之君為武王之弟召公奭，國都薊，即今北京市。❸荊卿　《索隱》謂其「至衛而改姓荊，『荊』『慶』聲相近，故隨所在國而異其號耳」。按：稱之為「荊卿」者，乃燕人也，非荊軻自改，《索隱》說與正文不合。或燕人以「慶」「荊」聲音相近而改呼之耳。姚苧田曰：「備敘履歷，固見鄭重。」❹以術說衛元君　術，強國之術。衛元君，衛國國君，西元前二五一－前二三〇年在位。按：此時的衛國早已降為魏國的附庸，衛元君為魏王之婿，故魏仍使其居有濮陽（衛都）而稱君。姚苧田曰：「一荊軻豈足繫衛之存亡，史公痛惜其無成，故偏作爾許身分。」❺秦伐魏二句　事在秦王政五年，魏景湣王元年，西元前二四二年。東郡，秦郡名，郡治濮陽（今河南濮陽西南）。❻徙衛元君之支屬於野王　事在秦王政六年，西元前二四一年。梁玉繩曰：「徙野王者即元君，豈惟『支屬』哉？」按：此句應作「徙衛元君及其支屬於野王」。《史記》中這種句子所見非一，如〈魏其武安侯列傳〉有「蚡弟田勝」，實應作「蚡及其弟田勝」是也。野王，邑名，原屬韓，後為秦所取，即今之河南沁陽。《史》文之所以著此事，一為說明衛元君不用荊軻之術的後果，一為說明荊軻離衛他遊的原因。❼榆次　戰國時趙邑，即今之山西榆次。❽論　講論，也有「比試」的意思。❾曩者　昔者。此處即指「剛才」。❿不稱　不合適；不合格。按：史公著此語，為後面刺秦不成作伏筆。⓫是宜去　估計他已走了。⓬使使往之主人　派人前往荊軻所住的店家尋找。主人，房東；店家。⓭去榆次　離榆次而去。姚苧田曰：「極寫荊軻摧剛為柔，又似重之，又似惜之，其妙乃在筆墨之外。」⓮目攝之　用眼瞪過他。攝，通「懾」。嚇唬。⓯邯鄲　今河北邯鄲，戰國時趙國的都城。此時的趙國國君為悼襄王（西元前二四四－前二三六年在位）。按：衛國已亡，荊軻之遊於諸國者，不忍為亡國奴，欲尋求報秦之機也。⓰博　類似下棋的一種遊戲。《論語・陽貨》：「不有博奕者乎？」疏：「博，《說文》作『簙』，局戲也，六著十二棋也。圍棋謂之弈。」

⑰爭道　為將棋子下於何處而發生爭執。道，棋盤上的格。⑱嘿而逃去　嘿，通「默」。凌稚隆引趙恆曰：「目之而去，叱之而逃去，此可見『深沉』也。」茅坤曰：「太史公摹寫荊軻怯處，與藺相如、韓信同。」姚苧田曰：「士不遇知己，徒死無益，兩番逃去，直與淮陰『俯出胯下』同意。」瀧川曰：「舉二事以證荊軻之『沉深』，非庸人。」⑲狗屠　屠狗者，史失其名。⑳筑　《索隱》曰：「似琴有弦，以竹擊之，取以為名。」㉑已而相泣二句　前不見古人，後不見來者，念天地之悠悠，獨愴然而泣下，寫英雄不遇之悲，至此極矣。姚苧田曰：「一生慷慨，發洩殆盡。」凌稚隆曰：「此傳敘燕多慷慨之士，因荊軻而波及田光、樊於期、高漸離，其一時意氣所激而成風與？」㉒荊軻雖游於酒人乎二句　此「乎」字非疑問語氣詞，在這裡只起提頓作用。姚苧田曰：「復應前『好書』，加以『沉深』，身分高絕。」吳見思曰：「酣酒高歌，固才人悲憤故態，然太過便是市井無賴矣。故即藉前好讀書事，一句帶轉。」㉓處士　隱居者；有才德而不肯為官的人。㉔燕太子丹質秦亡歸燕　質秦，在秦國當人質。春秋戰國時期，凡訂有盟約的國家，常常互派人質，以表信義。燕太子丹由秦國亡歸事，在秦王政十五年，燕王喜二十三年，西元前二三二年。《正義佚文》引《燕丹子》：「太子丹質於秦，秦王遇之無禮，不得意，欲歸。秦王不聽，謬言曰：『令烏頭白，馬生角，乃可。』丹仰天嘆焉，即為之烏頭白，馬生角。王不得已遣之，為機發橋欲陷，丹過之，為不發。」㉕秦王政生於趙　秦王政，即後來稱帝的秦始皇，姓嬴名政。其父公孫異人曾為秦國在趙國當過人質。公孫異人在趙時，娶趙女生了秦王政。〈呂不韋列傳〉謂娶呂不韋之孕妾以生秦王政者，不足信。㉖政立為秦王　事在燕王喜九年，西元前二四六年。㉗日出兵山東　每天都在出兵攻擊東方諸國。山東，崤山（今河南靈寶東南）以東。㉘以伐齊楚三晉　按：此時齊國的國君為齊王建，楚國的國君為楚幽王，韓國為韓王安，趙國為趙王遷，魏國為景湣王。㉙且至於燕　很快就要打到燕國的邊境了。且，即將。按：本文詳寫太子丹與荊軻等人的活動，而時時交代秦國向東方進兵的形勢，一方面是為了增強緊張氣氛，更重要的是為突出荊軻刺秦的政治意義。㉚傅　官名。此處是「太傅」的省稱，太傅負責對太子的教育訓導工作。㉛威脅韓魏趙氏　因韓、魏、趙三國處於秦國的東面，與秦國相鄰，而且都已經到了即將滅亡的邊緣。㉜甘泉谷口　甘泉，山名。在今陝西淳化西北。谷口，涇水出山的山口，在今陝西涇陽西北。㉝涇渭　二水名。渭水自甘肅流來，經關中東入黃河；涇水自寧夏流來，在西安東北匯入渭水。㉞擅巴漢之饒　擅，專有。巴，古國名，後為秦滅，其地約當今重慶市一帶地區。漢，指漢中，今陝西省南部的漢中市一帶地區。㉟右隴蜀之山　右，指秦國的西側。隴山，在今甘肅東部，即今之六盤山南段。蜀山，指今陝西與四川交界的群山，如大巴山、米倉山等。㊱左關殽之險　左，指秦國東側。關，指函谷關，在今河南靈寶東北。殽，也作「崤」。指崤山，在今靈寶縣東南。㊲民眾　人口眾多。㊳士厲　軍隊訓練有素。士，士

兵。厲，磨練；訓練。㊴兵革　兵器、鎧甲。㊵意有所出　猶言「心思一動」。㊶長城之南二句　即指燕國全境。當時燕國所築北防匈奴的長城是西起今張家口，經赤峰、阜新、鐵嶺北，而後南折，經撫順、丹東之東，進入朝鮮境內，這是燕國的北境。易水發源於今河北易縣，東流入大清河，這是當時燕國的南境。㊷未有所定　即「未有定所」。沒有一點安寧的地方。㊸柰何以見陵之怨二句　見陵之怨，指「秦王遇太子丹不善」事。批，鮑彪注：「擊也。」逆鱗，倒生的鱗片。《韓非子・說難》：「夫龍之為蟲也，柔可狎而騎也；然其喉下有逆鱗徑尺，若人有嬰（觸動）之者，則必殺人。」後世遂常以「批逆鱗」代指觸帝王之怒。㊹請入圖之　請讓我進一步地考慮考慮。入，深入；進一步。按：鮑彪解此曰：「請太子入息，己乃圖之。」似增字太多。㊺居有間　過了一段時間。間，空隙。㊻樊於期得罪於秦王　按：樊於期究竟如何得罪秦王，史事不詳。㊼舍之　接待他住了下來。㊽委肉當餓虎之蹊　把肉扔在餓虎要過的通道上。當，對著。蹊，小徑。㊾不振　沒法拯救。振，拯救。㊿管晏　管仲、晏嬰。都是春秋時代的齊國謀臣。事見〈管晏列傳〉。(51)滅口　消除秦國進攻我們的藉口。(52)北購於單于　猶言「北與匈奴人聯合」。購，通「媾」。媾和；建立聯盟關係。單于，匈奴君長的稱號。匈奴是自戰國後期強大起來的北方少數民族名，活動在今內蒙與蒙古國境內，其東南部與燕國為鄰。徐孚遠曰：「戰國時未有用胡騎為援者，燕國弱而近匈奴，故欲媾之。」(53)其後迺可圖也　按：鞠武之言貌似有理，其實是自欺欺人的空話。幾十年前東方六國尚強時，「蘇秦」等倡導合縱尚不能抵抗秦國的遠交近攻，更何況現時六國已經如殘燈搖曳之時哉？對比荊軻諸人，鞠武是一個迂腐孱懦的形象。(54)心惛然　何建章《戰國策注釋》曰：「惛，『悶』之錯字，憂悶煩亂。」(55)恐不能須臾　恐怕一刻也不能等了。能，通「耐」。忍耐；堅持。須臾，片刻。鮑彪曰：「言己憂思昏瞀且死，須臾不可待。」(56)連結一人之後交　意即為了一個新交的朋友。指樊於期。張照以為「後交」應作「厚交」，王叔岷以為「後」字通「厚」，均似勉強。(57)資怨而助禍　促進禍患的發展。資，助。(58)必無事矣　猶今所謂「不在話下」、「用不著提啦」。瀧川曰：「謂其輕易也。」(59)豈足道哉　意謂（其禍之大）還用得著說嗎。(60)智深而勇沉　凌稚隆引王世貞曰：「凡智不深則非智，勇不沉則非勇。深所以藏智，而出之使不測；沉所以養勇，而發之使必遂也。」(61)造　到。這裡指造門、登門。(62)逢迎　即指迎接。逢，迎也。(63)卻行為導　在前面倒退著走，給客人引路。按：〈高祖本紀〉云：「高祖朝，太公擁彗，迎門卻行。」蓋秦漢時有此禮節。(64)蔽席　以袖子撣去座位上的土。蔽，通「拂」。拂拭。「蔽」與「拂」古音相同，〈燕策〉作「拂」。〈平原君虞卿列傳〉有所謂「側行襒席」，與此意思相同。(65)避席　離開自己的座席，表示恭敬。(66)騏驥　古所稱之千里馬。(67)駑馬　劣等的馬。(68)雖然三句　改成現代漢語的語序，即「雖光不敢以圖國事，然所善荊軻可使也」。《正義》引《燕丹子》云：「田光曰：『竊觀太子客無可用者，夏扶血勇之人，怒而面赤；宋意脈勇之人，怒而面青；武陽骨勇之人，怒而面白。光所知荊軻，神勇之人，怒而色不變。』」69趨出　小步疾行而出。趨，小步疾行，這是臣子在君父面前走路的一種禮節姿勢。70戒　通「誡」。告誡；囑咐。71俛而笑曰二句　俛，通「俯」。低頭。按：「俛而笑」三字表現田光心理，自刎之心此時已經下定。72僂行　彎腰而行，見其龍鍾老態。僂，曲背也，寫老人狀貌。吳見思曰：「先出一鞠武，束手無策，方脫出一田光；田光不敢圖，然後脫出荊軻。逐節寫來，決不一氣寫出，可想筆墨之妙。」73不逮　達不到。指力不從心。74足下　尊稱對方的用語，與「閣下」「殿下」「膝下」「執事」等語的用法相同，皆指稱對方的眼前之地與對方的身邊用人而言。75過太子於宮　意即到太子之宮見太子。76節俠　有操節、講義氣的人。77欲自殺以激荊卿　按：此田光自刎之用意，萬不可忽過。鮑彪注：「言其死非為洩，欲勵勉荊軻，使死之耳。」78因遂自刎而死　鍾惺曰：「光自知力不能為，而進荊軻自代，償以一死，明己之所以辭太子者非惜其死，而慮事之不成也。」79不肖　不成材；沒出息。不肖的本義是不類其父。肖，類；像。80天之所以哀燕而不棄其孤也　大意為，這是老天爺可憐我們燕國，而不想拋棄我們。孤，太子丹自稱。《索隱》曰：「無父稱孤，時燕王尚在，而丹稱『孤』者，或記者失辭。」按：〈范睢蔡澤列傳〉云：「秦昭王曰：『寡人得受命於先生，是天所以幸先王，而不弃其孤也。』」詞氣正與此同，故《索隱》謂此處乃記事者之用語失當。王叔岷曰：「『不棄其孤』謂不棄燕之孤獨也。」似嫌勉強。81不厭　不滿足；不停止。厭，通「饜」。飽；滿足。82虜韓王二句　事在秦王政十七年，燕王喜二十五年，西元前二三〇年，是年秦滅韓，在韓地設三川郡。韓王，韓國的末代國君，名安，西元前二三八—前二三〇年在位。83南伐楚二句　據〈秦始皇本紀〉，此時無「南伐楚」之記載，「北臨趙」即指下文所敘。84王翦　秦國名將，在佐秦滅趙、滅燕、滅楚中有大功，事見〈白起王翦列傳〉。85距漳鄴　距，抵達。漳，鄴，漳水、鄴城，當時趙國的南境。漳水流經今河北省與河南省的交界處；鄴城舊址在今河北臨漳西南。86李信　秦國將領，漢將李廣的祖輩。87太原　秦郡名，其地原屬趙，後被秦占領，秦王政二年（西元前二四五年）在此設太原郡。88雲中　郡名，郡治在今內蒙托克托東北，原屬趙，秦王政十三年（西元前二三四年）被秦所占。89入臣　指向秦國投降。90入臣則禍至燕　因為趙國一旦降秦，則燕國便與秦國直接為鄰，而成為秦國攻擊的對象了。91數困於兵　連年為戰爭所困擾。如燕王喜四年（西元前二五一年）燕軍攻趙，被廉頗所敗，燕都被圍；燕王喜十二年（西元前二四三年），趙將李牧攻燕，拔武遂、方城；燕王喜十三年（西元前二四二年），燕將劇辛攻趙，被趙將龐煖所敗，殺燕軍二萬人等是也。92闚以重利　猶言「以重利誘之」。闚，此處猶言「示」（使之可窺）、「誘」。93必得所願　意即必能得到行刺的時機。94使悉反諸侯侵地二句　梁玉繩曰：「以齊桓望始皇，丹之愚也。」柳子厚〈詠荊軻〉：「秦皇本詐力，事與桓公殊。奈何效曹子，實為勇且愚。」[95]則不可　倘若不行。則，假若。[96]擅兵　掌握兵權。擅，專斷。[97]君臣相疑　謂新國君不信任老將領，老將領不信任新國君。[98]不知所委命　不知把這個任務託付給誰。委，託付。命，使命；任務。[99]駑下　才質低劣。[100]不足任使　不配擔負這樣的使命。[101]供太牢具四句　太牢具，牛、羊、豕三牲皆備的筵席，古代待客的最高禮數。〈項羽本紀〉云：「項王使者來，為太牢具，舉欲進之。」即此也。太牢，指牛、羊、豕三牲，古代常用以為祭品。間進，隔不久送一次。恣，縱任。按：舊本有將此處斷句為「供太牢，具異物，間進車騎美女，恣荊軻所欲」者，於本文較順，而於〈項羽本紀〉之「太牢具」則無法拆開。此外，尚有「治具」、「供具」等語，亦指備辦筵席。以順適其意，按：此處但云太子丹「順適荊軻」，而不云荊軻如何，似即安而受之者，則無俠義之度矣。至《燕丹子》有所謂「軻與太子丹游東宮池，軻拾瓦投蛙，太子捧金丸進之；又共乘千里馬，軻曰『千里馬肝美』，即殺馬進肝；太子與樊將軍置酒華陽臺，出美人能鼓琴，軻曰『好手也』，斷以玉盤盛之」云云，尤誕妄不近人情，類乎東晉桓玄之狂悖矣。[102]王翦破趙二句　事在秦王政十九年，燕王喜二十七年，西元前二二八年。按：被虜的這個趙國末代之王名遷，悼襄王之子，西元前二三五—前二二八年在位。[103]燕南界　約當今之河北保定、河間一線。[104]雖欲長侍足下二句　意即催促荊軻動身赴秦。[105]微太子言二句　意謂即使太子您不說，我也早想告訴您了。微，沒有。謁，請見；稟告。[106]毋信　沒有足以取信於人的東西。[107]秦　此處指秦王。[108]秦王購之金千斤二句　意謂誰能替秦國捉到樊於期，秦國將賞以千金，封之為萬戶侯。邑萬家，以萬家之地為其食邑。[109]督亢　約當今河北省之涿縣、定興、新城、固安等一帶地區，為當時燕國的富庶地帶。[110]說　通「悅」。[111]臣乃得有以報　這樣我才可能有報效您（指刺秦王）的機會。[112]長者　好人；厚道人。此指樊於期。[113]遇將軍可謂深矣　遇，對待。深，狠毒；歹毒。[114]戮沒　殺盡。一說，戮，指罪重的被殺；沒，指罪輕的收入官府為奴。疑前說是。[115]顧　轉折語詞，猶今所謂「關鍵是」、「問題在於」。[116]揕其匈　揕，刺。匈，通「胸」。[117]然則將軍之仇句　然則，這樣一來。見陵，被侵淩；被欺侮。[118]豈　諸祖耿引王引之曰：「豈，猶『其』也。」金正煒曰：「〈秦策〉：『子常宣言代我相秦，豈有此乎？』『豈』亦猶『其』也。」[119]偏袒搤捥　脫下一隻袖子，露出半邊肩臂，這隻手握住那隻手的腕子。捥，通「腕」。當時人們發誓言、表決心時常常做出這種樣子。[120]此臣之日夜切齒腐心也　意謂我之所以日夜切齒捶胸，就是因為想不出這麼一個好辦法。腐，應作「拊」。拍；捶。《戰國策》作「拊」。中井曰：「憂悶不可忍，則心摧折如腐爛然。」說似勉強。[121]函封　用盒子裝起，加上封條。函，盒子。茅坤曰：「荊軻請樊於期頭一節，愚竊謂非人情也。當時必荊軻與太子陰取之，而好事者飾奇，或戰國慕節俠者為之也。」[122]於是　當此時。[123]豫求　事先已經找到。[124]徐夫人　《索隱》：「徐姓，夫人名，謂男也。」中井曰：「徐夫人非女子，未可知也。且其命匕首，非必工名，或所貯之人名盛，則亦以命焉。」王叔岷曰：「竊疑『徐』姓，『夫人』乃字，猶『疏受』字『公子』之比也。」[125]以藥焠之（把燒紅的匕首）放到毒藥水裡蘸，使其帶有毒性。[126]血濡縷二句　《集解》曰：「人血出，足以沾濡絲縷，便立死也。」中井曰：「濡縷，謂傷淺血出，僅如絲縷。」疑前說是。凌稚隆引董份曰：「敘匕首縷縷，亦惜荊軻之虛發也。」[127]乃裝為遣荊卿　裝，指裝好匕首。一說，指為荊軻收拾行裝。牛鴻恩曰：「《國策》作『乃為裝，遣荊卿』。為裝，治裝。疑《史》文淆亂，當據《策》乙正。」[128]秦舞陽　燕國賢將秦開之孫。〈匈奴列傳〉云：「燕有賢將秦開，襲破走東胡，東胡卻千餘里。與荊軻刺秦王秦舞陽者，開之孫也。」梁玉繩曰：「《國策》、《燕丹子》、〈人表〉、《隸續・武梁畫》並作『武陽』，而《史》獨作『舞陽』，古字通用。」[129]忤視　以不順從的眼光相看。忤，逆。[130]為治行　指荊軻替他所等的人收拾行裝。[131]往而不返者二句　荊軻之意乃是想劫秦王，迫其訂立盟約歸還六國失地，而後全勝而歸；並不是要去和秦王同歸於盡，故有此云。豎子，猶言「小子」、「奴才」。罵人語。[132]且提一匕首入不測之彊秦　按：此句語氣不完整，下面應有「此中應慮及之事尚多」等類似字樣，而後再接「僕所以留者」云云，意思始能貫通。[133]今太子遲之二句　辭決，即告辭。決，通「訣」。別。吳見思曰：「極其勉強，荊軻已將性命付之，此行不萬全，本荊軻意中事。」[134]既祖二句　祖，祭路神，古人出遠門時常有這種儀式。師古曰：「祖者，送行之祭，因設宴飲焉。」於是後世亦稱為人餞別的酒宴曰「祖餞」、「祖宴」。取道，車馬已擺在行將出發的路上。按：關於古時祖祭的儀式，吳師道引《毛詩傳疏》曰：「封土為山象，伏牲其上，既祭，處者餞之。飲畢，乘車轢之而去。」[135]變徵之聲　古代樂律分宮、商、角、變徵、徵、羽、變宮七調，大致相當於今之CDEFGAB七調。變徵，即F調，此調韻味蒼涼，悲惋淒清。鮑彪曰：「變徵為商，蓋悲音。」[136]羽聲　相當於今之A調，此調韻味激昂慷慨。鮑彪曰：「羽聲，其音怒。」梁玉繩曰：「《藝文類聚・四十四》、《初學記・十六》引宋玉〈笛賦〉云『宋意將送荊卿於易水之上』；《文選・二十八・雜歌序》云『荊軻歌，宋如意和之』；《淮南・泰族》云『高漸離、宋意為擊筑而歌於易水之上』；《水經注・十一》云『高漸離擊筑，宋如意和之』；《新論・辨樂》云『荊軻入秦，宋意擊筑』；陶潛〈詠荊軻〉詩云『宋意唱高聲』，《策》《史》俱不及『宋如意』何也？」[137]於是荊軻就車而去二句　按：太子諸人皆「白衣冠以送之」，此非荊軻之本意。此時他對能否劫秦王獲勝而歸，已不能堅信，視其「一去不復還」之語可知。今後之事只能靠他自己去盡力而為了。董份曰：「荊軻歌易水之上，就車不顧，只此時，懦士生氣。」孫月峰曰：「〈易水歌〉只此兩句，卻無不慷慨激烈，寫得壯士心出，氣蓋一世。」[138]幣物　禮品。古代常以璧、帛等物為之。[139]中庶子　太子的官屬，秩六百石，主管宮中及諸吏嫡子、庶子的支系譜籍。[140]蒙嘉　其人事跡不詳，有謂為蒙恬之弟者，無據。[141]不敢舉兵以逆軍吏　意即不敢發兵迎戰。逆，迎。

此處指迎擊、抵抗。(142)舉國為內臣　舉國，猶言「奉國」。把國家交給你。為內臣，為秦國的國內之臣。(143)比諸侯之列　像我們國內的一個小諸侯那樣。比，相當；等於。(144)給貢職如郡縣　像我們國內的一個郡縣似地給朝廷進貢。給，進。貢職，「職」亦「貢」也。(145)得奉守先王之宗廟　意即只求不把我們的國家政權最後消滅，因為國家一滅，宗廟社稷也就蕩然無存了。(146)燕王拜送于庭　謂拜送荊軻等於庭，以表其對秦王的敬畏之禮。(147)唯大王命之　意即一切都任憑秦王的安排、處置。(148)設九賓　按：「九賓」之禮又見於〈廉頗藺相如列傳〉，其制度不見於經傳，不知究竟云何。《集解》引韋昭語以為即《周禮》之「九儀」；《正義》曰：「設文物大備，即謂『九賓』，不得以《周禮》『九賓』義為釋。」《索隱》以為「九賓」即「九服之賓客」；《正義》引劉伯莊以為「九賓」為「周王之備禮，天子臨軒，九服同會」；中井積德曰：「賓，儐也。儐九人立廷，以禮使者也。」瀧川資言云：「設九賓，猶言『具大禮』，不必援古書為證。」(149)咸陽宮　秦朝當時的主要宮殿。《三輔黃圖》云：「始皇窮極奢侈，築咸陽宮，因北陵營殿，端門四達，以則紫宮，象帝居。」(150)奉　捧。(151)柙　通「匣」。(152)秦舞陽色變振恐　吳見思曰：「借舞陽反襯荊軻神勇。」(153)顧　回；回頭。(154)北蕃蠻夷之鄙人　猶言「北邊屬國的像蠻夷一樣的野人」。蕃，通「藩」。籬笆。諸侯國對天子自稱「藩國」。(155)天子　稱秦王政為「天子」，以迎合其奢大之心，用詞巧妙。(156)振慴　震恐。慴，懼也。(157)少假借之　稍稍寬容他一下。少，稍；略。假借，通融；寬容。(158)畢使　完成這次出使的任務。(159)既　通「即」。(160)奏　進呈；進上。(161)圖窮而匕首見　圖窮，圖卷展到最後。見，通「現」。(162)引　向後扯。(163)劍長　戰國之劍有長至四、五尺者，故倉促之間難以立拔。(164)室　劍鞘。(165)盡失其度　猶言「都亂了套」。度，常法；常態。(166)郎中　皇帝的侍從人員，上屬郎中令。(167)而卒惶急三句　按：句首「而」字應削，「無以擊軻」上應增「群臣」二字讀。吳見思曰：「此時正忙，作者筆不及轉，觀者眼不及眨之時也，乃偏寫劍長操室，又寫群臣、殿下諸郎及夏無且，然偏不覺累贅，而一時惶急神情如見。」(168)夏無且以其所奉藥囊提荊軻　提，投擊。〈絳侯周勃世家〉：「太后以冒絮提文帝。」《索隱》曰：「提，擲也。」史珥曰：「連下三『惶急』字，令人應接不暇。第此時夏無且猶能以藥囊提荊軻，秦舞陽何以不奮一臂之力？豈至陛色變，止於階下故耶？」馬非百曰：「春秋戰國間，醫之良者大抵在秦。扁鵲本鄭人，最後亦至於秦。夏無且之醫術如何，史未詳載，然其以藥囊提荊軻，救秦王於萬死一生之中，亦智勇之士哉！」(169)負劍　背劍。指把劍推到背後再拔。(170)廢　癱了下去。(171)擿　《索隱》曰：「『擿』與『擲』同，古字耳。」擲，投刺。(172)箕踞　伸著兩腿，像是簸箕似的坐著，這是一種傲慢無禮的姿勢。(173)以欲生劫之二句　顧炎武《菰中隨筆》曰：「荊軻『生劫』一語乃解嘲之辭，其實軻劍術疏耳，錯處只在『未及身』三字之間。荊軻所以為神勇者，全在臨事時一毫不動，此孟賁輩所不及也。」中井曰：「『欲生劫』云者，是回護之言，非事實。」

按：「生劫」之意，史公於荊軻「左手把秦王之袖，而右手持匕首揕之」處缺少交代，故起後人「解嘲」「回護」之疑，實則史公未必欲譏荊軻也。(174)左右既前殺軻　按：「軻」下應有「及秦舞陽」四字，否則，秦舞陽失交代。既，通「即」。茅坤曰：「不見秦舞陽下落，亦太史公疏略處。」瀧川曰：「史公不言秦舞陽此時作何狀，蓋在階下為衛士之所執耳。」(175)當坐　按：「當坐」上應增一「罰」字。徐孚遠曰：「荊軻之見秦王也因蒙嘉，所當坐在嘉也。」(176)十月　秦王政二十一年，燕王喜二十九年，西元前二二六年之十月。(177)薊城　即今北京市，當時為燕國國都。(178)東保於遼東　東撤、退守於遼東郡。保，據守。遼東，燕郡名，約當今遼寧省之大淩河以東地區，郡治即今遼陽市。(179)代王嘉　即趙公子嘉，悼襄王的嫡長子。後因悼襄王愛其少子遷，因而公子嘉被廢。趙王遷在位八年，被秦將王翦所虜，趙國遂滅。此時，公子嘉北逃至代，又被趙國殘餘勢力立為代王。代王嘉在位六年（西元前二二七—前二二二年），被秦所滅。(180)社稷幸得血食　意即國家或許能夠得到保存。血食，指享受祭祀，因為祭祀要用牛、羊、豕三牲。按：代王嘉此語悖謬，其所以發此語者，是因為懼怕秦滅燕後，移兵滅代。(181)衍水　《索隱》但曰「在遼東」，而不詳其具體方位，有曰即今遼陽附近之太子河者，倉修良以為是後人附會。(182)後五年　秦王政二十五年，燕王喜三十三年，西元前二二二年。(183)秦卒滅燕　按：西周初年封建之燕國，歷八百餘年，至此被秦所滅。(184)其明年　秦王政二十六年，西元前二二一年。(185)秦并天下　按：秦王政於其十七年（西元前二三〇年）滅韓，於十九年（西元前二二八年）滅趙，於二十二年（西元前二二五年）滅魏，於二十四年（西元前二二三年）滅楚，於二十五年（西元前二二二年）滅燕、滅代，於二十六年（西元前二二一年）滅齊，遂統一天下。(186)立號為皇帝　指秦王政改號稱「皇帝」，據〈秦始皇本紀〉，當時群臣上號曰「泰皇」，而秦王政自己裁定曰：「去『泰』著『皇』，採上古『帝』位號，號曰『皇帝』。」並自號曰「始皇帝」。(187)逐　追捕。(188)亡　逃匿。(189)庸保　即後世之所謂「僕傭」、「伙計」。《索隱》釋「酒家保」曰：「庸作於酒家，言可保信，故曰『庸保』。」瀧川引岡白駒曰：「賣傭定限期，故云『保』。」(190)匿作於宋子　匿作，隱姓埋名地替人幹活。宋子，地名，在今河北趙縣東北。(191)作苦　勞作疲乏。作，勞作；勞動。(192)傍偟　留戀不捨的樣子。(193)從者　《索隱》曰：「主人家之左右也。」(194)家丈人　意即「主人」、「東家」。(195)久隱畏約無窮時　長期這樣畏懼、困辱地躲藏下去，何時是了呢。《索隱》曰：「約，謂貧賤儉約。」按：「約」即指貧困，《論語》有所謂「小人不可以久處約」。(196)乃退　謂從堂上下來，回到私室。(197)裝匣　盛行李什物的箱籠之類。(198)舉坐客　所有在座的客人。(199)與抗禮　與之平等地以禮相見。抗，對等；相等。(200)宋子傳客　整個宋子縣都依次地輪流著請他去作客。傳，依次；輪流。(201)惜其善擊筑二句　喜歡他的擊筑技藝，但又不能輕易赦他的罪。重，難。「輕易」、「隨便」的反義詞。(202)矐其目　將其兩眼熏瞎。《索隱》曰：「以馬屎熏，令失明。」

[203]稍益近之　漸漸地可以靠近秦始皇了。[204]朴　掄物以砸人。[205]諸侯之人　指東方六國的人。茅坤曰：「末復附高漸離一着，以為曲終之奏。」吳見思曰：「荊軻一段，文字奇肆極矣，故又附高漸離一段以為後勁，方不寂寞。」姚苧田曰：「荊卿之有高漸離，猶聶政之有姊嫈也。大丈夫為知己死，一腔熱血，本不求表露於天下，而無如荊卿之於太子丹疏莽猜嫌，實算不得知己，七尺之軀浪付豎子，殊為可惜，故當時若不得高生一番奇烈，荊之減價良不少也。酒酣歌泣，託以千秋，豈徒然哉！」[206]魯句踐　按：開頭與荊軻論劍，以其「不稱」，「怒而目之」者，非「魯句踐」，乃「蓋聶」也。此處言「魯句踐」，似史公行文之誤。[207]不講　不講究；不精通。董份曰：「以句踐之言結傳末，見軻之劍術未盡。」[208]彼乃以我為非人也　非人，王叔岷曰：「『人』猶『偶』也。『非人』猶『非偶』，亦即非同類者耳。」按：以上荊軻刺秦王事，見《戰國策・燕策三》，《策》文除無此傳開頭「燕太子丹質秦亡歸燕」以前數行，與結尾之魯句踐語少數文字外，基本故事均與此傳相同。顧炎武曰：「古人作史，有不待論斷，而於敘事之中即見其指者，惟太史公能之，如〈平準書〉末載卜式語，〈王翦傳〉末載客語，〈荊軻傳〉末載魯句踐語，〈鼂錯傳〉末載鄧公與景帝語，〈武安侯田蚡傳〉末載武帝語，皆於敘事中寓論斷法也。」牛鴻恩曰：「文章激昂悲壯，淋漓酣暢，是一篇出色的史傳文學作品。田光為激勵荊軻，自刎而死；樊於期為使荊軻見秦王，慷慨自殺；特別是荊軻，勇毅、深沉、慷慨、豪邁，他為赴秦做了周密準備。易水餞別，他的〈易水歌〉表現了必死的決心，迴腸盪氣，悲壯感人。他的『就車而去，終已不顧』；他的『倚柱而笑，箕踞以罵』，都生動刻畫了他鮮明的性格特徵，給人留下難忘的印象。而太子丹的操之過急和秦舞陽的『色變振恐』，則是對荊軻的陪襯。」

【語　譯】荊軻是衛國人。他的先輩本是齊國人，後來搬到了衛國，衛國人叫他「慶卿」；荊軻到了燕國，燕國人又叫他「荊卿」。

2　荊卿喜歡讀書和擊劍，曾以治國之術勸說過衛元君，衛元君沒有採用。後來秦國東攻魏國，在新占領的地區設立了東郡，把魏國的附庸君主衛元君和他的支屬遷到了野王。

3　這時離鄉飄流的荊軻先是到了趙國的榆次，在榆次他和蓋聶談論劍術。蓋聶瞪了荊軻一眼，荊軻沒說話就出門走了，有人問蓋聶是不是要把荊軻再找回來，蓋聶說：「剛才我和他談論劍術，有些地方他說得不對，我瞪了他一眼。你去看看吧，我估計他可能離開榆次了，他不會留在這裡。」結果派人去到荊軻居住的店家那裡一問，荊軻果然已經趕著車子離開了榆次。派去的人回來向蓋聶一說，蓋聶說：「本來我就估計他已經走了，因為我剛才瞪了他一眼。」

4 接著荊軻又到了邯鄲，和魯句踐一起下棋，因為兩個人爭執該當誰走。魯句踐對荊軻生氣地呵斥了一聲，荊軻又是什麼話也沒說悄悄地走了，兩個人從此再沒有見面。

5 荊軻來到燕國後，和燕國一個殺狗的屠戶及一位擅長擊筑的高漸離感情很好。荊軻喜歡飲酒，天天和那個屠戶及高漸離在燕國的市場上痛飲。等到喝得勁頭上來，高漸離就擊筑為聲，荊軻就和著筑聲引吭高唱，三個人以此為樂。待至唱了一會兒，忽然又轉為相對落淚，簡直就像周圍沒有別人一樣。荊軻雖然好跟那班酒徒混在一起，但他的為人卻深沉穩重，而且喜歡念書；他不論到了哪個國家，總是跟那些有威望有才幹的人物交朋友。他到了燕國後，燕國的在野名人田光也對他很好，知道他不是平庸之輩。

6 沒過多久，在秦國當人質的太子丹從秦國逃回來了。太子丹原來曾在趙國當人質，當時秦王政出生在趙國，小時候和太子丹很要好。等到他回國當了秦王之後，太子丹又到秦國來當人質了。這時秦王政對待太子丹很不好，於是太子丹恨恨地逃了回來。回國後太子丹就想尋找機會向秦王報仇，但由於燕國弱小，自己沒有力量。後來秦國又接連不斷出兵東下，攻打齊國、楚國和韓、趙、魏三國，逐漸地向東蠶食各國的領土，眼看著就要吃到燕國的頭上來了，燕國的君臣們都很害怕這種災難的來臨。太子丹很擔心，向他的老師鞠武請教。鞠武說：「秦國的土地遍天下，威脅著韓國、魏國和趙國。秦國北有甘泉、谷口的堅固要塞，南有涇水、渭水灌溉的肥沃土壤，並擁有巴郡、漢中的富饒資源，西有隴山、蜀山，東有函谷關、殽山，他們人多兵強，武器充裕。只要他們的心思對我們一動，那麼這長城以南、易水以北的燕國就無法安生了。您何必為受了一點欺侮去觸犯他呢？」太子丹說：「那我們有什麼辦法嗎？」鞠武說：「讓我再好好地考慮考慮。」

7 又過了一段時間，秦國的將領樊於期因為得罪秦王逃到了燕國，太子丹收留他，讓他住了下來。鞠武勸阻說：「不能留他。憑著秦王的殘暴和他素日對我們燕國的怒氣，就已經夠讓人膽戰心寒的了，何況再讓他知道樊將軍又到了我們這裡呢？這就叫做『把肉往餓虎經過的道上扔』，災難必然是沒救了！到那時即使有像管仲、晏嬰那樣的謀臣也不可能再替您拿主意。所以希望您趕緊打發樊將軍去匈奴，以消除秦國進攻我們的藉口，然後我們向西聯合韓、趙、魏三國，向南聯合齊國、楚國，再向北聯合匈奴，只有這樣，我們才可能考慮如何與秦國作戰的問題。」太子丹說：「照您的計畫，將不知拖到何年何月，現在我的心裡昏昏然，恐怕等不了多久了。況且不僅有如此。再說樊將軍是在走投無路的情況下來投奔我的，我無論如何不能因為懼怕秦國而拋棄一位可憐的朋友，把他扔到匈奴去。也許現在已經到了我該死的時候了，希望您替我想想別的辦法。」鞠武說：「一邊在故意冒險一邊又求太平，一邊在製造禍端一邊又求福分，不作深謀遠慮卻又不斷地激怒敵人，為了一個新來的朋友，竟然不顧國家的大害，這就是俗話所說的自己加快災難的降臨。這就如同把一根鴻毛放在爐火上燒，肯定是一下子就完了。讓雕鷙一樣兇猛的秦國，來對我們發洩他那積蓄已久的怒氣，那還用得著說什麼嗎？我們國家有位田光先生，這個人有深智大勇，您可以找他商量商量。」太子丹說：「我希望通過您的引見認識田先生，您看行嗎？」鞠武說：「可以。」於是鞠武出去找到田光說：「太子希望見您和您商量國家大事。」田光說：「遵命。」於是他就到太子那裡去了。

8 太子丹親自迎到了門外，而後在前面倒退著為田光引路，進屋後又跪下去用袖子為田光撣了撣坐席。待至田光坐定，左右的人們退出後，太子丹又離開坐席，尊敬地向田光請教說：「燕國和秦國是勢不兩立的，請先生關心我們當前的形勢。」田光說：「一匹駿馬在牠健壯的時候，一天能跑一千里，可是到牠老了的時候，連一匹劣馬也能跑到牠的前頭。太子您聽說我能幹，那是我年輕時候的事，卻不知我現在的精力已經不行了。但儘管我現在已經不能再和您一道籌劃大事，而我的朋友荊卿卻可以給您派用場。」太子丹說：「我想通過您的介紹認識荊卿，您看行嗎？」田光說：「遵命。」說完起身出門。太子丹送到了門口，囑咐田光說：「剛才我對您說的話，以及您所說的事情，可都是國家大事，希望您不要洩露。」田光低頭笑道：「當然。」

9 田光彎著腰去找到了荊卿，說：「咱們兩個人的關係好，燕國無人不知。可是太子只知道我年輕時的本事，而不知道我現在的身體已經不中用了。他對我說：『燕國和秦國是勢不兩立的，希望您關心我們現在的局勢。』當時我不見外，就把你推薦給太子了。希望你迅速進宮見他。」荊軻說：「願意遵命。」田光又說：

「俗話說一個有德性的人辦事，不應該讓別人懷疑。剛才太子曾囑咐我說：『我們所說的話可都是國家大事，希望您不要洩露。』這說明太子對我不放心。一個人辦事如果讓別人不放心，那就不能算是好漢。」其實他是想用自己的死來激勵荊軻下決心，於是就對荊軻說：「請你趕緊到太子那裡去，就說我已經死了，以證明我不會洩露國家機密。」說罷遂自刎而死。

10 於是荊軻立即去拜見了太子，對太子說田光已經死了，並且把田光臨死前說的話對太子丹說了一遍。太子丹拜了兩拜，跪在地上流著眼淚，過了好一會才說出話來，他說：「我當時所以囑咐田先生，是為了保證大事的成功。如今田先生竟然為了表明不洩露機密而自殺了，這哪裡是我的本意呢！」荊軻坐定以後，太子丹又離開坐席，對荊軻叩頭說：「田先生不認為我沒出息，讓我能到您面前，來向您表達我的心事，這真是老天爺可憐我們燕國而不想拋棄燕國的後代啊。如今秦國貪婪得很，他們的欲望是永遠不能滿足的。他們不把所有的國家全部消滅，不把各國的國王都變成他的奴僕，他們是不會死心的。現在他們已經俘虜了韓王，吞併了韓國的土地；又發兵向南征伐楚國，向北逼近趙國；王翦率領著幾十萬人已經到達了趙國南境的漳水、鄴城；而李信又從太原、雲中出兵向趙國進擊，趙國抵抗不住，必然要向秦國投降。趙國一投降，接著災禍就要降臨到我們燕國了。我們的國家弱小，又多次遭受戰爭的困擾，現在估計一下，即使動員起整個國家的力量也抵擋不了秦國。現在各國都怕秦國，誰也不敢再和我們聯合。按我個人的想法，如果能找到一位勇士，派他到秦國去，我們可以拿重利去引誘秦王，秦王貪心，必然能讓我們找到接近他的機會。這樣我們一旦劫持了他，逼他交還侵占諸侯們的土地，就像當年曹沫劫持齊桓公那樣，這是最理想的結果；假如劫持不成，那就乘機把他殺掉。秦國的大將都領兵在外，國內一旦出現動亂，他們君臣間必然會相互猜疑，乘這個機會，我們東方各國聯合起來，就肯定可以打敗秦國了。這是我最高的願望，只是不知道該把這個任務託付給誰，請您多留意！」過了好一會兒，荊軻說：「這可是國家的大事，我本事不高，恐怕承擔不起。」太子丹進前叩頭，堅請他不要推辭。荊軻答應了。於是太子丹尊荊軻為上卿，讓他住進最高級的客館。太子丹還每天都到那裡向他問候，給他送去牛、羊、豬三者俱備的最高級的食品，此外還不時地給他送去各種奇珍異寶，至於其他車馬、美女等等，更是敞著口地讓荊軻盡情享用，總之一切都順著他的心。

11 過了一段時間，荊軻還沒有動身的意思，這時秦將王翦已經滅掉了趙國，俘虜了趙王，吞併了趙國的全部土地。接著大兵北進，來到了燕國的南部邊界。太子丹害怕了，對荊軻說：「秦兵很快地就要渡過易水了，即使我願意長久地侍候您，但又怎麼辦得到呢！」荊軻說：「即使您不說，我也早想去向您請示了。現在就是我到了秦國，因為沒有讓他們信任的東西，那還是無法接近秦王的。秦國逃來的樊將軍，現在秦王正用千金萬戶的重賞來捉拿他。如果我們能帶著樊將軍的人頭和我國督亢地區的地圖，去獻給秦王，秦王必然會高興地接見我，到那時我才能有為您效力的機會。」太子丹說：「樊將軍因為走投無路來投奔我，我不忍用自己的事情去傷人家的心。請您還是另想別的辦法。」

12 荊軻知道太子不忍心，於是就背著太子自己去找樊於期。他對樊於期說：「秦國對待您可以說是殘酷到極點了，您的父母宗族都被秦王殺盡了，現在他們還用千斤和萬戶的重賞來收買您的人頭，您準備怎麼辦呢？」樊於期仰天長歎，兩淚交流地說：「我每逢想到這件事，都是傷心得連骨髓也發疼，只是想不出什麼辦法！」荊軻說：「如今有一個法子既可以解除燕國的禍患，又可以為您報得大仇，您想聽嗎？」樊於期湊近一步說：「有什麼辦法？」荊軻說：「我希望得到您的人頭，我拿著它去見秦王，秦王一聽必然高興地接見我。到那時，我左手抓住他的袖子，右手持匕首直刺他的胸膛，這樣既可以為您報了大仇，又可以為燕國洗去受欺凌的恥辱，您有意思這麼幹嗎？」樊於期一聽立即解衣露出了一隻膀子，一隻手握著另一隻手的腕子，湊近荊軻說：「我之所以日夜咬牙捶胸，就是因為想不出好辦法，今天才從你這裡聽到。」說罷立刻刎頸自殺了。太子丹一聽這個消息，趕緊飛車前往，趴在樊於期的身上放聲大哭，哭得非常悲痛。但無論如何人是死了，於是就把樊於期的人頭裝在匣子裡，用封條封上。

13 太子丹事先已經在各地物色鋒利的匕首，後來從趙國徐夫人那裡得到了一把，太子丹花了百金把它買過來，又讓工匠把它用毒藥蘸過，用這把匕首試著刺人，只要擦破一點皮，流出僅能滲溼一根布絲的那麼一點血，人沒有一個不立刻死亡的。於是太子丹就把這些東西都為荊軻收拾停當。燕國有個勇士叫秦舞陽，早在十三歲時就敢殺人，周圍的人們誰都不敢對他反目相看。太子丹就把他找來，安排他給荊軻當助手。這時荊軻好像是還在等什麼人，說是非要那個人來了才一塊走。而這個人又離這裡很遠，還沒來，荊軻倒是已經為他收拾好了行裝。又過了一陣，荊軻還不動身，太子丹嫌他拖延，怕他變卦。於是就去催促說：「已經沒有時間了，您還有去的意思嗎？不然我們就先讓秦舞陽一個人去。」荊軻一聽，生氣地對太子丹喝斥道：「用得著您這麼催我嗎？如果一去回不來，那就是個窩囊廢。再說就拿著這麼一把匕首去那個變化莫測的秦國行刺，不好好準備怎麼行呢？我之所以還不走，是在等我的一個朋友一塊去。您現在嫌我拖延，那我就馬上告辭！」於是動身出發了。

14 這時太子丹以及賓客們知道這件事的，都穿著白衣服，戴著白帽子，來給荊軻送行。他們來到了易水河邊，祭過了路神，把車子擺在了西去的路上。這時高漸離擊筑，荊軻和著筑聲引吭高歌，歌聲先是用蒼涼悲惋的「變徵」音調。送行的人們聽著一個個都流下了眼淚。接著荊軻又進前唱道：「風蕭蕭兮易水寒，壯士一去兮不復還！」隨後又把曲調變成了激昂慷慨的「羽調」，這時在場的人們聽了都一個個激動得瞪起了眼睛，豎起了頭髮。荊軻唱罷回身上車揚鞭西馳而去，再也沒有回頭。

15 荊軻來到秦國，先用價值千金的禮物買通了秦王的寵臣中庶子蒙嘉。蒙嘉受禮後把他們向秦王介紹說：「燕王出於懼怕大王的雄威，已經不敢再興兵抵抗我國的軍隊；他們願意帶著整個國家投降我們，給我們作臣僕，等同於我們秦國內部的一個小封君，和我們國內的郡縣一樣給中央進貢，只求讓他們保存著他們先王的宗廟不致被毀。由於燕王害怕大王，不敢自己來說，所以先派人帶著樊於期的人頭和燕國督亢地區的地圖來見您。當他們把人頭、地圖裝進匣子，使臣動身來秦的時候，燕王還親自走到院子裡對著使臣叩頭跪拜，囑咐他的使者來對您好好地報告。現在就等您的指示了。」秦王一聽非常高興，於是換上禮服立即升殿，殿前排列著九個儐相，用了極其隆重的禮節在咸陽宮接見燕國的使者。

16 荊軻捧著樊於期的人頭盒子走在前面，秦舞陽捧著地圖匣跟在後面，兩人依次進了宮門。剛走到臺階下，秦舞陽就已經嚇得面無人色。秦王的群臣看此光景，覺得很奇怪。這時荊軻回過頭來笑看著秦舞陽，替他向秦王打圓場說：「生活在北部蠻夷的小人，從來沒有見過天子的威儀，所以一見就害怕了。希望大王能寬恕他，讓他能夠完成這次出使的任務。」秦王對荊軻說：「把他手裡的地圖拿過來。」於是荊軻就從秦舞陽手裡拿過地圖送到了秦王面前。秦王接過地圖，慢慢地把圖卷展開，待至地圖展到最後，捲藏在裡邊的匕首就露出來了。這時荊軻左手抓住了秦王的袖子，右手抄起匕首向著秦王刺去。匕首還沒有刺到身上，秦王嚇得站起來往後一扯，袖子被掙斷了。接著秦王伸手拔劍，但是佩劍太長，倉促間拔不出來，只是著急地手裡抓著劍鞘。由於太緊張、太著急，所以佩劍也就越像是焊住了一樣，怎麼拔也拔不出來。秦王無法，只好圍著柱子亂轉，荊軻在後面急急追趕。由於事情來得太突然，所以殿上的群臣先是嚇得一愣，而後就全都急得亂了套。當時秦國的法律規定，凡是在殿上站著的群臣不允許攜帶任何兵器，而所有手持兵器的衛士們只能列隊站在殿外，沒有秦王的命令，誰也不能上來。而秦王由於當時正急著對付荊軻，所以來不及召呼下面的衛士，這就給了荊軻追趕秦王的時間。由於事情來得倉促，殿上的群臣沒有任何辦法攔阻荊軻，只好空手和荊軻搏鬥。這時有個侍候秦王的醫生叫夏無且，他用手裡的藥包擲向荊軻。這時秦王還在圍著柱子亂跑，正不知道該怎麼辦，只聽左右有人對他喊道：「大王可以把佩劍推到背後去拔！」秦王一聽醒悟了，他把佩劍向後一推，從背後拔了出來。秦王先是砍斷了荊軻的左腿，荊軻癱倒在地，這時荊軻把他手中的匕首狠狠地向著秦王投去，結果又沒有投中，而是投在了一根桐柱上。秦王轉身猛地又砍荊軻，這時荊軻已經有八處受傷了。荊軻知道事情已經不能成功，於是就靠著柱子放聲大笑，他伸著兩腿，高傲地望著秦王罵道：「今天的事情所以沒有成功，是因為開始我想捉活的，想逼著你和我們簽訂條約，以此來回報燕太子。」接著秦王左右的人們過去把荊軻殺掉了。而秦王則是為了這事一直過了好久還在悶悶不樂。

17 等到事情過去以後，秦王根據當時的功勞，對有功的人進行了不同的獎賞，對有罪的人也給予了不同的懲罰。秦王特別賞賜給夏無且黃金二百鎰，說：「夏無且是愛我的，當時他用藥包擲過荊軻。」

18 荊軻這件事更激起了秦王的憤怒，他立即增派部隊到趙國去，命令王翦率軍北進伐燕。當年十月，攻下了燕國的國都薊城。燕王喜和太子丹率領著燕國的精兵，退到了燕國東北部的遼東地區。秦國的將領李信對燕王喜追趕得很急，這時趙國的殘餘勢力代王嘉給燕王喜寫信說：「秦軍之所以追你追得特別急，是因為你兒子太子丹的緣故。你如果能自己殺死太子丹，把他交給秦王，秦王必然會解除對你的追擊，這樣你的國家或許就能得到保存。」後來李信追趕太子丹，太子丹逃到了衍水上，燕王喜派人把太子丹殺了，他想把他獻給秦王，結果秦國不聽，仍是照樣進兵。又過了五年，秦國終於滅掉了燕國，俘虜了燕王喜。

19 滅燕後的第二年，秦國統一了天下秦王政改號稱為皇帝。接著他下令搜捕太子丹和荊軻的門客黨羽，這些門客黨羽們都逃跑躲藏起來了。這時高漸離更名換姓，躲在宋子縣當雇工。過了一段時間，他幹活幹累了，聽到主人家有位客人在堂上擊筑，高漸離聽了半天捨不得離去。他常脫口說道：「這位先生擊筑，有的地方擊得好，有的地方擊得不好。」這時主人家的一位侍從就把高漸離的話告訴了主人，說：「那位伙計懂得音樂，他在那裡對剛才的擊筑妄加評論。」這家主人一聽，立即就把高漸離叫上來，請他擊筑，結果一場表演後，滿座的客人都為之叫絕，主人很高興，立即斟酒給他喝。高漸離心想，自己這麼躲藏下去，終究不是辦法。於是回到自己屋裡，從行囊裡取出了自己的筑並換上了自己的好衣裳，變更容貌重新來到主人跟前。在座的客人們一看都大吃一驚，趕緊下來與高漸離見禮，然後把他推到了上座。請他擊筑唱歌，客人們聽了一個個無不激動得流下了眼淚。從此在宋子城裡，大家都輪流著請高漸離去作客。很快地消息傳到了秦王那裡。秦王下令召見高漸離。高漸離一進宮，馬上就有人認出了他，說：「這人是荊軻的朋友高漸離。」秦王聽後，一方面他很喜歡高漸離擊筑的本領，但另一方面也實在難以饒過他，於是就弄瞎了他的眼睛。讓他擊筑，秦王每聽一次，都覺得不錯。於是就漸漸地與秦王接近了，這時高漸離就暗中在筑裡灌滿了鉛，在後來接近秦王的時候，他突然舉筑向秦王砸去，結果沒有砸中。於是秦王立即處死了高漸離，從此一輩子再也不接近東方六國的人了。

20 魯句踐聽說荊軻刺秦王的事情後，自己感慨地說：「可惜呀！荊軻的失誤就出在劍術不夠精通上。但是我當初也實在太不了解人了！我當時還呵斥過他，他自然也不會視我為同類親近的人了！」

太史公曰：世言荊軻，其稱太子丹之命，「天雨粟，馬生角」也，太過❶；又言荊軻傷秦王❷，皆非也。始公孫季功❸、董生❹與夏無且游，具知其事，為余道之如是。自曹沫至荊軻五人，此其義❺或成，或不成，然其立意較然，不欺其志❻。名垂後世，豈妄也哉？

【章　旨】以上為第六段，是作者的論贊，補充說明了荊軻故事的材料來源，與作者所以為五人立傳的著眼點。

【注　釋】❶世言荊軻五句　社會上流傳的荊軻故事中，當說到太子丹的命運時，說他曾經感動得「天雨粟，馬生角」，這種說法太過分了。《燕丹子》曰：「太子丹質於秦，秦王遇之無禮，不得意，欲歸。秦王不聽，謬言曰：『令烏頭白，馬生角，乃可。』丹仰天嘆焉，即為之烏頭白，馬生角。」❷又言荊軻傷秦王　《正義》引《燕丹子》曰：「荊軻拔匕首擲秦王，決耳，入銅柱，火出。」❸公孫季功　僅此一見，其人事跡不詳。❹董生　即董仲舒，武帝時的著名儒生，著有《春秋繁露》，事跡見〈儒林列傳〉。司馬遷曾經向他學過《公羊春秋》。❺義　義舉。指刺殺活動。❻立意較然二句　出發點明確，絕不違背自己的良心。較，明也。欺，欺騙；違背。

【語　譯】太史公說：社會上流傳的荊軻的故事中，說太子丹在秦國當人質時，曾感動得天上落下了糧食，馬頭上長出了犄角，這些說法都太過分了。還說荊軻當時已經刺傷了秦王，這種說法也是不對的。從前公孫季功及董仲舒都曾經和夏無且有過交往，清楚地知道當時的事情，是他們後來對我這麼講的。從曹沫到荊軻一共五個人，他們辦的事情有的成功了，有的沒有成功，但他們的出發點都很明確，他們絕不違背自己的良心。他們的名聲流傳於後世，這難道是偶然的嗎？

【研　析】本篇作品的第一要義是歌頌「士為知己者死」。專諸為公子光而刺王僚，豫讓為智伯而刺趙襄子，聶政為嚴仲子而刺俠累，這些都是一個下層人物被某個上層人士所「知」，從而為之奮死不顧。而他們所涉及的那種統治階級的內部矛盾，從今天的眼光看並無什麼是非之分，因而也就沒有多少值得肯定的地方。但在當時卻體現了擺脫奴僕與主人的人格依附關係，而含有某種「平等」的「雙向選擇」的意味，這是戰國時代所特有的。司馬遷之所以歌頌這種關係，是出於對漢武帝專制獨裁的不滿。在這裡，他特別歌頌了豫讓的「義不為二心」，更表現了司馬遷對於為人不忠、待友不信的惡劣行為的深惡痛絕。

本篇作品的第二要義是歌頌為保衛國家、抗擊入侵者而勇敢奮鬥、義無反悔的義烈精神。曹沫、荊軻與上述三人不同，他們的活動都是與國家的安危緊密結合著，因而具有鮮明的政治色彩。曹沫的故事前人已經論證了它的不足信，司馬遷之所以將其書之於史，是說明司馬遷對這種行為的高度崇敬。至於荊軻，這是本篇的中心人物，在他身上所體現的兩種精神是非常感人的。

其一是見義勇為，急人之急，扶助弱小，不畏強暴，慷慨磊落，不怕犧牲的精神。荊軻是衛國人，附庸於魏。魏被秦滅後，他到處漂泊。燕國與他一不沾親，二不帶故，在秦國大軍壓境的情況下，田光把他推薦給燕太子丹。荊軻沒有推辭，就答應給太子丹去當刺客了。就其思想而論，接近於游俠，如司馬遷所言：「其言必信，其行必果，已諾必誠，不愛其軀，赴士之阸困。」但就其如何使用其才、使用其軀而言，他又不同於那些輕舉妄動的游俠。他深沉幹練，明大義，識大體，類似侯嬴與魯仲連。他們的義憤都是為國難而發。他們臨危不懼，挺身而出，在強大的敵人面前表現了一種不可侵犯、不可折服的崇高人格。他們都是戰國時期的傑出人物，他們的浩然正氣對我國後世人民有重要的影響。

其二是危急關頭絕不氣餒，破釜沉舟，背水一戰，雖敗猶鬥的精神。從大環境說，當時的秦滅六國之勢已成定局，是束手投降，還是作困獸之鬥？這對於一個國家、一個民族來說是原則問題。清代吳見思說：「此時之燕，刺秦亦亡，不刺秦亦亡，太子丹所以刺秦王也。」司馬遷正是從這個角度肯定太子丹，而批判燕王喜、代王嘉；歌頌荊軻、高漸離、田光、樊於期等一批勇烈之士，而蔑視鞠武等表面老成周詳，實則是一根軟骨頭的投降派的。從荊軻的個人表現來說，當他被秦王擊斷左股，明知刺秦失敗時，仍「引其匕首以擿秦王」；後來他身「被八創」，又「倚柱而笑」，「箕踞以罵」，這是多麼壯烈感人的精神啊！

荊軻故事的情節驚險生動，是《史記》中最扣人心絃的作品之一。它有開頭，有發展，有高潮，有尾聲，是最具備現代小說特點的古代短篇文言小說。作品運用了多角度、多層次的襯托對比，在渲染氣氛、場面描寫等方面都有卓越的成就。

淮陰侯列傳

【題解】作品記述了韓信早年的貧苦無依、受人凌辱，以至投軍後屢屢不受重用，直至蕭何等苦苦向劉邦推薦，劉邦拜韓信為大將後，韓信始為劉邦設巧計，取三秦；又為劉邦破魏、破代、破趙、降燕、破齊，最後破項羽於垓下，佐助劉邦稱帝的全部過程。韓信的軍事天才是古今少有的。劉邦沒有韓信，他就不可能打敗項羽，奪得天下；但是有韓信存在，劉邦也就永遠不能安心，因此當項羽一被消滅，韓信也就死到臨頭了。蒯通對這種形勢的分析是極其準確、極其明晰的。司馬遷同情韓信的遭遇，但又無法直說，於是他就把武陟、蒯通的大段言辭都寫在裡面；又把韓信與陳豨勾結謀反的事情也寫在裡面，讓讀者自己分析理解，用心是很細微的。

1 淮陰侯韓信者，淮陰❶人也。始為布衣時，貧無行❷，不得推擇為吏❸，又不能治生商賈❹，常從人寄食飲❺，人多厭之者❻。常數從其下鄉❼南昌亭長❽寄食，數月，亭長妻患之，乃晨炊蓐食❾。食時信往，不為具食。信亦知其意，怒，竟絕去。

2 信釣於城下❿，諸母漂⓫，有一母見信飢，飯信，竟漂數十日⓬。信喜，謂漂母曰：「吾必有以重報母。」母怒曰：「大丈夫不能自食⓭，吾哀王孫而進食，豈望報乎[14]！」

3 淮陰屠中少年有侮信者，曰：「若雖長大[15]，好帶刀劍，中情[16]怯耳。」眾辱之[17]曰：「信能死，刺我；不能死，出我袴下[18]。」於是信孰視之，俛出袴下，蒲伏[19]。一市人皆笑信，以為怯。

4 及項梁渡淮[20]，信杖劍[21]從之，居戲下[22]，無所知名。項梁敗[23]，又屬項羽，羽以為郎中[24]。數以策干項羽[25]，羽不用。漢王之入蜀[26]，信亡楚歸漢[27]，未得知名，為連敖[28]。坐法[29]當斬，其輩[30]十三人皆已斬，次至信[31]，信乃仰視，適見滕公[32]，曰：「上不欲就天下乎[33]？何為斬壯士！」滕公奇其言，壯其貌，釋而不斬。與語，大說[34]之。言於上，上拜以為治粟都尉[35]，上未之奇也。

5 信數與蕭何[36]語，何奇之。至南鄭[37]，諸將行道亡者數十人[38]，信度何等已數言上，上不我用，即亡[39]。何聞信亡，不及以聞，自追之。人有言上曰：「丞相何亡。」上大怒，如失左右手[40]。居一二日，何來謁[41]上，上且怒且喜，罵何曰：「若亡，何也[42]？」何曰：「臣不敢亡也，臣追亡者。」上曰：「若所追者誰？」何曰：「韓信也。」上復罵曰[43]：「諸將亡者以十數，公無所追[44]；追信，詐也。」何曰：「諸將易得耳。至如信者，國士[45]無雙。王必欲長王漢中[46]，無所事信[47]；

必欲爭天下，非信無所與計事者。顧王策安所決耳(48)。」王曰：「吾亦欲東耳，安能鬱鬱久居此乎？」何曰：「王計必欲東，能用信，信即留；不能用，信終亡耳。」王曰：「吾為公以為將(49)。」何曰：「雖為將，信必不留。」王曰：「以為大將。」何曰：「幸甚。」於是王欲召信拜(50)之。何曰：「王素慢無禮(51)，今拜大將如呼小兒耳，此乃信所以去也。王必欲拜之，擇良日，齋戒，設壇場(52)，具禮(53)，乃可耳。」王許之。諸將皆喜，人人各自以為得大將(54)。至拜大將，乃韓信也，一軍皆驚(55)。

6 信拜禮畢，上坐(56)。王曰：「丞相數言將軍，將軍何以教寡人計策？」信謝，因問王曰：「今東鄉爭權天下(57)，豈非項王邪？」漢王曰：「然。」曰：「大王自料勇悍仁彊孰與項王？」漢王默然良久，曰：「不如也。」(58)信再拜，賀(59)曰：「惟信亦為大王不如也(60)。然臣嘗事之，請言項王之為人也。項王喑噁叱咤(61)，千人皆廢(62)，然不能任屬(63)賢將，此特(64)匹夫之勇耳。項王見人恭敬慈愛，言語嘔嘔，人有疾病，涕泣分食飲(65)，至使人有功當封爵者，印刓敝，忍不能予(66)，此所謂婦人之仁也(67)。項王雖霸天下而臣諸侯，不居關中而都彭城(68)。有背義帝之約(69)，而以親愛王，諸侯不平(70)。諸侯之見項王遷逐義帝置江南(71)，亦皆歸逐其主而自王善地[72]。項王所過無不殘滅者，天下多怨，百姓不親附，特劫於威彊耳[73]。名雖為霸，實失天下心。故曰其彊易弱。今大王誠能反其道，任天下武勇[74]，何所不誅[75]！以天下城邑封功臣[76]，何所不服[77]！以義兵從思東歸之士[78]，何所不散[79]！且三秦王[80]為秦將，將秦子弟數歲矣，所殺亡[81]不可勝計，又欺其眾降諸侯，至新安，項王詐阬秦降卒二十餘萬[82]，唯獨邯、欣、翳得脫，秦父兄怨此三人，痛入骨髓。今楚彊以威王此三人[83]，秦民莫愛也。大王之入武關[84]，秋豪[85]無所害，除秦苛法，與秦民約，法三章[86]耳，秦民無不欲得大王王秦者。於諸侯之約，大王當王關中，關中民咸知之。大王失職[87]入漢中，秦民無不恨者[88]。今大王舉而東[89]，三秦可傳檄而定[90]也。」於是漢王大喜，自以為得信晚。遂聽信計，部署諸將所擊[91]。

【章旨】以上為第一段，寫韓信前期的種種窮困，和投奔劉邦後幾經曲折被拜為大將的過程。

【注釋】❶淮陰　秦縣名，在今江蘇淮陰北。❷無行　《集解》引李奇曰：「無善行。」瀧川引中井曰：「放縱不檢之謂。」❸推擇為吏　戰國以來，鄉官有向國家推舉本鄉人才使之為吏的制度。王先謙引沈欽韓曰：「《管子・小匡篇》：『鄉長修德進賢，名之曰三選。』《莊子・達生》：『孫休賓（擯）於鄉里，逐於州部。』此戰國以來選舉之法，信以無行，故不得推為吏也。」❹治生商賈　以從事商業活動謀生。治生，即謀生。師古曰：「行賣曰商，坐販曰賈。」❺從人寄食飲　依靠他人生活。王先謙引沈欽韓曰：「方言，寄食為糊。」❻人多厭之者　姚苧田曰：「淮陰侯乃史公所痛惜者，觀其起處詳寫貧時落魄景象，遂與孟子『將降大任』一節一樣搖曳其意中，固以漢初第一人目之。」❼下鄉　鄉名，屬淮陰縣。❽南昌亭長　南昌亭是下鄉的一個亭名，秦時十里一亭，每亭有亭長一人，維持其所屬的村落秩序，並管接待過往的官吏。❾晨炊蓐食　提前做飯，人在牀上就把飯吃了。蓐，同「褥」。被褥。《集解》引張晏曰：「未起而床褥中食。」王先謙引王引之曰：「方言，蓐，厚也。『厚食』猶言多食。」❿信釣於城下　《正義》曰：「淮陰城北臨淮水，信釣於此。」王先謙引沈欽韓曰：「《一統志》，韓信釣臺在淮安府山陽縣（即今江蘇淮陰）北。」⓫諸母漂　好些年長的婦女在淮水邊漂洗棉絮。《集解》引韋昭曰：「以水擊絮為漂。」⓬竟漂數十日　一直到漂洗完，數十日內每天如此。竟，到底。⓭自食　自己養活自己。食，同「飼」。⓮吾哀王孫而進食二句　《集解》引蘇林曰：「王孫，如言『公子』也。」《索隱》引劉德曰：「秦末多失國，言王孫、公子，尊之也。」王先謙引何焯曰：「《博物志》云：『王孫、公子，皆相推致之詞。』」羅大經曰：「韓信於未遇時，識之者唯蕭何及淮陰漂母耳。何之英傑固足以識信，漂母一市媼，乃亦識之，異哉！故嘗謂子房狙擊祖龍，意氣過於輕銳，故圯上老人抑之；韓信俯出市胯，意氣憐於消沮，故淮陰漂母揚之。一翁一媼，皆異人也。」郭嵩燾曰：「淮陰重報之言怒於漂母，視其貧困更能自立，不應為豪語耳，怒中有揶揄之意。」瀧川引中井曰：「漂母惟憐信，故飯之，實不知信之才，故怒於重報之語，以為虛言。」按：後二說是，羅大經之論圯上老人是也，論漂母恐過於穿鑿。⓯若雖長大　你雖然長得高高大大。若，你。⓰中情　內心；骨子裡。⓱眾辱之　《正義佚文》：「於眾中辱之。」即當眾侮辱他。⓲信能死四句　意即你如果不怕死，你就刺我一刀；如果你怕死，不敢刺我，你就從我腿下鑽過去。能死，敢死；能豁得出死。即不怕死。袴下，即胯下。這裡通「胯」。⓳於是信孰視之三句　孰視，盯著他看了半天。孰，通「熟」。蒲伏，同「匍匐」。爬行。瀧川曰：「尤珙曰：『「孰視之」三字可玩，有忍意。』齋藤謙曰：『「蒲伏」二字，駭狀如見，所以反襯他日榮達。』」姚苧田曰：「一片沉毅在『孰視』二字，非復向日為一飢一飽輕喜輕怒故態矣。」⓴項梁渡淮　事在秦二世二年（西元前二〇八年）二月。項梁於秦二世元年（西元前二〇九年）九月起兵於吳（今江蘇蘇州），與其相繼的渡江、渡淮北上事，見〈項羽本紀〉。㉑杖劍　持劍。師古曰：「直（只）帶一劍，更無餘資。」言除一劍外，更無其他進見之資。㉒戲下　即麾下、部下。戲，同「麾」。大將的指揮旗。㉓項梁敗　項梁因連破秦兵而驕怠，被秦將章邯破殺於定陶事，在秦二世二年九月，見〈項羽本紀〉。㉔郎中　帝王的侍從人員。㉕數以策干項羽　意即多次為項羽籌謀畫策。干，求見；進說。㉖漢王之入蜀　項羽等滅秦後，分封諸侯，封劉邦為漢王，王巴、蜀、漢中，都南鄭（即今陝西漢中）。此云「入蜀」即指劉邦離關中而去南鄭，事在漢元年（西元前二〇六年）四月，其實劉邦本人從來沒有去過巴、蜀。㉗亡楚歸漢　韓信「亡楚歸漢」的時間大約在漢元年四月，劉邦正由關中去南鄭的途中。亡，潛逃；逃離。陳子龍曰：「楚之敗，坐於才臣多歸漢耳。大凡有才不能用，而適他國，必蓄怨毒之懷，而我國之情無不輸之於敵，此椒舉所以重嘆於晉楚之事也。」按：椒舉之歎「楚材晉用」，事見《左傳》襄公二十六年。㉘連敖　管倉庫糧餉的小官。王駿圖曰：「考『敖』與『廒』同。連廒者，必主倉廒之官，其職甚微。及滕公言於上，乃拜以為治粟都尉，則猶據資格而推升之耳。故知連敖亦治粟之官也。」㉙坐法　因為犯法。㉚其輩　與之同類的人。輩，倫；類。㉛次至信　下一個就輪到了韓信。次，依次。㉜滕公　滕縣縣令，即夏侯嬰，因其在秦時曾為滕縣（今山東滕縣西南）的令史，劉邦破滕後，可能一度任之為滕縣縣令，故時人稱之為「滕公」，也稱「滕嬰」。事跡見〈樊酈滕灌列傳〉。㉝上不欲就天下乎　瀧川曰：「『上』字當作『王』，下同。」就，取。㉞說　同「悅」。㉟治粟都尉　管理糧餉的中級軍官。梁玉繩引沈作喆曰：「秦官有治粟內史，高帝因之。」㊱蕭何　秦時為沛縣小吏，後為劉邦的開國元勳，此時為劉邦任丞相。事跡見〈蕭相國世家〉。㊲至南鄭　謂劉邦等由咸陽到南鄭的一路之上。㊳諸將行道亡者數十人　行，或讀為ㄒㄧㄥˊ：行道，即行進之中。或讀為ㄏㄤˊ：諸將行，即諸將輩。《漢書》刪「行」字。王先謙引周壽昌曰：「『至南鄭』為高祖元年夏四月，時沛公為漢王，都南鄭，諸將士皆思東歸，故多道亡。」按：亦可由此反照前此韓信「坐法當斬」以及得遇滕公，並受蕭何賞識諸事，均發生在由咸陽到南鄭的路途之中。㊴信度何等已數言上三句　鍾惺曰：「觀信（後文）論高祖一段，可見信捨高祖亦無可事之君矣，其亡也亦知蕭何之必追，追而必薦，以亡激之耳。」凌稚隆引董份曰：「何屢言信而不用，雖何不能為力，故予嘗疑信亡，何之謀也。信亡而身追之，要為奇以聳動上耳。」㊵如失左右手　按：以此見蕭何在劉邦心目中的地位之重要。㊶謁　拜見；參見。㊷若亡二句　你逃跑，為什麼。若，你。㊸上復罵曰　按：數句連用「大怒」、「且怒且喜」、「罵曰」、「復罵曰」，漢王之習性、神情活現。㊹公無所追　瀧川曰：「改『若』稱『公』，見漢王心稍定。」㊺國士　師古曰：「國家之奇士。」㊻長王漢中　意即永遠滿足於當漢王。㊼無所事信　沒有必要任用韓信。王駿圖曰：「『事』猶『用』也；『無所事』者，猶言『用不著』也。」㊽顧王策安所決耳　這就看你究竟是打什麼主意了。顧，轉折語詞，相當於今之「就在於」、「關鍵在於」。㊾吾為公以為將　按：見劉邦之勉強。此欲用以為將，非為知韓信之才，乃欲不傷蕭何的情面，擔心蕭何逃跑。吳見思曰：「『為公』是面情之語，正寫漢王尚未識信。」㊿拜　此處即指任命。古時王者之任命將、相，要舉行一定的典禮，王者在此儀式上要對被任命者表示一定的禮數，故稱這種任命叫作「封拜」，也單稱「拜」。(51)王素慢無禮　指劉邦的好罵人、好侮辱人，如接見酈食其，黥布時令女人為之洗腳；見儒生則解其冠向其冠中撒尿；以及騎周昌的脖子；張口罵人自稱「乃公」（「你老子」「你爸爸」），〈魏豹彭越列傳〉豹曰「漢王慢而侮人，罵詈諸侯羣臣如罵奴耳」等皆是。(52)壇場　築土高之日「壇」，除地曰「場」。[53]具禮　安排一定的禮節儀式。[54]人人各自以為得大將　人人都估計此大將之位非己莫屬。[55]一軍皆驚　按：諸將皆已隨劉邦征戰三年，而韓信乃是剛從項羽陣營逃過來的一個小軍吏，諸將自然無法想到。〈陳丞相世家〉寫陳平新歸劉邦，劉邦任以為都尉，使為參乘，典護軍時，「諸將盡讙，曰：『大王一日得楚之亡卒，未知其高下，而即與同載，反使監護軍長者！』」情形與此相同，亦先抑後揚之法也。[56]上坐　謂韓信被劉邦推居於上位。瀧川引中井曰：「『上坐』，以漢王平常宮殿言也，非壇上。言壇上拜時之禮已畢，漢王乃延入見之與坐也。」[57]東鄉爭權天下　與東方的項羽爭奪號令天下之權。鄉，通「向」。[58]漢王默然良久三句　按：明知不如，而嘴裡不願承認，見劉邦之習性神情。〈項羽本紀〉：「(張)良曰：『料大王士卒足以當項王乎？』沛公默然，曰：『固不如也，且為之奈何？』」與此同。[59]賀　嘉許；稱讚。稱讚他有這種自知之明，能承認自己不如人家。這是以下整段議論的基礎。[60]惟信亦為大王不如也　瀧川曰：「楓、三本『亦』下有『以』字。」王念孫曰：「『惟信亦以為大王不如也』作一句讀，言非獨大王以為不如，雖信亦以為不如也。」惟，關聯詞，猶如今之所謂「連」、「即使是」。《漢書》於此作「唯」，「唯」與「惟」同，師古於「唯」下斷句，將之解釋為「應辭」，誤。[61]喑噁叱咤　怒喝聲。[62]廢　《索隱》云：「孟康曰：『廢，伏也。』張晏曰：『廢，偃也。』」按：「伏」是向前仆倒，「偃」是向後仰倒，大概意思不錯，其實都不準確。「廢」即今之所謂「堆委」、「軟癱」，〈刺客列傳〉寫荊軻腿部中劍後，曰「荊軻廢」，亦即「癱」，而非「仆」與「偃」也。[63]任屬　即「任用」。屬，託付。[64]特　只是；不過是。[65]恭敬慈愛四句　嘔嘔，語氣溫和的樣子。按：〈項羽本紀〉范增曰：「君王為人不忍。」〈高祖本紀〉王陵、高起曰：「項羽仁而敬人。」皆可與此相發明，知項羽性格除粗豪暴戾外，尚有如此慈厚的一面。[66]印刓敝二句　印的稜角都被摩弄圓了，還拿在手裡捨不得給出去。刓，磨去稜角。忍，吝嗇；捨不得。[67]此所謂婦人之仁也　乾隆曰：「韓信登壇數語，劉興項蹶已若指掌。以項羽為『匹夫之勇』，人人能言之；以為『婦人之仁』，則信所獨見也。」[68]不居關中而都彭城　彭城，今江蘇徐州，項羽稱西楚霸王，建都於此。按：關於項羽不都關中而都彭城之失，自韓信說過此話後，漢初遂有多人言之，一似項羽之蠢人皆可以嗤之者，然惲敬氏卻另有他說，詳見〈項羽本紀〉注引。[69]有背義帝之約　指不按「先入關者王之」的約定辦事。有，同「又」。[70]以親愛王二句　封自己親近的人為王，諸侯們都對此不平。也有人將此句斷作「以親愛王諸侯，不平」，亦通。項羽封其所愛於好地、要地事，在漢之元年一二三月。見〈項羽本紀〉。[71]遷逐義帝置江南　項羽分封諸侯後，自稱西楚霸王，尊懷王為徒有其名的「義帝」，使之遷居長沙郴縣，中途又令黥布等將其殺害，事見〈項羽本紀〉。[72]亦皆歸逐其主而自王善地　王先謙引齊召南曰：「指田都王臨淄、田安王濟北、臧荼王燕、司馬卬王殷、張耳王常山，皆徙其故王於他處也。」按：齊氏所說是也，然則此處「歸逐」二字使用失當，蓋皆項羽分封中所為，非諸侯歸國後所專行也。瀧川曰：「〈酈生傳〉酈食其說齊王廣曰：『項王有倍約之名、殺義帝之負，於人之功無所記，於人之罪無所忘，為人刻印，刓而不能授；攻城得賂，積而不能賞。』與淮陰言合。」(73)特劫於威彊耳　只是被他的強大兵威所脅制，不敢反抗罷了。特，只；只不過。「威彊」二字連讀。又，瀧川曰：「楓、三本『彊』下有『服』字。」王念孫曰：「『彊』讀『勉彊』之『彊』，『彊』下當有『服』字。言百姓非心服項王，特劫於威而彊服耳。」按：二者皆可通，似不必再改。(74)任天下武勇　前云項王「不能任屬賢將」，今劉邦若能「任天下武勇」，即「反其道」也。(75)何所不誅　還有什麼人不能被你誅滅。(76)以天下城邑封功臣　前云項羽「至使人有功當封爵者，印刓敝，忍不能予」，今劉邦若能「以天下城邑封功臣」，則又「反其道」而行也。(77)何所不服　還有什麼人不能被你征服。(78)以義兵從思東歸之士　意即以那部分來自沛縣一帶的老兵為中堅、為前鋒，讓你現有的全部人馬跟在後面。義兵，指劉邦現有的全部士卒。思東歸之士，指家在沛縣周圍，最早跟從劉邦起事反秦的、如今一心要打回老家去的那些老兵。〈高祖本紀〉：「漢王之國，項王使卒三萬人從，楚與諸侯之慕從者數萬人。至南鄭，諸將及士卒多道亡歸，士卒皆歌思東歸。」陳直曰：「〈漢鐃歌〉十八曲中有〈巫山高〉，蓋描寫漢高祖在南鄭時兵士思東歸之情，與本文正合。」(79)何所不散　還有什麼人不能被你打散。(80)三秦王　指章邯、董翳、司馬欣。三人皆秦將，後降項羽。項羽入關後，封章邯為雍王，董翳為翟王，司馬欣為塞王。三國皆在故秦地，故稱三人為「三秦王」。(81)殺亡　指戰死的和逃散的。(82)至新安二句　鉅鹿之戰後，章邯率二十萬秦兵投降項羽，項羽帶領這些人一起撲向關中時，行至新安（今河南澠池城東），聽到這些降兵有怨言，遂一夜之間將其全部活埋於新安城南。事在漢元年十一月。見〈項羽本紀〉。(83)彊以威王此三人　勉強地靠著兵威讓秦地百姓接受這三個人為王。(84)大王之入武關　指劉邦占領關中地區。武關，在今陝西商南東南，是河南省南部進入關中地區的重要通道。按：劉邦攻下武關在秦二世三年（西元前二〇七年）八月，劉邦進入咸陽在漢元年十月（當時以十月為歲首）。(85)秋豪　以喻極其微細。豪，同「毫」。(86)約法三章　即殺人者死，傷人及盜抵罪。(87)失職　沒有得到應得的職位。即沒有得為關中王。(88)無不恨者　沒有一個人不為此遺憾。恨，憾。(89)舉而東　舉兵向東方殺出。(90)三秦可傳檄而定　傳檄而定，謂用不著使用兵戈。檄，檄文，聲討敵人罪行，號召人們歸附於己的一種軍用文章。凌稚隆曰：「何之勸帝，則曰『還定三秦而天下可圖』；信之告帝則曰『舉兵而東，三秦可傳檄而定』，二人之論不相謀而相合，皆有見於天下之大勢者，此何所以奇信而數言於上也。」楊維楨曰：「韓信登壇之日，畢陳平生之畫略，論楚之所以失，漢之所以得，此三秦還定之謀所以卒定於韓信之手也。」董份曰：「觀信智略如此，真有掀揭天下之心，不但兵謀而已也，所以謂之『人傑』。」唐順之曰：「孔明之初見昭烈論三國，亦不能過。予故曰淮陰者非特將略也。」王世貞曰：「淮陰之初說高帝也，高密（鄧禹）之初說光武也，武鄉（諸葛亮）之初說昭烈也，若懸券而責之，又若合券焉！噫，可謂才也已矣！」按：韓信分析項羽的弱點，以及預見劉、項未來的鬥爭形勢，皆至為明晰，諸人所說誠是。唯其所謂「以天下城邑封功臣」語，則與其日後之請求為齊王事相應，皆見其政治理想之落後，確有取死之道。[91]遂聽信計二句　部署，《正義》曰：「部分而署置之也。」意即劃分任務，委派各項任務的負責人。淩約言曰：「鋪敘蕭何奇信、追信、拜信始末不遺餘力，所謂功第一者為此。方信歸漢，一亡卒耳，相國何所見而奇之？蓋何所以察天下之勢者甚熟，而信適與之孚，故數與語而遂以國士奇之耳。向使無定畫於中，而驟聞其說，安能力薦而大用之哉！」董份曰：「韓信以一亡校徒，因何立談，不更召見而即超拜大將，且殊禮，蓋其用人如此，三代以後，千載帝王之冠也。」

【語　譯】 淮陰侯韓信是淮陰人。起先還是老百姓的時候，生活貧窮，名聲不好，既不能被推選當官吏，又無法靠做買賣維持生活，經常到別人家去找飯吃，很多人都厭煩他。他曾好幾次到下鄉的南昌亭亭長家裡找飯吃，一連去了幾個月，亭長的妻子為此大傷腦筋，於是她就故意改變了自己的吃飯時間，每天早晨在大家還沒起牀的時候，他們就把飯吃完了，等到正常的吃飯時間韓信來了，她就不再給他做飯吃。韓信也明白是怎麼回事，心裡很生氣，以後他就不再去了。

2 有一天，韓信在城外釣魚，河邊上有一些婦女在洗棉絮，一位老婦看出韓信那種飢餓的樣子，就把自己的飯分給韓信吃；一連幾十天，直到這位老婦離去，天天如此。韓信很高興，對那位老婦說：「日後我一定要重重地報答您。」那位老婦生氣地說：「男子漢連自己都養活不了，我是可憐你才給你飯吃，難道還指望你的報答嗎！」

3 淮陰縣市場上有個賣肉的年輕人挑釁韓信說：「別看你高高大大，佩帶刀劍，其實你是個膽小鬼。」於是他當眾侮辱韓信說：「你要是不怕死，就拿刀捅了我；你要是怕死，就從我腿下鑽過去。」韓信兩眼盯著他看了半天，最終還是從他腿下爬了過去。滿街的人見到這情形，都笑話韓信，認為他怯懦。

4 等到項梁的兵馬來到淮北時，韓信帶劍投在了項梁的部下，但默默無聞。後來項梁兵敗身死，韓信又跟了項羽，項羽只讓他當了一個侍從角色的郎中。他曾多次給項羽獻計獻策，項羽都未採用。後來當劉邦被封為漢王，率領部下入蜀時，韓信遂離開項羽投奔了劉邦，但在劉邦這兒也沒能受到賞識，只當了個管理糧草的連敖。後來因事犯法，被判了死刑，和他同案的十三個人都已經被砍了頭，往下就要輪到韓信了，這時，韓信一抬頭，正好看見滕公夏侯嬰，韓信就說：「漢王不是想得天下嗎？為什麼要殺壯士呢！」夏侯嬰覺得他這話說得不平凡，又見他生得相貌堂堂，於是就把他放了。夏侯嬰與韓信談過一會兒話後，心裡很高興，於是就把韓信介紹給了劉邦，劉邦任命韓信為治粟都尉，但仍未發現他有什麼特別出眾的地方。

5 韓信曾多次與蕭何談過話，蕭何對他很賞識。劉邦帶領的人馬在向南鄭進發的路上，就有幾十個將領逃亡了。韓信心想蕭何等人已經向劉邦作了多次推薦，而劉邦總是不肯重用自己，於是他也跑了。蕭何聽說韓信跑了，來不及向劉邦報告，立刻親自去追他。這時有人不明就裡跑去稟報劉邦說：「丞相蕭何跑了。」劉邦一聽勃然大怒，心疼得如同失去了左右手一般。過了一兩天，蕭何回來了，他來拜見劉邦，劉邦一見是又氣又喜，他罵蕭何說：「你怎麼也跑了？」蕭何說：「我沒有跑，我是去追逃跑的人。」劉邦說：「你追的是誰？」蕭何說：「是韓信。」劉邦立刻又罵：「胡說，逃跑的將軍有幾十個了，你都沒追；現在倒說去追韓信，騙誰！」蕭何說：「別的那些將軍都容易得到。至於韓信，他在當前可是獨一無二的。您要是想一輩子在這裡當漢王，那您就用不著韓信；您要是想出去奪天下，除了韓信沒人能跟您共謀大事。關鍵就看您到底是怎麼打算的了。」劉邦說：「我當然也是想向東打回老家去，怎麼能一輩子窩在這兒呢？」蕭何說：「您既然要打回老家去，那麼，您要是能重用韓信，韓信就會留下來為您效力；您要是不能重用他，他早晚還是要跑的。」劉邦說：「看在你的面子上，我就讓他做個將軍。」蕭何說：「即便您讓人家做將軍，人家也肯定還是要走。」劉邦說：「我讓他做大將。」蕭何說：「那太好了。」於是劉邦立即就想把韓信找來任命他為大將。蕭何說：「您一向待人傲慢無禮，現在任命一員大將就像招呼個小孩子似的，這正是韓信要離開您的原因。您要是真想任命他，您就該選個好日子，沐浴齋戒，在廣場上修起壇臺，舉行隆重的儀式，那才行呢。」劉邦同意照辦。看到這種情景，將領們都一個個暗自高興，心想這回被任命的大將一定是自己。等到正式任命的時候一看，原來是韓信，全軍都大吃一驚。

6 封拜韓信的儀式進行完畢後，韓信被請入上座。劉邦說：「蕭丞相多次提起您的大才，根據當前的局勢，您認為我該怎麼辦呢？」韓信客氣了一番，隨即向劉邦說：「大王您如今率兵東出爭奪天下，對手不是項羽嗎？」劉邦說：「是的。」韓信又說：「大王您自己估計您的勇猛、仁德，以及您軍隊的強盛，能比得過項羽嗎？」劉邦沉默了半天，說：「比不上他。」韓信起身向劉邦拜了兩拜，稱讚說：「我也覺得您比不上他。可是我曾經做過他的部下，我可以來說說項羽的為人。項羽大吼一聲，可以把成千上萬的人嚇得癱在地上，是夠勇猛的，可是他不能任用有才幹的人，這樣他就不過是一種匹夫之勇罷了。項羽待人恭敬有禮，仁愛慈祥，說起話來和和氣氣，誰要是有了病，他能含著眼淚給人送吃送喝，可是等到人家立了功，該封官頒賞了，他卻吝嗇得把個印拿在手裡團弄來團弄去，直到把印的稜角都磨圓了也捨不得發出去，這樣他那所謂的『仁愛』也就成了一種婦人之仁了。項羽雖然成了霸主，所有諸侯都對他拱手稱臣，可是他不建都在關中，而去建都在彭城。他還違背了當初義帝宣布的誰先入關誰當關中王的規定，他把他的親信都封了王，因此各路諸侯都對他不滿。諸侯派來的將領們一看項羽把義帝趕到江南去了，於是回去後也都紛紛地將自己的國君趕到壞的地方，而自己在好的地盤上稱王。還有，項羽軍隊所到之處，殺人放火，沒有一個完整的地方，天下人為此怨聲載道，老百姓誰也不親近他，只不過是被他暫時的強大所震懾罷了。所以說項羽現在雖然名義上是個霸主，實際上他已經失去了人心，他的強盛是很容易變弱的。現在您如果真能反其道而行之，只要是勇敢善戰的人，您就大膽信任使用，那還有什麼敵人不能被誅滅！只要您打下城邑，您就把它封給您的有功之臣，那還有什麼敵人不能被征服！您再調集起反抗殘暴的義兵，讓他們跟著您那些誓死打回老家去的軍隊一起東進，那還有什麼樣的敵人不能被打垮！現在被項羽封立在關中的三個諸侯王：章邯、司馬欣和董翳，當初都是秦朝的將領，他們統率關中的子弟好幾年了，這幾年裡，為他們而戰死的和被迫開小差逃跑的不計其數，後來他們又欺騙這些士兵，裹挾著他們投降了諸侯；結果走到新安時，項羽竟把這二十多萬降兵全都活埋了，就留下了章邯、司馬欣、董翳這三個人，現在秦地的父老們對這三個人簡直恨之入骨。只不過是項羽靠著他的武力，硬是把這三人封王罷了，其實秦地的百姓們沒有一個人喜歡他們。而大王您當初進入武關以後，秋毫無犯，廢除了秦朝嚴刑酷法，給秦地百姓們定的法律只有三條，秦地的百姓沒有一個不樂意讓您在秦地稱王的。按照諸侯們的事先約定，您也應該在關中稱王，對於這些，關中的百姓們也都知道。後來您被項羽剝奪權利，遷到漢中，秦地的百姓們沒有一個不對此憤慨不平。現在如果您舉兵東下，三秦地區只要發出一個通告，不用打仗就可以回到您手中。」劉邦聽了大喜，感到自己今天才真正地認識韓信實在是太晚、太遺憾了。於是就按照韓信的謀劃，委派各項任務的負責將領。

1 八月，漢王舉兵東出陳倉❶，定三秦❷。漢二年❸，出關❹，收魏、河南❺，韓、殷王皆降❻。合齊、趙共擊楚❼。四月，至彭城，漢兵敗散而還❽。信復收兵❾與漢王會滎陽，復擊破楚京、索之間❿，以故楚兵卒不能西。

2 漢之敗卻彭城，塞王欣、翟王翳亡漢降楚⓫，齊、趙亦反漢與楚和⓬。六月⓭，魏王豹謁歸⓮視親疾，至國，即絕河關⓯反漢，與楚約和。漢王使酈生說豹，不下⓰。其八月，以信為左丞相，擊魏⓱。魏王盛兵蒲坂⓲，塞臨晉⓳，信乃益為疑兵，陳船欲度臨晉⓴，而伏兵㉑從夏陽㉒以木罌缻渡軍㉓，襲安邑㉔。魏王豹驚，引兵迎信㉕，信遂虜豹㉖，定魏為河東郡㉗。漢王遣張耳與信俱㉘引兵東，北擊趙、代㉙。後九月㉚，破代兵，禽夏說閼與㉛。信之下魏破代，漢輒使人收其精兵，詣滎陽以距楚㉜。

3 信與張耳以兵數萬，欲東下井陘擊趙㉝。趙王、成安君㉞陳餘聞漢且襲之也，聚兵井陘口，號稱二十萬。廣武君李左車說成安君曰：「聞漢將韓信涉西河㉟，虜魏王，禽夏說，新喋血㊱閼與，今乃輔以張耳，議欲下趙，此乘勝而去國遠鬭㊲，其鋒不可當㊳。臣聞千里餽糧，士有飢色，樵蘇後爨，師不宿飽㊴。今井陘之道，車不得方軌，騎不得成列㊵，行數百里，其勢糧食必在其後。願足下假臣奇兵三萬人㊶，從間道㊷絕其輜重㊸；足下深溝高壘㊹，堅營勿與戰。彼前不得鬭，退不得還，吾奇兵絕其後，使野無所掠，不至十日，而兩將之頭可致於戲下㊺。願君留意臣之計，否，必為二子所禽矣。」成安君，儒者也，常稱義兵不用詐謀奇計㊻，曰：「吾聞兵法十則圍之，倍則戰㊼。今韓信兵號數萬，其實不過數千㊽。能千里而襲我，亦已罷極㊾。今如此避而不擊，後有大者，何以加之㊿！則諸侯謂吾怯，而輕來伐我(51)。」不聽廣武君策，廣武君策不用(52)。

4 韓信使人間視(53)，知其不用，還報，則大喜，乃敢引兵遂下(54)。未至井陘口三十里，止舍(55)。夜半傳發(56)，選輕騎二千人，人持一赤幟，從間道萆山(57)而望趙軍，誡曰：「趙見我走，必空壁逐我，若疾入趙壁，拔趙幟，立漢赤幟。」今其裨將(58)傳飧(59)，曰：「今日破趙會食！」諸將皆莫信，詳應曰：「諾。」謂軍吏曰：「趙已先據便地為壁[60]，且彼未見吾大將旗鼓，未肯擊前行[61]，恐吾至阻險而還[62]。」信乃使萬人先行，出，背水陳[63]。趙軍望見而大笑。平旦，信建大將之旗鼓[64]，鼓行[65]出井陘口，趙開壁擊之，大戰良久。於是信、張耳詳弃鼓旗，走水上軍[66]。水上軍開入之[67]，復疾戰[68]。趙果空壁爭漢鼓旗，逐韓信、張耳。韓信、張耳已入水上軍，軍皆殊死戰，不可敗。信所出奇兵二千騎，共候趙空壁逐利，則馳入趙壁，皆拔趙旗，立漢赤幟二千。趙軍已不勝，不能得信等[69]，欲還歸壁，壁皆漢赤幟，而大驚，以為漢皆已得趙王將矣[70]。兵遂亂，遁走，趙將雖斬之，不能禁也。於是漢兵夾擊，大破虜趙軍，斬成安君泜水上，禽趙王歇[71]。

5 信乃令軍中毋殺廣武君，有能生得者購千金[72]。於是有縛廣武君而致戲下者，信乃解其縛，東鄉坐，西鄉對，師事之[73]。

6 諸將效首虜[74]，畢賀[75]，因問信曰：「兵法右倍山陵，前左水澤[76]，今者將軍令臣等反背水陳，曰破趙會食，臣等不服。然竟以勝，此何術也？」信曰：「此在兵法，顧諸君不察耳。兵法不曰『陷之死地而後生，置之亡地而後存[77]』？且信非得素拊循[78]士大夫[79]也，此所謂『驅市人而戰之[80]』，其勢非置之死地，使人人自為戰；今[81]予之生地，皆走，寧[82]尚可得而用之乎！」諸將皆服，曰：「善，非臣所及也(83)。」

7 於是信問廣武君曰：「僕欲北攻燕(84)，東伐齊(85)，何若而有功(86)？」廣武君辭謝曰：「臣聞敗軍之將，不可以言勇；亡國之大夫，不可以圖存(87)。今臣敗亡之虜，何足以權大事乎！」信曰：「僕聞之，百里奚(88)居虞而虞亡，在秦而秦霸(89)，非愚於虞而智於秦也，用與不用，聽與不聽也。誠令成安君聽足下計，若信者亦已為禽矣(90)。以不用足下，故信得侍(91)耳。」因固問曰：「僕委心歸計(92)，願足下勿辭。」廣武君曰：「臣聞智者千慮，必有一失；愚者千慮，必有一得(93)。故曰『狂夫之言，聖人擇焉(94)』。顧恐臣計未必足用，願效愚忠。夫成安君有百戰百勝之計，一旦而失之，軍敗鄗下(95)，身死泜上。今將軍涉西河，虜魏王，禽夏說閼與，一舉而下井陘，不終朝(96)破趙二十萬眾，誅成安君。名聞海內，威震天下，農夫莫不輟耕釋耒，褕衣甘食(97)，傾耳以待命(98)者。若此，將軍之所長也。然而眾勞卒罷(99)，其實難用。今將軍欲舉倦弊(100)之兵，頓(101)之燕堅城之下，欲戰恐久力不能拔，情見勢屈(102)，曠日糧竭，而弱燕(103)不服，齊必距境以自彊(104)也。燕、齊相持而不下，則劉、項之權(105)未有所分也。若此者，將軍所短也。臣愚，竊以為亦過矣(106)。故善用兵者不以短擊長，而以長擊短。」韓信曰：「然則何由？」廣武君對曰：「方今為將軍計，莫如案甲休兵，鎮趙撫其孤[107]，百里之內，牛酒日至，以饗士大夫醳兵[108]，北首燕路[109]，而後遣辯士奉咫尺[110]之書，暴其所長於燕[111]，燕必不敢不聽從。燕已從，使諠言者[112]東告齊，齊必從風而服，雖有智者，亦不知為齊計[113]矣。如是，則天下事皆可圖也。兵固有先聲而後實者，此之謂也[114]。」韓信曰：「善。」從其策，發使使燕，燕從風而靡[115]。乃遣使報漢，因請立張耳為趙王[116]，以鎮撫其國。漢王許之，乃立張耳為趙王[117]。

【章　旨】以上為第二段，寫韓信勢如破竹，破魏、破代、破趙、收燕，從而平定山西、河北的巨大武功，突出表現了韓信卓越的軍事才能。

【注　釋】❶八月二句　陳倉，秦縣名，縣治在今陝西寶雞東。按：劉邦出漢中與項羽爭天下，從總的方向說是「東出」，但從第一步的翻秦嶺、出陳倉而言，卻不能說是「東出」，只能說是「北出」，因陳倉是在南鄭的正北方。又，此言「八月」出陳倉，而《漢書・高帝紀》乃謂「五月，漢王引兵從故道還」，此恐絕對不可能。《通鑑》繫之於「八月」，是也。劉邦四月到南鄭，八月從故道殺出，在漢中最多沒超過三個月。❷定三秦　據〈秦楚之際月表〉，是年八月「邯守廢丘，漢圍之；欣降漢，國除；翳降漢，國除」，蓋除章邯尚困守窮城外，其餘三秦的廣大地區皆已屬漢。❸漢二年　西元前二〇五年。❹關　此指函谷關。❺收魏河南　收取了魏豹領有的魏地（今山西省的西南部）和申陽領有的河南地（今河南洛陽一帶）。據〈魏豹彭越列傳〉，「漢王還定三秦，渡臨晉，魏王豹以國屬焉。」〈高祖本紀〉云：「漢王東略地，塞王欣、翟王翳、河南王申陽皆降。」❻韓殷王皆降　韓，指韓王鄭昌（都陽翟）。殷，指殷王司馬卬（都朝歌）。據〈高祖本紀〉，鄭昌非主動投降，乃韓信擊破之者；司馬卬亦非降，乃被漢軍所虜者，事在漢二年三月。❼合齊趙共擊楚　齊，指齊王田榮與其弟田橫等。趙，指趙王歇及其相陳餘。他們都不是項羽所封，而是驅逐項羽分封的齊王、趙王而自立的。他們在東方牽扯住了項羽的兵力，為劉邦回定三秦，收服中原提供了極為有利的條件，詳見〈田儋列傳〉、〈張耳陳餘列傳〉。王先謙引《西漢年紀考異》云：「楚方擊齊於城陽，齊安得助漢入彭城？意『齊』字後人妄加耳。」按：劉邦與齊、趙只能是一種戰略上的呼應，非必指派兵跟從。❽四月三句　是年四月，劉邦趁項羽被田橫牽制於齊地之機，率各路諸侯共五十六萬人攻入項羽的國都彭城。項羽聞訊後，率三萬人星夜馳還，襲擊劉邦軍於彭城之西，大破之，劉邦遂慘敗而回，詳見〈項羽本紀〉。按：彭城之役，其敗甚慘，其咎當由誰任，《史記》諸篇皆無明文，郭嵩燾曰：「『漢王從臨晉渡，劫五諸侯兵入彭城』，而不及韓信。以當時事實求之，『拜韓信為大將，部署諸將所擊』，則高祖之定三秦，皆信所部署，高祖不自行也。既定三秦，而高祖直趨彭城以當項羽，自是相持滎陽、京、索間，專意與楚爭衡，而韓信渡河擊魏，因擊趙、擊齊，始終未與高祖會攻項羽，直至垓下，乃始一當項羽。」按：郭說近是。❾收兵　收聚被打散的士卒。❿與漢王會滎陽二句　〈高祖本紀〉於此作「漢王稍收士卒，與諸將及關中卒益出，是以兵大振滎陽，破楚京、索間」。滎陽，秦縣名，縣治在今河南滎陽城東北。京索，謂京縣、索亭。京縣，在今河南滎陽城東南。索亭，即今之滎陽縣城。⓫亡漢降楚　逃出漢軍營壘而往投項氏。按：其他有國的諸侯則逃回自己的國土，而司馬欣、董翳之國因已被劉邦所滅，故只好單身往投項羽。⓬齊趙亦反漢與楚和　按：劉邦潰敗於彭城後，陳餘反漢乃因劉邦不殺張耳，事見〈張耳陳餘列傳〉，而是否即「與楚和」，史無明文；至於齊之田橫，當時似乎更不可能「與楚和」。王先謙曰：「齊未嘗與楚和，此衍『齊』字。」⓭六月　梁玉繩曰：「當作五月。」按：〈秦楚之際月表〉作「五月」。⓮謁歸　請假回家。⓯絕河關　河關，即蒲津關，也叫臨晉關，在今陝西大荔東的黃河西岸。魏豹絕河關，是為了阻止漢兵進入魏境。⓰使酈生說豹二句　劉邦派酈食其往說魏豹，魏豹以劉邦「慢而侮人，罵詈諸侯群臣如罵奴」因而不從勸說事，見〈魏豹彭越列傳〉。⓱以信為左丞相二句　按：此「左丞相」乃虛銜，非實任其職，亦猶唐代之「使相」然。瀧川引李賡芸曰：「曹參以假左丞相定魏、齊，以右丞相為平陽侯；酈商遷右丞相，賜爵列侯，後復以右丞相擊陳豨；樊噲亦嘗遷左丞相，皆係空名，不居其職。」據《漢書．高帝紀》：「漢王以韓信為左丞相，與曹參、灌嬰俱擊魏。食其還，漢王問魏大將誰也，對曰：『柏直。』王曰：『是口尚乳臭，不能當韓信。騎將誰也？』曰：『馮敬。』曰：『是秦將馮無擇子也，雖賢，不能當灌嬰。步卒將誰也？』曰：『項它。』曰：『是不能當曹參，吾無患矣。』」《漢書．韓彭英盧吳傳》亦云：「信問酈生：『魏得毋用周叔為大將乎？』曰：『柏直也。』信曰：『豎子耳。』遂進兵擊魏。」以上《漢書》兩段《史記》皆不載，故特錄出。陳子龍曰：「河東處漢肘掖之間，豹之叛漢猶九江之反楚，其患甚切，不可不亟取，且以自廣關中地耳。」郭嵩燾曰：「彭城一敗，魏豹即塞臨晉以叛，則高祖與楚相拒滎陽，且有腹背受敵之勢，是以韓信之擊魏尤為急着。」⓲盛兵蒲坂　設重兵於蒲坂以待之。蒲坂，渡口名，在今山西永濟城西的黃河東岸，隔河與臨晉關相對。⑲塞臨晉　堵著迎面的臨晉關。⑳信乃益為疑兵二句　越發作出一種要在臨晉強渡的樣子。疑兵，師古曰：「多張兵形，令敵人疑也。」益，越發。㉑伏兵　謂暗中出兵。㉒夏陽　秦縣名，縣治在今陝西韓城西南，即司馬遷的故鄉。㉓以木罌缻渡軍　意即利用一切可用的條件令軍隊渡過黃河，進入魏地。木罌缻，木盆、木桶之類。王先謙引周壽昌曰：「〈功臣表〉『祝阿侯高邑』下注云：『屬淮陰，罌渡軍。』則此役高邑有功，或即其所策畫也。」郭嵩燾曰：「河流湍急，豈木罌缻所能渡者？當是造為浮橋，施木板於罌缻之上，以其輕而能浮，又易於牽引以通兩岸也。」㉔安邑　當時魏豹的國都，在今山西夏縣西北。㉕引兵迎信　調魏豹引兵還救安邑。㉖信遂虜豹　據〈秦楚之際月表〉，韓信破魏、虜魏豹在漢二年九月，即劉邦敗於彭城之後的第五個月。《中國歷代戰爭史》云：「山西地區為楚漢主要戰場北側之高臺地，故當劉邦出關時，首先擊降魏、殷兩地；及魏王豹叛時，劉邦又立使韓信破降之。且劉邦得此地區後，又可北出井陘而下趙、齊，對楚北側形成嚴重之威脅，此亦劉邦所以使用韓信於此路之原因也。」又曰：「韓信此次作戰，乃利用『因敵』、『誤敵』與『誘敵』之策略，以造成遂行奇襲之方策。」《中國戰爭史》曰：「安邑之戰漢、魏兩軍使用的兵力不大，是個規模比較小的戰役，但是對當時戰局起了極大影響。漢軍憑著占領魏屬的河東、太原等郡，可以經略趙、代，進攻燕、齊，形成從北面包圍楚國的優越戰略態勢。韓信採用了與對三秦作戰『明修棧道，暗渡陳倉』同樣的詭詐手段，又一次獲得了全戰役的徹底勝利，突出地展示了韓信軍事指揮的卓越才能。」㉗定魏為河東郡　在剛平定的魏國設立了河東郡，郡治安邑。㉘漢王遣張耳與信俱　意謂劉邦又派來了張耳，讓張耳與韓信共同經略北部戰線。張耳，劉邦起義前的老相識，諸侯反秦初期，張耳與陳餘一起在河北輔佐趙王歇。鉅鹿之戰後，張耳與陳餘產生矛盾，二人分道揚鑣，陳餘繼續留在河北，張耳隨項羽入關，被項羽封為常山王。張耳到河北上任時，被陳餘打走，張耳從此遂投奔了劉邦，深受劉邦倚任，並將其女魯元公主嫁給了張耳的兒子張敖。事情詳見〈張耳陳餘列傳〉。劉邦派張耳來與韓信共事，說協助可，說監視亦可。㉙北擊趙代　趙，時趙歇為王，陳餘為相，都襄國（今河北邢台）。代，趙歇封陳餘為代王，陳餘為輔趙歇，留在趙國為相，派夏說為代相，往任代事，都代縣（今河北蔚縣東北）。按：據《漢書．韓彭英盧吳傳》，韓信虜魏豹、定河東後，「使人請漢王，『願益兵三萬人，臣請以北舉燕趙，東擊齊，南絕楚之糧道，西與大王會於滎陽。』」漢王與兵三萬人，遣張耳與俱進擊趙、代。」而《史記》中絕無此語，一似韓信之取魏、取代、取趙、取燕、取齊為一預定之連續活動。㉚後九月　即閏九月，當時的曆法都是將閏月置於該年的最後。㉛閼與　秦縣名，縣治即今山西和順。㉜信之下魏破代三句　按：此與前注所引《漢書．韓彭英盧吳傳》之所說相反，《漢書》乃謂劉邦益韓信三萬人也，而《漢書》自身亦前後矛盾。㉝信與張耳

以兵數萬二句　井陘，即井陘口，太行山的險隘之一，是山西與河北之間的交通要道，在今河北井陘西北。梁玉繩曰：「此上失書『漢三年』。」按：梁說是，此三字絕不可少。㉞成安君　陳餘的封號。㉟西河　此指山西省南部與陝西交界處的黃河。㊱喋血　踐血。言殺人流血之多，處處皆踐血而行。喋，同「蹀」。踐。《漢書．文帝紀》師古注：「喋，本字當作『蹀』，謂履涉之耳。」㊲乘勝而去國遠鬬　遠離根據地的乘勝奔襲敵人。去國，離開自己的國土。㊳其鋒不可當　意即不應該採取速戰速決的硬拚。㊴千里餽糧四句　意謂遠距離的運送糧食供應前方，則前方將士將經常處於飢餓狀態；靠臨時打柴而後燒飯，則軍隊不可能有飽飯吃。餽，運送。樵蘇，師古曰：「樵，取薪也；蘇，取草也。」爨，燒火做飯。宿飽，常飽。王先謙引沈欽韓曰：「四語見《黃石公．上略》。」㊵車不得方軌二句　言其道路之窄，不能容兩輛車並行。方軌，兩車並行。方，雙舟並行，引申為「並」的意思。㊶假臣奇兵三萬人　調撥給我三萬用以出奇制勝的士兵。假，借。請求「撥給」的婉轉說法。㊷間道　小道；側面之道。㊸輜重　指運送衣食等後勤物資的車隊。師古曰：「輜，衣車也；重，載重物車也，故行者之資總曰輜重。」㊹深溝高壘　深挖溝，高築牆，泛指加強防禦工事。㊺兩將之頭可致於戲下　張耳、韓信的人頭就可以弄到你的帳下來。戲下，同「麾下」。麾，大將的指揮旗。㊻成安君三句　按：〈張耳陳餘列傳〉云：「陳餘者，亦大梁人也，好儒術。」此云「常稱義兵不用詐謀奇計」，蓋亦宋襄公之流也。㊼十則圍之二句　《孫子．謀攻篇》：「用兵之法：十則圍之，五則攻之，倍則分之，敵則能戰之，少則能逃之，不若則能避之。」㊽韓信兵號數萬二句　按：韓信破魏破代後已有多少人，史無明文；劉邦又助之三萬人，總數應不少於五六萬。陳餘以為「不過數千」，實過於輕敵。然與陳餘之二十萬相較，仍是不成比例。㊾亦已罷極　早已消耗得疲憊不堪了。罷，同「疲」。㊿後有大者二句　日後再來更強大的敵人，我們將更拿什麼辦法來對付。加，比眼下更好的。(51)則諸侯謂吾怯二句　那將使諸侯們都認為我是軟骨頭，都可以隨隨便便地來打我。輕，輕易；隨便。(52)廣武君策不用　六字重複。瀧川引中井曰：「《漢書》削『廣武君策不用』六字，為是。」(53)間視　暗中窺視。(54)乃敢引兵遂下　乃敢決心揮兵經井陘口東下。(55)止舍　停下來休息。師古曰：「舍，息也。」(56)傳發　傳令出發。(57)從間道萆山　從小路上山，隱蔽到（臨近趙營的）山上。萆，同「蔽」。方苞曰：「用草木自蔽。」(58)裨將　副將。主將的副官、助手之類。裨，助也。(59)傳飱　傳令用一些早點。飱，小食。《集解》引如淳曰：「小飯曰飡，言破趙後乃當共飽食也。」(60)先據便地為壁　已經搶占了有利的地勢紮營結陣。壁，營壘。(61)前行　先頭部隊。(62)恐吾至阻險而還　中井曰：「趙必不擊先行者，恐韓信中途而還，不可擒殺也。」(63)出二句　謂使此萬人渡河後背靠著河水列陣。《正義》曰：「緜蔓水，一名『阜將』，一名『回星』，自并州流入井陘界，即信背水列陣，陷之死地，即此水也。」王先謙曰：「今所謂桃河者也。」陳，同「陣」。

沈欽韓曰：「《尉繚子．天官篇》：『背水陣為絕地，向坂陣為廢軍。』陳餘知兵法，故趙軍笑其陳也。」[64]建大將之旗鼓 豎起將旗，架起戰鼓。[65]鼓行 播鼓高歌而行，一切都為了吸引趙軍出擊。[66]信張耳詳弃鼓旗二句 董份曰：「『前左水澤』，必成安君所知也，而韓信背水以誘敵；『百里蹶將』，龐涓所知也，而孫子減灶以速功，此皆致人之術也。蓋知兵法者久則其思熟，恐其畏而不戰，故佯為敗形，使之卒然而趨耳。」[67]開入之 讓開通道，讓岸上的士兵退入水上之陣。[68]復疾戰 王先謙引劉奉世曰：「『三字衍文。』按：三字確與下文之『軍皆殊死戰』重複，然《漢書》與《資治通鑑》皆照用未削。[69]趙軍已不勝二句 瀧川曰：「楓、三本無『不勝』二字，與《漢書》合。」按：《通鑑》亦無「不勝」二字。[70]以為漢皆已得趙王將矣 以為全都擒獲了趙王與趙將。[71]斬成安君泜水上二句 泜水，源出於河北臨城西，經隆堯縣北，東入釜陽河，在井陘東南近二百里。按：〈張耳陳餘列傳〉於此作「斬陳餘泜水上，追殺趙王歇襄國」。襄國即今河北邢台，在當時的泜水以南百餘里。凌稚隆引余有丁曰：「信所以背水陣者，雖欲陷死地以堅士心，其實料成安君守兵法而不知變也，故以背水誘之，使之爭戰趨利耳，此致人之術也。」茅坤曰：「使成安君能用李左車之計，以奇兵絕井陘之口，而親為深溝高壘以困之，信特投虎於匣矣。信之間視知成安君之不用，故敢入焉。信之慮蓋亦岌岌矣。兵入之後，又安知成安君不以戰少利而悔悟乎？故兵法曰：『薄人於險，利在速戰。』非為背水戰，不可以致趙人之空壁而逐利；非拔趙幟而立漢幟，則成安君失利而還壁，信與趙相持之勢成，而其事未可知也。故信之此舉，謀定而後動，誠入虎口一舉而斃之矣。」唐順之曰：「信奇處全在拔趙旗上，亂其耳目，奪其巢穴。」姚苧田曰：「出井陘以決一日之雌雄，必無一戰不克而需再舉之理。成安君固非韓信敵手，而兵之懈與奮亦誠有天淵相去者。蓋趙空壁利，前有幸功之樂，後無致死之憂，則見利而進，知難而退而已。漢兵則不然，力戰則容救其生，一退則俱無噍類，所以一曰『大戰良久』，再曰『復疾戰』，三曰『皆殊死戰』，彼懈我奮，一以當十，此左車所以早有成禽之慮也。」慕中岳曰：「井陘戰役是劉邦、項羽間爭雄的一次關鍵性戰役，劉邦軍由於在這次戰役中破魏、滅趙、降燕，一方面使劉邦在北方和西北兩個方面對項羽軍形成了戰略包圍的有利態勢，解除了自己在主戰場對楚作戰的側面威脅；一方面使劉邦軍可以獲得燕、趙等地大量人力、物力資源，對補充和加強主戰場的作戰活力起著無法估量的作用。」《中國歷代戰爭史》曰：「此役取勝之因素，實以『因敵』為首，而『因敵』則必須深悉敵情。韓信之勝，亦由敵方之愚昧無知，設魏王豹、夏說、陳餘等皆能明於當時情事，各能堅守平陽、太原、井陘等重要據點，而不與之野戰，曠日持久以待之，則韓信必難達成速戰速決之目的（此亦漢遣韓信北進之戰備目的）。若韓信不能速戰速決，則必不能獲破魏、代、趙之功，如此，則劉項之勝敗，實難判知也。韓信此役之大獲全勝及兵不血刃而下燕，對楚漢滎陽戰局極關重要，不僅使整個戰略上漸獲絕對之優勢，且使劉邦在數次機動中得賴以將滎陽防線轉趨鞏固。」按：韓信破殺陳餘滅趙，〈秦楚之際月表〉繫之於漢三年（西元前二〇四年）年十月。(72)購千金　以千金之賞相收購。(73)東鄉坐三句　謂使李左車東向而坐，韓信西向與之問答，奉之為師。鄉，同「向」。按：戰國秦漢時期除帝王、官長之升殿、升堂會見群臣、百僚，仍以南向為尊外，其他一般場合如宴會、閒談等，皆以東鄉坐者為尊，試參看〈項羽本紀〉、〈廉頗藺相如列傳〉、〈魏其武安侯列傳〉等可知也。(74)效首虜　交驗自己所斬獲的人頭與所捉的俘虜。即向統帥稟報自己的功績。效，呈交；使主管者驗收。(75)畢賀　都向韓信祝賀。畢，皆。「畢」上原有「休」字，今刪。若留「休」字，則應讀為「諸將致首虜休，畢賀」，意思亦通。只是「休」字略顯生僻而已，《資治通鑑》無，今據刪。(76)兵法右倍山陵二句　《孫子・行軍篇》：「丘陵堤防，必處其陽而右背之。」右背，謂右倚背靠。倍，同「背」。王先謙引沈欽韓曰：「杜牧注《孫子》云：『《太公》曰：軍必左川澤而右丘陵。』《淮南・兵略篇》：『地利者，後生而前死，左牡而右牝。』注：『高者為生，下者為死；丘陵為牡，溪谷為牝。』」(77)陷之死地而後生二句　《孫子・九地篇》：「投之亡地然後存，陷之死地然後生。夫眾陷於害，然後能為勝敗。」又曰：「疾戰則存，不疾戰則亡者，為死地。」郭嵩燾曰：「『信乃使萬人先行，出，背水陣』，所以誘致成安君也，是信本旨。此云『陷之死地而後生，置之亡地而後存』，又別出一義，是信託辭。韓信用兵最為神奇，未有能及之者。」(78)拊循　撫愛之，順適其心意。指對人有恩德。這裡即有訓練、有領導關係。(79)士大夫　指部下將士。(80)驅市人而戰之　趕著一群烏合之眾去打仗。市人，集市上的人。喻彼此間素不相知，毫無關係。(81)今　若；假如。(82)寧　豈。與「尚」字意同，重疊使用，以加強語氣，其實可削其一。(83)非臣所及也　王鳴盛曰：「信平日學問，本原寄食受辱時揣摩已久，其連百萬之眾，戰必勝，攻必取，皆本於平日學問，非以危事嘗試者。信書雖不傳，就本傳所載戰事考之，可見其純用權謀，所謂出奇設伏，變詐之兵也。」(84)燕　臧荼受項羽分封建立的國家，國都薊（今北京市城區的西南部）。(85)齊　戰國時的齊國後裔在齊地建立的國家，國都在今山東淄博的臨淄西北。當時的齊王為田廣，真正主事的是田橫。(86)何若而有功　如何才能取得功效。何若，師古曰：「猶言『何如』。」(87)敗軍之將四句　蓋當時俗語。《吳越春秋》記范蠡云：「亡國之臣，不敢語政；敗軍之將，不敢語勇。」與此略同，意即敗軍之將、亡國之臣沒有資格再幫人籌謀劃策。師古曰：「圖，謀也。」(88)百里奚　姓百里，名奚，春秋時虞國大夫。(89)居虞而虞亡二句　百里奚原為虞臣，晉獻公欲滅虢，假道於虞君。百里奚諫，虞君不聽，結果虢被晉滅後虞亦被晉所滅。百里奚被虜為奴，給晉女做陪嫁送往秦國。百里奚中途潛逃，被楚人捕獲，秦穆公以五張羊皮將其換至秦國，予以重用，結果輔佐秦穆公稱霸西戎。事見《左傳》與〈秦本紀〉。虞，春秋前期的諸侯國名，國都虞（今山西平陸北），地處於晉國（都絳，今山西襄汾西南）

與虢國（今河南三門峽東南）之間。(90)誠令成安君聽足下計二句 陳亮《酌古論》曰：「左車亦足為軍中謀主，信欲就以決疑，所以虛心委己而問之，豈真以為向者之計足以擒我哉？」按：這是一種客氣的說話方式。(91)故信得侍 所以我今天才有向你求教的機會。侍，侍候。(92)委心歸計 委心，猶言「傾心」。誠心誠意地聽從教導。歸計，猶言「求教」。求計於人。郭嵩燾曰：「韓信間諜之精，於『知廣武君策不用』見之；取益之廣，於西鄉師事廣武君見之，史公文法之神奇，足與韓信兵法相勒。」(93)智者千慮四句 當時俗語。王先謙引《晏子春秋・雜篇下》：「聖人千慮，必有一失；愚人千慮，必有一得。」與此略同。意謂不論多麼聰明的人也有偶爾胡塗的時候，不論多麼笨拙的人也有偶爾聰明的時候。(94)狂夫之言二句 亦當時俗語。意謂即使是一個狂夫的話，也有讓聖人考慮、選擇的價值。(95)軍敗鄗下 鄗，秦縣名，縣治在今河北高邑東南，地處當時泜水的北岸，亦即上文之所謂「斬成安君泜水上」也。蓋韓信破陳餘於井陘後，乘勝向南追擊，又破其殘部於鄗縣城下，斬陳餘於泜水之上。(96)不終朝 不到一個早晨。(97)輟耕釋耒二句 意即不再從事生產，整天穿好的、吃好的，活一天算一天。耒，耕田用的農具。褕，美也。(98)待命 等候「大命」的降臨。即等死。師古曰：「言為靡麗之衣，苟且而食，恐懼之甚，不為久計也。」以上三句極言韓信的兵威之強，嚇得敵國之人朝不保夕。(99)眾勞卒罷 士眾勞苦疲憊。罷，同「疲」。(100)倦獘 疲憊、殘破。獘，同「敝」。殘破。(101)頓 置；投放。瀧川有所謂「頓，讀為『鈍』，敝也」之說，「頓」字確有「鈍」之一義，但用於此處不合適。(102)情見勢屈 自己的短處就要暴露，就將陷於被動。見，同「現」。胡三省曰：「見，顯露；屈，盡也。吾之情現則敵知所備，勢屈則敵得乘吾之敝矣。」(103)弱燕 瀧川曰：「戰國之時燕弱，故有『弱燕』之稱，李左車亦用其語。」按：《漢書》「弱」字作「若」。(104)距境以自彊 牢固地守住邊境線而堅不可摧。距境，拒敵於國境之外。距，同「拒」。(105)劉項之權 劉、項之間誰勝誰負的局勢。權，勢；形勢。或亦可謂號令天下之權。(106)竊以為亦過矣 指韓信前面所說的「北攻燕，東伐齊」這種強攻的想法。過，錯；不好。(107)鎮趙撫其孤 鞏固趙國地區的局勢，撫養趙國死者的孤兒。(108)以饗士大夫醳兵 按：「饗士大夫」即「醳兵」，皆謂以酒食犒賞全營將士。二語連用，似嫌重複。醳兵，《索隱》曰：「謂以酒食養兵士也。」亦有人將「醳兵」讀如「釋兵」，然則與上文之「按甲休兵」重複。中井曰：「醳兵二字，竟不可通，或衍文。《漢書》刪之。」按：《通鑑》亦無此二字。(109)北首燕路 意謂將部隊擺成一種即將北上攻燕的架勢。首，《正義》曰：「向也。」(110)咫尺 極言其事之容易。師古曰：「八寸曰咫。『咫尺』者，言其簡牘或長咫，或短尺，喻輕率也。」(111)暴其所長於燕 用我們的長處以威脅燕人。暴，顯示；張揚。(112)諠言者 謂辯士。所諠言之事，即上文之「暴其所長」。(113)不知為齊計 無法再為齊國籌謀劃策。(114)兵固有先聲而後實者二句 王先謙引周壽昌曰：「廣武君自此遂不知所終。」湯諧曰：「信之始求李左車也何等隆重，意氣何等投合，看來左車識量高信一等，使其始終佐信，當有深益。而乃私心一動，背棄其言，至使左車滅跡掃影而去，豈不重可惜哉！史公此後亦若忘卻左車，無復煞者，所以深責信之聽蒯通而失左車也。」115 發使使燕二句　按：燕王臧荼歸順劉邦的具體時間，〈秦楚之際月表〉不載，《漢書・高帝紀》未及，《通鑑》帶敘於漢三年十月。116 請立張耳為趙王　中井曰：「信之請立趙王，是自為封王之地也。」117 乃立張耳為趙王　瀧川引沈家本曰：「表在四年十一月，下文六月，則三年之六月。或三年請之，四年始立之耳。」按：〈秦楚之際月表〉與〈高祖功臣侯者年表〉皆繫於漢四年（西元前二〇三年）。

【語　譯】漢高祖元年八月，劉邦從陳倉小路東出，很快地收復了三秦。漢高祖二年，劉邦率軍東出函谷關，很快地收服了魏國與河南國，韓王鄭昌、殷王司馬卬也都投降了劉邦。於是劉邦又聯合了齊、趙兩國一同攻擊項羽。四月，劉邦打到了項羽的首都彭城，後來又被項羽打敗潰散而歸。這時韓信收合了一部分軍隊與劉邦會師於滎陽，接著又在京縣和索亭之間打敗了楚軍，遏止了楚軍繼續西進的勢頭。

2 當劉邦在彭城敗退後，關中的塞王司馬欣和翟王董翳又背叛劉邦投降了項羽，齊、趙兩國也反漢與項羽求和了。六月，魏王豹請假回河東探親，一到魏國，立即封鎖了黃河渡口蒲津關，宣布反漢，與項羽求和。劉邦趕緊派酈食其前去說服勸阻，魏豹不聽。八月，劉邦只好派韓信以左丞相的身分率軍討伐魏豹。魏豹把重兵集結在蒲坂，堵住了臨晉關。這時韓信就在臨晉一帶布置疑兵，擺開船隻，作出了準備從臨晉強渡的樣子，而暗中派兵北上夏陽，讓士兵們利用木板木桶之類可以漂浮的東西渡過了黃河，再南下猛襲魏豹的重鎮安邑。魏豹聞訊大驚，率軍北上倉促迎敵，結果被韓信俘獲，隨後韓信很快地平定了魏國，把魏地設為河東郡。接著劉邦又派了張耳來協同韓信率軍向東北進發，去打趙國和代國。閏九月，韓信軍擊潰了代國的軍隊，在閼與活捉了代國的丞相夏說。而當韓信攻下了魏國、打敗了代國的時候，劉邦總是立刻派人來調走韓信的精兵，把他們帶到滎陽去抵抗項羽。

3 接著韓信與張耳又率領著幾萬人，準備東出井陘口進攻趙國。趙王趙歇和成安君陳餘聽說韓信要來打他們，便把趙國軍隊集結在井陘口，號稱二十萬。這時趙國的謀士廣武君李左車對陳餘說：「聽說韓信之前偷渡西河，俘虜了魏豹，又活捉了代相夏說，在閼與血戰大捷，現又在張耳的協助下，準備攻我趙國，這是一種遠離本土乘勝前進的勢頭，其鋒芒銳不可當。但俗話說，靠遠道送糧食，士兵就會挨餓；該做飯了才打柴，人們就永遠也吃不飽。咱們這井陘小道，窄得兩輛車不能並行，人馬都不能排成行列，韓信的軍隊到這裡走上幾百里，他的糧餉一定在後面。請您撥給我三萬人，我抄小路去截斷他們的糧道；您在正面只管加固工事，堅守營地不要與他們開戰。叫他們往前求戰不得，往後又退不回去，因為有我的奇兵把他們擋住了，他們軍中無糧，在曠野上又找不到任何吃的東西，這樣不出十天，韓信和張耳的人頭就可以送到您的面前。希望您能認真考慮我的建議，不然，我們就要被他們兩個所擒了。」陳餘是個書生，總愛說什麼仁義之師絕不用詐騙的手段，他聽了李左車的話，說：「兵法上講，如果兵力超過敵人十倍，就可以去包圍他們，如果超過敵人一倍，就可以同他們決戰。現在韓信的軍隊號稱幾萬，其實不過幾千人。而且又是經過了千里跋涉前來打我，他們已經是疲憊不堪了。面對這樣的敵人我們如果還避而不打，以後再來了更強的敵人，我們還能打嗎！再說這回如果我們不打，那各地的諸侯都會認為我們怯懦無能，就都可以隨隨便便地攻打我們了。」於是他不考慮李左車的作戰方案。

4 再說韓信，他早已經派人到陳餘身邊去刺探了，當他們了解到李左車的計策沒被採用，回來向韓信一報告，韓信大喜，於是就率軍長驅而下。當到離井陘口還有三十里的地方，韓信傳令停下來休息。到了半夜時分，命令全軍整裝，他挑選了兩千名輕騎兵，讓他們每人手持一面紅旗，從小道上山，隱蔽在山上，監視趙軍。韓信叮囑他們說：「趙軍見到我軍敗退，一定會傾巢而出地來追我們，你們就趁著這個機會迅速奔入趙營，拔掉趙軍的旗幟，插上漢軍的紅旗。」隨後又讓他的副將傳令全軍吃早點，並告訴全軍：「等今天打了趙軍以後再正式地吃早飯！」部下的將領們都不相信，只是敷衍著說：「好吧。」韓信對身邊的軍吏說：「趙軍已搶先占領了有利的地勢，修築了工事，他們在沒有見到我們大將的儀仗旗號之前，是不會攻擊我們的先頭部隊的，因為他們怕一打我們的先頭部隊，我們的後續部隊就會撤回去。」於是韓信先派一萬人出了井陘口，過河後，在河東列了個背水陣。趙軍一看都哈哈大笑。到太陽露頭時，韓信的大將旗號也在一路戰鼓聲中出了井陘口。趙軍於是打開營門，兩軍會戰開始。雙方先是打了一段時間，後來韓信、張耳就假裝失敗扔下了許多戰鼓、軍旗，逃到船上去了。船上的軍隊讓開一條通道讓岸上的士兵上船後，又繼續與趙軍激戰。這時趙軍一見漢軍敗了，果然傾巢而出爭搶漢軍的旗鼓，想要捉拿韓信、張耳。韓信、張耳的軍隊退到了船上之後，回師與趙軍死戰，趙軍再也無法前進一步了。這時韓信事先派出的那兩千輕騎兵，早已在山上等候趙軍傾巢而出搶奪戰利品，就立即奔入了趙軍營壘，拔掉了趙軍的旗幟，插上了漢軍的兩千面紅旗。等到趙軍打了半天不能取勝，想要回營時，一看自己營壘上都是漢軍的紅旗，趙軍大驚失色，以為漢軍已經抓獲了趙王以及他所有的將領了。趙軍頓時大亂，兵士們四散奔逃，即使有趙將督戰，想要殺人攔阻，也無濟於事了。於是漢軍內外夾擊，大破趙軍，陳餘敗逃，被殺死在泜水上，趙王歇被活捉。

5 韓信命令軍中不准殺害廣武君李左車，誰能活捉到李左車，給他千金重賞。於是有人捉到了李左車，把他捆送到了韓信面前。韓信過去親自為他解開了繩索，請他面向東而坐，自己西向面對著，像對待老師那樣以尊禮相待。

6 將領們一一地向韓信呈獻了首級、俘虜，向韓信祝賀勝利完畢，問韓信說：「兵法上講，布陣之法應當是：右面和背後靠著山，前面和左面傍著水。可是今天您卻讓我們背靠河水布陣，還說讓我們打敗了趙軍再吃早飯，我們當時都不服。可是最後就按著您說的打勝了，這叫什麼戰術呢？」韓信說：「這戰術兵法上就有，只是你們沒注意讀罷了。兵法上不是說：『要把人置於死地才能讓他們死裡求生，要把人置於絕境才能讓他們絕處求存。』現在我率領的這些軍隊並不是我的老部下，我素來對他們沒有任何恩情。我現在指揮他們簡直就如同趕著一幫子集市上的人去作戰。這就非把他們置於一個絕境，讓他們人人都要拚死作戰；如果把他們放在一個還有退路的地方，他們早就跑光了，那我還能指望他們為我作戰嗎？」將領們聽了都很佩服，說：「不錯，我們沒想到這一點。」

7 接著韓信問李左車說：「下一步我打算北上攻燕，東進攻齊，我怎麼做才能成功呢？」李左車推說：「打了敗戰的將軍，沒有資格談論用兵；亡了國的大臣，也不配給別人出什麼圖存的主意。現在我作為一個失敗的俘虜，有什麼資格幫您權衡大事呢？」韓信說：「我聽說，當初百里奚在虞國為臣，虞國滅亡了；後來他到秦國為臣，秦國稱霸了，這並不是說百里奚在虞國時就傻，後來到了秦國就聰明了，而關鍵是在於國君們是不是用他、是不是聽他的話。如果陳餘當初採納了您的方略，恐怕我韓信現在早就成了你們的俘虜了。就是因為陳餘不聽您的話，所以我今天才能有幸把您請到這裡來，聆聽您的教導。」韓信非常誠懇地說：「我是真心向您求教，希望您不要再推辭。」李左車說：「俗話說得好：再聰明的人考慮問題，也有失誤的時候；再傻的人考慮問題，也有偶爾考慮對的時候。所以古人又說：『即使是狂夫們的胡言亂語，聖人們也可以從中挑出對自己有用的東西。』我是怕我的想法對您未必有用。現在您既然這麼問，我就把我的想法說說。陳餘本來具有百戰百勝的條件，就因為一步走錯，結果敗逃到鄗縣，被殺於泜水。將軍您兵渡黃河，先俘虜了魏豹，又在閼與活捉了夏說，接著又東下井陘，不到一早晨就擊敗了趙國的二十萬人，殺了陳餘。您已經是名揚四海，威震天下了。現在許多農民都已經放下農具，不幹活兒了，他們在那裡趕緊吃好的穿好的，他們豎著耳朵聽您的動靜，心想說不定哪一天就死了。您把人們打成了這樣，嚇成了這樣，這是您的優勢所在。但是您要看到，您的軍隊已經疲憊不堪，短時間內已經難以再讓他們打仗了。現在您如果率領著他們去打燕國，把他們放在頑強固守的燕國城牆之下，想打吧，又一時半會兒打不下來，到那時我們的弱點就要暴露出來了。時間一長，糧食也要供應不上，這樣一來，一個小小的燕國我們還治不了，那麼齊國就更要頑強自守了。而一旦燕國、齊國都拖成相持不下的局面，那麼中原戰場上劉邦與項羽的勝負就更難看出分曉了。這種可能的確存在，這是您的劣勢所在。我這人雖然很笨，但是我還是認為您不應該那麼做。一個善於用兵的人，一定不要拿自己的短處去打人家的長處，而是要用自己的長處去打別人的短處。」韓信說：「那我該怎麼辦呢？」李左車說：「依我的主意，您不如暫且停戰收兵，好好穩定一下趙國，好好安撫一下趙國的黎民百姓，好好收養那些戰爭造成的孤兒，這樣您就會得人心，人們就會送酒送肉的來慰勞您的將士。經過一段休整之後，您再把軍隊向北擺開，做出個要進攻燕國的架式，然後派一個說客拿著您的一封信，去向燕國人講清我們的優勢，這樣一來，燕國就一定不敢不服。等到燕國一旦歸順了我們，然後我們再派一個說客去警告齊國，齊國也定將聞風而降，到那時，即便有再聰明的人，他也不可能給齊國想出什麼抗拒我們的主意了。這麼一來，劉邦奪天下的事也就可以見到眉目了。用兵本來就有先虛後實這一說，現在我們正好使用它。」韓信說：「好。」於是他就按照李左車的意見，派使者前往燕國遊說，燕國很快地投降了。接著韓信派人去向劉邦報告勝利消息，並請求立張耳為趙王，讓他留下來鎮守趙國的地盤，劉邦得到報告後，同意韓信的安排，立即派人立張耳為趙王。

1 楚數使奇兵❶渡河擊趙，趙王耳、韓信往來救趙❷，因行定趙城邑，發兵詣漢❸。楚方急圍漢王於滎陽，漢王南出❹，之宛、葉間❺，得黥布❻，走入成皋❼，楚又復急圍之。六月，漢王出成皋，東渡河❽，獨與滕公俱，從張耳軍脩武❾。至，宿傳舍❿。晨自稱漢使，馳入趙壁⓫。張耳、韓信未起，即其臥內上奪其印符⓬，以麾召諸將，易置之⓭。信、耳起，乃知漢王來，大驚⓮。漢王奪兩人軍，即令張耳備守趙地，拜韓信為相國⓯，收趙兵未發者擊齊⓰。

2 信引兵東，未渡平原⓱，聞漢王使酈食其已說下齊⓲，韓信欲止。范陽辯士蒯通⓳說信曰：「將軍受詔擊齊，而漢獨發間使⓴下齊，寧㉑有詔止將軍乎？何以得毋行也！且酈生一士，伏軾掉三寸之舌㉒，下齊七十餘城，將軍將數萬眾㉓，歲餘乃下趙五十餘城，為將數歲，反不如一豎儒㉔之功乎？」於是信然之，從其計，遂渡河。齊已聽酈生，即留縱酒，罷備漢守禦。信因襲齊歷下軍，遂至臨菑㉕。齊王田廣以酈生賣己㉖，乃亨㉗之，而走高密㉘，使使之楚請救。韓信已定臨菑，遂東追廣至高密西㉙。楚亦使龍且將㉚，號稱二十萬，救齊。

3 齊王廣、龍且并軍與信戰。未合㉛，人或說龍且曰：「漢兵遠鬬窮戰，其鋒不可當㉜。齊、楚自居其地戰，兵易敗散㉝。不如深壁㉞，令齊王使其信臣㉟招所亡城㊱，亡城聞其王在，楚來救，必反漢。漢兵二千里客居㊲，齊城皆反之，其勢無所得食，可無戰而降也㊳。」龍且曰：「吾平生知韓信為人，易與耳㊴。且夫救齊不戰而降之，吾何功？今戰而勝之，齊之半可得㊵，何為止㊶！」遂戰，與信夾濰水陳㊷。韓信乃夜令人為萬餘囊，滿盛沙，壅水上流㊸，引軍半渡，擊龍且㊹，詳不勝，還走㊺。龍且果喜曰：「固知信怯也。」遂追信渡水。信使人決壅囊，水大至。龍且軍大半不得渡，即急擊，殺龍且。龍且水東軍散走，齊王廣亡去㊻。信遂追北至城陽，皆虜楚卒㊼。

4 漢四年，遂皆降平齊㊽。使人言漢王曰：「齊偽詐多變，反覆之國也，南邊楚㊾，不為假王㊿以鎮之，其勢不定。願為假王便。」當是時，楚方急圍漢王於滎陽(51)。韓信使者至，發書，漢王大怒，罵曰：「吾困於此，旦暮望若(52)來佐我，乃欲自立為王[53]！」張良、陳平躡漢王足[54]，因附耳語曰：「漢方不利，寧能禁信之王乎？不如因而立，善遇之，使自為守。不然，變生。」漢王亦悟，因復罵曰：「大丈夫定諸侯，即為真王耳，何以假為！」[55]乃遣張良往立信為齊王，徵其兵擊楚[56]。

【章　旨】以上為第三段，寫韓信滅齊，並被封為齊王的過程；同時韓信與劉邦的矛盾日益尖銳，死機已經伏下。

【注　釋】❶奇兵　張照曰：「猶言『餘兵』，非『奇正』之『奇』。」瀧川曰：「猶言『別兵』也，仍是『奇正』之『奇』。」❷往來救趙　謂在趙國地面上往來游動，哪裡有急就往哪裡解決。❸發兵詣漢　派出一部分軍隊支援劉邦滎陽的主戰場。❹漢王南出　指劉邦從被項羽圍困的滎陽城中突圍出來。按：劉邦此次突圍付出的代價很大，紀信扮劉邦出東門以誘敵被殺，周苛、樅公留守孤城，亦城陷被殺。是時為漢三年（西元前二〇四年）七月，詳見〈高祖本紀〉。❺之宛葉間　按：此劉邦用袁生之策也。劉邦逃出滎陽後，招集起一些人馬，便欲再回滎陽，袁生勸其南出宛、葉，令楚「備多力分」，見〈高祖本紀〉。宛，秦縣名，縣治即今河南南陽。葉，在今河南葉縣南。❻得黥布　黥布原為項羽猛將，入關後，被封為九江王。彭城之敗後，劉邦派說客隨何對黥布進行策反。漢三年十二月，黥布單身叛楚歸漢，過程詳見〈黥布列傳〉。❼走入成皋　意即重新占領成皋。成皋，秦縣名，縣治在今河南滎陽西北，當時滎陽、成皋為劉邦與項羽的拉鋸地帶。❽東渡河　實際謂北渡黃河向東北行。《漢書》削「東」字。❾從張耳軍脩武　到脩武縣往投張耳、韓信的兵營。脩武，秦縣名，縣治即今河南獲嘉。❿至二句　到脩武後，當晚住在了脩武縣的旅舍。傳舍，猶如後世的驛站、旅舍。⓫趙壁　即張耳、韓信的兵營。⓬即其臥內上奪其印符　按：此句疑有衍文，瀧川以為衍「內」字，《漢書》無「內上」二字，直作「即其臥奪其印符」。⓭以麾召諸將二句　謂改變張耳、韓信原先對他們的安排，使之不再受張耳、韓信的統領。⓮信耳起三句　凌稚隆引楊時曰：「信、耳勇略蓋世，竊怪漢王入臥內奪其印符，召諸將易置之而未之知，此其禁防闊疏，與棘門、霸上之軍何異耶？使敵人投間竊發，則二人者可得而虜也。」馮班曰：「漢使至，韓信必有證驗，故漢王詐稱使者入信軍；偏裨皆漢將，故漢王得麾召易置之，非他國敵人所能為也。」茅坤曰：「漢王之間入張耳、韓信壁而奪其軍何也？豈慮身出成皋後，兵已散，一則欲收耳、信兵以南抗楚；一則恐耳、信瞰其兵折於楚而生離心，故為此計，易置諸將以示武耶？」梁玉繩曰：「此事余疑史筆增飾，非其實也。費袞《梁溪漫志》曰：『凡用兵之法，敵人動息尚當知之，豈有其主宿傳舍，而軍中不知、斥候不明矣？周亞夫屯細柳，天子先驅不得入；今乃入臥內、召諸將易置，而猶不知，紀律安在？項羽死，高祖又襲奪其軍，夫為將而其軍每為襲奪，則真成兒戲，信號能軍，恐不應至是。』邵氏《疑問》曰：『細柳營天子先驅不得入，漢使而即馳入壁乎？入壁猶可，而符印在將軍之肘腋，可易奪乎？亦從誰手而奪之？必親奪之信、耳也，又胡為起而知漢王始驚乎？況麾召諸將易置之，為時亦少閒矣，豈信、耳偃仰高臥，待易置畢始起乎？左右不得其解。』」按：蓋史公同情韓信，故屢屢如此書。⓯拜韓信為相國 王先謙引周壽昌曰：「拜信為趙相國也。」按：韓信前已為「左丞相」矣，今無由更降職為張耳之相。此「相國」者仍為劉邦之相國，但與前之「左丞相」相同，仍僅為虛銜。「相國」的權位在「左、右丞相」之上。⓰收趙兵未發者擊齊 郭嵩燾曰：「高祖盡收韓信軍以臨河南，是所用以擊齊者，新發之趙兵耳。惟所用皆成精銳之師，此之謂神奇。」⓱信引兵東二句 平原，秦縣名，也是當時的黃河渡口名，在今山東平原西南，其西側即當時之古黃河，這一帶臨近齊國的西部邊境。梁玉繩曰：「下文『漢四年』三字，當移此句上。」⓲酈食其已說下齊 酈食其是劉邦的說客、謀士，其奉命往說齊王田廣歸順劉邦事，詳見〈酈生陸賈列傳〉、〈田儋列傳〉。下，降；歸順。⓳范陽辯士蒯通 蒯通，本名蒯徹，因避武帝諱，故漢人皆稱之為蒯通。蒯通是范陽（今山東梁山西北）人，此地屬於齊，故下文亦稱之為齊人。蒯通的事跡除本文外，還見於〈張耳陳餘列傳〉，《漢書》則歸併為〈蒯通傳〉。⓴間使 密使。師古曰：「謂使人伺間隙而單行。」㉑寧 豈。㉒伏軾掉三寸之舌 極言其不費力氣。伏軾，坐車時伏於車廂前的橫木上，以表恭敬，這裡即指乘車。掉，搖動。㉓將數萬眾 瀧川曰：「楓、三本『數萬』作『數十萬』。」㉔一豎儒 一個「臭書生」。豎，罵人語。小子。㉕襲齊歷下軍二句 歷下，在今山東濟南西，距平原津一百五十里。據〈田儋列傳〉，齊國歷下守軍的將領為華無傷、田解。按：《通鑑》繫韓信破齊歷下軍，進而攻占齊國都城臨淄於漢四年（西元前二〇三年）十月。湯諧曰：「（信之）聽通舉兵襲齊者，為酈生非信所自遣，而無以收下齊之功也。其必欲收下齊之功何也？當請王張耳於趙時早自蓄王齊之志也。」㉖以酈生賣己 以為酈生是故意來為韓信施行緩軍計。賣，哄；欺騙。《漢書》「賣」字直作「欺」。㉗亨 同「烹」。用開水煮人。㉘走高密 東逃至高密縣（今山東高密西）。㉙追廣至高密西 茅坤曰：「聽蒯通一計，東破下齊，復追至高密，信平生用兵，此為失策。」㉚楚亦使龍且將 梁玉繩曰：「龍且，裨將，何以不書主帥項它？」按：楚使項它、龍且救齊事，參見〈項羽本紀〉注。㉛未合　尚未交戰。〈呂太后本紀〉「欲待灌嬰兵與齊合而發」，「合」字的用法與此同。㉜遠鬭窮戰二句　遠離根據地的戰鬥，必是勇猛頑強，因為失敗則無處奔逃。前文李左車說韓信「去國遠鬭，其鋒不可當」，與此意思相同。《孫子．九地篇》：「凡為客之道，深入則專，主人不克。」㉝自居其地戰二句　《孫子．九地篇》：「諸侯自戰其地為散地。」曹操注：「士卒戀土，道近易散。」杜牧注：「士卒近家，進無必死之心，退有歸投之處。」瀧川引《戰國策．中山策》武安君曰：「楚人自戰其地，咸顧其家，各有散心，而莫有半志。」㉞深壁　深挖溝而高築壁。即加強守衛。㉟信臣　有威望、有信義的大臣。㊱招所亡城　向淪陷於敵的城鎮發出號召，招其舉義來歸。㊲二千里客居　謂遠離趙地二千里，客居於外也。瀧川曰：「楓、三本『居』下有『齊』字，與《漢書》合。」㊳可無戰而降也　按：此「人或說龍且」一段，即八十年前田單破燕復齊之遺策，亦與李左車為陳餘所劃者相同。㊴平生知韓信為人二句　蓋指其曾為淮陰惡少年所辱之事，龍且亦以韓信為怯也。易與，容易對付。與，相與；打交道。洪邁曰：「《老子》六十九章：『禍莫大於輕敵。』」㊵戰而勝之二句　師古曰：「自謂當得封齊之半地。」㊶何為止　《漢書》作「為何而止」，即怎麼能不打呢。㊷夾濰水陳　夾濰水列陣。謂韓信軍在濰水西，齊、楚聯軍在濰水東。濰水，源於諸城縣西，北流，經當時的高密城西，注入萊州灣。陳，同「陣」。㊸壅水上流　為使夾水陣處河水變淺也。㊹引軍半渡二句　因水淺，故可涉水而過。㊺詳不勝二句　詳，同「佯」。按：此與前井陘之戰、後垓下之戰相同，皆先示人以弱形，引敵人圈套。㊻齊王廣亡去　據〈田儋列傳〉、〈秦楚之際月表〉皆云田廣於此役中被殺，而〈高祖本紀〉與〈淮陰侯列傳〉則云「亡去」，疑前者近是，或此役亡去，亦旋即被捕殺。㊼追北至城陽二句　按：《漢書》於此作「追北至城陽，虜廣」，《史》文不云「虜廣」而云「虜楚卒」，則田廣之結局欠交代。城陽，王駿圖曰：「此城陽即莒州地。」按：莒州即今山東莒縣，漢時為城陽郡郡治。有以今山東菏澤東北之城陽當之者，恐非。㊽漢四年二句　梁玉繩認為此「漢四年」三字應移至上文「信引兵東」句上。按：韓信破殺龍且、田廣事，〈秦楚之際月表〉繫之於漢四年十一月。《中國歷代戰爭史》曰：「韓信之破魏、趙，襲齊，究其用兵致勝之道，不外『奇』與『速』兩祕訣而已，而為求達到其『奇』與『速』，則又著眼於『因』字上。及其遣灌嬰縱橫奔突於楚大後方時，亦『因敵情』、『因地宜』而運用之，逼使項羽不能不俯首為鴻溝之和。總此以觀，彼實最善運用孫子之『兵因敵而制勝』及『戰勝不復』，且能將此方法昇華至藝術境界。」慕中岳曰：「漢軍由於濰上之戰的勝利，進一步從北面與東北面對項羽形成了戰略包圍，直接威脅著項羽大本營彭城的側背安全。濰上戰役韓信軍的勝利，還嚴重地破壞和威脅著項羽軍的後方供應，魯南和淮河南北地區一向為項羽軍的糧食供應基地，但三齊為韓信所占，淮河南北也朝不保夕，使項羽大軍的糧草供應已大有枯竭之感。」㊾南邊楚　南側靠近楚國。㊿假王　假，權攝其職，猶今之所謂「代理」。按：請為「假王」，乃韓信故作恭順之詞，其實在其為張耳請封趙王之時即已看準了下一步的齊國，而且在破齊後韓信也已經自立為齊王，見〈樊酈滕灌列傳〉。司馬遷同情韓信，於此傳故意寫得較模糊。51當是時二句　崔適曰：「按〈高紀〉，漢王擊破曹咎軍汜水上，圍鍾離眛於滎陽東，乃述韓信請為假王事，是漢方利，去圍滎陽時久矣。此傳與之相反，當是原文殘缺，後人掇拾而成耳。」52若　你。53乃欲自立為王　按：此劉邦未了語，其下尚欲說我將對你如何如何，未等說出，便被張良、陳平阻止了。54躡漢王足　謂張良等以己之腳踩了一下劉邦的腳。因古人都是跪坐，後面腳動可以不被前面的人發現。55因復罵曰四句　何焯曰：「人見漢王轉換之捷，不知太史公用筆入神也。他人不過曰『漢王怒，良平諫，乃許之』。」定諸侯　指平定了諸侯之國。何以假為　還要「代理」做什麼。56乃遣張良往立信為齊王二句　郭嵩燾曰：「高祖之王張耳、黥布，皆因項羽之故而王之；其王韓王信，則以韓故子孫。其諸將有功若韓信者亦至矣，韓信平齊自請為齊王，必待張良、陳平以深機相感悟而後許之，於是知高祖經營天下之心，固將芟夷天下豪傑，總而操之於己，其規劃早定矣。」羅大經曰：「雖王信以真王，而徵兵擊楚，是持大阿而執其柄也，信蓋岌岌矣。然則淮陰誅族之禍，胎於良、平之躡足附耳也哉！」按：韓信稱齊王，在漢四年二月。

【語　譯】在這期間，項羽曾經多次派小部隊渡過黃河，多方襲擊趙國，張耳、韓信一方面派兵救援那些被攻擊的地方，同時也趁機會穩定了趙國那些前此尚未穩定的地方，同時又調撥了許多軍隊送去援助劉邦。當時楚軍正把劉邦包圍在滎陽，劉邦支持不住了，只好突圍而出向南逃到了宛城、葉縣一帶，在那裡收編了黥布的一些軍隊，而後又進入成皋，項羽立刻又把成皋包圍了起來。這年六月，劉邦又逃出了成皋，向東渡過黃河，他和滕公夏侯嬰兩個人來到了韓信、張耳駐軍的脩武縣。他們化裝成劉邦的使者住在旅館裡。第二天一大早，他們奔入了韓信、張耳的軍營。當時張耳、韓信尚未起牀，劉邦進入他們的臥室，收繳了他們的將印、兵符，隨後召集眾將，重新調配了他們各自的職務。韓信、張耳起牀後，才知道劉邦來了，大吃一驚。劉邦奪取了他們兩個人的軍權後，命令張耳鎮守趙地，派韓信以相國的虛銜，在趙國組織新兵，向東進擊齊國。

2 韓信領兵東進，還沒有到達平原縣的黃河渡口，聽說劉邦已經派酈食其勸降了齊國，韓信準備停止前進。

這時范陽縣的辯士蒯通對韓信說：「您是奉漢王的命令來攻打齊國的，儘管漢王後來又派了說客去齊國勸降，但他下命令讓您停止進兵了嗎？您怎麼能停止前進呢！讓酈食其一個小說客，坐著車子搖著三寸不爛之舌，輕而易舉地就獲取了齊國七十多個城池，而將軍您率領著幾萬人馬，苦戰了一年多才不過拿下趙國的五十幾個城池，難道當了幾年的大將，功勞反倒不如一個卑賤的小書生嗎？」韓信覺得有理，就聽從他的建議，揮師渡過了黃河。當時齊國已經接受了酈食其的勸降，正留著酈食其大擺宴席，完全解除了對漢軍的防衛。結果被韓信突然襲擊了駐紮在歷下的軍隊，接著韓信長驅直入，打到了齊國的國都臨淄。齊王田廣以為是受了酈食其的騙，於是就把酈食其烹殺了，而後東逃高密，同時派人去向項羽求救。韓信占領了臨淄，隨即又率軍東追田廣，追到高密城西。這時項羽已經派龍且率領軍隊，號稱二十萬人，前來救齊。

3 齊王田廣和楚國龍且的軍隊會合一起，準備與韓信開戰。戰鬥尚未開始，有人對龍且說：「漢軍是遠離本土來和我們作戰的，我們不宜和他們正面硬碰。我們齊國、楚國的軍隊，是在本鄉本土作戰，士兵們容易開小差。對我們來說不如深溝高壘，堅壁不戰，讓齊王田廣派他的親信到被漢兵占領的地方去廣為招納，那些淪陷的城池聽說齊王還活著，而且楚軍又來援助了，一定會起來反擊漢軍。漢軍遠離本土兩千里，身在異鄉，齊國的各地都反他們，到那時他們勢必連吃的東西都找不到，這樣不用打仗就可以收拾他們了。」龍且說：「我早就知道韓信怯懦，容易對付。而且我是奉命來救齊國的，來到這裡連一仗都沒打，就讓敵人投降了，我還有什麼功勞呢？現在我要是打敗了韓信，我就可以得到半個齊國，我怎麼能不打呢！」於是決定打，他與韓信隔著濰水各自布好了陣勢。韓信連夜令人做了一萬多條大口袋，用口袋裝沙土，堵住了濰水的上游。然後率軍涉過了濰水，軍隊剛過去一半，前軍就和龍且打了起來，兩軍對戰了一會兒，韓信假裝打敗了，漢軍紛紛後退。龍且一見大喜，說：「我早就知道韓信是膽小鬼。」於是揮師過河追擊韓信。這時韓信派人在上游扒開了堵水的沙袋，河水洶湧而下。這時龍且的大部分軍隊還沒渡過濰水，韓信立刻回戈反擊，過了河的楚軍全部被殲，龍且也被殺死，而截在濰水東岸的楚軍也一哄而散。齊王田廣逃跑了。韓信追擊敗軍直到城陽，把剩下的楚軍全部俘獲。

4 漢高祖四年，齊國所有的地方都已經被韓信打了下來。韓信派人向劉邦請示說：「齊國是詭詐多變，反覆無常的國家，而且南面又緊挨著楚國，因此，如果不立一個臨時的齊王來鎮守它，它的局勢就難以穩定。希望能讓我暫時當一個代理的齊王。」這個時候，項羽正把劉邦圍困在滎陽。韓信的使者來到滎陽後，劉邦一看韓信的來信，勃然大怒，他罵道：「我被困在這兒，日日夜夜地盼著你來幫我，想不到你倒要自己稱王啦！」張良、陳平趕緊暗中一踩劉邦的腳，又湊到他耳邊悄聲說：「我們現在正處於不利的境地，我們怎麼能禁止韓信稱王呢？不如就趁勢立他為王，好好對待他，讓他守好齊國。不然他就要叛變了。」這時劉邦自己也早醒悟過來，於是又接話罵道：「大丈夫打下了一個國家，本來就理應稱王，還要臨時代理幹什麼！」於是派張良前往齊國立韓信為齊王，同時立刻又把韓信的人馬徵調去攻打項羽。

1 楚已亡龍且，項王恐，使盱眙人武涉❶往說齊王信曰：「天下共苦秦久矣，相與戮力❷擊秦。秦已破，計功割地，分土而王之，以休士卒。今漢王復興兵而東，侵人之分，奪人之地，已破三秦，引兵出關，收諸侯之兵以東擊楚，其意非盡吞天下者不休，其不知厭足❸如是甚也。且漢王不可必❹，身居項王掌握中數矣❺，項王憐而活之❻；然得脫，輒倍約，復擊項王。其不可親信如此。今足下雖自以與漢王為厚交，為之盡力用兵，終為之所禽矣。足下所以得須臾❼至今者，以項王尚存也。當今二王之事，權在足下。足下右投❽則漢王勝，左投則項王勝。項王今日亡，則次取足下。足下與項王有故，何不反漢與楚連和，參分天下王之？

今釋此時⑨，而自必於漢⑩以擊楚，且為智者固若此乎⑪？」韓信謝曰：「臣事項王，官不過郎中，位不過執戟⑫，言不聽，畫不用，故倍楚而歸漢。漢王授我上將軍印，予我數萬眾，解衣衣我，推食食我，言聽計用，故吾得以至於此。夫人深親信我，我倍之不祥，雖死不易⑬。幸為信謝項王⑭！」

2 武涉已去，齊人蒯通知天下權在韓信，欲為奇策而感動之，以相人⑮說韓信曰：「僕嘗受相人之術。」韓信曰：「先生相人何如⑯？」對曰：「貴賤在於骨法⑰，憂喜在於容色⑱，成敗在於決斷⑲，以此參之⑳，萬不失一。」韓信曰：「善。先生相寡人何如？」對曰：「願少間㉑。」信曰：「左右去矣㉒。」通曰：「相君之面，不過封侯，又危不安；相君之背㉓，貴乃不可言。」韓信曰：「何謂也？」蒯通曰：「天下初發難也，俊雄豪桀建號㉔壹呼，天下之士雲合霧集，魚鱗襍遝㉕，熛至風起㉖。當此之時，憂在亡秦㉗而已。今楚、漢分爭，使天下無罪之人肝膽塗地，父子暴骸骨於中野，不可勝數。楚人起彭城，轉鬬逐北，至於滎陽，乘利席卷，威震天下㉘。然兵困於京、索之間，迫西山而不能進㉙者，三年於此矣㉚。漢王將數十萬之眾，距鞏、雒㉛，阻山河之險㉜，一日數戰，無尺寸之功，折北不救㉝，敗滎陽㉞，傷成皋㉟，遂走宛、葉之間㊱，此所謂智勇俱困者也。夫銳氣挫於險塞，而糧食竭於內府，百姓罷極怨望，容容無所倚㊲。以臣料之，其勢非天下之賢聖固不能息天下之禍。當今兩主之命縣㊳於足下，足下為漢則漢勝，與楚則楚勝。臣願披腹心㊴，輸肝膽㊵，效㊶愚計，恐足下不能用也。誠能聽臣之計，莫若兩利而俱存之㊷，參分天下，鼎足而居，其勢莫敢先動㊸。夫以足下之賢聖，有甲兵之眾，據彊齊㊹，從燕、趙㊺，出空虛之地而制其後㊻，因民之欲㊼，西鄉為百姓請命㊽，則天下風走而響應矣，孰敢不聽？割大弱彊㊾，以立諸侯，諸侯已立，天下服聽而歸德於齊。案齊之故㊿，有膠、泗之地(51)，懷諸侯以德(52)，深拱揖讓(53)，則天下之君王相率而朝於齊矣。蓋聞：『天與弗取，反受其咎；時至不行，反受其殃(54)。』願足下孰(55)慮之。」

3　韓信曰：「漢王遇我甚厚，載我以其車，衣我以其衣，食我以其食。吾聞之，乘人之車者載人之患(56)，衣人之衣者懷人之憂(57)，食人之食者死人之事，吾豈可以鄉利倍義(58)乎？」蒯生曰：「足下自以為善漢王，欲建萬世之業(59)，臣竊以為誤矣。始常山王、成安君(60)為布衣時，相與為刎頸之交(61)，後爭張黶、陳澤之事，二人相怨(62)，常山王背項王，奉項嬰頭而竄逃，歸於漢王(63)。漢王借兵而東下(64)，殺成安君泜水之南，頭足異處，卒為天下笑。此二人相與，天下至驩也(65)。然而卒相禽(66)者，何也？患生於多欲(67)而人心難測也。今足下欲行忠信以交於漢王，必不能固於二君之相與(68)也，而事多大於張黶、陳澤(69)。故臣以為足下必漢王之不危己，亦誤矣。大夫種、范蠡存亡越，霸句踐(70)，立功成名而身死亡(71)。野獸已盡而獵狗亨(72)。夫以交友言之，則不如張耳之與成安君者也；以忠信言之，則不過大夫種、范蠡之於句踐也(73)。此二人者(74)，足以觀矣，願足下深慮之。且臣聞勇略震主者身危，而功蓋天下者不賞。臣請言大王功略：足下涉西河，虜魏王，禽夏說，引兵下井陘，誅成安君，徇趙，脅燕，定齊，南摧楚人之兵二十萬，東殺龍且(75)，西鄉以報(76)，此所謂功無二於天下，而略不世出(77)者也。今足下戴(78)震主之威，挾不賞之功，歸楚，楚人不信；歸漢，漢人震恐，足下欲持是安歸乎(79)？夫勢在人臣之位而有震主之威，名高天下，竊為足下危之(80)。」韓信謝曰：「先生且休矣，吾將念之。」

4 後數日，蒯通復說曰：「夫聽者事之候也，計者事之機也(81)，聽過計失(82)而能久安者，鮮(83)矣。聽不失一二者，不可亂以言(84)；計不失本末(85)者，不可紛以辭。夫隨廝養之役者，失萬乘之權(86)；守儋石之祿者，闕卿相之位(87)。故知者決之斷也，疑者事之害也(88)，審豪氂之小計(89)，遺天下之大數，智誠知之，決弗敢行(90)者，百事之禍也。故曰：『猛虎之猶豫，不若蜂蠆[91]之致螫[92]；騏驥之跼躅[93]，不如駑馬之安步[94]；孟賁[95]之狐疑，不如庸夫之必至[96]也。雖有舜、禹之智，吟而不言[97]，不如瘖[98]聾之指麾[99]也。』此言貴能行之。夫功者難成而易敗，時者難得而易失也。時乎時，不再來[100]。願足下詳察之。」韓信猶豫不忍倍漢，又自以為功多，漢終不奪我齊，遂謝蒯通[101]。蒯通說不聽，已詳狂為巫[102]。

漢王之困固陵[103]，用張良計，召齊王信[104]，遂將兵會垓下[105]。項羽已破[106]，高祖襲奪齊王軍[107]。漢五年正月，徙齊王信為楚王[108]，都下邳[109]。

【章　旨】以上為第四段，詳著武涉、蒯通的勸說韓信叛漢自立之辭，以微示日後韓信被殺的罪名莫須有。

【注　釋】❶盱眙人武涉　據其下文所言，此人應是項羽一黨，《史記》中僅於此事一見。《集解》引張華曰：「武涉墓在盱眙城東十五里。」盱眙，也寫作「盱台」。秦縣名，縣治在今江蘇盱眙東北。❷戮力　并力；合力。❸不知厭足　不會滿足。厭，同「饜」。飽。與「足」意同。❹不可必　不可擔保；不能確信。師古曰：「必，謂必信之。」❺身居項王掌握中數矣　意謂曾多次處於項王的卵翼護持之下。掌握，猶今所謂「手心」。❻項王憐而活之　如雍齒據豐邑以叛劉邦，劉邦攻之不能下，即往投項氏，得項氏之助，始得穩定根基，即一例也。見〈高祖本紀〉。❼須臾　片刻。原指時間之短暫，這裡用如動詞，意即多活了一會兒。❽右投　向右一投足。指幫助劉邦。所謂「右投」「左投」，是指人面南而立，右在西，左在東也。❾釋此時　放過這三分天下而鼎立的大好時機。❿自必於漢　意即把賭注都下在劉邦一方。⓫為智者固若此乎　難道聰明人就這樣做事嗎。⓬官不過郎中二句　《集解》引張晏曰：「郎中，宿衛執戟之人也。」然則二句一意，即位不過執戟郎。⓭雖死不易　寧死不變。易，改變。⓮幸為信謝項王　瀧川引《楚漢春秋》曰：「項王使武涉說淮陰侯，信曰：『臣事項王，位不過郎中，官不過執戟，乃去楚歸漢。漢王賜玉案之食、玉具之劍。臣背叛之，內愧於心。』蓋史公所本也。」⓯以相人　用給人相面的辦法。⓰相人何如　即「如何相人」。如何給人相面。⓱貴賤在於骨法　骨法，人體骨骼的長相。古人以為人體的骨相可以表現出他一生的貴賤窮通，《論衡》中有〈骨相篇〉，即辯論這方面的事情。⓲憂喜在於容色　未來的禍事、喜事可以從人的面色上表現出來。容色，面容、氣色。⓳成敗在於決斷　能否成就大事可以從一個人敢不敢當機立斷上表現出來。⓴以此參之　從以上三方面綜合觀察、判斷。參，參詳；判斷。㉑願少間　猶言「請給我一個機會」。即支開他人。間，間隙。㉒左右去矣　此韓信對左右侍應人員所講，猶言「你們都出去」。與後文之「先生且休矣。」以及《國策・齊策》之孟嘗君曰：「諾，先生休矣。」句式相同。中井以為「少間」下應有信屏左右一事，而「左右去矣」乃韓信對蒯通所言，疑非。㉓背　雙關語，表面指「脊背」，暗裡指「背叛」。㉔建號　建立國號稱帝稱王。㉕魚鱗襍遝　像魚鱗一樣密集排列。形容其數量之多。襍遝，眾多貌。㉖熛至風起　如火之飛騰，如風之捲起。熛，火焰飛騰。㉗憂在亡秦　大家所考慮的都是在於如何推翻秦王朝。憂，慮；思考。㉘乘利席卷二句　此指項羽大破劉邦於彭城後的開始一段形勢而言。㉙迫西山而不能進　眼巴巴地望著西面的群山就是不能前進一步。迫，逼近。西山，泛指京、索西面的山地。㉚三年於此矣　自漢二年（西元前二〇五年）五月劉、項於滎陽一帶形成對峙，至漢四年（西元前二〇三年）二月韓信稱齊王，共二十一個月，跨著三個年頭。㉛距鞏雒　依據鞏、雒以抗阻楚兵西進。鞏，秦縣名，縣治在今河南鞏縣東南。雒，洛陽，在今洛陽市東北。㉜阻山河之險　依據著山河的險要形勢以抗拒楚軍。㉝折北不救　師古曰：「折，挫也。北，奔也。不救，謂無援助也。」㉞敗滎陽　即前文所謂「楚急圍漢王於滎陽，漢王南出」事，在漢三年（西元前二〇四年）七月。㉟傷成皋　劉邦與項羽夾廣武澗而語，劉邦數項羽十大罪狀，被項羽伏弩射傷胸部事，詳見〈高祖本紀〉。〈秦楚之際月表〉不載，《通鑑》繫之於漢四年十月。㊱遂走宛葉之間　亦見前注，然此非劉邦之敗。㊲容容無所倚　內心無主，找不到任何依靠。容容，動盪不安的樣子。瀧川曰：「猶『搖搖』。」㊳縣　同「懸」。㊴披腹心　敞開內心。㊵輸肝膽　意即坦露真情。㊶效　進獻。㊷兩利而俱存之　對劉、項雙方都不得罪，都讓他們存在下去。㊸其勢莫敢先動　劉、項雙方誰都不敢挑起爭端。㊹據彊齊　以強齊為自己的根基。㊺從燕趙　率領燕、趙。從，使之隨從。㊻出空虛之地而制其後　再出兵控制住楚、漢雙方兵力空虛的地方，使其有後顧之憂。㊼因民之欲　順應著黎民百姓們要求結束戰爭的願望。㊽西鄉為百姓請命　即要求劉邦、項羽停止戰爭。西鄉，向西。鄉，同「向」。當時楚、漢相距於滎陽，滎陽在齊國之西方，故曰「西鄉」。㊾割大弱彊　意即削弱那些強大的國家，廣泛地封立一些小諸侯。弱，用如動詞。㊿案齊之故　安定好齊國已有的地盤。案，同「按」。安定；安撫。(51)有膠泗之地　進一步地占有膠河和泗水兩河流域。

膠河是今山東省東部的河流，源於膠南縣西，流經今膠縣、平度縣西，北入萊州灣。泗水是今山東西南部的河流，流經今泗水、曲阜、魚台，南入江蘇，入淮水。

52 懷諸侯以德　意即實行德政，讓各國諸侯感戴。懷，使之懷思、感戴。

53 深拱揖讓　從容有禮的樣子。深拱，師古曰：「猶『高拱』。」從容輕閒貌。

54 天與弗取四句　當時流行的押韻俗語。《國語・越語》記范蠡有云：「得時不成，反受其殃。」又云：「得時無怠，時不再來；天與不取，反為之災。」皆與此略同。

55 孰　同「熟」。

56 載人之患　即與之共患難。

57 懷人之憂　常想著人家的憂患。

58 鄉利倍義　即見利忘義。鄉，同「向」。倍，同「背」。

59 欲建萬世之業　指幫著劉邦打天下，擁戴其稱帝，而自己也博得個封侯封王，傳給子孫。

60 常山王成安君　即張耳、陳餘。

61 為布衣時二句　張耳、陳餘在起義前為百姓時，曾是誓同生死的好朋友。刎頸之交，意即生死之交。

62 後爭張黶陳澤之事二句　秦將章邯圍趙王歇於鉅鹿時，張耳在城內，陳餘在城外。張耳派張黶、陳澤出城向陳餘求救，陳餘給了二將五千人，結果被秦兵消滅。鉅鹿戰後，張耳懷疑二將被陳餘殺害，二人從此結怨。事情詳見〈張耳陳餘列傳〉。

63 常山王背項王三句　張耳隨項羽入關，被封為常山王（王趙地），原趙王歇被遷於代。陳餘聯合田榮擊張耳，張耳兵敗，往投入漢王。所謂「奉項嬰頭」事，不見記載。奉，捧也。

64 漢王借兵而東下　即劉邦派張耳協助韓信破趙事。借兵，給予張耳士兵。

65 此二人相與二句　按朋友交情來說，這兩個人可以說是再好不過的了。

66 卒相禽　最後竟鬧到你死我活，誓不兩立。

67 患生於多欲　沈欽韓引《韓詩外傳》曰：「福生於無為，而患生於多欲。」蓋當時俗語。又，〈張耳陳餘列傳〉有云：「張耳、陳餘始居約時，相然信以死，豈顧問哉。及據國爭權，卒相滅亡，何鄉者相慕用之誠，後相倍之戾也！豈非以勢利交哉？」可與此互相發明，然史公此論缺乏公正，前人已有辯駁。

68 不能固於二君之相與　意謂你與劉邦的交情怎麼也不可能超過張耳與陳餘的交情。

69 而事多大於張黶陳澤　而你與劉邦之間的矛盾，則要比張黶、陳澤那一類的事情要尖銳複雜得多。

70 大夫種范蠡存亡越二句　大夫種，即文種。文種與范蠡都是春秋末期越王句踐的大臣，他們輔佐越王句踐重振越國後，又滅了吳國，使句踐稱霸於一時。

71 立功成名而身死亡　范蠡、文種功成名立之後，范蠡感到了自己的地位不安，辭官去當商人了。文種留戀權位，遂被句踐殺害，事詳《左傳》與〈越王句踐世家〉。身死亡，死者指文種，亡（逃隱）者指范蠡。按：如此解釋雖通，但於上下文意不太貼，《漢書・蒯通傳》刪「范蠡」與句末「亡」字，較此為好。

72 野獸已盡而獵狗亨　當時俗語。《漢書・蒯通傳》作「野禽殫，走犬亨；敵國破，謀臣亡」；《韓非子・內儲說下》有「狡免盡則良犬亨，敵國破則謀臣亡」，〈越王句踐世家〉有「蜚鳥盡，良弓藏；敵國破，謀臣亡」，皆大同小異。

73 則不過大夫種范蠡之於句踐也　《漢書》無范蠡二字，說見上。不過，不能超過。

74 此二人者　按：前面說了張耳、陳餘與范蠡、文種兩組人，此云「二人」，究指誰呢？有云指陳餘、文種兩被殺者，但二人之死性質完全不同，此說不能成立。《漢書》無「人」字，云「此二者」，乃指陳餘、張耳之朋友交，與文種、句踐之君臣交二事，此極明暢。(75)南摧楚人之兵二十萬二句　「摧楚兵二十萬」與「殺龍且」乃一事，視前文可知，此分言「南」、「東」，於理不當。王念孫以為「東」字應作「遂」。(76)西鄉以報　因劉邦當時處於滎陽，在齊國之西，故稱韓信在齊取勝後向劉邦「西鄉以報」。(77)略不世出　世上再也沒有這樣的謀略。師古曰：「言其計略奇異，世所希有。」(78)戴　頂著。與下文「挾」字同義，錯落使用以助文氣。(79)欲持是安歸乎　你想帶著這種「震主之威」與「不賞之功」去投奔誰呢。姚苧田曰：「專就『功高不賞』言之，在韓信確為萬金良藥，若以概括古今功臣則非也。人臣但患不善居功耳，豈曰功高必不利於身乎？果善於居功如諸葛武侯、郭汾陽，豈患功高而禍至哉！」(80)勢在人臣之位三句　凌稚隆引董份曰：「其文略祖蔡澤。」按：蔡澤說范雎語，見〈范雎蔡澤列傳〉。(81)聽者事之候也二句　當時俗語。大意謂能聽取好意見，就是事情成功的徵兆；能反覆計慮，就能把握成敗的關鍵。《國策・秦策》陳軫語有所謂「計者，事之本也；聽者，存亡之機」，與此意思相同。師古曰：「『聽』謂能聽善謀也。」候，徵兆。(82)聽過計失　即未能聽取好意見，未能反覆謀慮做出決斷。過，錯。「聽過」與「計失」對文。(83)鮮　稀少。(84)聽不失一二者二句　意謂聽取他人的建議，如能保證錯聽的不超過一兩成，那麼別人就不可能用花言巧語使你上當。一二，十分之一二。瀧川曰：「一二，先後也。」意思雖通，但與下句重複。(85)計不失本末　考慮問題能首尾兼顧。(86)隨廝養之役者二句　安心於當奴僕的人，就會失去做帝王的可能。隨，同「遂」。順適。廝養，即指奴僕。廝，劈柴。養，炊烹。(87)守儋石之祿者二句　滿足於為下級官吏的人，就會喪失做卿相的機遇。儋石之祿，微少的俸祿。儋，同「擔」。師古曰：「一人之所負擔也。」或曰百斤為擔。石，古稱一百二十斤為一石。闕，同「缺」。丟失；放過。(88)知者決之斷也二句　王念孫曰：「『知者決之斷』，當作『決者知之斷』，下句『疑者事之害』，正與此相反也。有智而不能決，適足以害事，故下文又申之曰『智誠知之，決弗敢行者，百事之禍也』。」按：王說誠是。二句意謂，辦事堅決是智者的表現，而猶豫不決便將壞事。(89)審豪氂之小計　專在小事情上用工夫。審，仔細。(90)決弗敢行　即「弗敢行決」。不能做出決定。(91)蜂蠆　馬蜂、蠍子。(92)致螫　用毒刺刺人。(93)蹢躅　義同「踟躕」。徘徊不前。(94)安步　慢步前行。(95)孟賁　古代有名的勇士。《尸子》曾稱其「水行不避蛟龍，陸行不避兕虎」。(96)必至　說到做到。(97)吟而不言　噤口不語。吟，同「噤」。閉口不言。(98)瘖　啞巴。(99)指麾　以手勢示意。(100)時乎時二句　當時俗語。〈齊世家〉有所謂「時難得而易失」，《國語・越語》有所謂「得時無怠，時不再來」，〈李斯列傳〉亦有所謂「得時無怠」、「胥人者，去其幾也」云云，意思皆同。(101)遂謝蒯通　於是拒絕了蒯通的建議。《中國歷代戰爭史》曰：「蒯通對韓信之說辭，充分表現其具有戰國縱橫家之器識且又過之，其觀察之精密，其分析之透闢，其瞻矚之高遠，其定策之卓邁，實鮮人能與之比儔。韓信特以不用其謀，致終死於婦人之手，此乃韓信對現實之政治缺乏認識與！」劉辰翁曰：「取譬反復，極人情所難言，此文在漢初為第一。」茅坤曰：「武涉之說，為楚也，而蒯通何為哉？其言甚工，假令韓信聽之，而欲鼎分天下，海內矢石之鬥何日而已乎？大略通特傾危之士，徒以口舌縱橫當世耳，非深識者。」徐中行曰：「通之說，權一時之利害，不睹興亡之大關者也。」屠隆曰：「孝子之前不敢言弒父，忠臣之前不敢言弒君。蒯生之言入，窺信之深也。」趙翼曰：「全載蒯通語，正以見淮陰之心在為漢，雖以通之說喻百端，終確然不變，而他日之誣以反而族之者之冤，痛不可言也。」102 蒯通說不聽二句　蒯通見韓信不聽，遂裝瘋當了巫祝。已，過後；後來。淩稚隆引楊維楨曰：「蒯通，韓信之客也，言多補於信，乃不能脫信於走狗之烹，而佯狂為巫。吁，箕子佯狂為奴，閔宗國也；蒯通佯狂為巫，閔知己也。言不行，計不聽，而不忍坐視其後禍，付於無可奈何，亦足悲矣。」103 漢王之困固陵　漢四年九月，劉邦與項羽結鴻溝停戰之約；漢五年十月，劉邦與韓信、彭越等約定共擊項羽，「至固陵，而信、越之兵不會。楚擊漢軍，大破之。漢王復入壁，深塹而自守。」事見〈項羽本紀〉。固陵，即今河南淮陽西北之固陵聚。104 用張良計二句　為召諸將兵，張良建議「自陳以東傅海，盡與韓信；睢陽以北至穀城，以與彭越；使自為戰」。劉邦從之，諸路軍遂至。105 垓下　在今安徽靈璧東南。106 項羽已破　按：垓下破楚，在漢五年十二月，韓信為漢軍之最高統帥，此楚、漢間規模最大的一仗，由此項羽遂告垮臺，詳情具見〈高祖本紀〉。此韓信一生中最大事，本傳似不應如此略而不提。107 高祖襲奪齊王軍　王世貞曰：「信雄武多智，然一為帝詐而奪趙兵，再為帝詐而奪齊兵，一紿而失國，再紿而失族，何也？信篤於信，謂高帝不我負乃爾。」淩稚隆引焦竑曰：「帝極厚信，亦極忌信，使信將，則以張耳監之；信下魏破代，則收其精兵詣滎陽；信禽趙降燕，則奪其印符易置諸將；信平齊滅楚，則襲奪齊軍：蓋勇略如信，恐為亂難制，故屢損其權，俱忌心所使也。」王夫之曰：「韓信下魏破代，而漢王收其兵；與張耳破趙，而漢王又奪其兵，何以使信帖然聽命而不解體以颺去哉？此漢王之所以不可及也。制之者氣也，非徒氣也，其措置予奪之審有以大服之也；結之者情也，非徒情也，無所偏任，無所聽熒，可使信坦然見其心也。吾之所為，無不可使信知之矣，信固知己之終為漢王倚任，而不在軍之去留也。故其視軍之屬漢也無以異於己，無疑無怨，何所靳而生其忮惎乎？」「甫破項羽，即馳奪韓信軍，夫大敵已來，信且擁強兵也何為？故無所挾以為名而抗不聽命，既奪之後，弗能怨也。奪之速而安，以奠宗社，以息父老子弟，以斂天地之殺機，而持征伐之權於一王，乃以順天休命，而人得以生。」108 徙齊王信為楚王　王先謙曰：「〈高紀〉張良請『從陳以東傅海與信』，信家在楚，此其意欲得故邑，『徙信王楚』，所以實前言，而齊地遂為郡縣矣。」《集解》引徐廣曰：「以齊為平原、千乘、東萊、齊郡。」109 都下邳　下邳，秦縣名，縣治在今江蘇邳縣西南。按：據〈秦楚之際月表〉，韓信徙為楚王在漢五年正月，前在齊為王共十一個月。

【語 譯】項羽失掉了龍且，心裡有些著慌，於是就派了盱眙人武涉前去勸說韓信道：「天下人由於受秦朝的苦害太久，所以大家聯合起來把它推翻了。秦朝被推翻以後，項王評功論賞，分割土地，封立各路諸侯為王。大家已經解兵休息了，可是漢王不守本分又興兵東進，侵入了他人的分地，掠奪了別國的疆土，滅掉了關中的三個國家後，又率兵出關，集合了各國的軍隊來攻打楚國。看他那意思不獨吞了整個天下是不會罷休的，他是如此不知滿足。而且漢王這個人也不可信，他曾多次處於項王的卵翼之下，因項王的憐憫才能活命；然而他一旦脫身，就立即撕毀條約，調轉頭來打項王。他就是這麼一個不可親近、不可信任的傢伙。您現在雖然自以為與他有交情，為他賣力打仗，但最後您還是要被他收拾。他所以能留您到今天，就是因為項王現在還在。如今項王、漢王兩個人的勝負，全操在您的手裡。您往右靠，劉邦就能勝；您往左靠，項王就能勝。項王如果被消滅，那麼下一個就輪到您了。您和項王有舊交，為什麼不離開劉邦與項王聯合，給他來個三分天下，獨立稱王呢？放棄了今天這個良機，一個心眼兒跟著劉邦打項王，聰明人有這麼做的嗎？」韓信委婉地拒絕說：「當初我為項王服務，官職不過是個充當侍衛的郎中，項王不聽我的話，不用我的計謀，所以我才離開項王投奔了漢王。我一入漢，漢王授給了我上將軍的大印，讓我統領幾萬人馬，他脫下自己的衣服給我穿，分出自己飯食給我吃，對我言聽計從，所以我今天才能成就了這樣的事業。人家對我這樣信任，我要是再背叛人家，那是不會有好下場的，因此我到死也不會改變對漢王的忠心。請您把我的意思轉告項王。」

2 武涉剛走，齊國的辯士蒯通來了，他知道現在整個形勢的關鍵在於韓信，因此想用驚人的設想來打動他，於是他以一個相面先生的口吻對韓信說：「我曾經學過相面之術。」韓信說：「您是怎麼給人相面的？」蒯通說：「要知人的貴賤，得看他骨骼的長相；要知人的憂喜，得看他的氣色；要知人的成敗，得看他能否當機立斷。用這幾條來參照著相人，保證萬無一失。」韓信說：「好，那就請您給我相相，看看我怎麼樣呢？」蒯通說：「請您讓左右的人先迴避一下。」韓信回頭對左右的人說：「你們先出去。」蒯通說：「從您的臉上看，您最大不過能封侯，而且還不大安穩；從您的後背看，您的尊貴簡直就沒法說了。」韓信說：「這是什麼意思？」蒯通說：「當初天下人剛起來造秦朝反的時候，英雄豪傑們首先樹起旗號，登高一呼，而成千上萬的人也就一哄而起，像燎原之火、暴風驟雨一樣全面而迅速地幹起來了。那個時候，大家所關注的就是怎麼樣推翻秦朝。而現在則是由於劉邦、項羽兩個人爭天下，從而使無辜的百姓慘遭殺戮，父子從軍，屍骨遍野。項羽從彭城出發，一路上到處戰鬥，追擊劉邦，把戰線推進到滎陽，這個階段項羽是勢如破竹、摧枯拉朽，威震天下。然而他的人馬被攔在了京、索之間，眼巴巴地望著西山再不能跨進一步，陷於這種局面已經三年了。劉邦率領幾十萬人馬，在鞏縣、洛陽，憑藉著那裡大山黃河的天險，堵住楚軍，每天都要與楚軍進行幾次惡戰，但是費了這麼大力氣，也沒能取得什麼勝利，相反地倒是被項羽打得到處奔逃，沒有援助。他曾先後大敗於滎陽，受傷於成皋，南逃宛城與葉縣，這真可以說是智慧勇敢全都用盡，而又無可奈何了。現在楚軍的銳氣已經被據險而守的漢軍所挫盡，而據險固守的漢軍糧食也已經用完。這時的百姓們疲憊不堪，怨聲載道，內心無主，不知道應該歸向誰。依我看來，這時要沒有一個獨一無二的大聖賢就不可能平息眼下這種天下的大禍亂。現在劉邦、項羽兩個人的命運都掌握在您的手裡，您要是幫助劉邦，劉邦就會勝利；您要是幫助項羽，項羽就會勝利。我願意推心置腹、披肝瀝膽地向您提出一條建議，就是怕您不能採納。如果您真能聽我的話，那就不如對楚、漢雙方都不得罪，讓他們都能存活，您與他們來個鼎足而立，三分天下。這樣，劉邦、項羽誰也不敢首先挑起事端。憑著您的才能、智慧，又有這麼多的軍隊，又占據著強大的齊國，還有燕國、趙國跟在您的後面，假如您派兵乘虛而入，控制住劉、項雙方的後方，而後依照百姓們的和平願望，向他們提出停戰的要求，到那時，普天下的軍民都將聞風響應，誰還敢不聽呢？然後您再削弱那些強大的國家，割出他們的土地，用來另立一些該立的諸侯，當該立的諸侯獲得封土後，天下人就將都來服從您，感戴您的恩德了。到那時，您先安定好齊國原有的領土，進一步把膠河、泗水都劃入您的治下，您更以仁德來感召諸侯，對他們謙讓恭謹，到那時，普天下的國君，就會都來臣服、朝拜於您了。俗話說：『老天爺賜予你的東西如果你不要，那是要倒霉的；時機到了如果你還不趕緊採取行動，最後你就要遭難。』希望您仔細考慮考慮這件事。」

3 韓信說：「漢王待我非常好，把他的車子給我坐，把他的衣服給我穿，把他的飯食給我吃。俗話說，坐人家的車子就得準備著替人家分擔災禍，穿人家的衣服就得時刻關心人家的憂愁，吃人家的飯食就得時刻準備著為人家效死，我怎麼能夠見利忘義呢？」蒯通說：「您自以為與劉邦關係好，想通過為他效力給自己建立一份世代相傳的家業，我認為您想錯了。當初張耳、陳餘還是平民時，是生死與共的朋友，後來因為張黶、陳澤的事情發生了爭執，兩人結了仇，結果張耳背叛了項羽，帶著項羽使者項嬰的人頭投奔了劉邦，後來劉邦讓他帶兵東進，打敗了陳餘，把陳餘殺死在泜水南岸，身首分離，被天下人所恥笑。這兩個人的交情可以說是最親密的了，然而最後竟到了互相仇殺的地步，為的是什麼呢？問題就出在貪心不足，人心難測。現在您把劉邦看作朋友，想對他盡忠盡信，我看你們之間的交情絕對比不過張耳、陳餘，而你們之間的矛盾也遠比張黶、陳澤那樣的事情要嚴重得多。所以我認為您要是確信劉邦不會加害於您，那您就大錯特錯了。當初文種和范蠡幫著句踐重建了越國，又使句踐稱霸於諸侯，結果大功告成之後，卻一個被殺，一個被迫逃走了。野獸一旦打完，獵狗是要被宰的。從朋友的交情上說，您和劉邦沒有張耳與陳餘那麼深；從君臣的相互信任上說，您和劉邦比不上文種、范蠡與句踐。他們的這兩組關係，足夠您引為前車之鑒了，希望您慎重考慮。而且我聽說，一個人的勇猛、謀略，如果都到了叫他的主子震驚的地步，那他自己的處境就很危險了；一個人的功勞如果到了普天下獨一無二的境地，那他也就不可能再得到賞賜。讓我分析一下您的功勞：您一過西河，就俘虜了魏豹，活捉了夏說；接著您引兵東出井陘，又殺了陳餘；隨後又平定了趙地，收服了燕國，打下了齊國，又摧垮了楚軍二十多萬，殺掉了龍且，而後回來向劉邦報捷。這就是前面我所說的軍功天下無二，謀略舉世無雙。現在您帶著這種使主子害怕的威名，帶著這種讓人無法賞賜的功勞，想靠攏項羽，項羽不信；想靠攏劉邦，劉邦怕您：您還能去靠攏誰呢？作為一個臣子而有著讓主子害怕的權威，名望高出一切人之上，我真為您感到危險。」韓信說：「您別再講了，我得好好想想。」

4 過了幾天，蒯通又來對韓信說：「能聽取好意見，就是事情成功的徵兆；能反覆計劃，就能把握成敗的關鍵。聽得不對、計劃得不對還想長治久安，那是不可能的。能廣泛聽取而又能正確判斷的人，就不會被花言巧語所迷惑；能周密算計而又能分清主次的人，就不會被七嘴八舌所擾亂。一個人如果安於奴僕的地位，那他就會失掉稱帝稱王的可能；一個人如果滿足那點微薄的俸祿，他就會失去作卿相的機遇。所以說當機立斷是聰明人的作為，猶豫不決是辦事者的大害。只計較眼前的小事，就要失掉天下的大利，理智上雖然清楚，但如果仍不敢採取行動，那也是失敗的禍根。所以俗話說：『猛虎猶豫，還不如馬蜂、蠍子敢螫敢刺；千里馬徘徊，還不如一匹駑馬緩緩而行；孟賁主意不決，還不如一個平庸的人說幹就幹；即使你有舜、禹那樣的智慧，可是你默然不語，那還不如一個聾啞人指手劃腳呢。』這些話的意思都是強調行動的可貴。一件事想做成功是很難的，要想失敗卻容易得很；時機是最難得到的，而且極其容易失去。時間一過去，就永遠不會再回來了。希望您好好地掂量掂量。」韓信仍然是猶豫不決，他不忍心背叛劉邦。他更認為自己功勞大，劉邦怎麼著也不至於把他的齊國奪走，於是就拒絕了蒯通的勸告。蒯通見韓信不聽自己的勸告，為了避禍，就只好裝瘋為巫士隱跡而去了。

5　後來劉邦又被項羽打敗於固陵，劉邦採用張良的計策，召韓信進兵，韓信遂帶兵與劉邦會師於垓下。項羽剛被消滅，劉邦立即襲奪了韓信的兵權。漢高祖五年正月，改封韓信為楚王，建都下邳。

1　信至國，召所從食漂母❶，賜千金。及下鄉南昌亭長，賜百錢，曰：「公，小人也，為德不卒❷。」召辱己之少年令出胯下者以為楚中尉❸。告諸將相曰：「此壯士也。方辱我時，我寧不能殺之邪？殺之無名，故忍而就於此❹。」

2　項王亡將鍾離眛❺家在伊廬❻，素與信善。項王死後，亡歸信❼。漢王怨眛❽，聞其在楚，詔楚捕眛。信初之國[9]，行縣邑[10]，陳兵出入[11]。漢六年[12]，人有上書告楚王信反[13]。高帝以陳平計[14]，天子巡狩[15]會諸侯，南方有雲夢[16]，發使告諸侯會陳[17]：「吾將游雲夢。」實欲襲信，信弗知。高祖且至楚[18]，信欲發兵反[19]，自度無罪，欲謁上，恐見禽。人或說信曰：「斬眛謁上，上必喜，無患。」信見眛計事，眛曰：「漢所以不擊取楚，以眛在公所[20]。若[21]欲捕我以自媚[22]於漢，吾今日死，公亦隨手亡矣。」乃罵信曰[23]：「公非長者[24]！」卒自剄。信持其首，謁高祖於陳[25]。上令武士縛信，載後車[26]。信曰：「果若人言[27]：『狡兔死，良狗亨；高鳥盡，良弓藏；敵國破，謀臣亡。』天下已定，我固當亨！」上曰：「人告公反。」遂械繫信。至雒陽[28]，赦信罪，以為淮陰侯[29]。

3 信知漢王畏惡其能，常稱病不朝從[30]。信由此日夜怨望，居常鞅鞅[31]，羞與絳、灌等列[32]。信嘗過樊將軍噲[33]，噲跪拜送迎，言稱臣，曰：「大王乃肯臨臣[34]！」信出門，笑曰：「生乃與噲等為伍[35]！」上常從容與信言諸將能不，各有差[36]。上問曰：「如我能將幾何[37]？」信曰：「陛下不過能將十萬。」上曰：「於君何如？」曰：「臣多多而益善耳。」上笑曰：「多多益善，何為為我禽？」信曰：「陛下不能將兵，而善將將[38]，此乃信之所以為陛下禽也。且陛下所謂天授，非人力也㊴。」

4 陳豨拜為鉅鹿守㊵，辭於淮陰侯。淮陰侯挈㊶其手，辟左右與之步於庭，仰天歎曰：「子可與言乎？欲與子有言也。」豨曰：「唯將軍令之。」淮陰侯曰：「公之所居，天下精兵處㊷也；而公，陛下之信幸㊸臣也。人言公之畔㊹，陛下必不信；再至，陛下乃疑矣；三至，必怒而自將。吾為公從中起，天下可圖也㊺。」陳豨素知其能也，信之，曰：「謹奉教！」漢十年，陳豨果反。上自將而往，信病不從㊻。陰使人至豨所，曰：「弟舉兵，吾從此助公㊼。」信乃謀與家臣夜詐詔㊽赦諸官徒奴㊾，欲發以襲呂后、太子㊿。部署已定，待豨報(51)。其舍人(52)得罪於信，信囚，欲殺之，舍人弟上變(53)，告信欲反狀於呂后。呂后欲召，恐其黨不就(54)，乃與蕭相國謀，詐令人從上所來(55)，言豨已得死(56)，列侯群臣皆賀。相國紿(57)信曰：「雖疾，彊(58)入賀。」信入，呂后使武士縛信，斬之長樂鍾室(59)。信方斬，曰：「吾悔不用蒯通之計，乃為兒女子所詐(60)，豈非天哉！」遂夷信三族(61)。

5 高祖已從豨軍來，至，見信死，且喜且憐之(62)，問：「信死亦何言？」呂后曰：「信言『恨不用蒯通計』。」高祖曰：「是齊辯士也。」乃詔齊捕蒯通(63)。蒯通至，上曰：「若教淮陰侯反乎？」對曰：「然，臣固教之。豎子不用臣之策，故今自夷[64]於此。如彼豎子用臣之計，陛下安得而夷之乎！」上怒曰：「亨之。」通曰：「嗟乎，冤哉亨也！」上曰：「若教韓信反，何冤？」對曰：「秦之綱絕而維弛[65]，山東大擾，異姓並起，英俊烏集[66]。秦失其鹿[67]，天下共逐[68]之，於是高材疾足者[69]先得焉。蹠之狗吠堯[70]，堯非不仁，狗固吠非其主[71]。當是時，臣唯獨知韓信，非知陛下也。且天下銳精[72]持鋒欲為陛下所為者甚眾，顧[73]力不能耳。又可盡亨之邪？」高帝曰：「置[74]之。」乃釋通之罪[75]。

【章　旨】以上為第五段，寫韓信被呂后、劉邦、蕭何等所殺害，突出了「狡兔死，走狗烹」這一封建社會常見規律的令人歎惋與深思。

【注　釋】❶漂母　《集解》引張華曰：「漂母冢在泗口南岸。」❷為德不卒　好事不能做到底。❸召辱己之少年句　中尉，漢初諸侯國掌管民政的官。劉子（軍）曰：「高祖與雍齒故怨，嘗欲殺之，後諸將欲反，用張良計，乃封雍齒。以高帝寬仁大度，猶未能於此釋然，乃知不念舊惡，亦難事也。韓信王楚，召辱己少年令出胯下者以為中尉，曰：『此壯士也。』觀此，則信豈庸庸武夫耶？」按：韓信非忘舊惡者，視其待下鄉亭長的態度可知，此實乃韓信的一種「高級」報復形式，自非如李廣之挾怨以殺霸陵尉者所可比擬。❹方辱我時四句　按：與前文「孰視之，俛出袴下，蒲伏」相照應，當時韓信之所以要「孰視之」，正在思及如此種種。無名，無意義；無必要。又，此亦史公之極快心、極會意之處也。❺亡將鍾離眜　鍾離眜是項羽的名將，項羽敗死垓下後，鍾離眜為躲避劉邦的緝拿，化名潛逃。王先謙引周壽昌曰：「〈陳平傳〉稱眜為項王『骨鯁臣』，以金首間之。」❻伊廬　鄉邑名，在今江蘇灌雲東北。❼亡歸信　潛逃到了韓信這裡。❽漢王怨眜　梁玉繩曰：「高祖即帝位矣，何言『漢王』也。下文『漢王畏惡其能』同誤。」按：劉邦怨恨鍾離眜的原因，各篇都無交代。以〈項羽本紀〉觀之，劉邦大敗於彭城時，楚方的重將是鍾離眜，怨隙可能即結於此。〈季布欒布列傳〉曾寫丁公為楚將，於彭城西迫逐劉邦事，此丁公日後被劉邦所殺，鍾離眛是否也屬這一類？於此亦可見劉邦的氣量。❾信初之國　韓信初到楚國的時候。❿行縣邑　到自己下屬的縣邑巡行視察。⓫陳兵出入　謂每次出門都戒備森嚴。⓬漢六年　西元前二〇一年。陳仁錫曰：「『漢六年』、『漢十二年』，二『漢』字衍。」按：劉邦於漢五年（西元前二〇二年）十二月滅項羽，二月已即皇帝位，故梁玉繩糾《史》文此後不應再稱「漢王」，陳仁錫糾《史》文亦不當再稱「漢六年」也。⓭人有上書告楚王信反　按：此告信者為何人，史無明載，而〈魏豹彭越列傳〉則明書「呂后乃令其舍人告越謀反」。⓮高帝以陳平計　據〈陳丞相世家〉，有人告韓信謀反，諸將曰：「亟發兵坑豎子耳。」陳平以為如此不妙，他讓劉邦假說南遊雲夢，召韓信會陳，趁機襲捕他，以下劉邦所行即依陳平之計。⓯巡狩　古時天子每隔數年到各諸侯國巡視一次，那時各國諸侯也須到指定地點朝見天子。巡狩，亦作「巡守」。巡視諸侯之所守，即今所謂「視察」。⓰雲夢　即雲夢澤。指古時湖北南部、湖南北部長江兩岸的大片湖澤之地。江北的叫雲澤，江南的叫夢澤。⓱陳　秦縣名，亦郡名，縣治即今河南淮陽，當時為韓信楚國的西部邊境。⓲且至楚　謂即將到達陳縣。⓳信欲發兵反　按：此話沒有來由，或史公故意如此寫，以示韓信被襲之冤。⓴以眛在公所　因鍾離眛是猛將，可以助韓信作戰。所，處。㉑若　你。㉒媚　討好。㉓乃罵信曰　按：此句之上應有「信欲捕之」云云，文氣始順。㉔公非長者　你不是厚道人。長者，老實人；厚道人。㉕信持其首二句　按：韓信此行可鄙，亦復可憐，無論如何委曲求全亦無濟於事。郭嵩燾曰：「信斬鍾離眛以謁漢王最為無理，倘亦所謂迷亂失次者耶？」㉖上令武士縛信二句　郭嵩燾曰：「韓信之伺敵間可謂神矣，獨于高祖所以駕御之術，身入彀中而不知。可見高祖之深機，以韓信之智能亦無從窺見其涯略，操之、縱之、予之、奪之，惟所欲為，至于縛載後車而始悟。嗚乎，高祖操機術以牢籠天下，殆亦曠千古而無對者與！」㉗果若人言　沈欽韓曰：「蒯通曾以（下列數語）風韓信，故云『果若人言』也。」㉘雒陽　劉邦建國初期的都城，在今河南洛陽東北。㉙赦信罪二句　按：既襲捕之，又赦以為淮陰侯，則罪名顯屬莫須有。又按：韓信被襲捕於陳，以及降為淮陰侯事，〈秦楚之際月表〉繫之於漢五年（西元前二〇二年），誤；《漢書・高帝紀》繫之於高祖六年（西元前二〇一年）十二月，是也。韓信此前為楚王共十一個月。㉚不朝從　不朝見，不跟從出行。㉛居常鞅鞅　時常內心不平。居，平居；日常。鞅鞅，師古曰：「志不滿也。」㉜羞與絳灌等列　羞與絳、灌為伍。絳，指絳侯周勃。事跡見〈絳侯周勃世家〉。灌，指潁陰侯灌嬰。事跡見〈樊酈滕灌列傳〉。二人都是劉邦的元老功臣。等列，同一個級別。指皆封為侯。㉝嘗過樊將軍噲　曾到過樊噲家。樊噲，劉邦的元老功臣，呂后的妹夫。事跡見〈樊酈滕灌列傳〉。㉞乃肯臨臣　居然能光臨我們家。極寫其對韓信的敬服。㉟生乃與噲等為伍　與上文「羞與絳、灌等列」同義。生，猶言「一輩子」。為伍，指地位、身分相同。㊱上常從容與信言諸將能不二句　有一次劉邦曾不經心地與韓信談到各位將領的能力大小，各有不同。常，同「嘗」。曾經。從容，自然、不經心的樣子。能不，有能力與沒能力。不，同「否」。(37)能將幾何　能統領多少軍隊。(38)陛下不能將兵二句　前言高帝只能將十萬，而言自己多多益善，見韓信之得意忘形，不自覺而出口。至高帝塞之曰「多多益善，何為為我禽」，其內心之懊怒已形於詞色時，韓信方猛然發覺失言，於是順勢改口曰：「陛下不能將兵，而善將將。」既平服高祖的忌心，亦掩飾自己的傷痛，然而這一來無疑又進一步加強了劉邦的必殺韓信之心。(39)陛下所謂天授二句　當時人稱道劉邦的常用語。〈留侯世家〉張良曰「沛公殆天授」，〈酈生陸賈列傳〉酈生曰「此非人力也，天之福也」，意思皆同。韓信引他人所常說，故云「所謂」。(40)陳豨拜為鉅鹿守　據〈韓信盧綰列傳〉，陳豨未嘗任鉅鹿守，乃「以趙（應作『代』）相國監趙、代邊兵」，《漢書・韓彭英盧吳傳》亦云「陳豨為代相監邊」。鉅鹿，漢郡名，郡治在今河北平鄉西南。代，漢初的諸侯國名，國都在今河北蔚縣東北。(41)挈　拉。(42)天下精兵處　需要駐紮精兵的要害之地。(43)信幸　受信任、受寵幸。(44)人言公之畔　有人說你造反。畔，同「叛」。(45)吾為公從中起二句　王先謙引周壽昌曰：「豨此時無反意，信因其來辭突教之反，不懼豨之言於上乎？此等情事不合，所謂『微辭』也。」凌稚隆引鄧以讚曰：「此段是呂后文致信反謀以對高祖者，史承之以著書耳。」郭嵩燾曰：「陳豨反事，或當時爰書之辭，史公敘當時事但能仍而載之，下文『舍人弟上變』，即此也。」(46)上自將而往二句　王先謙引周壽昌曰：「『病』與『稱病』，情事絕異，觀下相國紿信語，則信病非假稱也。」(47)弟舉兵二句　儘管造反，我在裡邊幫助你。弟，但；儘管。(48)詐詔　假造劉邦的詔書。(49)赦諸官徒奴　釋放各衙署所拘管的苦役和官奴。胡三省曰：「有罪而居作者曰徒，有罪而沒入官者曰奴。」陳直曰：「西漢官署中多有徒奴，如武帝時司隸校尉有徒千二百人，《漢舊儀》記載太官、湯官各有奴婢三千人是也。」(50)欲發以襲呂后太子　瀧川曰：「楓、三本『發』下有『兵』字，與《漢書》合。」(51)待豨報　等待陳豨的回音。(52)舍人　寄居門下以求食的人，如清客、食客等是也。王先謙引劉奉世曰：「按〈功臣表〉，告信反者舍人欒說也。宋祁曰：『〈功臣侯表〉云：愼陽欒說，為淮陰侯舍人，告淮陰侯信反，侯二千戶。』」(53)上變　上書告發非常之事。師古曰：「凡言變告者，謂告非常之事。」變，也稱「變事」，告發謀反的書信。(54)恐其黨不就　擔心他萬一不來。黨，同「儻」。倘若；萬一。(55)詐令人從上所來　假說有使者從劉邦那裡回來。(56)言豨已得死　說陳豨已被捕獲，已被殺死了。(57)紿　欺騙。(58)彊　勉強堅持。(59)斬之長樂鍾室　長樂鍾室，長樂宮中的懸鐘之室。按：韓信被殺，《漢書・高帝紀》與《通鑑》皆繫之於高祖十一年（西元前一九六年）正月，此前韓信為徒有其名的淮陰侯共六年。(60)悔不用蒯通之計二句　兒女子，猶言「老娘們、小孩子」。指呂后與劉邦的太子劉盈。按：史公寫韓信被殺前日「悔不用蒯通之計」，此欲明其此前從無反心也。(61)遂夷信三族　三族，指父族、母族、妻族。茅坤曰：「此情似誣。豨，漢信幸臣也，偶過拜淮陰，淮陰何以遽行謀反？及豨反後，亦無往來迹。且豨之反，自周昌言倉卒激之，安得與淮陰有夙謀？此皆忌口慎陽侯（欒說）輩讒之。不然，漢廷謀臣詐以此論之耳。」歸有光曰：「陳豨事疑出告變之語，考豨招致賓客為周昌所疑，一時懼禍，遂陷大戮，非素蓄反謀也。且已部署，而曠日待豨報，信亦不知兵機矣，此必呂后與相國文致之者。」馮班曰：「陳豨以賓客盛為周昌所疑，高祖使按其客，始反耳，未必素有逆謀。且豨以信幸為趙相國，將兵居邊，非韓、彭之儔有震主之威，據大國者也，何為先自疑而有反慮乎？韓信處嫌疑之地，輕與一陳豨出口言反，此亦非人情。信以淮陰家居，雖赦諸徒奴合而使之，未易部勒也。上自出，關中雖虛，未能全無備，亦不可信也。論者卻未及此。」62見信死二句　吳見思曰：「五字寫盡漢王心事。」楊燕起引金錫齡曰：「亦知無辜受戮為可憫也。」乾隆曰：「韓信之冤與否姑弗論，然高祖在外而呂后公然族滅大臣，回亦弗問，牝雞司晨，成何國政？人彘之禍兆於此矣。」63乃詔齊捕蒯通　王先謙曰：「詔齊王肥捕之也。」齊王肥是劉邦之子，高祖六年被封為齊王。64自夷　自己招致滅門。夷，平；殺光。65綱絕而維弛　指法度紊亂，政權崩潰。綱，網上的大繩。維，繫車蓋的繩。綱、維皆大繩，引申為維持國家體統的法度。66烏集　如烏鴉之飛集。喻其多。67鹿　「鹿」為「祿」字的諧音，以喻秦朝的國家政權。68逐　追捕。69高材疾足者　本事高、腿腳快的人。70蹠之狗吠堯　蹠，也作「跖」。古代著名的大盜，事見《莊子・盜跖篇》，後世用以喻指最惡的人。堯，傳說中的五帝之一，後世用以喻指最好的人。71狗固吠非其主　對於一隻狗來說，只要不是牠的主人，牠就一律對之狂叫。錢鍾書曰：「蒯通曰：『跖之狗吠堯，堯非不仁，狗固吠非其主。』〈魯仲連鄒陽列傳〉鄒陽獄中上書曰：『無愛于士，則桀之犬可使吠堯，跖之客可使刺由。』二人之喻本《戰國策・齊策六》勃貂對田單曰：『跖之狗吠堯，非貴跖而賤堯也，狗固吠非其主也。』」72銳精　胡三省曰：「言磨淬精鐵而銳之。」即磨厲刀槍。「銳」字用如動詞。精，指精鐵。73顧　轉折語詞，猶今所謂「問題是」、「關鍵是」。74置　放。胡三省曰：「置，猶舍也；赦也。」75乃釋通之罪　據《漢書・蒯通傳》，蒯通後來還向齊相曹參推薦過兩個賢士，蒯通本人則「論戰國時說士權變，亦自序其說，凡八十一篇，號曰《雋永》」。《漢書・藝文志》縱橫家有《蒯子》五篇。

【語　譯】韓信到楚國後，派人把當年曾給他飯吃的洗衣老婦找來，給了她千金重賞。也把下鄉的南昌亭長找來，賞給了他一百錢，說：「你，是個小人，因為你做好事不能做到底。」又把當年曾經侮辱他的那個青年找來，讓他做了楚國的中尉。韓信對左右的將領們說：「這人是個好漢。當初他侮辱我的時候，我難道不能殺了他嗎？問題是殺了他也不能給自己帶來好名聲，我之所以隱忍著，就是為了成就今天的事業。」

2 項羽部將鍾離眛老家在伊廬，此人很早就與韓信交情不錯。項羽死後，鍾離眛逃到了韓信這裡。劉邦恨鍾離眛，聽說他在韓信處，就命令韓信逮捕他。韓信剛到楚國不久，每到下屬各縣視察時，總要帶著一些軍隊，作為警衛。漢高祖六年，有人上書告發韓信要造反。劉邦聽取了陳平的計策，以到南方視察雲夢澤為名，讓各國的諸侯都到陳郡會合。他嘴裡說：「我去視察雲夢。」實際上是要藉機襲捕韓信，韓信不知道。等到劉邦快要來到楚國的邊界了，韓信也有懷疑，也想發兵抵抗，但想到自己沒有任何罪過；想去見劉邦，但又怕被劉邦抓起來。這時有人勸韓信說：「可以殺了鍾離眛，去見皇上，皇上必然高興，您也就沒事兒了。」韓信找鍾離眛談到此事，鍾離眛說：「劉邦之所以不敢打楚國，就是因為我在你這兒。如果你想抓了我去討好劉邦，那麼我今天死，你明天也就該跟著我死了。」於是他罵韓信說：「你真不是個厚道的人！」說罷自刎而死。韓信帶著鍾離眛的人頭，到陳郡進見劉邦。劉邦立即命令武士逮捕了韓信，把他裝在了自己後面的車上。韓信說：「果真像人們所說的：『兔子一死，獵狗也就要被煮了；飛鳥打完，良弓也就該收起來了；敵人一被消滅，功臣也就該被殺了。』現在天下已經太平，我是到了該死的時候了！」劉邦說：「有人告你要造反。」於是給韓信戴上刑具。等回到洛陽後，劉邦又把韓信放了，把他降級為淮陰侯。

3 韓信知道劉邦對自己的才能是既怕又恨的，因此常常藉口生病不去朝見他，也不隨同他出行，心中充滿怨恨，常常悶悶不樂。他覺得讓自己與周勃、灌嬰等同在一個級別，簡直是一種羞恥。韓信曾經去過一次樊噲家，樊噲對韓信非常尊重，接送時都給他行跪拜禮，說話時自己稱臣，受寵若驚地說：「大王您竟然光臨臣舍。」韓信從他家出來後，笑道：「想不到我這輩子竟與樊噲這種人落到了一塊！」有一次劉邦與韓信閒聊中，劉邦說到了開國將領們能力大小各有不同，劉邦問：「像我，能統率多少人馬呢？」韓信說：「您最多能統率十萬。」劉邦問：「那麼你呢？」韓信說：「我是越多越好。」劉邦笑了一下說：「既然你的本事這麼大，為什麼還被我活捉呢？」韓信說：「陛下您雖不善於帶兵，但卻善於駕馭將領，這就是我所以被您活捉的原因。而且您所以勝利，這是上天安排的，不是人力所可改變的。」

4 陳豨被任命為趙國丞相，要去統領趙、代兩國的邊兵，來向韓信辭行。韓信打發開左右的隨從，拉著他的手，在院子裡散步，韓信仰天長歎道：「你能讓我放心嗎？我有些話想和你談幾句。」陳豨說：「我絕對聽您的吩咐。」韓信說：「你將要去駐守的地方，那裡聚集著國家最精銳的部隊；而你，又是皇帝的親信。要是有人告你造反，第一次皇帝是絕不會相信的；但如果再告第二次，皇帝就會起疑心了；如果再告第三次，皇帝肯定會發怒，會親自率兵去打你。到那時，我在京城起兵，做你的內應，那時天下就可以成為我們的了。」陳豨一向知道韓信的才能，相信他的話不假，於是說：「一定照您的話辦！」漢高祖十年，陳豨真的造反了。劉邦親自率兵前去討伐，韓信生病沒有跟著一同去，而暗中悄悄派人給陳豨傳送消息說：「儘管放心幹，我從裡邊幫你。」於是韓信與家臣們謀劃要在夜裡假傳聖旨，釋放在各個官邸裡作苦役的奴隸、罪犯，準備把他們武裝起來，率領他們襲擊呂后和皇太子。一切都部署好了，單等陳豨那方面的消息。這時韓信家的一個門客，因為犯罪被韓信關了起來，想殺他。這個門客的弟弟就寫密信向呂后告發了韓信要造反的種種計畫。呂后想召韓信進宮，又擔心他萬一不來，於是就和蕭何商量，派了一個人假裝是從劉邦那兒來，詐稱陳豨已被俘獲斬首了，讓列侯百官們都入朝祝賀。蕭何親自來騙韓信說：「即便你有病，也還是硬撐著去進宮一趟吧。」結果韓信一進長樂宮，呂后立刻命令武士把韓信捆了起來，不問情由把他押入一間懸掛鐘磬的屋子裡就把他給殺了。韓信臨死前說：「我真後悔當初沒有聽蒯通的勸告，今天竟被個老娘兒們所騙，這不是天意嗎！」接著呂后又把韓信父親的親戚、母親的親戚、妻子的親戚三大族通通抓起來殺光了。

5 不久，劉邦從討伐陳豨的前線上回來，回來後得知韓信早已被呂后殺害，劉邦是又高興又有點兒可惜，他問呂后說：「韓信臨死前說過什麼話沒有？」呂后說：「他說只恨當初沒聽蒯通的勸告。」劉邦說：「這個傢伙是齊國有名的說客。」於是下令齊國逮捕蒯通。蒯通被押解到京城來了，劉邦問他：「是你教韓信造反嗎？」蒯通說：「是的，我是教過他。可是那小子不聽我的話，結果自取滅亡了。如果他早先聽了我的話，你們今天還能把他滿門抄斬嗎！」劉邦勃然大怒說：「把他給我煮了。」蒯通說：「嘿！我這個被煮才冤枉哩！」劉邦說：「你挑唆著韓信造反，還冤枉什麼？」蒯通說：「秦朝殘暴無道，政權解體，整個中原地區都亂了套，那時不管姓甚名誰，凡是有本事的，大家一起都幹起來了。這皇帝的位子就好比一隻鹿，鹿從秦朝那裡跑走了，大家一齊追，誰有本事、誰的腿快追上了，這隻鹿就屬於誰。盜蹠的狗衝著堯叫，並不是因為堯為人不好，而是因為狗只忠於牠的主人。在那個時候，我只知道有韓信，還不知道有陛下您哪。況且當時手持兵器也像您一樣想當皇帝的人多的是，只不過沒有成功罷了，您能把他們都煮了嗎？」劉邦說：「放了他。」於是蒯通被赦免了。

太史公曰：吾如淮陰，淮陰人為余言，韓信雖為布衣時，其志與眾異。其母死，貧無以葬，然乃行營❶高敞地❷，令其旁可置萬家❸。余視其母冢，良然。假令韓信學道❹謙讓，不伐己功，不矜其能❺，則庶幾哉於漢家勳可以比周、召、太公之徒，後世血食矣❻。不務出此，而天下已集，乃謀畔逆，夷滅宗族，不亦宜乎❼！

【章　旨】以上為第六段，是作者的論贊，作者表面上批評韓信不該「謀反」，其實是對韓信事件表現了一種強烈的感慨、惋惜之情。

【注　釋】❶行營　尋找；謀求。❷高敞地　地勢高而寬敞的地方。❸令其旁可置萬家　當時的帝王、權貴都希望自己的墳墓所在日後能發展成都市，以使其死後亦不寂寞，如漢朝之歷代皇帝生前預築陵墓，並大量向其地區移民是也。❹學道　指學習道家的謙退不爭。❺不伐己功二句　按：《老子》有所謂「功成名遂身退，天之道」，又有所謂「不自伐，故有功；不自矜，故長」，史公責備韓信不知學此也。伐，驕傲自誇，與下句「矜」字義同。楊燕起引徐經曰：「史公為淮陰惜，實不僅為淮陰惜。是言也姑借淮陰發之，實千古建大功者當奉為玉律也。」❻則庶幾哉二句　庶幾，差不多。周，周公姬旦。召，召公姬奭。太公，姜尚。三人都是周朝的開國元勳，後來周公的後代被封於魯，召公被封於燕，太公被封於齊，皆傳國五六百年。血食，指享受後世子孫的祭祀。「則庶幾哉」四字，有版本標點為與上句相連，以為韓信若能「學道謙讓，不伐己功，不矜其能」，那就差不多行啦。瀧川曰：「庶幾哉，三字屬下句。」其意謂假如韓信若能「學道謙讓，不伐己功，不矜其能」，那麼他在漢朝的功勳就差不多可以和古代的周公、召公、太公相媲美，可以傳國不絕了。按：瀧川說是。❼天下已集四句 集，安定。李慈銘曰：「『天下已集，乃謀叛逆』，此史公微文，謂淮陰之愚，必不至此也。」李笠曰：「天下已集，豈可為逆於其必不可為叛之時？而夷其宗族，豈有心肝人所宜出哉！讀此數語，韓信心跡，劉季、呂雉手段昭然若揭矣。文家反復辯論，反不若此言之宛轉痛快。」

【語　譯】太史公說：我曾經到過淮陰，淮陰的人們對我說，當韓信還是百姓時，他的志向就和一般人不一樣。他的母親死了，家裡窮得都沒錢發喪，可是韓信還是把他母親埋在了一個又高又開闊的地方，他準備讓這個墳墓的周圍日後發展成一個萬戶人家的城鎮。我去看了看他母親的墳墓，情況果真如此。假如韓信當初能學點謙讓之道，不以功臣自居，不誇耀自己的才能，那麼他在漢王朝的勳業就差不多可以和周朝的周公、召公、姜太公這些人相媲美，並能傳國於子孫，可永遠享受後代的祭祀了。可是他不這麼做，而是要在天下局面已經安定的時候圖謀造反，結果整個親族被鏟滅，這不也是罪有應得嗎！

【研　析】本傳使用一種文學色彩很濃的筆法，按照歷史人物一生的幾個主要階段，有次序而又突出重點地描述了韓信的生平事跡，從而使韓信這個人物的精神氣質、聰明才幹、歷史功過，連同作者的濃厚感情，一起清晰地呈現在讀者眼前。

一、作品全力歌頌了韓信傑出的軍事才幹，他不同於曹參、樊噲那樣的猛將，不同於孫臏、龐涓一類的軍事家，他是具有深謀遠略，能運籌帷幄而決勝千里的大將之才。這一點突出表現在他登臺拜將時的那段精彩議論上。在這段議論中，他分析了劉、項雙方的形勢，列舉項羽在用人、戰略、政策上的種種失誤後，明確地指出項羽的貌似強大只是一種假象，是可以打敗的。接著他又分析了三秦的形勢，比較了章邯等三人在關中的不得人心，和劉邦當時在關中打下的基礎，結論是：「今大王舉而東，三秦可傳檄而定也。」這是何等的眼光與氣魄！前人曾高度評價韓信的這番議論，明代楊維楨曰：「韓信登壇之日，皆陳平生之畫略，論楚之所以失，漢之所以得，此三秦還定之謀卒定於韓信之手也。」（《史記評林》）

二、韓信為將後，他設疑兵，裝出欲強渡臨晉的樣子，而實則從夏陽渡軍，奔襲安邑，一舉俘獲了魏豹；隨後又北破代兵，擒夏說於閼與；而後東出井陘，大破趙兵，斬陳餘，擒趙王歇；又襲破齊歷下軍，擊敗楚國的援軍二十萬於濰水上，殺其將龍且；最後統率全部漢軍與項羽決戰於垓下，使項羽十萬大軍化為灰燼，連項羽本人也被逼得自刎於烏江。明代茅坤曰：「予覽觀古兵家流，當以韓信為最，破魏以木罌，破趙以立漢赤幟，破齊以囊沙，彼皆從天而下，而未嘗與敵人血戰者。予故曰：古今來，太史公，文仙也；李白，詩仙也；屈原，辭賦仙也；劉阮，酒仙也；而韓信，兵仙也。然哉！」（《史記鈔》）司馬遷沒有虧負韓信這個歷史人物，也正是靠著他的如椽大筆，使韓信的卓越將才，得到了酣暢淋漓、活靈活現的表現。

三、作品對韓信被誣而族滅的結局寄予了無限同情。由於本篇寫的是漢朝的「當代」史，韓信又是個非同凡響的重要人物，作者在某些地方不能不用了些曲筆，致使人們對於韓信的被殺在理解上產生了分歧。對於韓信是否真想陰謀叛亂，前人已有許多辯正，以為不可信。就篇中觀之，當韓信破趙、定齊，兵威大振，其勢已出於劉邦、項羽之上時，項羽派武涉勸他「參分天下王之」，韓信不忘劉邦之情，發誓「雖死不易」；接著蒯通又勸他「參分天下，鼎足而居」，並透徹地分析形勢，引證歷史經驗，說得確確鑿鑿，令人觸目驚心，韓信仍是不從。武涉與蒯通的兩段話共有一千三百多字，占了整個作品的四分之一，令讀者感到比例失調。司馬遷之所以要這樣安排，誠如清代趙翼所說：「正以見淮陰之心在為漢，雖以通之說喻百端，終確然不變，而他日之誣以反而族之者之冤，痛不可言也。」此外，文中寫韓信被騙入長樂宮，陷入呂后的埋伏時說：「吾悔不用蒯通之計，乃為兒女子所詐。」臨死才後悔當初不反，不正說明當初的確沒想反嗎！這種寫法，不也很耐人尋味嗎！

四、作品對劉邦及其謀士們的殘害功臣，表現了極大的憤慨與厭惡之情。韓信是劉邦手下最有本事的人物，劉邦深知天下未定之時沒有韓信是不行的；但正因為他的本事太大，也就成了最受猜疑、最令人不放心的人物。每次打了勝仗，消滅了敵人，劉邦總是立即把他的精兵調走，讓他重新組織人力再去作戰。待至項羽被消滅後，韓信不僅立即被剝奪了兵權，而且立即被調換了封地。劉邦從平定陳豨軍的前線回來，知道韓信已被呂后所殺，這時劉邦的心理是「且喜且憐」，「喜」的是長期壓在心頭的大石終於去掉了；「憐」，大概是覺得以韓信之大功大才，又以這樣的「罪」名殺之，實在太說不過去了吧！清代梁玉繩分析劉邦此時的心理說：「高祖畏惡其能非一朝一夕，胎禍於躡足附耳，露疑於奪符襲軍，故禽縛不已，族誅始快。從豨軍來，見信死『且喜且憐』，亦諒其無辜受戮為可憫也。」蒯通對韓信說：「勇略震主者身危，而功蓋天下者不賞。」又說：「野獸已盡而獵狗亨。」這些結果在專制獨裁的社會裡，都是帶有必然性的。司馬遷寫〈淮陰侯列傳〉的主旨，就是要揭示這種慘痛、令人厭惡但又無法改變的歷史規律。

魏其武安侯列傳

【題解】作品通過魏其侯竇嬰與武安侯田蚡間的矛盾鬥爭，揭露了漢代統治集團內部互相傾軋、互相殘殺的黑暗現實。由於這場貴族之間的互相傾軋是與宮廷內皇帝與太后的奪權鬥爭緊密相連的，所以這篇作品就具有了更深刻、更典型的意義。竇嬰為人正直，忠於王室，有戰功，不貪財，能進士；灌夫性倔強，尚俠義，欺強而不凌弱，在強權面前不低頭，這是作者讚賞同情的。但他們同時又有貴族豪強平庸驕橫的劣根性。田蚡是勢利小人，倚靠裙帶關係平步青雲，專權跋扈，作威作福，貪婪驕奢，仗勢害人，氣焰之盛，甚至使得漢武帝都再難以忍受了。田蚡及其靠山王太后是作者極力鞭撻的對象。作品在表現漢景帝與竇太后，王太后與竇太后，漢武帝與王太后之間的權力之爭時，用筆雖然含蓄，而情事還是極為明晰的。又因為當時這場權勢之爭是在尊儒與反尊儒的口號下進行的，所以這篇文章又是研究漢武帝「罷黜百家，獨尊儒術」這樁歷史公案內幕的絕好文字，可惜歷來研究思想史的專家多對此文注意不夠，都對漢武帝「尊儒」過程中的流血政變隻字不提，豈其然哉！

1 魏其侯❶竇嬰者，孝文后❷從兄❸子也。父世觀津人❹。喜賓客❺。孝文時❻，嬰為吳相❼，病免。孝景初即位❽，為詹事❾。

2 梁孝王❿者，孝景弟也，其母竇太后愛之。梁孝王朝⓫，因昆弟燕飲⓬。是時上未立太子，酒酣⓭，從容⓮言曰：「千秋之後⓯傳梁王⓰。」太后驩⓱。竇嬰引卮酒進上⑱，曰：「天下者，高祖天下，父子相傳，此漢之約也，上何以得擅傳梁王⑲！」太后由此憎竇嬰。竇嬰亦薄其官，因病免⑳。太后除竇嬰門籍㉑，不得入朝請㉒。

3 孝景三年㉓，吳、楚反㉔，上察宗室諸竇㉕毋如竇嬰賢㉖，乃召嬰。嬰入見，固辭謝病不足任。太后亦慚。於是上曰：「天下方有急，王孫㉗寧可以讓邪㉘？」乃拜嬰為大將軍㉙，賜金千斤㉚。嬰乃言袁盎㉛、欒布㉜諸名將、賢士在家者進之。所賜金，陳之廊廡㉝下，軍吏過，輒㉞令財取為用㉟，金無入家者。竇嬰守滎陽㊱，監齊、趙兵㊲。七國兵已盡破㊳，封嬰為魏其侯。諸游士賓客爭歸魏其侯。孝景時，每朝議大事，條侯㊴、魏其侯，諸列侯莫敢與亢禮㊵。

4 孝景四年㊶，立栗太子㊷，使魏其侯為太子傅㊸。孝景七年㊹，栗太子廢㊺，魏其數爭㊻不能得㊼。魏其謝病，屏居㊽藍田南山㊾之下數月，諸賓客辯士說之，莫能來㊿。梁人高遂(51)乃說魏其曰：「能富貴將軍者，上也；能親將軍者，太后也。今將軍傅太子，太子廢而不能爭。爭不能得，又弗能死。自引謝病(52)，擁趙女(53)，屏閒處(54)而不朝。相提而論(55)，是自明揚主上之過(56)。有如兩宮(57)螫(58)將軍，則妻子毋類(59)矣。」魏其侯然之，乃遂起，朝請如故(60)。

桃侯[61]免相，竇太后數言魏其侯[62]。孝景帝曰：「太后豈以為臣有愛[63]，不相魏其？魏其者，沾沾自喜[64]耳，多易[65]。難以為相持重。」遂不用，用建陵侯衛綰[66]為丞相。

【章旨】以上為第一段，寫竇嬰在景帝時期的經歷。

【注釋】❶魏其侯　日後竇嬰有功時的封號，封地為魏其縣。魏其，漢縣名，縣治在今山東臨沂東南。❷孝文后　孝文帝的皇后，姓竇，其經歷見〈外戚世家〉。❸從兄　堂兄，史失其名。❹父世觀津人　其父輩以上世代住在觀津。世，世世代代。《索隱》曰：「以言其累葉在觀津，故云『父世』也。」觀津，漢縣名，縣治在今河北武邑東南。《正義》曰：「觀津城在武邑縣東南二十五里。」❺喜賓客　主語為魏其侯。竇氏家族乃自竇女為皇后起，始成為貴族，以前貧困至無以為生，無由「喜賓客」也。竇氏以前之貧困情狀，見〈外戚世家〉。❻孝文時　孝文帝在位時（西元前一七九—前一五七年）。孝文帝，名恆，劉邦之子，薄后所生。事跡詳見〈孝文本紀〉。❼為吳相　為吳王劉濞之相。劉濞是劉邦兄劉仲之子，高祖十二年（西元前一九五年），被劉邦封為吳王，都廣陵（今江蘇揚州）。事跡詳見〈吳王濞列傳〉。按：當時的諸侯相秩（官階）二千石，與郡守同級，位在郡守之上。❽孝景初即位　景帝即位之初。景帝即位在西元前一五七年，其前元元年為西元前一五六年。孝景帝名啟，文帝之子，竇太后所生。事跡詳見〈孝景本紀〉。❾詹事　官名，主管皇后、太子宮中的事務，秩中（滿）二千石。❿梁孝王　名武，景帝之胞弟，同為竇太后所生。文帝二年（西元前一七八年），劉武被封為代王；文帝四年（西元前一七六年），劉武被徙為淮陽王；文帝十二年（西元前一六八年），劉武被徙為梁王，都睢陽（今河南商丘南）。⓫梁孝王朝　據〈漢興以來諸侯王年表〉，景帝之二年（西元前一五五年）、三年（西元前一五四年），梁孝王皆曾入朝。⓬昆弟燕飲　以親兄弟的身分一起宴樂。師古《漢書注》曰：「序家人昆弟之親，不為君臣禮也。」昆弟，兄弟。昆，兄。燕飲，比較隨便、不講嚴格禮數的宴樂。燕，安也。⓭酒酣　正喝得興頭兒上來，以言此時的說話未必經心。⓮從容　隨便；不在意。⓯千秋之後　婉言身後、死後。⓰傳梁王　傳帝位於梁王。⓱驩　通「歡」。高興。⓲引卮酒進上　意指景帝說了不應說的話，應該受罰。胡三省《通鑑注》曰：「引酒進之，蓋罰爵（酒杯）也。」⓳上何以得擅傳梁王　倪思《班馬異同》曰：「嬰不顧竇太后，引誼別微，真忠臣也。」⑳因病免　推託有病，辭官不幹了。㉑除竇嬰門籍　除，註銷。門籍，胡三省曰：「出入宮殿門之籍也。」即宮門守衛處所持有的允許出入宮門的花名冊。㉒入朝請　即進宮拜見皇帝。古時諸侯春朝天子曰「朝」，秋朝天子曰「請」。此處即指朝見。㉓孝景三年　西元前一五四年。㉔吳楚反　事在景帝三年正月。事情的起因是由於景帝採納御史大夫鼂錯的意見削減了諸侯王的封地，於是吳王劉濞、楚王劉戊、膠西王劉卬、膠東王劉雄渠、菑川王劉賢、濟南王劉辟光、趙王劉遂等就以請誅鼂錯以清君側為名，發動了對漢朝中央的叛亂，史稱吳、楚七國之亂。詳情見〈吳王濞列傳〉、〈袁盎鼂錯列傳〉。㉕宗室諸竇　師古曰：「宗室，帝之同姓親也；諸竇，總謂帝外家也。以吳楚之難，故欲用內外之親為將也。」《索隱》引姚氏按：「〈酷吏傳〉：『周陽由，其父趙兼以淮南王舅侯周陽，故因改氏。由以宗室任為郎。』則似是與國有親戚屬籍者，亦得呼為『宗室』也。」沈欽韓曰：「下文云『灌夫得竇嬰通列侯宗室為名高』，則『宗室』單指竇氏明矣。」王先謙曰：「下文『舉謫諸竇宗室無節行者，除其屬籍』；又『俱外家』，《史記》作『俱宗室外家』，此竇氏宗屬稱『宗室』明證。此文『宗室』在『諸竇』之上，自是帝之同姓親，當以顏說為正。」㉖毋如竇嬰賢　楊樹達曰：「〈鼂錯傳〉，錯請謫削諸侯，公卿列侯宗室莫敢難，獨嬰爭之。當此禍發，景帝賢嬰，殆由於此。蓋時帝已有悔用錯之意，亦即殺錯之見端。錯愚不知，袁盎則已窺見帝隱而進其讒矣。不然，盎於淮南厲王之驕，固亦嘗主削謫諸侯之議矣，今則自違前議，忽獻計誅錯，不憚以反復見詰者，正非無故也。」㉗王孫　《集解》引《漢書》曰：「竇嬰，字王孫。」㉘寧可以讓邪　難道還能再推辭嗎。寧，豈；難道。邪，通「耶」。㉙大將軍　此時尚非固定的官號，只是表明其地位在諸將之上。景帝平定七國之亂的最高統帥乃周亞夫，時為太尉，可知也。至武帝時衛青之為「大將軍」始成為固定官名，其實權乃在丞相之上矣。㉚斤　漢時以黃金一斤稱「一金」，「一金」抵銅錢一萬枚。㉛袁盎　字絲，事見〈袁盎鼂錯列傳〉。此人奸詐險佞，難以稱為「賢士」。據〈盎傳〉，盎與嬰素相善，盎時又夜見嬰，為言吳所以反，願至上前對狀，故嬰薦之。鼂錯蓋即因此被景帝所殺。事見〈袁盎鼂錯列傳〉。㉜欒布　梁人，曾為彭越部下。彭越被呂后所殺，欒布前往哭屍不顧。後參與平七國之亂，以功封俞侯。事見〈季布欒布列傳〉。㉝廊廡　師古曰：「廊，堂下周屋也。廡，門屋也。」王先謙以為「廊」即今所謂走廊、遊廊，「廡」為廊下之屋。㉞輒就；隨即。㉟財取為用　需用多少自己取多少。財，通「裁」。裁度。凌稚隆引張之象曰：「竇嬰能言諸名將賢士在家者進之，有公叔文子遺意焉；且所賜金輒與軍吏，又能廣君上之惠，其賢可知也。」㊱滎陽　漢縣名，縣治在今河南滎陽東北，歷來為軍事重鎮。㊲監齊趙兵　監督節制討伐齊、趙兩地的諸路兵馬。王先謙引錢大昕曰：「時欒布擊齊，酈寄擊趙，滎陽在南北之衝，東捍吳楚，北距齊趙。吳楚之兵，有周亞夫自將，非嬰所監；若齊趙，雖各遣將，而嬰為大將軍，得遙制之。」㊳七

國兵已盡破　吳楚七國於景帝三年之正月造反，前後經歷三個月，至三月被討平。㊴條侯　周亞夫，劉邦功臣周勃之子，文帝時即善治兵，為河內太守。周勃之長子周勝之因犯罪自殺，文帝封周亞夫為條侯（封地條縣），續周勃後。吳楚七國亂起，景帝任周亞夫為太尉，是削平亂軍的最高統帥。事跡詳見〈絳侯周勃世家〉。㊵莫敢與亢禮　師古曰：「言特敬此二人也。」亢禮，行對等之禮。亢，通「抗」。對等。凌稚隆曰：「此突然插入條侯，借客形主之法。」㊶孝景四年　西元前一五三年。㊷立栗太子　立劉榮為太子，事在景帝四年四月。劉榮為栗姬所生，因其後來被廢，故此以其母之姓相稱。㊸太子傅　官名，即太子太傅，主管對太子的教育、訓導諸事宜。㊹孝景七年　西元前一五〇年。㊺栗太子廢　據〈外戚世家〉，景帝姐長公主劉嫖求栗姬娶自己之女為太子妃，栗姬不答應。長公主轉與劉徹之母王夫人勾結，二人合力進讒，傾倒栗姬，王氏得立為皇后，王氏子劉徹遂為太子，乃娶長公主之女為妃。栗姬憂憤而死，劉榮先被廢為臨江王，不久又被殺害。詳情見〈外戚世家〉、《漢書・武五子傳》。㊻數爭　多次勸阻景帝不要廢太子劉榮。凌稚隆引屠隆曰：「魏其諫傳梁王，爭廢太子，乃忠臣立朝大節。」㊼不能得　不能說服漢景帝。楊樹達曰：「栗太子廢為臨江王，有罪對簿，欲得刀筆，郅都弗與，嬰使人間與之，見〈都傳〉。」按：臨江王被誣下獄，欲上書對簿而不得。事見〈酷吏列傳〉。㊽屏居　摒除人事而閒居。即隱居。屏，同「摒」。㊾藍田南山　即藍田山，當時長安郊區的遊覽勝地。藍田，漢縣名，縣治在今陝西藍田西。藍田山在今藍田縣東南。王先謙曰：「〈李廣傳〉亦云『廣屏居藍田南山中射獵』，蓋藍田南山在當日為朝貴屏居游樂之所。」㊿莫能來　莫能使其來朝供職。(51)高遂　事跡不詳，《史記》中僅此一見。(52)自引謝病　自己推說有病。引，尋找理由。謝，稱說。(53)擁趙女　懷抱能歌善舞的美女。早自春秋、戰國以來，趙國即以出歌舞女子聞名，如〈貨殖列傳〉稱趙、中山「多美物，為倡優，女子則鼓鳴瑟，跕屣，游媚貴富，入後宮，徧諸侯」，漢樂府有所謂「堂上置樽酒，坐使邯鄲倡」等等皆是也。(54)屏閒處　摒人不見而在家閒居。師古曰：「閒處，猶言私處也。」(55)相提而論　相比而言。指「太子廢而不能爭；爭不能得，又弗能死」，與「自引謝病，擁趙女，屏閒處而不朝」二事。(56)自明揚主上之過　《漢書》作「只加懟自明，揚主之過」，意即自己表白自己沒有過錯，而有意地暴露皇上的過失。(57)兩宮　指皇帝與太后。當時皇帝居未央宮，太后居長樂宮。(58)螫　蜂蠍之以毒針刺人。此處即指發怒、加害。(59)毋類　絕種；被殺光。(60)乃遂起二句　凌稚隆引王維楨曰：「去就若此，誠為『多易』。」(61)桃侯　劉舍，劉邦功臣劉襄之子，襲其父爵為侯，封地桃縣。劉襄原姓項，被劉邦賜姓劉，事見〈項羽本紀〉。據〈孝景本紀〉，劉舍於景帝中元三年（西元前一四七年）以御史大夫接替周亞夫為丞相；景帝後元元年（西元前一四三年）七月，因日蝕，劉舍被免相。按：漢人講天人感應，認為日蝕是上天示災變以警人君，故人君常用免大臣職以解之。(62)數言魏其侯　多次建議以竇嬰充任丞相。63愛　吝嗇；捨不得。64沾沾自喜　王先謙曰：「猶言詡詡自得也。」郭嵩燾曰：「大抵言其器局之小而已。」沾沾、詡詡，皆得意自滿貌。65多易　輕率；不穩重。易，輕。王先謙曰：「嬰為爭太子事謝病數月，復起，出處輕率，帝故知其多易，難以持重。」66衛綰　文、景時期的庸俗官僚，平定吳楚七國之亂中有軍功，後被封為建陵侯，封地建陵縣（今江蘇新沂南）。事跡見〈萬石張叔列傳〉。衛綰以御史大夫接替劉舍為丞相，在景帝後元元年八月。司馬遷說他「醇謹無他」、「自初官以至丞相，終無可言」。

【語　譯】魏其侯竇嬰，是孝文帝竇皇后堂兄的兒子。從他的父親以上，世世代代都住在觀津。竇嬰喜歡結交賓客。孝文帝在位時，竇嬰做過吳國丞相，後來因為生病辭官。孝景帝剛即位時，竇嬰又被任命為詹事。

2 梁孝王是孝景皇帝的同胞兄弟，他的母親竇太后非常偏愛他。有一次梁孝王進京朝貢時，和孝景帝一起以兄弟的身分舉行家宴，這時皇上還沒有立太子，當大家喝酒喝得非常暢快時，孝景帝順口隨便說道：「等我死了之後我把帝位傳給梁王。」竇太后聽了心裡非常高興。這時竇嬰立刻端起一杯酒上前對景帝說：「漢朝的天下是高祖打下來的，我們漢朝的規矩是父子依次相傳，您怎麼能夠隨便改變章程傳給梁王呢！」竇太后一聽很不高興，從此心裡嫉恨竇嬰。竇嬰也正嫌自己的官小，賭氣推說有病辭職不幹了，而竇太后也更乾脆趁著機會吊銷了竇嬰出入宮廷的通行證，不讓他再進宮朝見皇帝。

3 孝景帝三年，吳、楚等國發動了叛亂，皇上觀察當時劉氏本族和竇氏外戚中的子弟們沒有一個能像竇嬰那麼能幹的，於是就把竇嬰找了來。竇嬰進了宮，推說有病，說自己實在沒有能力擔此重任。竇太后這時對自己過去的做法也感到很慚愧。皇上對竇嬰說：「國家眼下正處在緊急關頭，王孫你難道還能再推辭嗎？」於是就任命竇嬰為大將軍，賜給他黃金千斤。竇嬰受命後，隨即又向孝景皇帝推薦了袁盎、欒布等一些在家閒居的將領和賢士。竇嬰回來後把皇上賞給他的黃金全數都擺在軍部議事廳下的走廊裡，讓自己手下的軍官們根據自己的需要隨便拿著用，他自己一點也不拿回家裡。竇嬰東出駐守滎陽，監督策應前往齊國、趙國討伐叛亂的漢朝軍隊。七國叛亂平定後，竇嬰被封為魏其侯。當時有許多遊說之士和賓客們都爭先恐後地來投奔他。在當時朝廷裡有什麼聚會要商議國家大事的時候，周亞夫和竇嬰的地位最高，其他列侯們誰也不能跟他們兩個分庭抗禮。

4 孝景帝四年，立栗姬生的兒子劉榮為太子，任命竇嬰為太子的師傅。孝景帝七年，太子劉榮被廢，竇嬰為此多次力爭均未能挽回。於是竇嬰遂推說有病辭職不幹了，他隱居在藍田縣的南山下一住就是幾個月，他門下的那些賓朋說客們百般勸說，他就是不出來。這時一個名叫高遂的梁國人便對竇嬰說：「能夠讓您富貴的是皇上，和您關係最近的是太后。您給太子做師傅，太子被廢時您不能勸阻。勸阻不成時，您又不能自殺。到頭來您只是推說有病整天摟著美女，躲在家裡不去上朝。把您這幹什麼和不幹什麼一對比，不是分明顯出您對皇上的不滿嗎？有朝一日要是皇上和太后合起來對付您，那時您恐怕就要被滿門抄斬了。」竇嬰一聽有理，於是立刻由山裡出來又照常去上朝了。

5 桃侯劉舍被免去丞相後，竇太后一連幾次地談到讓竇嬰為丞相。孝景帝說：「您難道以為我是有什麼吝惜，才不讓竇嬰當丞相嗎？不是的，竇嬰這個人，容易自滿驕傲，舉動輕率，無法適任丞相擔當國家重任。」於是就沒有任用竇嬰，而任用了建陵侯衛綰。

1 武安侯❶田蚡者，孝景后同母弟❷也，生長陵❸。魏其已為大將軍後，方盛，蚡為諸郎❹，未貴，往來侍酒魏其，跪起如子姓❺。及孝景晚節❻，蚡益貴幸❼，為太中大夫❽。蚡辯有口❾，學槃盂諸書❿，王太后⓫賢之。孝景崩，即日太子立⓬，稱制⓭，所鎮撫多有田蚡賓客計筴⓮。蚡弟田勝⓯，皆以太后弟，孝景後三年⓰，封蚡為武安侯，勝為周陽侯⓱。

2 武安侯新欲用事為相⓲，卑下賓客⓳，進名士家居者貴之，欲以傾魏其諸將相[20]。建元元年[21]，丞相綰病免[22]，上議置丞相、太尉。籍福[23]說武安侯曰：「魏其貴久矣，天下士素歸之。今將軍[24]初興，未如魏其，即[25]上以將軍為丞相，必讓魏其。魏其為丞相，將軍必為太尉。太尉、丞相尊等耳[26]，又有讓賢名。」武安侯乃微言太后風上[27]，於是乃以魏其侯為丞相，武安侯為太尉。籍福賀魏其侯，因弔曰[28]：「君侯資性[29]喜善疾惡[30]，方今善人譽君侯，故至丞相；然君侯且[31]疾惡，惡人眾，亦且毀君侯[32]。君侯能兼容[33]，則幸久[34]；不能，今以毀去矣[35]。」魏其不聽。

3 魏其、武安俱好儒術，推轂[36]趙綰為御史大夫，王臧為郎中令[37]。迎魯申公[38]，欲設明堂[39]，令列侯就國[40]，除關[41]，以禮為服制[42]，以興太平。舉適[43]諸竇宗室[44]毋節行者，除其屬籍[45]。時諸外家為列侯，列侯多尚公主[46]，皆不欲就國[47]，以故毀日至竇太后[48]。太后好黃、老之言[49]，而魏其、武安、趙綰、王臧等務隆推[50]儒術，貶道家言，是以竇太后滋不說[51]魏其等。及建元二年[52]，御史大夫趙綰請無奏事東宮[53]。竇太后大怒，乃罷逐趙綰、王臧等，而免丞相、太尉[54]，以柏至侯許昌[55]為丞相，武彊侯莊青翟[56]為御史大夫。魏其、武安由此以侯家居。

4 武安侯雖不任職，以王太后故，親幸，數言事多效[57]，天下吏士趨勢利者，皆去魏其歸武安[58]。武安日益橫[59]。建元六年[60]，竇太后崩，丞相昌、御史大夫青翟坐喪事不辦，免[61]。以武安侯蚡為丞相[62]，以大司農韓安國[63]為御史大夫。天下士郡諸侯愈益附武安[64]。

5 武安者，貌侵[65]，生貴甚[66]。又以為諸侯王多長[67]，上初即位，富於春秋[68]，蚡以肺腑[69]為京師相[70]，非痛折節以禮詘之，天下不肅[71]。當是時，丞相入奏事，坐語[72]移日[73]，所言皆聽。薦人或起家至二千石[74]，權移主上[75]。上乃曰：「君除吏[76]已盡未？吾亦欲除吏。」嘗請考工地[77]益宅[78]，上怒曰：「君何不遂取武庫[79]！」是後乃退[80]。嘗召客飲，坐其兄蓋侯南鄉[81]，自坐東鄉，以為漢相尊，不可以兄故私橈[82]。武安由此滋驕，治宅甲諸第[83]。田園極膏腴[84]，而市買[85]郡縣器物相屬於道[86]。前堂羅鍾鼓，立曲旃[87]；後房婦女以百數。諸侯奉[88]金玉狗馬玩好，不可勝數。

6 魏其失竇太后，益疏不用，無勢，諸客稍稍自引[89]而怠傲，唯灌將軍獨不失故[90]。魏其日默默不得志，而獨厚遇[91]灌將軍。

【章　旨】以上為第二段，寫田蚡因裙帶關係而飛黃騰達，以及竇嬰失勢冷落的情況。

【注釋】❶武安侯　田蚡的封號。武安，漢縣名，縣治在今河北武安西南。❷孝景后同母弟　孝景帝王皇后的同母異父弟。王皇后之母臧兒先嫁王仲，生王信、王皇后、王兒姁。後來改嫁田姓，又生田蚡、田勝。詳情見〈外戚世家〉。❸長陵　漢縣名，縣治在今陝西咸陽東北，因劉邦的墳墓（長陵）在此縣境內而得名。按：漢代的慣例，新皇帝自其即位的第二年起，即為自己預建陵墓，並將陵墓的周圍地區設為陵邑，派官員管理，遷天下各地之富豪入居之。該地之長官與縣令同級，而位在縣令之上。如司馬相如曾為「孝文園令」，即孝文帝陵墓（霸陵）所在縣之官長。❹諸郎　普通郎官，皇帝的侍從人員，如中郎、議郎、郎中之類，官秩在三百石至六百石之間，上屬郎中令。❺跪起如子姓　跪下去、站起來的樣子完全像個晚輩人。子姓，猶言「子弟」、「子姪」。師古曰：「姓，生也，言同子禮，若己所生。」王先謙引吳仁傑語，以為「子姓者，子之所生」，「姓之為言孫也」。按：後說固然有理，然用在本文似過拘。❻晚節　《索隱》曰：「謂晚年也。」❼蚡益貴幸　其時田蚡之姐為皇后，其外甥（即日後之漢武帝）為皇太子，田蚡沒法不貴。❽太中大夫　郎中令的屬官，在皇帝跟前掌議論，秩比千石。❾辯有口　善辯論，有口才。楊樹達曰：「〈外戚傳〉云：『田蚡、勝貪，巧於文辭。』」❿槃盂諸書　記錄盤盂銘文的各種書籍。《漢書・藝文志》雜家類有「《孔甲槃盂》二十六篇」，《集解》引應劭曰：「黃帝史孔甲所作銘也，凡二十九篇，書槃盂中，所為法戒。諸書，諸子文書也。」⓫王太后　梁玉繩曰：「此在景帝世，只當稱皇后，《漢書》作『王皇后』，是。」⓬孝景崩二句　事在景帝後元三年（西元前一四一年）正月二十七。太子，即日後之漢武帝。⓭稱制　這裡指王太后代行天子的職權，因武帝劉徹當時只有十六歲。制，皇帝的命令。〈秦始皇本紀〉云：「（天子之）命曰制，令曰詔。」後世遂以不是皇帝者而代行皇帝職權叫「稱制」。⓮所鎮撫多有田蚡賓客計筴　意謂在景帝駕崩、武帝年幼即位的天下擾攘之際，協助王太后與少主控制當時局面的主要是靠著田蚡與其門下幕僚們的謀略。按：此言田蚡自武帝即位、王太后稱制之日起，權勢頓然張大，蓋一因裙帶之親，又因佐立之功也。⓯蚡弟田勝　此處應作「蚡及其弟田勝」，「及」不當省，否則即專指田勝矣。然《史記》文章於此等不應省「及」字而省者，其例非一，如〈刺客列傳〉「徙衛元君支屬於野王」應作「徙衛元君及其支屬於野王」是也。⓰孝景後三年　即漢景帝已死，武帝已經即位，但尚未改元的這段時間，史官記此時事照例仍用老皇帝年號。⓱周陽侯　田勝的封號，封地在周陽（今山西絳縣西南）。楊樹達引周壽昌曰：「王、田別族，蚡、勝猶得以母舅封侯，故成帝云：『封田氏非正也。』見〈元后傳〉。」⓲新欲用事為相　李笠曰：「武安時已用事，所欲者為相耳。」瀧川引中井曰：「『欲』字宜在『為』字上。」⓳卑下賓客　意即作出一副禮賢下士的樣子。卑下，用如動詞。⓴欲以傾魏其諸將相　想壓倒竇嬰等一班子景帝時期的老官僚貴族。傾，壓倒；超過。師古曰：「謂踰越而勝之也。」㉑建元元年　西元前一四〇年。建元，漢武帝的第一個年號（西元前一四〇—前一三五年）。㉒丞相綰病免　事在建元元年六月。據〈萬石張叔列傳〉，衛綰被免職的原因是「景帝疾時諸官因多坐不辜者」，衛綰為丞相，沒有盡到責任。㉓籍福　姓籍名福，遊食於權貴之門的食客，其人又在〈季布欒布列傳〉中被提到。㉔將軍　按：田蚡未任軍職，史公之所以讓籍福稱之為「將軍」，或者田蚡在景帝崩殂、武帝新立的緊急時刻曾經統兵，或者即以其行將受任之「太尉」而提前稱之也。㉕即　若；倘若；如果。㉖太尉丞相尊等耳　秦漢時代稱丞相、太尉、御史大夫為「三公」，御史大夫相當於副丞相，丞相的職位有缺，常由御史大夫遞補；而太尉則與丞相的地位爵祿大體相同，皆金印紫綬。㉗微言太后風上　含蓄地告訴太后，讓太后暗示給皇帝。微言，含蓄的說。風，通「諷」。暗示。㉘籍福賀魏其侯二句　先向竇嬰祝賀，接著又向他提出警告。賀，頌揚。弔，警告。以未來的風險相告誡。楊樹達曰：「《國策・燕策》記蘇秦說齊王，『再拜而賀，因仰而弔』；〈蒯通傳〉記通說范陽令，又先弔而後賀，蓋戰國以來風習如此。」按：蒯通弔、賀范陽令事，在《史記》中載於〈張耳陳餘列傳〉。㉙資性　資質性情。㉚喜善疾惡　喜歡好人好事，痛恨壞人壞事。㉛且　又；行將。㉜毀君侯　毀，誹謗。君侯，當時丞相的僚屬多稱丞相曰「君」，而丞相又是「列侯」，故稱丞相曰「君侯」。㉝兼容　對好人、壞人都不得罪。㉞幸久　有幸久居相位。㉟今以毀去矣　很快就要因受誹謗而被罷官。今，將；很快。去，斥逐。㊱推轂　推車。這裡以動賓詞組作動詞用，即指推薦。轂，車軸。〈荊燕世家〉有「推轂高祖就天下」，意即佐助。《史記》之以動賓詞組作動詞用者非一，本篇後文之「引繩批根」亦是也。㊲郎中令　當時的九卿之一，為皇帝掌管宮廷門戶並統領皇帝的侍從官員，通常為皇帝的親幸者。㊳迎魯申公　指招納儒生，興舉尊儒事業。申公，名培，魯人，以治《詩經》見稱。事跡見〈儒林列傳〉。趙綰、王臧皆其弟子。㊴設明堂　建立明堂，這是儒生們鼓吹的禮制之一。但究竟什麼是明堂，儒生們的說法不一，有說是明政教之堂，以朝諸侯；有說是天子的宗廟，以供祭祀；有說是太學的辟雍，以隆教化，故屢議不決。〈封禪書〉中曾記泰山之東北側有一古代之明堂，可參看。㊵令列侯就國　讓列侯們都到自己的封地上去。按：當時的列侯多娶公主，皆欲留住京師而不肯就國。此事早在文帝時即已如此，武帝要進行改革，故又重提此議。㊶除關　廢除東方諸侯國的人到京師長安來時所過關塞的稽察制度。徐孚遠曰：「漢立關以稽諸侯出入，至此罷之，示天下一家之義也。」王先謙曰：「文帝十二年除關，無用傳（通行證）。景帝四年，以七國新反，復置諸關，用傳出入，至是欲復除之。」㊷以禮為服制　師古曰：「謂喪服之制也。」楊樹達曰：「欲革文帝短喪之制也。」《索隱》曰：「其時禮度踰侈，多不依禮，今令吉凶服制皆法於禮也。」按：師古僅指喪服，楊樹達更僅謂改文帝之規定，似皆褊狹。早在文帝時，賈誼即鼓吹「改正朔，易服色」，文帝未行；今武帝尊儒，意欲行之，豈能僅指喪服？愚以為應依《索隱》說，即依照古禮來制訂吉、凶、軍、賓、嘉的各種禮服。㊸舉適　檢舉；彈劾。適，同「謫」。貶黜。㊹諸竇宗室　有人以為專指外戚，從字義上固然可以說通，但與情理不合。視文意，似仍兼就外戚與劉氏宗族兩方面言之。㊺除其屬籍　不准他們再出入宮門。亦即取消他們作為貴族的權利。屬籍，同上文之所謂「門籍」。㊻尚公主　取公主為妻。尚，上配；高攀。㊼就國　到自己的封地上去。當時的諸侯王與各列侯，都稱其封地曰「國」。㊽毀日至竇太后　對竇嬰、田蚡等人的壞話，整天傳向竇太后的耳裡。㊾黃老之言　以黃帝、老子相標榜的一種道家學說，興起戰國中後期，盛行於秦漢之際，其理論著作以《黃帝四經》為主，其實踐的人物即張良、曹參。西漢建國初期以此為治理國家的指導思想。㊿隆推　盛行；極力鼓吹。(51)滋不說　越來越討厭。說，通「悅」。(52)建元二年　西元前一三九年。(53)請無奏事東宮　請求武帝不要再拿政事去讓竇太后裁斷。東宮，竇太后和王太后居住的地方。胡三省曰：「漢長樂宮在東，太后居之，故謂之東宮，又謂之東朝。」按：武帝即位初期，名義上是王太后稱制，但實際上仍以竇太后（武帝之祖母）的權勢為最大，這是王太后所無法忍受的。所謂「無奏事東宮」，實即王太后與漢武帝的向竇太后奪權。(54)乃罷逐趙綰王臧等二句　竇嬰、田蚡、趙綰為國家之「三公」，連同郎中令王臧，朝廷的前四位高官一齊被廢，且趙綰、王臧又皆下獄自殺，這是震驚朝野的大政變，漢武帝名為「尊儒」，實為向竇太后奪權的第一場鬥爭遂告失敗。此次政變慘遭失敗的情形與近代的戊戌政變幾乎完全相同，讀者幸勿略過。蓋尊儒與反尊儒（實為奪權與反奪權）鬥爭之劇烈，僅見於此篇，不知古往今來的學術史、思想史緣何對此皆不明確揭示清楚。(55)柏至侯許昌　劉邦功臣許溫之孫，文帝十五年（西元前一六五年）繼其父許祿之位為侯，封地柏至縣。(56)武彊侯莊青翟　劉邦功臣莊不識之孫，文帝後元二年（西元前一六二年）繼其父莊嬰之位為侯，封地武彊（今河南鄭州東北）。許溫與莊不識《史記》、《漢書》皆無傳，其履歷簡載於〈高祖功臣侯者年表〉。(57)數言事多效　楊樹達曰：「〈嚴助傳〉，建元三年，東甌告急於漢，帝以問蚡，蚡欲不救，亦見〈兩粵傳〉，正蚡不任職而言事之證也。」(58)天下吏士趨勢利者二句　史公於此諷譏漢代上流社會之世態炎涼。與此類似者，又見於〈廉頗藺相如列傳〉、〈汲鄭列傳〉等篇。(59)橫　師古曰：「橫，恣也。」專橫，為所欲為。(60)建元六年　西元前一三五年。(61)坐喪事不辦二句　不辦，辦得不好；不完備。按：許昌、莊青翟原是兩個庸俗官僚，事無可稱，司馬遷在〈張丞相列傳〉中說他們「皆以列侯繼嗣，娖娖廉謹，為丞相備員而已，無所能發明功名有著於當世者」。然欲加之罪，何患無辭，無端升沉於最高統治者的爭權奪利之際，亦可悲也。至此，王太后、漢武帝之奪權遂告成功，「尊儒」亦遂獲勝。(62)以武安侯蚡為丞相　按：田蚡為丞相時，徵張湯為丞相史。事見〈酷吏列傳〉；田蚡又因為其封地武安在黃河北，故引「天人感應」說以反對堵塞黃河向南的瓠子決口，以見其起用酷吏與圖謀私利。事見〈河渠書〉。(63)大司農韓安國　武帝時期的滑頭官僚，字長孺。事跡詳見〈韓長孺列傳〉。大司農，也稱大農令，主管貨幣與糧食的官員，當時的九卿之一。韓安國於武帝建元三年（西元前一三八年）為大農令，至建元六年為御史大夫。64天下士郡諸侯愈益附武安　謂天下之士，與各郡郡守、各諸侯國之諸侯王皆趨附武安也。按：《索隱》曰：「謂仕諸郡及仕諸侯王國者。」依小司馬之說，依附武安者僅只各郡、國之吏士，恐非事實。王駿圖《史記舊注平義》曰：「蓋謂天下士人，郡國之官及諸侯王無不附之也。」此解甚好，蓋謂武安之權勢日漸其大，而魏其則一蹶不振。65貌侵　短小醜陋，其貌不揚。侵，也寫作「寑」。《集解》引韋昭曰：「短小也，又云醜惡也。」66生貴甚　自幼生於權貴之家（因而養成一種傲慢驕橫的習性）。王先謙曰：「蓋蚡幼時已為外戚尊貴矣，故曰『生貴甚』也。」67多長　多數年齡較大。此與新即位不久的漢武帝相比而言。68富於春秋　意即「青春年少」。未來之時日方長。師古曰：「謂年少也，齒歷方久，故云『富於春秋』也。」69肺腑　猶言「手足」、「骨肉」。極喻其親屬關係之近。《正義》引顧野王曰：「肺腑，腹心也。」師古曰：「舊解云肺腑，如肝肺之相附著也。一說，肺，斫木札也，喻其輕薄附著大材也。」《漢書》作「肺附」，王念孫曰：「肺附皆謂木皮也。肺，削木札朴也，作『肺』者假借字耳。」按：後說過於穿鑿，也與人的生活實際相隔較遠，後世之用此語者仍多取第一義。陳直曰：「〈惠景間侯者年表〉序云『諸侯子弟若肺腑』，〈衛青傳〉云『青得以肺腑待罪行間』，蓋為當時之習俗語。『肺腑』二字當從本義為長。」70京師相　國家的丞相。所以要標明「京師」，因為當時各諸侯王國也都有相。71非痛折節以禮詘之二句　折節，猶言「打擊其威風」，用動賓結構作動詞，意即打擊；壓抑。詘，同「屈」。師古曰：「言以尊貴臨之，皆令其屈節而下己也。」肅，安靜；安定；服貼聽管。王駿圖曰：「謂非痛乎折諸侯王之氣，而以禮屈下之，則天下不肅也。」72坐語　坐著與皇帝說話。言其地位之優寵。73移日　日影移位。言其論事的時間之長，以見田蚡權勢之專且固。74起家至二千石　由家居無職一下子提拔為二千石的官吏。起家，由家居提拔起。二千石，相當於郡守和諸侯相一級。75權移主上　把皇帝的權力都傾奪了過來。76除吏　任命官吏。師古曰：「凡言『除』者，除去故官，就新官。」77考工地　考工署所領有的地盤。考工，官署名，上屬少府，主管為國家製造器械，其長官曰「考工令」。78益宅　擴大住宅。79武庫　國家儲藏兵器的倉庫，在當時長安城內的未央宮與長樂宮之間。其長官曰武庫令，上屬中尉（主管京師治安的長官）。此段言田蚡憑藉著王太后勢力，日益驕橫，以致與皇帝的矛盾尖銳起來。80退　收斂。王先謙曰：「謂後稍斂退也。」81坐其兄蓋侯南鄉　讓其兄蓋侯王信南向坐。按：戰國以及秦漢時代的日常生活中（如宴飲、會客）以東向為尊，南向次之。而升堂坐殿，仍以南向為貴。82私橈　私自降低身分。橈，同「撓」。曲；屈尊。楊樹達曰：「〈汲黯傳〉云：『中二千石拜謁，蚡不為禮。』亦蚡驕之一事也。」83治宅甲諸第　自己家的房子蓋得比任何貴族之家都好。《集解》引徐廣曰：「為諸第之上也。」[84]極膏腴　最肥沃的土地。[85]市買　採買。[86]相屬於道　在道路上絡繹不絕。極言其外出採買東西的人員之多。屬，連。[87]曲旃　曲柄長傘，傘面用整幅繡帛製成，帝王用以招徠賢能。此言田蚡之越禮僭上。《索隱》曰：「旃旃柄上曲，僭禮也。通帛曰旃。《說文》云：『曲旃者，所以招士也。』」[88]奉　指給田蚡進貢。[89]諸客稍稍自引　諸客，《漢書》作「諸公」，似較「諸客」為妥，下文言及灌夫，灌夫非竇嬰「客」也。稍稍，逐漸。自引，自行退去不再上門。[90]不失故　不改變老樣子。[91]厚遇　優厚地對待。

【語譯】武安侯田蚡，是孝景王皇后同母異父的弟弟，出生在長陵。當竇嬰已經做了大將軍，聲勢正強盛的時候，田蚡還只是個小郎官，還沒有發達起來，這時他經常到竇嬰家中應酬討好，見了竇嬰作揖磕頭，行為完全像個晚輩。等到孝景帝晚年，田蚡就越來越受到寵愛了，被任為太中大夫。田蚡能言善辯，還學過一些古代器物上的銘文，他的姐姐王太后很賞識他。孝景帝死後，太子劉徹當天就繼位做了皇帝，由於武帝當時年紀小，王太后代行皇帝職權，在維持政局、防止動亂方面，田蚡和他的門客們出了不少主意。田蚡和他的弟弟田勝，都因為是王太后的弟弟，在孝景帝後元三年，田蚡被封為武安侯，田勝被封為周陽侯。

2 田蚡越來越發達，下一步他想當丞相，就故意裝出一副謙恭下士的樣子，給皇帝推薦了一些閒在家裡沒有事的知名人士讓他們出來做官，目的就是想以此來排擠竇嬰等在位的元老將相。漢武帝建元元年，丞相衛綰因病免職，皇上正在考慮丞相、太尉的人選。這時籍福就趕緊給田蚡建議說：「竇嬰掌權很久了，天下的人士一向歸附他。您剛剛崛起，聲望還不如他，在這種情況下，假如皇上想讓您當丞相，您一定要讓給竇嬰。竇嬰要是當了丞相，您一定能當太尉。太尉和丞相的等級是一樣的，這樣您就白白地得到一個讓賢的名聲。」田蚡一聽有理，立即就把籍福的這個意思含蓄地告訴了王太后，讓王太后去暗示皇上，漢武帝立即決定任命竇嬰為丞相，任命田蚡做了太尉。這時籍福又來到竇嬰家，他先是向竇嬰表示了祝賀後，緊接著就又向竇嬰提出警告說：「您天生的性情是愛好人，恨壞人，現在正是因為有好人稱讚您，所以您當了丞相；但是您又特別討厭壞人，而壞人的數目更多，他們也必然要千方百計地毀謗您。因此如果您對好人、壞人都能兼容並包，那麼您的丞相就可以長期地做下去；否則，您很快就會因為壞人的誹謗而被免職了。」竇嬰不聽。

3 竇嬰和田蚡都喜好儒家的學說，他們推薦了趙綰為御史大夫，推薦了王臧為郎中令。還把魯國的儒生申培接到長安，想建立明堂，讓住在長安的列侯們都到他們各自的封地去，拆除各諸侯國到長安之間的關禁，按照禮儀來制訂不同等級的服飾制度，想以此來表明現在已經是一個百廢俱興的太平盛世。他們還檢舉竇氏外戚和劉氏宗族中品性惡劣的人，一經查出就取消他們作為貴族的權利。當時許多外戚都是列侯，而列侯們又多數是娶公主為妻，因此他們都不願離開長安到自己的封地去，也正因此那些毀謗竇嬰等人的話就整天不停地往竇太后的耳朵裡灌了。竇太后喜好黃帝、老子的學說，竇嬰、田蚡、趙綰、王臧等專門推行儒家的一套，貶斥道家學派，因此竇太后心裡很不喜歡竇嬰等人。等到漢武帝建元二年，御史大夫趙綰又建議皇上今後有事不要再去向竇太后請示。竇太后大怒，立刻下令罷免和驅逐了趙綰、王臧等人，同時免去了竇嬰和田蚡的職務，另任命柏至侯許昌為丞相，任命武彊侯莊青翟為御史大夫。從此竇嬰和田蚡就只能以侯爵的身分在家裡閒著了。

4 田蚡雖然不擔任職務，但由於他是王太后的弟弟，所以仍然受到皇帝的信任，他多次向皇上提出的建議都被採納了，於是那些勢利眼的官吏和士大夫們，就都紛紛地離開竇嬰去巴結田蚡。於是田蚡一天比一天更驕橫。漢武帝建元六年，竇太后死了，丞相許昌、御史大夫莊青翟因為喪事辦得不好，都被免職。武帝任命田蚡為丞相，任命大司農韓安國為御史大夫。這一來，所有的士大夫以及各郡縣的郡守、各諸侯國的諸侯王就更加趨附田蚡了。

5 武安侯矮小醜陋，但生性卻非常驕縱傲慢。他認為諸侯王們多數都年紀較大，而武帝卻剛剛即位，年紀很輕，自己又只是借著外戚的關係才做了朝廷的丞相，因此他覺得必須用禮法把諸侯們狠狠地壓一壓，否則人們是不會服貼的。當時，田蚡進宮向皇帝奏事，坐下來一說就是半天，他說什麼皇帝都得聽。他推薦人做官有的白手起家，一下子就被任為二千石，權力比皇上還大。漢武帝有一次說：「您封官封完了沒有？我也想封幾個呢。」還有一次田蚡居然向武帝要考工署的地盤說是要擴建他的住宅，武帝生氣地說：「那何不乾脆把我的武庫也拿去算了！」經過這兩次碰釘子，田蚡的氣焰才有點收斂。田蚡每次在家裡請客，總是讓他哥哥蓋侯王信面朝南坐，而他自己面朝東坐，他認為自己是漢朝的丞相地位最高，不能因為王信是自己的哥哥就使丞相的身分受委屈。田蚡私家生活越來越豪華奢侈，他家的住宅在所有的貴族中數第一，他家占的土地都是最肥沃的地方，他家派到全國各地去採買各種物品的人在路上絡繹不絕。他的前廳陳列著鐘鼓，插著曲柄長旗；他家的後房裡有美女幾百個。至於各地諸侯們給他家進貢的金銀珠寶、狗馬玩物就更沒法計算了。

6 相比之下，竇嬰自從沒有了竇太后之後，就越來越被朝廷疏遠、越來越不受朝廷重用了。他原來的那些門客們也就漸漸地離去而對他懈怠傲慢起來，只有一個灌夫還保持著原來的樣子。因此，竇嬰在這種整天悶悶不樂的日子裡，也就對灌夫特別好。

1 灌將軍夫者，潁陰❶人也。夫父張孟，嘗為潁陰侯嬰舍人❷，得幸，因進之至二千石，故蒙❸灌氏姓為灌孟。吳、楚反時，潁陰侯灌何❹為將軍，屬太尉❺，請灌孟為校尉❻。夫以千人❼與父俱。灌孟年老，潁陰侯彊請之，鬱鬱不得意❽，故戰常陷堅❾，遂死吳軍中。軍法，父子俱從軍，有死事，得與喪歸❿。灌夫不肯隨喪歸，奮曰：「願取吳王若將軍頭⓫，以報父之仇。」於是灌夫被甲持戟，募軍中壯士所善願從者數十人。及出壁門⓬，莫敢前。獨二人及從奴⓭十數騎馳入吳軍，至吳將麾下⓮，所殺傷數十人。不得前，復馳還，走入漢壁，皆亡其奴，獨與一騎歸。夫身中大創⓯十餘，適有萬金良藥，故得無死。夫創少瘳⓰，又復請將軍，曰：「吾益知吳壁中曲折，請復往。」將軍壯義之⓱，恐亡夫，乃言太尉，太尉乃固止之。吳已破，灌夫以此名聞天下。

2 潁陰侯言之上[18]，上以夫為中郎將[19]。數月，坐法去[20]。後家居長安，長安中諸公莫弗稱之。孝景時，至代相[21]。孝景崩，今上初即位，以為淮陽[22]天下交[23]，勁兵處[24]，故徙夫為淮陽太守[25]。建元元年，入為太僕[26]。二年[27]，夫與長樂衛尉[28]竇甫飲，輕重不得[29]，夫醉，搏甫。甫，竇太后昆弟也。上恐太后誅夫，徙為燕相[30]。數歲，坐法去官，家居長安。

3 灌夫為人剛直，使酒[31]，不好面諛[32]。貴戚諸有勢在己之右[33]，不欲加禮，必陵[34]之；諸士在己之左，愈貧賤，尤益敬，與鈞[35]。稠人廣眾，薦寵下輩[36]。士亦以此多[37]之。

4 夫不喜文學[38]，好任俠[39]，已然諾[40]。諸所與交通，無非豪桀大猾[41]。家累數千萬[42]，食客日數十百人[43]。陂池田園[44]，宗族、賓客為權利[45]，橫於潁川[46]。潁川兒乃歌之曰：「潁水清，灌氏寧；潁水濁，灌氏族[47]。」

5 灌夫家居雖富，然失勢，卿相侍中賓客[48]益衰。及魏其侯失勢，亦欲倚灌夫引繩批根[49]生平慕之後弃之者[50]。灌夫亦倚魏其而通列侯、宗室為名高。兩人相為引重[51]，其游如父子然[52]。相得驩甚，無厭，恨相知晚也。

6 灌夫有服[53]，過丞相[54]。丞相從容曰：「吾欲與仲孺[55]過魏其侯，會[56]仲孺有服。」灌夫曰：「將軍乃肯幸臨況魏其侯[57]，夫安敢以服為解[58]！請語魏其侯帳具[59]，將軍旦日蚤臨[60]。」武安許諾。灌夫具語魏其侯如所謂武安侯。魏其與其夫人益市[61]牛酒，夜灑埽，早帳具至旦[62]。平明，令門下候伺[63]，至日中，丞相不來。魏其謂灌夫曰：「丞相豈忘之哉？」灌夫不懌[64]，曰：「夫以服請，宜往[65]。」乃駕，自往迎丞相。丞相特前戲許[66]灌夫，殊無意往。及夫至門，丞相尚臥。於是夫入見，曰：「將軍昨日幸許過魏其，魏其夫妻治具，自旦至今，未敢嘗食[67]。」武安鄂[68]，謝[69]曰：「吾昨日醉，忽忘與仲孺言。」乃駕往，又徐行，灌夫愈益怒。及飲酒酣，夫起舞屬丞相[70]，丞相不起，夫從坐上語侵之[71]。魏其乃扶灌夫去，謝丞相[72]。丞相卒飲至夜，極驩而去[73]。

7 丞相嘗使籍福請魏其城南田[74]。魏其大望[75]曰：「老僕雖棄，將軍雖貴，寧可以勢奪乎！」不許。灌夫聞，怒，罵籍福。籍福惡兩人有郄[76]，乃謾自好[77]謝丞相曰：「魏其老且死，易忍，且待之。」已而武安聞魏其、灌夫實怒不予田，亦怒曰：「魏其子嘗殺人，蚡活之[78]。蚡事魏其無所不可[79]，何愛[80]數頃田？且灌夫何與[81]也？吾不敢復求田！」武安由此大怨灌夫、魏其。

【章　旨】以上為第三段，寫灌夫的處世為人，和竇嬰、灌夫與田蚡的開始結怨。

【注　釋】❶潁陰　漢縣名，縣治即今河南許昌。❷潁陰侯嬰舍人　潁陰侯嬰，即灌嬰，劉邦的開國功臣。事跡見〈樊酈滕灌列傳〉。舍人，依附於權門貴族，為其供事，而受主人親幸者。❸蒙　冒；頂著。❹灌何　灌嬰之子，文帝五年（西元前一七五年）襲其父之封爵為潁陰侯。❺屬太尉　在周亞夫部下。❻校尉　軍官名，一個將軍下統若干部，各部的長官即校尉。❼千人　漢代下層軍官名，以其主管千名士兵，故名此。《集解》引《漢書音義》曰：「官主千人，如候、司馬。」按：〈傅靳蒯成列傳〉有所謂「千人將」，師古引如淳注：「騎將率號為『千人』。」陳直曰：「《漢書・百官公卿表》中尉、典屬國屬官皆有『千人』，又西域都護亦有『千人』。《陶齋藏印》第二集有『千人督印』，灌夫之職當與『千人督』相近。」❽鬱鬱不得意　王先謙曰：「孟年老，太尉亞夫不欲用之，潁陰侯強請而後可，故孟不得意也。」楊樹達曰：「『潁陰侯強請，不得已而行，故『不得意』耳。」❾戰常陷堅　在戰場上專門攻擊敵陣的堅實之處。沈欽韓引《御覽》三百八十六：「潁川張欽孟孝，吳楚反，與亞夫常為前鋒，陷陣潰圍，旁人觀曰：『壯哉，此君！』欽聞，自矜，遂死軍。」蓋沈氏認為此「張欽孟」即灌夫之父張孟。王先謙認為是別一人，但事跡頗像，姑錄以備考。❿有死事二句　意謂若父子之中有一人戰死，另一人則可以伴著棺木一道回家。⓫願取吳王若將軍頭　若，或者。即使不能取吳王劉濞之首，也要取其某個將軍的人頭。凌稚隆曰：「『願取吳王若將軍頭，以報父仇。』此灌將軍孝勇，一生大節處，故下文若『將軍壯義之』、『以此名聞天下』、『諸公莫弗稱之』，皆本於此。」⓬壁門　營門；營壘之門。⓭從奴　自己家裡跟來的奴僕。⓮至吳將麾下　謂一直衝到了一位吳國將軍的大旗之下。麾，《正義》曰：「謂大將之旗。」⓯大創　大的傷口。⓰少瘳　稍微好一點。瘳，痊癒。⓱壯義之　壯、義二動詞連用，謂既敬佩其作戰之勇，又敬佩其孝義之行。⓲上　指漢景帝。⓳中郎將　皇帝的侍衛武官，統領中郎，上屬郎中令，秩比二千石。⓴坐法去　因犯法而被免官削職。坐，因；因某事而遭罪。㉑孝景時二句　梁玉繩引陳太僕曰：「灌夫自始為校尉以至代相，皆在孝景時，不應錯出，蓋誤也。《漢書》作『由是復為代相』。」代相，代王之相。代，漢郡名，也是諸侯國名，其首府在今河北蔚縣東北。景帝時期的代王是文帝之子劉參的兒子劉登。因當時的代王兼有太原郡，故其都城在今山西平遙西南之中都。㉒淮陽　漢郡名，郡治即今河南淮陽。㉓天下交　四通八達的交通樞紐。按：「交」字也寫作「郊」，《漢書》作「郊」。師古曰：「郊，謂四交輻湊。」㉔勁兵處　需有強兵駐紮的地方。㉕故徙夫為淮陽太守　陳子龍曰：「人主初即位，恐有奸人謀非常者，故置名太守以鎮之。」㉖入為太僕　調到朝廷任太僕官。太僕，為皇帝掌管車駕的官，九卿之一，秩中二千石。㉗二年　西元前一三九年。㉘長樂衛尉　長樂宮的衛尉。衛尉統領禁兵，主管防衛宮門，為九卿之一。㉙輕重不得　猶言（因某事而）意見不同。瀧川引中井曰：「輕重，猶言『得失』也。彼以為是，此以為非之類。」《集解》引晉灼曰：「飲酒輕重不得其平也。」師古曰：「禮數之輕重也。」按：三說不同，但不關緊要，錄以備考。吳見思曰：「欲寫灌夫使酒之事，先伏使酒之端。竇甫，竇太后弟，映田蚡，王太后弟。」㉚燕相　燕王之相。景帝時期的燕王為劉邦功臣劉澤之孫劉定國。事跡見〈荊燕世家〉。㉛使酒　師古曰：「因酒而使氣也。」㉜面諛　當面奉承人，說討人喜歡的話。㉝在己之右　猶言在己之上。漢時以「右」為上，可參看〈陳丞相世家〉陳平之為右丞相事。㉞陵　侵犯；欺侮。㉟與鈞　猶言「亢禮」，與之禮數平等。鈞，通「均」。按：以上數句寫灌夫好欺強而不凌弱的習性，此等行為即接近於「俠」。㊱薦寵下輩　推薦、讚揚比自己地位低的人。㊲多　稱許；讚揚。㊳不喜文學　意即不喜歡念書，缺少文化修養。文學，在西漢時大體指學術，即研究各學派的思想，以用於治國、平天下的學問。㊴任俠　以俠義之行自任。俠，挾也。能以他人急難為己任，能替人打抱不平。㊵已然諾　凡是答應人的事情一定辦到。《索隱》曰：「謂已許諾，必使副其前言也。」已，完成；達到。然，肯定；應許。楊樹達曰：「〈季布傳〉：『季心為任俠，弟畜灌夫。』正以氣類相合故爾。」㊶豪桀大猾　指帶有某種俠義之氣的地方豪紳。㊷累數千萬　累，累積；具有。數千萬，指銅錢。㊸數十百人　師古曰：「或八九十，或百人也。」按：類似用語可參看〈項羽本紀〉。㊹陂池田園　陂，池塘的堤堰。按：此句「陂」「池」「田」「園」四字並列，沒有謂語，其下應有「甚眾」、「不可勝數」諸字樣語意始明。有人把「陂」字解釋為動詞，說是「在田園中築陂蓄水，以興灌溉之利」，比較勉強。〈留侯世家〉云：「沛公入秦宮，宮室帷帳狗馬重寶婦女以千數，意欲留居之。」其「宮室帷帳狗馬重寶」八字亦無謂語。此例尚多，不能強為之迴護。㊺宗族賓客為權利　宗族賓客借著灌夫的勢力作威作福。為權利，意即作威作福。㊻潁川　漢郡名，郡治陽翟（今河南禹縣）。㊼潁水濁二句　哪天潁水一變渾，灌氏就要滅門了。族，滅族；合族都被抄斬。㊽卿相侍中賓客　卿相侍中那樣的高貴賓客。侍中，侍候皇帝的近臣。㊾引繩批根　以動賓結構作動詞，猶言「彈壓」、「打擊」。郭嵩燾曰：「引繩、批根，皆攻木之工事。繩即繩墨，謂彈正之。批根者，近根處盤錯，宜批削之也。引繩批根，彈削其不中程度者，蓋當時常語。」㊿生平慕之後弃之者　先前敬慕趨附自己，後來見自己失勢就叛離而去的那些人。生平，平素。(51)相為引重　王先謙曰：「兩相援引藉重也。」竇嬰在上層社會有影響、有根基；灌夫有錢，又在黑道上有勢力，二人彼此借助，優勢互補。(52)其游如父子然　陳直曰：「《漢書·序傳》敘張耳云『張陳之交遊如父子』，與傳義正同，蓋兩漢人之習俗語。」凌稚隆引張之象曰：「兩人俱失勢，困厄中意氣慷慨，故易相結耳。」茅坤曰：「摹寫兩人相結而相死處，悲情嗚咽。」(53)有

服　有喪服在身。據《文選》應璩〈與滿公琰書〉李善注，此時灌夫乃為其姐服喪。(54)過丞相　到田蚡家串門。過，過訪。(55)仲孺　《漢書》曰：「灌夫，字仲孺。」(56)會　恰逢；正值。(57)將軍乃肯幸臨況魏其侯　王先謙引沈欽韓曰：「蚡現為丞相，而稱之『將軍』，《史》駁文。」臨況，猶言「光臨」、「惠顧」。況，同「貺」。恩賜。(58)解　推脫。(59)帳具　同「張具」、「治具」。即備辦筵席。(60)旦日蚤臨　旦日，明日一早。蚤，通「早」。(61)益市　除家中現有外，又採買了許多。(62)夜灑埽二句　徐朔方曰：「去一『早』字，文意就順了。」意即半夜就起來準備，一直忙到天亮。(63)令門下候伺　讓看門的人注意眺望，一見丞相的蹤影立即通報。候伺，覘望；觀測。(64)不懌　不悅。(65)夫以服請二句　意謂我不顧喪服在身請他前來，（至今不到，）我應該再去看看。按：《漢書》於此作「不宜」，乃灌夫接魏其之「丞相豈忘之哉」，意即「丞相不宜忘」，與此處用語不同。(66)特前戲許　特，只不過。戲許，隨便說說。(67)未敢嘗食　似應作「未嘗敢食」。(68)鄂　通「愕」。驚訝。(69)謝　道歉。(70)起舞屬丞相　屬，接續。這裡意即邀請。自己舞罷，邀請丞相接續舞之。古人宴會，常以舞蹈相屬以為娛樂。師古曰：「屬，付也，猶今之舞訖相勸也。」(71)語侵之　出語挖苦嘲諷。(72)謝丞相　代灌夫向田蚡道歉。(73)丞相卒飲至夜二句　凌稚隆引董份曰：「此『卒飲』、『極歡』，所謂嘻笑之怒甚於裂眦者也，嬰與夫尚不悟哉！」茅坤曰：「兩人成釁處，極力描寫。」(74)請魏其城南田　請求魏其侯以城南之田相贈。凌稚隆引張之象曰：「武安嘗請漢家考工地益宅，況魏其城南田乎？權臣無忌憚如此！」引王維楨曰：「武安怨二人，本在奪田。不得，乃遂索他事，求以中之。」(75)大望　大為不滿。望，怨。(76)惡兩人有郄　不希望魏其、武安之間產生矛盾。郄，通「隙」。也寫作「郤」。隔閡；矛盾。(77)謾自好　偷著編了一套好聽的話。師古曰：「謾，猶詭也。詐為好言也。」楊樹達曰：「〈季布傳〉：『季心弟畜灌夫、籍福之屬。』然則福亦游俠之徒，故頗有排難解紛之意也。」(78)蚡活之　我替他掩蓋罪名，救過他的命。(79)蚡事魏其無所不可　我給魏其侯做事沒有辦不到的。王先謙曰：「言魏其所請，蚡無所不許也。」(80)愛　吝嗇；捨不得。(81)何與　與之何干。

【語譯】灌夫是潁陰人。他的父親叫張孟，由於張孟曾經在潁陰侯灌嬰門下當過賓客，受到過灌嬰的賞識，因此漸漸地被提拔到了二千石，所以張孟就用了灌家的姓改名叫灌孟了。吳、楚七國造反時，灌嬰的兒子灌何被任命為將軍，隸屬於周亞夫部下，於是灌何就請求讓灌孟做他的校尉。這時灌夫也以一個千夫長的身分跟著他的父親一同出征了。當時灌孟已經年老，是灌何竭力向周亞夫請求，周亞夫才同意的，所以灌孟總是悶悶不樂，打仗時總是故意向著敵人防守最堅固的地方衝，結果戰死在了吳軍的陣前。依照當時的軍法規定，父子兩個都在軍隊裡的，其中有一個人死了，另一個人就可以送喪回家。但是灌夫不願意隨著父親的靈柩回去，而是悲憤激昂地請求說：「我一定要去取吳王或者他的一個什麼將軍的人頭，來為我的父親報仇。」於是他就披甲持戟叫上軍中一向和他關係不錯的幾十個勇士準備一起去和吳軍拚命。結果一出營門，許多人都不敢去了。只剩下兩個士兵和他從自己家裡帶出來的十來個奴僕跟著他一起衝進了吳軍陣內，他們一直衝到吳軍大將的指揮旗下，殺死殺傷吳軍幾十個人。最後實在前進不了了，才撤了回來。等回到漢營一看，跟著灌夫衝進吳營的十來個奴僕都沒有回來，只有一個士兵跟著他一起回來了。這時灌夫身負重傷十多處，當時正趕上身邊帶著好藥，所以沒死。等到灌夫的傷勢稍有好轉時，他又向灌何請求說：「我現在更了解吳軍裡邊的情況了，我要求還去。」灌何對他這種表現很欣賞很敬佩，但擔心他會由此送命，於是就把情況報告了周亞夫，周亞夫制止了他。等到吳軍被打敗後，灌夫的名字也就傳遍天下了。

2 灌何回朝後向景帝彙報了灌夫的表現，景帝任命灌夫為中郎將。結果只做了幾個月，就因為犯法被免職了。後來他搬家到長安居住，長安城裡的眾公卿沒有不稱讚他的。孝景帝時他又被起用，做了代國的丞相。孝景帝死後，當今的皇上剛剛即位，他覺得淮陽是天下的交通樞紐，需有強兵駐守，所以改調灌夫為淮陽太守。武帝建元元年，又調灌夫進京做了太僕。第二年，灌夫跟長樂衛尉竇甫一起飲酒，兩人因為某事發生了爭執，結果灌夫乘著喝醉打了竇甫，竇甫是竇太后的親兄弟，武帝怕竇太后殺灌夫，便把灌夫調到了燕國去做丞相。幾年後，又因為犯法丟了官，在長安家中閒著。

3 灌夫為人剛強正直，經常酒後發脾氣，不喜歡當面討好人。那些皇親貴戚權力地位比他大的，他偏對他們不禮貌，偏要欺侮他們；那些權力地位比他低下的士大夫，越是貧賤的，他反而越是敬重他們，同他們平起平坐。他在大庭廣眾之中，特別好推薦表揚那些地位比他低的人，因此使得人們都很稱讚他。

4 灌夫不喜歡研究學問，而好行俠尚義，凡是答應人的話一定辦到。他所結交的大都是一些地方上的豪紳和幫派頭目。他家裡有幾千萬的資產，在他門下寄食的每天都有幾十人以至上百人。他家有大量的蓄水池塘和肥沃土地，他的家族和他的賓客們仗著他的勢力，在潁川郡裡橫行霸道。當地有一首兒歌唱道：「潁水清清，灌氏安寧；潁水渾濁，灌氏族滅。」

5 灌夫的家庭雖然富有，但由於他在政治上的失勢，所以過去那些和他來往密切的卿相、侍中一類有身分的朋友就越來越少了。等到竇嬰也失勢後，竇嬰就想依靠灌夫去懲治那些原先趨附過自己後來又扔下自己去另投高門的人；而灌夫則正好想借著竇嬰的關係去結交那些列侯宗室一類的大貴族以提高自己的聲望。於是兩個人相互引薦提攜，關係緊密得像父子一樣，親密和諧，不會厭倦，而且只恨相識得太晚了。

6 有一次，灌夫正為他姐姐服喪，他偶然到田蚡家裡去了。田蚡隨便地順口說：「本來想和你一起去看看魏其侯，不巧正趕上你有喪服在身。」灌夫說：「您肯賞光去魏其侯家，我怎麼會以喪服在身作推辭呢！請讓我先去告訴魏其侯家準備酒席，請您明天一早早點大駕光臨。」田蚡答應了。灌夫趕緊來到竇嬰家把他同田蚡說的話向竇嬰說了一遍，竇嬰一聽就趕緊同他的夫人準備了許多酒肉，連夜打掃廳堂，第二天很早就起來擺設筵席一直忙到天亮。天一亮竇嬰就派了人到門前去查看著。可是一直等到中午，田蚡還沒來。於是竇嬰就對灌夫說：「丞相莫非是忘了嗎？」灌夫也不高興地說：「我昨天是不顧喪服在身邀請了他，他不應該不來，我應該去看看。」於是就趕著車子親自去迎接田蚡。而田蚡昨天其實只不過是對灌夫開玩笑隨便說說，內心裡根本就沒有打算去。等到灌夫到了他家，田蚡還沒有起牀。灌夫進來問田蚡說：「昨天承蒙您答應去拜訪魏其侯，魏其侯夫婦為您準備筵席，從一大早到現在，因為您沒有去，人家還一直不敢動筷子。」田蚡一聽吃了一驚趕緊道歉說：「我昨天喝醉了，忘了同你說過的話。」說罷前往，在路上又走得很慢，於是灌夫心裡就覺得很惱火。等到在竇嬰家大家喝酒喝得高興時，灌夫站起來跳舞，然後又邀請田蚡接著跳。不想田蚡竟坐著不動，灌夫忍不住就在自己的座位上罵了起來。竇嬰一看趕緊起來打圓場，扶著灌夫離開，然後過去向田蚡解釋道歉。於是他們一直喝到夜晚，田蚡盡歡而去。

7 田蚡有一次讓籍福去向竇嬰要他家城南的一塊地。竇嬰不高興地說：「我雖然被朝廷拋棄了，田將軍雖然正在貴寵，難道他就可以倚仗權勢來奪我的地嗎！」堅決不答應。灌夫聽說這事後，非常生氣，他當面大罵籍福。籍福不希望兩家的矛盾由此加深，於是就自己另編了一套話，對田蚡說：「魏其侯老得活不多久了，您稍微忍耐幾天，等他死了再說。」過後不久田蚡知道了原來是竇嬰和灌夫生氣不給他，於是也生氣地說：「魏其侯的兒子曾經殺人犯了死罪，是我救了他的命。我對待魏其侯沒有一樣不滿足他的要求，怎麼他今天就連幾頃地也捨不得？而且這件事又與灌夫有什麼關係！算了，我再也不和他要這塊地了。」田蚡從此就特別痛恨灌夫和竇嬰。

1 元光四年❶，春，丞相言灌夫家在潁川，橫甚，民苦之，請案❷。上曰：「此丞相事，何請。」灌夫亦持丞相陰事，為姦利❸，受淮南王金與語言❹。賓客居間❺，遂止，俱解。

2 夏，丞相取燕王女為夫人❻，有太后詔，召列侯、宗室皆往賀。魏其侯過灌夫，欲與俱。夫謝曰：「夫數以酒失❼得過❽丞相，丞相今者又與夫有郄。」魏其曰：「事已解。」彊與俱。飲酒酣，武安起為壽❾，坐皆避席伏❿。已⓫魏其侯為壽，獨故人避席耳，餘半膝席⓬。灌夫不悅。起行酒⓭，至武安，武安膝席曰：「不能滿觴。」夫怒，因嘻笑⓮曰：「將軍貴人也，屬之⓯！」時武安不肯。行酒次至臨汝侯⓰，臨汝侯方與程不識⓱耳語，又不避席。夫無所發怒，乃罵臨汝侯⓲曰：「生平毀程不識不直一錢⓳，今日長者為壽，乃效女兒呫囁耳語⓴！」武安謂灌夫曰：「程、李俱東西宮衛尉㉑，今眾辱㉒程將軍，仲孺獨不為李將軍地乎㉓？」灌夫曰：「今日斬頭陷匈㉔，何知程、李㉕乎！」坐乃起更衣，稍稍去㉖。魏其侯去，麾㉗灌夫出。武安遂怒曰：「此吾驕灌夫罪㉘。」乃令騎留灌夫㉙。灌夫欲出不得。籍福起為謝㉚，案灌夫項令謝㉛。夫愈怒，不肯謝。武安乃麾騎縛夫置傳舍㉜，召長史㉝曰：「今日召宗室㉞，有詔㉟。」劾灌夫罵坐不敬㊱，繫居室㊲。遂按其前事㊳，遣吏分曹㊴逐捕諸灌氏支屬，皆得弃市㊵罪。魏其侯大媿㊶，為資使賓客請㊷，莫能解。武安吏皆為耳目㊸，諸灌氏皆亡匿，夫繫，遂不得告言武安陰事㊹。

3 魏其銳身㊺為救灌夫。夫人諫魏其曰：「灌將軍得罪丞相，與太后家忤㊻，寧可救邪？」魏其侯曰：「侯自我得之，自我捐之，無所恨㊼。且終不令灌仲孺獨死，嬰獨生。」乃匿其家㊽，竊出上書。立召入，具言灌夫醉飽事，不足誅。上然之，賜魏其食㊾，曰：「東朝廷辯之㊿。」

4 魏其之東朝，盛推灌夫之善，言其醉飽得過，乃丞相以他事誣罪之。武安又盛毀灌夫所為橫恣，罪逆不道(51)。魏其度不可柰何，因言丞相短(52)。武安曰：「天下幸而安樂無事，蚡得為肺腑(53)，所好音樂、狗馬、田宅。蚡所愛倡優、巧匠之屬(54)，不如魏其、灌夫日夜招聚天下豪桀壯士與論議，腹誹而心謗(55)，不仰視天而俯畫地[56]，辟倪兩宮間[57]，幸天下有變[58]，而欲有大功[59]。臣乃不知魏其等所為。」於是上問朝臣：「兩人孰是？」御史大夫韓安國曰：「魏其言灌夫父死事[60]，身荷戟[61]馳入不測[62]之吳軍，身被數十創，名冠三軍，此天下壯士，非有大惡[63]，爭杯酒，不足引他過以誅也。魏其言是也。丞相亦言灌夫通姦猾，侵細民，家累巨萬[64]，橫恣潁川，淩轢宗室，侵犯骨肉[65]，此所謂『枝大於本，脛大於股，不折必披[66]』，丞相言亦是。唯明主裁之[67]。」主爵都尉[68]汲黯[69]是魏其[70]；內史[71]鄭當時[72]是魏其，後不敢堅對[73]；餘皆莫敢對。上怒內史曰：「公平生數言魏其、武安長短，今日廷論[74]，局趣效轅下駒[75]，吾并斬若屬[76]矣。」即罷起入，上食太后[77]。太后亦已使人候伺，具以告太后。太后怒，不食，曰：「今我在也，而人皆藉[78]吾弟，令我百歲後[79]，皆魚肉[80]之矣。且帝寧能為石人[81]邪？此特帝在，即錄錄[82]；設[83]百歲後，是屬[84]寧有可信者乎？」上謝曰：「俱宗室外家[85]，故廷辯之。不然，此一獄吏所決耳。」是時郎中令石建[86]為上分別言兩人事[87]。

武安已罷朝，出止車門[88]，召韓御史大夫載，怒曰：「與長孺[89]共一老禿翁[90]，何為首鼠兩端[91]？」韓御史良久謂丞相曰：「君何不自喜[92]？夫魏其毀君，君當免冠解印綬歸[93]，曰：『臣以肺腑幸得待罪[94]，固非其任，魏其言皆是。』如此，上必多君有讓[95]，不廢君。魏其必內愧，杜門[96]齰舌[97]自殺。今人毀君，君亦毀人，譬如賈豎、女子爭言[98]，何其無大體[99]也！」武安謝罪曰：「爭時急，不知出此。」

6 於是上使御史[100]簿責[101]魏其所言灌夫，頗不讎[102]，欺謾[103]。劾繫都司空[104]。孝景時，魏其常受遺詔[105]，曰「事有不便，以便宜論上[106]」。及繫，灌夫罪至族，事日急，諸公莫敢復明言於上[107]。魏其乃使昆弟子[108]上書言之，幸得復召見。書奏上，而案尚書大行無遺詔[109]。詔書獨藏魏其家，家丞封[110]。乃劾魏其矯先帝詔[111]，罪當弃市[112]。五年，十月[113]，悉論灌夫及家屬[114]。魏其良久乃聞，聞即恚[115]，病痱[116]，不食欲死。或聞上無意殺魏其，魏其復食，治病。議定不死矣[117]，乃有蜚語為惡言聞上[118]，故以十二月晦[119]論弃市渭城[120]。

7 其春[121]，武安侯病，專呼服謝罪[122]。使巫視鬼者視之，見魏其、灌夫共守，欲殺之[123]。竟死[124]。子恬嗣[125]。元朔三年[126]，武安侯[127]坐衣襜褕[128]入宮，不敬[129]。

8 淮南王安[130]謀反覺[131]，治[132]。王前朝[133]，武安侯為太尉，時迎王至霸上[134]，謂王曰：「上未有太子，大王最賢，高祖孫，即宮車晏駕[135]，非大王立當誰哉[136]！」淮南王大喜，厚遺金財物[137]。上自魏其時[138]不直武安[139]，特為太后故耳[140]。及聞淮南王金事，上曰：「使武安侯在者，族矣[141]！」

【章　旨】以上為第四段，寫灌夫、竇嬰被田蚡所害，突出表現了最高統治集團內部矛盾的尖銳與複雜。

【注　釋】❶元光四年　西元前一三一年。「元光」是漢武帝的第二個年號（西元前一三四—前一二九年）。《集解》引徐廣曰：「疑此當是『三年』也。」❷請案　請皇帝下令將其查辦。案，通「按」。逮捕查辦。❸為姦利　辦壞事以圖私利。楊樹達曰：「〈韓安國傳〉蚡受安國五百金，受王恢千金，為恢言於太后，皆其『為姦利』事也。」❹受淮南王金與語言　詳後文。❺居間　居中調停。❻取燕王女為夫人　取，通「娶」。燕王，指劉定國，劉邦功臣劉澤之孫，襲其父劉嘉之爵為燕王，西元前一五一—前一二八年在位。顏師古以為田蚡所娶者為燕康王劉嘉之女，恐非。❼酒失　師古曰：「言因酒有失。」❽得過　王先謙曰：「言得罪也。」❾武安起為壽　田蚡站起來給大家敬酒。古人之為人敬酒即祝福罷自飲一杯。❿坐皆避席伏　在座的人都離開自己的座席，表示對敬酒者的不敢當。⓫已　過後；後來。⓬餘半膝席　剩下的一半人都是跪在座席上。言其只是欠身直腰跪起，而身未離席。⓭起行酒　起來給人們挨個斟酒。⓮嘻笑　嘲弄地笑。⓯屬之　《漢書》作「畢之」。灌夫勸酒之語，猶言「乾了這杯」。⓰臨汝侯　指灌賢，劉邦功臣灌嬰之孫。灌嬰原被封為潁陰侯，灌嬰死，其子灌何襲爵；灌何死，其子灌強襲爵。灌強為侯十三年，因罪被殺國除。元光二年（西元前一三三年），武帝又封灌嬰之孫灌賢為臨汝侯，封地為臨汝縣。⓱程不識　武帝時的名將，當時任長樂宮衛尉。事跡參見於〈李將軍列傳〉。⓲乃罵臨汝侯　徐朔方曰：「灌夫罵臨汝侯灌賢，是指桑罵槐，灌夫同灌賢可以說是本家兄弟。」⓳生平毀程不識不直一錢　你平常把程不識蹧蹋得一錢不值。生平，平素；平常。⓴乃效女兒呫囁耳語　居然像小丫頭子咬著耳朵嘰嘰咕咕。女兒，小女子。呫囁，低聲耳語。㉑程李俱東西宮衛尉　當時李廣任西宮（皇帝居之）衛尉，程不識任東宮（太后居之）衛尉，二人同僚，故田蚡引李廣為程不識說情。西宮指未央宮，東宮指長樂宮，未央宮在當時長安城的西部，靠近西城牆；長樂宮在東部，故以「東」「西」簡稱之。㉒眾辱　當眾辱罵。「眾辱」一詞又見於〈淮陰侯列傳〉。㉓獨不為李將軍地乎　難道就不給李廣留點面子嗎。凌稚隆引許相卿曰：「觀此可見當時亦重李廣。」按：田蚡由程不識說到李廣，未必即尊重李廣，而意在突出他們是「東西宮衛尉」，他們的主子是太后與皇帝，你灌夫必須注意「打狗還得看主人」。至灌夫還不罷休，於是後面田蚡遂說「今日召宗室，有詔」，直接把王太后抬出來了。㉔斬頭陷匈　猶言「拚出一死」。陷匈，穿胸。匈，通「胸」。㉕何知程李　哪裡還管什麼程不識、李廣。㉖坐乃起更衣二句　座中人見勢不妙，於是裝做解手漸漸往外溜。更衣，上廁所。瀧川曰：「賓主相見，不宜言穢褻之事，故如廁皆託言『更衣』。」稍稍，逐漸。㉗麾　通「揮」。揮手示意。㉘此吾驕灌夫罪　猶言（灌夫今日如此放肆，）這都是我平素把他寵慣的。驕，寵；放縱未加管束。㉙令騎留灌夫　騎，手下的騎從衛士。留，拘捕；扣押。㉚為謝　代灌夫向田蚡道歉。㉛令謝　師古曰：「使其拜也。」讓灌夫向田蚡道歉。㉜傳舍　接待賓客和過往官員住宿的驛館。此處指田蚡家中的招待賓客的住所。㉝長史　丞相、大將軍手下的諸史之長，如今之祕書長、辦公廳主任之類，秩千石。㉞召宗室　指召宗室列侯前來赴會。㉟有詔　即前所謂「有太后詔」也。王先謙曰：「蚡言召宗室有詔，乃能陷夫以『不敬』之罪。」㊱劾灌夫罵坐不敬　劾，彈奏。罵坐，在筵席上罵人。不敬，對太后的詔命不恭敬。周壽昌曰：「此不敬罪大，故夫卒被誅。」㊲繫居室　繫，關押。居室，後來也稱「保宮」，關押犯罪官員的場所，上屬少府（官名，九卿之一）。陳直曰：「西漢居室令屬少府，為中都官獄之一，遺址今在（西安市）未央鄉西南，時出『居室』瓦片。」㊳按其前事　徹底追查其以往所犯的罪行。㊴分曹　分批。㊵弃市　處死罪犯於市場，以示與眾人共棄之。㊶魏其侯大媿　王先謙曰：「灌夫不（欲）往田蚡所，竇嬰強之，致罹禍，以是愧也。」㊷為資使賓客請　《集解》引如淳曰：「為出資費，使人為夫言。」師古曰：「為資，為其資地耳，非財物也。」王先謙曰：「《禮記・表記》注：『資，謀也。』言為夫謀，使賓客請於蚡。」按：王說甚繞，如說簡捷。㊸皆為耳目　幫著田蚡到處偵緝灌夫的黨羽。㊹遂不得告言武安陰事　楊樹達曰：「朱安世在獄中，尚得上書告公孫敬聲，夫竟不得告者，蚡多耳目之故也。」按：史公於此處深深流露著對灌夫的遺憾、惋惜之情。㊺銳身　奮身；積極活動。㊻忤　頂撞。㊼侯自我得之三句　師古曰：「言不過失爵耳。」蓋魏其原料此事頂多不過削掉侯爵，絕不至死。無所恨，沒有什麼遺憾，因為並沒有丟掉祖先傳下來的東西。恨，遺憾。㊽匿其家　背著家裡人。《集解》引晉灼曰：「恐其夫人復諫止也。」匿，不使人知。凌稚隆引康海曰：「魏其欲死灌夫難，語甚悲壯，後果同死，雖無益於灌夫，可謂不以生死二其心者。」㊾上然之二句　按：於此見武帝之同情竇嬰，以及廷辯時武帝所表現出的憤怒心理。㊿東朝廷辯之　猶言「到東宮太后那裡去當面說」。東朝，東宮的朝堂，即太后面前。廷辯，當眾辯論。(51)罪逆不道　其罪為大逆不道。(52)因言丞相短　於是轉過來對田蚡進行人身攻擊。李光縉引吳國倫曰：「夫繫不得言武安陰事，嬰辯東朝廷，何以不遂指言之？睹異日帝聞淮南事而以不及族武安為恨，則嬰之不言是失計也。不然，豈其為救夫地，故不欲盡言耶？」又引歸有光曰：「魏其侯言『丞相短』，而不及淮南事何耶？豈魏其終長者不忍出此，君子所以往往困於小人也。」(53)得為肺腑　託身為皇家的肺腑之親。不取王念孫「小木片」的解釋。(54)倡優巧匠之屬　倡優，指音樂聲色。巧匠，指土木建造。(55)腹誹而心謗　指對朝廷不滿。(56)不仰視天而俯畫地　不是仰視天文就是俯畫地理。言其謀劃造反之狀。而，其意同「則」。(57)辟倪兩宮間　就盼著皇帝與太后出什麼問題。辟倪，邪視；暗中窺察。《集解》引張晏曰：「占太后與帝吉凶之期。」(58)幸天下有變　希望天下出亂子。(59)欲有大功　想成就他們的大事業。隱指造反稱帝。按：《集解》引張晏曰：「幸為反者，當得為大將立功也。」又引臣瓚曰：「『天下有變』謂天子崩，因變難之際得立大功。」可供參考。(60)死事　死於王事；為國家戰死。(61)苟戟　猶言「挺矛」。師古曰：「苟，負也。」(62)不測　無法估計。師古曰：「言其強盛也。」(63)非有大惡　如果沒有更大的罪惡。此句旨在於抹去田蚡誣陷竇嬰、灌夫想要造反的說法，因為這種說法太立不住腳。(64)家累巨萬　極言其家產之豪富。累巨萬，猶言數萬萬。巨萬，也稱「大萬」，即今所謂「億」，單位是銅錢。(65)淩轢宗室二句　即指敢於觸犯田蚡，敢於和貴族作對。淩轢，欺淩；踐軋。(66)枝大於本三句　當時成語。賈誼〈治安策〉有「尾大不掉，末大必折」、「一脛之大幾如腰，一指之大幾如股」，義皆與此略同。本，樹幹。脛，小腿。股，大腿。披，分；裂。(67)唯明主裁之　淩稚隆引董份曰：「此正所謂『持兩端』者。」按：韓安國這段話兩頭都肯定，表面公平，實際是佐助田蚡，因為除掉灌夫，則竇嬰自是不言而敗。(68)主爵都尉　朝官名，主管列侯封爵的有關事務，秩二千石。(69)汲黯　武帝時以立朝直正著稱的官僚。事跡詳見〈汲鄭列傳〉，是司馬遷所稱頌的人物。(70)是魏其　肯定竇嬰是對的。楊樹達曰：「〈汲黯傳〉：『黯善灌夫、鄭當時。』」(71)內史　首都的行政長官，後稱京兆尹。(72)鄭當時　亦以喜賓客與正直敢言著稱，《史記》中與汲黯同傳。按：韓安國隱佐田蚡，而以耿直著稱的汲黯、鄭當時則肯定竇嬰，餘人雖不敢言，而是非曲直已經昭然。(73)不敢堅對　不敢堅持自己的說法。(74)廷論　當廷發表議論。(75)局趣效轅下駒　責備他畏首畏尾，不敢堅持己見。局趣，同「局促」。受拘束不得自由的樣子。轅下駒，以比喻人的左右受制，不得自由。按：武帝不滿其母與田蚡的專橫霸道，欲借大臣們的輿論來彈壓他們一下，結果人們不敢說話，故武帝借鄭當時以發怒。(76)吾并斬若屬　我把你們全都宰了。若屬，爾等。若，你；你們。(77)上食太后　伺候太后吃飯，為之「上食」，以表孝意。王先謙曰：「帝於太后循孝道，有上食之禮也。〈張耳傳〉：『趙王旦夕袒韝蔽自上食，禮甚卑，有子婿禮。』」(78)藉　踐踏。(79)百歲後　婉言死後。(80)魚肉　像魚肉一樣被任意宰割。(81)石人　言其無感情，對事情無動於衷。師古曰：「言徒有人形耳，不知好惡也。」太后知武帝不贊成田蚡，故有此言。另一說，石人指石頭人，可以千萬年長在者，對下句「百歲後」而言。《索隱》曰：「謂帝不如石人得長存也。」楊樹達曰：「武帝意本不直武安，特以太后故，不欲出之於己，故借群臣廷辯之言以張目。太后亦知此意，故以『石人』責之，謂其不應不自主張，反問群臣也。下文帝以『俱外家，故廷辯之』為解，尤可證明。顏前說是。」(82)此特帝在二句　現在你還活著，就這麼毫無主見。錄錄，無感情、無主見的樣子，指武帝。師古曰：「言循眾也。」或曰，錄錄，平庸畏懦的樣子，指群臣。從與下句連起來看，似指群臣較當。(83)設　使；假如。(84)是屬　這些人。(85)俱宗室外家　都是一樣的外戚之家。按：只有此句的「宗室」非指外戚不可，主張「外戚」亦可稱「宗室」者，此句可為其有力證據。86郎中令石建　萬石君石奮之子，其一家五人皆以「馴良」、「老好人」見稱，是司馬遷嘲諷的對象。事跡見〈萬石張叔列傳〉。87為上分別言兩人事　當眾不發表議論，私底下單獨向武帝表明觀點，這樣就不會得罪人，此即所謂「馴良」。灌夫、竇嬰之死，石建之作用甚大。茅坤曰：「石建所『分別』不載其詳，大略右武安者。」88止車門　宮禁的外門，謂群臣之車馬至此即止，不得更駛入內。王先謙引王先慎曰：「《御覽》八十三〈居處部〉引洛陽故宮名，有南止車門，東西止車門。《玉海》百七十〈宮室部〉，後漢、兩魏皆有止車門，而不及前漢，蓋疏漏也。」89長孺　韓安國的字。90共一老禿翁　顧炎武曰：「謂爾我皆垂暮之年，無所顧惜，當直言以決此事也。」《索隱》曰：「謂共治一老禿翁，指竇嬰也。」《集解》引《漢書音義》曰：「禿老翁，言嬰無官位扳援也。」意即一個退職無權的老傢伙。陳直曰：「此時田蚡盛年，不能以『老禿翁』自居，《索隱》說是也。」91首鼠兩端　畏首畏尾，左右為難。瀧川引中井曰：「鼠將出穴隙，必出頭一左一右，故為兩端之喻也。」王念孫曰：「『首鼠』猶言『首施』，猶『首尾』也。『首尾兩端』，即今人所云『進退無據』也。」近人劉大白又以為「首鼠」同「躊躇」、「猶豫」，皆聯緜詞。王駿圖曰：「我與爾所共者，只此一老而退廢之人，尚何疑慮瞻顧，致如首鼠之持兩端耶？」92何不自喜　為什麼不好好想想。不自喜，當時習慣語，大意為「不好好想想」、「不知道好歹」。楊樹達引黃生曰：「〈外戚世家〉『一何不自喜』、〈酈生傳〉『足下何不自喜也』，諸云『不自喜』，即今俗云『好不思量』之意，必當時方言如此。」按：楊說近是，舊注於此多牽強不通。93解印綬歸　解下印綬歸還天子，做出一種引咎辭官的姿態。綬，繫印的絲條。94幸得待罪　謙詞，意即有幸得為丞相。待罪，「待罪丞相」的省略。在丞相的位子上等候接受處罰，意即「身為丞相之職」。95多君有讓　讚賞您的有禮讓。多，讚賞；稱讚。96杜門　閉門。指無臉見人。97齰舌　咬著舌頭。指無話可說。98譬如賈豎女子爭言　像小商販們、小女子們的爭嘴吵架。99無大體　沒有身分。100御史　御史大夫的屬官，韓安國的屬下。101簿責　以書面文字進行責備。102不讎　與事實不合。讎，相當；相對。103欺謾　說謊騙人。郭嵩燾曰：「灌夫橫恣潁川有實驗，魏其謂灌夫醉飽得過，言不相應，因責以欺謾。」按：武帝態度之變化，與王太后的壓力有關，亦與石建背後的「分別言之」有關。104劾繫都司空　經有司彈劾，拘押於都司空。都司空，宗正的屬官，主管詔獄（皇帝發來的案犯）。竇嬰是外戚，宗正是主管皇室和外戚事務的官，因此竇嬰有罪要繫於宗正屬下的都司空。陳直曰：「《漢舊儀》云：『中都官詔獄三十六所。』都司空令屬宗正，都司空令主要治陶瓦。」105常受遺詔　曾經接受過生前留下的詔書。常，通「嘗」。106事有不便二句　日後遇有不利情況，可以直接找皇帝說明，這是帝王授與大臣的一種特殊權力。107諸公莫敢復明言於上　朝廷大臣沒有人再敢向皇帝說明這一情況。108昆弟子　自己兄弟的兒子，即竇嬰之姪。109案尚書大行無遺詔　查對尚書省的檔案，找不到老皇帝給過竇嬰遺詔的證據。尚書，即尚書省，有尚書令一人，負責給皇帝收發管理文件。大行，已死的皇帝，這裡指漢景帝。茅坤曰：「此必大行時遑急，不及隸之尚書而後下者。武安輒以此案論，悲夫！」王先謙引沈欽韓曰：「唐故事，中書舍人掌詔誥，皆寫兩本，一為底，一為宣。大行遺詔豈無副而獨藏私家者？此主者畏蚡，助成其罪也。」(110)家丞封　是由竇嬰家的家丞蓋印封存的。家丞，為列侯管理家政的官員。(111)劾魏其矯先帝詔　劾，彈奏；舉報。矯，假造；假傳。王先謙引李慈銘曰：「此乃尚書劾（之）也。」(112)罪當弃市　量刑被定為棄市。當，判處；判定。(113)五年十月　《集解》引徐廣曰：「疑非五年，亦非十月。」《正義》曰：「《漢書》云：『元光四年冬（當時以十月為歲首），魏其侯嬰有罪弃市；春三月乙卯，丞相蚡薨。』按：『五年』者，誤也。」元光四年為西元前一三一年。(114)悉論灌夫及家屬　論，判處。梁玉繩曰：「竇嬰、灌夫、田蚡之死皆在元光三年，夫以十月族，嬰以十二月棄市，蚡以三月卒，絕無可疑。」按：梁說可供參考。(115)恚　惱怒。(116)病痱　即所謂「中風」。(117)議定不死矣　武帝已經與人商量好不殺竇嬰了。(118)乃有蜚語為惡言聞上　忽然又有一股關於竇嬰的壞話傳進武帝的耳朵。蜚語，流言。蜚，同「飛」。《集解》引張晏曰：「蚡偽作飛揚誹謗之語。」(119)十二月晦　十二月的最末一天。司馬光曰：「漢制，常以立春下寬大詔書，蚡恐魏其得釋，故以十二月晦殺之。」(120)渭城　即秦時之咸陽，漢朝改稱渭城，在今陝西咸陽東北。(121)其春　竇嬰被殺的同年春天，當時仍用秦曆，以十月為歲首，故春天在同年的十二月之後。(122)呼服謝罪　痛呼認罪服罪。按：《漢書》於此作「蚡疾，一身盡痛，若有擊者，呼服謝罪」。(123)見魏其灌夫共守二句　淩稚隆引錢福曰：「武安倚勢陷殺二人，二人卒為厲鬼，事未必真，特以此為天下後世擅權者之戒。」茅坤曰：「此必當時人不厭魏其、灌夫之死，故為流言云云。」按：此不應視史公為迷信，可視為表明其態度的一種方式。(124)竟死　就這樣地死去了。據《漢書‧武帝紀》，事在元光四年三月乙卯（十七）。《正義》曰：「元光四年十月，灌夫弃市；十二月末，魏其弃市；至三月乙卯，田蚡薨。則三人死同在一年明矣。」(125)子恬嗣　其子田恬襲其父爵為武安侯。(126)元朔三年　西元前一二六年。「元朔」是漢武帝的第三個年號（西元前一二八—前一二三年）。(127)武安侯　此即襲其父爵的田恬。(128)襜褕　短衣，非入朝所宜服者。(129)不敬　梁玉繩曰：「此下缺『國除』二字。」按：〈惠景閒侯者年表〉作「坐衣襜褕入宮廷中，不敬，國除」。「國除」即取消其封爵，收回其封地。(130)淮南王安　劉安，劉邦少子劉長的兒子。劉長被劉邦封為淮南王，都壽春（今安徽壽縣）。文帝時，因謀反被流放，自殺於途中。事後文帝又封劉長之子劉安為淮南王，武帝元狩元年（西元前一二二年），劉安又欲謀反，事洩自殺。詳情見〈淮南衡山列傳〉。(131)謀反覺　謀反的事情被發覺。(132)治　被查辦。(133)王前朝　淮南王前次入朝，事在武帝建元二年（西元前一三九年）。(134)霸上　在當時長安城（今西安市北）東南的霸水西岸，今稱白鹿原。霸水發源於冢嶺山，經今西安市東，西北流入渭水。135即宮車晏駕　倘若皇帝突然死了。即，若。宮車晏駕，指皇帝死。晏駕，不能按時乘車出來。晏，晚。136非大王立當誰哉　何焯曰：「蚡為太尉，多受諸侯王金，私與交通，其罪大矣。然安之入朝在建元二年，武帝即位之初，雖未有太子，尚春秋鼎盛（年僅十八歲），康強無疾；身又外戚（田蚡為武帝之舅），『非王誰立』之言，狂惑所不應有之言，疑惡蚡者從而加之。」137厚遺金財物　遺，給；饋送。凌稚隆曰：「傳末次淮南王遺金，所以實灌夫所持武安陰事者。」按：以上田蚡與淮南王交通事，亦見於〈淮南衡山列傳〉，何焯謂「惡蚡者從而加之」，當是也，史公亦極惡田蚡，故復一再言之。138魏其時　指魏其遭田蚡構陷時。《漢書》作「魏其事時」。139不直武安　不贊成田蚡；不認為田蚡有理。140特為太后故耳　（武帝當時之所以順著田蚡殺了竇嬰，）就是因為有太后給田蚡撐腰。特，只；就是。141使武安侯在者二句　此史公借武帝語以表明自己的愛憎。凌稚隆引焦竑曰：「蚡私交淮南王，受遺金，夫因繫不得告，故子長揭之於尾。蓋雖不得發其事於生前，而猶得暴其事於死後。使夫有靈，必快意於九泉矣。」吳見思曰：「作快語結，所以深惡武安也。」

【語　譯】元光四年春天，田蚡對武帝揭發灌夫家族在潁川驕橫霸道，百姓們大吃苦頭，請求依法查辦。武帝說：「這是你職務以內的事情，不必向我請示。」但灌夫也抓著田蚡的一些把柄，諸如為非作歹圖謀私利、接受淮南王的賄賂說了許多不該說的話等等。由於兩家的賓客們從中調解，於是彼此又都停了下來，暫時和解了。

2　同年夏天，田蚡娶燕王的女兒做夫人，太后下令，叫列侯宗室們都要前去祝賀。這時竇嬰去找灌夫，要和他一道去。灌夫推辭說：「我曾多次因酒後失言得罪過他，我看他近來似乎對我特別仇恨。」竇嬰說：「過去的事情不是都已經解開了嗎？」於是硬拉著灌夫一同去了。到了宴會上人們酒興正濃的時候，田蚡站起來給大家敬酒，於是在座的人都趕快離開席位俯伏在地，表示不敢當。過了一會兒竇嬰也起來給大家敬酒，這回只有他的老朋友們離開席位，其餘半數的人都只是在席上跪起身子而沒有離席。灌夫看著心裡生氣，於是就自己起來給大家敬酒，當他走到田蚡跟前時，田蚡跪起身子推辭說：「不能再滿了。」灌夫心裡生氣，嘴裡用一種嘲弄的腔調說：「您是貴人，乾了這一杯！」田蚡堅持不喝。接著敬酒到了臨汝侯灌賢的面前，當時灌賢正在跟程不識咬著耳朵說話，沒有注意，又沒有離席。灌夫滿腔怒火正沒有地方發洩，於是就對著臨汝侯罵道：「平常私底下你也把程不識貶得一錢不值，今天有年紀的人來給你敬酒了，你倒反而和他像小丫頭似地嘰嘰咕咕個沒有完了！」田蚡一聽趕緊攔阻說：「程不識和李廣一起分別在長樂宮和未央宮做衛尉，今天你當眾侮辱程將軍，難道就不為李將軍留點面子嗎？」灌夫說：「今天我連砍頭穿胸都不怕了，我還顧什麼程將軍、李將軍！」座上的賓客們一看事情要鬧大於是就推說上廁所，一個個地向外溜。這時竇嬰也站起來，揮手叫灌夫一起走。而田蚡這時已經怒吼說：「這都是我平常對灌夫太放縱，所以他今天才敢這麼放肆。」說罷下令武士攔住灌夫。灌夫這時已經是想走也走不了了。籍福一看就趕快起來幫他們調停，他按著灌夫的脖子想讓他向田蚡認個錯。於是灌夫更是火上澆油，堅決不肯道歉。田蚡就讓武士們把灌夫捆起來看守在客館裡，他把自己的長史叫來吩咐說：「今天我請諸位宗室來，是奉了太后的命令。」於是就讓長史起草奏章彈劾灌夫這種辱罵賓客是對太后命令的大不敬，並很快地把灌夫關進了監獄。接著田蚡就追查灌夫以往的各種不法行為，派人分頭把灌夫家族的各個支系一網打盡，通通地判為死罪。竇嬰感到太對不起灌夫了，就百般地花錢請賓客們去說情，結果一概無效。這時田蚡的下屬官吏，都為田蚡作耳目，灌夫那些沒有被抓起來的族人們也都逃脫躲藏了起來，灌夫自己又被下在獄裡，無法去向皇上揭發田蚡不可告人的事情。

3 竇嬰仍在不顧一切地救灌夫。他的夫人勸他說：「灌將軍得罪了丞相，跟太后家的親戚過不去，這難道還救得了嗎？」竇嬰說：「我的爵位是我自己掙來的，即使我自己把它搞丟了，我也沒有什麼遺憾。而且無論如何我也不能眼看著灌夫被殺，而我自己一個人活著。」於是他瞞著家裡人，偷偷地出去給武帝上書。武帝馬上把他叫進宮去，這時竇嬰就把灌夫因為喝醉了酒當眾罵人的事向武帝說了一遍，認為這樣的事情還不到要殺頭的地步。武帝同意竇嬰的看法，還招待他吃了飯，說：「明天到東宮去把這件事當眾辯論清楚。」

4 竇嬰到了東宮，就極力說灌夫的好話，並說他這次是酒醉失言犯了錯誤，而丞相卻用其他事情來誣陷他。接著田蚡則是大肆詆毀灌夫的所作所為，說他橫行不法，大逆無道。竇嬰眼看著單是這樣下去，不會有什麼結果，於是就轉過來揭發田蚡的短處。而田蚡則說：「現在天下太平無事，我有幸作為皇上的親戚，我所喜好的無非是音樂、狗馬、田產房屋。我所愛的不過是唱歌跳舞的優伶以及能工巧匠之流，我不像魏其侯、灌夫他們招引著一幫子豪傑壯士整天在那裡說長道短，詆毀朝廷，他們不是仰觀天象，就是俯察地理，他們斜著眼睛窺測著東、西兩宮，就盼著天下出什麼變故，他們好趁機辦大事。我真不知道魏其侯等人到底是在幹什麼。」武帝轉問朝臣們說：「你們看他們兩人誰說得對？」御史大夫韓安國說：「魏其侯談到灌夫的父親戰死時，灌夫持戟策馬衝入吳軍，身上負傷幾十處，名冠三軍，這是天下難得的勇士，只要沒有什麼太大的罪惡，光是因為酒宴上的一點小問題，是不能用別的藉口殺他的。從這一點上說，魏其侯說得對。丞相也說了灌夫結交壞人，侵害百姓，以至於積累了上億的家產，在潁川郡裡橫行霸道，欺侮宗室，侵犯貴族，這就是俗話所說的『樹枝大於樹幹，小腿大於大腿，不折斷它就要損害本體』，從這點看來，丞相說得也對。請英明的皇上自己裁奪。」接著主爵都尉汲黯發言，贊成竇嬰的說法。隨後內史鄭當時發言也表示同意竇嬰的說法，但後來又不敢堅持了。其餘的人誰都不敢發言。武帝生氣地對鄭當時說：「你平常總愛議論魏其侯和武安侯的長短，今天讓你當眾表態了，你卻這麼畏畏縮縮地像一匹車轅子下頭的馬，我乾脆都殺了你們！」說罷站起身來回了內室，去侍候太后吃飯了。這時太后也早已派人在前邊窺聽，待至窺聽的人向太后詳細報告了辯論的情況後，太后很生氣，不吃飯了，她望著武帝說：「今天我還活著，那些人居然就敢這麼踐踏我的弟弟；要是日後我死了，他們還不把我弟弟當作魚肉任意宰割嗎？再說，你自己難道就能像一個石頭人一樣無動於衷嗎？現在你還活著，群臣便如此平庸畏縮，假如你日後死了，這些人有一個可以信賴的嗎？」武帝趕忙向太后賠禮說：「因為都是親戚，所以我才讓他們在大廷上公開辯論。如果不是親戚，這種事情還不是派一個獄吏就可以解決了嗎？」這時郎中令石建又在背後給武帝分析了竇嬰和田蚡的事情。

田蚡退朝以後，從止車門出來，招呼韓安國上了他的車子，怒氣沖沖地說：「我跟你共同對付一個老傢伙，你為什麼這麼模稜兩可、畏首畏尾呢？」韓安國沉默了一會兒才對田蚡說：「您怎麼不好好想想？當魏其侯攻擊您的時候，您應當摘下帽子，把您的印綬交還皇上，您可以說：『我只因為是皇上的親戚才一時充當了丞相，我本來就擔當不了這樣的重任，魏其侯說的那些話都對。』這樣一來，皇上一定會讚揚您的謙讓，絕不會剝奪您的相位。而魏其侯在這種情況下也一定會深感內疚，會羞得他回去關上門子咬爛舌頭自殺。可現在人家攻擊您，您也攻擊人家，就如同小商販、小女人在那裡爭吵，怎麼就這麼不顧身分呢！」田蚡一聽恍然大悟說：「當時只顧了爭吵，沒有想到該這麼做。」

6 於是武帝派御史拿著案卷去責問竇嬰，說他所講的灌夫的情況，與事實不符，說他是欺騙皇上。於是竇嬰受到彈劾也被關進了都司空的監牢裡。早在孝景帝在世時，竇嬰曾得到過孝景帝的一篇遺詔，其中說「當發生了什麼不利的事情時，可以直接向皇上啟奏」。等到魏其侯被關了起來，灌夫被判為滅族的時候，事情日益緊急，朝廷裡的大臣們誰也不敢再去向皇上說明事情的真相了。這時竇嬰就讓他的姪子給武帝上奏，希望得到皇上的召見。奏章交給武帝後，武帝派人到尚書處查閱案卷，沒有發現景帝遺詔的證據。只有一張詔書藏在竇嬰的家中，是由他們的家臣加印封存的。於是田蚡等又進而彈劾竇嬰假造先帝的遺詔，罪該殺頭。於是在元光五年十月，灌夫及其整個家族全部被處決了。過了很久竇嬰在監獄裡才聽到這個消息，他一聽完悲憤欲絕，當時就中了風，而且絕食準備自殺。後來又聽說皇上沒有殺竇嬰的意思，於是就又開始吃飯，請醫生給自己治病。後來果然傳出消息說是朝廷議定不殺竇嬰了。可是緊接著又有一股惡毒的流言蜚語傳到了皇帝那裡，於是在這一年的十二月三十，魏其侯竇嬰在渭城被處決了。

7 也就在這同一年的春天，田蚡也生了病，他一個勁地呼叫著我有罪我服罪。待至請來巫師一看，巫師說他看見魏其侯和灌夫兩個鬼魂夾守在他的兩旁，想要弄死他。結果田蚡就這樣地死去了。田蚡的兒子田恬繼承了武安侯的爵位。到元朔三年時，田恬因為穿著短衫進宮，犯了不敬之罪。

8 後來淮南王劉安的謀反被發覺，武帝命令嚴加追究。這時才發現劉安前些年進京朝貢時，武安侯當時正做太尉，在他到霸上迎接劉安時，曾對劉安說：「現在皇上還沒有太子，您為人賢明，又是高祖的孫子，假如皇上有一天死了，那時不立您還去立誰呢！」劉安聽了很高興，送給了田蚡許多金銀財物。武帝早從竇嬰被陷害時就不認為田蚡有理，只不過是由於太后偏袒而不能處置他罷了。等到這回一聽說田蚡接受過淮南王的賄賂後，就說：「假使武安侯現在還活著，肯定就要滅族了。」

太史公曰：魏其、武安皆以外戚重❶，灌夫用一時決筴❷而名顯。魏其之舉❸以吳、楚，武安之貴在日月之際❹。然魏其誠不知時變❺，灌夫無術而不遜❻，兩人相翼❼，乃成禍亂。武安負貴❽而好權❾，杯酒責望❿，陷彼兩賢。嗚呼哀哉！遷怒及人⓫，命亦不延。眾庶不載⓬，竟被惡言⓭。嗚呼哀哉！禍所從來矣⓮！

【章　旨】以上為第五段，是作者的論贊，表現了作者對田蚡與王太后的不滿，與對統治集團內部相互傾軋的厭惡之情。

【注　釋】❶重　謂受重用；掌大權。❷用一時決筴　用，因。一時決筴，師古曰：「謂馳入吳軍欲報父讎也。」❸舉　提拔；重用。❹日月之際　謂日月並懸之際。即武帝即位，太后稱制之時。此句意思是說，田蚡是靠著王太后的關係發達起來的，與灌夫的靠勇氣、竇嬰的靠軍功不同。史公的褒貶自在言外。何焯曰：「『皆以外戚重』，復申之曰『魏其之舉以吳楚，武安之貴在日月之際』，其區分兩人尤嚴。」❺不知時變　不注意朝廷局勢的變化，如竇太后死、王太后掌權等。❻無術而不遜　無術，不懂道術；不懂得如何處世做人。前文有所謂「夫不喜文學」，亦與此處之「無術」相通。凌稚隆引黃洪憲曰：「篇中歷次『夫不懌』、『夫愈益怒』、『夫聞，怒罵籍福』、『夫不悅』、『夫怒』、『夫無所發怒』、『夫愈怒，不肯謝』等句，即贊中所謂『無術而不遜』者。」❼相翼　相互依傍；相互推波助瀾。❽負貴　依仗自己的勢位高貴。負，仗恃。❾好權　攬權；專權。❿杯酒責望　由於杯酒之間的一點嫌隙而引起對人的怨恨。責望，恨怨。⓫遷怒及人　指灌夫由恨武安而對灌賢發怒事。⓬眾庶不載　百姓們不擁戴。指潁川百姓作歌以諷灌氏事。載，通「戴」。⓭竟被惡言　指灌夫被田蚡所構陷。被，加；蒙受。⓮禍所從來矣　災難就是從這裡來的呀。指灌夫橫於潁川，劣跡被田蚡擴大、利用，既害了自己，又殃及了竇嬰，慘不可言。李光縉引趙恆曰：「贊意哀魏其之冤，而深誅武安之罪也。言『魏其之舉以吳楚之功』，『灌夫因一時決策入吳軍而名顯』，魏其以『不知時變』，灌夫以『無術不遜』，其罪非可以殺身滅族論也。蚡何人哉？『負貴好權』，以杯酒陷人於大禍，『命固不延』，而得免於族滅之誅者幸耳。『禍所從來』，言禍由太后也。再寫『嗚呼』，恨之也。」

【語　譯】太史公說：竇嬰和田蚡都因為是外戚而受到重用，而灌夫則是由於一時的英勇而聲名顯赫。竇嬰的顯貴是因為討伐吳、楚叛亂有功，田蚡的顯貴則完全是靠著皇帝和太后的關係。但是竇嬰不懂隨著時勢的變化改變自己的處世態度，灌夫則是不學無術而又極不謙虛，這兩個人彼此相幫，終於釀成了殺身滅族的大禍。而田蚡則完全是倚仗著顯貴的地位專權跋扈，就因為酒席上的一些爭吵居然就陷害了兩位重要人物。真是可悲啊！灌夫由於把對田蚡的憤怒發洩到了灌賢的身上，從而引起了自己的殺身之禍。平時得不到百姓擁戴，而終遭田蚡構陷。真可悲啊！大禍就是這麼一點點地醞釀而成的。

【研　析】本篇是《史記》中不大好讀的一篇，即以其主旨而論，就有許多不同的理解。許多選本都說該篇的要旨在表現田、竇兩大貴族之間的矛盾與火拚，體現了一種財產與權力的再分配。這麼說當然不錯，但卻流於表面，比較膚淺。應該更進一步看到，透過田、竇兩族的鬥爭，實際上還表現了最高統治集團內部的爭權與傾軋，以及漢武帝「罷黜百家，獨尊儒術」的過程。

本篇揭露最高統治集團內部，即皇帝與太后之間的互相爭權、互相傾軋，是從漢景帝時期便已顯露徵兆。漢景帝的母親竇太后，早在其夫文帝在世時，其兄竇長君與其弟竇少君就很受寵得勢。文帝死後，景帝即位，竇太后的權勢也就更大了。竇太后對她的小兒子梁孝王分外縱容嬌慣，太常袁盎因建議景帝對之進行裁抑，梁孝王居然派刺客將袁盎刺殺了；漢景帝喜歡執法公正、不畏權貴的郅都，但竇太后竟一定要殺死他，對此漢景帝竟不敢反對。這母子三人的關係簡直就像《左傳》中的鄭莊公與姜氏及公叔段。漢景帝明白梁孝王對他的威脅，只是迫於竇太后的勢力太大而只好隱忍求全。漢武帝即位後，已經干預了景帝政權一輩子的竇太后其權勢欲仍絲毫不減，這當然是武帝的母親王太后所不能容忍的，於是一場以武帝為前臺，實質上是王太后與竇太后之間的權力之爭開始了。王太后的同母異父弟田蚡當了太尉，裹脅著竇嬰名義上大搞「尊儒」，其實是趁機培植勢力。及至他們「請無奏事東宮」，也就是想排除竇太后，不讓她再干預朝政時，竇太后大怒，一下子把丞相、太尉、御史大夫通通罷免，並將位列「九卿」的郎中令王臧下獄處死，可見竇太后的勢力是多麼兇盛啊，於是這場以漢武帝為前臺，以王太后為幕後指揮的奪權鬥爭遂以慘敗而告終。王太后遭受打擊沉默了五年，直到竇太后病死，王太后、漢武帝才二次出擊，徹底掃蕩了竇太后的勢力。魏其侯竇嬰雖然忠於正統，在竇太后寵愛梁孝王的問題上與竇太后有過矛盾，被罷過官，但他畢竟是竇太后的姪子，於是隨著竇太后病死，竇嬰也跟著徹底垮臺。文中所謂「魏其失竇太后，益疏不用，無勢」，以及後來終被王太后所殺，就是反映了這種一朝天子一朝臣的本質。竇嬰是這場權力之爭的犧牲品。

在同竇氏集團鬥爭中，漢武帝一度是與王太后站在一起的，但隨著竇氏一派勢力的被肅清，漢武帝與王太后、與田蚡的矛盾便日益尖銳起來，這表現在漢武帝對田蚡欲壑難填的憤怒並召集東宮廷辯。他之所以要在「東宮」，要在王太后面前讓滿朝大臣給竇嬰與田蚡的紛爭評理，目的就是想借朝廷的輿論來彈壓一下田蚡，同時也給王太后一點顏色看。不料大臣們都畏懼王太后和田蚡，沒有更多的人敢出來說話，遂使漢武帝的目的受挫。

漢初盛行黃老之學，而黃老之學顯然是對地方割據勢力有利的。景帝時，隨著吳、楚七國之亂被削平，已經漸漸拋棄黃老思想而不斷地進用儒生了。武帝上臺後，即下詔舉賢良方正，並接受衛綰的建議，罷斥一切「亂國政」的申、商、韓非、蘇秦、張儀之士。這裡他們沒有明確提出「黃老」，但其本意卻主要是針對「黃老」的。而主持這項變革的是田蚡與竇嬰，其次是趙綰、王臧。他們一方面在學術上提倡「尊儒」，一方面在組織上「請無奏事東宮」，一表一裡，相輔相成，勢頭很大。但是年輕的漢武帝和不量彼己的王太后畢竟低估了竇太后的權威，結果被竇太后一反擊，「尊儒派」便以一場大悲劇而告終。這在中國古代學術史上，就其鬥爭的劇烈和對整個社會的震動，一點不比秦始皇的「焚書坑儒」差。直到建元六年竇太后死，黃老學派的保護傘倒掉，這時王太后、漢武帝才又重新組織力量，在一片「尊儒」聲中，從政治上對黃老學派及其背後的支持者進行了徹底的掃蕩，而主持這項工作的頭子就是王太后的同母異父弟武安侯田蚡。

漢代以叔孫通、公孫弘為代表的儒學，本身就是以先秦儒學的詞語為漢武帝的「多欲」政治作緣飾，而號召尊儒的旗手又恰恰是臭名昭著的田蚡，所以司馬遷對漢代的儒生、儒學非常反感，這些可以參看〈儒林列傳〉、〈平津侯主父列傳〉、〈游俠列傳〉等篇。

李將軍列傳

【題解】作品圍繞著精於騎射，勇敢作戰；熱愛士卒，不貪錢財；為人簡易，號令不煩三個特點，刻劃了李廣這樣一個作者理想中的一代名將的英雄形象，而對李廣坎坷的一生，尤其是對他以及他整個家族的悲慘結局，表現了無限的惋惜與同情，對漢代皇帝及其寵信們排擠、殘害李廣及其家族的罪行表現了極大的憤慨，對漢代的用人制度進行了強力的批判。同時，作者在描寫李廣坎坷悲慘的一生際遇中，也寄寓了自己的滿腔悲憤與辛酸。

1 李將軍廣者，隴西❶成紀❷人也。其先曰李信❸，秦時為將，逐得燕太子丹❹者也。故槐里❺，徙成紀。廣家世世受射❻。孝文帝十四年❼，匈奴大入蕭關❽，而廣以良家子從軍擊胡❾，用❿善騎射，殺首虜多⓫，為漢中郎⓬。廣從弟⓭李蔡亦為郎，皆為武騎常侍⓮，秩八百石⓯。嘗從行⓰，有所衝陷⓱、折關⓲及格猛獸⓳，而文帝曰：「惜乎，子不遇時！如令子當高帝時，萬戶侯豈足道哉⓴！」

2 及孝景㉑初立，廣為隴西都尉㉒，徙為騎郎將㉓。吳、楚軍時㉔，廣為驍騎都尉㉕，從太尉亞夫㉖擊吳、楚軍，取旗㉗，顯功名昌邑下㉘。以梁王㉙授廣將軍印㉚，還，嘗不行[31]。徙為上谷[32]太守，匈奴日以合戰[33]。典屬國[34]公孫昆邪[35]為上泣曰：「李廣才氣，天下無雙，自負[36]其能，數與虜敵戰[37]，恐亡之[38]。」於是乃徙為上郡[39]太守。後廣轉為邊郡太守，徙上郡[40]。嘗為隴西、北地、鴈門、代郡、雲中太守，皆以力戰為名[41]。

3 匈奴大入上郡[42]，天子使中貴人[43]從廣勒習兵[44]擊匈奴。中貴人將騎數十縱[45]，見匈奴三人，與戰。三人還射[46]，傷中貴人，殺其騎且盡[47]。中貴人走廣[48]。廣曰：「是必射雕者也。」廣乃遂從百騎往馳三人[49]。三人亡馬步行[50]，行數十里。廣令其騎張左右翼，而廣身自射彼三人者，殺其二人，生得[51]一人，果匈奴射雕者也。已縛之上馬，望匈奴有數千騎。見廣，以為誘騎[52]，皆驚，上山陳[53]。廣之百騎皆大恐，欲馳還走。廣曰：「吾去大軍數十里，今如此以百騎走[54]，匈奴追射我立盡。今我留，匈奴必以我為大軍之誘[55]，必不敢擊我。」廣令諸騎曰：「前！」前未到匈奴陳二里所[56]，止，令曰：「皆下馬解鞍！」其騎曰：「虜多且近，即有急，柰何[57]？」廣曰：「彼虜以我為走[58]，今皆解鞍以示不走，用堅其意[59]。」於是胡騎遂不敢擊。有白馬將出護其兵[60]，李廣上馬與十餘騎犇射殺胡白馬將，而復還至其騎中，解鞍，令士皆縱馬臥[61]。是時會暮，胡兵終怪之，不敢擊。夜半時，胡兵亦以為漢有伏軍於旁欲夜取之，胡皆引兵而去。平旦[62]，李廣乃歸其大軍。大軍不知廣所之[63]，故弗從[64]。

【章　旨】以上為第一段，寫李廣在文帝、景帝時期的生平際遇，重點突出了他在為上郡太守時的一段經歷。

【注　釋】❶隴西　漢郡名，郡治狄道（今甘肅臨洮）。❷成紀　漢縣名，屬隴西郡，縣治在今甘肅秦安北。❸李信　秦王政（即後來的秦始皇）手下的將領，漢將李廣的先人。事跡參見於〈白起王翦列傳〉。❹逐得燕太子丹　事在秦王政二十一年（西元前二二六年）。據〈燕召公世家〉、〈刺客列傳〉，燕太子丹派荊軻刺秦王失敗後，秦王派王翦、李信等率兵擊燕，燕王徙居遼東，李信追太子丹，太子丹匿衍水（在今遼寧鞍山西）中，燕王聽代王趙嘉之勸，「斬丹首以獻秦」。李信等蓋得太子丹之首，未生得丹也。❺槐里　漢縣名，縣治在今陝西興平東南。❻受射　向長輩學習射法。受，接受；繼承。陳仁錫曰：「『廣家世世受射』句，乃一傳之綱領。廣所長在射，故傳中敘射事獨詳，若射『匈奴射雕者』、若射『白馬將』、若射『追騎』、若射獵、若射石、若射猛獸、若射裨將，皆著廣善射之實也。末及孫陵『教射』，亦與篇首『世世受射』句相應。」❼孝文帝十四年　西元前一六六年。孝文帝，名恆，劉邦之子，薄太后所生，西元前一七九—前一五七年在位。❽蕭關　關塞名，在今寧夏固原東南。❾廣以良家子從軍擊胡　良家子，清白人家的子弟。王先謙引周壽昌曰：「凡從軍不在七科謫內者曰『良家子』。」按：漢代士兵的來源主要有二，一為謫徙罪人，一為被視為二等罪犯的工商業者。也有一些平常人家（如「士」，如「農」）的子弟自願從軍者，即所謂「良家子」，這種人在軍中的地位較謫徙為高。胡，當時用以指匈奴人。匈奴是從戰國後期發展起來的北方民族，當時活動在今內蒙古與蒙古共和國一帶。詳情見〈匈奴列傳〉。❿用　因。⓫殺首虜多　斬敵之首與俘獲生敵的數量多。按：「首虜」一詞屢見於本傳與〈衛將軍驃騎列傳〉，各處的用法略有不同。有時指斬敵之首與俘獲生敵，有時只指斬敵之首。故有人講「首」字解為動詞，說「首虜」即斬人之首，其實並不準確。⓬為漢中郎　為漢朝皇帝當侍從。中郎，與「侍郎」、「議郎」、「郎中」等都統稱作「郎官」，上屬郎中令，在宮則值夜護守，出則充當侍衛。「中郎」、「侍郎」等秩比六百石，「郎中」秩比三百石。所以要加「漢」字，是區別於當時的其他諸侯國，當時的各國諸侯王亦稱其侍衛曰

「郎中」、「中郎」。⑬從弟　堂弟。⑭皆為武騎常侍　《索隱》曰：「謂為郎而補武騎常侍。」武騎常侍，皇帝的騎兵侍從。⑮秩八百石　官階為八百石。秩，官階。石，一百二十斤。秦漢時代的「三公」（丞相、太尉、御史大夫），秩萬石；「九卿」（略當今之中央各部長），秩中二千石；郡太守，二千石；縣令、縣長，最高者千石，最低者三百石。按：稱某官為多少石，只表其官階，非謂官俸即得如此多的糧食數。⑯嘗從行　嘗，通「常」。屢屢。從行，跟隨皇帝出行。⑰衝陷　衝鋒陷陣。⑱折關　猶言「抵禦」。折，折衝；打回敵人的衝鋒。關，抵擋。⑲格猛獸　與猛獸格鬥。按《漢書》改此「嘗從行，有所衝陷折關及格猛獸」十三字作「數從射獵，格殺猛獸」，較此清晰合理。⑳萬戶侯豈足道哉　凌稚隆引凌約言曰：「漢文帝惜廣不逢時，自以其時海內乂安，不事兵革，廣之才無所用耳。末年，匈奴入上郡、雲中，帝遣將軍令勉、張武、周亞夫等以備胡；中稱其『選用材勇』，而獨不及廣。知而不用，何取於知耶？」姚苧田曰：「文帝之言，非謂高帝時尚武而今偃武修文也，文帝時匈奴無歲不擾，豈得不倚重名將？帝意正以廣才氣跅弛，大有黥、彭、樊、灌之風，當肇造區宇之時，大者王，小者侯，取之如探策矣。今天下已定，雖勒兵陷陣，要必束之於簿書文法之中，鰓鰓紀律，良非廣之所堪也，故嘆惜之。此實文帝有鑒別人才處，廣之一生數奇，早為所決矣。」㉑孝景　即漢景帝，名啟，文帝之子，西元前一五六—前一四一年在位。按：漢代講究以「孝」治天下，故在各個皇帝的諡號前都加上一個「孝」字，如「孝武」、「孝宣」、「孝明」等是也。㉒隴西都尉　隴西郡的武官。當時各郡的行政長官稱作太守，都尉則協助太守分掌武事。㉓騎郎將　皇帝的侍從武官名，統領騎兵侍從，秩比千石。與車郎將、戶郎將合稱「三將」，皆上屬郎中令。㉔吳楚軍時　指吳、楚七國起兵造反之時，事在漢景帝三年（西元前一五四年）正月。時吳王（都廣陵，今江蘇揚州）劉濞、楚王（都彭城，今江蘇徐州）劉戊、膠東王（都即墨，今山東平度東南）劉雄渠、膠西王（都高密，今山東高密西）劉卬、濟南王（都東平陵，今山東章丘西北）劉辟光、菑川王（都劇縣，今山東昌樂西北）劉賢、趙王（都邯鄲，今河北邯鄲）劉遂，因不滿朝廷用鼂錯之議而削減諸侯封地，故而以討伐鼂錯為名，發動了對朝廷的叛亂。事情詳見〈吳王濞列傳〉、〈袁盎鼂錯列傳〉、〈絳侯周勃世家〉等篇。㉕驍騎都尉　軍官名。驍騎，如同今之所謂「輕騎兵」。㉖太尉亞夫　即周亞夫，文帝、景帝時期的名將，絳侯周勃之子。吳、楚軍起，亞夫由中尉被任命為太尉，統兵討吳、楚。太尉，主管全國軍事的最高長官，當時的「三公」之一。太尉亞夫擊吳、楚軍事，見〈絳侯周勃世家〉、〈吳王濞列傳〉。㉗取旗　奪取了敵方的主將之旗。㉘顯功名昌邑下　昌邑，當時梁國的重鎮，在今山東金鄉西北，周亞夫的重兵當時就集結在這裡。吳、楚軍之敗，則從其攻昌邑失敗開始。過程詳見〈絳侯周勃世家〉。至於李廣在昌邑之戰中具體有何表現，史無明載。㉙梁王　即梁孝王劉武，文帝之子，景帝之弟，被封為梁王，都睢陽（今河南商丘東南）。吳、楚叛軍西下時，梁國首當其衝。故梁國在屏蔽漢代朝廷、抗擊吳、楚叛軍中，功勞巨大。㉚授廣將軍印　李廣雖屬亞夫軍，但因他是在梁國的地區作戰，卓有軍功；又因李廣原來只是「都尉」，不夠將軍級，故梁王出於敬慕而升賞之，授之將軍印也。㉛還二句　《集解》引文穎曰：「廣為漢將，私受梁印，故不以賞也。」按：於此可見漢景帝與梁孝王兄弟之間的尖銳矛盾。㉜上谷　漢郡名，郡治沮陽（今河北懷來東南）。㉝匈奴日以合戰　匈奴人每天都與李廣交戰。以，此處的意思通「與」。合戰，交戰；開戰。㉞典屬國　《漢書・百官公卿表》：「典屬國，掌蠻夷降者。」是主管與他國、他族外交事務的官吏。㉟公孫昆邪　姓公孫，名昆邪。㊱負　依仗；仗恃。㊲數與虜敵戰　數，屢屢。虜，胡虜，指匈奴人。㊳恐亡之　擔心損失這員良將。亡，失。淩稚隆引楊慎曰：「公孫昆邪為國惜才過於文帝。」史珥曰：「昆邪愛才乃爾，彼擅自易置，急責對簿之大將軍為何如耶？」㊴上郡　漢郡名，郡治膚施（今陝西橫山東，榆林東南）。按：徐朔方曰：「『上郡』兩字當有誤寫，據原意應是一個內地郡名。這樣一改，前後文字才可通順。」㊵徙上郡　張文虎《札記》：「此三字當在下文『匈奴大入上郡』句之上，傳寫錯耳。」㊶後廣轉為邊郡太守四句　轉，輾轉。瀧川曰：「《漢書》無『後廣』以下三十一字。」張文虎曰：「『後廣轉為』至『為名』三十一字，疑當在後文『不知廣之所之，故弗從』下，而衍『徙上郡』三字，則與《漢書》次序合。」按：此說近是。北地，漢郡名，郡治馬嶺（今甘肅慶陽西北）。鴈門，漢郡名，郡治善無（今山西右玉東南）。代郡，郡治代縣（今河北蔚縣東北）。雲中，漢郡名，郡治雲中（今內蒙托克托東北）。㊷匈奴大入上郡　據《漢書・景帝紀》，中元六年（西元前一四四年）「六月，匈奴入雁門，至武泉，入上郡，取苑馬，吏卒戰死者二千人。」㊸中貴人　有地位、受寵信的宦官。王叔岷以為指「在朝之宗室大臣」，非必指宦者，可參考。㊹從廣勒習兵　跟李廣一道部勒訓練軍隊，蓋有觀察、監督之意。瀧川曰：「宦官從軍，蓋以是為始。」㊺將騎數十縱　領著幾十名騎兵，放馬奔跑。縱，放馬奔馳。㊻還射　謂匈奴人本已走去，見有人追來，故回身而射之。㊼且盡　幾乎殺光。㊽走廣　逃回到李廣處。㊾從百騎往馳三人　從百騎，帶著百數個騎兵。馳，追趕。淩稚隆引董份曰：「從百騎往馳三人，不見廣勇；所以載百騎者，與下匈奴數千騎相應耳。」吳見思曰：「百騎馳三人，不見廣勇；唯不用百騎而自射之，正極寫廣勇也。」姚苧田曰：「以百餘騎逐三人，不為武，此自以射雕者形容廣之善射，以『百餘騎』作下『數千騎』引子，看去乃見其筆法之妙。」㊿亡馬步行　沒有騎馬，只是步行。亡，通「無」。(51)生得　活捉。(52)誘騎　引誘敵兵追趕，從而使之上當的騎兵。(53)上山陳　躲到山上，列好陣式。陳，通「陣」。(54)以百騎走　憑著這百數人向回逃。走，逃跑。(55)必以我為大軍之誘　原作「必以我為大軍誘之」。張文虎曰：「『誘之』當從《漢書》作『之誘』，即上文所謂『誘騎』也。言匈奴以我為大軍之誘敵者，不敢擊我也。」按：張說是，今據改。(56)未到匈奴陳二里

所　離著匈奴人的陣地差不多還有二里。二里所，猶言「二里許」。二里來地。57 即有急二句　倘若敵人突然向我們殺過來，我們怎麼辦。即，倘若。58 以我為走　認為我們必然會逃跑。59 堅其意　強化他們的（錯誤）判斷。王先謙曰：「堅彼以我為『誘騎』之意，使之不疑也。」凌稚隆引徐中行曰：「趙雲遇曹瞞而開壁，李廣值匈奴則反前，皆不足而虛示之有餘者也。卒以疑敵人之心，一因以破虜，一因以全師，蓋膽略過人哉！」60 出護其兵　到前面來整理其士兵的部伍陣式。護，這裡指安排、整頓。61 縱馬臥　任憑戰馬躺在地上休息。62 平旦　天亮時。63 大軍不知廣所之　大部隊不知李廣到哪裡去了。之，去；到。64 故弗從　所以都按兵未動。瀧川曰：「《漢書》『弗從』下有『後徙為隴西、北地、鴈門、雲中太守』十三字。」按：據張文虎說，上文之「後廣轉為邊郡太守，嘗為隴西、北地、鴈門、代郡、雲中太守，皆以力戰為名」二十八字應移於此句之下。

【語　譯】李廣將軍是隴西郡成紀縣人，他的祖先李信是秦國的名將，曾經活捉了燕太子丹。李廣家的原籍是槐里縣，後來遷到了成紀，射箭是李廣家世代相傳的絕技。孝文帝十四年，匈奴大舉入侵蕭關，這時李廣以「良家子」的身分參軍，抗擊匈奴，由於他善於騎馬射箭，擊殺與俘擄的敵人多，因此被任為中郎。當時李廣的堂弟李蔡也在皇帝身邊為郎，兄弟二人都當武騎常侍，官階是八百石。有一次，李廣跟隨文帝外出，在衝鋒陷陣和與猛獸格鬥中有傑出的表現。文帝稱讚李廣說：「真可惜啊，你生得不是時候！如果你生在高皇帝打江山的年代，憑你這身功夫，封萬戶侯又何足掛齒呢！」

2　等到景帝即位後，李廣先曾任隴西都尉，接著被召進京城做了皇帝的侍從武官——騎郎將。後來吳、楚七國叛亂時，李廣以驍騎都尉的身分跟著太尉周亞夫前往討伐叛軍。在戰鬥中，李廣奪得了敵軍的戰旗，在昌邑大顯威名。只因為梁孝王贈給了李廣一顆將軍印，回京後便沒能再受到封賞。後來李廣被調任上谷太守，匈奴軍隊每天和他打仗。於是典屬國公孫昆邪流著眼淚向景帝請求說：「李廣的本領，在當今天下無雙，也正因此他自恃武藝高強，天天和敵軍交戰，我真怕萬一有個閃失，損失了這員名將。」於是景帝就把李廣調到了上郡當太守。後來李廣又輾轉地在邊疆諸郡的許多地方，如上郡、隴西、北地、雁門、代郡、雲中等地做過太守，無論他到了哪裡，都以英勇善戰聞名。

3 李廣做上郡太守的時候，匈奴人大舉進攻上郡，這時皇帝派了一名受寵信的宦官，到上郡來跟著李廣學習軍事對抗匈奴。有一次這個宦官帶領著幾十名騎兵縱馬奔馳，突然遇到了三個匈奴人，便打了起來。結果匈奴人射傷了這個宦官，幾乎射死了他帶的幾十名騎兵。宦官逃回了李廣這裡，李廣說：「這一定是射雕的。」他立即帶了百數名騎兵去追趕這三個人。這三個人把自己的馬丟了，只好步行，這時已經走出幾十里了。李廣命令部下作出了從左右兩側包抄的形勢，自己拿了弓箭射他們，結果射死了兩個，活捉了一個，一審問，果然是匈奴的射雕人。他們剛把俘虜綁在馬上，突然望見來了幾千名匈奴騎兵。這些騎兵也發現了李廣，他們以為這是漢軍派出來特意引著他們去上當的，心裡很吃驚，於是慌忙衝上山頭布好陣式。李廣的這百數人怕極了，都想趕緊往回跑。李廣說：「這裡離著我們的大部隊有幾十里，我們這百數人如果往回跑，匈奴人追上來一陣亂箭就都把我們射死了。如果我們留下來不走，匈奴人必然以為我們是大軍部隊派出來故意引誘他們去上當的，他們一定不敢攻擊我們。」於是李廣命令這百數人「前進！」一直走到離匈奴人只有二里地的地方才停下來，接著又下令說：「全體下馬，把鞍子解下來！」有人說：「敵人這麼多，離我們又這麼近，如果敵人突然進攻我們，我們怎麼辦？」李廣說：「敵人肯定以為我們是會跑的，現在我們偏要給他來個下馬解鞍表明不跑，以此來強化他們那種錯誤判斷。」這樣一來，匈奴人果然沒敢進攻李廣。後來敵人那邊有個騎白馬的將領出來整理隊伍陣式，這時李廣突然上馬帶著十來個人飛奔過去將他射死了，然後又退回來隊伍中解下馬鞍，並命令士兵們任憑戰馬躺在地上休息。這時天色漸晚，匈奴人始終覺得這伙人可疑，沒敢輕易出擊。到了半夜，匈奴人更懷疑附近可能埋伏著大批漢軍，打算乘夜晚偷襲他們，於是他們趕緊撤走了。第二天清晨，李廣才回到大本營。李廣的大部隊因為不知道李廣昨晚去了何處，所以只有在原地待命。

1 居久之，孝景崩，武帝立❶，左右以為廣名將也，於是廣以上郡太守為未央衛尉❷，而程不識❸亦為長樂衛尉❹。程不識故與李廣俱以邊太守將軍屯❺。及出擊胡，而廣行無部伍行陳⑥，就善水草屯⑦，舍止，人人自便⑧，不擊刀斗⑨以自衛，莫府⑩省約⑪文書籍事⑫，然亦遠斥候⑬，未嘗遇害。程不識正⑭部曲行伍營陳，擊刀斗，士吏治軍簿至明⑮，軍不得休息，然亦未嘗遇害。不識曰：「李廣軍極簡易，然虜卒犯之⑯，無以禁也⑰；而其士卒亦佚樂⑱，咸樂為之死⑲。我軍雖煩擾，然虜亦不得犯我。」是時漢邊郡李廣、程不識皆為名將，然匈奴畏李廣之略，士卒亦多樂從李廣而苦程不識⑳。程不識，孝景時以數直諫為太中大夫㉑，為人廉，謹於文法㉒。

2 後漢以馬邑城誘單于㉓，使大軍伏馬邑旁谷，而廣為驍騎將軍㉔，領屬㉕護軍將軍㉖。是時單于覺之㉗，去，漢軍皆無功㉘。其後四歲㉙，廣以衛尉為將軍，出鴈門㉚擊匈奴。匈奴兵多，破敗廣軍，生得廣。單于素聞廣賢，令曰：「得李廣必生致之㉛。」胡騎得廣，廣時傷病，置廣兩馬間，絡而盛臥廣㉜。行十餘里，廣詳死㉝，睨㉞其旁有一胡兒騎善馬，廣暫騰㉟而上胡兒馬，因推墮兒，取其弓，鞭馬南馳數十里，復得其餘軍，因引而入塞㊱。匈奴捕者騎數百追之，廣行取胡兒弓，射殺追騎，以故得脫㊲。於是至漢，漢下廣吏㊳。吏當廣所失亡多㊴，為虜所生得，當斬，贖為庶人㊵。

3 頃之，家居數歲。廣家與故潁陰侯孫屏野居藍田南山中射獵(41)。嘗夜從一騎出，從人田間飲(42)。還至霸陵亭(43)，霸陵尉(44)醉，呵止廣(45)。廣騎曰：「故李將軍。」尉曰：「今將軍(46)尚不得夜行，何乃故也！」止廣宿亭下(47)。居無何(48)，匈奴入殺遼西太守(49)，敗韓將軍(50)。後韓將軍徙右北平，死(51)，於是天子乃召拜廣為右北平太守。廣即請霸陵尉與俱，至軍而斬之(52)。

4 廣居右北平，匈奴聞之，號曰「漢之飛將軍(53)」，避之數歲，不敢入右北平(54)。

5 廣出獵，見草中石，以為虎而射之，中石沒鏃(55)，視之，石也。因復更射之，終不能復入石矣。廣所居郡聞有虎，嘗(56)自射之。及居右北平射虎，虎騰傷廣(57)，廣亦竟射殺之(58)。

6 廣廉，得賞賜輒分其麾下(59)，飲食與士(60)共之。終廣之身，為二千石四十餘年(61)，家無餘財，終不言家產事。廣為人長，猨臂(62)，其善射亦天性也，雖其子孫他人學者，莫能及廣。廣訥口(63)少言，與人居則畫地為軍陳，射闊狹以飲(64)。專以射為戲，竟死(65)。廣之將兵，乏絕(66)之處，見水，士卒不盡飲，廣不近水；士卒不盡食，廣不嘗食(67)。寬緩不苛，士以此愛樂為用。其射，見敵急(68)，非在數十步之內，度不中不發(69)，發即應弦而倒。用此，其將兵數困辱(70)，其射猛獸亦為所傷云[71]。

【章　旨】以上為第二段，寫自武帝對匈奴發動作戰以來，李廣為邊將的一系列活動，重點突出了他的出雁門擊匈奴與為右北平太守的兩段經歷，讚揚了他熱愛士卒，寬緩簡易的名將風度。

【注　釋】❶孝景崩二句　事在景帝後元三年（西元前一四一年）。武帝，名徹，景帝之子，西元前一四〇—前八七年在位。按：梁玉繩曰：「『武帝』當作『今上』」。❷未央衛尉　未央宮的衛隊長官。未央宮是皇帝居住的地方，在當時長安城的西部，今西安市之未央區尚有未央宮遺址。衛尉，是當時的「九卿」之一，職掌守衛宮門，秩中二千石。❸程不識　武帝時名將，其人又見於〈魏其武安侯列傳〉。❹長樂衛尉　長樂宮的衛隊長官。長樂宮是太后居住的地方，地處當時長安城的東部。長樂衛尉與未央衛尉的官階相同，皆為「九卿」之一。❺以邊太守將軍屯　以邊郡太守的身分，率領軍隊屯駐於邊地。將軍，率領軍隊。將，統領；率領。❻廣行無部伍行陳　李廣部隊的行軍，士卒皆任意而行，不按編制，不成行列。廣「行」，行軍。部伍，猶言「部曲」。《續漢書・百官志》：「大將軍營五部。部，校尉一人。部下有曲，曲有軍候一人。」師古曰：「廣尚於簡易，故行道之中不立部曲也。」❼就善水草屯　挨著有好水好草的地方安營下寨。就，接近；靠近。❽舍止二句　駐紮之後，就各隨其便。❾不擊刀斗　不安排打更巡邏。刀斗，銅製的軍用飯鍋，白天用以煮飯，夜間用以敲擊巡邏。❿莫府　同「幕府」。指將軍的辦事機構。師古曰：「莫府者，以軍幕為義。軍旅無常居，止以帳幕言之。」⓫省約　簡單、減少。⓬文書籍事　指各種公文案牘之類。按：《漢書》只作「莫府省文書」，無「籍事」二字。⓭遠斥候　將哨探人員放出去很遠，有敵情可以及早得知。斥候，偵察敵情的人員。⓮正　嚴肅；嚴格要求。⓯治軍簿至明　按規章條文管理士兵極其嚴格。⓰虜卒犯之　敵人突然進犯。卒，通「猝」。突然。⓱無以禁也　沒法抵抗。⓲佚樂　指平時生活得安閒快樂。⓳咸樂為之死　到戰鬥時能人人奮勇，不怕犧牲。⓴匈奴畏李廣之略二句　凌稚隆引董份曰：「載不識言，以見軍法之正；載『匈奴畏李廣之略』二句，以明廣之能。載事必如此，然後義備，而筆端鼓舞。」姚苧田曰：「廣惟有勇略，又能愛人，於兵法『仁』『信』『智』『勇』『嚴』者，實有其四，惟少一『嚴』耳。然其遠斥候以防患，法亦未嘗不密也。但說到『無部伍行陣』、『省文書籍事』，此大亂之道，恐不能一日聚處，疑亦言之過甚。愚謂要是文字生色耳，未必簡易至此極也。」㉑太中大夫　皇帝的侍從人員，掌議論，秩比千石，上屬郎中令。㉒謹於文法　嚴格執行規章制度。按：自「程不識故與李廣俱以邊太守將軍屯」

至「謹於文法」，皆補敘李廣、程不識為衛尉以前事。㉓漢以馬邑城誘單于　事在漢武帝元光二年（西元前一三三年）。〈匈奴列傳〉云：「漢使馬邑下人聶翁壹奸蘭（犯禁）出物與匈奴交，詳為賣馬邑城以誘單于。單于信之，而貪馬邑財物，乃以十萬騎入武州塞。漢伏兵三十餘萬馬邑旁，御史大夫韓安國為護軍，護四將軍以伏單于。」結果被匈奴發覺，漢軍徒勞無功。馬邑，漢縣名，縣治即今山西朔縣。單于，匈奴的最高頭領。按：此時的匈奴單于名喚「軍臣」。㉔廣為驍騎將軍　謂以衛尉身分充任之，罷軍後，仍回任衛尉，故下文又有「以衛尉為將軍」語。㉕領屬　歸某人所統領。㉖護軍將軍　即韓安國。韓安國字長孺，景帝、武帝時的將領。事跡詳見〈韓長孺列傳〉。㉗單于覺之　〈韓長孺列傳〉云：「單于入漢長城武州塞。未至馬邑百餘里，行掠鹵，徒見畜牧於野，不見一人。單于怪之，攻烽燧，得武州尉史。欲刺，問尉史。尉史曰：『漢兵數十萬伏馬邑下。』單于顧謂左右曰：『幾為漢所賣！』乃引兵還。」㉘漢軍皆無功　由於漢軍勞民傷財，一無所得，故武帝怒斬了此役的倡導者王恢。㉙其後四歲　元光六年（西元前一二九年）。㉚出鴈門　由雁門郡出兵北行。㉛必生致之　定要將其活著押解前來。㉜絡而盛臥廣　在兩匹馬之間做成一副網狀的擔架，讓傷病的李廣睡在上面。絡，結網。㉝詳死　假裝已死。詳，通「佯」。㉞睨　斜視。㉟暫騰　突然躍起。㊱因引而入塞　於是引其餘軍回到了邊防線內。㊲匈奴捕者騎數百追之四句　按：此二十三字若移至「復得其餘軍」句上，則文字更為順暢。師古曰：「且行且射也。」王叔岷曰：「行，猶『因』也。」行，順手；隨即。㊳下廣吏　把李廣交給軍法吏處置。㊴吏當廣所失亡多　當，判處。失亡多，損失的士兵眾多。㊵贖為庶人　花錢贖其死罪，免以為平民。庶人，平民百姓。姚苧田曰：「此段云『破敗廣軍』，後云『漢兵死者大半』，則廣之麾下失亡不可勝記，而廣才總以善射自完。律以常法，殊難為廣占地步矣。但其敗後之勇決奇變，殊勝於他人之奏凱策勛者百倍。史公必不肯以成敗論英雄，是其一生獨得之妙，故出力敷寫如此。」㊶頃之三句　瀧川曰：「《史》文疑有訛誤，《漢書》改作『數歲，與故潁陰侯屏居』。」潁陰侯孫，灌嬰之孫灌彊。灌嬰是劉邦的開國元勳，以功被封為潁陰侯。事跡詳見〈樊酈滕灌列傳〉。至其孫灌彊，乃襲其祖之勳而為侯者，此時正因犯罪失侯家居。屏野，摒除人事而居於山野。藍田南山，即藍田山，在今陝西藍田東南，離長安很近，是當時貴族喜歡遊獵、居住的地方。㊷從人田間飲　到野外去找一個人喝酒。㊸霸陵亭　霸陵附近的亭驛。霸陵，漢文帝的陵墓，在今西安市東北，當時曾因陵墓所在而設有霸陵縣。㊹霸陵尉　霸陵縣的縣尉。尉在縣裡主管緝捕盜賊。㊺呵止廣　喝斥李廣令其停下。㊻今將軍　現任的將軍。與「故（前）將軍」相對而言。㊼止廣宿亭下　扣押李廣，令其在霸陵亭驛過了一夜。㊽居無何　沒過多久。㊾匈奴入殺遼西太守　據〈韓長孺列傳〉，武帝元朔元年（西元前一二八年）秋，「匈奴大入邊，殺遼西太守，及入鴈門，所殺略（掠）數千人。」遼西，漢郡名，郡治陽樂（在今遼寧義縣城西南）。(50)敗韓將軍　〈韓長孺列傳〉云：「衛尉安國為材官將軍，屯於漁陽（今北京密雲西南）。安國捕生虜，言匈奴遠去。即上書言方田作時，請且罷軍屯。罷軍屯月餘，匈奴大入上谷、漁陽。安國壁乃有七百餘人，出與戰，不勝，復入壁。匈奴虜略千餘人及畜產而去。天子聞之，怒，使使責讓安國。徙安國益東，屯右北平。」右北平，漢郡名，郡治平剛（今遼寧凌源西北，平泉東北）。(51)死　金陵本「後韓將軍徙右北平」下無「死」字，然則右北平遂同時有二太守矣，於情理不合。《會注考證》本於「韓將軍徙右北平」下增「死」字，瀧川曰：「『平』下『死』字，各本脫，今依楓、三本、《漢書》。」按：瀧川說是也。檢〈韓長孺列傳〉云：「（安國）將屯又為匈奴所欺，失亡多，甚自愧。幸得罷歸，乃益東徙屯，意忽忽不樂。數月，病歐血死。」知有「死」字者是，今據增。(52)廣即請霸陵尉與俱二句　凌稚隆引董份曰：「不能忘一尉之小慽，乃知功名不成，非特殺降也，亦淺中少大度耳。」田汝成曰：「廣之不侯，非數奇也，孝文知之深矣。懷私恨以斬霸陵尉，豈大將軍之度哉？故蘇子瞻云『明年定起故將軍，未肯先誅霸陵尉』是也。不然，以亞夫之賢，帝託景帝曰：『真可任將兵。』寧獨不知廣材耶？」俞正燮曰：「霸陵尉職應止夜行者，守法，則廣斬之，豈非器小心螫者乎？」王叔岷曰：「韓安國坐法抵罪，蒙獄吏田甲辱之。後安國為梁內史，田甲因肉袒謝，安國卒善遇之。安國之器量於李廣遠矣。」按：此與韓信之「召辱己之少年令出胯下者以為楚中尉」相較，二人之風度氣派如何？然據《漢書》，李廣殺霸陵尉後，上書武帝自劾，武帝不僅不責罰李廣，反而降書讚之曰：「報忿除害，捐殘去殺，朕之所圖於將軍也；若乃免冠徒跣，稽顙請罪，豈朕之指哉？」或邊事緊急，武帝故為此語以慰之也。(53)飛將軍　姚苧田曰：「『飛將軍』三字疑亦從絡盛兩馬間騰身忽上，馳入塞內之事而得，實懾於其一身之勇，非嘆服其禦眾之能也。」(54)不敢入右北平　黃震曰：「李廣邊將才於守右北平見之，使武帝志在息民，專任李廣足矣。」(55)以為虎而射之二句　何焯曰：「《呂覽・精通篇》云：『養由基射虎中石，矢乃飲羽，誠乎虎也。』與此相類。豈世因廣之善射，造為此事以加之歟？段成式已疑之。」梁玉繩曰：「射石一事，《呂氏春秋・精通篇》謂養由基，《韓詩外傳・六》、《新序・雜事四》謂楚熊渠子，與李廣為三。《論衡・儒增篇》以為『主名不審，無實也』。《黃氏日鈔》亦云：『此事每載不同，要皆相承之妄言也。』」按：《周書・李遠傳》有所謂「嘗校獵于莎柵，見石於叢薄中，以為伏兔，射之而中，鏃入寸餘。就而視之，乃石爾」，蓋模擬《史記》而為文。(56)嘗　通「常」。(57)虎騰傷廣　虎跳起來咬傷李廣。(58)竟射殺之　最終還是把虎射死了。竟，終於。(59)輒分其麾下　總是隨即分給他的部下。輒，總是；隨即。麾下，部下。麾，大將的指揮旗。(60)士　即謂士卒。下文言「水」、言「食」即以「士卒」與「士」交互為文。(61)為二千石四十餘年　《漢書》作「廣歷七郡太守，前後四十餘年」。按：廣在朝為衛尉、為郎中令，在邊郡歷任太守，皆可大體謂「二千石」也，《史記》蓋通言之，而《漢書》改作「歷七郡太守，前後四十餘年」，恐非史公意。(62)猨臂　其臂如猿，蓋謂長且靈活也。(63)訥口　說話笨拙，不善言辭。(64)畫地為軍陳二句　郭嵩燾曰：「畫地為軍陣，謂行列也。行列為若干道，或狹或闊，而引弓（自高處向）下射之，矢植立中狹者勝；中闊與矢不植皆負；出行列之外負，罰各有差。」畫地為軍陳，在地面上畫成若干格。陳，通「陣」。射闊狹，即比賽看誰射得準。闊狹，指實際著箭點與預定著箭點的距離大小。(65)竟死　意謂一直到死都是如此。(66)乏絕　謂缺糧少水之時。乏，缺少。絕，完全沒有。(67)士卒不盡飲四句　按：此處應與〈衛將軍驃騎列傳〉之「(去病)少而侍中，貴，不省士。其從軍，天子為遣太官齎數十乘，既還，重車餘弃粱肉，而士有飢者；其在塞外，卒乏糧，或不能自振，而驃騎尚穿域蹋鞠」相對照，以見司馬遷之歌頌與批判。然〈淮南衡山列傳〉伍被稱衛青有所謂「穿井未通，須士卒盡得水，乃敢飲」，且謂「大將軍於士卒有恩，眾皆樂為之用」，又與稱頌李廣之用語相同。(68)見敵急　瀧川曰：「《漢書》無『急』字，此疑衍。」(69)度不中不發　估計射不中敵人就暫且不放箭。(70)數困辱　因放敵至跟前，來不及還手而被敵所傷，甚至被敵所俘。數，多次。(71)其射猛獸亦為所傷云　陳子龍曰：「廣自矜其技，非大將法也，故將兵無功。」徐朔方曰：「這段文字很像文章的結尾，而實際上後面還有一半，這怎麼解釋？很可能前文是初稿，後來加以續寫，留下了這樣一個痕跡。」

【語　譯】過了好多年，漢景帝死了，漢武帝即位，左右大臣都說李廣是一位名將，於是李廣被從上郡太守調入朝廷當了未央宮的衛尉，當時程不識也擔任長樂宮的衛尉。程不識和李廣一樣，過去都曾以邊郡太守的身分率領軍隊駐守邊防。每當出兵討伐匈奴時，李廣的軍隊行軍時比較隨便，甚至連嚴格的組織隊列都沒有；駐紮的時候也只是挑個有好水草的地方，住下之後人人自便，夜裡也不打更巡邏，軍部裡各種辦事的規章案牘一切從簡，但還是有遠放哨探，掌握敵情，所以也從未遭受過敵人的偷襲。而程不識則相反，他的軍隊不論行軍、紮營一切制度都很嚴格，夜裡要打更巡邏，軍部裡的文吏們按規章條文管理士兵極其嚴格，全軍都忙忙碌碌，得不到休息，但是他的軍隊也未曾遭受過什麼突然的侵害。程不識說：「李廣的治軍辦法，極其簡單省事，如果遇上敵人偷襲，恐怕就難以招架了；但他的士兵們生活得很快樂，因此到了作戰的時候，大家都願意為他拚命。我的治軍雖然囉嗦麻煩，但敵人不可能對我發動突然襲擊。」那時候，李廣和程不識都是漢朝邊郡上的名將，但是匈奴人特別怕李廣的膽略，而士兵們也都樂於跟著李廣而不願意跟著程不識。程不識曾因為多次勇於直言切諫在景帝時期做過太中大夫，為人廉潔，謹守規章法度。

2 後來漢朝派人用假裝出賣馬邑城的辦法企圖引誘匈奴單于上鉤，而把大批漢軍埋伏在馬邑周圍的山谷裡，李廣以驍騎將軍的身分參加了這次行動，屬護軍將軍韓安國統領。後來被匈奴單于所發覺，把軍隊撤回去了，因此漢軍白忙了一回。又過了四年，李廣以未央宮衛尉的身分為將軍，率兵出雁門關討伐匈奴。不料匈奴兵力眾多，結果漢軍被擊敗，李廣也被人俘虜了。匈奴單于早就聽說李廣是一員名將，因此下令：「如果遇到李廣一定要抓活的。」匈奴捉到李廣時，李廣正受了傷，於是匈奴人就在兩匹馬之間拴了一個網牀，讓李廣躺在上邊。李廣躺著一直裝死不動，等到走出了十幾里的時候，他斜著眼偷偷瞧見他身邊有個匈奴人騎著一匹好馬，於是他就突然一躍而起，跳到了這個匈奴人的馬上，把他推到了馬下，奪過了他的弓箭，然後快馬加鞭向南跑了幾十里，找到了自己的殘部，領著他們返回了關內。當時有幾百個匈奴騎兵在後面追趕李廣，李廣就用他奪來的那張弓回身射死了追上來的匈奴人，因此得以脫身。李廣回來後，朝廷把李廣交給軍法吏審判，軍法吏判定李廣損失士卒眾多，且又自身被俘，應當斬首。但允許李廣出錢贖罪，因而得以免死，成了普通百姓。

3 李廣當老百姓的這幾年裡，他和潁陰侯灌嬰的孫子灌彊隱居在長安以南的藍田山中打獵。有一天夜裡李廣帶著一個隨從，到野外找一個朋友飲酒。回來經過霸陵亭驛的時候，正好遇到了喝醉酒的霸陵縣尉，他喝斥李廣，並要拘留他。這時李廣的從人連忙解釋說：「這位是前任的李將軍。」縣尉說：「就是現任的將軍也不許夜行，更何況你是個卸了任的將軍！」於是硬把李廣扣留在亭驛過了一宿。過了不久，匈奴人進犯遼西，殺了遼西郡的太守，打敗了韓安國的守軍。過後，朝廷調任韓安國為右北平太守，不久韓安國嘔血死了，於是武帝起用李廣做了右北平太守。李廣向朝廷請求調那個霸陵縣尉到他部下聽用，一到軍中，李廣就把他殺了。

4 李廣在任右北平太守的時候，匈奴人都知道他的名字。他們稱李廣為「漢朝的飛將軍」，一連幾年躲避他，不敢進犯右北平。

5 有一次李廣外出射獵，誤將草叢中的一塊巨石看成了老虎，他拔箭就射，整個箭頭都射到石頭裡去了，近前一看，才知道是石頭。李廣開弓再射，卻再也射不進去了。李廣在各郡任太守時，只要聽說哪裡有老虎，總是親自去射。後來在右北平射虎時，被老虎跳起來咬傷了，但最後李廣還是射死了這隻老虎。

6 李廣為人廉潔，每次得到了朝廷的賞賜總是全都分給他的部下，有好的東西也都是和士兵們一起吃喝。他一輩子當了四十多年的二千石官位，到頭來家中沒攢下一點錢財，而他自己也從來不提家產的事。李廣個子很高，胳膊也長，他那套射箭的絕技也有些確實是出於天賦，即使是他的子孫學射箭，都沒有一個能趕上他的。他言語遲鈍，平常很少說話，和別人在一起時總喜歡畫地為陣，比賽誰射箭射得準，輸了的罰酒。一直到死都是如此。他一生帶兵，每遇到缺水乏糧的時候，只要士兵還沒有全部喝上水，他就絕不喝水；只要士兵們還沒有全部吃到東西，他就絕不吃。他待人寬厚和氣不嚴苛，因此士卒都樂於為他效力。他射箭也有個習慣，每逢遇到敵人，非等到相距只有幾十步，能夠百發百中的時候他才射，一旦開弓，敵人肯定是應弦而倒。但也正因為這樣，他也好幾次被敵人所困，處境狼狽，射猛獸的時候有時也被猛獸所傷。

1 居頃之，石建❶卒，於是上召廣代建為郎中令❷。元朔六年，廣復為後將軍❸，從大將軍❹軍出定襄❺，擊匈奴。諸將多中首虜率❻，以功為侯❼者，而廣軍無功。後二歲❽，廣以郎中令將四千騎出右北平，博望侯❾張騫❿將萬騎與廣俱，異道⓫。行可⓬數百里，匈奴左賢王⓭將四萬騎圍廣。廣軍士皆恐，廣乃使其子敢⓮往馳之⓯。敢獨與數十騎馳，直貫胡騎⓰，出其左右⓱而還，告廣曰：「胡虜易與耳⓲。」軍士乃安。廣為圜陳外嚮⓳，胡急擊之，矢下如雨。漢兵死者過半，漢矢且盡。

廣乃令士持滿毋發[20]，而廣身自以大黃[21]射其裨將[22]，殺數人，胡虜益解[23]。會日暮，吏士皆無人色，而廣意氣自如[24]，益治軍[25]。軍中自是服其勇也[26]。明日，復力戰，而博望侯軍亦至，匈奴軍乃解去。漢軍罷[27]，弗能追。是時廣軍幾沒[28]，罷歸[29]。漢法，博望侯留遲後期[30]，當死[31]，贖為庶人。廣軍功自如[32]，無賞。

2 初，廣之從弟李蔡與廣俱事孝文帝。景帝時，蔡積功勞[33]至二千石[34]。孝武帝時[35]，至代相[36]。以元朔五年[37]為輕車將軍[38]，從大將軍擊右賢王，有功中率[39]，封為樂安侯[40]。元狩二年[41]中，代公孫弘為丞相[42]。蔡為人在下中[43]，名聲出廣下甚遠[44]，然廣不得爵邑[45]，官不過九卿[46]；而蔡為列侯[47]，位至三公[48]，諸廣之軍吏及士卒或取封侯[49]。廣嘗與望氣王朔[50]燕語[51]，曰：「自漢擊匈奴而廣未嘗不在其中，而諸部校尉[52]以下，才能不及中人，然以擊胡軍功取侯者數十人，而廣不為後人[53]，然無尺寸之功以得封邑者，何也？豈吾相不當侯邪[54]？且固命也[55]？」朔曰：「將軍自念[56]，豈嘗有所恨乎[57]？」廣曰：「吾嘗為隴西守，羌[58]嘗反，吾誘而降，降者八百餘人，吾詐而同日殺之。至今大恨獨此耳。」朔曰：「禍莫大於殺已降[59]，此乃將軍所以不得侯者也[60]。」

3 後二歲[61]，大將軍、驃騎將軍大出，擊匈奴[62]。廣數自請行，天子以為老，弗許；良久乃許之，以為前將軍。是歲，元狩四年也[63]。

4 廣既從大將軍青擊匈奴，既出塞，青捕虜知單于所居，乃自以精兵走之[64]，而令廣并於右將軍軍[65]，出東道[66]。東道少回遠[67]，而大軍行水草少，其勢不屯行[68]。廣自請曰：「臣部為前將軍，今大將軍乃徙令臣出東道；且臣結髮[69]而與匈奴戰，今乃一得當單于[70]，臣願居前，先死單于[71]。」大將軍青亦陰受上誡[72]，以為李廣老，數奇[73]，毋令當單于，恐不得所欲[74]。而是時公孫敖[75]新失侯[76]，為中將軍從大將軍[77]，大將軍亦欲使敖與俱當單于，故徙前將軍廣[78]。廣時知之，固自辭[79]於大將軍。大將軍不聽，令長史[80]封書與廣之莫府[81]，曰：「急詣部，如書[82]。」廣不謝[83]大將軍而起行，意甚慍怒而就部[84]，引兵與右將軍食其合軍出東道。軍亡導[85]，或失道[86]，後大將軍[87]。大將軍與單于接戰，單于遁走[88]，弗能得而還。南絕幕[89]，遇前將軍、右將軍。廣已見大將軍，還入軍[90]。大將軍使長史持糒醪遺廣[91]，因問廣、食其失道狀，青欲上書報天子軍曲折[92]。廣未對[93]，大將軍使長史急責廣之幕府對簿[94]。廣曰：「諸校尉無罪[95]，乃我自失道，吾今自上簿[96]。」

5 至莫府[97]，廣謂其麾下[98]曰：「廣結髮與匈奴大小七十餘戰，今幸從[99]大將軍出接單于兵，而大將軍又徙廣部行回遠[100]，而又迷失道[101]，豈非天哉[102]！且廣年六十餘矣，終不能復對刀筆之吏[103]。」遂引刀自剄[104]。廣軍士大夫一軍皆哭，百姓聞之，知與不知，無老壯皆為垂涕[105]。而右將軍獨下吏，當死，贖為庶人[106]。

【章　旨】以上為第三段，寫李廣晚年以郎中令率軍伐匈奴，勞而無功，與最後隨衛青伐匈奴，被傾軋、逼迫至死的悲慘結局。

【注　釋】❶石建　萬石君石奮之子，以「孝謹」著稱，實際上是近於佞幸。事跡見〈萬石張叔列傳〉。石建自武帝建元二年（西元前一三九年）為郎中令，任職十五年而卒。❷召廣代建為郎中令　事在武帝元朔六年（西元前一二三年）。郎中令，當時的「九卿」之一，統領皇帝侍從及守衛宮門，實際是宮廷事務之總管。❸後將軍　《漢書・百官公卿表》：「前、後、左、右將軍皆周末官，秦因之。位上卿，金印紫綬，漢不常置。皆掌兵及四夷。」❹從大將軍　跟隨大將軍衛青。大將軍，《續漢書・百官志》：「將軍不常置，掌征伐背叛。比公者四，第一，大將軍；次，驃騎將軍；次，車騎將軍；次，衛將軍。」按：武帝時的「大將軍」地位崇高，雖名義上位在丞相之下，其權寵實在丞相之上。且與皇帝親近，常在宮廷與皇帝決定大計，時稱「內朝」。這裡的「大將軍」指衛青，武帝時期的名將，皇后衛子夫之弟。事跡詳見〈衛將軍驃騎列傳〉。❺定襄　漢郡名，郡治成樂（今內蒙和林格爾西北）。❻中首虜率　符合按斬敵首級與俘獲敵兵而加官進爵的標準。中，符合。率，標準；規定。❼以功為侯　因伐匈奴之軍功而被封為侯。❽後二歲　武帝元狩二年（西元前一二一年）。❾博望侯　張騫，封地博望縣。縣治在今河南南陽東北。❿張騫　武帝時的大探險家，曾經出使西域，以功封博望侯。事跡見〈大宛列傳〉。⓫異道　各走各的路。即分兩路出征匈奴。⓬可　大約。⓭左賢王　匈奴單于下面的兩個最高官長之一，與「右賢王」分部駐紮，共同襄助單于處理國事。左賢王居匈奴之東部，右賢王居匈奴之西部。⓮其子敢　李廣的第三子李敢。事跡見後文。⓯往馳之　前往衝擊敵陣。馳，飛馬攻擊。⓰直貫胡騎　從敵兵前沿攻入，直穿到敵軍背後。貫，直穿。⓱出其左右　又從左到右，從右到左地衝殺、穿行了一遍。吳見思曰：「四千騎，四萬騎，一以當十，危矣；此獨以『數十騎』，極寫李敢。」⓲胡虜易與耳　易與，容易對付。按：此處寫李敢的少年勇猛，亦在於襯托李廣。⓳圜陣外嚮　因李廣軍處十倍於己的敵人包圍中，須四面應敵，故列為圓陣，矛頭一齊向外。〈匈奴列傳〉有所謂「士皆持滿，傅矢外鄉」，與此意同。「傅矢」即張弓搭箭。傅，搭上。⑳持滿毋發　拉滿弓向敵，而不把箭射出去。㉑大黃　《集解》引韋昭曰：「角弩色黃而體大也。」即一種黃色的可以連發的大弓。㉒裨將　副將；偏將。㉓益解　漸漸散去。王先謙曰：「凡言『益』者，皆以漸加之詞。《漢書．蘇武傳》『武益愈』，言武漸愈也；〈景十三王傳〉『益不愛望卿』，言漸不愛望卿也。」按：王叔岷以為「益解」應解釋為「漸懈」，可供參考。㉔意氣自如　意態和平時一樣。言其從容自然。㉕益治軍　更加精神十足地整頓自己的隊伍。治軍，師古曰：「巡部曲，整行陣也。」㉖軍中自是服其勇也　郭嵩燾曰：「廣與匈奴大小七十餘戰，史公不一敘，獨上文敘其以百騎支匈奴數千，此以四千騎當匈奴四萬，寫得分外奇險。妙在一以不戰全軍，一以急戰拒敵，兩事各極其勝。」㉗罷　通「疲」。疲憊。㉘幾沒　幾乎全軍覆沒。㉙罷歸　撤回。姚苧田曰：「此段廣之勇烈及其所遇之艱危，皆大略與其孫陵相似，皆以別將失道，獨與虜遇；皆以少敵眾，而廣之終得拔身還漢者，卒以救軍之來也。史公寫此極詳，蓋亦有所感云。」㉚留遲後期　因行動緩慢而遲到。㉛當死　被判死刑。㉜軍功自如　軍功和敗罪相當、相抵銷。㉝積功勞　按：此即俗謂「沒有功勞也有苦勞」者也，即憑著年資而得升遷。㉞至二千石　即指其為代相。當時的諸侯國相秩二千石。㉟孝武帝時　梁玉繩曰：「當作『今天子時』。」㊱代相　代王之相。代，漢代的諸侯國名，都城為晉陽（今山西太原西南）。李蔡為代相時的代王先後為文帝之子劉參的兒子劉登，與劉登之子剛王劉義。㊲元朔五年　西元前一二四年。㊳輕車將軍　雜號將軍之一，較前所說的左、右、前、後四將軍位次略低。㊴中率　即前文所說的中首虜率。㊵樂安侯　封地樂安縣。縣治在今山東博興東北。據〈建元以來侯者年表〉，李蔡封樂安侯在元朔五年四月。㊶元狩二年　西元前一二一年。㊷代公孫弘為丞相　公孫弘自元朔五年為丞相，居位三年；李蔡自元狩二年為丞相，至元狩五年（西元前一一八年）因罪自殺。公孫弘，姓公孫，名弘。漢代以儒術獲登丞相的第一個，與董仲舒共同助成了漢武帝的罷黜百家，獨尊儒術，實際他們所行的乃是一種用儒術外衣包裹著的酷吏政治。公孫弘是司馬遷最反感的人物之一，事跡詳見〈平津侯主父列傳〉。㊸下中　下等裡的中等。蓋將人分為九等以排列之也。㊹出廣下甚遠　意即比李廣差得很遠。吳見思曰：「插入李蔡，正與不侯相形，回合成妙，故不勝慨嘆。」㊺不得爵邑　意即未得裂土封侯。爵，勳級，如「王」、「侯」、「君」等是也。邑，封地。漢時之封「王」者，封地略當一郡；封「侯」者，略當一縣。㊻九卿　秦漢官制，皇帝以下最高的叫「三公」，其次是「九卿」。漢九卿指：太常、光祿勳（也稱郎中令）、衛尉、太僕、廷尉、鴻臚、宗正、大司農、少府。㊼列侯　亦稱「徹侯」、「通侯」，封有一定領地，較無領地的「關內侯」地位高。劉邦曾規定過：「非劉氏者不得王，非有功者不得侯。」因此在漢代對一般官員而言，封列侯是最高的榮譽。㊽三公　指丞相、太尉、御史大夫。㊾或取封侯　有的人被封為侯。或，有的。㊿望氣王朔　望氣者姓王名朔。望氣，古代的一種迷信行為。

據說覘望一個地方的雲氣，可以判斷有關人事的吉凶禍福。王朔，當時著名的望氣者，〈天官書〉有所謂「夫自漢之為天數者，星則唐都，氣則王朔」。

(51)燕語　閒談。燕，安閒；從容。

(52)諸部校尉　李廣以稱自己的下屬。古時一個將軍統領若干「部」，各「部」的軍官即稱「校尉」，略當於現在的「師長」。

(53)不為後人　不在人後；不比人差。

(54)豈吾相不當侯邪　莫非是我的面相不好，不能封侯嗎。相，面相。古時的相術如說某人當大富大貴，便有「天庭飽滿，地閣方圓」云云；如果說某人活該倒楣，則便有貶抑的話語，如〈范雎蔡澤列傳〉之相者戲弄蔡澤，〈絳侯周勃世家〉相者之說周亞夫「有從理入口」是也。既迷信，又宿命。然漢代頗時興這一套，王充《論衡》中有〈骨相篇〉以斥其事。

(55)且固命也　還是我命中注定的呢。也，表示反問。按：司馬遷不相信天道鬼神，但相信「命定」，其中有說不盡的痛苦、悲憤。

(56)自念　自己回想。

(57)豈嘗有所恨乎　可有後悔、遺憾的事嗎。恨，遺憾；後悔。

(58)羌　當時活動在今甘肅、青海以及四川北部一帶的少數民族名，種類繁多。此處應指隴西郡以西（約當今之青海東部）的羌族人。

(59)禍莫大於殺已降　按：〈白起王翦列傳〉白起臨死前有所謂「我固當死。長平之戰，趙卒降者數十萬人，我詐而盡阬之，是足以死」，後出之書《吳越春秋》有所謂「誅降殺服，禍及三世」，皆此意也。

(60)此乃將軍所以不得侯者也　錢鍾書曰：「馬遷持『陰德陰禍』之說，如〈韓世家〉：『太史公曰：韓厥之感晉景公，紹趙孤之子武，以成程嬰、公孫杵臼之義，此天下之陰德也。韓氏之功，於晉未覩其大者也。然與趙、魏終為諸侯十餘世，宜乎哉！』〈白起王翦列傳〉：『客曰：夫為將三世者必敗。必敗者何也，必其所殺伐多矣，其後受其不祥。』此不及身之後報，所謂『果報』也。〈李將軍列傳〉：『王朔曰：禍莫大於殺已降，此乃將軍所以不得為侯者也。』又及身之報，所謂『花報』者也。雖或記陳平自言（見〈陳丞相世家〉），或述望氣者語，然乃馬遷自抒胸臆，指歸正爾一揆。勿信『天道』，卻又主張『陰德』，說理固自難圓；而觸事感懷，乍彼乍此，亦彼亦此，渾置矛盾於不顧，又人之常情恆態耳。」按：王朔一段，乃史公游離點綴之詞，李廣及其整個家族悲劇命運的製造者，乃漢代皇帝與其寵幸，文中指示甚明，而所以仍著此詞，一為批評李廣之殺降，一乃為其終身坎壈興歎。

(61)後二歲　元狩四年（西元前一一九年）。

(62)大將軍驃騎將軍大出二句　驃騎將軍，指霍去病，衛青的外甥，武帝皇后衛子夫之姐衛少兒的兒子。驃騎將軍，位次僅低於大將軍。大出，大規模出兵。〈衛將軍驃騎列傳〉稱此役曰：「元狩四年春，上令大將軍青、驃騎將軍去病將各五萬騎，步兵轉者踵軍數十萬。」霍去病由代郡北出，衛青則自定襄北出。

(63)是歲二句　特別提點以突出下面所敘事件的重要，以及作者對此事件的深沉感慨。《三國志・魏志・武帝紀》於董卓專權，殺少帝；曹操散家財，起義兵下，著之曰「是歲中平六年也」，即此寫法。

(64)自以精兵走之　自己帶領精兵奔向匈奴單于之所在。

(65)并於右將軍軍　使之率部與右將軍之軍合併。右將軍，指趙食其，原在朝任主爵都尉。事跡參見

〈衛將軍驃騎列傳〉。按：漢代名「食其」者有數人，如劉邦時有酈食其、審食其等是也。66出東道　作為衛青大軍的右翼，在東側北進。67東道少回遠　意即東道較中路繞遠。少，稍；略。68大軍行水草少二句　中軍大軍所走的路上由於水草少，勢必加快行軍速度，不可能中途停留。這樣兩相衡量，就可以立刻估計到東側的部隊肯定要遲到，因此，急於求戰的李廣不願走東路。69結髮　猶言剛成人。古代男子二十歲束髮戴冠，從此算作成人。70今乃一得當單于　今天好不容易才有機會能與單于面對面。當，對。71先死單于　謙詞，意即願為先鋒，願為捕捉單于而戰死。72陰受上誡　暗中受皇帝囑咐。73數奇　運氣不好。數，命運。奇，不偶；不逢時。74恐不得所欲　擔心由於倒楣的李廣，而影響了捕捉單于的計畫。75公孫敖　衛青窮困時的朋友。陳皇后因忌恨衛子夫而逮捕衛青欲殺之，當時公孫敖為騎郎，他與壯士拚死將衛青劫出，衛青始得不死。後公孫敖因軍功被封為合騎侯。事見〈衛將軍驃騎列傳〉。76新失侯　武帝元狩二年，公孫敖率兵伐匈奴，因遲到未與霍去病按時會師，當斬，贖為庶人。77為中將軍從大將軍　據〈衛將軍驃騎列傳〉，公孫敖此行乃以「校尉」從大將軍，此處作「中將軍」，殆誤。78大將軍亦欲使敖與俱當單于　按：此見衛青之偏心。王鳴盛曰：「是役李廣本以『前將軍』從，宜在前當單于。青乃徙之出東道，使其回遠失道者，非但以其數奇恐無功，實以公孫敖新失侯，欲令俱當單于有功得侯，以報其德，故徙廣乃私也。」79自辭　自己陳述。80長史　丞相、大將軍手下的近身屬官，如同今之「祕書長」。以其為諸史之長，故稱「長史」。81封書與廣之莫府　意即將命令封好派人送往李廣的軍部。莫府，同「幕府」。將軍的營帳，這裡即指軍部。衛青命令李廣去東道，李廣不從，故衛青派其長史直接送命令與李廣的部下，將李廣晾在一邊。82急詣部二句　請按照命令，趕緊到右將軍的軍部去。詣，去。如，按照。83不謝　不告辭。84就部　回到了自己的軍部。85軍亡導　軍中沒有嚮導。亡，無；沒有。86或失道　迷惑而走錯了路。或，同「惑」。87後大將軍　沒能按衛青規定的時間到達。後，落後；遲到。88大將軍與單于接戰二句　按：衛青此戰極其精彩，〈衛將軍驃騎列傳〉云：「大將軍令武剛車自環為營，而縱五千騎往當匈奴。匈奴亦縱可萬騎。會日且入，大風起，沙礫擊面，兩軍不相見。漢益縱左右翼繞單于。單于視漢兵多，而士馬尚彊，戰而匈奴不利，薄莫，單于遂乘六贏，壯騎可數百，直冒漢圍西北馳去。時已昏，漢匈奴相紛挐，殺傷大當。漢軍左校捕虜言單于未昏而去，漢軍因發輕騎夜追之，大將軍軍因隨其後。遂至寘顏山趙信城，得匈奴積粟食軍。軍留一日而還，悉燒其城餘粟以歸。」唐人詩所謂「月黑雁飛高，單于夜遁逃。欲將輕騎逐，大雪滿弓刀」云云，皆取材於此。89南絕幕　向南回軍，橫渡過大沙漠之後。絕，橫穿；橫渡。幕，同「漠」。90還入軍　回到自己軍中去了，蓋因氣憤難平。91持糒醪遺廣　給李廣等送來一些吃的喝的。糒，乾飯。醪，濃酒。92報天子軍曲折　向天子報告這次出兵作戰的具體情況。王念孫曰：「『軍』上當有『失』

字。廣、食其與大將軍軍相失，故曰『失軍』。報『失軍曲折』者，報失軍之委曲情狀也。」按：二義皆可。然《漢書》作「失軍曲折」，正與王氏說同。(93)廣未對　李廣沒有回答長史的問話。(94)大將軍使長史句　北京大學《兩漢文學史參考資料》：「本句『使』字疑是衍文，《漢書》此句即無『使』字。」對簿，回答質問。簿，指文狀。大將軍長史問李廣，廣未對，於是長史即命令李廣的部下人員回答問題。蓋效衛青前曾所用之手段。姚苧田曰：「衛青不必有害廣之意，而史公寫得隱隱約約，使人不能釋然，要是惡青之深耳。」(95)諸校尉無罪　猶言「此事與他們無關」。蓋李廣自己攬起責任。(96)吾今自上簿　我將自己向上級報告。今，將。(97)至莫府　李廣回到自己的軍部。(98)麾下　部下。即諸校尉等。(99)幸從　有幸跟上。語含怨意，亦似自嘲。(100)又徙廣部行回遠　又改派李廣的部隊到了一條繞遠的路上。(101)而又迷失道　偏偏又迷失了路途。(102)豈非天哉　姚苧田曰：「廣一生蹭蹬，至白首之年自請出塞，其意實以衛青福將，欲藉以成大功，不意反為所賣。觀其『幸從大將軍』、『又徙廣部』等語，飲恨無窮，真乃一字一涕。」(103)終不能復對刀筆之吏　無論如何總不能再去向那些刀筆吏們陳述什麼。刀筆之吏，指掌管文書、案牘的人員。刀筆是古代的書寫工具，因為這些人職管書寫，故以「刀筆」稱之。但通常多以「刀筆吏」稱司法部門的文職人員，因這些人舞文弄墨，足以顛倒黑白，為非作歹。(104)遂引刀自剄　洪邁《容齋隨筆》九曰：「漢文帝見李廣曰：『惜廣不遇時，令當高皇帝世，萬戶侯豈足道哉！』吳、楚反時，李廣以都尉戰昌邑下顯名，以梁王授廣將軍印，故賞不行。武帝時，五為將軍擊匈奴，無尺寸功，至不得其死。三朝不遇，命也夫！」朱翌《猗覺寮雜記》曰：「始廣欲居前，青既不聽；以東道回遠固辭，則又固遣之；既受上指毋令廣當單于，乃又責其失道使自殺，青真人奴也哉！」凌稚隆引尤侗曰：「以廣之勇，結髮與匈奴七十餘戰，使居前一當單于，其功可勝道哉？乃徙廣部行回遠，而軍亡導，或失道，即失道，不至死，廣老將，獨不能少假之耶？又使長史責之急，是廣之死，青殺之也。」(105)廣軍士大夫一軍皆哭四句　凌稚隆引凌約言曰：「『士大夫一軍皆哭，百姓皆垂涕』，廣之結人心於此可見。非子長筆力，安能於勝敗之外，乃出古今名將之上如是哉？」(106)而右將軍獨下吏三句　當死，判處死罪。當，判處。吳見思曰：「足見廣不必死，青殺之也。」

【語　譯】又過了一些時候，郎中令石建死了，於是武帝把李廣召回接替石建做了郎中令。元朔六年，李廣又以後將軍的身分，跟隨大將軍衛青出定襄討伐匈奴。在這次出征中許多將領都因為殺敵俘擄夠數而被封了侯，唯獨李廣卻落了個勞而無功。又過了兩年，李廣又以郎中令的身分率領四千騎兵從右北平出發討伐匈奴，博望侯張騫也率領著一萬多人同時出征，各人自走一條路。李廣的部隊約前進了幾百里後，突然被匈奴左賢王率領的四萬騎兵包圍了。這時，李廣的部下都十分恐慌，李廣於是派他的兒子李敢先去衝擊一下敵人。李敢帶領著幾十名騎兵躍馬揚鞭，衝入了敵陣，從腹到背，從左到右，由右到左衝殺一遍而後回來。他們向李廣報告說：「這些匈奴人容易對付！」軍心於是穩定下來。李廣把自己的四千人排成一個圓陣，矛頭對外以對付四面圍上來的敵人。匈奴人對李廣的軍隊發起猛攻，一時間箭如雨下，四千人被射死超過一半，而李廣方面的箭也快要射光了。於是李廣命令士兵們搭上箭，拉開弓，但不要射出，他自己則用一種「大黃」弩，一連射死了匈奴的幾個偏將，其餘的人嚇得漸漸散去。這時天已經黑了下來，李廣的部下個個面無人色，唯獨李廣仍是那麼意氣風發，鎮定自如，他把隊伍又整頓了一下，準備繼續戰鬥。從此以後軍中官兵對於李廣的勇敢膽略，可真算是服了。第二天，他們依然頑強地作戰，剛好這時博望侯張騫的軍隊到了。匈奴人立即向北撤去，而漢軍則因為疲憊已極，已經無力追擊了。這一次李廣的部隊幾乎全軍覆沒。回來之後，依照朝廷的法律，博望侯張騫由於行動緩慢未能按時到達，判處死刑，張騫出錢贖罪，被革職為民。李廣的軍功和失敗的罪責相等，因此也沒有受到任何賞賜。

2 早在孝文帝做皇帝的時候，李廣就和他的堂弟李蔡一同在文帝駕前服務。到景帝在位時，李蔡已經慢慢升遷到了二千石。到武帝即位後，李蔡先是做了代國的丞相。元朔五年又以輕車將軍的身分跟隨大將軍衛青出擊匈奴右賢王，由於功勞符合標準，被封為樂安侯。到元狩二年，還接替公孫弘做了丞相。李蔡的人品，只能算是下中，名聲比李廣差遠了。然而李廣一輩子也沒有得到封爵領地，官位最高沒有超過九卿，而李蔡卻被封了侯，官階也到了三公。李廣部下不少軍官甚至士兵後來也封了侯。有一次，李廣和一個望氣的術士王朔閒談，他對王朔說：「自從漢朝討伐匈奴開始，我幾乎沒有一次戰鬥沒有參加。我手下的一些人有的才能還不及中等，然而因為與匈奴作戰建立軍功而封侯的，已經有幾十個人了。而我的才能不比人差，可是竟沒有得到尺寸之地的封賞，這是什麼原因呢？是我的面相不該封侯呢？還是命裡注定的呢？」王朔說：「您好好回想一下，您曾經做過什麼讓自己後悔的事嗎？」李廣說：「我在做隴西太守的時候，曾遇上羌人謀反。我引誘他們投降，有八百多人已經投降了，但最後我欺騙了他們，在當天就把他們都殺了。我至今最後悔的只有這件事。」王朔說：「殺害已經投降的人，是一種最大的陰禍，這就是您不得封侯的原因。」

3 又過了兩年，大將軍衛青、驃騎將軍霍去病大規模出擊匈奴，李廣幾次請求參戰，武帝認為他老了，一直不答應。後來過了好久武帝才答應了，派他做了前將軍。這一年，是漢武帝元狩四年。

4 李廣跟著衛青出擊匈奴到達塞北後，他們從捕獲的俘虜口中得知了匈奴單于的所在。於是衛青就想自己率著精銳部隊，直撲匈奴單于，便命令李廣帶著他的部下合併到右將軍趙食其的部隊，從東路北進。東路本來就有些繞遠，而衛青的主力部隊所走的中路水草少，路上勢必晝夜兼程，不能停留。於是李廣請求說：「我是前將軍，您現在卻讓我改走東路。我從二十來歲起就和匈奴打仗，今天好不容易才能碰上匈奴單于，我願意打頭陣，即使戰死我也心甘情願。」可是大將軍衛青早就暗中受漢武帝的囑咐，認為李廣年歲大，運氣又不好，不能讓他和單于對陣，否則恐怕捉不到單于。正好這時衛青的好友公孫敖剛剛丟掉了侯爵，以中將軍的身分跟著衛青出征，衛青也正想讓公孫敖和他一道直撲單于，所以他調走李廣。這一切，李廣心裡都清楚，但他還是一再向衛青請求。衛青不聽，後來他乾脆派他的長史直接把命令送到了李廣的軍部，並催促李廣說：「請你馬上按照命令到右將軍軍部報到！」李廣非常氣憤，他也沒向衛青告辭，就滿腔怒氣地回到了自己的軍部，率領部隊合併到趙食其的東路軍上去了。結果東路軍沒有嚮導，半道上迷了路，沒能按時到達前線。以至於衛青的中路軍與單于開戰後，被單于逃跑了，衛青此行遂無功而回。當衛青率領大軍回師向南越過沙漠之後，才遇到了李廣和趙食其。李廣參見了衛青後，什麼話也沒說就回到了自己的軍部。衛青派他的長史把乾飯和濃酒送給李廣，並向李廣和趙食其詢問軍隊迷路的情況，說是自己要向皇帝上報這次出兵的過程。李廣置之不理。於是衛青就讓他的長史急切地責問李廣的部下，逼著他們交代事實。李廣說：「我的部下們都沒有過錯，軍隊迷路是我的責任，我自己給上頭寫報告。」

5 李廣回到自己的軍部，對部下說：「我從年輕時到現在與匈奴打了大小七十餘仗，這次好不容易跟著大將軍出來碰上匈奴單于，誰想到大將軍又偏偏把我調到了一條繞遠的路上，而我們自己又偏偏迷了路，這不是天意嗎！我已經是六十多歲的人了，終究無法再去與那些刀筆吏們對質爭辯。」於是他拔刀自刎而死。李廣部下的官兵們全都放聲痛哭，百姓們聽到這個消息後，不論認識的還是不認識的，不論男女不論老幼，也都為這位名將落了淚。右將軍趙食其接受了審判，被定為死刑，自己花錢贖做了百姓。

廣子三人，曰當戶、椒、敢，為郎❶。天子與韓嫣❷戲，嫣少不遜❸，當戶擊嫣，嫣走。於是天子以為勇❹。當戶早死，拜椒為代郡太守❺，皆先廣死。當戶有遺腹子❻名陵。廣死軍時，敢從驃騎將軍❼。廣死明年❽，李蔡以丞相坐侵孝景園壖地❾，當下吏治❿，蔡亦自殺⓫，不對獄⓬，國除⓭。李敢以校尉從驃騎將軍擊胡左賢王⓮，力戰，奪左賢王鼓旗，斬首多，賜爵關內侯⓯，食邑二百戶⓰，代廣為郎中令⓱。頃之，怨大將軍青之恨其父⓲，乃擊傷大將軍，大將軍匿諱之⓳。居無何，敢從上雍，至甘泉宮獵⓴。驃騎將軍去病與青有親㉑，射殺敢㉒。去病時方貴幸，上諱云鹿觸殺之㉓。居歲餘，去病死㉔。而敢有女為太子中人㉕，愛幸㉖；敢男禹㉗有寵於太子，然好利，李氏陵遲衰微㉘矣。

【章　旨】以上為第四段，寫李廣整個家族衰微的命運。

【注　釋】❶為郎　言兄弟三人皆為郎。漢代有以父兄之任，使其子弟為郎的制度。《漢書》作「當戶、椒、敢，皆為郎」。❷韓嫣　武帝的男寵，劉邦功臣韓王信之重孫，弓高侯韓穨當之孫也。事跡見〈韓信盧綰列傳〉、〈佞幸列傳〉。❸不遜　不客氣；不禮貌。❹天子以為勇　徐孚遠曰：「韓嫣於上有寵，當戶擊之，故天子稱其勇也。」❺椒為代郡太守　代郡，漢郡名，與前文所說之代國有時疆域相同，有時不同。代郡的首府為代縣（今河北蔚縣東北），轄地為今河北省西北部與山西省東北部。這一帶有時設為代國，而各時期的代王疆域也不同，有時只管代郡一個郡，都城在代縣；有時轄代郡與太原兩個郡，都城在晉陽。李椒之為代郡太守似當為代王劉義的屬下。❻遺腹子　妻子於丈夫生前懷孕，丈夫死後所生的孩子。❼從驃騎將軍　在驃騎將軍霍去病的部下。❽廣死明年　元狩五年（西元前一一八年）。❾坐侵孝景園壖地　因為侵占了孝景皇帝陵園範圍內的土地。孝景園，漢景帝的陵墓。壖地，皇帝陵墓或廟宇之大牆以外也屬於陵廟區域的閒散地；其外尚有小牆，稱為「壖垣」。據《漢書・李廣傳》：「李蔡以丞相坐詔賜冢地陽陵，當得二十畝，蔡盜取三頃，頗賣得四十餘萬；又盜取神道外壖地一畝，葬其中。」按：漢景帝的陵墓稱為「陽陵」，在今陝西咸陽渭河以北的五陵原上，陵墓坐西朝東。其神道北側今已發現群臣的陪葬墓，李蔡時為丞相，蓋亦蒙賜地，得預為自己營葬也。至於《漢書》所謂「盜取三頃」，又「盜取神道外壖地一畝」云云，李蔡姑妄聽之可也。時武帝為打擊宗室、列侯，常借「酎金」和「侵壖」兩件事處宗室、功臣以嚴刑，從而使其身滅國除，李蔡蓋亦其一。❿當下吏治　應該交由司法部門審判。⓫蔡亦自殺　當時朝廷大臣犯有某罪應該受到懲治時，皇帝往往示意令其自殺。有人見示意而不自殺，也要逼其自殺，如〈酷吏列傳〉所寫之張湯是也。這就是所謂「刑不上大夫」。按：李蔡之被逼自殺，在其兄李廣自殺之第二年。袁黃曰：「蔡『自殺』上加一『亦』字，顧盼前『廣引刀自剄』。」⓬不對獄　此亦如其兄李廣之「不對簿」也，估計此中冤情不小，故憤憤然。徐朔方曰：「對李廣從弟李蔡的盜竊行為只輕描淡寫，一筆帶過，而在『不對獄』前後文的字裡行間還隱約地表揚他的骨氣，這是《史記》偏袒李家的一個旁證。」⓭國除　即撤銷封號，收回封地。按：當時的諸侯王與各列侯的封地都稱作「國」。⓮從驃騎將軍擊胡左賢王　亦元狩四年（西元前一一九年）事也。時衛青攻擊匈奴之西路，霍去病攻擊匈奴之東路，霍去病之戰功比衛青大。曾俘獲七萬多人，「封狼居胥山，禪於姑衍，登臨翰海」而還。詳見〈衛將軍驃騎列傳〉。⓯關內侯　師古曰：「言有侯號而居京畿，無國邑。」按：位次比列侯低，列侯有封地，爵二十級；關內侯無封地，爵十九級。⓰食邑二百戶　享有二百戶人家的賦稅。⓱代廣為郎中令　據《漢書・百官公卿年表》，事在元狩五年。⓲怨大將軍青之恨其父　王念孫曰：「『恨』讀為『很』。〈吳語〉：『今王將很天而伐齊。』韋注曰：『很，違也。』《說文》：『很，不聽從也。』〈李廣傳〉：『怨大將軍青之恨其父。』『恨』亦讀『很』。很，違也。謂廣欲居前部以當單于，而青不聽也。又〈外戚傳〉：『何為恨上如此！』『恨』亦讀『很』，謂不從上意也。」按：王說是。⓳匿諱之　隱而不說。按：以其內心有愧，倘宣露之，引起士論譁然，亦非自己之美事。⓴從上雍二句　謂先從武帝至雍，後又東北折至甘泉宮也。《漢書》作「從上幸雍」。雍，漢縣名，在今陝西鳳翔南，其地有祭天之臺，又有離宮，是秦漢時期歷代帝王常去的地方。胡三省曰：「『雍』蓋衍字。」按：照胡氏說，此句應連下文作「從上至甘泉宮獵」，語明義順，疑近是。甘泉宮，漢離宮名，在今陝西淳化之甘泉山上，其地有離宮、獵場、祭壇等，故武帝常去其地。㉑驃騎將軍去病與青有親　按：衛青是漢武帝寵妃衛子夫的同母異父弟，霍去病是衛子夫的胞姐衛少兒之子，稱衛青為舅。㉒射殺敢　按：李敢時為郎中令，亦皇帝之近臣也，位在「九卿」，而霍去病竟敢將其射死，可見衛青、霍去病此時權勢之大，史公之同情李廣，蔑視衛、霍，非無因也。李敢被射死在其父自殺的第二年，與其叔李蔡之被逼自殺在同一年。㉓上諱云鹿觸殺之　諱，此處意即「掩蓋」。朱翌曰：「漢武殺文成，而曰『文成食馬肝死』；霍去病射殺敢，而武帝又為之諱曰『鹿觸死』。賞罰，國之綱紀，既已自欺，又為人欺，何也？」按：史公於此處深著自己對名將父子的同情，亦對衛、霍及其後臺深表憎惡。㉔居歲餘二句　按：霍去病死於元狩六年（西元前一一七年），此事與本傳無關，原可不寫，而史公連帶及之，蓋謂害人者亦不得長世，純係抒憤之筆。〈魏其武安侯列傳〉寫田蚡殺害竇嬰、灌夫後，接著寫道：「其春，武安侯病，專呼服謝罪。使巫視鬼者視之，見魏其、灌夫共守，欲殺之。竟死。」與此略同。姚苧田曰：「特綴此語，若敢為厲者。」又曰：「悉將廣子若孫官位事功，性情生平，纖悉零碎一一寫出，盡於二百餘字之中，又妙在人人負氣，往往屈厄，皆隱隱與李將軍吊動，此所謂神情見於筆墨之表者也。」㉕太子中人　皇太子的侍妾。太子，武帝的長子劉據，衛皇后所生，元狩元年（西元前一二二年）被立為太子。中人，猶言「宮人」。宮中姬妾之無位號者。㉖愛幸　意即受皇太子寵幸。㉗敢男禹　李禹，其人蓋亦勇士也。《漢書・李廣傳》稱其「亦有勇，嘗與侍中貴人飲，侵陵之，莫敢應。後訴之上，上召禹，使刺虎，懸下圈中。未至地，有詔引出之。禹從落中以劍斫絕纍，欲刺虎。上壯之，遂救止焉。」㉘陵遲衰微　猶言越來越不行，越來越衰落了。陵遲，猶言「陵夷」。言丘阜之日漸低平。按：李敢之女受太子之寵幸，李敢之子亦為太子所親近，若太子無恙，日後得立為帝，則李氏之後福亦指日可待。誰想二十六年後，太子劉據又被武帝所懷疑、所逼反，以至自殺，則李敢之子女亦必隨之覆亡也。此事不在《史記》的斷限之內，然為史公所親見，則此「陵遲衰微」四字的含意，讀者可以想像。

【語　譯】 李廣有三個兒子，名叫李當戶、李椒和李敢，都做過漢武帝的侍衛官。有一次，武帝與他的寵臣韓嫣嬉戲，韓嫣有些失禮的舉動，李當戶立即衝上去打韓嫣，把韓嫣打跑了。武帝很欣賞他的勇敢。李當戶死得早，李椒後來做過代郡的太守，這兩個兒子都死在李廣之前。李當戶有個遺腹子，名叫李陵。李廣在軍中自殺的時候，他的三兒子李敢當時正在驃騎將軍霍去病軍中。李廣死後第二年，正在做丞相的李蔡，被加了個「侵占」孝景皇帝陵園範圍內的土地的罪名，要交給法官懲處。李蔡不願到公堂上去對質，也自殺了，於是他樂安侯的領地和封號也被取消。李敢曾以校尉的身分跟著驃騎將軍霍去病出征匈奴左賢王，由於他作戰英勇，奪得了左賢王的戰旗戰鼓，斬獲的敵人多，因而被封為關內侯，賜與了食邑二百戶，並接替父親李廣當了郎中令。不久，由於李敢怨恨衛青不聽其父的請求，致使其父含恨而死，所以他把衛青打傷了。衛青因為心裡有鬼，所以也就沒有聲張。不久，李敢跟著漢武帝先是到雍縣，後來又到甘泉宮去射獵，這時衛青的外甥驃騎將軍霍去病就把李敢射死了。當時霍去病正受著漢武帝的寵幸，所以漢武帝就幫助他隱瞞事實，說李敢是被鹿頂死的。又過了一年多，霍去病也死了。李敢有個女兒是戾太子的侍妾，很受戾太子的愛幸。李敢的兒子李禹也很受戾太子的寵幸，但李禹是個好利的人。從此以後，李氏家族便越來越衰落了。

1 李陵既壯❶，選為建章監❷，監諸騎❸。善射，愛士卒。天子以為李氏世將，而使將八百騎。嘗深入匈奴二千餘里，過居延❹視地形，無所見虜而還。拜為騎都尉❺，將丹陽❻楚人五千人，教射酒泉、張掖❼以屯衛胡❽。

2 數歲，天漢二年❾，秋，貳師將軍❿李廣利將三萬騎擊匈奴右賢王於祁連天山⓫，而使陵將其射士步兵五千人出居延北可千餘里，欲以分匈奴兵⓬，毋令專走貳師⓭也。陵既至期還⓮，而單于以兵八萬圍擊陵軍。陵軍五千人，兵矢既盡，士死者過半，而所殺傷匈奴亦萬餘人，且引且戰⓯，連鬭八日，還未到居延百餘里⓰，匈奴遮狹絕道⓱。陵食乏而救兵不到，虜急擊招降陵。陵曰：「無面目報陛下。」遂降匈奴。其兵盡沒，餘亡散得歸漢者四百餘人⑱。

3 單于既得陵，素聞其家聲，及戰又壯，乃以其女妻陵而貴之。漢聞，族陵母妻子⑲。自是之後，李氏名敗，而隴西之士居門下者⑳皆用為恥㉑焉。

【章旨】以上為第五段，單寫李廣之孫李陵敗軍事，疑後人所補。

【注釋】❶壯　壯年。古人稱三十歲為壯年。❷建章監　建章宮衛尉的僚屬。建章宮是歷經多年建成的宮殿群，完成於武帝太初元年（西元前一〇四年），其長官稱「衛尉」，與未央宮、長樂宮的建制相同，僚屬則有「丞」有「監」。❸監諸騎　管理守衛建章宮的騎兵。❹居延　即居延海，在今內蒙額濟納旗東。❺騎都尉　原統領羽林騎兵，後為一般軍職名，秩比二千石。❻丹陽　漢郡名，郡治即今安徽宣城，其地古代屬楚。❼酒泉張掖　皆漢郡名，在今甘肅省境內。張掖郡的郡治在今張掖市西北，酒泉郡的郡治即今酒泉市。❽以屯衛胡　意即駐紮在酒泉、張掖，以防匈奴之入侵。茅坤曰：「南人之不習乎北，固也，而陵獨以丹陽五千人教射酒泉，後卒以橫挑強胡，何哉？」按：孫武為顯示其治軍才能，願教吳王宮女為戰陣；李陵明知南人善舟楫，北人善馳射，而偏取丹陽楚人五千而教之者，豈亦欲借此以逞其能歟？倘實若此，其治績亦殊可觀。❾天漢二年　西元前九九年。❿貳師將軍　李廣利的封號，因太初四年（西元前一〇一年）曾讓他伐大宛，到貳師城取汗血馬而得名。李廣利是漢武帝寵妃李夫人的哥哥。事跡詳見〈大宛列傳〉。⓫祁連天山　即今甘肅張掖西南之祁連山。中井積德曰：「胡人謂『天』曰『祁連』，故祁連山或稱天山。此文『祁連』與『天』重複，宜削其一。《漢書》單云『天山』，得之。」按：北京大學《兩漢文學史參考資料》云：「祁連山有南北之分，南祁連山在甘肅，即此處所說的『祁連天山』；北祁連山在新疆，即今通稱的『天山』。漢逐匈奴，僅至南祁連山。」⓬分匈奴兵　分散匈奴人的兵力。⓭毋令專走貳師　不要讓他們集中兵力專一地攻擊李廣利。⓮既至期還　到預定的期限已滿時而引兵撤回。⓯且引且戰　猶言「邊退邊打」。引，撤兵而退。按：據《漢書・李廣傳》，李陵此行「出居延，北行三十日，至浚稽山（今蒙古國之達蘭所達加德西北）止營」，遇匈奴單于。李陵與之大戰後，遂邊戰邊退。⓰還未到居延百餘里　待退至離居延還有一百多里的時候。未到，意即「距離」、「離著」。⓱遮狹絕道　在險狹之處截斷了退路。⓲餘亡散得歸漢者四百餘人　亡散，逃散。按：關於李陵此次遇敵苦戰的情景，詳見司馬遷的〈報任安書〉與《漢書・李廣傳》，疑其中多誇大之辭，似不足信者。《漢書評林》引秦觀曰：「霍去病所將，常選有大軍繼其後，是以深入而未嘗困絕；李陵提射卒五千，轉鬥單于於漠北，而無他將援之，宜其擒也。」凌稚隆曰：「李陵賁軍降虜，罪固莫逃矣，然帝亦不能無失焉：惡陵不鄉貳師軍，而僅與步兵五千人，一；疑陵悔不欲行，而反止迎軍，二；既知博德奸詐，坐令陵敗，而釋之不治，三；誤信公孫敖之言，而遂誅陵母弟妻子，四。然則陵之敗帝誤之也，陵之無還心帝絕之也，誰謂陵之獨負武帝哉！」臺灣三軍大學《中國歷代戰爭史》曰：「武帝遣李陵率步卒深入匈奴戎馬之地以步戰騎，實難辭其咎。」⑲漢聞二句　據《漢書・李廣傳》，陵被俘一年後，漢捕得匈奴人，稱李陵教單于為兵，武帝因誅陵母弟妻子。後漢使入匈奴，見到李陵，陵問漢使何以誅吾家，漢使言教單于為兵。李陵曰教單于為兵者乃李緒也，於是刺殺李緒。其後單于壯陵，始以其女妻之。與此所謂「漢聞單于以女妻李陵而族陵母妻子」者不同。《漢書》又謂：「陵在匈奴二十餘年，元平元年（西元前七四年）病死。」按：關於李陵的生平，除詳見於《漢書》之〈李廣傳〉外，還見於〈蘇建傳〉所附之蘇武傳中。⑳居門下者　指曾經出入於李氏之門的賓客。㉑皆用為恥　皆以曾出入其門為恥。用，因；以。梁玉繩曰：「『李陵既壯』以下）皆後人亡續也。無論天漢間事，《史》所不載，而史公因陵被禍，必不書之。其詳別見於〈報任安書〉，蓋有深意焉。觀贊中但言李廣，而無一言及陵可見，且所記與《漢》傳不合，如族陵家在陵降歲餘之後，匈奴妻陵又在族陵家之後。而此言單于得陵，即以女妻之；漢聞其妻單于女，族陵母妻子，並誤也。且漢之族陵家，因公孫敖誤以李緒教單于兵為李陵之故，不關妻單于女。又，杭太史云：『子長盛推李少卿，以為有國士風，雖敗不足誅；彼不死，欲得當以報，何云「李氏名敗，隴西之士為恥乎」？斷非子長筆。』」徐朔方曰：「《漢書・李陵傳》大約是《史記・李陵傳》短短三百字的八九倍，可以說完全是班固的創作。」

【語　譯】 李陵三十歲時，被選拔為建章宮監，監管駐紮在建章宮的騎兵。李陵擅長射箭，熱愛士兵。皇上因李陵的先輩世代為將，於是讓李陵率領八百騎兵。李陵曾深入匈奴地區兩千餘里，到居延海以北探測地形，沒有碰上敵人平安而回。李陵被任為騎都尉，領著丹陽籍的五千南方人在酒泉、張掖一帶練習射箭，駐守備胡。

2　過了幾年，天漢二年，秋天，貳師將軍李廣利率軍三萬人與匈奴右賢王會戰於祁連山，而讓李陵率領著他所教射的五千步兵由居延北出約千餘里，目的是想以此分散匈奴的兵力，不讓他們把所有軍隊都集中去對付李廣利。李陵到預定的期限已滿準備向南返回時，被匈奴單于的八萬大軍所包圍。李陵只有五千人，箭已經用完，士兵損失過半，殺死殺傷匈奴人大約過萬，李陵且戰且退，一連八天，在距離居延不到一百里的地方，被匈奴人截斷了退路。李陵軍既無糧食，又無救兵，匈奴則趁勢猛攻，逼著李陵投降。李陵說：「沒有面目再回去見陛下了。」於是遂投降了匈奴人。李陵的軍隊幾乎全軍覆沒，逃散回到漢朝的只有四百多人。

3 匈奴單于得到李陵後，由於一來早就知道李氏家族的名聲，二來也是喜歡李陵作戰的勇敢，於是便把自己的女兒許配給了李陵，對李陵很尊寵。漢朝聽說李陵投降匈奴，便把李陵的母親妻子全殺了。從此以後，李氏家族的聲名敗壞，甚至連曾經出入於李氏門下的隴西士人，都為和李氏有交往而感到羞恥。

太史公曰：傳❶曰：「其身正，不令而行；其身不正，雖令不從❷。」其李將軍之謂也❸？余睹李將軍悛悛❹如鄙人❺，口不能道辭。及死之日，天下知與不知，皆為盡哀。彼其忠實心誠信於士大夫也❻？諺曰：「桃李不言，下自成蹊❼。」此言雖小，可以諭大也。

【章　旨】以上為第六段，是作者的論贊，表現了作者對李廣的景仰與敬慕。

【注　釋】❶傳　漢代稱儒家的「六藝」為「經」，此外一切賢人著作皆謂之「傳」。❷其身正四句　見《論語・子路》。❸也　同「耶」。反問語氣。❹悛悛　謹厚的樣子。❺鄙人　鄉下人；草野之人。❻彼其忠實心誠信於士大夫也　信，取信；受到信任。士大夫，指其部下的將士。凌稚隆引陳仁子曰：「廣之數奇，而忠信見於身後，夫何憾者？」李景星曰：「傳一代奇人，而以『忠實』兩字為歸宿，手眼俱超，壓倒一切。」❼桃李不言二句　蹊，小路。師古曰：「言桃李以其華實之故，非有所召呼，而人爭歸趣，來往不絕，其下自然成蹊，以喻人懷誠信之心，故能潛有所感也。」凌稚隆引趙恆曰：「引傳及諺皆為李將軍『悛悛口不能道辭』而發，才略意氣，本傳已盡，獨舉其所見『訥口少言』為贊，見『才氣天下無雙』，固不在喋喋利口。『余睹』二字不輕下。」

【語　譯】太史公說：《論語》上曾說：「自己的行為端正，即使不下命令，別人也會跟著執行；自己的行為不端正，即使下命令別人也不聽。」這話說的不正是李將軍嗎？我看李將軍的模樣，謙恭誠實得像鄉下人，簡直就是不會說話。可是到他死的時候，普天下不論認識他還是不認識他的人，都為他哀悼。這難道不是他那一顆忠誠的心感動了大家嗎？俗話說：「桃樹李樹雖然不會說話，但它們的本質吸引人，樹下都讓人踩出了一條路。」這話雖然講的是一件小事，但卻可以說明一個大道理。

【研　析】作品寫了李廣及其整個家族的悲劇命運，是涉及漢景帝時的國內矛盾、漢武帝時的對外戰爭，以及漢王朝的用人路線等一系列問題的一篇文章。李廣是司馬遷所偏愛的一個歷史人物，文章的抒情性也很強，大致可以概括為以下幾點：

一、作品滿腔熱情、滿懷敬意地讚揚了李廣的優秀人品，和他作為一代名將的卓越才幹，這是一個具有司馬遷理想色彩的人物形象。司馬遷欣賞李廣的第一點是武藝高強，作戰勇敢。作品通過李廣的射闊狹、射獵雕者、射白馬將，尤其是通過他的醉後射「虎」，突出地表現了這位名將的英武風姿；更通過他追射獵雕者遇匈奴大隊時的沉著應付，和在匈奴境內以四千對四萬的浴血大戰，表現了李廣有謀有勇的名將風度。作者欣賞李廣的第二點是他的仁愛士卒，不貪錢財。他「得賞賜輒分其麾下，飲食與士共之。終廣之身，為二千石四十餘年，家無餘財，終不言家產事」。在戰場上，每遇乏絕之處，「見水，士卒不盡飲，廣不近水；士卒不盡食，廣不嘗食。」處處與霍去病的表現成鮮明對照。司馬遷欣賞李廣的第三點是為人簡易，號令不煩。李廣「訥口少言」，「寬緩不苛，士以此愛樂為用。」李廣與程不識的治軍方法不同，每當出征時，「廣行無部伍行陳，就善水草屯，舍止，人人自便，不擊刀斗以自衛，莫府省約文書籍事，然亦遠斥候，未嘗遇害。」所以「其士卒亦佚樂，咸樂為之死」。孔子說：「其身正，不令而行；其身不正，雖令不從。」李廣這種做法，絕不是那循規蹈矩、只知照章辦事的人所能效仿的。司馬遷之所以喜歡李廣的「簡易不煩」，是與他討厭當時儒生的繁文縟節、酷吏的舞文弄墨分不開的。

二、作品揭露了漢代統治者摧殘人才，漢武帝及其寵信們迫害李廣及其整個家族的罪行。早在文帝時，李廣就已經為漢王朝效力了，但漢文帝只是在口頭上稱道，實際並不重用。景帝時，李廣跟隨周亞夫平定七國之亂有功，但因為「梁王授廣將軍印」，結果「還，賞不行」。這是因為景帝與其弟梁孝王有矛盾，李廣便跟著倒了楣。到武帝時，李廣的威望已經很高了，且在鎮守北部邊關中有可觀的功績。但在與匈奴的一次決戰中，由於漢武帝的迷信與衛青的私心，沒讓李廣打前鋒，而李廣在東路軍中因迷失道路，誤了戰機，事後被追究責任，李廣無法忍受這種氣惱，終於憤怒自殺。隨後李廣的兒子李敢，因為憤恨衛青迫害其父而將衛青揍了一頓，結果已經是官為郎中令的李敢竟被衛青的外甥霍去病射死了。接著李廣的堂弟李蔡又被漢武帝強加罪名殺害；最後李廣的孫子李陵又與匈奴作戰失敗被俘，全家被漢武帝抄斬，於是作為一代名將的整個家族就這樣灰飛煙滅，豈不哀哉！

實事求是地說，李廣非大將之材，領一支小部隊，旁敲側擊地進行游擊戰，是其長處；若以堂堂之陣，正正之旗委之，則非其任矣。勇敢善射是其優點，做小軍官可也，做大將則不能以此逞強。史公因與李陵交友，故對其祖格外推崇；又因以李陵事獲罪受刑，故對當時之得意者多加抨擊，史公過高的評價李廣，過低的貶抑衛青、霍去病，是不夠客觀全面的。至於史公為達此志、為抒此情而使用的描寫方法，自有其獨到與過人之處，前人之述備矣。

古籍今注新譯叢書

【哲學類】

新譯四書讀本　謝冰瑩等編譯
新譯學庸讀本　王澤應注譯
新譯論語新編解義　胡楚生編著
新譯孝經讀本　賴炎元等注譯
新譯易經讀本　郭建勳注譯
新譯周易六十四卦經傳通釋　黃慶萱注譯
新譯乾坤經傳通釋　黃慶萱注譯
新譯易經繫辭傳解義　吳　怡著
新譯禮記讀本　姜義華注譯
新譯儀禮讀本　顧寶田等注譯
新譯孔子家語　羊春秋注譯
新譯老子讀本　余培林注譯
新譯帛書老子　趙　鋒注譯
新譯老子解義　吳　怡著
新譯莊子讀本　黃錦鋐注譯
新譯莊子讀本　張松輝注譯
新譯莊子本義　水渭松注譯
新譯莊子內篇解義　吳　怡著
新譯列子讀本　莊萬壽注譯
新譯管子讀本　湯孝純注譯
新譯墨子讀本　李生龍注譯
新譯公孫龍子　丁成泉注譯
新譯晏子春秋　陶梅生注譯
新譯鄧析子　徐忠良注譯
新譯荀子讀本　王忠林注譯
新譯尹文子　徐忠良注譯
新譯尸子讀本　水渭松注譯
新譯鶡冠子　趙鵬團注譯
新譯鬼谷子　王德華等注譯
新譯韓非子　傅武光等注譯
新譯呂氏春秋　朱永嘉等注譯
新譯韓詩外傳　孫立堯注譯
新譯淮南子　熊禮匯注譯
新譯春秋繁露　朱永嘉等注譯
新譯新書讀本　饒東原注譯
新譯新語讀本　王　毅注譯
新譯潛夫論　彭丙成注譯
新譯論衡讀本　蔡鎮楚注譯
新譯申鑒讀本　林家驪等注譯
新譯人物志　吳家駒注譯
新譯張載文選　張金泉注譯
新譯近思錄　張京華注譯
新譯傳習錄　李生龍注譯
新譯呻吟語摘　鄧子勉注譯
新譯明夷待訪錄　李廣柏注譯

【文學類】

新譯詩經讀本　滕志賢注譯
新譯楚辭讀本　林家驪注譯
新譯楚辭讀本　傅錫壬注譯
新譯文心雕龍　羅立乾注譯
新譯六朝文絜　蔣遠橋注譯
新譯世說新語　劉正浩等注譯
新譯昭明文選　周啟成等注譯
新譯古文觀止　謝冰瑩等注譯
新譯古文辭類纂　黃　鈞等注譯
新譯樂府詩選　溫洪隆注譯
新譯古詩源　馮保善注譯
新譯千家詩　邱燮友等注譯
新譯詩品讀本　成　林等注譯
新譯花間集　朱恒夫注譯
新譯南唐詞　劉慶雲注譯
新譯絕妙好詞　聶安福注譯
新譯唐詩三百首　邱燮友注譯
新譯宋詩三百首　陶文鵬注譯
新譯宋詞三百首　汪　中注譯
新譯宋詞三百首　劉慶雲注譯
新譯元曲三百首　賴橋本等注譯
新譯明詩三百首　趙伯陶注譯
新譯清詩三百首　王英志注譯
新譯清詞三百首　陳水雲等注譯
新譯唐人絕句選　卞孝萱等注譯
新譯唐才子傳　戴揚本注譯
新譯拾遺記　石　磊注譯
新譯搜神記　黃　鈞注譯
新譯唐傳奇選　束　忱等注譯
新譯宋傳奇小說選　束　忱注譯
新譯明傳奇小說選　陳美林等注譯

新譯容齋隨筆選	朱永嘉等注譯
新譯明散文選	周明初注譯
新譯明清小品文選	鄭　婷注譯
新譯人間詞話	馬自毅注譯
新譯白香詞譜	劉慶雲注譯
新譯幽夢影	馮保善注譯
新譯菜根譚	吳家駒注譯
新譯小窗幽記	馬美信注譯
新譯圍爐夜話	馬美信注譯
新譯郁離子	吳家駒注譯
新譯歷代寓言選	黃瑞雲注譯
新譯賈長沙集	林家驪注譯
新譯揚子雲集	葉幼明注譯
新譯曹子建集	曹海東注譯
新譯建安七子詩文集	韓格平注譯
新譯阮籍詩文集	林家驪注譯
新譯嵇中散集	崔富章注譯
新譯陸機詩文集	王德華注譯
新譯陶淵明集	溫洪隆注譯
新譯江淹集	羅立乾等注譯
新譯庾信詩文選	歸　青注譯
新譯初唐四傑詩集	李福標注譯
新譯駱賓王文集	黃清泉注譯
新譯王維詩文集	陳鐵民注譯
新譯孟浩然詩集	楊　軍注譯
新譯李白詩全集	郁賢皓注譯
新譯李白文集	郁賢皓注譯
新譯杜甫詩選	張忠綱等注譯

新譯杜詩菁華	林繼中注譯
新譯高適岑參詩選	孫欽善等注譯
新譯昌黎先生文集	周啟成等注譯
新譯劉禹錫詩文選	閻　琦注譯
新譯柳宗元文選	卞孝萱等注譯
新譯白居易詩文選	陶　敏等注譯
新譯元稹詩文選	郭自虎注譯
新譯李賀詩集	彭國忠注譯
新譯杜牧詩文集	張松輝注譯
新譯李商隱詩選	朱恒夫等注譯
新譯范文正公選集	王興華等注譯
新譯蘇洵文選	羅立剛注譯
新譯蘇軾文選	滕志賢注譯
新譯蘇軾詞選	鄧子勉注譯
新譯蘇轍文選	朱　剛注譯
新譯曾鞏文選	高克勤注譯
新譯王安石文選	沈松勤注譯
新譯唐宋八大家文選	鄧子勉注譯
新譯柳永詞集	侯孝瓊注譯
新譯李清照集	姜漢椿等注譯
新譯陸游詩文選	韓立平注譯
新譯辛棄疾詞選	聶安福注譯
新譯歸有光文選	鄔國平注譯
新譯唐順之詩文選	馬美信注譯
新譯徐渭詩文選	周　群等注譯
新譯薑齋文集	平慧善注譯
新譯顧亭林文集	劉九洲注譯
新譯納蘭性德詞	馮　乾注譯

新譯方苞文選	鄔國平等注譯
新譯鄭板橋集	朱崇才注譯
新譯袁枚詩文選	王英志注譯
新譯李慈銘詩文選	潘靜如注譯
新譯聊齋誌異選	任篤行等注譯
新譯閱微草堂筆記	嚴文儒注譯
新譯浮生六記	馬美信注譯
新譯弘一大師詩詞全編	徐正綸編著

歷史類

新譯史記	韓兆琦注譯
新譯漢書	吳榮曾等注譯
新譯後漢書	魏連科等注譯
新譯三國志	吳樹平等注譯
新譯資治通鑑	韓兆琦等注譯
新譯史記—名篇精選	韓兆琦注譯
新譯尚書讀本	吳　璵注譯
新譯尚書讀本	郭建勳注譯
新譯周禮讀本	賀友齡注譯
新譯逸周書	牛鴻恩注譯
新譯左傳讀本	郁賢皓等注譯
新譯公羊傳	雪　克注譯
新譯穀梁傳	顧寶田注譯
新譯春秋穀梁傳	周　何注譯
新譯戰國策	溫洪隆注譯
新譯國語讀本	易中天注譯
新譯說苑讀本	左松超注譯
新譯說苑讀本	羅少卿注譯

新譯新序讀本　葉幼明注譯
新譯吳越春秋　黃仁生注譯
新譯西京雜記　曹海東注譯
新譯列女傳　黃清泉注譯
新譯越絕書　劉建國注譯
新譯燕丹子　曹海東注譯
新譯東萊博議　李振興等注譯
新譯唐六典　朱永嘉等注譯
新譯唐摭言　姜漢椿注譯

宗教類

新譯金剛經　徐興無注譯
新譯高僧傳　朱恒夫等注譯
新譯碧巖集　吳　平注譯
新譯百喻經　顧寶田注譯
新譯楞嚴經　賴永海等注譯
新譯梵網經　王建光注譯
新譯圓覺經　商海鋒注譯
新譯法句經　劉學軍注譯
新譯六祖壇經　李中華注譯
新譯禪林寶訓　李中華注譯
新譯維摩詰經　陳引馳等注譯
新譯經律異相　顏洽茂注譯
新譯阿彌陀經　蘇樹華注譯
新譯無量壽經　邱高興注譯
新譯無量壽經　蘇樹華注譯
新譯妙法蓮華經　張松輝注譯
新譯景德傳燈錄　顧宏義注譯
新譯大乘起信論　韓廷傑注譯
新譯釋禪波羅蜜　蘇樹華注譯
新譯八識規矩頌　倪梁康注譯
新譯永嘉大師證道歌　蔣九愚注譯
新譯華嚴經入法界品　楊維中注譯
新譯地藏菩薩本願經　李承貴注譯
新譯悟真篇　劉國樑等注譯
新譯无能子　張松輝注譯
新譯坐忘論　張松輝注譯
新譯列仙傳　張金嶺注譯
新譯抱朴子　李中華注譯
新譯神仙傳　周啟成注譯
新譯性命圭旨　傅鳳英注譯
新譯老子想爾注　顧寶田等注譯
新譯周易參同契　劉國樑注譯
新譯道門觀心經　王　卡注譯
新譯養性延命錄　曾召南注譯
新譯樂育堂語錄　戈國龍注譯
新譯冲虛至德真經　張松輝注譯
新譯長春真人西遊記　顧寶田等注譯
新譯黃庭經・陰符經　劉連朋等注譯

軍事類

新譯司馬法　王雲路注譯
新譯尉繚子　張金泉注譯
新譯三略讀本　傅　傑注譯
新譯六韜讀本　鄔錫非注譯
新譯吳子讀本　王雲路注譯
新譯孫子讀本　吳仁傑注譯
新譯李衛公問對　鄔錫非注譯

教育類

新譯爾雅讀本　陳建初等注譯
新譯顏氏家訓　李振興等注譯
新譯聰訓齋語　馮保善注譯
新譯曾文正公家書　湯孝純注譯
新譯三字經　黃沛榮注譯
新譯百家姓　馬自毅等注譯
新譯幼學瓊林　馬自毅注譯
新譯增廣賢文・千字文　馬自毅注譯
新譯格言聯璧　馬自毅注譯

政事類

新譯商君書　貝遠辰注譯
新譯鹽鐵論　盧烈紅注譯
新譯貞觀政要　許道勳注譯

地志類

新譯山海經　楊錫彭注譯
新譯水經注　陳橋驛等注譯
新譯佛國記　楊維中注譯
新譯大唐西域記　陳　飛等注譯
新譯洛陽伽藍記　劉九洲注譯
新譯徐霞客遊記　黃　珅注譯
新譯東京夢華錄　嚴文儒注譯

國家圖書館出版品預行編目資料

新譯史記：名篇精選／韓兆琦注譯,王子今原文總校勘.——增訂二版一刷.——臺北市：三民，2021
面；　公分.——（古籍今注新譯叢書）

ISBN 978-957-14-7196-9（平裝）
1. 史記 2. 注譯

610.11　　110007104

古籍今注新譯叢書

新譯史記——名篇精選

注譯者｜韓兆琦
原文總校勘｜王子今

發行人｜劉振強
出版者｜三民書局股份有限公司
地址｜臺北市復興北路 386 號 (復北門市)
臺北市重慶南路一段 61 號 (重南門市)
電話｜(02)25006600
網址｜三民網路書店 https://www.sanmin.com.tw

出版日期｜初版一刷 2011 年 8 月
初版四刷 2019 年 8 月
增訂二版一刷 2021 年 7 月
書籍編號｜S033400
ISBN｜978-957-14-7196-9